परमार्थदर्शनम्
[PARAMĀRTHADARŚANA]

महामहोपाध्याय-रामावतारशर्मणा प्रणीतम्

परमार्थदर्शनम्

सभाष्यं सपरिशिष्टं च

सम्पादकः

जनार्दनशास्त्री पाण्डेयः

आङ्ग्ल-भूमिकाकारः

प्रो० गोविन्द चन्द्र पाण्डे

मोतीलाल बनारसीलाल पब्लिशर्स

प्राइवेट लिमिटेड ● दिल्ली

PARAMĀRTHADARŚANA

By

Mahamahopadhyaya Ramavatar Sharma

With auto-commentary and appendices

Editor

Janardan Shastri Pandeya

Introduction by

Prof. Govind Chandra Pande

MOTILAL BANARSIDASS PUBLISHERS
PRIVATE LIMITED • DELHI

First Edition: Delhi, 1994

ISBN: 81-208-1209-8

Also available at:

MOTILAL BANARSIDASS

41 U.A. Bungalow Road, Jawahar Nagar, Delhi 110 007
120 Royapettah High Road, Mylapore, Madras 600 004
16 St. Mark's Road, Bangalore 560 001
Ashok Rajpath, Patna 800 004
Chowk, Varanasi 221 001

PRINTED IN INDIA

BY JAINENDRA PRAKASH JAIN AT SHRI JAINENDRA PRESS,
A-45 NARAINA, PHASE I, NEW DELHI 110 028
AND PUBLISHED BY NARENDRA PRAKASH JAIN FOR
MOTILAL BANARSIDASS PUBLISHERS PVT. LTD.,
BUNGALOW ROAD, DELHI 110 007

Introduction

While Mm Rāmāvatāra Śarmā is well known to traditional scholars of Sanskrit as a versatile scholar, unorthodox thinker, social reformer and satirist, few modern scholars are aware that he was an original, critical and modern philosopher who nevertheless wrote down his philosophical *magnum opus* in chaste, classical Sanskrit. He was far more radical than Dayānanda, rejecting much of the ancient tradition as mere superstition. This rejection of cherished religious beliefs from a purely rational standpoint did not endear him to traditional scholars. As a senior contemporary of Mm Gopinath Kaviraj he furnished a polar contrast to him. Kaviraj was apt to discover some profound meaning or truth in *Purāṇas* and *Tantras* and in the legends of *siddhas.* Rāmāvatāra believed all these to be not merely false but pernicious. Despite his background and formal training in the ancient *Śāstras,* he was a profound admirer, like Rammohun Roy, of modern science and rational philosophy. Unlike Rammohun he laid little store by any traditional religion. Despite being one of the most original and systematic philosophers of modern India, he remains little known to the modern philosophers of India because of his choice of Sanskrit as the medium of his most important writings. These writings have, indeed, remained largely inaccessible. The present publication of his *Paramārthānuśāsana-sūtrāṇi* would make his *magnum opus* available to scholars for the first time.

It has been said that Rāmāvatāra Śarmā produced the Seventh School of Indian Philosophy. He certainly produced a new and original system of philosophy which was in part developed through the criticism and interpretation of traditional Indian schools. In this sense perhaps his system could be called a new Indian system but it is singularly free of most purely Indian religious or cultural presuppositions though his language and idiom are certainly classical. On the whole, he is perhaps nearest to non-dualistic Vedānta minus its religion, theology and asceticism. On the other hand, his rejection of religious beliefs about soul, God, afterlife and ritual earned him the soubriquet of being a Neo-Cārvāka. But he is no more a Cārvāka than was Vallabha or Green.

Mm Rāmāvatāra Śarmā was born in the Chhapra district in Bihar in 1877. It was the heyday of the British empire in India. A series of economic, social and educational changes were overtaking and transforming traditional Indian civilization. A purely rural agrarian society was gradually but irreversibly beginning to enter the age of industrialization and urbanization. With its long-term revolutionary destabilization, traditional caste-based social hierarchies and roles, the ritualized mode of social action and relations, and the feudal despotic modes of governance were being slowly but surely replaced by economic classes, contractual relations and rational-bureaucratic control. Education based on classical languages, theology, faith and scholasticism was yielding place to modern Western education which encouraged scepticism, rationalism and science. This process of modernization was bound to have a revolutionary impact on the intellectual climate of India, and several different kinds of modernizers were produced. There were those who proposed a synthesis of traditional and modern ideas in diverse ways. Raja Rammohun Roy and Ishwar Chandra Vidyasagar, Vivekananda and Aurobindo, Tilak and Gandhi may be mentioned to illustrate this trend. There were those who had little sympathy with tradition and wanted a thoroughgoing modernization such as M.N. Roy and Nehru. Although traditional *Panditas* were normally orthodox, there were some who proposed large-scale rejection of traditional opinions and values. Dayananda is the best known of such thinkers but his iconoclasm was of the traditional mould and he clearly followed one of the Six Schools of Philosophy. He was untouched by the modern intellectual idiom or its new secular scientific ideology. Pt. Rāmāvatāra Śarmā represents a nearly unique example of a modernizer who remained a traditional *Pandita* not only in his basic education but also in his language and style of writing. He wrote in Sanskrit in the traditional style of aphorism and commentary but nevertheless poured new wine in old bottles.

Behind the battlements of classical form, Rāmāvatāra Śarmā was a thoroughly modern man in his ideas. Although born in a high class Brāhmaṇa family and educated on traditional lines, Rāmāvatāra Śarmā studied the English language on his own and acquired high proficiency in modern scientific and philosophical thought. After a distinguished career as professor in Patna College he passed away in 1929. Among his English writings the most important are his *Sri Gopal Basu Mullik Lectures on Vedānta* and *Chapters From Indian Philosophy*. His writings in Hindi include accounts of European philosophy and Indian history. But it is in his Sanskrit writings that one can recognize his true stature. He was an accomplished poet and stylist who wrote with sparkling lucidity, humour and wit, a scholar who carried his scholarship lightly and a philosopher who cared only for truth. Of his many works in Sanskrit the *Paramārtha-darśanam* remains his *magnum opus.* The work was published in essential outline in 1913 but became out of print and unavailable soon. The author also wrote a substantial commentary on the work which was taken up for publication a long time after his death but that too is no longer available. It is, therefore, a matter of gratification that the work is now at last being published suitably.

Before proceeding to a systematic consideration of the work, it may be well to place the author within the Indian tradition. Two streams can be discerned within the Indian tradition, orthodox and heterodox. The former relying on the Vedas has developed their ideas rationally in a number of philosophical systems of which the Nyāya, Mīmāṁsā and Vedānta are the most prominent. The heterodox stream includes the materialist, Buddhist and Jaina thought. The Sāṅkhya too originally appears to have been heterodox and Yoga was closely connected with it. The critical rationalism of heterodoxy led it to reject the authority of the Vedas, theism and ritualism, and in some cases to reject the idea of the soul also. However, except for the Cārvākas, heterodoxy too continued to believe in the doctrines of *Karman*, rebrith and various immaterial worlds and gods. Belief in Yoga and miraculous powers was also common to both the streams. The materialists—the Cārvākas or the Lokāyatikas—however, rejected all transcendent entities. They could be called the extreme or radical branch of heterodoxy. Although Rāmāvatāra Śarmā was not a materialist, his heterodoxy could certainly be described as radical. In his radicalism he was not uninfluenced by the rationalist character of modern philosophy, though its influence is so thoroughly absorbed and synthesized with the traditional mode of philosophizing that it is not easily discernible.

For Rāmāvatāra Śarmā the central theme of Indian philosophy

has been the question of the unity of being or experience. The unity of Nature "perhaps vaguely present to the prehistoric instinct, had been easily lost with the advance of the logical capacity of man. Through the influence of the Upaniṣadic teachings this unity of Nature, including both the subjective and objective worlds", was recovered and transformed into a critical and rational perfection. It is with respect to this theme of unity that the history of Indian philosophy can be understood. The Sāṅkhyan dualism of the subject and the object made the recovery of the original unity difficult. The Cārvākas "rejected the subject altogether and recognized the objective world as the sole reality and made the subject a mere property of the object. But the subject thus discarded often pressed itself upon thought and at last the scale was turned when Buddhism recognized the subjective principle alone and rejected the object altogether. When separated from each other neither the subject nor the object could keep its unity. Both were pulverised in turn." Buddhist subjective atomism was matched by the objective atomism of Kaṇāda. "Thus alternately the subject and the object abstracted from the Sākṣin and losing their original unity were naturally pulverised." The Jainas offered a critical relativism which could not satisfy the human seeking for perfection and infinity. The Bhakti schools fancied this object of human desire to be an extra-mundane reality. Thus the "Dualism of the Sāṅkhyas, the psychic atomism of Buddhism, the physical atomism of the logicians and the theology of the Pāñcarātras" may be regarded as the varied background in which Vedānta developed.

It is in Vedānta that Rāmāvatāra Śarmā finds the highest development of Indian philosophy. His own metaphysics is close to Vedānta which he interprets in a startlingly original fashion, rejecting many of its traditional doctrines and interpretations. It is in his interpretation of Vedāntic metaphysics that he is closest to modern idealistic absolutism though he differs from it greatly in his ethics. Knowledge is the starting point of Vedānta which seeks it as a concrete reality, not as a mere abstraction. Nor can psychic atomism be adequate to the understanding of knowledge. Psychic moments can only be elements of "the eternal, infinite, all-embracing, self-conscious spirit which finds itself in every momentary unit, connects these units, makes abstractions of them and, in short, constitutes them to be what they are." "The Permanent Being, the Sākṣin of all experience, is the concrete starting point of Vedāntism."

The Empirical ego or Jīva and the objective world are both mere phenomena of this noumenon. There is nothing external to it for the distinctions of inside and outside apply only to phenomena. "This Being is all solid knowledge and has no outside and inside." To identify this Being with the body is the limitation of the unlimited and is *māyā*. Body-centred-ness is as illusory as geocentricism. For Rāmāvatārajī the Upaniṣads effected this Copernican Revolution in India as Kant effected it in the West. It is knowledge that legislates for phenomenal objects. If one transcends the physical standpoint and attains the conviction that the real self or spirit is the Universal, divine Consciousness for which all bodies are equally phenomenal, this would form the basis of spiritual ethics.

The whole of Vedānta is thus summed up by Rāmāvatārajī in five great formulae. "Ontologically, nothing can come out of nothing—*katham asataḥ sajjāyeta*. Seek the real, therefore, which is one beforeless and afterless, inless and outless—*tad etad Brahmāpūrvam anaparam anantaram abāhyam*. Epistemologically, this real entity is knowledge infinite—*satyaṁ jñānam anantam*. And ethically all peace and happiness lies in this infinite—*yo vai bhūmā tat sukhaṁ nālpe sukham asti*. This reality is not to be sought outside thyself and thou art not different from it Thou art that—*tattvam asi*."

Now in Rāmāvatārajī's philosophy *Paramārtha* is not any transcendent real behind the phenomena as in the common acceptance of absolutistic or theistic Vedānta. It does not exclude empirical phenomena as unreal. But it is not identical with matter or Nature in the scientific sense. Reality is of the nature of knowledge and is the immanent ground of phenomena, the eternal spiritual principle manifested in man and Nature. This doctrine has an obvious similarity to Hegel and Green but the similarity is only partial because Rāmāvatārajī's conception of the Sākṣin and of Transcendental Illusion are quite distinctive. If he is not a traditional Vedāntin, he is by no means a materialist or a naturalist. He is above all an independent, rational thinker whose philosophy presupposes science but goes beyond it.

The present work begins with a discussion of the purpose of philosophy or *darśana*. The purpose is basically to promote rational belief and action, criticise errors and illusions and point the way to liberation. In brief the purpose of philosophy is to elucidate the nature of reality or *Paramārtha*. Traditionally the notion of *Paramārtha* was employed by the Mahāyāna and Advaita Vedānta as a contrast to that of *Vyavahāra*. They distinguished reality as eternal and absolute from impermanent phenomena. The empirical-phenomenal world is real for practical purposes but illusory from the standpoint of spiritual wisdom. While action binds, wisdom liberates. In contrast with this Rāmāvatārajī does not reject the reality of empirical phenomena. On the contrary he rejects the transcendent as imaginary. The rational and scientific knowledge of the empirical world is necessary for even moral action lest morality may be infested by superstitions and delusions. Although the scientific knowledge of the empirical world is the major constituent of a rational vision of life, it does not exhaust it. The critique of methodology and of illusions are essential constituents of philosophy. Thus while cosmology and psychology fall within science, theories of knowledge and reality and of what is right and good are characteristically philosophical. So is the critique of superstition, speculative and transcendental or structural illusions. Philosophy, thus, frees the mind not only from the illusions born of credulity and vain hope but loosens the hold of the structural illusions ingrained in the mind. The awareness of the nature of knowledge as the universal self is the culmination of the reflective-critical activity of philosophizing. Thus while Mm Rāmāvatāra Śarmā does not uphold the traditional distinction of *Paramārtha* and *Vyavahāra*, he does make a crucial distinction between *Jñāna*, and *Vijñāna*, Wisdom and Science. But this Wisdom is purely philosophical; it has no place for theology or religion, whether as ritual or worship or mysticism.

Paramārtha is defined as what is uncontradicted and determined on the basis of uncontradicted perception, inference and the command of authentic persons. *Pratyakṣa*, *Anumāna* and *Śabda* are accepted as three *Pramāṇas* but an important and original distinction is made between *Jñāpakatva* and *Upapādakatva*. Thus words have the capacity of giving new information but not of authenticating it. Words may be descriptive or prescriptive. It is only the prescription of an authentic person which constitutes *pramāṇa* provided it is not self-contradictory. Authenticity is defined in this context as being in a specially benevolent relationship and having a rational disposition. The role of *Śabda-pramāṇa* is, thus, confined to be the source of the knowledge of practical norms which, it may be recalled, was the basic contention of the Mīmāṁsakas.

The different *pramāṇas* are considered to be mutually supplementary but divided with respect to their immediate objects. Each deals with a distinct class of objects which constitute parts of reality. Perception is concerned with immediate presentations, inference with mediate representations, words with norms, not facts. Perception includes introspection and the essence of inference is the connectedness of parts in a structural whole. Causation itself is nothing but transformation and it is the essential identity of cause and effect which constitutes the necessitating force of their relationship. Probabilistic reasoning should not disregard the known character of phenomena nor their average measure, nor yet be contradicted by observation or known laws.

The knowledge acquired by the *Pramāṇas* is termed *Vijñāna* which is particular, objective, directly or indirectly empirical. But all cognitions are grounded in the self-evidencing character of knowledge as self-awareness (*svānubhava*). This is termed *Jñāna* which is the eternal principle without which psychic moments cannot be synthesized into judgements. As the universal and eternal principle of self-consciousness presupposed in all knowledge, *Jñāna* is the original unity of the subject and the object. But it is not bodily sentience or mental event or logical abstraction. Nor is it to be conceived as the formless transcendent. It is the immanent ground of all phenomena, the foundation of all *pramāṇas.* "It is the reality with eternal and infinite forms, immediately known in all experience, the other Ayodhyā, our beloved native town. There are no cowardly demons here, no craving after delusive phantoms, no separation from kins due to the demoniac power of Illusion, no suffering due to bondage or purgatory."

Although *śabda* is accepted as a *pramāṇa* for *vidhi,* Mm Rāmāvatāra Śarmā attacks the idea of superhuman knowledge or revelation in the strongest terms and attributes much of India's decline to the superstitious belief in such things. The idea of any supernatural or transcendent facts is rejected. There is no *adṛṣṭa* involved in *vidhi.* Where the *vidhi-vākya* comes from an *āpta* it deserves to be followed unconditionally. The nature and cause of such norms could be diverse. They could be the advice of well-wishers, conventions or laws. Their obligatory force depends on their formal source viz., the *āpta* person, not on the reasons he may have in his mind. As to why such imperatives should be recognized as categorical and not hypothetical, the answer seems to be that it follows from the recognition of the benevolence or goodwill of a rational person.

In this discussion the nature of reality turns out to be that which is the content of coherent and non-erroneous knowledge which in turn depends on the right use of the *Pramāṇas.* Reality is in effect rationality. Eternity and transience are held to be quite irrelevant to reality. The doctrine of Śaṅkara which regards only that to be real which is eternal, or the Buddhist doctrine which infers momentariness from the nature of existence itself, are both rejected. To be real is to be coherently knowable for ultimately knowledge and its objects constitute one integral whole. But knowledge as the unity of all objects is not in itself a formless blank like the "night in which all cows are black." It is the unity of infinite forms, subjective and objective. In other words, as in Hegel, being is self-consciousness which is immanent in all things but the Hegelian dialectic is missing here as also Hegelian history. The reason is that for Mm Rāmāvatāra Śarmā as for Kant no rational cosmology is really possible because between the noumena and the phenomena there is a dark mystery beyond human thought. This is termed *Māyā* and corresponds to Kant's Transcendental Illusion. On the other hand, while the nature of noumenal reality remains incomprehensible in Kant, in Rāmāvatāra Śarmā it is interpreted as the Self, the prius of all experience, as in Śaṅkara's Vedānta.

The Second Chapter is largely devoted to a scientific description of the cosmos and of the evolution of life culminating in man on earth. The doctrine of *avatāra* is interpreted as the evolution of species. A new interpretation is given to the doctrine of the Four Yugas so that it could become historically plausible. The Mahāmahopādhyāya believed that Purāṇic geography and history contain some truth and much error, and need to be interpreted in the light of modern scientific knowledge.

In the Third Chapter it is argued that since man has three basic faculties of knowledge, will and feeling, he needs a synthesis of *Jñāna, Karman* and *Bhakti* for his development. *Bhakti* is defined as disinterested love, admiration and devotion illustrated by the parent-child relationship. The excellence which evokes loving admiration is a benevolent attention, personal or impersonal. Such a feeling arises instinctively from natural development. It is the matrix of right knowledge as well as of altruistic work. It is indifferent towards external beauty, pleasure, etc. It accompanies knowledge, and even suffering for its sake becomes happiness and happiness suffering without it. The objects of *bhakti* are the parents, teachers, rulers, gods and others. Gods are moral tendencies, great powers or images of ideals. They may be anthropomorphized or turned into formless abstractions but these do not represent them in any essential manner. The highest devotion is to Truth and consists in the search for rational coherence. The promotion of science is the great sacrificial worship of Learning. The greatest of all gods is Infinity, the universal self. Devotion to him consists in *Dharma* which is the same as Truth and its pursuit. The worship of the Infinite is the integral unity of knowledge, devotion and action.

The Fourth Chapter begins with the exposition of *Karman.* Right action depends on scientific knowledge and a trace of egoism or *mamatva.* This self-reference may be to the individual person or to the universal self. It is through scientific knowledge that genuine self-interest or universal good can be served. This triple-integral way is not a religious or mystical way, but the rational and authentic way of life itself.

Vijñāna is the particular knowledge of external objects. It may be the knowledge of the intimate nature of the phenomenon revealed in direct acquaintance or it may be the analytical and descriptive knowledge of relations which when critically systematized constitute the sciences. Different sciences are differentiated by their fields of enquiry, which does not rule out their marginal contacts or their combined use in applications.

It is the discoverers of new truths who deserve the appellation of Seers or *Ṛṣis.* The chants of the ancient seers too are valued for their discoveries, though the chants could be symbolic or expressive of norms.

The doctrine of the soul as generally accepted in tradition is now subjected to criticism. The body and the soul are indissolubly connected. The difference of the souls is on account of body. After death there is no survival of the soul nor any transmigration. It is the universal self which is imperishable. That is also the source of all transformation. These transformations are impermanent. One should not argue that the scriptures propound a contrary doctrine because their authority is limited to imperatives. *Brahman, Śarīra* and *Jīva* may be compared to the sky, a hollow tube and the movement of the needle or sound through the tube. The body is perishable by nature. The soul arises from an aggregate and does not survive it. *Brahman* is not a body but is eternal and universal like the sky. If the souls are regarded as reflections even so the reflections do not survive the mirror, nor is a soul like a bird inside a cage to be released after the bodily cage is destroyed after death. There is no evidence for any earlier birth of the soul, nor is there any evidence for imagining any life after death. The diversity of human experiences and conditions cannot be explained by assuming any previous or after life.

The need for *karma* never ceases during life and the advocacy of renunciation is a variety of folly. The result of action is the attainment of *trivarga,* that is, *Dharma, Artha* and *Kāma.* Emancipation only means emancipation while alive, that is *Jīvan-mukti. Jīvan-mukti* consists in the absence of egoism or *Mamatva.* Proper action is rational action, not austerities.

The Fifth Chapter begins with the consideration of pure knowledge, which is defined as idential with self-consciousness after the destruction of the illusion of 'I' and 'Mine' in the body. The body is merely one object among others, but it is delusively regarded as the self. The sense of 'I' and 'Mine' in the body and its belongings is an innate illusion because the self is nothing but the self-consciousness inherent in knowledge. It is the witness of all experiences and is thus universal. It is called *Cit. Cit* is unchangeable. It cannot be doubted or denied because such doubts and denials would equally presuppose it. There can be no delimitation of it because nothing can be outside it, so the witnessing consciousness is the universal self. All objects arise and disappear in it like bubbles in the sea. It has a real multiformity without beginning and without end. The traditional doctrine of *Māyāvāda* which makes duality indescribable has had the unfortunate effect of contradicting *Advaita* itself. *Māyā* consequently is neither beginningless nor indescribable. It is an instantaneous error which confuses two reals. There can be no superimposition of the unreal.

Cidātmā has the twin powers of *Jñāna* and *Vijñāna.* Both are perennial. When the *Vijñāna Śakti* is manifested then there is the limited self. When the power of *Jñāna* is manifested then one's real, unlimited nature is revealed and the sense of 'I' and 'Mine' is eradicated. This results in a sense of justice, not in the renunciation of work. The realization of the unlimited nature of *Cidātmā* is the highest bliss which has been declared identical with infinity.

The highest self has all the qualities, all the forms, all the desires and satisfactions. He is not to be regarded as devoid of qualities or forms. That would make him a mere absence.

The particular transformations of self constitute Nature. This is the world of objects. On the other hand, in its pervasive being nature is the same as the consciousness but cannot be the object of limitation and knowledge.

From the *Pramāṇas* as used in commonsense, no coherent ontology can be created. No philosopher can avoid perceiving that there is a radical defect in the ordinary conception of the world. How this instinctive illusion consisting in the confusion of distinct reals has arisen cannot be explained. But it is an undeniable fact, and is called *Māyā* which is identical with *Mamatā* and *Ahantā*. *Māya* has three steps. To each step of the ladder of *Māyā* there belong characteristic ideologies. The first step is the differentiation of the subject from the object, which may be called the logical stage of the cosmic delusion. The second stage consists in the atomization of both the subjective and the objective continua into infinitesimal parts. This has been called by the author elsewhere as the mathematical stage of the cosmic delusion. The third consists of the aggregation of imaginary constituents and includes consciousness in one of them. This has been called the dialectical stage of the cosmic illusion. Thus the *Sāṅkhyas* differentiate spirit and nature. The *Cārvākas* deny the spirit but affirm matter. The Idealists deny matter but affirm the spirit, as in Yogācāra. Even the *Advaitins* call *Brahman* formless and undifferentiated Spirit as the only reality while declaring the world unreal. These ideological alternatives belong to the First Step. The Jainas have many souls of different sizes and also many atoms. The *Buddhists* have momentary consciousness into which the subject is divided. The *Vaiśeṣikas* have many categories into which they divided all objects including the souls. In the third step we have the two broad alternatives of theism and positivism. The doctrines of incarnations and reincarnations, of a perfect supramundane world or of a perfectible mundane world also belong here.

The universal self is the original or *bimba*. It is like a puppet or doll made of pearls where the pearls are different minds and the reflections in the minds are the souls. This doctrine of immanent universal self or of the infinite unity of things in self-consciousness is reminiscent of a Japanese Buddhist School. Its immanent perfectionism has some similarity with the doctrines of *Śuddhādvaita*. Although this infinite self can never be fully known, it is never unknown and is the nearest and dearest for everyone.

The Sixth Chapter is devoted largely to a critique of the categories of the *Vaiśeṣika*. This critique prepares the ground for an essentially idealistic view of reality in which being and knowledge, subject and object cannot be radically separated.

As already mentioned, the Seventh Chapter is a kind of appendix. It mentions some views of others and many standard examples and anecdotes presupposed by them. It is interesting to note that three ancient thinkers have been referred to with manifest approbation. Thus Jaimini's distinction of *Vidhi* and *Arthavāda*, Yājñavalkya's doctrine of non-transmigration and the dialectical method of Socrates are mentioned with respect.

The ethical ideal of *Paramārtha-darśana* is living freedom or *Jīvanmukti* gained from critical self-enquiry. The knowledge thus gained liberates one from *Māyā*, i.e., the bondage of Ego and Mine rooted in bodily identification. One can then live a life of peace, justice and goodwill. The ideal of Janaka would appear to be the most appropriate for a *Jñānin*.

If we reflect on the overall character of the philosophy expounded in the *Paramārtha Darśana*, its striking originality and modernity would be clearly evident. Its rationalistic zeal reminds one of the European thinkers of the age of Enlightenment. The author is as impatient with superstition as Voltaire. His disbelief in the scriptures as a source of factual or transcendental knowledge is in the same vein. At the same time he has a conservative regard for law which he identifies with the commands of those who are trustworthy (*āpta*). This 'juristic' approach to morality looks like a secularized version of *Mīmāṁsā* (*lokāyatīkṛtā*). The idea of universal self or *sarvātmā* is reminiscent of Hegel and Green in its postulation of Eternal consciousness as the universal background of phenomena, but the notion of the dialectic is absent. Since individual survival after death is denied, liberation comes to mean the acquisition of wisdom while living. And since the renunciation of life is rejected, this wisdom has to be understood as active wisdom. It could well be considered as secular philosophical wisdom. The role of philosophy is to enlighten men rationally.

Divorced from religious preconceptions, this conception of philosophy is essentially modern. Its range and achievement may be seen from the detailed table of contents.

Contents

Appendices

आमुखम्

'सा नो मन्द्रेषमूर्जं दुहाना धेनुर्वागस्मानुपसुष्टुतैतु'

विद्वद्वरेण्यस्य महामहोपाध्याय-पण्डित-रामावतारशर्मणोऽनुपमां कृतिं **सभाष्यं परमार्थदर्शनं** यथामति सम्पाद्य विदुषां पुरत उपस्थापयतो मे भृशं मोमुदीति चेतः।

भारतवर्षस्येदं वैशिष्ट्यं यदत्र सर्वोऽपि जनः स्वातन्त्र्येण स्वविचारं प्रकटयितुं प्रभवति। स च विचारः सम्यग्वा भवेदसम्यग्वा, जनास्तमवश्यं विवेचयन्ति। यतो हि 'वादे वादे जायते तत्त्वबोधः' अयमस्माकं भारतीयानां मान्यः सिद्धान्तः। फलत एकस्मिन्नेव सम्प्रदाये विविधा विचारधाराः प्रचलन्ति। यथा एकामेव प्रस्थानत्रयीमाधृत्य प्रवृत्तानां वेदान्तिनां शांकर-रामानुजादिदश भेदाः सन्ति। एवमेव एकमेव मूलभूतं तत्त्वं स्वीकुर्वतां वैष्णवानां शैवानां बौद्धादीनामपि बहवो भेदा दृश्यन्ते। तत्र न केवलमाचारभेदः प्रत्युत दार्शनिकः सिद्धान्तभेदोऽपि दृश्यते। परन्तु सर्वेषां मान्यताऽस्माभिः स्वीक्रियते। घोरजडवादिनमपि चार्वाकं वयं दर्शनकारेषु गणयामः।

म० म० रामावतारशर्मणापि प्राचीनरूढिवादान् निरस्य नूतनविज्ञानवादं च संगृह्य प्रणीतमिदं **परमार्थदर्शनं नामाभिनवदर्शनम्**।

विशेषेण पाश्चात्यदार्शनिकानां कृते त्वतीव प्रमोदावसरोऽयं यत्तेषामपि विचारसरणिं स्वीकुर्वन् कश्चिद् भारतीयो विपश्चिद् नूतनं दर्शनं प्रणीतवान्, इति।

चिरात्प्रवृत्ताया भारतीयदार्शनिकपरम्पराया आत्मा-ईश्वर-पुनर्जन्म-कर्मफलभोगरूपाया विरोधं कृत्वा सर्वा एव दर्शनशाखाः खण्डयतः प्रौढसंस्कृतभाषायां प्राचीनपद्धत्येदृशस्य स्वतन्त्रदर्शनग्रन्थस्य प्रणयनमस्य विदुषो दुर्दान्तं बौद्धिकप्रखरत्वं स्पष्टं सूचयति। तदीयेयं रचना जगतो विचारकाणां दार्शनिकानां च कृते महती प्रेरणा वर्तते, आधुनिकानामनुसन्धित्सूनां कृते च रम्या तुलनात्मिका पद्धतिरनेन परिष्कृता स्यात्।

ग्रन्थकर्तुर्जीवनवृत्तम्

श्रीमतो रामावतारशर्मणो जन्म ६ मार्च १८७७ ईसवीये विहारप्रान्तस्य सारन (छपरा) ग्रामेऽभवत्। बाल्य एव पितुर्निधनादस्य शिक्षायां बाधा समुत्पन्ना किन्तु मेधाविनं प्रतिभाशालिनं चैनमालक्ष्य मात्रा काठिन्यमनुभूयापि पठनाय प्रेरितेन कथंचित् ग्राम एव पठनमारब्धम्। प्रथमापरीक्षामुत्तीर्यायोध्यामगच्छत्, किन्तु विलक्षणप्रतिभावते तस्मै तत्रत्यमध्ययनं न रुचितमतः काश्यामागत्य राजकीये संस्कृतमहाविद्यालये विश्वविश्रुतविदुषो म० म० गङ्गाधरशास्त्रिणः शिष्यत्वमङ्गीकृतवान्। अयमभवत् मणि-

काञ्चनसंयोगो गुरुशिष्ययोः। यादृशो गुरुस्तादृश एव प्रतिभासम्पन्नश्छात्र इति छात्रावस्थायामेवास्य विलक्षणप्रतिभायाश्चर्चा काश्यां छात्रेष्वध्यापकेषु च प्रावर्तत। इतोऽनेन साहित्याचार्यपरीक्षा, खण्डद्वयं व्याकरणाचार्यपरीक्षा चोत्तीर्णा। अस्मिन्नेव काले कलकत्तातः काव्यतीर्थपरीक्षापि समुत्तीर्णा। अस्याद्भुतं वैदुष्यमवलोक्य तदानीन्तनप्राचार्येण डॉ० वेनिसमहाभागेनायमाङ्ग्लभाषाध्ययनाय प्रेरितः किन्तु कस्माच्चिदाङ्ग्लाध्यापकादाङ्ग्लभाषाध्ययनमत्यन्तस्वाभिमानिनेऽस्मै नारोचत। अतोऽनेन स्वयमेवाङ्ग्लभाषाध्ययनमारब्धम्। प्रवेशपरीक्षा(मैट्रिकुलेशन)तः एम. ए. पर्यन्तमनेन इलाहाबाद-पंजाब-कलकत्ताविश्वविद्यालयेभ्यः परीक्षाः प्रदत्ताः। संस्कृते आङ्ग्लभाषायां वा यदाऽपि या परीक्षाऽनेन दत्ता तां प्रथमश्रेण्यां विशेषयोग्यतया स्वर्णपदकैः पुरस्कारराशिभिश्च सम्मानितो भूत्वैवोदतरत्।

श्रूयतेऽयमाशुकविः श्रुतधरः (एकवारमेव श्रुतो ग्रन्थो यस्य सदोपस्थितस्तिष्ठति) चासीदिति। अत एव संस्कृतवाङ्मये न कोऽपि विषयोऽस्ति योऽनेन स्वकीयनिबन्धेषु न व्याकृतः। यथा भारतोयभाषास्वधिकारोऽस्य तथैवाङ्ग्ल-जर्मन-ग्रीक-लैटिनभाषास्वप्यासीत्।

अयं १९०१ ई० तः १९०५ पर्यन्तं काश्यां केन्द्रीयहिन्दूमहाविद्यालये प्राचार्यपदेऽतिष्ठत्। तदानीमेव काश्यां विद्वत्सु सभाप्रमुखत्वेन तस्य गणनाऽभवत्। १९०६ ई० पटनामहाविद्यालये संस्कृतविभागाध्यक्षत्वेन नियुक्तः किन्तु एकवर्षानन्तरमेव वर्षद्वयाय कलकत्ताविश्वविद्यालये वसुमल्लिकव्याख्यातृपदायाहूतः। पुनः पटनायामागतः। १९१९ ई० तः १९२२ ई० यावत् महामना मालवीयमहोदयानामाग्रहेण हिन्दूविश्वविद्यालये प्राच्यविद्याविभागे प्राचार्यपदमलमकरोत्। पुनश्च पटनां प्रत्यावृत्तः यावज्जीवं तत्रैवातिष्ठत्।

अयं भाषाशास्त्रस्य मर्मज्ञ आसीत्। १९११ ईसवीये हिन्दीसाहित्यसम्मेलनस्य वार्षिकाधिवेशने हिन्दीव्याकरणस्यापूर्तांशानां शतविषयात्मिका सूची प्रस्तुताऽनेन। १९१६ ईसवीये जवलपुराधिवेशनेऽयमेवाध्यक्ष आसीत्। तदानीमस्य भाषणेन हिन्दीसाहित्यस्य बहूपकृतम्। तदानीं बहूनां विश्वविद्यालयानां पी एच. डी. परीक्षायाः सर्वमान्यः परीक्षकोऽयमुद्घोषित आसीत्। १९१९ ईसवीये भारतशासनेन महामहोपाध्यायपदव्याऽलङ्कृतोऽयं ३ अप्रेल १९२९ ईसवीये ५२ वर्षवयस्क एव निधनं गतः।

अयं स्वतन्त्रो विचारकः,निर्भीकश्चिन्तकश्चासीत्। अस्य प्रतिभा सर्वदा सृजनपरा मस्तिष्कं च सततमालोचनापरं प्रतीयते। प्राच्यानां पाश्चात्यानां च दार्शनिकानां मतानि गभीरतयाऽधीत्यालोड्य चानेन स्वकीयं नूतनं दर्शनं प्रवर्तितम्। पाश्चात्यदर्शनेन विज्ञानेन च, विशेषतया हेगेलमहोदयस्य विचारैः स बहुशः प्रभावित इति ज्ञायते।

प्रायः दृश्यते कस्यचित् कवेः कृते सरसत्वं कोमलहृदयत्वं चावश्यकम्, दार्शनिकविषयविवेचकाय च गाम्भीर्यं तीक्ष्णतमो बौद्धिक उन्मेषश्चावश्यकः। उभयोरेकत्र समन्वयः प्रायो दुर्लभ एव, किन्तु रामावतारशर्मणः परमार्थदर्शनेऽयं समन्वयः स्पष्टं परिलक्ष्यते। वार्तिकेषु छन्दोरस-ध्वनि-व्यञ्जनाऽलङ्कारौचित्यादीनामनुपमा छटा यत्रास्य महाकवित्वं परिचाययति, तथैव सूत्रेषु भाष्ये च सर्वेषां दर्शनानां युक्तियुक्तनिरसनपूर्वकं स्वसिद्धान्तस्य प्रौढत्वेन स्थापनमस्य प्रखरदार्शनिकप्रवरतां लक्षयति।

समाजोद्धारविषये समाजकल्याणविषये चास्य विदुषो विचाराः क्रान्तिकरा आसन्। सङ्कीर्णताया लेशोऽपि तत्र नासीत्। अत एवाखिलभारतीयसमाजसुधारसम्मेलनस्याध्यक्षपदमप्यनेन निभालितम्। शास्त्रे वा लोकव्यवहारे वा पाखण्डस्य रूढिवादस्य चायं घोरतमो विरोधी—आसीत्।

विद्यैवाऽनेन महती देवता मता। उक्तं च 'महिष्ठा सरस्वती' (प०द० ३।१।२७) 'सरस्वती विद्यादेवी सर्वदेवेषु श्रेष्ठा। असुराणां च दुर्वृत्त्यादीनां दमनी। नहि कोऽपि देवस्तस्याः प्रशस्यतरः। न च कोऽप्यसुरस्तामभिभवितुमुत्सहते' (भाष्ये पृ० १५७)। अन्यत्राप्युक्तं तेन—"याज्ञवल्क्येन 'न प्रेत्य संज्ञाऽस्ति' इत्यादिवाक्यैर्जीवस्य यन्नश्वरत्वज्ञानं लब्धम्, आर्यभटेन कुर्पणिकेन वा पृथिव्या गतिर्ज्ञाता, दारुवीणेन विकासवादसिद्धान्त आविष्कृतः, अन्यैरपि भारतीयैरन्यदेशीयैश्च विविधान्वेषणैर्वयमुपकृताः, तत्सर्वं न कस्याश्चिद्दिव्यदृष्टेः प्रभावेण न च कस्यापि सिद्धस्याशीर्वादेन, प्रत्युत एतैः सर्वैर्विद्वद्भिः परिश्रमपूर्वकं विद्याऽधीता प्रमादाद् व्याहतेश्च दूरे तिष्ठद्भिरबाधितेन प्रत्यक्षेणानुमानेन च विज्ञानस्य रहस्यान्युद्घाटितानि" इति।

अस्य महामनीषिणः वैदुष्यं व्यक्तित्वं चाधृत्य बहवो ग्रन्थाः शोधप्रबन्धाश्च रचयितुं शक्यन्ते।

तत्प्रणीताः ग्रन्थाः

अनेन महाभागेन संस्कृत-हिन्दी-आंग्लभाषासु प्रचुरं वाङ्मयं विरचितम्। यस्य प्रभूतोंऽशः तत्कालीनपत्र-पत्रिकासु लेखरूपेण पुस्तकरूपेण च प्रकाशितः, शेषश्च निधनानन्तरं विनष्टोऽप्रकाशितो वा वर्तते। छपरास्थेन श्रीमहथासुखदेवनारायणसिंहेन महता परिश्रमेणैतदीयसमस्तरचना अन्विष्य **रामावतारगाथाख्ये** शताब्दीग्रन्थे सविस्तरं तद्विषयिण्या सूचनया महदुपकृतं जिज्ञासूनाम्। तच्चेत्थम्—

संस्कृते

१. १. **भारतगीतिका**

२. **मुद्गरदूतम्**—मेघदूतानुसारि व्यङ्ग्यकाव्यम्।

३. **धीरनैषधम्**-पञ्चदशवर्षवयस्केन लिखितमेतन्नाटकं नैषधकाव्यमतिशेते।

४. **साहित्यरत्नावली**—परिमलाश्वघोषादि ११ प्राचीनकवीनां श्रेष्ठ-रचनासंग्रहः।

५. **कलाकौमुदी**—विज्ञानविषयकोऽयं ग्रन्थः। अत्र षडुल्लासाः वर्तन्ते—

१. **उपक्रमोल्लासः**—अत्र विज्ञानस्याविर्भावः, उपयोगः, प्रचारावश्यकता च वर्णिता।

२. **निरूपणपरीक्षोल्लासः**—वस्तूनां स्थितेः परिवर्तनस्य च प्राकृत-कृत्रिमपरीक्षणद्वारा निरूपणप्रकारो दर्शितः।

३. **स्थूलतत्त्वोल्लासः**—धातूनामधातूनां च गणना, तेषां भस्मीकरणोपायाश्च कथिताः।

४. **रसोल्लासः**-अस्य प्रथमे भागे मिश्रधातवो वर्णिताः क्षाराम्लपिंगल-ककार्बन-फास्फोरसादीनां विलक्षणा व्याख्याऽत्र कृता, द्वितीयभागे तु स्वर्णरौप्यादीनां रसायनभस्मपिष्टयादिनिर्माणविधिरुक्तः।

५. **यन्त्रोल्लासः**—कार्यसौकर्यायाधुनिकयन्त्राणां विवरणमत्र दत्तम्।

६. **गुणोल्लासः**—गुरुत्वाकर्षणादिसिद्धान्ता अत्र वर्णिताः।

६. **भाषातत्त्वम्**—भाषाविज्ञानविषयको ग्रन्थः।

७. **श्रीसरस्वत्यष्टकम्**—सरस्वतीस्तुतिः।

८. **अभिनवभारतम्**—भारतीयेतिवृत्तम्, देशान्तरीयेतिवृत्तं च।

९. **प्राचीनकविविषयकाणि पद्यानि**—

(एते सर्वे (१–९) ग्रन्थाः 'प्रकीर्णप्रबन्धाः' इत्याख्यया मिथिला-विद्यापीठसंस्कृतशोधसंस्थानेन संगृह्य १९५६ ई० प्रकाशिताः)।

२ **अधिकरणरत्नमाला परमार्थदर्शनीया**—इयं १९१३ ईसवीये ग्रन्थकृता स्वयं काशीतः प्रकाशिता। अत्राधिकरणानि, सूत्राणि, वार्तिकानि च षडध्यायात्मकानि सन्ति, भाष्येण सप्तमाध्यायेन च संयुक्तोऽयमेव ग्रन्थः सम्प्रति **परमार्थदर्शन**नाम्ना प्रस्तूयते।

३. **मारुतिशतकम्**—१९१४ ई० प्रकाशितम्।

४. **प्रियदर्शिप्रशस्तयः**—अशोकस्य मूलपालिशिलालेखानां संस्कृतांग्लभाषयोरनुवादरूपाः, १९१५ ई० प्रकाशिताः।

५. **सदुक्तिकर्णामृतम्**—बङ्गालशोधसमितये सम्पादितम्।

६. **वाङ्मयमहार्णवः**—उपलब्धस्याद्यतनीयज्ञानस्य सर्वेषां विषयाणां समावेशो यत्र स्यादेवं विधं विश्वविद्याकोशं निर्मातुमीहमानेनानेन विदुषा बहु संगृहीतम्। प्रकाशितस्य भारतीयेतिवृत्तस्यान्ते—**इति वाङ्मयार्णवीये इतिहासकाण्डे भारतीयेतिहासतरङ्गः**, तथा देशान्तरीयेतिवृत्तान्ते—**इति**

वाङ्मयार्णवीये इतिहासकाण्डे देशान्तरीयेतिहासतरङ्गः, एवमेव परमार्थदर्शनस्य सृष्टिप्रकरणे (२।१।१०) **विस्तरो वाङ्मयमहार्णवेऽन्यत्र च** इत्यादिवाक्यैरनुमीयते सृष्टितरङ्गोऽपि तत्रासीत्। रामावतारगाथायाः ३४० पृष्ठे श्रीमहथामहोदयेन **वनौषधिशास्त्रशब्दकोष**विषये सोदाहरणं बहुविवृतमतोऽयमपि विषयोऽवश्यं तत्र समाविष्टः स्यात्। साम्प्रतं तु **वाङ्मयार्णव**नाम्ना केवलं **नानार्थपर्यायनामकस्तरङ्गः** ज्ञानमण्डल-काशीतः प्रकाशित उपलभ्यते।

७. जयप्रकाशचरितचम्पूः—अप्रकाशितः

८. श्रीकृष्णस्तवकल्पतरुः— ,,

९. वैदिक्यो ऋचः— ,,

हिन्दीभाषायाम्

१०. **यूरोपीय दर्शन**—हिन्दीभाषायां पाश्चात्यदर्शनविषये प्रथमोऽयं ग्रन्थः पूर्वं नागरीप्रचारिणीसभातः पश्चाच्च बिहारराष्ट्रभाषापरिषद्-पटनातः प्रकाशितम्।

११. **रामावतारशर्मा-निबन्धावली**—विविधपत्र-पत्रिकासु प्रकाशितानां ज्योतिर्विद्या, भूगर्भविद्या, भूगोलविद्या, नरशास्त्रादि विशिष्टतमानां ३९ निबन्धानां संग्रहरूपा, विहारराष्ट्रभाषापरिषदा प्रकाशिता।

English

1. Philosophy of the Puranas 1902.
2. Chapters from Indian Pseychology 1904.
3. Sri Gopal vasu Mallick Lectures on Vedantism 1908.
4. Kalidas, his mind and Art 1908.
5. A thesis on the age of kalidasa 1909.
6. Elementry text Book of Eternal Law.
7. Joint supervsion with principal Russel of an English translation of Kamandakiya Neetisar.
8. Maner copperplate of king Govind Chandradeva of kanouj.
9. Sanskrit Lexiography, 1923,
10. Review of a history of Sanskrit poetic by P. V. kane, 1920.
11. A note on Sansksit and Sanskritic An Qthologies, 1929

परमार्थदर्शनविषये किञ्चित्

कस्तावत् परमार्थः

प्रायः सर्वैरेव भारतीयैर्दार्शनिकैर्येन केनापि रूपेण परमार्थस्य सत्ता स्वीकृताऽस्ति। आदिशेषेण भगवता विरचितः परमार्थसाराख्यो ग्रन्थः संस्कृतवाङ्मये समुपलभ्यते, यमाधृत्य महामाहेश्वरेणाभिनवगुप्तेन प्रत्यभिज्ञाप्रतिपादकः परमार्थसारो व्यरचि। आदिशेषकृते परमार्थसारे परमार्थशब्दस्तस्मिन्नेवार्थे प्रयुक्तो यस्मिन्नर्थे प्रस्तुते रामावतारीये परमार्थदर्शने प्रयुज्यते। अत्र विषये परमार्थसारस्याधस्तनीः कारिकास्तत्रत्याः स्थूलत्वेनोट्टङ्किताः शब्दाश्च विशेषेणावधातव्याः—

सर्वाकारो भगवानुपास्यते येा येन भावेन।
तं तं भावं भूत्वा चिन्तामणिवत् समभ्येति ॥ का० ६६ ॥
क्षयवृद्धिवद्धयघातकं बन्धनमोक्षैर्विवर्जितं नित्यम्।
परमार्थतत्त्वमेतद् यदतोऽन्यत् तदनृतं सर्वम् ॥का० ६९ ॥
उत्पत्तिनाशवर्जितमेवं **परमार्थ**मुपलभ्य।
कृतकृत्यसफलजन्मा सर्वगतस्तिष्ठति यथेष्टम् ॥ का० ७९ ॥
व्यापिनमभिन्नमित्थं **सर्वात्मानं** विधूतपाप्मानम्।
निरुपमपरमानन्दं यो वेद स तन्मयो भवति ॥ का० ८० ॥
आचार्य गौडपादैरप्युच्यते—'अद्वैतं परमार्थो हि' (गौ०पा०का० ३.१८)
बौद्धाचार्यः कुद्दालपादोऽपि—'परमार्थोऽद्वयमुच्यते' (अचिन्त्याद्वयक्रमोपदेशः ४)

डोम्बी हेरुकश्च—

ततो याति सुखावत्यां सिद्धवीरो महासुखम्।
परमार्थं समाश्रित्य सर्वाकारेण सिद्धयति ॥ (सहजसिद्धिः ३।१८)

एवं सर्वैरेव विचारकैः सत्, निर्विकल्पम्, सत्तामात्रमत्यन्तविलक्षणमपि स्वलक्षणं परमार्थतत्त्वं स्वीकृतम्।

किं च परमार्थदर्शनम्

एतद्ग्रन्थप्रणेतुः म०म० पण्डितरामावतारशर्मणो दृढोऽयं सिद्धान्तः, यत् परमार्थदर्शनमेव भारतस्य प्राचीनं दर्शनमस्ति। संहिता-ब्राह्मण-सूत्र-व्याख्यानानुव्याख्यानेति शास्त्रक्रमे वास्तविकतत्त्वविवेचनायां ये विसंवादा आसन्, प्राचीनैर्दार्शनिकैः—याज्ञवल्क्य-वासुदेव (श्रीकृष्ण)-बादरायण-वैश्वानर (वल्लभाचार्य)प्रभृतिभिर्यथावसरं देशकालानुरूपं तेषां समन्वयं कृत्वा संशोध्य च लोकोपयोगि कृत्वा तत्प्रकाशितम्, किन्तु

प्रमादग्रस्तैर्व्याख्यातृभिर्विविधाभिः स्वानुकूलव्याख्याभिस्तदेवं विकृतं यत्तस्य मूलरूपमेव प्रावृतम्। तदेव प्राचीनं दर्शनमाधुनिकवैज्ञानिकतत्त्वैः सह सम्यक्परीक्ष्य भ्रान्तव्याख्यातृकृतविकृतीर्निरस्य च संप्रति परमार्थानुशासननाम्ना प्रस्तूयते।

इदानीन्तनमानवस्य कृतेऽनेन प्राचीनविज्ञानेन सह नवाविष्कृतानां वैज्ञानिकतत्त्वानां संग्रहो विवेको व्यवस्थाऽनाग्रह उद्योगोऽभ्युदयश्चेति ग्रन्थस्यास्य प्रयोजनानि सन्ति, यानि प्रथमसूत्रभाष्ये विस्तरेण विवृतानि।

रचनाप्रकारः

अधिकरणरत्नमाला परमार्थदर्शनीया—इयमेव प्रस्तुतस्य परमार्थदर्शनस्य मूलम्। स्वकीयेयं कृतिः ग्रन्थकृता स्वयमेव १९१३ ईसवीये काशीतः प्रकाशिताऽऽसीत्। तत्र, षडध्यायाः सन्ति प्रत्यध्यायं चाह्निकद्वयं वर्तते। अधिकरणानि, सूत्राणि, वार्तिकानि च सन्ति, भाष्यं सप्तमाध्यायश्च नास्ति। संभवतः एतत्प्रकाशनानन्तरं भाष्यस्य सप्तमाध्यायस्य च रचना कृता स्यात्।

प्रस्तुते ग्रन्थे ग्रन्थकृताऽस्य स्वरूपमेवं निर्धारितम्–१. अधिकरणानि, २. सूत्राणि, ३. भाष्यम्, ४. वार्तिकानि च। तत्र—

१. अधिकरणानि—प्रतिपाद्यमानसिद्धान्तोऽधिकरणेन सूचितः। प्रत्यधिकरणं श्लोकद्वयं वर्तते, प्रथमश्लोके पूर्वपक्षं प्रश्नरूपेण दत्त्वा द्वितीये सिद्धान्तपक्षः प्रतिपादितः। एवमत्र १२० अधिकरणानि २४० श्लोकाश्च सन्ति।

२. सूत्राणि—प्रत्यधिकरणं यो विषयो गृहीतः स सूत्रैर्व्याकृतः। अधिकरणेषु सूत्रसंख्या नियता नास्ति, विषयतारतम्यानुरूपं न्यूनान्यधिकानि वा सूत्राणि वर्तन्ते। एवं षट्स्वध्यायेषु ४४५ सूत्राणि सन्ति।

३. भाष्यम्—प्रतिसूत्रं प्राञ्जलेन गद्येन भाष्यं विरचितम्, यत्रान्येषां मतानि सयुक्तिकं निरस्य विधिवत् स्वपक्षस्थापनं कृतम्। भाष्यकारस्य भाषा रचनापद्धतिश्चेदृशी वर्तते यदध्ययने महाभाष्यकर्ता पतञ्जलिः हठात् स्मृतिपथमायाति।

४. वार्तिकानि—प्राचीनग्रन्थेषु वार्तिकानां द्वौ प्रकारौ दृश्येते-१. सूत्रस्य व्याख्यानरूपं यथा पाणिनिसूत्रेषु कात्यायनस्य वार्तिकानि। २. भाष्यस्य व्याख्यानरूपं यथा व्यासभाष्ये योगवार्तिकम्, वात्स्यायनभाष्ये न्यायवार्तिकं वा। परन्तु ग्रन्थेऽस्मिन् तृतीय एव प्रकारः प्रदर्शितः, यदत्र, भाष्ये गद्यरूपेण यत् प्रतिपादितं तदेव रुचिरैः पद्यैः काव्यमिव निर्मितम्, येन केवलवार्तिकाध्यायिनोऽपि समग्रं ग्रन्थगतं सारल्येनानुभवन्ति। एवं वार्तिकानां संख्या ८२६ वर्तते।

सप्तमोऽध्यायः–प्रतीयते भाष्यरचनानन्तरमस्याध्यायस्य रचना कृता। यतो हि

अधिकरणरत्नमालायामस्य संकेतो न दृश्यते । अत्राधिकरणानि वार्तिकानि च न सन्ति । केवलं ३ आह्निकानि १६८ सूत्राणि च वर्तन्ते । मूलसूत्रेषु भाष्ये वा यत्प्रतिपादितं तस्य कल्पिताभिरकल्पिताभिर्वाऽऽख्यायिकाभिर्दृष्टान्तैश्च पुष्टीकरणंमस्योद्देश्यम् । अतएवाय-माख्यायिकाध्याय एवोच्यते, भाष्यमप्यस्य २५ सूत्रं यावदेवोपलब्धम् ।

दर्शनान्तरेभ्योऽस्य वैलक्षण्यम्

१. 'साक्षी विषयश्चैकस्यैव सत्यस्याविभाज्यावंशौ स्तः । अनयोरन्योऽन्यं विना नास्ति किमप्यस्तित्वम्'—इत्यस्य सिद्धान्तस्य विस्मृतिरेव महान् दोषः, येन सर्वे दार्श-निका ग्रस्ता दृश्यन्ते । यथा—

कपिलो द्रष्टरि दृश्ये च कृत्रिमं पार्थक्यं स्वीकरोति, चार्वाको द्रष्टारमेव दृश्ये परिणमयति, शङ्करस्तु दृश्यं द्रष्टरीत्येको दोषः ।

आर्हतानामनेकात्मवादे, बौद्धानां क्षणिकसंस्पर्शवादे, नैयायिकानामात्मवादे, वैशेषिकाणामणुवादे चापरो दोषः, एते एकमनेकेषु परिवर्तयन्ति ।

तृतीयश्च दोषो निःसीमस्य ससीमत्वकरणम् । येन ईश्वर-पुनर्जन्मादयोऽन्ध-विश्वासा उत्पद्यन्ते । परमार्थदर्शने तु नैते दोषाः ।

२. केनापि दर्शनकारेण नैतत्स्पष्टीकृतं यच्छब्दस्य प्रामाण्यं कुत्र स्वीकर्तव्यं कुत्र चाग्राह्यम्,फलतः जनैर्विधावर्थवादे च सर्वत्र शब्दप्रामाण्यं गृहीतम् । येन नानाभ्रान्तिभिः समाजो निगृहीतः । परमार्थदर्शनमव्याहते विधावेव शब्दस्य प्रामाण्यं स्वीकरोति ।

३. दृश्यादृश्यं सम्पूर्णमपि जगत्–अनादिरस्ति, जले बुद्बुद इव तस्यैव सर्वात्मनः स्वरूपमिदमतोऽस्यांशतः नाशो परिवर्तनं वा भवतु नाम, सर्वांशतो विनाशो न कदापि भवतीति परमार्थदर्शनस्य प्रमुखः सिद्धान्तः ।

४. ज्ञानं कर्म भक्तिश्च परस्परं सहकारिणः सन्ति, एषां परस्परं विरोधोऽस्मिन् दर्शने कथमपि न स्वीकार्यः ।

५, सांख्येन गुणानां साम्यावस्थैव प्रकृतिर्वैषम्यावस्था च सृष्टिरिति स्वीक्रियते, किन्तु साम्यवैषम्ये कथं भवतः ? प्रश्नस्यास्योत्तरं तत्पार्श्वे नास्ति, परमार्थदर्शनं नैत-ल्लक्षणं स्वीकरोति ।

६. अस्ति नास्तीत्यादिसप्तभङ्गीसंशयः, सर्वज्ञत्ववादः, आलोकाकाशगमनमेव मुक्तिरित्याद्यार्हतानां वादा नितरां व्याहताः, परमार्थदर्शनमेतानुपेक्षते ।

७. सर्वं शून्यं सर्वं क्षणिकमित्यादि वदतां बौद्धानां स्वर्गे नरके पुनर्जन्मनि वा कथमास्था ? अतस्तेषामपि मतं व्याहतम् ।

८. अग्निष्टोमेन स्वर्गकामो यजेतेत्यादिभिर्जनान् भ्रामयन्तो मीमांसकास्तु

वस्तुविनिमयकारिणः सार्थवाहा इव। अत्र दर्शने तु स्वर्ग एव नास्ति किमग्निष्टोमेन।

९. कुम्भकारो घट इवेमां सृष्टिमीश्वरो निर्मातीति वदन्तो नैयायिकास्तु कुतार्किका एव। नास्ति किमपीश्वराख्यं वस्तु परमार्थदर्शने।

१०. योगमूर्च्छासमाधिसिद्धिदिव्यदृष्ट्यादिकल्पना मूर्खाणां तोषदायिनी। केवलं चित्तवृत्तेरेकाग्रत्वमेव योगः स्वीकृतः परमार्थदर्शनेन।

११. ऋणं कृत्वा घृतपानेन पीवराश्चार्वाकास्तु घोरजडवादिन इत्युपेक्ष्याः।

१२. जगन्मिथ्येति वदन्तो वेदान्तिनश्च स्वीयेनैव मायापाशेन बद्धा मिथ्यावादिन एव। एवं सर्वदर्शनमतान्यपाकृतानि सयुक्तिकं परमार्थदर्शनेन। अतः परमपि निम्नांकिता विषया अत्र विशेषेणावधातव्याः—

१३. वेदा नापौरुषेया न चेश्वरकर्तृकाः सन्ति। तन्मन्त्रप्रणेतारो मधुच्छन्दादि-ऋषयो मानवा एव। सामान्यापेक्षया ऋषीणां दृष्टिरप्रतिहता सर्वार्थदर्शिनी च भवति। ते प्रकृतेस्तत्त्वानि परीक्षन्ते नूतनतत्त्वान्वेषणं च कुर्वन्ति, सत्यमेव स्वीकुर्वते नासत्यम्, अत एव ते ऋषय उच्यन्ते, वेदाख्यानि च तेषां वचांसि विशेषेण महत्त्वमादधति।

१४. ऋषयो बहुज्ञा भवन्ति, इति स्वीकर्तुं शक्यते किन्तु सर्वज्ञः त्रिकालदर्शी वा न कोऽपि भवितुं शक्नोति, परिभाषाणां व्याहतत्वात्।

१५. आत्मा न किमपि द्रव्यम्, स एको विभुर्नित्यश्च यः सर्वात्मा, विश्वात्मा, परमार्थादि विविधनामभिरुच्यते। स तु ज्ञानरूप एव न तु ज्ञानाश्रयः। जले बुद्बुदा इव तस्मिन्नेव परमात्मनि जीवाः शरीरेण सहोत्पद्यन्ते तेनैव विलीयन्ते च।

१६, आत्मा शरीरस्य न कस्मिन्नप्यवयवे तिष्ठति, न चैकं शरीरं विहायान्यत्र गच्छति। स च जीवितानां कोशिकानां गुणरूपः, मृत्यौ शरीरेण सहैवात्मापि विनश्यति। चिरादज्ञानतः तस्य शरीरात्पृथक् स्वतन्त्रैव सत्ता जनैः कल्पिता, यस्याः किमपि प्रमाणं न शल्यक्रियया प्राप्यते न च क्वाप्यशरीरी आत्मा दृश्यते।

१७. जीवस्तु एकस्य पुञ्जस्य (समुदायस्य) शक्तिविशेष एव। अतः समुदायात्पूर्वं तल्लोपानन्तरं च जीवस्य किमप्यस्तित्वं न भवति।

१८. मनसोऽपि स्थितिरेवमेव। मस्तिष्कनाडीनां प्रक्रियैव मनः, तदपि शरीरनाशे विनश्यति। न तस्याणुत्वादि स्वीकृतमस्मिन् दर्शने।

१९. यथा घटीयन्त्रस्थावयवानां विकृतौ तत्कार्यं विलुप्यते, न सा समयादि-बोधने समर्था भवति, तथैव प्राणशक्तौ विकृतायां जीवनं विलुप्यते सैव मृत्युरित्युच्यते।

२०. पुनर्जन्म परमार्थदर्शनं न कथमपि स्वीकरोति।

२१. धर्माधर्माद्युत्पन्नमदृष्टं नाम किमपि न भवति, अतः स्वर्गनरकादिकल्पना बिभीषिकामात्रम्।

२२. गुणा द्रव्याश्रया न भवन्ति प्रत्युत गुणद्रव्ययोरैक्यमेवास्ति। तयोः पृथक्त्व-

कल्पना तु वनसेनयोरिवास्ति । यथा एकश्चेद् वृक्ष उच्यते समूहश्चेद्वनम् । एवं एको योद्धा समूहश्च सेना ।

२३. एवं कर्मापि गुणविशेष एव । सामान्यविशेषयोरपि संज्ञामात्रभेदः ।

२४. एते च गुणादयः पृथिव्यादि ग्रहा इव स्वाधार एव स्थिताः, न कोऽप्यन्य एषामाधारः ।

२५. पृथ्वी जलमग्निर्वायुश्च तत्त्वानि न सन्ति, अनेकतत्त्वानां संमिश्रणाद्यौगिकान्येतानि ।

२६. शब्द आकाशस्य विषयो नास्ति, वायोर्विषयोऽयम् । यतो हि वायुरहितेस्थाने शब्दो न तिष्ठति ।

२७. आकाशोऽनन्तः । अत्र पञ्चवस्तूनि सन्ति १. छायापथः, २. ताराः, ३. ग्रहाः, ४. केतवः, ५. उपग्रहाश्च, अत्रासंख्यानि ब्रह्माण्डानि सन्ति । प्रत्येकब्रह्माण्डस्यैकैकः सूर्योऽधिष्ठाता वर्तते । प्रतिब्रह्माण्डं तस्य पृथक् तारा ग्रहाः केतव उपग्रहाश्च सन्ति । एतेषां समूह एव छायापथो वर्तते । यश्चाकाशगङ्गादिनामभिर्लोकैर्ज्ञायते ।

२८. पृथिव्यप्येको ग्रह एव, अस्मद्ब्रह्माण्डे यः सूर्यस्तस्याष्टौ ग्रहाः षड्विंशत्युपग्रहाश्च सन्ति । आर्यभटादिभारतीयैः कौर्पाणिकादिपाश्चात्त्यैश्च वैज्ञानिकैरद्यावधि यावदन्विष्य वैज्ञानिकाः सिद्धान्ताः प्रवर्तितास्तेऽस्मद्ब्रह्माण्डविषयका एव । अतिविप्रकृष्टत्वादन्यब्रह्माण्डविषये नैषां गतिः ।

२९. पृथिव्यादिग्रहाणां सूर्यस्य परितो भ्रमणं तेषां व्यासादि गतिसचारादि च परमार्थदर्शने विस्तरेण वर्णितम्, तत्सर्वं पाश्चात्त्यवैज्ञानिकैर्दूरवीक्षणयन्त्रादिसाहाय्येन यत् प्रत्यक्षीकृतं तदेवात्र स्वीकृतम् ।

३०. परमार्थदर्शनमवतारवादं न स्वीकरोति, क्रमशो विकासमुपगता जीवजातय एवावताराः, विशिष्टगुणवतां व्यक्तिविशेषाणां कृतेऽवतारशब्दो लक्षणया प्रयुज्यते ।

३१. सृष्टेः सर्वोऽपि क्रमः प्रकृत्या स्वयं निर्मीयते । सा च प्रकृतिः न केनापि नियम्यते, इत्यस्य दर्शनस्य मतम् ।

३२. दिव्यशक्तेः प्रदर्शनम्, इन्द्रजालम्, मन्त्रसाधनम्, वशीकरणादि प्रयोगाः, भूतप्रेत स्वर्गनरकादि च पाखण्डिनां प्रपञ्चजालानि, नैषामस्तित्वमत्र स्वीक्रियते ।

३३. सत्य-त्रेता-द्वापर-कलियुगादिव्यवस्थायां मानुषैर्वर्षैर्द्वादशसहस्रैरेका चतुर्युगी भवतीति मत्वा प्राचीनां दिव्यवर्षैर्युगगणनां खण्डयतीदं दर्शनम् ।

३४. वैदिकवाङ्मये साम्प्रतिकैः क्रियमाणं भौतिकविज्ञानविषयाणामन्वेषणप्रयासमुपहासास्पदं मनुते दर्शनमिदम् ।

३५. शिखासूत्रादिधारणमाचारः, एतेन पुण्यं स्वर्गं वा न प्राप्यते, तथापि आप्ताज्ञेति कृत्वा तत्पालनमावश्यकम् ।

३६. परमार्थदर्शनं शास्त्राणां त्रिविधां वर्णनपद्धतिं निर्धारयति—

प्रथमा स्वाभाविकी—या वैज्ञानिकानां भवति। ते तत्त्वानि परीक्ष्य ग्राह्याग्राह्यं विवेचयन्ति।

द्वितीया रूपकमयी—या वेदादीनामस्ति, 'ऊर्ध्वमूलमधःशाखम्' इत्यादि वाक्यैस्ते जगतो निरूपणं कुर्वन्ति।

तृतीया अतिशयोक्तिमयी—यथा पुराणादिषु स्वर्गनरकवर्णनम्, समुद्रमन्थनम्, द्रौपदीचीरहरणादिकथा याश्च केवलं मनो विनोदयन्ति परन्तु प्रमाणैर्व्याहता भवन्ति।

३७. अस्मिन् परमार्थदर्शने बहूनि शास्त्राणि संगृहीतानि सन्ति। प्राचीनार्वाचीनविद्ययोः समन्वये प्रयत्नम्, परम्परातः समागतानां दोषाणां निर्ममतयोद्घाटनम्, अदृष्टाश्रितानां प्रचलितानां मिथ्यावादानां खण्डनं कृत्वा सत्यैकनिष्ठया लोकहितकामनयैव ग्रन्थप्रणयनमस्य महामनीषिणो विलक्षणं बुद्धिवैशारद्यं दृष्टेश्चौदार्यं स्पष्टीकरोति।

संक्षेपेण दिग्दर्शनमेतदत्रत्यमुख्यविषयाणाम्, विशेषस्तु विषयसूचीतः ग्रन्थाध्ययनेन च बुधैर्ज्ञास्यते।

प्रस्तुतं संस्करणम्

१९१३ ईसवीये प०रामावतारशर्मणा 'सवार्तिका परमार्थदर्शनीयाऽधिकरणरत्नमाला' काशीतः प्रकाशिता। ततः प्रभृत्येवास्य नवीनविचारधारायाश्चर्चा विद्वत्समुदाये प्रवृत्ताऽऽसीत्। मन्ये भाष्यं तदनन्तरं तेन विरचितम्, अतो ये तत्समकालीनास्तत्सम्पर्कवन्तश्च विद्वांस आसन् त एव जानन्तिस्म यद् भाष्ये किमस्तीति। तेषां विदुषां शिष्यप्रशिष्यपरम्परया भाष्यं चर्चितं त्वभवत्, किन्तु दुर्लभत्वाज्जिज्ञासूनां कृते तद्दर्शनं चिरप्रतीक्षितमेवाऽऽसीत्। आचार्यपादानां निधनतः षोडशवर्षानन्तरं १९४६ ईसवीये रामस्य लक्ष्मणेनेव तदनुजेन स्व० श्रीकान्तशर्मणा दुरूहाक्षरं तद्भाष्यं सुवाच्याक्षरैः प्रतिलिपीकृतम्। अस्मिन्नन्तराले भाष्यस्य भूयानंशो विलुप्तोऽभवत्। चतुर्थाध्यायस्य संपूर्णे द्वितीयाह्निके, षष्ठाध्याये प्रथमाह्निके १७-३८ सूत्रं यावत्, द्वितीयाह्निके च १३-४२ सूत्रं यावद्भाष्यं नोपलभ्यते, इति महान् खेदस्य विषयः।

प्रायो नवतिवर्षेभ्यः प्राच्यविद्याया दुर्लभान् सहस्रशो ग्रन्थान् प्रकाश्य सारस्वतसमाराधने बद्धपरिकरस्य विश्वविश्रुत-**मोतीलालबनारसीदास**-प्रतिष्ठानस्य तरुणेनांशिना **श्रीजैनेन्द्रप्रकाशजैन**महाभागेन सभाष्यमिमं ग्रन्थं प्रकाशयता संस्कृतजगतो महानभिलाषः प्रपूरित इति धन्यवादार्हः स। तस्यैव प्रेरणयाऽस्य सम्पादनेऽहं प्रवृत्तः।

अधिकरणरत्नमालायाः प्रकाशनात् पूर्वमेव १९०९ ईसवीये रामावतारशर्मणा कलकत्ताविश्वविद्यालये श्रीगोपालवसुमल्लिकव्याख्यानमालायां पठितानां स्वव्याख्यानानां संग्रहो **वेन्दान्तिज्म** नाम्ना प्रकाशित आसीत्। मन्ये इदमेवास्य परमार्थदर्शनस्योत्पत्तिभूः, अस्मिन्नेवाङ्कुरिता शर्ममहाभागस्य विचारपरम्परा परमार्थदर्शने पल्लविता

पुष्पिता चेति स्पष्टं प्रतीयते। अतो मयानुभूतं यदि वेदान्तिज्मग्रन्थमधीत्य ग्रन्थकर्तु-र्विचारधारामवगत्य विद्वद्भिः परमार्थदर्शनमधीयते चेत् सम्यक्तयाऽवगन्तुं शक्येत। यतो हि ग्रन्थोऽयमस्योपोद्घातरूपं प्रतीयेत। अत एव मयाऽयमपि ग्रन्थोऽत्र सम्पृक्तः।

प्रस्तुत ग्रन्थसम्पादने येषां सहयोगः सम्प्राप्तस्तेषु—

प्रथममधमर्णा वयं **स्व० श्रीकान्तशर्मणः** येन महामनीषिणो दुरूहाक्षरैर्लिखि-तेयं रचना सुवाच्याक्षरैः प्रतिलिपीकृत्य प्रकाशनार्हा कृता।

ततश्च ग्रन्थकर्तुः पुत्रवधू **श्रीमती कुमुदशर्मा** (स्व० नलिनविलोचनशर्मणः पत्नी) भूरिशो साधुवादार्हा, यया पितृ-ऋणमपाकर्तुमिवेयं कृतिरद्यावधि संरक्षिता प्रकाशना-यास्मभ्यं सुलभीकृता च। अस्याः श्वशुरः पतिश्च वाग्देवतावतारभूतौ स्वयमपि विद्या-नुरागिणी विदुषी च तस्या इमामुपकृतिं कैः शब्दैर्वर्णयामहे।

महथा सुखदेवनारायणसिंहमहोदयोऽप्यत्र धन्यवादार्हः यस्य महता प्रयत्नेन संकलितात् 'रामावतारगाथा'ख्यशताब्दीग्रन्थात् भूयस्यः प्रामाणिक्यः सूचना अस्माभिरुपलब्धाः।

अस्य सर्वस्यैव प्रकरणस्य सूत्रधारोऽस्मत्कल्याणमित्रं **डॉ० श्रीरञ्जनसूरिदेवो** यदि सर्वविधसाहाय्यं नाकरिष्यच्चेन्नास्य ग्रन्थस्य सम्पादनं प्रकाशनं वाऽभविष्यत्। मूलपाण्डुलिपिः, छायाप्रतिः, अन्येऽप्यपेक्षिताः ग्रन्थाः, यदा यदप्यपेक्षितं तन्मह्यमनेन सुलभीकृतम्, समये समये स्वीयैर्बहुमूल्यपरामर्शैश्चाहमुपकृतः—

'अस्मै वरेण्यविदुषे किमहं ब्रवीमि याचे विभुं सततमस्य यशोऽभिवृद्धिम्'।

प्राच्यपाश्चात्त्योभयविद्यानिष्णातेन महनीयविपश्चिता डॉ० गोविन्दचन्द्र-पाण्डेयमहोदयेनाङ्ग्लोपोद्घातद्वाराऽस्य महत्ता प्रकटितेति भूरिशो धन्यवादैः श्रीपाण्डेय-महोदयमभिवन्दामहे।

अन्ततः सादरं प्रार्थये यद् महामनीषिणोऽस्य ग्रन्थस्य यादृशं सम्पादनमपेक्षित-मासीत् तादृशं कर्तुमहं नापारयम्। यतो हि वर्षद्वयात् रोगाक्रान्तस्य मम शारीरिकी मानसिकी च स्थितिर्मुहुर्मुहुर्मां विक्लवमकरोत्। विद्वद्भिश्चिरात् प्रतीक्षितं सभाष्यमिदं दर्शनं कथमपि तेषां पुरत उपस्थाप्येत, इयं भावनैव मां प्रैरयत्। अतो ममावधानता-वशाद् दृष्टिदोषान्मुद्रणदोषाद्वा याः काश्चन त्रुटयः स्युस्तासां कृते सूचनीयोऽहमिति क्षमाधनान् विपश्चितः साञ्जलिबन्धं प्रार्थये।

२२/३९ पञ्चगङ्गा, वाराणसी
श्रावणी पौर्णिमा, २०५०

विद्वच्चरणचञ्चरीकः
जनार्दनशास्त्री पाण्डेयः

विषयसूची

अत्यावश्यकं संशोधनम्

[परमार्थदर्शनभाष्यस्योपलब्धमातृकायां प्रथमाध्यायस्य द्वितीयाह्निके अधिकरणानां केवलं प्रतीकमात्रमासीत् । ग्रन्थकर्त्रा स्वयं प्रकाशिता 'परमार्थदर्शनीयाऽधिकरणरत्नमाला' तदानीं प्रयततापि मया नोपलब्धा, अतोऽसहायेन यथावन्मुद्रितम् । अनन्तरं साऽधिगता, अतस्तदनुसृत्य तान्यधिकरणानि प्रदीयन्ते । क्षमाधना विद्वांसः प्रार्थ्यन्ते तत्रैव पठेयुः— —सम्पादकः]

४३ पृष्ठे ७ पङ्क्तौ—

[अधि० १] अस्ति वा नास्ति वा दिव्या दृष्टिरस्ति यया जनः ।
लेखानदृष्टान् पठति प्रत्नानपि च पश्यति ॥ १ ॥
नानुमानातिरिक्ताऽस्ति दृष्टिर्दिव्या तु काचन ।
अनुमानात्मिका सा चेदस्तु व्याप्तिग्रहादिजा ॥ २ ॥

५२ पृष्ठे ७ पङ्क्तौ—

[अधि० २] अपौरुषेयं पुरुषोद्भवं वा श्रुतिवाङ्मयम् ।
अपौरुषेयं दिव्यं स्याद् यद्देशोद्भासितं भुवि ॥ १ ॥
मधुच्छन्दःप्रभृतिभिराम्नातं प्रथितं स्फुटम् ।
नापौरुषेयं तस्मात्तदेशं तु निखिलं जगत् ॥ २ ॥

५५ पृष्ठे १६ पङ्क्तौ—

[अधि० ३] विध्यर्थवादयोर्भेदः स्वरूपेऽस्ति पुनर्न वा ।
न स्फुटोऽस्ति तयोर्भेदस्तस्मादयमुपेक्ष्यताम् ॥ १ ॥
आसीद्भविष्यत्यस्तीति त्र्यात्मकादर्थवादतः ।
इदं कुर्विति रूपस्य विधेर्भेदः परिस्फुटः ॥ २ ॥

५९ पृष्ठे १५ पङ्क्तौ—

[अधि० ४] सर्वाः प्रतिज्ञाः पित्रादेः स्वीकार्या वा न वा जनैः ।
स्वीकार्या एव पित्रादेराप्तत्वादखिला अपि ॥ १ ॥
अनपेक्षोपपत्तित्वाद्विधिः स्वीक्रियतां जनैः ।
अपेक्षितोपपत्तित्वादर्थवादः परीक्ष्यताम् ॥ २ ॥

६५ पृष्ठे ९ पङ्क्तौ—

उपपत्तिविरुद्धस्य विधेरनुगमो न वा।
कार्यमेवानुगमनं श्रेयसोऽनादरोऽन्यथा ॥ १ ॥

उपपत्तिविरुद्धस्यासंभाव्योऽनुगमः स्फुटम्।
तद्वक्तुरप्यनाप्तत्वं वाचि व्याहतिदर्शनात् ॥ २ ॥

६८ पृष्ठे १ पङ्क्तौ—

[अधि० ६] अर्थवादा ह्यसन्दिग्धाः शब्दमात्रोदिता न वा।
महतामुदिताः शब्दैरसन्दिग्धाः कुतो न ते ॥ १ ॥

प्रत्यक्षमनुमानं वा न यावद् बाधवर्जितम्।
शब्दमात्रोदितस्तावदर्थः संशयगोचरः ॥ २ ॥

६९ पृष्ठे १ पङ्क्तौ—

[अधि० ७] अव्याहतेऽर्थवादे स्यात् संशयो व्याहतेऽपि वा।
व्याहतेर्दुष्करं ज्ञानं तस्मात्सर्वत्र संशयः ॥ १ ॥

एकज्ञानेऽपि तद्धर्म्यव्याहतिज्ञानदर्शनात्।
निश्चिताव्याहतावेव सशयो नेतरत्र तु। २ ॥

७१ पृष्ठे २१ पङ्क्तौ—

[अधि० ८] प्रमादाद् दृष्टिभेदाद्वा वन्ध्यापुत्रगवेषिभिः।
दृश्यते मन्त्रशक्त्यादि दृष्टिभेदादिदं भवेत् ॥ १ ॥

प्रमादादीदृशं दृश्यं प्रमादस्य च हेतवः।
आप्तत्वकल्पना दोषा विस्मयाद्याश्च चेतसः ॥ २ ॥

॥ श्रीः ॥

अथ परमार्थानुशासनसूत्राणि सभाष्याणि

प्रथमाध्यायस्य प्रथमाह्निकम् ।

अधिकरणम् १.

दर्शनं सार्थकमिदमथवा स्यान्निरर्थकम् ।
सत्त्वाद्बहूनां शास्त्राणां नैतस्यार्थो विभाव्यते ॥ १ ॥

संग्रहश्च विवेकश्च व्यवस्थाऽनाग्रहस्तथा ।
उद्योगाभ्युदयौ चास्य दर्शनस्य प्रयोजनम् ॥ २ ॥

यथार्थज्ञानं मुक्तिरयथार्थज्ञानं बन्ध इति सिद्धान्तमनुसरन् परमकारुणिकः सूत्रकारो जगतः सम्यग्ज्ञानाय परमार्थानुशासनं नाम शास्त्रं प्राणैषीत् । तस्येदमादिमं सूत्रम्—

अथ परमार्थानुशासनम् ॥ १ ॥

भाष्यम्—अथशब्दोऽधिकारार्थः । परमार्थानुशासनं नाम शास्त्रमधिकृतं वेदितव्यम् । कानि पुनः परमार्थानुशासनस्य प्रयोजनानि ? संग्रहविवेकव्यवस्थोद्योगानाग्रहोदयाः प्रयोजनम् । संग्रहस्तावत् । ऋषिर्ब्राह्मणं सूत्राणि व्याख्यानान्यनुव्याख्यानानि चेति भारते शास्त्रक्रमः । तत्र विविधानि प्रायः परस्परविसंवादीनि विज्ञानानि । तानि समन्वयदर्शिभिर्याज्ञवल्क्य-वासुदेव-बादरायण-वैश्वानरप्रभृतिभिः पुनः पुनः परीक्ष्य जनेषु प्रख्यापितानि प्रमत्तैर्व्याख्यातृभिस्तु मुहुर्मुहुर्विप्लावितानि । तानि संग्रहान्तरमपेक्षन्ते कालवशात् । विज्ञानतत्त्वानि च नवाविष्कृतानि सुबहून्यसंगृहीतान्यस्मदीयैरद्यापि । तान्यपि संग्रहं प्रतीक्षन्ते । स संग्रहोऽत्र सूत्रकृता विहितः । ऋष्यादिविस्तरे दुर्व्याख्यानगहनेऽभिनवे च व्यतिकीर्णे विज्ञानप्रपञ्चे तत्त्वसंग्रहो

संग्रहवार्तिकानि । उपक्रमः ।

कुत्र केन लिखितं किमित्ययं नाममात्रविदुषां दुराग्रहः ।
वस्तु कीदृगिति वक्तृनिःस्पृहेऽन्वेषणं तु परमार्थदर्शने ॥ १ ॥

प्राच्यमार्यभटजीवितावधि प्रत्यगप्यथ कुर्पणिकोदयम् ।
अप्रमत्तविदुषां यथायथं दर्शितं मतमिहाग्रहं विना ॥ २ ॥

दुष्करः। अत्र पुनः सुखेन तत्त्वसंग्रहो भविष्यति। तस्मात् संग्रहार्थमध्येयं परमार्थानुशासनम्।

विवेकः खल्वपि। पुरुषेण को विधिः कोऽर्थवादः, किं परीक्ष्यं किमपरीक्ष्यम्, किं कारणं किमकारणम्, किमिष्टं किमनिष्टम्, किं प्रमितं किमप्रमितमित्यादि विवेक्तव्यम्। मदर्थं फलमानयेति पितुरादेशो विधिः। तस्य निर्हेतुकं सद्योऽनुसरणम्। वाराणसी पाटलिपुत्रादल्पीयसीति पितुर्वचनमर्थवादः। तस्य न परीक्षां विना स्वीकारः। परीक्षाऽपि गृहान्तरे स्थितस्य वन्ध्यापुत्रस्य शिरसि काञ्चनेष्टका वर्त्तते तामानयेत्यादिव्याहतवाक्येषु न प्रवर्त्तनीया, व्याहतस्यापरीक्ष्यत्वात्। धनमिच्छति विष्णुमित्रः। वाणिज्यादिलभ्यं च तत्, न मन्त्रजपसाध्यम्। तद्विजानन्विष्णुमित्रो वाणिज्यमाश्रयते। अविजानंस्तु धनमित्रो मन्त्रसाधनाय गृहं विक्रीय व्यसने मज्जति। कौपीनशेषश्च प्रतारकैर्मान्त्रिकैः परिहस्यते। व्याधिग्रस्तायां भार्यायामौषधाय भिषक्सेवनमिष्टं न पुनस्तां गन्धर्वगृहीतां मत्वा महामान्त्रिक इति प्रथितस्य कुम्भकारस्याश्रयणम्। आहितुण्डिकः कौपीने प्रच्छादितपूर्वान् सर्पान् दर्शयति वदति चाहं न मन्त्रज्ञो जीविकामात्रार्थी हस्तलाघवं दर्शयामीति। ऋजुकास्तु तथा वदतोऽपि तस्य तेन हस्तलाघवेन मान्त्रिकत्वं प्रमितमिति मन्यन्ते। यथा वा सर्पदष्टा कापि विषवैद्यमुपतिष्ठते स चानर्थकान् हुङ्कारादीन् कुर्वञ्जलाद्युपचारैस्तां भिषज्यति। विषबलाल्पत्वे जीवति सा। म्रियत एवान्यथा। दर्शका निर्मन्त्रायास्तत्क्रियायास्तदेव फलमिति न जानन्ति न वा परीक्षन्ते। अन्यथासिद्धानामपि मन्त्राणां शक्तिं सद्यः प्रमितां मन्यन्ते। इत्थमविवेकिनां व्याहतानुसरणम्। ततश्च समयशक्तिद्रव्यादीनां निरर्थको महान् व्ययः। परीक्ष्य मन्त्रादेर्निष्फलत्वोपलम्भे तेषां विराम इति चेन्न, वर्षकोट्यापि सर्वैरपि भूलोकवासिभिः संभूयापि तस्याः परीक्षायाः समापयितुमशक्यत्वात्। समहाद्वीपद्वया सोच्चावचानेकद्वीपोपद्वीपा वसुमती। असंख्येयास्तत्र देशाः। एकैकस्यापरिच्छेद्यं वाङ्मयमसंख्यभाषानिबद्धम्। तत्र कस्य ध्वनिविशेषस्य किं माहात्म्यमिति कः कार्त्स्न्येन परिच्छेत्तुं शक्नोति। परमार्थज्ञस्तु द्वित्राञ्छब्दविशेषान् परीक्ष्य तेषां द्रव्योत्पादने साक्षाद्द्रव्यपरिवर्त्तने वा शक्तिं वेणुयष्टेर्दुग्धाशामिवात्यन्तं व्याहतां प्रतिपद्यमानो न स्वयं तत्परीक्षायै प्रवर्त्तते न चान्यान् प्रवर्त्तयति निवारयति चैतानस्मादनर्थकराद्व्यापारात्। तस्मादविवेकमूलो महाननर्थो न स्यादित्यध्येयं परमार्थानुशासनम्।

व्यवस्था खल्वपि। जगतो रक्षायै व्यवहारादिव्यवस्था सर्वत्रापेक्षिता। तद्यथा नरहत्यामाचरन् प्रशासकैर्दण्ड्यते। जनोपयुक्तं च कार्यमाचरंस्तैः परितोष्यते जनेन

(वा०) भट्टवल्लभमुखैरनाग्रहैः सुक्रतुप्रभृतिभिश्च यत् परैः।
व्याहतिप्रणयशून्यमीरितं संगृहीतमिह तत् प्रयत्नतः॥ ३॥

च श्लाघ्यते। सा च व्यवस्था परमार्थज्ञानाभावे विलुप्यते। आधिकरणिको हि परीक्षाकालेऽपराधिनं पृच्छति—अप्ययमभियोगः सत्यो नरं हतवानसीति। स तं प्रतिवदति—नाहमपराधी। न मया हत्या कृता। दैवहतकस्त्वसौ मामपीडयत्। ममेष्टदेवश्च मद्रूपस्तमभिपत्य व्यापादितवान्। आधिकरणिकश्चेत् परमार्थज्ञो न स ईदृशैः प्रलापैः प्रतार्यते। अथापरमार्थज्ञस्तदा प्रतार्यते न्यायव्यवस्थां च विलोपयति विसृजति चापराधिनम्। ईदृशो व्यवस्थाविलोपो न स्यादित्यध्येयं परमार्थानुशासनम्।

उद्योगः खल्वपि। अपरमार्थज्ञो दैवमवलम्बते। उद्योगपराङ्मुखः कुटुम्बमात्मानं चावसादयति। अकाण्डे विसृजति वा कुटुम्बकम्। मद्यभङ्गाहिफेनादि सेवते। मदातिरेकं समाधिं प्रख्यापयति। ब्रह्मसाक्षात्कारवानिव प्रलपति। निर्विद्यः सर्वज्ञतां प्रथयति। क्लीबपत्नीः प्रजया सनाथयति। प्राकृतगाथाः श्रुतीरिव श्रावयति। मोदकापूपसंयावानुपायनीकृतान् वीक्ष्य साक्षात्कृतदेवदेव इव नृत्यति। उपासकविलासिनीकटाक्षैर्ब्रह्माद्वैतामृततरङ्गेष्विव मज्जति। वञ्चयति वैधेयान्। विक्लवयति विदुषोऽपि परिहासैः। परमार्थज्ञः पुनस्तयोर्दैवमचिन्त्यं तु मानुषे वर्तते क्रियेति मानवीयां पद्धतिमनुसरति। उद्योगमालम्बते। विदुषः सेवते। अधीते विद्याः। जुगुप्सतेऽनुद्योगात्। अवधीरयति पाषण्डान्। कृतार्थयति कुटुम्बकम्। अपाकरोति च ऋणत्रयम्। तस्मादनुद्योगोपहताः स्वपरवञ्चका मा भूमेत्यध्येयं परमार्थानुशासनम्।

अनाग्रहः खल्वपि। परमार्थज्ञो बालेनापि परेणाप्युक्तमव्याहतं गृह्णाति। व्याहतं पुनर्बन्धुभिरपि ऋषिभिरप्युक्तं न गृह्णाति। न ह्यसावाग्रहोपहतः। अपरमार्थज्ञस्तु मूढः परप्रत्ययनेयबुद्धिर्मदीयैरिदमुक्तं महर्षिभिरिदं प्रख्यापितं तातचरणानामिदमैतिह्यमित्यादि वदन् सप्तद्वीपां सप्तसागरां वसुमतीं प्रत्येति। साम्प्रतिकीं द्वीपगिरिनगरार्णवादिस्थितिं परैरुक्तोऽपि न विभावयति। ज्ञानमधः कुरुते। विज्ञानं विप्लावयति। आग्रहोपहतो हि सः। आग्रहोपहता मा भूमेत्यध्येयं परमार्थानुशासनम्।

उदयः खल्वपि। ज्ञानपूर्वं त्रिवर्गानुसरणं जीवन्मुक्तिफलम्। तद्विपर्यास आत्मघातः। अविद्यावतामात्मघ्नानामसुर्येऽन्धे तमस्यवस्थानम्। विद्यावतां वैराजं प्रकाशमयं जीवनम्। स उदयस्तन्निःश्रेयसम्। उदयवन्तः स्यामेत्यध्येयं परमार्थानुशासनम्।

(वा०) दैवशब्दकलिभूतसिद्धिभिः ख्यापिताभिरिह धूर्त्तबालिशैः।
वञ्चितेन परमार्थधीर्जने तां पुनर्जनयितुं यतामहे॥ ४॥

इमानि खलु भूयः परमार्थानुशासनस्य प्रयोजनानि—

इन्द्रं मित्रम्। अहं मनुः। स्थाणुरयम्। उतत्वं सख्ये। कलिः शयानः। हिरण्मयेन। असुर्या नाम। धर्मार्थी। पुराणमिति। या शिल्पशास्त्रादि। प्रतारकाणाम्।

इन्द्रं मित्रम्। इन्द्रं मित्रं वरुणमग्निमाहुरथो दिव्यः स सुपर्णो गरुत्मान्।
एकं सद् विप्रा बहुधा वदन्त्यग्निं यमं मातरिश्वानमाहुः॥

एकं सद्बहु वैचित्र्यं विजानन्तो विप्राः स्यामेत्यध्येयं परमार्थानुशासनम्। इन्द्रं मित्रम्।

अहं मनुः। अहं मनुरभवमहं सूर्यश्चाहं कक्षीवाँ ऋषिरस्मि विप्रः।
अहं कुत्समार्जुनेयं न्यृञ्जेहं कविरुशना पश्यता मा॥

पारमार्थिकं सर्वात्मभावमीदृशं सन्तमप्यज्ञानादगृहीतं गृह्णीयामेत्यध्येयं परमार्थानुशासनम्। अहं मनुः॥

स्थाणुरयम्। स्थाणुरयं भारहारः किलाभूदधीत्य वेदं न विजानाति योऽर्थम्।
योऽर्थज्ञ इत्सकलं भद्रमश्नुते नाकमेति ज्ञानविधूतपाप्मा॥

भारहारः खरः। नाको निरतिशया जीवन्मुक्तिः। अर्थाविज्ञानमर्थस्यानुपयोगः। स्थाणवो भारहारा मा भूमेत्यध्येयं परमार्थानुशासनम्। स्थाणुरयम्॥

उत त्वं सख्ये। उत त्वं सख्ये स्थिरपीतमाहुर्नैनं हिन्वन्त्यपि वाजिनेषु।
अधेन्वा चरति माययैष वाचं शुश्रुवाँ अफलामपुष्पाम्॥

स्थिरपीता यथा स्याम बन्ध्यामफलामपुष्पामपारमार्थिकीं वाचं शुश्रुवांसः शुष्कया मायया च मा चारिष्मेत्यध्येयं परमार्थानुशासनम्। उत त्वं सख्ये॥

कलिः शयानः। कलिः शयानो भवति संजिहानस्तु द्वापरः।
उत्तिष्ठंस्त्रेता भवति कृतं संपद्यते चरन्॥

कलौ शयाना मा भूमेत्यध्येयं परमार्थानुशासनम्। कलिः शयानः॥

हिरण्मयेन। हिरण्मयेन पात्रेण सत्यस्यापिहितं मुखम्।
तत्त्वं पूषन्नपावृणु सत्यधर्माय दृष्टये॥

परवञ्चनेन धनाद्यर्जनाशा। अत्रानुद्योगमूलके निरयेऽपि परत्र भक्त्याभासादिभिः सुखप्रतीक्षा। सर्वमिदं मरीचिकानिभं हिरण्मयं पात्रम्। पूषा सर्वात्मा पोषकत्वात्। इदं हिरण्मयं पात्रं निरस्य सत्यं परमार्थं पश्येमेत्यध्येयं परमार्थानुशासनम्। हिरण्मयेन॥

(वा०) शास्त्रभारनतकन्धरा अपि व्याहतिप्रणयिनो विपश्चितः।
तान् सुखेन परमार्थतत्परान् कर्तुमेष विपुलः परिश्रमः॥ ५॥

असुर्या नाम। असुर्या नाम ते लोका अन्धेन तमसा वृता।
तांस्ते प्रेत्याभिगच्छन्ति ये के चात्महनो जनाः॥

असुर्या असुरसंबद्धाः। आत्मघ्ना निरयभाजो मा भूमेत्यध्येयं परमार्थानुशासनम्। असुर्या नाम॥

धर्मार्थौ। धर्मार्थावुच्यते श्रेयः कामार्थौ धर्म एव वा।
अर्थ एवेह वा श्रेयस्त्रिवर्ग इति तु स्थितिः॥

त्रिवर्गानुसारिणः स्यामेत्यध्येयं परमार्थानुशासनम्। धर्मार्थौ॥

पुराणमिति। पुराणमित्येव न साधु सर्वं न चापि सर्वं नवमित्यवद्यम्।
सन्तः परीक्ष्यान्यतरद्भजन्ते मूढः परप्रत्ययनेयबुद्धिः॥

मूढाः परप्रत्ययनेयबुद्धयो मा भूमेत्यध्येयं परमार्थानुशासनम्। पुराणमिति॥

या शिल्पेत्यादि। या शिल्पशास्त्रादिपयो महार्हं संदुह्यते योजितबुद्धिवत्सैः।
वैज्ञानिकैर्विश्वहिताय शश्वत् तां भारतीं कामदुघामुपासे॥

भारत्युपासका वैज्ञानिकाः स्यामेत्यध्येयं परमार्थानुशासनम्। या शिल्पशास्त्रादि॥

प्रतारकाणाम्। प्रतारकाणां मूर्खाणां जातिवेषादिजीविनाम्।
गतानां तामसीं तन्द्रां शनकैरादरो गतः॥

प्रतारका जातिवेषादिजीविनो मा भूमेत्यध्येयं परमार्थानुशासनम्। प्रतारकाणाम्॥

अत्राह—एकं सदिति पुराणमित्यन्तं प्रतीतप्रणेतृकम्। या शिल्पेति प्रतारकाणामिति च क्व पुनः पठितम्। वाङ्मयमहार्णवीयेषु श्लोकेषु। किं नु भोः श्लोका अपि प्रमाणम्? किं चातः। यदि श्लोकाः प्रमाणं स्युरिदमपि प्रमाणं भवितुमर्हति—

भक्ताकारो हरिर्दृष्टः केशः सर्पत्वमाप्तवान्।
निर्विद्यः सर्वविद्दृष्टो भिक्षुश्चैवेष्टवृष्टिकृत्॥

न ब्रूमः श्लोकाः प्रमाणमिति। सर्वमव्याहतं प्रमाणत्वयोग्यं परीक्ष्य प्रमाणमप्रमाणं वा प्रतिपत्तव्यम्। व्याहतं पुनः श्लोकरूपं वान्यथा वा सद्य उपेक्षणीयम्। अव्याहतं मयोपन्यस्तं या शिल्पेति प्रतारकाणामिति च। व्याहतं पुनर्भवान् प्रलपति भक्ताकार इत्यादि। न चेदृशं प्रमाणं भवितुमर्हति केनाप्युक्तं श्लोकरूपमन्यादृशं वा॥ १॥

(वा०) शिल्पशास्त्रपयसा सरस्वतीं कामधेनुमिव विश्वतोषिणीम्।
हानुपास्य कितवप्रतारणां पोत्रिणीमिव निषेवते जनः॥ ६॥

[अधि० २] प्रमाणमस्ति वा नास्ति नास्ति सर्वविलोपतः ।
अर्थोऽस्ति परिणामेऽपि प्रमाणत्रयगोचरः ॥ १ ॥
प्रत्यक्षमनुमानं च तथाप्राज्ञेति तत्त्रयम् ।
तस्मात्प्रमाणमस्त्येव सहकारि परस्परम् ॥ २ ॥

तदित्थमधिकृते परमार्थानुशासने कः परमार्थः कश्चापरमार्थ इत्याकाङ्क्षायामाह—

अव्याहतः पुत्रवतीपुत्रसमः परमार्थस्तदन्यो बन्ध्यापुत्रसमः ॥ २ ॥

यदव्याहतं पुत्रवतीपुत्रसदृशं तदेव परमार्थपदवीमारोढुमर्हति । तस्माद्भिन्नं व्याहतं बन्ध्यापुत्रसमं न परमार्थ इत्याख्यामर्हति । निषेधे तात्पर्यं सूत्रकृतो न विधौ । यथा पुत्रहीनाया बन्ध्यात्वाद्यस्यां बन्ध्यात्वं निश्चितं न सा सपुत्रा संभवति । या च सपुत्रा न सा बन्ध्येति वक्तुं शक्यते तथा यत्किञ्चिद् व्याहतं सोऽपरमार्थः । परीक्षां विनैव तादृशे वस्तुन्यश्रद्धा । यस्तु संबन्धः पुत्रवतीपुत्रसदृशः स सामान्यतः श्रद्धेयो व्याघाताभावात् । न हि पुत्रवत्याः पुत्रोऽस्तीति कस्यापि संदेहविषयः, तद्विशेषास्तु परीक्षणीयाः । कस्याः पुत्रवत्याः कः पुत्रः । किं तेन कार्यम् । क्वासौ निवसति । कियता वेतनेन वाञ्छितार्थे नियोजयितुं शक्यत इत्याद्याः । ननु किं भवानाह पुत्रवतीपुत्रसमः परमार्थ इति । ओमिति ब्रूमः । कश्चात्र भवतां विप्रतिपत्तिविषयः । यदि पुत्रवतीपुत्रसमः परमार्थस्तर्हि सिंहलाद्दक्षिणस्यां सागरे वाराणसीत्ययमपि परमार्थो भवितुमर्हति । नेति ब्रूमः । निषेधे तात्पर्यं सूत्रकृतो न विधावित्युक्तत्वात् । त्रैवर्णिका भारतीया इत्युक्ते हि वर्णविभागनिषेधोऽन्यत्र सूच्यते न पुनः सर्वेषां भारतीयानां त्रैवर्णिकत्वं स्वीक्रियते । तथात्रापि अव्याहतः परमार्थ इत्युक्त्या व्याहतेषु परमार्थत्वं निषिध्यते न पुनः सर्वस्याव्याहतस्य परमार्थत्वं विधीयते ॥ २ ॥

(वा०) पादुकाभ्यां वियद्यात्रा मस्करी वह्न्यवस्करः ।
भ्रूकुंसानुचरो रामः सती नीवेस्तनूनपात् ॥ ७ ॥
भक्ताकारो हरिर्दृष्टः केशः सर्पत्वमाप्तवान् ।
निर्विद्यः सर्वविद् दृष्टो भिक्षुश्चैवेष्टवृष्टिकृत् ॥ ८ ॥
हुङ्कारैर्मारणं सद्यो यवसैर्हेमतायसः ।
शब्दैर्विषापनयनं जपेन च वशीक्रिया ॥ ९ ॥
लेखश्चाधृतया यष्ट्या निर्व्याख्यो ज्ञानसंक्रमः ।
पिशाचाच्च प्रजोत्पत्तिर्धनाप्तिर्ब्रह्मराक्षसात् ॥ १० ॥
दुग्धं वायोर्घृतं नद्या मेषत्वं व्यभिचारिणः ।
कुशैर्ज्वरचिकित्सा च लयो जन्तोः शिलाणुषु ॥ ११ ॥

कथं तर्हि व्याहतिशून्येषु कः परमार्थः कोऽपरमार्थ इति प्रतिपत्तव्यमिति चेदाचार्यस्तत्प्रकारं दर्शयति—

परमार्थः प्रत्यक्षानुमानाभ्यामबाधिताभ्यामाप्ताज्ञया च निर्णीतार्थया ॥ ३ ॥

अदूषिताक्षो देवदत्तः स्फीतालोकमध्यवर्त्तिनं मदसौरभभ्रमद्भ्रमर-नादविवृद्धकोपं गोपुरार्गलदीर्घदन्तं दन्तावलमवलोकयति । तद्बृंहितं च घनगर्जितप्रतिममाकर्णयति । स परमार्थोऽस्याबाधितेन प्रत्यक्षेणोपलब्धः । व्याहति-प्रणयिना नराकारो ब्रह्मायमिति प्रसिद्धेन यज्ञदत्तेन पुनः स उच्यते । नायं दन्तावलः, पिशाचविशेषोऽयमस्मान् वञ्चयितुमिहागतः । परेण च मोहान्धेन विष्णुमित्रेण साक्षादाञ्जनेयोऽयं पुनरवतीर्ण इति प्रथितेन प्रलप्यते । नायं पिशाचो न वा दन्तावलः कामरूपेभ्य आगत्य नातिचिरादिह निवसन्त्या कामाक्ष्येव शक्तिमत्या डाकिन्या दन्तावलत्वेन परिणमितस्तस्या वशंवदोऽयम् । देवदत्तस्तु सर्वमिदमाकर्णयन्नपि प्रत्यक्षो-पलब्धं दन्तावलं नान्यथा गृह्णाति पारमार्थिकत्वात् ।

पुनरन्यदा देवदत्तः परमार्थज्ञं सुक्रतुमुपास्ते । पृच्छति चैनं भगवन् ! शब्दः कस्य गुणः । तौ ह मन्त्रयेते । वायुमण्डलाद् भूमिवेष्टनादूर्ध्वं चन्द्रसूर्याद्याः । वायुमण्डले पुनर्मेघाः संप्लवन्ते । मेघेभ्यो वैद्युतः प्रकाशः पृथिवीमागच्छति । तदनन्तरं स्तनितं श्रोत्रविदारणमाकर्ण्यते । प्रकाशमात्रं तु सूर्यादिषूपलभ्यते न संभवन्नपि तत्रत्यः कोऽपि

(वा०) जन्माङ्गाल्लक्षणं वध्वाः प्रस्थाने शकुनात्फलम् ।
जातिस्मरत्वं बालानां ध्याते देवैश्च भाषणम् ॥ १२ ॥
ईदृशा विषयाः स्पष्टव्याहत्युपधिदूषिताः ।
बन्ध्यापुत्रानुसंधानसदसोऽन्वेष्यतां गताः ॥ १३ ॥
जले स्थले च वायौ च बाष्पनौकादिभिर्गमः ।
विदुषां सेवनं नित्यं शिल्पशास्त्राद्यवेक्षणम् ॥ १४ ॥
हरेरखेदनं स्वार्थे त्यागः सर्वज्ञमानिनाम् ।
विषव्याधिव्रणादीनां सद्भिषग्भिश्चिकित्सनम् ॥ १५ ॥
भूतादौ प्रत्ययाभावः स्वोद्योगस्यावलम्बनम् ।
प्रत्यक्षाल्लक्षणज्ञानं भक्तिराप्तेष्वहेतुका ॥ १६ ॥
क्षीराद्यर्थं गवादीनां श्रद्धयाराधनं तथा ।
सर्वत्र कार्यसंबद्धकारणान्वेषणे श्रमः ॥ १७ ॥
प्रत्यादेशो व्याहतानामव्याहतपरीक्षणम् ।
ईदृशा विषयाः प्रेष्ठाः परमार्थानुसारिणाम् ॥ १८ ॥

शब्दोऽत्र श्रूयते। तदेतद्गमयति वायवीयानामणूनां कम्पे शब्दश्रवणम्। तदभावे शब्दाश्रवणम्। आकाशस्तु प्रकाशधर्मा। इत्थं मन्त्रयमाणौ तौ कञ्चिद्वैज्ञानिकमुपगम्य तमेव विषयं पृच्छतः। स च तौ वर्तुलं पात्रं दर्शयति। तस्मिंश्च घण्टिकां वादयति। सर्वे तच्छब्दमाकर्णयन्ति। अथ वैज्ञानिको वायुनिःसारणयन्त्रेण पात्रं प्रायो निर्मारुतं करोति। पुनरसौ पात्रे घण्टिकां वादयति। न कश्चित्तच्छब्दं शृणोति। परीक्षावसाने शब्दस्य वायुसंबन्धं स्फुटं प्रत्येति देवदत्तः। सहर्षश्च सुक्रतुं वदति। प्रामादिकं कणभक्षादीनां वचनं शब्दगुणमाकाशमिति। तदाकर्णयन्तौ कुतश्चिद्यज्ञदत्तविष्णुमित्रौ तं परापत्य ब्रूतः। धिङ्मूर्ख ! प्रामादिकं मुनीनां वचनं वदसि। न तव जिह्वा विदीर्णेदृशानि प्रलपतः। न वा दशनाः सद्यः पतिताः। तमाक्रोशमवधीरयन् स्मितमधुराधरो देवदत्तस्तु सुक्रतोः साहाय्येन वैज्ञानिकस्य च प्रत्यक्षपरीक्षया स्फुटमनुमितं शब्दस्य वायुसंबन्धं शेवधिमिव हृदये स्थापयन् गृहं गच्छति। समुपदिशति च तत्प्रकृतितत्त्वं निजानुजेभ्यः।

अथान्येद्युर्देवदत्तः सावित्रीमुपासीनः प्रत्यूषे जनकेन जराजर्जरगात्रेणोच्यते। अयि वत्स, मदर्थं द्राक्षाफलान्यापणादानय। निर्दशनतया नाभ्यूषा रात्रौ भक्षिता। संप्रति बलीयो बुभुक्षितोऽस्मि। पितृवत्सलो देवदत्तः पितुर्वचसा सबाष्पः स्तब्धकण्ठः कथञ्चिदयमहं फलान्यादाय परागत एवेति प्रतिवदति। त्यक्तसन्ध्यावन्दनश्च सद्यः फलान्यादाय पितरमुपतिष्ठते। तं तथाभूतं विलोक्य यज्ञदत्तविष्णुमित्रौ संनिहितौ ब्रूतः। किमयं वातकी वृद्धः सेव्यते। स्वयमयं निरये पतिष्यति भवन्तं च पातयिष्यति। 'बलेषु हस्तिबलादीनि' इत्यादीनि पातञ्जलानि सूत्राणि विस्मृतवानसि।

(वा०) प्रत्यक्षेणानुमानेनाबाधेनाप्ताज्ञयापि वा।
योज्ञापितः स एवार्थः परमार्थ इति स्थितिः ॥ १९ ॥

यः प्रत्यक्षोपलम्भेनानुमितार्थेन वा तथा।
व्याहतोऽपरमार्थः स प्रहेयः पारमार्थिकैः ॥ २० ॥

प्रत्यक्षे चानुमाने च कदाचिद्बाधसंभवः।
तस्मात्तु नाविधावन्यत्प्रमाणं भवितुं क्षमम् ॥ २१ ॥

चरणाभ्यां प्रचरतः सति स्खलनसंभवे।
कः पुनर्नासया गन्तुमनुन्मत्तोऽध्यवस्यति ॥ २२ ॥

पश्यन्स्पृशन्गजाश्वादीन् को वा मन्येत मायिकान्।
व्याहतान् वा पिशाचादीन् गृह्णीयात्पारमार्थिकान् ॥ २३ ॥

नाश्वो रश्मिगृहीतो हि वायुभूतः पलायते।
न वा प्रेतः पिता पिण्डभक्षणायैति देहभृत् ॥ २४ ॥

'तस्य नित्यं क्षरत्येष पयोदधि घृतं मधु' इति मानवीयं वचनं न गणयसि। महाफलं व्यायामकुशलैर्महामल्लैरपि श्लाघितं प्राणायामादि परित्यज्य वृद्धं मरणोन्मुखं निष्फलोपासनमनुसरसि। पयस्विनीमुत्सृज्य पीतोदकं जग्धतृणं भुक्तभोगं निरिन्द्रियं बन्ध्यं जरद्गवमनुगच्छन्न लज्जसे। देवदत्तस्तु पितुर्जरार्त्तस्य वलिभयोः करकमलयोः सरसा राजजम्बूस्थूला गोस्तनीः समर्पयन् बाष्पनिरुद्धकण्ठ एव तौ संज्ञया प्रलापाद्वारयति। भोजयित्वा च पितरं फलशेषं जनन्यै विसृज्य निर्हेतुकभक्तिपरः स्वर्गमलिप्सुर्नरकानगणयन्निष्कारणोऽयं धर्म इति पुनः सावित्रीमुपास्ते। अवसितकृत्यश्च विदुषामन्तेवसन् शिल्पशास्त्रादिसंग्रहैर्महापुरुषचरितालोकनाद्यैश्च जीवनं कृतार्थयति। तदेष देवदत्तेन प्रत्यक्षोपलब्धो गजस्तेन निष्प्रमादमनुष्ठितया परीक्षयानुमितः शब्दस्य वायुसंबन्धस्तेनावश्यानुष्ठेयत्वेन शास्त्रीयात्कर्मणोऽपि श्रेयस्त्वेन गृहीता व्याहतिरहिता सावधानं श्रुता सम्यङ्निर्णीतार्था पित्राज्ञा च परमार्थपदवीमारोढुमर्हति।

यज्ञदत्तविष्णुमित्रौ तु न पारमार्थिकौ। किं पुनर्हैतुकौ। हेत्वनुसारेण कल्पिताय ताम्रतो हेमोत्पादनाय धातुवादिनः सेवेते। स्वर्गादिफलाय सावित्रीमुपासाते। रिक्थाय पितरावनुसरतः। अधिकस्याधिकं फलमित्याभाणके श्रद्दधानौ चामध्यन्दिनं सावित्रीमुपासीनौ तदनन्तरं मुहूर्त्तेन मलयजलेपादिप्रसाधनसक्तौ कृतभोजनौ तुलसीमाल्यभृतौ सायं पितरौ खेदयन्तौ पीवरपयोधराणां देवदर्शिनीनामङ्गसङ्गसुखाय मन्दिरान्मन्दिरमुपसर्पन्तौ क्षणदासुकुमारीः पूजयन्तौ सावशेषायुषोरपि कुपुत्रखेदात्कथाशेषयोः पित्रोस्तद्रिक्थं सद्यो विभज्योत्तमर्णसात्कृत्य गृहविभागाय परस्परं विवदमानौ विवादविषयं गृहं न्यासीकृत्याधिकरणं श्रयेते। अधिकरणलेखकादिभिश्च भक्षितवित्तौ जायाजीवौ व्याधिमयौ करणविकलौ म्रियेते। प्रव्रज्यां गृहीत्वा वा कञ्चित्कालं भक्तवराविति सर्वज्ञाविति सिद्धाविति प्रख्याप्यमानमाहात्म्यौ जीवनं यापयतः। अपारमार्थिक एष तयोः प्रत्यक्षानुमानविरुद्ध आप्तानां पित्रादीनामादेशस्याननुकूल आचारः ॥ ३ ॥

(वा०) आज्ञानुष्ठीयते पुत्रैः पितॄणां जीवतां यथा।
मृतेष्वपि तदादेशान्निवापो ननु तृप्तये ॥ २५ ॥
यथाह्निकानां मध्वादिक्षरणं फलमुच्यते।
तथैवातिशयोक्त्यैव तृप्तिमाहुर्निवापजाम् ॥ २६ ॥
यः स्वर्वेश्यादिलोभेन निरयाणां भयेन वा।
भूतप्रेतपिशाचादितृप्तये वा विमूढधीः ॥ २७ ॥
धर्मं करोति तत्तस्य वाणिज्यं नैव धर्मधीः।
वेश्याप्रलोभनैर्नैव नरकेभ्यो भयैर्न वा ॥ २८ ॥

अबाधिताभ्यां प्रत्यक्षानुमानाभ्यां परमार्थोपलम्भ इत्युक्तम्। तत्र किंस्वरूपो बाध इति जिज्ञासायामाह—

व्याहतिर्बाधः ॥ ४ ॥

प्रत्यक्षाभासस्यानुमानाभासस्य वा निश्चितेन प्रत्यक्षान्तरेणानुमानान्तरेण वा विसंवादो बाधस्तदभावस्त्वबाधः। रात्रौ चैत्रः पुरुषमिव किष्कुचतुष्टयान्तरे पश्यति। स तस्य प्रत्यक्षाभासः। अथ तत्समीपं गत्वा स तं स्पर्शादिना स्थाणुं प्रतिपद्यते। इदं तस्य प्रत्यक्षम्। अनेन पूर्वभवस्य प्रत्यक्षाभासस्य व्याहतिः। स एव बाधः। यथा वा सिंहलाद्दक्षिणस्यां सागरे वाराणसीति कस्याप्युक्तिः। तद्वादिनः शतशः सत्यवादिनोऽपि न परीक्षानन्तरेण वचनं स्वीकर्त्तव्यम्। न हि शतशः सत्यं वदन्न कदाचिदसत्यं वदतीति व्याप्तिः। तदित्थं तस्मिन्नाप्तत्वग्रहोऽनुमानाभासः। स चायमनुमानाभासो वाराणसीं गङ्गायाः पश्चिमतः सिंहलासंनिकृष्टामुपलभमानस्य चैत्रस्य प्रत्यक्षेण विसंवदति। तदेषा व्याहता वाराणसी स्थितिः सागरे। तस्मात्सुष्ठूक्तमबाधिताभ्यां प्रत्यक्षानुमानाभ्यां परमार्थोपलम्भ इति ॥ ४ ॥

इत्थं स्वमते बाधस्वरूपमुक्त्वा परमतमाक्षिपति—

विलोपो बाध इति भिक्षवः ॥ ५ ॥

भिक्षवः शङ्कराद्याः। तेषां विलोप एव बाधत्वेनाभिमतः। ते हि यत् त्रिकालाबाध्यं तदेव सदिति मन्यन्ते। पिण्डकाले घटो नास्ति। घटावस्थितौ पिण्डो नास्ति। मृत्तु पिण्डघटादावनुगतेति मृत्सत्। पिण्डाद्यमसदिति तेषामाग्रहः।

(वा०) धर्मान्निवार्यते यस्तु निर्हेतुर्यस्य धर्मधीः।
तस्य ज्ञानं तपस्तस्य स धर्मात्मा स बुद्धिमान् ॥ २९ ॥
जीवतां वा मृतानां वा सफला निष्फलापि वा।
कार्येवाज्ञेति बुद्धिर्हि चार्वाकमुखमुद्रणी ॥ ३० ॥
भूतप्रेतपिशाचादिस्थितौ मानं न दृश्यते।
सत्त्वेऽपि तान् वा कः प्राज्ञः कुटुम्बोपेक्षया भजेत् ॥ ३१ ॥
पूर्वजानामृषीणां तु निवापादिविधिर्यतः।
विधिरित्येव कार्यः स तत्र मानान्तरेण किम् ॥ ३२ ॥
ये यामिकभयादेव चौर्यं नैव प्रकुर्वते।
चार्वाकास्ते न कुर्वन्तु विधीन्दण्डभयोज्झितान् ॥ ३३ ॥
ये रक्षिणामभावेऽपि नैव चौर्यादि कुर्वते।
धर्मभक्त्यैव सभ्यास्ते कुर्युर्निर्हेतुकान्विधीन् ॥ ३४ ॥

तथैव घटपटादिकं ते सर्वं विलोपग्रस्तमसदिति मन्यन्ते। ब्रह्म तु सर्वानुस्यूतं सदिति वदन्ति। वस्तुतस्तु यथा शुद्धा मृन्न कदाप्युपलभ्यते सदापिण्डघटचूर्णाद्याकारेणैव तस्या उपलम्भात्तथैव शुद्धं ब्रह्म न कदाप्युपलभ्यते तत्तदाकारेणैव तु तस्योपलम्भ इति न घटपटादेर्विषयस्यासत्त्वम्। यदा यस्यावस्थानं तदा तत्सत्। यदा यस्य नाशस्तदा तस्यासत्त्वमन्यासां तु व्यक्तीनामवस्थानम्। अत्यन्तासत्त्वं तु बाधितावस्थितीनां वन्ध्यापुत्रादीनाम्। न तु व्यक्तिवैचित्र्यहीनस्य सन्मात्रस्य कदाप्यवस्थानमुत्प्रेक्षितुमपि शक्यम्। शुद्धं ब्रह्मेति नाममात्रम्, वन्ध्यापुत्रवत्। वैचित्र्यवत्त्वस्य शाश्वतत्वात्। वैचित्र्यविशेषस्य विलोपोऽप्यपरस्मिन्वैचित्र्यविशेषे परिणाममात्रम्। समुद्रवच्चेदम्। यथा समुद्रे बुद्बुदविशेषस्य तरङ्गविशेषस्य वा विलोपेऽपि न समुद्रस्य कृत्स्नस्य तरङ्गबुद्बुदादिशून्यता तथैव पुरुषविशेषे सुप्ते वा मृते वा न ब्रह्मणः सर्वात्मनो व्यक्तिवैचित्र्यशून्यत्वं संभावयितुं शक्यम्। प्रपञ्चस्तु भूमाध्याये ॥ ५ ॥

इत्थं परमार्थोपलभ्यस्य त्रिप्रकारत्वमुक्त्वा संप्रत्युपलम्भोपायाँल्लोके तन्त्रान्तरेषु च प्रमाणत्वेन प्रसिद्धानाचष्टे—

तानि त्रीणि प्रमाणानि प्रसिद्धानि ॥ ६ ॥

त्रीणीति प्रमाणसंख्यानिश्चयार्थम्। तेनैतिह्यादीनामप्रमाणत्वं प्रत्यक्षादावन्तर्भावो वा। तदेतत्प्रपञ्चयिष्यत्याभासनिरासाध्याये। तदन्यैः प्रदर्शितमिति नात्र विस्तरः। ईश्वरकृष्णादयोऽपि त्रीण्येव प्रमाणानि स्वीकुर्वन्ति ॥ ६ ॥

सम्प्रति सर्वविधस्यापि प्रमाणस्य सर्वत्रापेक्षा विषयविभागो वेत्याकाङ्क्षायामाह—

प्रमाणविशेषाणामंशमात्रावगाहिनां विषयविभागो विरोधाभावः सहकारित्वं च ॥ ७ ॥

यत्किञ्चिदुपलभ्यमानं तस्य सर्वेष्वंशेषु प्रत्येकं प्रमाणविशेषाणामवकाशोऽपेक्षा वेति परेषामाग्रहः। अस्मिस्तन्त्रे तु न तथा। परमार्थतो हि कस्मिंश्चिदेवांशे

(वा०) यत्कदाप्यस्ति तत्सर्वं सदित्येष विनिश्चयः।
क्षणिकत्वं स्थिरत्वं वा सत्तायामप्रयोजकम् ॥ ३५ ॥
कल्पस्थायी गिरिः सत्यः क्षणजीवी कृमिर्न सन्।
प्रेक्षावतामयं भेदो न जातु हृदयङ्गमः ॥ ३६ ॥
न पाटलिपुरं काश्यां न सा पाटलिपत्तने।
विलोपमीदृशं पश्यन् कः शून्यपुरमावसेत् ॥ ३७ ॥
विलुप्यमानं वैचित्र्यं वैचित्र्यान्तर आगते।
पश्यंस्तथैव को ब्रह्म निर्वैचित्र्यं प्रपद्यताम् ॥ ३८ ॥

प्रमाणविशेषस्योपयोगः। तस्मात्प्रमाणानां विषयविभागः। तथा हि देवदत्तः पक्वेष्टकचितं सुविशालं स्तम्भशतालङ्कृतं शतद्वारं पञ्चभूमिकं प्रासादं पश्यति। नास्मिन्प्रासादोपलम्भांशे सोऽनुमानमपेक्षते शब्दं वा। कीदृशेन जनेन निर्मितः प्रासाद इत्यंशे तु सोऽनुमानं शरणीकरोति। निश्चिनोति च केनचिदाढ्येन निर्मितोऽसाविति। कस्तस्य स्वामीति विषयं तु प्रत्यक्षेणानुमानेन वा निर्णेतुमशक्नुवन् कुतश्चित्स्रक्चन्दनधरात्तुलसीमाल्यभृतो लम्बकूर्चाज्जटाधरादवगच्छति जिष्णुदासस्येदं गृहमिति। संदिहान एव च वक्तुरासत्वे संशयितप्रामाण्यं तद्वचनं गृह्णन् पश्चाद्दासजनाद्युपचारैः प्रत्यक्षोपलब्धैर्जिष्णुदासोऽयमितिख्यातस्य पुरुषस्य तद्गृहस्वामितां निश्चितप्रायां प्रत्येति। कदाचित्तु लम्बकूर्चेनोक्तमपि दासोपचारादिभिरनुमितमपि जिष्णुदासस्य स्वामित्वं व्याहतमिति देवदत्त उपलभते। पश्यति हि स विप्रोष्यागतेन विष्णुदासेन सपुत्रकलत्रं जिष्णुदासं निर्वास्यमानं प्रासादात्। आकर्णयति च किंवदन्तीं जिष्णुदासोऽयं विप्रोषिते गृहस्वामिनि विष्णुदासे तद्भृत्यः सन्नपि च्छलात्प्रासादमात्मसात्कृतवान्। पुनरसौ द्वीपान्तरेभ्यो नौव्यस्यादिक्लेशपरम्परास्तीर्त्वा प्रत्यागतेन निर्वासितः प्रभुणा कुपितेन विष्णुदासेनेति।

अत्र प्रासादोपलम्भः प्रत्यक्षविषयः। अधनेनाढ्येन वा निर्मितः प्रासाद इत्यनुमानविषयः सद्यो निर्णेयः। सम्प्रति किमीयः प्रासाद इति न सद्यो निर्णेयः; शब्दस्यानुमानस्य वा विषयः। तथा करणे तु बाधो दर्शितः। प्रासादविषये यद्यदुपलभ्यं तस्य तस्येत्थं तत्तत्प्रमाणविषयत्वम्। प्रामादिके त्वनुमानादिप्रयोगे पश्चादप्रामादिकेन तेन बाधः। अप्रामादिकानां तु प्रत्यक्षदीनां न परस्परं विरोधः प्रत्युत परस्परं सहकारिता। तद्यथा प्रत्यक्षोपलब्धस्य प्रासादमहार्हत्वस्य धनवत्कर्तृकत्वानुमाने सहकारित्वम्। यथा वा इतो मासद्वयात्परं नृपतेरभिषेकोत्सवो भविष्यति तदा प्रजया प्रतिगृहं ध्वजारोपणादि कार्यमिति राजाज्ञामुद्घोषितां श्रावणप्रत्यक्षेण विष्णुमित्र उपलभते। स तस्य प्रत्यक्षोपलम्भः। राजपुरुषेषु जाग्रत्सु नाराजकीयामाज्ञां कश्चिद्राजकीयत्वेनोद्घोषयितुं शक्नोतीत्यसावनुमिमीते। सोऽस्य घोषणायां राजकीयत्वनिश्चयोऽनुमानविषयः। ध्वजारोपणाद्युत्सवस्य प्रतिगृहं कर्त्तव्यत्वं नृपाज्ञारूपशब्दप्रमाणजन्यम्। इत्थं प्रत्यक्षानुमानशब्दानामुत्सवस्य कर्त्तव्यतोपलम्भे प्रत्येकमंशविभागो विरोधाभावः सहकारिता च। एवमन्यत्रापि ॥ ७ ॥

[अधि० ३] प्रत्यक्षं संनिकृष्टांशे विप्रकृष्टेऽपि वा भवेत्।
संभद्विप्रकृष्टेऽपि योग्यादीनां श्रुतेः ॥ १ ॥

(वा०) प्रत्यक्षं चानुमानं च तथाऽऽप्ताज्ञेति तत्त्रयम्।
विभक्तविषयं सिद्धं प्रमाणं नास्त्यतः परम् ॥ ३९ ॥

द्वारेन्द्रियाद्यतिशयाः संनिकर्षवति स्फुटम्।
प्रत्यक्षं विप्रकृष्टे तु बन्ध्यापुत्रायितं ध्रुवम् ॥ २ ॥

तदित्थं प्रमाणानां विभक्तविषयत्वे स्थिते कस्य को विषय इति स्पष्टप्रतिपत्तये व्याचष्टे—

संनिकृष्टांशे सोपलभ्ययन्त्रादिसहायं प्रत्यक्षम् ॥ ८ ॥

उपलभ्यमानस्य गजाश्वादेः प्रासादरथादेः सरित्सागरगिर्यादेः पशुपक्षिनरनार्यादेः खड्गशतघ्नीनलिकादेर्ग्रहनक्षत्रच्छायापथाकाशादेर्वा यः कश्चिदंशः संनिकृष्टः श्रोत्रत्वगक्षिरसनादिना साक्षात्संबन्धविशेषवान्स स प्रत्यक्षविषयः। प्रत्यक्षे चोपनेत्रकर्णडमरुकादीनामिन्द्रियदोषापनेतॄणां दूरदर्शकसूक्ष्मदर्शकतैजसरेखादर्शकादीनां चेन्द्रियशक्तिवर्धकानां यन्त्रविशेषाणामपेक्षा। एषामीदृशानामन्येषां च यन्त्रविशेषाणां यथा लाभं यथायोगं चोपयोगः कार्यस्तदुक्तं सोपलभ्ययन्त्रादिसहायमिति ॥ ८ ॥

संनिकृष्टांशे प्रत्यक्षमुक्तं स संनिकर्षः कीदृश इत्यपेक्षायामाह—

संनिकर्षो द्वारेन्द्रियविषयविशेषापेक्षः ॥ ९ ॥

प्रकाशोपलम्भद्वारमाकाशस्तस्य धूलिधूसरत्वं मेघाच्छन्नत्वं वेत्यादयो विशेषाः। एवं शब्दश्रवणस्य द्वारं वायुस्तस्य सान्द्रत्वासान्द्रत्वादिर्विशेषः। कर्णचक्षुरादिषु सदोषत्वमदोषत्वं वा दुर्बलत्वं प्राबल्यं वा तज्जन्तुसम्बन्धित्वमेतज्जन्तुसंबन्धित्वं वेत्यादयो विशेषाः। एवं विषयेषु रूपरसादिषु मृदुत्वोल्वणत्वादयो भेदाः सामीप्यदूरत्वादयश्च। रूपाद्युपलम्भे च सर्वेषामीदृशानां विशेषाणां प्रयोजकत्वम्।

तथा हि यन्नक्षत्रं स्वच्छे नभसि चक्षुषः संनिकृष्टं तदेव तस्मिन्नभ्रच्छन्ने चक्षुषोऽसंनिकृष्टं भवति। यश्च शब्दः सान्द्रे वायौ कर्णयोः संनिकृष्टः स एव यन्त्रसूक्ष्मतरीकृतमारुते पात्रे न श्रूयत इत्युक्तपूर्वम्। तथैव यः शब्दो निर्दोषकर्णेन सुश्रवः स एव बधिरेण दुःश्रवो भवति। एवं ये रूपरसगन्धाद्या मनुष्याणां सुखोपलभ्यास्ते न तथैव सर्वेषां जन्तूनाम्। ये च मनुष्याणां दुःखोपलभ्यास्तेऽपि न तथैवान्येषाम्। तारतममपि हि मानवश्रव्यं शब्दमनाकर्णयन्त्य इव पिपीलिका गच्छन्तीत्यनुभूयते। सूक्ष्मतरश्च कोऽपि तासां परस्परव्यवहारक्षमः शब्दो दुःश्रवो मनुजैरिति तासां परस्परचेष्टादिभ्योऽनुमितं जन्तुशास्त्रवेदिभिः। एवं व्यक्तिविशेषस्य जन्तुविशेषस्य वा ये गन्धविशेषास्तान्सामान्यतो नरनासिका न विविनक्ति। पशवस्तु

(वा०) प्रत्यक्षं संनिकृष्टांशे तद्भिन्नेऽनुमितिर्मता।
द्वयं वस्तुनि तत्सिद्धेऽनुष्ठेये तु विधेः प्रमा ॥ ३० ॥

सारमेयसैरिभाद्याः सद्यः स्वामिनश्चरणयोर्गन्धं वा व्याघ्रादिगन्धं वा सुखेन गृह्णन्ति। अत्यल्पं चेदमुच्यते नरेष्वपि वनचरा व्याघ्रादिगन्धं यथा सुखेन गृह्णन्ति न तथा जानपदा इति प्रेक्षावतामतिरोहितमिव। एवं रूपस्य रसादेर्वा मृदुनो यावद्दूरमुपलम्भस्ततोऽपि दवीयस्त्वे तस्योल्वणतरस्योपलम्भ इति विदितमेव सामान्यतः। तदेतत्सर्वमभिसंधाय सूत्रकृदाह—द्वारेन्द्रियेत्यादि। अस्यैव विषयस्य प्रपञ्च ईश्वरकृष्णेनातिदूरादिति कारिकायां कृतः॥ ९॥

नन्वबाधितेन प्रत्यक्षेणानुमानेन च परमार्थोपलम्भ इत्युक्तं तत्खपुष्पायितम्, न हि कश्चित्सर्वज्ञो येन स्वं प्रत्यक्षादि परकीयं वा बाधरहितं विनिश्चिन्वीत। संभाव्यते हि बाधस्समीचीनतमत्वेनापि गृहीतस्य प्रत्यक्षस्यानुमानस्य वा पटुतरेन्द्रियस्य पटुतरयन्त्रादिसहकृतस्य पटुतरकल्पनापटीयसो वा पुरुषान्तरस्य स्वस्यैव वा गुरुदेवसिद्धादिकृपया लब्धदिव्यदर्शनस्य प्रत्यक्षादिना। इतीममाक्षेपं मनसिकृत्य प्रतिक्षिपति—

सहायबुद्ध्याद्युत्कर्षात्साधुतरत्वं न बाधोऽप्रमत्तोपलम्भस्य॥ १०॥

मन्त्रादयो गुरुसुहृदादयो वा सहायाः। बुद्धिः स्वाभाविकी निरीक्षापरीक्षादिशक्तिः। तेषामुत्कर्षाद्वस्तुतो यदप्रमादेनोपलब्धं तस्य न बाधः किं पुनः समीचीनतरत्वम्। बाधस्तु सदा प्रामादिकस्यैवोपलम्भाभासस्य। स च बाधो न सहायादिकमेकान्ततोऽपेक्षते। स्वयमपि बुद्धिसहायादेरविशेषेऽपि कृतेनाप्रामादिकोपलम्भेन तस्य बाधदर्शनात्। बुद्धिविद्याद्युत्कर्षेऽपि प्रमादसत्त्वे तदबाधदर्शनाच्च। तद्यथा—प्रमादशून्यश्चैत्रः सूर्यं पश्यति। जानाति च तस्य भूमेर्विप्रकर्षो न प्रत्यक्षोपलभ्य इति। विजानंश्चेदं प्रभातरलमनिश्चितविप्रकर्षं सूर्यबिम्बं प्रादेशमितव्यासमिवोपलक्ष्यमाणमपि परमार्थतः कियन्मितं कीदृशं वेति न सहसा निश्चिनोति।

(वा०) दिव्यशक्त्योपरागादिकालं नो वेत्ति कश्चन।
यन्त्रादिसहकारेण गणिताज्ज्ञायते हि तत्॥ ४१॥
यन्त्राद्यसहकारेण गणितेऽपि कृते महत्।
होराकलादौ वैषम्यं तस्माद्यन्त्राद्यपेक्ष्यते॥ ४२॥
नौकायां बाष्पयाने वा गच्छंस्तीरादि मन्यते।
चलत्प्रतिमुखं प्रायः प्राज्ञोऽपि प्रथमं यथा॥ ४३॥
यथा भुवि विसर्पन्त्यां परितो रविमण्डलम्।
ताराद्युपेतमाकाशं भाति प्रतिमुखं व्रजत्॥ ४४॥
भूः स्थिरोत्प्रेक्षिता यस्मात्संभवे सत्यपीदृशे।
प्रामादिकं स्थिरत्वं तदनुमित्याऽप्यबाधितम्॥ ४५॥

यन्त्राद्यपेक्षश्च तिष्ठति। ज्योतिर्विदो मैत्रस्य च साहाय्येन वेधशालां गत्वा यथाऽपेक्षितयन्त्रादिसहायः सूर्यं प्रायो योजनलक्षमितव्यासं त्रयोदशलक्षभूमिसमं यत्र तत्र कृष्णबिन्दुचित्रितबिम्बं भुवः कोट्यधिकयोजनविप्रकर्षं प्रतिपद्यते। नायं तस्य प्रत्यक्षोपलम्भबाधः। प्रत्युतानिश्चितस्यासहायप्रत्यक्षोपलम्भस्य सम्यक्त्करत्वम्। सम्यक्त्करं यथोपलभ्ययन्त्रादिसहायमपीदृशं सूर्यबिम्बोपलम्भं चैत्रमैत्रौ साधुतरयन्त्रादिभिः संभाव्यमानातिसाधुतरोपलम्भमेव प्रतिपद्येते न पुनर्दुराग्रहेण सर्वथा निर्दोषमेवेति। पुनरन्यदा तयोरमेरिकाप्रदेशं गतयोरनेकविद्वन्मण्डितानि महाव्ययसंपादितानि वेधशालान्तराणि परीक्षमाणयोर्विप्रकर्षयोजनादिसंख्यायां यः कश्चिदल्पो विशेषोपलम्भः स प्रायिकत्वेन प्रतिपन्नस्य पूर्वोपलम्भस्य न बाधः किन्तु साधुतरत्वमात्रम्। यत्तु दिव्यदृष्ट्युपलम्भेन लौकिकदृष्ट्युपलम्भस्य बाध उपक्षिप्तस्तन्मनोरथमात्रम्। प्रपञ्चयिष्यामश्चैतत् 'न दिव्या दृष्टिरनुमानानतिरेकात्' इति द्वितीयाह्निकोपक्रमसूत्रस्य व्याख्यानावसरे॥ १०॥

इत्थमप्रमत्तोपलम्भस्याबाधमुक्त्वा प्रामादिकस्योपलम्भाभासस्य बाधं सम्प्रति प्रतिपादयत्युदाहरणमुखेन प्रमादस्वरूपं च निर्दिशति—

मरुमरीचिकायां रूपमात्रोपलम्भे स्मृतरसादेराशाप्रमादः॥ ११॥

धनमित्रो ललाटन्तपतपनांशुतापितकपिशसिकतेषु विरलतरकतिपयनिम्बशमीतरुषु मरुषु भ्राम्यंस्तृषार्तो नातिविप्रकृष्टसैकतसमागतं खरांशुमरीचिचयं तोयसमानरूपमुपलभते। संदिग्धायामपि चेदृशे जलरूपे जलरसास्वादनाशायां तां सद्यः सफलीकर्त्तुं प्रवृत्तस्तद्बाधमुपलभ्य नैराश्ये मज्जति। विष्णुमित्रस्तु तत्सहचरो जलरूपाभासमात्रं तत्रोपलब्धं प्रतिपद्यमानः प्रथमत एव संदिग्धरसास्वादनाशः पश्चानिन्निश्चितेऽपि रसास्वादनाशाबाधे निर्वेदरहितो जलमन्यत्रान्विष्यति प्राप्नोति च तत्कूजत्पक्षिकुलकलकलमुखरितप्रान्ते सार्थवाहपरिजनपाय्यमानक्रमेलके कलगीतिनिरतप्रातिवेशिकजनपदोपशल्यवासिमारवाङ्गनानीयमानवारिणि मरुहरितके। तस्मात्स्थितं प्रामादिकस्योपलम्भाभासस्य बाधनं प्रमादशून्यस्य च पारमार्थिकोपलम्भस्य

(वा०) सति प्रमादादज्ञाते तदित्थं बाधसंभवे।
निश्चयः संशयस्थाने बाध्येतेति किमद्भुतम्॥ ४६॥
प्रत्यक्षं विप्रकृष्टांशे प्रमाणं नेत्यजानतः।
ताराग्रहादिविज्ञानं नूनं प्रामादिकं भवेत्॥ ४७॥
उपलभ्याम्भसो रूपं रसाशंसी मरीचिकाम्।
अनुधावन्न चित्रं यन्निराशो विनिवर्त्तते॥ ४८॥

बुद्धिविद्यासहायाद्युत्कर्षे साधुतरत्वमात्रम् । प्रमादश्चानुपलब्धस्योपलम्भ उपलब्धस्य चानुपलम्भोऽनवधानापरपर्यायः । तन्मूलकः ककारदर्शिनां बालकानां वकारोपलम्भस्तद्विपर्यासश्च । वेदवेदाङ्गदर्शनादिष्वधीतिनां च लोके विद्वांसोऽमी इति प्रथितानामन्यथासिद्धेषु मन्त्रादिषु द्रव्योत्पादनादि शक्तिप्रत्ययः, प्रत्यक्षोपलब्धेष्वपि सूर्यादिष्वमानुषाकारेषु नराकारत्वग्रहः, सर्वात्मन्यपि सर्वगुणे सर्वाकारे निराकारत्वनिर्गुणत्वादिभ्रमः, पशुपक्षिनरनार्याद्याकारपरिच्छिन्नत्वग्रहो वा ॥ ११ ॥

अत्रापरे प्रत्यवतिष्ठन्ते । यदिष्टसाधनं कृतिसाध्यं च तत्र खलु सर्वः प्रेक्षावान् प्रवर्त्तते । तद्यथा देवदत्तः क्षुत्तृष्णोपशममिच्छन्गाङ्गं वारि कौपं वा यथोपलब्धमानीय सुखसाध्ये पाके प्रवर्त्तते । न पुनरिष्टेऽपि वत्सरायुतजीवित्वे महावैद्योपदिष्टं तत्साधनं कल्पशतेनाप्यसुलभदशं सौवर्णं तृणविशेषं तरत्प्रालेयपर्वतविश्वङ्कटपरिवेषे राघवतिमिजलसिंहाद्यध्युषितातिशीतविदूरोदके साम्प्रतं जीवकथासंभवाभाववति हिमानीगृहवासिभिरसुकामैरपि दूरात्परिहृते षाण्मासिकस्वापातपहार्यजीवितेन सान्द्रकचमयषष्ठकोषरक्षितपञ्चकोषकायेनौदीच्यऋक्षेणाप्यगम्ये सुमेरौ वा ततोऽपि दुर्गमे पङ्गुपक्षिमात्रशरणीकृतविप्रकृष्टमण्डले कुमेः वा संभावितस्थितिमन्वेष्टुमुद्युङ्क्ते । भवान् पुनः प्रमादापनयनाय प्रवृत्तः । प्रमादं च वेदाङ्गदर्शनादिविदामपि तावतापि शास्त्रसंग्रहेणापरिहार्यं व्यपदिशति । तत्क इव प्रेक्षावान् सर्वथा साध्येतरस्यास्य प्रमादगदस्य चिकित्सायां शक्तिव्ययं करिष्यतीति चेत्प्रतिवक्ति—

स दिग्भ्रम इवावधानमात्रसाध्यः ॥ १२ ॥

सत्यं महता शास्त्रसंग्रहेणाप्यविचिकित्स्योऽयं प्रमादगदः । न हि शास्त्रसंग्रहोऽस्य भेषजम् । यथा स्नानेन न ज्वरतापशान्तिर्न वा सान्द्रपटच्छन्नलोचनस्य सूर्येण विषयप्रकाशस्तथा न प्रमादवतः शास्त्रसंग्रहः फलाय । आमज्वरवतः शीतवारिस्नानमिव प्रत्युत प्रमादिनः शास्त्रसंग्रहो विषमं परिणाममुत्पादयति । यथा ज्योतिर्गणितनदीष्णोऽप्यदृष्टपूर्वे महापत्तने सहसा बाष्पयानादवतरन्न पूर्वां न वा

(वा०) अलक्षितागतां वस्त्रात्करे धूर्त्तेन दर्शिताम् ।
यो मुद्रां मन्त्रजां मत्वा मन्त्रं द्रव्याय साधयेत् ॥ ४९ ॥
कालशक्तिधनादीनां व्ययं कृत्वा स मूढधीः ।
किं चित्रं यद्विपद्येत मरौ हरिणको यथा ॥ ५० ॥
गोलाध्यायाद्यभिज्ञोऽपि विपुले पत्तने यथा ।
दिङ्मूढो न विजानीयात्सुहृद्गेहस्थितिं जनः ॥ ५१ ॥
पदवाक्यप्रमाणादिभारावनतकन्धरः ।
मन्त्रप्रेतान्यथासिद्धिं तथैव न विभावयेत् ॥ ५२ ॥

पश्चिमां विभावयति, न च गणितसाहाय्येनापि दिङ्निश्चयं सम्यक्कर्त्तुं प्रभवति, कथञ्चित्सूर्यादिदर्शनेन दिशं निश्चिन्वानोऽपि पुनः पुनर्मुह्यति तथा शास्त्रसंग्रहवानपि कारणाकारणादिविवेके मुह्यन्न वेदवेदाङ्गादिभिर्मोहमपनीतं द्रष्टुं प्रभवति, किं पुनर्महापत्तने दिग्भ्रमवान्महाविद्वानिव सुहृन्निवासान्वेषणे स्खलंश्चिरं तत्रावधानेन निवसन्तं स पारमार्थिकं कंचिदनतिविज्ञमप्रमत्तं प्रमादचिकित्सार्थमवलम्बताम्। स्वयं वा सावधानः कारणादिपरीक्षां करोतु। तथा हि यः किल पाटलिपुराद्वाष्पयानेन कालकूटनगरं गच्छन् यानमुखे पूर्वा दिगिति ध्यायन् यान एव शयानः प्रत्यूषे यानमुखं यात्रावसानात्किञ्चित्पूर्वमेव दक्षिणाभिमुखं संप्रवृत्तमजानन्दिग्भ्रमे निपतति तस्य द्वे चिकित्से। कस्यचित्कालकूटे चिरं वसतः पर्यनुयोगो वा स्वयं वा तस्मिन्नेव नगरे सावधाना दिक्परीक्षा पुनर्वा प्रत्यागत्य पाटलिपुरातप्रतिष्ठमानस्य जाग्रत एव यानमुखपरिवृत्तिनिरीक्षा। अनुपायस्तु तस्य ज्योतिस्सिद्धान्तनिरीक्षणम्। तथा कार्यकारणभावादिविवेकः पौरस्त्यैर्वेदवेदाङ्गादिभिर्वा पाश्चात्यविज्ञानदर्शनादिभिर्वा सति प्रमादे कस्यापि संपत्स्यत इति दुराशामात्रम्।

प्रमादस्तु दुराग्रहाविवेकादिजनकः प्रथममवधानवता स्वयं वा सुहृदो वा साहाय्यादिनाऽपनेतव्यस्ततःशास्त्राभ्यासादेर्यथोचितं फलं भविष्यतीति सुहृद्भूत्वाऽऽचार्य उपदिशति — दिग्भ्रम इवावधानमात्रसाध्यः प्रमाद इति। अप्रमत्तो हि यदेव संगृह्णाति तदेव सफलं प्रमत्तस्य सर्वमेवाफलमन्धस्येव जायासौन्दर्यम्। अत एव परमार्थदर्शने प्रायो बहूनामंशानां श्रुतिस्मृतिपुराणेतिहासविज्ञानदर्शनादिभिः संवादेऽपि न संवादात् प्रामाण्यमुपदिश्यते। सति तु वस्तुतन्त्रे प्रामाण्ये संवादा दृश्यन्ते चेत्, सन्तु नाम। न तु संवादाधीनं वस्तुनः प्रामाण्यं शब्दस्य विधिमात्रे प्रामाण्यात्॥ १२॥

संनिकृष्टांशे प्रत्यक्षमुक्तं प्रकरणवशात्परमार्थोपलम्भोपयोगी प्रमादनिरासोपायोऽप्युक्तः। सम्प्रति कस्मिन्नंशेऽनुमानमुपयुज्यत इत्याह—

असंनिकृष्टांशेऽनुमानम्॥ १३॥

पर्वतस्य शिखरादिर्बहिरंशः सधूमः प्रत्यक्षेणोपलभ्यते। संनिकृष्टो हि सोंऽशश्चक्षुषः। वह्निमान्गह्वरांशस्तु नेन्द्रियसंनिकृष्ट इति तदंशेऽनुमानं शरणम्। प्रत्यक्षानुमानयोरुदाहरणैरत्र स्वरूपं स्पष्टीकृतम्। विशेषांस्तु 'प्रत्यक्षमदोषेन्द्रियोपलम्भ' इत्यादिनाऽऽह्निकशेषे वक्ष्यति॥ १३॥

(वा०) प्रमादाख्यमहाव्याधेरवधानं हि भेषजम्।
शास्त्रभारस्य वहनं तच्चिकित्सितुमक्षमम्॥ ५३॥
नृणां भुवि गतिं वीक्ष्य यथा वायुगमानुमा।
शब्दाद्रोषादिकं वीक्ष्य तथा द्रव्योद्भवानुमा॥ ५४॥

ननु वस्तुनः कश्चिदंशः संनिकृष्टः कश्चिच्चासंनिकृष्टः। तृतीया तु गतिर्नास्त्येव। तत्र संनिकृष्टे प्रत्यक्षमसंनिकृष्टे त्वनुमानमिति कुत्र तावदाप्ताज्ञाया अवकाश इति न प्रतिभातीति वदन्तं प्रत्याह—

द्वयमिदमविधौ ॥ १४ ॥

वस्तु तावद् द्विविधम्, सिद्धं साध्यं च। तत्र सिद्धस्य वस्तुनः संनिकृष्टांशे प्रत्यक्षमसंनिकृष्टांशे त्वनुमानम्। सिद्धे हि वस्तुनि ग्रहनक्षत्रनगनगरार्णवादिरूपे नाप्ताज्ञायाः प्रामाण्यम्। न ह्याप्ताज्ञया हिमगिरिर्भारतादुत्तरस्तद्दक्षिणेन गच्छति। न वा पृथिवीग्रहः सूर्यं परितो भ्रमन्स्थिरतामापद्य ग्रहनक्षत्रादिमण्डलस्य गतिकेन्द्रतां प्रतिपद्यते। न वा समहाद्वीपद्वया सैकमहार्णवा वसुमती सप्तद्वीपा सप्तसागरा संजायते। न वा जलमाग्नेयजलीयतत्त्वद्वयघटितत्वेन परीक्षयोपलब्धं पृथक्तत्त्वं स्थिरीभवति। न वा निर्णीतवायुसंबन्धः शब्द आकाशगुणतामापद्यते। न वा वियद्गुणस्य तेजसः पृथग्द्रव्यत्वं सिद्ध्यति। न वा ध्रुवमूर्ध्नो भूबिन्दुविशेषस्य कनकाचलत्वं सावित्रतेजःपरिच्छेदसीमायाश्चोत्प्रेक्षिताया लोकालोकाचलत्वं संपद्यते। न वेद्दशस्य सुमेरोर्देवलोकत्वमवाच्या दिशो वा यमलोकत्वं संभाव्यते। साध्यमपि यत्फलसापेक्षं तत्र फलस्य प्राधान्यात्फले च प्रत्यक्षानुमानयोरवकाशान्न विधित्वम्। यत्तु फलमनपेक्ष्यानुष्ठेयं सोऽनुष्ठानसारो विधिर्नृपगुरुस्मृत्याद्यादेशरूपः। ईद्दशात्फलमनपेक्ष्यानुष्ठेयाद्विधेर्भिन्ने वस्तुनि यथायथं द्वयं प्रत्यक्षमनुमानं चावकाशं लभते। नाविधौ शब्दमात्रेण संदेहनिवृत्तिरित्यर्थः ॥ १४ ॥

नन्वविधावपि शब्दस्यावकाशो दृष्टः। सरित्सागरद्वीपादिस्थितावपि हि शब्दाज्ज्ञानमुत्पद्यते। भारतं दक्षिणेन सिंहल उत्तरेण हिमाद्रिः पश्चिमेन सिन्धुर्नदः पूर्वेण सागर इत्यादि हि शब्देभ्यस्तत्तत्स्थितिं प्रतियन्ति। इदं वदन्तं प्रत्योमिति वदन्नाचार्यः सूत्रयति—

तत्र शब्दः सहायो न तु प्रमाणम् ॥ १५ ॥

अविधौ शब्दः सहायमात्रं न तु तस्य प्रामाण्यम्। सर्वस्य हि ज्ञापकस्य ज्ञाने साहायकत्वं सति तस्य परमार्थज्ञापकत्वे। उपपादकत्वलक्षणं प्रामाण्यं तु प्रत्यक्षानुमानयोरेवाबाधितयोरित्युक्तम् ॥ १५ ॥

(वा०) अप्रमत्तस्य शास्त्रेषु सफलः स्यात्परिश्रमः।
अन्धस्य जायासौन्दर्यं शास्त्रज्ञानं प्रमादिनः ॥ ५५ ॥

[अधि० ६] विधेः स्वतो वा प्रामाण्यं परतो वा तदिष्यताम् ।
प्रत्यक्षादनुमानाच्च प्रामाण्यं दृश्यते विधेः ॥ १ ॥
स्वत आप्तविधेरत्र प्रामाण्यं पुरतो न तु ।
प्रत्यक्षस्यानुमायाश्च श्रवणाद्युपयोगिता ॥ २ ॥

विधिविषये तु शब्दस्य स्वातन्त्र्येण प्रामाण्यमित्युपन्यस्यति—

विधेस्त्वप्रमत्तेन श्रुतस्य स्मृतस्य चाप्तोक्तत्वे निर्णीतार्थत्वे च स्वतः प्रामाण्यम् ॥ १६ ॥

विधिरत्र विधायकः शब्दः । स यदि प्रमादरहितेन साक्षादाप्तमुखाच्छ्रूयते स्वयमन्यैः श्रुतः स्मर्यते वा, यदि चास्य वक्तुराप्तत्वं निश्चितमर्थश्चास्य सम्यङ्निर्णीतस्तदा तस्य विधिप्रतिपादकशब्दस्यान्यनिरपेक्षं प्रामाण्यम् । ईदृशस्य विधेरनुष्ठेयत्वे निर्णये प्रत्यक्षानुमानोपपत्तेरनपेक्षणात् । तद्यथा—वत्स गृहं गत्वाऽऽचार्यानीं पृष्ट्वा पाकाय सैन्धवमपेक्षितं चेदापणादनेन पणचतुष्टयेनानयेति देवदत्तमाचार्य आज्ञापयति । देवदत्तश्चाप्रमत्तस्तदाज्ञां श्रुतमात्रां शिरसा स्वीकरोति, पणचतुष्टयादिसंनिधानवशादनेकार्थानां सैन्धवपाकादिशब्दानामर्थविशेषांश्च प्रतिपद्यते । प्रतिपन्नार्थश्चाचार्यानीं पृष्ट्वा संनिहितादापणाल्लवणमानीय तस्यै प्रयच्छति । अननुष्ठेयवचसाऽनाप्तेन विष्णुमित्रेण मन्त्रसाधनादिव्यसने स्वगृहं विक्रीणता सखे त्वमपि गृहविक्रयेण मान्त्रिकमाराध्य मन्त्रान् साधय ततश्च निधिमाप्स्यसीत्युक्तस्तु न तद्वचनमनुरुध्यते । गुरुणापि सांनिपातिकव्याधिमता भिषङ्निवारितबहिर्गमनेन सद्यो मां न चेदितो नीत्वा जाह्नवीजले स्नपयसि शापानलेन दहामि त्वामित्याद्यसकृत्प्रलपतोक्तं नानुरुध्यते, तदानीं तस्यानाप्तत्वात् । एवं शौनकस्य शिष्यश्चेद्देवदत्तो नासौ शाकल्यस्य वचनं गृह्णाति, तस्य तं प्रत्यनाप्तत्वात् । माध्यन्दिनश्चेन्न तैत्तिरीयाणामाचाराननुतिष्ठति । तस्मादाप्ताज्ञायाः फलनिरपेक्षं प्रामाण्यम् ॥ १६ ॥

यथा तु विधिभिन्ने प्रत्यक्षानुमानमात्रोपपाद्येऽपि न शब्दः सहायको भवन्वार्यते तथैव विधावपि शब्दमात्रोपपाद्ये हस्तावलम्बं वितरन्ती न प्रत्यक्षानुमाने निवार्येते । तदाह—

तत्र श्रवणादिमात्रोपयोगिनी प्रत्यक्षानुमाने ॥ १७ ॥

नोपपादके इति वाक्यशेषः । विधिप्रतिपादकस्य वाक्यस्य श्रवणादौ प्रत्यक्षो-

---

(वा०) प्रत्यक्षमनुमानं च परिनिष्ठितवस्तुगम् ।
यत्कार्यं पुरुषाधीनं विधेस्तत्र प्रमाणता ॥ ५६ ॥

पयोगः । वाक्यघटकसैन्धवादिपदानामर्थनिर्णयादौ त्वनुमानस्य। विधिर्नोपपत्त्यन्तरापेक्ष इति तु सुव्यक्तमेव ॥ १७ ॥

[अधि० ७] कादाचित्कमिहाप्तत्वं किं वा स्यात्सार्वकालिकम् ।
अङ्गीक्रियेत पित्रादिराप्तता सार्वकालिकी ॥ १ ॥
सर्वत्र रागद्वेषादिहेतुर्व्याहतवादिता ।
सत्यां तस्यामनाप्तत्वमसत्यां पुनराप्तता ॥ २ ॥

आप्तोक्तस्य विधेः प्रामाण्यमुक्तं तत्र कोऽसावाप्त इत्याकाङ्क्षायामाह—

उपकारातिशयमूलकसंबन्धविशेषवानव्याहतवाद्याप्तो यथा पितरौ ॥१८॥

जन्तोर्जन्त्वन्तरेणोपकारविशेषः प्रसिद्धस्तद्यथा—प्रजाया नृपेण, ब्रह्मचारिण आचार्येणापत्यस्य पितृभ्याम्, जायायाः पत्या, सख्युः सखेत्येवमादिः। स उपकारविशेषः परस्परं वात्सल्यादिप्रयोजकः, सहभोजनादि तु वात्सल्यं प्रत्यन्यथासिद्धं सहभोजिनामपि परस्परजिघांसादिदर्शनात् । स एव स्वसंबद्धयोरन्यतरापेक्षयाऽन्यतरस्मिन्नुभयापेक्षयोभयस्मिन्वा यथायोगमाप्तत्वप्रयोजकोऽपि । तद्यथाऽपत्यस्य पितरावाप्तौ, सख्योर्जायापत्योश्च परस्परमाप्तत्वम्, एवमन्यत्रापि। तच्चाप्तत्वं सर्वस्याव्याहतवादित्वे। व्याहतवादित्वे त्वनाप्तत्वम्। व्याहतस्य वाक्यस्य च यथा शक्यमननुष्ठेयत्वम्। तद्यथा— पटे पावकं गृहीत्वा सद्यो मामुपतिष्ठस्वेति गुरुणोक्तो देवदत्तो गुरुमुन्मत्तं मत्वा कदाचिदात्मानमप्ययं कूपे निक्षिपेदिति त्रस्तस्तमप्रमत्तो रक्षति न पुनस्तमनुसरन् विपद्यते। यथा वा सद्यो मातरं व्यापादयेति पित्रोक्तश्चैत्रस्तं क्रोधोन्मादिनं विलोक्य न तमनुसरति पश्चात्तापराजदण्डाद्यनर्थैकफलान्निवारयति चैनमस्माद्दुर्व्यवसिताद्यथाशक्ति सामाद्यैः। तदेतदभिसंधायाप्तमव्याहतवादित्वेन विशिनष्ट्याचार्यः। उक्तोपकारपरिचयश्च स्वाम्यपत्यादिवत्सलेषु पशुष्वपि राक्षसेष्वपि दृष्टः केवलं पिशाचाराधकेषु वन्ध्यापुत्रावासतमोनिरयप्रणयिषु प्रायो विपर्यस्तः। तथापि पैशाचानां जगति बाहुल्यादुपकारमूलकः संबन्ध इत्यनेनोपकारपरिचयप्रयुक्तः संबन्ध आचार्यस्येष्ट इत्यवधेयम् ॥ १८ ॥

(वा०) सद्योऽनुष्ठेयताऽऽप्तोक्ते निर्णीतार्थे विधौ स्थिता ।
अर्थाज्ञाने क्रियाभावो नाप्तस्याननुगम्यता ॥ ५७ ॥
जलमानय वत्सेति पितुराज्ञा विधीयते ।
वसने ज्वलतोऽङ्गारावानयेऽति ह्युपेक्ष्यते ॥ ५८ ॥
सम्बन्धेऽनन्यसामान्ये पितृत्वादिप्रयोजके ।
स्थितेऽपि व्याहता नाज्ञाऽनुष्ठातुं शक्यते जनैः ॥ ५९ ॥

ननु सन्त्यासन्भविष्यन्ति च विदितवेदितव्या अधिगतयाथातथ्या ऋष्यादयो येषां व्याहतवादित्वं न संभाव्यते। तेषां सिद्धानां महात्मनामव्याहतान्येव सदा वचांसि मन्दमतिभिर्व्याहतदृष्टिभिरन्यथा प्रतिपद्यन्ते। इतीदृशानि प्रलपन्तं प्रत्याह—

व्याहतवादिता प्रमादादिजा रागद्वेषजा वा विश्वजनीना ॥ १९ ॥

न सर्वज्ञः कोऽपि पुरुषः कदाप्युपलब्धः। परिच्छिन्नशरीरस्य व्याहतं च सर्वज्ञत्वम्। उक्तं च न दिव्यदृष्टिः कोऽपीति। न हि वशिष्ठविश्वामित्रादयोऽप्यापतिष्यतोऽनर्थान्दिव्यया दृष्ट्या परिज्ञाय तत्प्रतिविधानं कर्तुं शेकुः। व्याहतवादिता तु प्रमादजा वा व्याधिजा वा रागद्वेषादिजा वा विश्वजनीना। न हि कश्चिदाजन्मनश्चामरणाच्च दिग्भ्रमादिप्रमादरहितो वा ज्वरादिव्याधिरहितो वा रागद्वेषादिरहितो वा केनाप्युपलभ्यते। न च श्यात्मकत्वात्तादृशः संभाव्यते वा। तस्माद्विश्वजनीना कादाचित्की व्याहतवादिता। यः खल्वद्याप्तोऽनुष्ठेयवचनः स एव श्वः प्रमादादिना व्याहतं वदति। तथा हि युधिष्ठिरः प्रायः सत्यवादी राज्यलोभादश्वत्थामा मृत इति गुरवे गिरमुज्जगार। जमदग्निश्च रेणुकायां द्वेषात्तां व्यापादयितुं तदङ्गजमपि राममादिदेश। उदाहरिष्यति चाख्यायिकाध्याये बहूनीदृशानाप्तत्वविपर्ययानाचार्यः॥ १९॥

[अधि० ८] परीक्ष्यं व्याहतं नो वा परीक्ष्यं संशयोऽन्यथा।
न परीक्ष्यं विनिर्णीतव्याघातं शुद्धबुद्धिभिः॥ १॥
एकांशदर्शनादेवाविवेकविकलैर्जनैः।
व्याहतत्वोपलम्भो हि प्राकाम्यादेः प्रघोष्यते॥ २॥

इत्थं संभाविते सर्वेषां व्याहतवादित्वे यद्व्याहतं तत्प्रेक्षावता न परीक्षणीयम्। यत्पुनरव्याहतं तस्यैव परीक्षा कर्तव्येत्युपदिशति—

व्याहतमपरीक्ष्यं तदुपलम्भस्य सर्वत्र प्रमादजत्वात् ।२०॥

प्रमाद इत्युपलक्षणं व्याधिरागद्वेषादीनामपि। यद्वा व्याधिरागद्वेषादयः प्रमादहेतवः परम्परया व्याहतोपलम्भहेतवः। प्रमादस्तु साक्षात्तद्धेतुरित्याशयेन पारम्परिकान्हेतूनुपेक्ष्य साक्षाद्धेतुमेव निर्दिशति। उपलम्भशब्द ईदृशेषु स्थलेषूपलम्भाभासवाचकः। व्याहतां शब्दस्य द्रव्योत्पादनशक्तिं पक्षवायुवाहनादिहीनानां नरादीनां

(वा०) प्रमादरागद्वेषादिजन्या व्याहतवादिता।
प्राच्चेष्वपि च नव्येषु सर्वत्रैवोपलभ्यते॥ ६०॥

तस्मादव्याहतं यस्यात्प्राच्यं वा नव्यमेव वा।
तत्स्वीकार्यं परीक्षायै मिथ्यात्वं व्याहते स्फुटम्॥ ६१॥

प्राणायामाद्यैः खेचरत्वादिविभूतिमीदृशमन्यद्वा व्याहतं यः कश्चिद्यदा कदाचिद्यत्र-कुत्रोपलब्धं व्यपदिशति स तद्विषये नाप्तस्तस्योपलम्भव्यपदेशश्च प्रामादिको न पारमार्थिकः। प्रेक्षावता च नेदृशानां व्याहतानामनुसरणे मनागपि शक्तिव्ययः कार्यः।

अत्र केचित् प्रत्यवतिष्ठन्ते। व्याहतमपरीक्ष्यमिति भवानाह—भवदुक्तं चेदं व्याहतमिव प्रतिभाति। परीक्षां विना कथं नु ज्ञातुं प्रभवेम किं व्याहतं किमव्याहतमिति। यदेष कश्चिद्वदति विशेषतस्तु बहुशः सत्यवादी तदेव परीक्षणीयम्। परीक्षायां कृतायां चेत्तत्प्रत्यक्षादिविरुद्धं तदा न तस्य परिग्रहः। अथ तस्य परीक्षया तस्याव्याहतत्वोपलम्भस्तदा तस्य परिग्रह इति।

तत्र ब्रूमः। तर्केण प्रथमं किं व्याहतं किमव्याहतमिति विवेक्तव्यम्। तर्को हि न शक्त्यादेर्महान्तं व्ययमपेक्षते सुसाध्यश्च गृहाद्यपरित्यजताप्यनुसर्तुम्। तथा हि सर्वेष्वेव समयेषु यदा तदानावृष्टिरुपलभ्यते, तदुक्तं युगान्तरादिवर्णनेऽपि "भूयश्च शतवार्षिक्यामनावृष्ट्यामनम्भसि" इत्यादि। ईदृशीभिर्घटनाभिर्विरोधादनुकूलतर्कान्तराभावाद्यन्त्राद्यसहायस्य पुरुषमात्रस्य मेघासंनिकर्षाच्च भिक्षुरयमिष्टे समये वृष्टिमुत्पादयितुं शक्नोतीति सहस्रशः सत्यवादिभिरुक्तेऽपि क उन्मत्तजडादीन्विहाय श्रद्दधीत। को वा सामान्यतर्केण निर्णीतेदृशार्थव्याहतिस्तस्येष्टक्षणे वृष्टिकारित्वेन मोहान्धानां विदितस्य भिक्षोरन्वेषणे धनादिव्ययं कुर्वीत।

को वा वायुवसनासनपानभोजनादिसंक्रमयोग्यानि विषाणि शुश्रुवानपि सोदरादीनपि मूर्खतया वा धनादिवाञ्छया वा तादृशविषसंक्रमोपयोज्यान्विजानन्नपि यं कश्चिन्नाममात्रेण ज्ञातं सकृद्दृष्टमात्रं वा मूर्च्छयितुमुन्मदयितुं वा मन्त्रपिशाचादिबलेन शक्नोमीति वादिनं न विषेणाव्याहतविकारशक्तिना किन्तु मन्त्रेण व्याहतेदृशशक्तिना स ईदृशानि कर्त्तुं प्रभवतीति वारयात्रिकविद्वदङ्कुरातिरिक्तः प्रतिपत्तुं क्षमते। तस्मादन्योक्तस्य तर्केण स्वयं वा सुहृदादिसाहाय्येन वा व्याहतमिदमव्याहतं वेति प्रथमं विविच्यैव निश्चितायामेवाव्याहतौ गृहादि परित्यज्य गृहीतपाथेयेन

(वा०) यत्प्रत्यक्षोपलम्भेनानुमितार्थेन वा पुनः।
प्रत्याहतं तन्मिथ्यैव न तस्यानुगमः शुभः॥ ६२॥
नगरं दर्शयामीति प्रतिज्ञाय पथा व्रजन्।
जनोऽनुगम्यते बालैर्न पुनः सरितं विशन्॥ ६३॥
व्याकृतिं पाठयामीति पाठयन्ननुगम्यते।
मन्त्रसिद्ध्या भवेर्विज्ञ इत्युक्तौ समुपेक्ष्यते॥ ६४॥
तथा सिद्धीर्विभूतीश्च वदन्धूर्त उपेक्ष्यताम्।
शिल्पशास्त्रसदुद्योगाननुगम्यः शुचिर्वदन्॥ ६५॥

तदन्वेषणरूपायां परीक्षायां प्रयत्नः कार्यः। व्याहतिनिश्चये तु सद्यस्तत्परीक्षानर्हमिति निश्चित्य दूरादीदृश्यै मरुमरीचिकायै मुग्धहरिणप्राणप्रणयिन्यै प्रणामो विधेयः।

प्रतिपादितं हि पुरस्तात्समस्तैरपि भूवासिभिः संभूयापि वर्षकोटिभिरपि व्याहतानामसंबद्धप्रलापानामशक्यपरोक्षत्वम्। कथं हि नाम हिरण्मयरसनः पुरुषविशेषः कोऽप्यस्ति यस्याशीर्वचोभिः सद्योऽमरत्वमाप्यत इत्युक्तो महासहायोऽपि पृथिवीमात्रेऽपि प्रत्येकं पुरुषं निपात्य तद्रसनाया हिरण्मयत्वमन्यादृशत्वं वा परीक्ष्य परीक्ष्य विसृजन्कल्पायुरपि तां परीक्षां समापयितुं प्रभवेत्। पृथिव्यपि तावन्न सर्वा सुगमा। योजनप्रायोन्नतेर्हिमगिरिशिखरसमूहस्य मेरुप्रदेशयोर्बहूनां चान्येषां प्रदेशानां दुर्गमत्वात्। न च बन्ध्यापुत्रान्वेषणसमितीयाः सिद्धाः सर्वे दृश्या एव। अमरा हि विभीषणहनुमन्मार्कण्डेयादयः पृथिव्यां वर्त्तमाना अपि न सर्वेषां सर्वदा दृश्याः। किञ्च दृश्या अपि न ते सर्वे धरापृष्ठ एव निवसन्ति। केचित्कपिलाद्याः पातालमधितिष्ठन्ति केचिन्मरीचिनारदादयः स्वर्गमध्यासते। तांश्च सर्वान् कः कार्त्स्न्येन कल्पशतैरपि परीक्षितुं प्रभवेत्। तस्मादीदृशान् व्याहतप्रलापान् प्रतन्वद्भिः स्वयमेवेदृश्याः परीक्षाया अशक्यत्वं दर्शितम्।

घनः पुनरमीषां मोहमहिमा यदा पातालमूलाच्छेषवासुकिकर्कोटकतक्षकरक्षिताद्घोरनक्रमकरादिकरालपयःपयोधिकल्लोलमालादुरासाद्यविलद्वारादा च स्वर्गशिखरात सप्तर्षिहस्तावचितमन्दाकिनीकोकनदाद् दृश्यानामदृश्यानां च सिद्धानां वसतिमुत्प्रेक्षमाणैरप्यमीभिरनिश्चितशतावधिजीवितोऽद्यापि जलस्थलवाय्वंशनियतगतिर्मर्त्यमात्रस्तेषामन्वेषणे नियुज्यते। नवातिचित्रमिदम्। नहि तदीयाः सिद्धाः स्वर्गशिखरेष्वेव पातालमूलेष्वेव वा निवसन्ति। सन्ति पुनः सर्वज्ञाः सर्वशक्तिमन्तः सांसिद्धिकाखिलभावाः करामलकीकृतब्रह्माण्डमण्डलाः स्वेष्टदेवं भूमौ दास्यादिकर्म कारयितुं प्रभवन्तो भक्तसंयावैकवशंवदा भ्रष्टयुगत्वेन प्रथितेऽप्यस्मिन्युगे मठे मठे कपिलमरीचिनारदादीनुपहसन्तः सन्तः। जाग्रति च कल्यपालपशुपालकुम्भकारदिविरदिवाकीर्तिजनङ्गमादिकुलकमलायमाना मान्याः, महीभृतां प्रकटितविकटमैरेयवारिधिशोषणसिद्धयोऽगस्त्यादिप्रभावाभावमात्रेण विश्वमुन्मादयितुं क्षमाः, क्षमापृष्ठेऽपि प्रतिपक्त्रणं क्वणन्तः

(वा०) मूर्खाः सिद्धिविभूत्याद्यैरतिशेतुं विपश्चितः।
प्रथयन्तो महाशक्तीर्न श्रद्धेयाः कथञ्चन ॥ ६६ ॥

शास्त्राभ्यासेन शिल्पेन सदुद्योगैस्तथापरैः।
न भक्त्या सिद्धमूर्खाणां वास्तवी सिद्धिराप्यते ॥ ६७ ॥

महोद्योगैर्विपश्चिद्भिः शास्त्रशिल्पकलादिकम्।
साधितं साध्यते चैव न धूर्त्तैः सिद्धनामभिः ॥ ६८ ॥

सिद्धगीतिकाः प्रसिद्धाः सिद्धाः। व्याचक्षते च पाश्चात्या अपि स्त्रीपुंसस्थविरा विरागधृतभारतीयवेषा अशेषाणि मन्त्रयन्त्रतन्त्रादिरहस्यानि विहस्याश्रद्दधानान्प्राच्यविदुषः।

अयि भो मुग्धपारमार्थिक न दृष्टवानसि भगवन्तं भक्तरूपेण भारते भ्रमन्तम्। कच्चिन्नोपलब्धवानसि कुम्भकारहुङ्कारदूरीकृतदुर्जरविषामाशीविषदष्टां वनिताम्। अपि न साक्षात्कृतवानसि पाश्चात्यवृद्धैः पौरस्त्यतरुणैश्च करयुगप्रकम्पसंज्ञयैव सद्यो गतचेतनं महत्तरबालकम्। न वा श्रुतवानसि जघन्याङ्गसङ्गिरोमाङ्कुरसंक्रमणमात्रेण क्लीबभार्यायै पुत्रं वितरन्तं परमहंसम्। एह्येहि नाश्रौषीश्चेदीदृशान्प्रभावान्छ्रावयामि किमपि। नाद्राक्षीश्चेद्भीष्मादिभ्योऽपि दृढतरब्रह्मचर्यान्रामादिभ्योऽप्यधिकवीर्यान्कृष्णादिभ्योऽप्यधिकज्ञानान्साधुवरान्दर्शयामि ते संप्रति कांश्चित्। कुतूहलं चेच्छ्रूयन्तां तेषां श्रुतिभ्योऽपि सारवत्तराणि प्राकृतगाथामयानि प्रेमवचनानि। दृश्यतां यथेष्टमाशाम्बरा काषायाम्बरा वा मूर्त्तिः। प्रत्यक्षीक्रियतां वसिष्ठविश्वामित्रादिदुरासदमेषां स्वेच्छया सद्यः समाधिमूर्च्छानिपातित्वम्। पीयतामेषां निर्गुणब्रह्माद्वैतमयी दुरूहार्था वाणी। अनुभूयतां तदीया स्त्रीपुंसाकृष्टिशक्तिः। आस्वाद्यन्तां व्याख्यानानि। परिशील्यन्तां शीलरहस्यानि। अभ्यस्यन्तां चरिताद्भुतानि। वशीक्रियन्तां विभूतयः। आसाद्यन्तामदृश्याञ्जनखचरपादुकादीनि। अधिगम्यन्तां मारणमोहनोच्चाटनादिविद्याः। स्वल्पैरहोभिर्विस्मर्यतां परमार्थदर्शनम्। क्षणेन भुवं भ्रमित्वा क्षणान्तरेण पातालं प्रविश्य पुनः क्षणान्तरेण खमुत्पत्य परीक्ष्यन्तां कौतुकार्थमदृश्या अपि देवर्षिब्रह्मर्षिप्रभृतयस्तिरस्कृतविभवादृश्यसिद्धैः स्त्रीपुंसमात्रसुलभैः ॥ २० ॥

कः प्रमादः। कस्य प्रमादः। किमेवं स्वप्नायसे। प्रत्यक्षाण्यपि योगमूर्च्छादिरहस्यान्यपलपसि। महासिद्धीर्न श्रद्धत्से। बाष्पयानादिभिर्भ्रमन् खिद्यसे नाक्षिणी निमील्य सद्यो मेरुशिरसि विहरसि। नानेकाँल्लोकानवलोकयसि। न नीरन्ध्रे हिमगिरिकटकेऽनिलरविकिरणाप्रवेश्येऽपि तपस्विभिर्दृष्टमात्रान्विलीयमानान्सिद्धान्नि-

---

(वा०) नीचा अशुचयश्चैव विद्योद्योगपराङ्मुखाः।
इच्छन्तो जनसंमानं सिद्धीः प्रख्यापयन्त्यमी ॥ ६९ ॥
संमानादुद्विजन्तस्तु ब्राह्मणा ब्रह्मवादिनः।
शिल्पशास्त्रकलोद्योगैः सिद्धिं व्याचक्षते पराम् ॥ ७० ॥
सिद्धेषु भक्त्या कल्याणं पापं तेषां परीक्षया।
सिद्धसिक्थकमूर्त्तीनां परीक्षाग्नेर्महद्भयम् ॥ ७१ ॥
शिल्पशास्त्रकलोद्योगे परीक्षा तु पदे पदे।
पारमार्थिकहेम्नः किं परीक्षाग्नेर्भयं क्वचित् ॥ ७२ ॥

भालयसि। धिगिदं क्लेशबहुलं परमार्थदर्शनम्। हा कष्टं महाविदुषोऽपि सिद्धाश्रयेण विभूतिलोलुपान्दिग्भ्रमवतो व्यपदिशसि। पतञ्जलिप्रभृतीन् किं वक्ष्यसि। न खलु तेभ्योऽपि विद्वत्तरो भवसि। धन्योऽसि चिराद्भगवती सरस्वती त्वामेकमनुगृहीतवती। इतीदृशं प्रलपन्तं तृणाग्रतरलावश्यायबिन्दुमुक्ताफलक्रयणाय कृत्स्नं पित्र्यं रिक्थमर्पयित्वा पश्चात्तापमात्रनिपातरसिकमसीममोहान्धं बालमीदृशादनर्थाद्यथाशक्ति निषेधयन्नाह—

सतोर्व्यतिकरस्य बाधितस्याप्येकांशदर्शनेन सुलभः प्रमादः ॥ २१ ॥

किमिदं वदसि कः प्रमादः कस्य प्रमाद इत्यादि। जन्तुमात्रसुलभः प्रमाद इत्यसकृदुक्तोऽसि। परिच्छिन्नेन्द्रियत्वाद्विस्मृतिशीलत्वाच्च व्याहतमप्रमादित्वं जन्तोः। तत्किमिमं बन्ध्यापुत्रवद्व्याहतं परिच्छिन्नेन्द्रियस्याप्रमादित्वं प्रत्येषि। न चानुचितं वच्मो महाविदुषामपि दिग्भ्रम इति। नहि दृष्टेऽनुपपन्नं नाम। यथा ज्योतिर्गणितादिविज्ञस्याऽपि प्रमादादिवशाद्दिग्भ्रमस्तथा वेदवेदाङ्गदर्शनविज्ञानादिज्ञानभारावनम्रकन्धराणामप्यनुक्रमणीपण्डितानां सिद्धादिष्वनुपलब्धेष्वप्युपलम्भप्रत्ययः। शास्त्रवन्तोऽपि रज्जुं सर्प इति मन्दालोके प्रतिपद्यन्ते मरुमरीचिकां च स्फीतं जलपटलमिति मन्यन्ते। स्वप्नोपलब्धां रमणीमालिङ्ग्य विबुद्धाः क्षणं तत्स्मरणान्मूर्च्छन्ति। ताम्रात्सुवर्णमुत्पादयद्भिर्धातुवादिभिः प्रतार्यन्ते, वनेषु वञ्चकैर्नीत्वा मुषितसर्वस्वा विसृज्यन्ते। नेदृशेषु विषमेषु शास्त्रं तेषां शरणम्। अप्रमादस्तु शरणं भवितुमर्हति। यावदप्रमत्तस्तावन्नेदृशीषु प्रतारणासु निपतति। निपतन्वा सद्य आत्मानमुद्धरति।

किं पुनरीदृशस्य प्रमादस्य कारणम्। एकांशदर्शनमित्याह। बाधितमपि रज्जुसर्पादिज्ञानं सतोर्व्यतिकरः। सती हि रज्जुरत्र। संश्च सर्पश्चेतसि बहिश्च कस्मिंश्चित्काले। तयोर्व्यतिकराद् भ्रमः। तत्र रज्जोरेकांशं कुण्डलीभावादिकमुपलभ्यानुपलब्धमपि फणकञ्चुकादिकमुत्प्रेक्षमाणः प्रमाद्यति। सुलभश्चेदृशः प्रमादः शास्त्रवतोऽपि। तथैव मूषायां निषिक्तपूर्वं सावान्तरादृश्यरन्ध्रां मूषामजानतः पावकार्पितायास्तस्या रन्ध्राच्छादनविलये तत्र सुवर्णोद्भवांशमात्रमवलोकयतः प्रच्छादितं रन्ध्रमनवलोकयतस्तृणादिषु मूषामुखार्पितेषु सुवर्णोत्पादनशक्तिभ्रमः सुलभः। एवं मन्त्रादिसिद्धिभ्रमेषु। औषधजलादिभिर्हि साधितं सामान्यचिकित्सादिकं मन्त्रान्यथासिद्धिमजानत्सु मन्त्रकृतमिति वञ्चकाः प्रख्यापयन्ति। शयनासनवसनभूषणमाल्याद्य-

---

(वा०) वन्ध्या भार्या ममेत्यद्य वदतो वत्सरात्परम्।
एकपत्नीव्रतस्येमौ परिणेयौ सुतौ मम ॥ ७३ ॥
इति वाग्व्याहता स्पष्टं व्याहतिस्तु न लक्ष्यते।
आद्यं विस्मरता वाक्यं लक्ष्यते स्मरतोभयम् ॥ ७४ ॥

पितैर्गूढविषादिभिश्च जन्तून्मारयन्त उन्मादयन्तो वा शब्दजपादिसाधितं मारणादि प्रख्यापयन्ति । यत्पुनः पतञ्जलिप्रभृतीनां नामोपन्यासः कृतस्तत्रापि साम्प्रतिकविदुषां भ्रम एव । योगशास्त्रेण चित्तवृत्तिनिरोधोपाया उपदिश्यन्ते । सति चित्तवृत्तिनिरोधे रुतज्ञानधनप्राप्तिबलाधिगमादि पुनस्तत्तत्फलोपयुक्तैरभ्यासवाणिज्यव्यायामादिभिरेव । न तु प्राणायामादिमात्रेण । तदेतद्वक्ष्यत्याचार्योऽध्यायशेषे 'योगेऽवान्तरोपायानपेक्षादि' इत्यादिभिः पुनरन्यत्र च ॥ २१ ॥

यत्तु सोत्प्रासमभिहितं चिरात्त्वदेकानुग्रहवती सरस्वतीति तत्र प्रत्यभिधत्ते—

स दृढो विध्यर्थवादयोरर्थवादे च परीक्ष्यापरीक्ष्ययोरविवेकात् ॥२२॥

नालोचयामोऽस्मान्सरस्वती भगवत्यनुगृह्णाति न वा। प्रमादभगवत्पादास्कन्दात्तु बलवद्भिभिमः परिहरामश्च तं दूरादेव। तदास्कन्दितानां हि मोहान्धानां सरस्वत्यनुग्रहोऽपि विपरीतफल एव। सर्वं सदप्यसदेव शून्यब्रह्माद्वैतमेकं तस्मिन्मोहतमसि प्रकाशेत न पुनर्ज्ञानसूर्यः सदोदितोऽपि तेषां लाभाय। न भक्तिचन्द्रिका चित्ताह्लादाय। न वा कर्मतारका नयनानन्दाय। नैसर्गिकश्चायं विश्वजनीनः प्रमादभगवत्पादास्कन्दो विध्यर्थवादयोरर्थवादे च परीक्ष्यापरीक्ष्ययोरुक्तपूर्वयोरविवेकाद् द्रढीयान्संपद्यते। यः खलु कलाकुमारोऽप्युपाध्यायोऽपि महोपाध्यायोऽपि ततोऽपि वा गरीयान्प्रमादभगवत्पादास्कन्दितो मदर्थं फलमानयेति पितुरादेशरूपं विधिं वत्स ! पाटलिपुत्रादल्पीयसी वाराणसीति मया श्रुतमिति तदीयमर्थवादं च 'अहरहः सन्ध्यामुपासीत' इति स्मृतिं विष्णुभागवतोक्तां क्षीरसमुद्रादिस्थितिं चोभयं तुल्यमपरीक्ष्यानुसर्तव्यं वा हेतूपपन्नं वा मन्यते यो वा सुवर्णात्कुण्डलं भवतीति सौवर्णरसनैः पुरुषैरुक्तं नार्थतो विसंवदतीत्यव्याहतं व्याहतं चोभयमपि महता व्ययेन परीक्षणीयं प्रतिपद्यते, कस्तस्य सारस्वतेनानुग्रहेणार्थः। तस्मादप्रमत्तेन विध्यर्थवादयोरर्थवादे च व्याहताव्याहतयोर्विवेकः प्रथममेव कार्यस्तदनन्तरं निजाप्तोक्तस्य विधेरहेतुकमनुसरणमव्याहतस्य चार्थवादस्य परीक्षणाय प्रयत्नः कार्यः सतीष्टसाधनताज्ञाने कृतिसाध्यताज्ञाने च ॥ २२ ॥

(वा०) विषेण मारयन्धूर्त्तश्छन्नं सर्पादि दर्शयन् ।
विज्ञानलेशानभ्यस्यन्भिषज्यन्सलिलौषधैः ॥ ७५ ॥
भूतप्रेतपिशाचानां मन्त्राणामद्भुतं बलम् ।
भक्त्येकगम्यं प्रख्याप्य प्रतारयति बालिशान् ॥ ७६ ॥
व्याहताव्याहताज्ञानाद्विध्यविध्योश्च सङ्करात् ।
ज्ञानविज्ञानदिङ्मूढो धूर्त्तानामेति वश्यताम् ॥ ७७ ॥

[अधि० ९] प्रत्यक्षं मानसं नाऽस्ति किं वाऽस्ति ननु नास्ति तत् ।
मनसो नेन्द्रियत्वं हि प्रत्यक्षं चेन्द्रियैरिह ॥ १ ॥
मनो मस्तिष्कनियतमुपलब्धं स्फुटं च तत् ।
इन्द्रियं चोपलब्धृत्वात्तस्मात्स्मृत्यादि मानसम् ॥ २ ॥

एवं प्रमाणानां विषयविभागादि प्रदर्श्य तत्स्वरूपोपन्यासमुखेन तद्विषये कानिचिदत्यन्तमपेक्षितान्यर्थान्तराणि प्रस्तौति, तत्र च ज्येष्ठप्रमाणत्वात्प्रथमं प्रत्यक्षस्वरूपं निर्दिशति—

प्रत्यक्षमदाषेन्द्रियोपलम्भः ॥ २३ ॥

प्रमादो व्याधिर्द्वेषो रागो दुराग्रह इत्यादय इन्द्रियदोषास्तद्रहितेन तत्क्षणमीदृशदोषशून्येनेन्द्रियेण यदुपलभ्यते तत्प्रत्यक्षम् । तत्र यन्त्रादीनां शब्दादीनां च सहायत्वमुक्तम् । तद्यथा – देवदत्तः स्वसमीपे चरन्तं सारमेयमुपलभते तदस्य प्रत्यक्षम् । देवदत्तः प्रोषितः प्रियां भावयंस्तदेकमनाः प्रमादवान्विषयान्तरेषु तत्प्रेषितं तन्त्रीसंवादं वहन्तं संवादवाहकमिवायान्तं विभावयति । प्रामादिकत्वान्नास्य बहिर्दूतोपलम्भः प्रत्यक्षत्वव्यपदेशमर्हति । मानसस्त्वसौ दूतोपलम्भ इत्युपरिष्टाद्वक्ष्यामः ।

यथा वा पित्तदूषिताक्षश्चैत्रः शङ्खं शशिशुभ्रमपि पीतमिवोपलभते । नास्य तत्प्रत्यक्षम् । न चाप्रमत्तश्चैत्रः स्वाक्षिदोषमवगच्छन्पीतशङ्खोपलम्भं प्रत्यक्षं मन्यते । अधिकरणे व्यवहारनिरीक्षार्थं नियुक्तो मैत्रः स्वपुत्रं सापराधमपि रागान्निरपराधं वत्सलेन चक्षुषा पश्यति, शत्रोर्विष्णुमित्रस्य पुत्रं तु निरपराधमपि गुल्माधिकारिभिरपराधवानयमित्यानीतं द्वेषात्सापराधं प्रतिपद्यते । नास्य तत्प्रत्यक्षं रागद्वेषदूषितेन मनसा तथोपलम्भात् ।

यथा वा दुराग्रहदूषितो धनमित्रो भास्करादिभिरुक्तं युक्तिविरुद्धमपि सूर्यतारकादेः पृथिवीं परितो भ्रमणं पारमार्थिकं प्रतिपद्यते, भूग्रहस्य पुनः सूर्यं परितो भ्रमणमभियुक्ततरैरार्यभटादिभिरुक्तं युक्ततरमपि न याथातथ्येन गृह्णाति । सोऽस्य सूर्यादिभ्रमणोपलम्भो बालस्येव चलद्बाष्पयानस्थस्य तन्त्रीस्तम्भादिपलायनोपलम्भो न प्रत्यक्षव्यपदेशयोग्यः ॥ २३ ॥

प्रामाण्यमविधौ नैव परिनिष्ठितवस्तुनि ।
शब्दस्येत्यविजानन्हि विमुह्यति पुनः पुनः ॥ ७८ ॥
शब्दैरुक्तेऽप्यनुक्ते वा परिनिष्ठितवस्तुनि ।
प्रत्यक्षादनुमानाच्च तत्त्वातत्त्वविनिर्णयः ॥ ७९ ॥
वत्सानय फलानीति स्वाध्यायोऽध्येय इत्यपि ।
अपरीक्ष्यैव पित्रादेराज्ञा सद्यो विधीयते ॥ ८० ॥

तत्प्रत्यक्षं कतिविधमित्याकाङ्क्षायामाह—

षड्विधमिन्द्रियाणां मनःषष्ठत्वात् ॥ २४ ॥

प्रत्यक्षं षड्विधं क्रमाद्रूपशब्दस्पर्शरसगन्धसुखाद्युपलम्भहेतूनां चक्षुःश्रोत्रत्वग्रसनघ्राणमनसामिन्द्रियाणां षट्त्वात्। केषांचित्तु कराद्युत्तोलितस्य वस्तुनो येन गुरुत्वादिबोधस्तत्सप्तममिन्द्रियम्। अन्तःशरीरे ज्वराद्यार्तौ येन वैकल्यमिव मृष्टाहारादिना च यस्योल्लास इव तदान्तरमष्टममिन्द्रियम्। येषां तु रूपादिपञ्चान्यतमग्राहकत्वमिन्द्रियत्वं तेषां मनस इन्द्रियत्वाभावात्पञ्चैवेन्द्रियाणि। अयं ते पितृव्यो वा पितुर्भ्राता वेत्यादिवच्छब्दमात्राधीनत्वाद्वस्तुविचारेऽनपेक्ष्यत्वादीदृशा विवादा नात्र परीक्ष्यन्ते। अस्मिंस्तन्त्रे समानतन्त्रेषु चेन्द्रियत्वमुपलम्भविशेषग्राहकत्वम्। उपलम्भश्चात्र संनिकृष्टांशस्य साक्षादनुभवः ॥ २४ ॥

कस्येन्द्रियस्य कस्मिञ्शरीरांशेऽवस्थानमित्याह—

तानि चक्षुःश्रोत्रत्वग्रसनघ्राणमस्तिष्कस्थानानि ॥ २५ ॥

रूपग्राहकमिन्द्रियं चक्षुषि, शब्दग्राहकं श्रोत्रे, स्पर्शग्राहकं त्वचि, रसग्राहकं रसने, गन्धग्राहकं घ्राणे, सुखादिग्राहकं तु मस्तिष्के ॥ २५ ॥

ननु रूपादि चाक्षुषत्वेन प्रसिद्धम्। मानसः पुनः कः साक्षादुपलम्भो भविष्यतीत्याकाङ्क्षायामाह—

मानसं स्मृत्युत्प्रेक्षादि प्रसिद्धमन्यत् ॥ २६ ॥

चक्षुरादिनोपलब्धानां विषयाणामयत्नपूर्विका यत्नपूर्विका वा स्मृतिस्तेषामेव संबन्धादिविपर्यासेनोत्प्रेक्षा सुखदुःखाद्युपलम्भश्चेतीदृशा विषया मानसाः साक्षादुपलम्भाः। अनुमानं तु पारम्परिकोपलम्भमनुपदमेव व्याख्यास्यामः ॥ २६ ॥

(वा०) क्षुद्रो वाराणसी ग्रामो गङ्गा पश्चिमवाहिनी।
अपरीक्ष्य न मन्तव्यं कस्यापि वच ईदृशम् ॥ ८१ ॥
वन्ध्यापुत्रस्य शिरसि फलं स्थितमिहानय।
ईदृशे तु परीक्षापि न कदाचित्प्रवर्त्तते ॥ ८२ ॥
अदोषेणेन्द्रियेणात्र यत्किञ्चिदुपलभ्यते।
अनेकेन्द्रियसंयोगात्तत्प्रत्यक्षं दृढं भवेत् ॥ ८३ ॥
चक्षुःश्रुतित्वग्रसनघ्राणमस्तिष्कशक्तयः।
इन्द्रियत्वेन विदितास्तत्प्रत्यक्षाणि षट् ततः ॥ ८४ ॥
प्रत्यक्षात्मक एवासौ यः सदोषेन्द्रियग्रहः।
संवादाशंसया दुष्यन्भवत्येष भ्रमात्मकः ॥ ८५ ॥

[अधि० १०] अनुमानं प्रमाणं वा न वा नास्य प्रमाणता।
साहचर्यं न नियतं किं हि तत्र नियामकम् ॥ १ ॥
अंशांशिताऽत्र नियता तन्मूला चानुमा मता।
तस्मात्प्रमाणमस्त्येवानुमानमिति निर्णयः ॥ २ ॥

प्रत्यक्षं निरूप्यानुमानं निरूपयति—

अनुमानं प्रतिबद्धात्साधनात्साध्यग्रहः ॥ २७ ॥

प्रतिबन्धो व्याप्तिर्जरन्नैयायिकादीनां तथा व्यपदेशात्। साधनं व्याप्यम्। साध्यं व्यापकम्। व्याप्तिरुपाधिरहितः संबन्धः, उपाधिश्च विशेषणम्। देवदत्तो वियच्चुम्बिधूमलतं धूमकेतुं महानसे बाष्पानसे वा पश्यति। सधूमस्य वह्नेश्च कृत्स्नानामंशानां साधीयांसं परिचयं विधाय पर्वतशिखरे दृष्टिसंनिकृष्टं धूमांशं साधयितुं भित्तिप्रच्छन्नमपि वह्न्यंशं तत्रानुमिनोति। तस्य वह्निव्याप्यधूमवानयं पर्वत इति प्रतिपत्तिरनुमानम्। धूमोऽत्र व्याप्यो वह्निस्तद्व्यापकः। क्षीरघृतहोमसंभवः शारदाभ्रशुभ्रो वा, दह्यमानग्रामटिकापुराणतृणपटलोत्थितः शलभपटलपाटलो वा, व्याधिविषदिग्धयुवजरच्छवोद्भवस्तित्तिरिकल्माषो वा, सामिशुष्कतुरगशकृद्विदाहजो जरठशुककन्धराहरितो वा, नलकचमसोपहूयमानभङ्गादिग्रन्थिविकारोद्भवः कृष्णाञ्जनीलो वा, यादृशस्तादृशो वा विशेषणानपेक्षो धूमो वह्निनियतसंबन्धो न वह्निं विना समुद्भवतीति विशेषणानपेक्षत्वादुपाधिरहितो देवदत्तेन गृहीतः संबन्धोऽत्र व्याप्तिप्रतिबन्धादिनामभिर्व्यपदिश्यते।

पर्वतो धूमवान्वह्नेरिति त्वनुमानाभासः। वह्निर्हि सार्द्रेन्धनत्वादिविशेषणवानेव सधूमो न पुनरविशेषेण सर्वोऽपि वह्निरीदृशः। न हि वैद्युतादयो वह्नयो धूमलेशवन्तोऽपि। तस्माद्वह्नेर्धूम-संबन्धो न नियतः। स हि विशेषणापेक्षत्वादुपाधिग्रस्तः। इयमेव व्याप्तेरपरिवृत्तिक्षमता। धूमो हि वह्निव्याप्यो न तु वह्निर्धूमव्याप्यः। परिवृत्तिक्षमत्वे तु व्याप्यव्यापकत्वेन मुधागृहीतयोर्नाममात्रभिन्नयोरर्थयोर्वस्तुत ऐक्यम्। एतदेवाभिप्रेत्य सहोपलम्भनियमादभेदो नीलतद्धियोरिति चिरन्तनतार्किकाणां प्रतिपत्तिः। इमामेव व्याप्तेः परिवृत्त्यक्षमतां विस्मृत्य प्रायो निग्रहस्थानेषु वारयात्रिकास्तदुपजीव्याश्च भूयो भूयः पतन्ति ॥ २७ ॥

(वा०) व्याप्याद्व्यापकविज्ञानमनुमानमुदाहृतम्।
व्याप्तिर्नियतसंबन्ध एकावयविनोंऽशयोः ॥ ८६ ॥
वह्नेर्हि धूम एकोंऽशः स्फुलिङ्गांशः परो मतः।
अस्फुलिङ्गो न धूमः स्यात्स्फुलिङ्गः स्यादधूमकः ॥ ८७ ॥

अत्राह—ननु व्याप्तिग्रहो दुष्करः, सर्वस्यापरीक्ष्यत्वात्। कतिपयपरीक्षया सर्वनिश्चयासंभवात् कारणबहुत्वाच्च। न कश्चिदतीतानागतवर्तमानान् सर्वान्धूमान् पर्यैक्षिष्ट। यस्य कस्यापि धूमस्य परीक्षया किं सर्वस्य धूमस्य वह्निजन्यत्वं निश्चेतुं शक्यते। किं च बहूनि पृथक्कारणान्येकस्यैव कार्यस्य दृश्यन्ते मृत्योरिव विषदंश-प्रहारव्याध्यादीनि। ततश्च कस्यापि मृत्युमुपलभ्य तत्कारणविशेषानुमानं न सुकरम्। साधनत्वेन गृहीतस्य धूमादेर्वस्तुतः परागत्वादिसंभवात्प्रायः सर्वत्र संदिग्धत्वं हेतुदोष इतीदृशास्तु बालानामपि सुबोधा अनुमानप्रामाण्यव्याघाता इति न तान्प्रपञ्चयामः। तस्मान्नानुमानं प्रमाणम्।

शब्दस्तु भवद्भिः पारमार्थिकाभासैरपि विधौ प्रामाण्येनाङ्गीकृतः। अश्वमेध-कर्तुर्महिष्या मृताश्वपीयूषदण्डं स्मरमन्दिरे विधाय रात्रिमेकां शयनीयमित्यादीन्भण्ड-मुखैकयोग्यानन्यांश्च—

अग्निहोत्रं त्रयीतन्त्रं त्रिदण्डं भस्मपुण्ड्रकम्।
प्रज्ञापौरुषनिःस्वस्य जीवो जल्पति जीविका।

इत्यादिभिर्निरस्तान्गोमेधादिभिरतिशयितकुम्भकर्णबुभुक्षान्परांश्चापरिसंख्येयान्हास्यबीभत्सावधीन्विधीन्को नामाप्रमत्तः श्रद्धया पूर्वजोक्तत्वेन वा परैर्वा हेतुभिः परिगृह्णीयादिति शब्दप्रमाणकं विधिमविधिं वा न किमपि स्वीकुर्मः। ततश्च प्रत्यक्षमेवैकं गृहीत्वा 'बार्हस्पत्यो भव चिरञ्जीव' 'वेदवादरताः पार्थ' इत्यादिभिः श्रीकृष्णेनापि गर्हितमर्वाचीनैः सामाजिकधूर्त्तैः प्राचीनैश्च कैश्चिन्मूर्खैः परिगृहीतं वेदमिदानीमद्भुतशालावस्थापनयोग्यमजपुत्रशवमिव कल्पस्थिरं किमितस्ततो दर्शयसि, भवद्भ्रातृभिः स्वप्ने दृष्टस्य महाभूतस्य विश्वसितमपि पूतिपर्युषितं परीक्षकालोकमात्रेण विलीयमानं पुराणपटच्चरच्छन्नमितस्ततो दर्शयन्न लज्जसे। न खलु सांप्रतिकसमाजप्रयासैः पुनर्वैदिकं धर्माभासमवलम्ब्य सर्वं जगच्छ्रुतिषु बाष्पयानाद्यन्वेष्टुं प्रवर्त्तिष्यत इत्याशा। तस्मान्न शब्दः प्रमाणम् न वाऽनुमानमिति चेत्स्पष्टतरानुमानस्वरूपोपन्यासमुखेन प्रतिवदति—

तादृशादंशादंशान्तरग्रहो वा ॥ २८ ॥

(वा०) तत्त्वेनावयविज्ञानमकृत्वा तार्किकाङ्कुराः।
ब्रुवन्त्यवयविज्ञानं प्रत्यक्षमपरीक्षकाः ॥ ८८ ॥
आहुः प्रत्यक्षमंशानां तथैवांशान्तरानुमाम्।
अनुमानस्य बीजं चावयवित्वं परीक्षकाः ॥ ८९ ॥
अस्यावयवितत्त्वस्याज्ञानाच्चार्वाकचत्वरे।
नावकाशोऽनुमानस्य प्रत्यक्षैकायनेऽभवत् ॥ ९० ॥

अयि चार्वाकजरठ सुप्रभातं भवते चिरात्पुनर्जगत्यवतीर्णोऽसि येषां जरत्तार्किकाणां भवत्सहचराणां सर्वथा भिन्नयोरपि संबन्धविशेषवतोर्व्याप्यव्यापकभावस्तेषां सहचारमात्रादसकृदुपलब्धादनुमानाभासमप्रमाणं व्यपदेष्टुमर्हसि। ते हि तत्रभवन्तः कुम्भकारजन्यं घटशरावादि गृहीत्वा कृत्रिममकृत्रिमं च सर्वमप्यर्थं निर्मातुं प्रौढं कारुवरमीश्वरमनुमिमते, श्रुतमात्रां दिव्यशक्तिं समर्थयितुं योगिप्रत्यक्षादिकमवस्थापयन्ति, भस्मलवच्छन्नाङ्गारसंचारकृतजीविकमन्तर्दाहविकलाङ्घ्रिमपि जनङ्गमं सिद्धोऽयमिति मत्वा परिहार्यस्पर्शस्य तस्य कुशलभिषङ्मात्रपरीक्ष्यं दग्धं पदमप्यपरीक्ष्य मणिमन्त्रादेर्दाहप्रतिबन्धिकां शक्तिं कल्पयन्ति। सव्याधेरित्यादिना कविभिरुत्प्रेक्षितं चूतमुकुलावलोकनं मृत्युहेतुमङ्गीकुर्वन्ति। किं कुर्वन्तु वा तपस्विनः समयः स तादृश एवावैज्ञानिको द्वापरप्रायोऽभूद्। यत्र भवादृशा अपि प्रत्यक्षैकवादिनः प्रत्यक्षमपि कुप्यदुत्तमर्णमुखावलोकनादिदुःखं विस्मृत्य दुर्गतिनिदानम् 'ऋणं कृत्वा घृतं पिबेद्' इति सुखोपायमुपदिशन्ति स्म। भवतामेव ते तार्किकव्याकृतिज्ञादीनां दायादास्तामेव चिरन्तनीमपरीक्षाव्यसनितां वहन्तः प्रमादभगवत्पादशिविकावाहका जडभरतकायव्यूहा इव वारयात्रिकविद्वांसोऽद्याप्याजन्मतर्कादिपत्रिकाः समारटन्तोऽपि व्याप्त्यादिपरिष्कारैर्मानुष्यकं व्यर्थयन्तोऽपि स्मरागारसहस्रालङ्कारां शक्रशरीरयष्टिं द्रष्टुं मूर्तीरुपासते। रम्भोर्वशीमेनकाद्याशया स्तोत्रादि पठन्ति। उत्क्रमणाद्यनुमानाभासनिगृहीताश्च निर्हेतुकान्विधीन्प्रत्यादेष्टुमुत्सहन्ते। दारय मारयेत्याद्यर्थकान्प्राकृतमन्त्रानृषिवाग्भ्योऽपि विशिष्टान्द्रव्याविर्भावादिशक्तिमतः प्रतिपद्यन्ते। परिष्कारजागरजनितार्शक्लैव्यादयश्च दिगम्बरस्थूलमतिकुलाङ्गभस्मरोमहुङ्कारादिभिर्भार्यायाः पुत्रसंभवमनुमाय तामेकिकां वा कुट्टनीमात्रसहायां वा योगाश्रमगह्वरेषु वा जनङ्गमाधिष्ठितेषु साकेतमन्दिरगर्भगृहेषु वा भ्रूकुंससनाथितेषु बलादपि ढौकयन्ति। गृहभुजिष्यास्मरणमात्रजिहासिताध्ययनांश्च सोदरान्सर्पाकारः पिशाचोऽत्र दृष्ट इत्यादि प्रलपतः कशाघातचरणप्रहारादिचिकित्स्यामयान्मान्त्रिकेभ्य उपहारीकुर्वन्ति।

किं बहुना फलाभासमात्रोपलम्भेनादृष्टदैवमणिमन्त्रसिद्धियोगविभूतिनाकनिरयसर्वशिल्पिप्रभृतीनि कारणशतान्यक्लेशेनानुमिमाना दृष्टकारणकलापस्य क्लेशसाध्यस्य परिहारे कौशलं दर्शयन्तो भवद्दायादा अमी बीभत्साप्रतिहततर्कप्रसराः स्वल्पैरेवाहोभिर्बाष्पयानं यस्मिन्नगरे सायंप्रातर्विश्रामस्थानं प्राप्नोति तत्र प्रायः

(वा०) अनुमानस्य का वार्ता प्रत्यक्षमपि विस्मरन्।
उत्तमर्णपदाघातमृणं कृत्वा घृतं पिबन् ॥ ९१ ॥
धन्यश्चार्वाकजरठो धन्यास्तस्यानुगामिनः।
लोकायतं मतं चित्रं लोको न बहु मन्यते ॥ ९२ ॥

सर्वेषां बाष्पयाने च ग्रामोपशल्येषु च पौरपायुक्षालनवेश्मसु चान्यत्र चावस्करोत्सिसृक्षां वीक्ष्य हरीतकीकवलनादपि रेचकतरं बाष्पयानसंनिधानमिति प्रतिपत्स्यन्ते। एषामेव भयेन कार्यकारणभावाद्वा स्वभावाद्वा नियामकात्। अविनाभावनियमोऽदर्शनान्न न दर्शनादिति केचिद्भूवद्युगीयाः प्राहुः। तेषां कार्यकारणभेदवादिनां द्वयमविनाभावनियामकमस्माकं पुनस्तदनन्यत्वप्रतिपत्तिमतां स्वभाव एक एवाविनाभावनियामकः। स च न शिंशपावृक्षयोरिव कल्पितो नाममात्रस्वरूपः। पारमार्थिकः स किलांशांशिभावः। तथा च पारमार्थिकेन निश्चितावयविना परीक्षिततत्स्वभावेनैकस्यापि तद्वर्गीयस्याप्रामादिकेन परिचयेनावयवविशेषावस्थोपलम्भात्प्रधानावयवस्य वाऽवयविदर्शनात्तद्घटकानां वाऽनुमानं न दुष्करं न वा व्याहतम्। सर्वं चैतदप्रमत्तस्य।

प्रमत्तस्य तु प्रत्यक्षमपि न प्रामाणिकं व्याहतत्वादित्यदर्शयाम। प्रमत्तो हि सायं क्षेत्रगतः शुभ्रवसनां स्त्रियं दृष्ट्वा पिशाचीयमिति गृह्णाति, मूखं भ्रमन्तं विलोक्य तद्रूपः साक्षाद्दाशरथिरयमिति गृह्णाति, पत्रपुरुषमुड्डीयमानं दृष्ट्वा योगी कश्चिदुड्डयत इति मन्यते। न चेदृशेभ्यः स्वभ्रातॄणां प्रमादेभ्यः प्रत्यक्षं सामान्यतोऽप्रामाणिकं प्रत्येषि। तस्मादप्रामादिकं सर्वं प्रमाणमिति सुव्यक्तां प्रतिपत्तिमवलम्ब्य सिद्धान्तेऽनुमानस्वरूपं प्रतिबद्धादंशादंशान्तरग्रहं वदत्याचार्यः।

इमानि कानिचिदनुमानोदाहरणानि नरगिरिनगरगृहार्णवादेर्दैर्घ्यविस्तारयोः फलं तलमेकं संनिहितं पश्यन्गाम्भीर्यं तत्प्रतिबद्धमनुमिनोति देवदत्तः। धूमलतां वायुमण्डलमारोहन्तीं पश्यन्वह्निमनुमिनोति। ओदनं दृष्ट्वा तण्डुलानामग्निसंबन्धमनुमिनोति। पुत्रपाणि वा स्फुटितमुपलभ्य तत्कृतं ज्वालास्पर्शमनुमिनोति। रसालमुपलभ्य वृक्षात्तस्यागममनुमिनोति। नरडिम्भमालोक्य तत्पित्रोः समागममनुमिनोति। राजकीयरजतमुद्रां परीक्ष्य रजतताम्रमात्रयोगं विपर्यस्तवर्णयन्त्रमुद्रितमनुमिनोति। मृद्घटं दृष्ट्वा कुलालव्यापारं रीतिघटं दृष्ट्वा च रीतिकारव्यापारमनुमिनोति। अयस्कुम्भीं सरयूतटं नीत्वा ततः प्रत्यानीय तत्र घृतं दर्शयन्तं तत्र प्रथमतो निहित-घृतमनुमिनोति। रचनाविशेषं शिल्पादिगतं दृष्ट्वा तस्य सकर्तृकतां प्रत्येति। वृक्षपशुसरित्सागरगिरितारकादीनि विलोक्य तेषामकर्तृकतामभ्युपैति। रजतमुद्रां सुवर्णमुद्रामन्यद्वेदृशं सहसैन्द्रजालिकादेः करागतं दृष्ट्वा तत्कञ्चुकादिनिगूहनच्छलमनुमिनोति। बाष्पयानं सहसा मार्गे विश्रान्तमुपलभ्य ध्वजादिसंकेतोपलम्भं तस्य प्रत्येति। शास्त्रकौशलं

(वा०) मन्त्रान्मुद्रां स्त्रियं वायौ योगिन्युड्डयनं तथा।
रेचकत्वं बाष्पयाने धनदत्वमुपानहि ॥ ९३ ॥

सहचारात्परं चेदृक्स्वीकुर्यात्तार्किकाङ्कुरः।
अज्ञोऽवयवितत्त्वस्य मुधाशास्त्रभरार्दितः ॥ ९४ ॥

कवितादिचातुरीं वा क्वचिदुपलभ्य नैसर्गिकीं बुद्धिमध्ययनादिसहकृतामनुमिनोति। उपरागहोराकलादि प्रथमत एव केनाप्युक्तं संवादसत्यमुपलभ्य तस्य गाणितिकानुमानकौशलमनुमिमीते। सर्पदष्टमिव विप्रकृष्टं नाममात्रेण ज्ञातं मूर्खप्रहितभस्मसर्षपादिना चिकित्स्यमानमुपलभ्य तस्य विषाभावं विषाल्पत्वं वाऽनपेक्ष्यचिकित्सं मन्यते। स्त्रीपुंसो गन्धर्वगृहीता इति ख्याप्यमानान्वैद्यसाहाय्येन व्याधिसहितानुपलभ्य चिकित्सायै विसृजति। व्याधिराहित्ये तु निश्चिते कशाप्रहारैर्निर्मन्त्रैर्भिषज्यति। दृष्टमात्रस्य पित्रादिनामानि वदतो ज्यौतिषकर्णपिशाचादिगौरवं ख्यापयतोऽपि निभृतचराद्युपयोगैस्तज्ज्ञानमनुमिनोति। दासादिबालकमवाच्यकर्मादिसहचरमपि दिव्ययोग्यताविशेषवानयं मया दिव्यशक्त्या मूर्च्छामापादितस्त्रिकालज्ञतामापद्येत, इत्यादि प्रलापैरद्भुतप्रभावत्वेन ख्यापयन्तं धूर्तमवधीर्य तयोर्मिथः संकेतेनैव परस्पराशयादिबोधकत्वमनुमिनोति। स्थूलकायं यतिमनशनवादिनमपि निभृतयथेष्टाशिनं प्रतिपद्यते। सुवर्णादिधातून्रसशास्त्रीयादिविद्याभिस्तत्त्वान्तरेष्वभज्यमानाभाव्यताम्रादिभिः सुवर्णनिर्माणवादिनः सुवर्णमात्रां मूषादिभ्य उत्पादयतोऽपि मूषादौ प्रथमतः क्षिप्तसुवर्णान्मन्यते। शब्दबोधितां शतघातितां वा सम्प्रत्यपि निर्मन्त्रधनुर्नलिकाद्युद्भवामालोक्य पार्थादिर्धानुष्कताममन्त्रां व्यासाद्यतिशयोक्तिविस्फारितां मन्यते। गूढविषादिभिरासनशयनाद्यर्पितैरन्यान्व्यापादयतामुन्मादयतां वा शब्दैरेव वा केवलं तादृशीं शक्ति ख्यापयतां सद्यः प्रतारकत्वमनुमिमीते। सुन्दरीं परैः पुरोगात्राणि प्रायः सर्वाणि सस्वेदकम्पेन पाणिनावमृश्य परीक्षितामपि वियति नृत्यन्तीमवलोक्य तां नीविनिगूढकार्ष्णायसकाञ्चीपृष्ठलग्नभित्तिस्थिरायां नागदन्तिकायामावर्त्तमानामनुमिनोति। सर्पं पादप्रहारेण भूमौ पातयतः प्रथमतः कौपीनप्रच्छादितसर्पत्वमनुमिनोति।

प्रत्यक्षवच्चेदम्। प्रमादशून्यं प्रत्यक्षमन्यथा प्रत्यक्षाभासः, तथा प्रमादशून्यं सर्वमुक्तविधमनुमानमन्यथानुमानाभासः।

स यथा—सत्तामात्रस्य दैर्घ्यमात्रस्य वा गाणितिकैर्नाममात्रेण पृथक्प्रकल्प्योक्तौ वस्तुतोऽपि निराकारां निर्विशेषां सत्तां विस्तारगाम्भीर्यरहितं वा दैर्घ्यमुत्प्रेक्ष्य तत्सादृश्येन निराकारेश्वराद्यनुमितिवादः। धूमलतां स्फीतां गिरिशिखरे समुपलभ्य युगान्तरसमाधिपतितस्य कृत्ययुगे मारीषाश्रमद्वारे दृष्टकष्टतपसो भगवतो मुद्गरानन्दस्य शिरस्त उदितैर्ज्योतिःप्ररोहैर्दह्यमानानां वृक्षाणां धूमोद्गमोऽयमिति प्रख्यापनम्।

(वा०) अकृत्रिमं कृत्रिमं च सर्वमेव सकर्तृकम्।
अज्ञातहेतुकं सर्वं मन्त्रप्रेतादिहेतुकम्॥ ९५॥
इत्यादिकल्पनास्तर्कभारनम्रशिरोभृताम्।
सहचाराद्भिदां व्याप्तेः सुव्यक्तामप्यगृह्णताम्॥ ९६॥

एतेन दाहपाकादिविभूतीनां कल्पनान्तराणि व्याख्यातानि। रसालं पटाच्छन्नात्पेटकादुत्थितात्प्रच्छन्नपूर्वाद्विटपादागतमुपलभ्य विटपस्य सरसालस्य मन्त्रजन्यत्वप्रतिपत्तिः। अज्ञातपितृकं कानीनं गोलकं वा डिम्भं मात्रा तुलसीमाल्यधारिण्या स्वीकृतमालोक्य तस्य सिद्धरोमाङ्कुरसंपर्कानुग्रहजन्यत्वकल्पना, जनन्या सायमुज्झितस्य क्षेत्रे प्रातरुपलब्धस्यायोनिजत्वकल्पनं तपस्विशोणिताद्युद्भवत्वकल्पनं वा। राजकीयमुद्रां नटकञ्चुकान्तरात्सव्यसाचिशरवदलक्षितागतां दृष्ट्वा तस्या मन्त्रजन्यत्वग्रहो वा मन्त्राहूतपिशाचाकृष्टत्वकल्पना वा। धूर्त्ताज्ञया शिष्येण सरय्वां यमुनायां वा मज्जितायामयस्कुम्भ्यां सरित्कृपया तस्यां पिशाचरूपेणावस्थितस्य कस्याप्यनुग्रहेण वा घृतोद्भवकल्पना। घटादौ स्फुटलक्ष्यजन्तुव्यापाररचने सकर्तृकत्वं जन्तुजन्यमात्रपर्याप्तमपि सर्वत्र कृत्रिमेऽप्यकृत्रिमेऽपि कल्पयित्वा सर्वस्य जगतः कृत्रिमाकृत्रिमस्य कर्तृत्वेन तच्छिल्पिवरस्य साधनमदृष्टपरमाण्वादिपरतन्त्रस्यानीश्वरस्यापि तस्येश्वरत्वख्यापनं च। वाष्पशकटमविश्रामस्थाने विश्रान्तमुपलभ्य संनिहितशवनिखननगर्त्तीयैस्तद्गतिविघातस्य कल्पना। अर्वाचीनशास्त्रिणां श्रीहर्षादीनामतीतानां वा कवितादिकौशलं तद्वचनात्तद्भक्तवचनाद्वा 'तच्चिन्तामणिमन्त्र चिन्तनफलम्' इति ग्रहो वा तदीयकौलिकाद्याधारफलं तदिति कल्पना वा।

गणितविज्ञानादिदर्शितानुमानकौशलेन ग्रहादिज्ञानवत्सु शब्दप्रमाणश्रद्धादिभिस्तज्ज्ञानकल्पनम्, कुम्भकारहुङ्कारादिभिर्दंशादिचिकित्साकल्पनम्, व्याधिमतोजर्जरभुजिष्याद्युन्मादवतोर्वा स्त्रीपुंसयोः प्रलापादिभिर्गन्धर्वावेशकल्पनम्, अज्ञातस्य पित्रादिनामोच्चारणैस्त्रिकालज्ञत्वकल्पनम्, मूर्च्छाभासवतां बालकानां तद्गुरूणां च संकेतितार्थोद्भावनमात्रेण दिव्यशक्तित्वग्रहः, यतेः समाधिमूर्छावशेन स्थूलत्वकल्पनम्, तत्त्वान्तराघटितत्वेनैवाद्यापि ज्ञातस्य सुवर्णस्य तद्विभागाक्षमेणापि मूर्खेणौषधादियोगात्स्पर्शादि[1]संपर्काद्वा समुत्पाद्यत्वकल्पनम्, पार्थादीनां शब्दवेधित्वादि श्रुत्वा तदस्त्रेषु मन्त्रशक्त्युत्प्रेक्षा, मारणादिसामर्थ्यं प्रख्यापयत्सु निर्विषोपयोगायास्तन्त्रादिशक्तेः कल्पनम्। मन्दालोके स्पर्शादिभिरपरीक्षितामपि विप्रकृष्टां शालभञ्जिकां निरवलम्बामिवावलोक्य तां दर्शयतो योगित्वादिकल्पनम्, कौपीनान्तरात्सर्पं प्रक्षिपति मन्त्रदेवादिबलतर्कः, ईदृशान्युदाहरणानि यथायथं वैज्ञानिकानुमानानां वारयात्रिकादिकृतानुमानाभासानां च। तत्र जरद्वार्हस्पत्य ऋणं कृत्वा घृतं पिबंस्तत्पानादुप-

(वा०) यदि न ज्ञायते हेतुः कल्प्यते व्याहतः कथम्।
अज्ञानबोधः साधीयान्विपरीतग्रहान्मतः॥ ९७॥
अज्ञातपितृको नैव यतिरोमाङ्गसङ्गजः।
नाज्ञातो यन्त्रचारश्च मन्त्रप्रेतादिशक्तिजः॥ ९८॥

१. स्पर्शमणिः (पारस इति ख्यातः)

चितप्रज्ञोऽपि ऋणानर्पणकुपितधनिकपादप्रहारसमेधितशक्तिरपि दुःखापसृष्टं सुखं चेन्न जिहासति विविच्य तन्मात्रं च गृह्णाति, तत्कथं नासौ प्रमादसंभवोपसृष्टं निजप्रत्यक्षमिवास्मदीयमनुमानमपि प्रामादिकं निरस्याप्रामादिकं प्रमाणं प्रतिपद्यते। नूनमिदं घृतातिपानविजृम्भितं सुखोन्मादविस्फुरितं वा। तस्मान्नाप्रमाणमस्मदीयमनुमानं युगान्तरीयतार्किकाणामिव तदनुसारिणामेतद्युगीयानामिव वा।

शब्दोऽप्यनुमानवत्। अव्याहतार्थोऽनपेक्ष्यहेतुको विधिरस्माकं प्रामाण्येनाभिमतः, सन्ध्यावन्दनपरिणयसंस्कारादिसदृशः। काम्याः पुनरश्वशिश्नमहिष्युपस्थसंपर्कादयो वन्येभ्य उन्मादावसरेषु सभ्यैरपि परिगृहीताव्याहतफला नानुष्ठेयाः। अत एव सभ्यैरद्यत्वे ते प्राय उपेक्षिता इति तत्परिवादेन चार्वाकोद्घोषितेन नास्माकं क्षतिः। अव्याहतमहेतुकं हि विधिं प्रमाणमभ्युपगच्छामः। तथा च वक्ष्यत्याभासनिरासाध्याये 'तस्मात्तस्याफलं विधित्वं प्रतिष्ठा पटादेरिव' इति।

को भेदोऽस्मदीयानुमानस्य तार्किकानुमानस्य चेति चेत्; सहचारमूलं तदनुमानमवयवावयविभावमूलं चास्मदीयमित्यवोचाम। नूनं भवद्युगीयैस्तार्किकैरपि पदे पदे वादरायणादिभिर्निगृह्यमाणैर्दुर्बोधो गहनोऽयमर्थः। परद्रव्यक्रीतघृतपानोपचितमेदश्छन्नबुद्धिना त्वया न स्पष्टं गृहीतस्तथा चेद् भूयस्तद्व्याख्यायां तव मोहमपनयाम्यवहितस्तावदनाग्रहो निशमय। 'प्रतिबद्धादंशादंशान्तरग्रहः' इति सूत्राक्षराणि, तेषामिदमैदम्पर्यम्। वह्निर्नाम धूमज्वालातापप्रभादिमानवयवी, नावयवसमूहातिरिक्तस्तार्किकाणामिव किं पुनरवयवसंघातरूपः। तस्य तापांशेन प्रतिबद्धो धूमप्रभाद्यंशः। परागपटलं धूमत्वेन प्रभान्तरं वा वह्निसंबद्धत्वेनाक्षिदोषपरीक्षावैकल्यादिभिर्यो गृह्णाति तस्यान्धस्य प्रमादिनो वा नात्र चर्चा। यावद्धि साधनं न निर्णीतं तत्तदतिशयं तावन्नानुमानमुचितं केनापीत्येतदेव स उपदिश्याक्षिचिकित्सार्थं भिषजे प्रमादचिकित्सार्थं पारमार्थिकाय वा विसृज्यते। भवान्पुनः श्रुतिष्वपि दोषदर्शित्वाद्विवेकिनामग्रणीर्धूमं परागपटलादिसर्वद्रव्यान्तरव्यतिरेकिणमंशान्तरं च तादृशं विनिश्चित्य वह्निमनुमिमीतामित्यस्माकमनुशासनम्।

वस्तुतो नैकं द्रव्यं सर्वथा द्रव्यान्तरसदृशमिति विवेकापेक्षमनुमानसौष्ठवं सहायोत्कर्षाद्यपेक्षमिव प्रत्यक्षसौष्ठवम्। एवं घटपटपर्यङ्कादवयविनि चक्रतुरीवास्यादिव्यापारपरिणामविशेषांशवति समुपलब्धान्तरतद्यन्त्रादिव्यापारान् रेखादिरूपेण परिणतानुपलभ्य तादृशव्यापाराश्रयं नरतद्यन्त्रादि तत्साधनमनुमाय व्यवहारे सुखं प्रवर्ततां भवान्। एतेन पाकादेरग्न्यादिसंबन्धो व्याख्यातः। दैर्घ्यविस्तारांशमात्रोपलम्भेन गाम्भीर्यांशानुमानं तु दर्शितम्। एवं मर्मांशप्रतिबद्धत्वाज्जीवांशस्य

(वा०) "प्रत्यक्षं संनिकृष्टांशे विप्रकृष्टे तथानुमा।
आप्ताज्ञा च विधावेतत्त्रयं मानं मतं ततः॥ ९९॥"

मर्मवैकल्ये मृत्युपर्यवसायिजीवनाशानुमानम्, पारमार्थिकस्यार्थस्य दैर्घ्यविस्तार-गाम्भीर्यमयाकारप्रतिबद्धत्वान्निराकारस्य बन्ध्यापुत्रवत्तदन्वेषकशब्दमात्रत्वमनर्थकमित्यनुमानम्, एवमग्नेस्तापांशप्रतिबद्धत्वान्मन्त्रसतीत्वादिभिरतापोद्घोषस्य धूर्त्तमुखप्रलापत्वानुमानम्, द्रव्यविकाशादेर्द्रव्यप्रतिबद्धत्वान्मन्त्राद्यसंबन्धानुमानम्, नगसरित्सागरतारकादौ करादिलक्ष्माभावान्मारीयुद्धोद्भवाग्निपर्वतोद्भेदभूकम्पादावन्धगतिदर्शनाच्च जन्तुकर्तृकार्थभिन्नस्य जगतो निष्कर्तृकत्वानुमानं च। तस्मात्प्रतिबद्धादंशादंशान्तरग्रहोऽनुमानमिति सिद्धान्तः।

अवयवित्वं च स्वरूपसापेक्षम्। घनत्वेन रूपेण सर्वस्यावयवित्वम्। तस्माद्दैर्घ्यादित्रये द्वयोपलम्भात्तृतीयानुमानम्। नरादिषु मर्मांशानामेव जीवप्रतिबन्धकत्वापेक्षायामवयवित्वम्। अवयवित्वाविवेके तु सहचारमात्रानुमानमित्युपपादितम्। एकस्यैव मुद्रादेर्वा स्फुलिङ्गादेर्वा नरादेर्वा परीक्षया तदंशानां प्रतिबन्धग्रहो न तद्वर्गीयसर्वपरीक्षा तत्रापेक्षितेत्यपि दर्शितम्। अवयवेषु च न सर्वत्र सर्वेषां प्रतिबन्धकत्वमिति दर्शितमेव, तापस्याग्नेः प्रतिबन्धकत्वं धूमादेश्च प्रतिबध्यत्वमित्युक्तत्वात्॥ २८॥

तदित्थं प्रपञ्चितस्यानुमानस्य द्वैविध्यं दर्शयति—

द्विविधं सामान्यतो दृष्टं विशेषवच्च॥ २९॥

दैर्घ्यगाम्भीर्ययोरुपलम्भे विस्तारोऽस्तीत्येव वक्तुं शक्यते, कियान्विस्तार इति पुनस्तयोरुपलम्भे त्रितयफलज्ञानसहकृत एवानुमातुं शक्यते। तद्यथा—गृहस्य दैर्घ्यं किष्कुशतमितं गाम्भीर्यं च तत्पञ्चांशमितमुपलभ्य विस्तारोऽस्तीत्येवानुमातुं शक्यते। दैर्घ्यं किष्कुशतमितं गाम्भीर्यं तुङ्गतापराख्यं च तत्पञ्चांशमितमुपलभ्य किष्कुलक्षमितं चेत्तद्घनफलं जानाति गणितानुमानकुशलोऽप्रमत्तः सद्यो दैर्घ्यार्धमितं विस्तारमनुमिमीते। तथा विश्वस्यांशमुपलभ्यांशान्तरस्यावस्थानमात्रमनुमातुं शक्नोति, तत्रत्यं सरित्सागरनरनार्यादिविशेषं तु नानुमातुं शक्नोति न चेद्बन्ध्यापुत्रस्य कस्य.प्यनुग्रहेण लब्धदिव्यदृष्टिः। असंनिकृष्टात्सिद्धपुरादेरदृष्टापि तन्त्रीसंवादादि प्राप्नुवंस्तु तत्रत्यानां प्रदेशानां मानवाध्युषितत्वादिविशेषं निश्चिनोति॥ २९॥

(वा०) धूमभ्रमात्परागादावनुमां बाधविप्लुताम्।
वीक्ष्यानुमानमात्रस्याप्रामाण्यं चेद्वदेस्तदा॥ १००॥

स्थाण्वादौ पुरुषभ्रान्तेः प्रत्यक्षमपि दूषितम्।
मत्वा तदप्यप्रमाणं न कथं हन्त मन्यसे॥ १०१॥

[अधि॰ ११] **लोकान्तरशिलाभावसिद्ध्यादेः संभवो न वा।**
संभवस्यानुमानं स्याद्वैचित्र्यस्यात्र दर्शनात् ॥ १ ॥
सामान्यदृष्टस्याज्ञाता विशेषा गुणलङ्घने।
विप्लवे मध्यमस्यापि व्याहतौ च न संभवः ॥ २ ॥

तत्र सामान्यदृष्टानुमाने प्रायिकं प्रमादं निर्दिशति—

सामान्यतो दृष्टे विशेषकल्पनं प्रमादः ॥ ३० ॥

ग्रहान्तरादिरूपाणां खचारिणां लोकान्तरत्वेन गणितादिभिरनुमानेऽपि तत्र शक्रसभादीनां सभापर्वादिषु वर्णितमानादीनां मेनकानारदैरावतादीनां नारीनरवारणादीनां च गारुडाद्युक्तनरकादिविशेषाणां च तेषु कल्पनं प्रमादः। कवीनामतिशयोक्तित्वे नैरुक्तादिरीत्या शक्रादीनां वैद्युतशक्त्यादिरूपत्वे नारदादीनां च ताराख्यसूर्यविशेषत्वादिरूपत्वे तु न क्षतिरिति दर्शयिष्यति लोकविभागाध्याये ॥३०॥

इत्थं द्विविधमनुमानमुक्त्वा प्रायो बन्ध्यापुत्रान्वेषणसमितेर्मूलावलम्बं सामान्यतो दृष्टानुमानस्यावान्तरभेदं तर्कं परिभाषते—

संभवानुमानं तर्कः ॥ ३१ ॥

साक्षादुपलब्धोऽर्थः संशयायोग्यः। साक्षादनुपलब्धोऽपि विशेषवतानुमानेन प्रतिपन्नो न विप्रतिपत्तिविषयः। अंशतः सर्वथा वा सामान्यतो दृष्टेनानुमानेन प्रतिपन्नस्तु तदंशे विशेषानवगाही। सामान्यतोदृष्टेनैवानुमानेन संभवमात्रे निश्चिते तु न तदवस्थितिमात्रमपि निश्चितं किन्तु संशयविषयः। तद्यथा—देवदत्तो नरस्वभावं विजानन्नधिकरणाध्यक्षासनमलङ्कुर्वाण आर्यभगवान्मुद्गरानन्दो नगरोपकण्ठमार्गमवस्करेण प्रतिदिनं दूषयतीति वा, पाठशालानिरीक्षकः कश्चित्तिथिविशेषे कृतापराधः स्वापराधापह्नवात्तस्यां तिथौ निजानुपस्थितिं व्यपदिशति, तदुपस्थितिश्च तदीयहस्ताक्षरादिभिर्दृढेति गौल्मिकेन निवेदितो मुद्गरानन्दस्य पाठशालाध्यक्षस्य वाऽपराधं संभावितं प्रतिपद्यते, परीक्षया च तं निर्णेतुमीहते। मुद्गरानन्दस्यावस्करकारित्वांशे वा पाठशालानिरीक्षकस्यानाप्तत्वांशे वा न संदेहः। केवलं गौल्मिकेन निर्दिष्टस्य स्थानादिविशेषस्य विषये विप्रतिपत्तिः। साऽत्र निर्णेया। ईदृशी विशेषनिर्णयापेक्षा सामान्यतः कस्याप्यर्थस्य संभावना तर्कशब्दव्यपदेश्या ॥ ३१ ॥

(वा॰) सामान्यतो दृष्टरीत्या यदि लोकान्तरानुमा।
पुरी विमानरूपादेर्विशेषानुमितः कथम् ॥ १०१ ॥
संभवस्तर्क्यते तस्य यद्व्याहतिविवर्जितम्।
व्याहतं यत्स्फुटं तस्य संभवोऽपि न तर्क्यते ॥ १०२ ॥

स तर्कः कदा साधिष्ठः कदा पुनस्तद्विपरीत इति सूत्रद्वयेन दर्शयति—

स गुणाविलङ्घने मध्यमाविपर्यासे च ॥ ३२ ॥

न प्रत्यक्षेण सुव्यक्ताभिर्व्याप्तिभिर्वा विरुध्यते ॥ ३३ ॥

संभवानुमानरूपः स तर्को न खल्वप्रतिहतप्रसरो वारयात्रिकविद्वदङ्कुरजल्प इव। न हि स्वं पदशतगमनेऽपि कण्ठगतासुं शिशुवहनेऽपि स्वेदस्नातं पश्यंस्तुन्दिलपण्डितो मल्लं पृष्ठरोपितकरिणमाकर्ण्य न ततो नराणां सामान्यत उड्डयनाक्षमत्वेऽपि प्राणायामेन पूर्वजेषु जरायुजेषूड्डयनशक्तिं संभावयितुं न वा योजनशतमितैकोत्फालत्वं मारुतेः कल्पयितुं क्षमते। न वा स्वयं जरदच्छभल्लमहाकायः पञ्चमे वर्षे विंशतिवर्षाधिकवयसा वृद्धकुमार्या परिणीतस्यात्मनो विषमपरिणयस्य विषमं परिणामं तारुण्येऽपि कपिशावकलघुं स्वपुत्रमुपलभ्य महद्वैषम्यं पूर्वजावरजकायेषु प्रतिपद्य हनूमतो मशकरूपत्वं वा मेरुमन्दरसंकाशत्वं वा कल्पयितुं शक्नोति। न वा पितामहचरणानां पौत्रस्य च क्रमेणायुषोपचयमुपचयं वा समुपलभ्य दशरथस्य षष्टिवर्षसहस्राधिकजीवित्वमुत्प्रेक्षितुं शक्नोति। न वा युवजरतः पुत्रस्य सप्ततितमेऽपि वर्षे प्रौढस्य परस्य च वैषम्यमुपलभ्य देवानां सदा षोडशवर्षीयत्वं नित्ययौवनत्वं वा कल्पयितुं प्रभवति। न भगवतो मुद्गरानन्दस्य मुखाद्वान्यस्माद्वा रन्ध्रादग्निमुत्थितं संभावयितुमर्हति। न पाठशालानिरीक्षकेऽनुपस्थितेऽपि तद्रूपेण दाशरथिसत्त्वेन तदीयहस्ताक्षरादितुल्यं हस्ताक्षराद्यनुपस्थितिदिने विहितमिति प्रतिपत्तुं क्षमते। तस्मादनुगमाय यत्नः कार्यः, कीदृशानामर्थानां संभवः कीदृशं त्वसंभाव्यमनर्थमात्रमिति।

न किञ्चिद्व्याहतं न किञ्चिदसंभाव्यमित्याद्येकेन सृक्कणापरेण पुनर्दैवमिदं कलिरयं किं संभाव्यत इत्यादि संकीर्णैर्हि प्रलापैर्बन्ध्यापुत्रान्वेषणसमितीयाः सर्वं जगद्विशेषतस्तु भारतं व्याहतासंभाव्यपरीक्षासु कल्पशतैरप्यनधिगतफलरेणुषु प्रवर्त्तयन्तः परमार्थं विप्लावयन्त उपलभ्यन्ते। तस्मादनुगमान्दर्शयत्याचार्यः।

गुणाविलङ्घने संभवानुमानं न विपर्यये। स्थलगतेर्जलगतेर्वा वैषम्यादिभिर्नवायुगति-तदभावकृतं वैषम्यं वायुयानाद्यसहकृतेषु नरेषु संभाव्यते। एवमपक्षेष्वन्येषु जन्तुषु। वायुगतेः पक्षादिसाधनवद्गुणत्वात्तद्रहितेषु तदसंभवात्। तस्मात्प्राणायामादिमतां नराणामुड्डयनवादो गुणविलङ्घीति स तर्काभासः।

(वा०) भुवि चारान्न कस्यापि वायौ चारोऽनुमीयते।
न पितुः शतजीवित्वात्पूर्वेषां कल्पजीविता ॥ १०३ ॥
पौलस्त्यो न रविस्पर्शी न सीता मुनिशोणितात्।
अत्युक्तिरीदृशी सर्वा न श्रद्धेया कथंचन ॥ १०४ ॥

एवं मध्यमाविपर्यासे संभवानुमानं नान्यथेत्यपरोऽनुगमः। सामान्योपलम्भानां योगफलस्योपलम्भसंख्यया विभक्तस्य फलं मध्यमम्। तस्य साधीयस्त्वमुपलम्भसंख्यापेक्षम्। तथापि जन्तुस्वभावादेः सामान्योपलब्धस्यासाधीयसोऽपि मध्यमस्य दूरविलङ्घनप्रयोजकत्वे संभवानुमानमनुचितम्। दशप्रादेशमितदैर्घ्यस्य कियता प्रयत्नेन लभ्यस्योपलब्धानां दीर्घतमस्य प्रादेशत्रयमितस्योपलब्धानां ह्रसिष्ठस्य प्रायो बहुत्रोपलब्धानां दैर्घ्यस्याष्टप्रादेशमितस्य च योग एकविंशति प्रादेशमितस्तस्य त्रिभिर्भक्तस्य फलं सप्त। ततश्च योजनबाहुर्वा सूर्याचन्द्रमसोः करेण स्पर्शक्षमो वा कश्चित्सभ्यो वा रामादिरूपो वन्यो वा रावणादिरूपो नर आसीदित्यादिकल्पना मध्यमस्य दूरविलङ्घनप्रयोजिका तर्काभासः। एतेन योजनशतोत्पतनकैलासोत्तोलनषष्टिवर्षसहस्रजीवित्वामरत्वादि सर्वं व्याख्यातम्।

प्रत्यक्षेण विरोधेऽपि न संभवानुमानम्। प्रत्यक्षं हस्तिभावेन मेषभावेन वा कस्यापि जन्तोरुपलभ्यमानेन विरोधान्महामान्त्रिकसिद्धादिभिरयं नरो डाकिन्या पशुत्वेन परिणमित इत्याद्युक्तावपि न तत्र भूतपूर्वपशुत्वप्रत्ययः। तथा सुव्यक्ताभिव्याप्तिभिर्विरोधेऽपि न संभवानुमानम्। स्फुलिङ्गस्यैकस्य सेकधर्मत्वाभावान्न स्फुलिङ्गान्तरस्य स्फुलिङ्गराशेर्वा सेकधर्मत्वसंभवः। वह्नेर्दाहशक्त्या सेकस्य विरोधात्। एतेन जन्तोः परकायप्रवेशनीरन्ध्रहिमवद्भित्तिप्रवेशादि व्याख्यातम् ॥ ३२-३३ ॥

[अधि० १२] ज्ञानमस्ति न वा, नास्ति विज्ञानेऽवसितं हि तत्।
सर्वात्मनः स्वयं स्वेन ज्ञानमस्त्येव निश्चितम् ॥ १ ॥
द्रष्टृदृश्येन्द्रियार्थानां स्वस्मिन्यद्ग्रहणे क्षमम्।
अनिषेध्या ह्यसंदिग्धा प्रमाणानां च सा प्रमा ॥ २ ॥

यत्प्रमाणजातमेतावता प्रदर्शितं तस्य विज्ञानत्वमाह—

विज्ञानमदः ॥ ३४ ॥

यदत्रैतावता प्रमाणमित्युक्तं तद्विशेषज्ञानसाधनत्वाद्विज्ञानम्। विज्ञायतेऽनेनेति करणे ल्युट्। प्रत्यक्षादिवदुपलम्भतत्साधनयोरभेदाद्वेदृशः प्रयोगः। तथाहि ममेदं प्रत्यक्षं प्रत्यक्षेणेदं गृह्णातीत्युभयथा प्रयोगो दृष्टः। सामान्यतो दृष्टस्यापि सर्वात्मांशविशेषस्यैव तत्कालपृथक्कल्पितसत्तामात्रसंभवादिगोचरत्वान्न सर्वात्मावगाहित्वमिति तस्यापि विज्ञानत्वमेव। सर्वात्मा तु न प्रत्यक्षानुमानगोचरः ॥ ३४ ॥

(वा०) कलि परत्र सर्वत्र सर्वज्ञत्वं तथात्मनि।
ख्यापयन्तः सिद्धधूर्त्ताः परिहार्याः प्रयत्नतः ॥ १०५ ॥

न प्रत्यक्षानुमानगोचरश्चेत्सर्वात्मा न च प्रत्यक्षानुमानी ग्राह्यमर्थं विधिभिन्नं प्रामाणिकं प्रतिपद्यसे न च सर्वात्मा विधिस्तत्सर्वात्मनः किं चर्चां करोषीति चेदाह—

ज्ञानं सर्वात्मोपलम्भस्तत्प्रमाणं प्रमाणानाम् ॥ ३५ ॥

चिदक्षरात्मिका न च संदिग्धेत्यादिना भूमाध्यायोपक्रमे सर्वविज्ञानमूलं स्वानुभवस्वरूपं चिदात्मानं सर्वात्मादिपराख्यं दर्शयिष्यति। तदुपलम्भ उपलम्भात्मके तस्मिन्स्वसाक्षिणि विषयेन्द्रियादेः सर्वस्योपलम्भ एव सर्वेषां प्रमाणानां प्रमाणम्। अन्यथा प्रमाणानामिन्द्रियादीनां च स्वयं संदिग्धत्वे क्षणिकविज्ञानशून्यमायादिस्वीकारादसत्यत्वे वा किञ्चिदपि न सिध्येत्। यत्र तु 'अस्य सर्वमात्मैवाभूत्तत्केन कं पश्येद्' इति ब्राह्मणम्। उदयनोऽपि—

प्रत्यक्षादिभिरेभिरेवमधरो दूरे विरोधोदयः
प्रायो यन्मुखवीक्षणैकविधुरैरात्माऽपि नासाद्यते ॥ इति।

ईदृशः सर्वात्मोपलम्भ एव ज्ञानशब्दव्यपदेश्यः। क्षणिकविज्ञानशून्यमायादिवादनिराकरणेन शाश्वतविचित्रविज्ञानमयस्य स्वसाक्षिणः सर्वात्मनो भूम्नः प्रपञ्चं भूमाध्याय एव करिष्यतीति ग्रन्थोपक्रमे गहनं विषयं परिहरति।

इह पुनरेतावन्मात्रं वक्ष्यामः। प्रमाणानां प्रामाण्याय किञ्चिन्निश्चितमभ्युपेयं यदवलम्बेन परीक्षा प्रवर्त्तेत, सर्वसंशये प्रामाण्यकथाव्याघातात्। इष्टापत्तावपि सर्वसंशयस्याप्यज्ञानरूपत्वे तद्ग्रहासंभवाद्वक्तुरज्ञानस्वरूपमपि सर्वसंशयं स्वेन ज्ञातं प्रथयतो बन्ध्येयं तथापि पुत्रोऽयमस्या इति वदत इव व्याघातः। तस्मात्संशयवादिनापि ज्ञानमनिषेध्यमसंदिग्धं च। एतेन सर्वनिषेधवादी व्याख्यातस्तन्निषेधस्याप्यज्ञानत्वे हि न स्वीकार्यत्वं ज्ञानत्वे तु ज्ञानानिषेधः। तस्मान्न सर्वसंशयवादो न वा सर्वशून्यतावादः कश्चित्संभवति येन तस्य कश्चित्तयोरन्यतरस्य परिग्रहं कुर्यात्। नहि बन्ध्यापुत्रयोरन्यतरेण कश्चित्कन्यां परिणेयां मन्यते।

आर्हतेषु माध्यमिकेषु चैवं बन्ध्यापुत्रान्वेषणसोदरो विसृष्टेषु योगाचारः साटोपं चरन्नागच्छति, स चाह—न सर्वं संदिग्धं न च नास्ति। परस्परतोऽत्यन्तविविक्ताः स्वलक्षणास्तु विज्ञानक्षणाः सन्ति न तद्भिन्नं किञ्चिदस्तीति, यत्सत्तत्क्षणिकं नह्यक्षणिकं किमप्युपलभ्यते। पूर्वोत्तरक्षणयोः स एवेति घटादौ प्रतिभानं तु सादृश्याद्भेदा-

---

(वा०) द्रष्टुर्बहिर्यो विषयोपलम्भो विज्ञानमेतद्विदितं जनानाम्।
ज्ञानं तु सर्वात्मन ईश्वरस्य स्वस्मिन्स्वरूपस्य किलोपलब्धिः ॥ १०६ ॥
मनःशरीरं बहिरिन्द्रियं तथा ततोऽपि बाह्यान्विषयांस्तथात्मनि।
स्वयं स यः साक्षितयेक्षते विभुः स एक एव प्रमितेः परा प्रमा ॥ १०७ ॥

ग्रहादिति। त एतेऽपि बन्ध्यापुत्रान्वेषणसमितीयानां संख्योपचयाय प्रेष्यन्ते। पूर्वोत्तर-क्षणयोरसाक्षिकत्वे सादृश्यग्रहीतुरभावाद्व्याहतवादिनो हि तेऽपि तत्रभवन्तः। क्षणानां स्वलक्षणानामसाक्षिकत्वे क्षणविशेषस्यैव क्षणिकोऽहमक्षणिको वेति विचारो व्याहतः। नाहं तव पुत्रो दुष्यन्तो मम पितेति वदतो मुग्धस्य भरतस्य वाद इव तस्य दौष्यन्तित्वम्, स एष योगाचारस्य सत् क्षणिकमक्षणिकं वेति विचार एव सतोऽक्षणिकत्वं द्राघिष्ठं प्रत्याययति। अद्यापि किं सदित्येव विप्रतिपद्यमानेष्वस्मासु प्रत्यक्षेऽप्यनिश्चिते मण्डूकप्लुत्या प्रत्यक्षमन्तरपेक्षितमुल्लङ्घ्यत्सदित्याद्यनुमानैः सतः क्षणिकत्वव्यवस्थापनं पुनर्व्याहतम्।

तस्माद्व्याहतिपरम्पराभिर्बन्ध्यापुत्रसमितेः स्वयंवरस्रग्भिरिव परीतस्तां परिगृह्य तदावासभूमौ तमसि स चिरमन्यैस्तत्रत्यैः सह स्वधर्माननुतिष्ठतु प्रकाशमयं न स लोकमर्हतीत्युपदिश्य विसृष्टमात्रे तस्मिन्प्रच्छन्नसौगत इति प्रथितो मायावादी मायां विजृम्भयन्वदति—ज्ञानमस्तीति वदंश्चिरंजीव सौम्य! तज्ज्ञानं च शाश्वतं निर्गुणं निराकारं निर्विकारं प्रतिपद्येथाः। सुषुप्तौ समाधौ च सत्संपत्तिर्मृतौ चेति। तमेतं दक्षिणारण्यचरं युगान्तरीयं मायाभिक्षुं ब्रह्मवादिनमपि सर्वस्वापहारिणमाया-सेनान्विष्य पारमार्थिकरामेण मायां परित्याजयता स्कन्दितं प्रतिवदामः। अयि विज्ञानविद्रावण नूनं दिङ्नागानां स्थूलहस्तावलेपैः प्रतिहतो नागार्जुनकरयन्त्रितः सर्वं शून्यमिदं प्रत्येषि कुतोऽत्र मायावकाशो विसृजैनामिदं ते लङ्काराज्यप्रणयित्वनस्पृश्यं शश्वत्तिष्ठतु विभीषणस्ते भ्राता सौगतः। नरसेनापि ते भयस्थानम्। बन्धोर्घन-स्वापान्मुक्तिमिच्छसि सत्संपत्तिं च सुलभां व्यपदिशसि। हन्त न संत्संपत्तिरसाव-सत्संपत्तिः किल बृहदारण्यकैरपि परिहार्या, निर्वाणं भवतो निश्चितम्। इति सर्वस्वापहारिणं मायिकं शून्यार्णवे निरस्य पारमार्थिकशाश्वतवैचित्र्यं सर्वानुभव-गोचरमपरायोध्याभिख्यं जनकानन्दहेतुमात्मपुरं प्रतिपन्नाः स्मः। नेदृशेलङ्कापुरुष-स्थितिर्निर्भासमृगतृष्णा न सारवस्तुविरहायासो न मायाराक्षसीनिमित्तो बन्धुवियोगो नरकबन्धक्लेशो वा॥ ३५॥

[अधि॰ १३] विध्यर्थवादयोरत्राविवेको हानिकृन्न वा।
अर्थवादेषु विस्रम्भान्न हानिः कापि दृश्यते॥ १॥
अर्थवादेषु विस्रम्भाज्ज्ञानविज्ञानविप्लवः।
सिद्धो हि खेचरन्पङ्गूचां ज्ञानाद्यैः किं करिष्यति॥ २॥

(वा॰) क्षणस्य कल्पस्य च यत्र नो भिदा चिदात्मनि स्वप्रमितौ चिरस्थितौ।
अशेषवैचित्र्यमयः स केवलं क्षणेषु साम्यव्यतिरेकवीक्षकः॥ १०८॥
अमुष्य सर्वात्ममहोदधेर्भिदाश्चिदात्मनो बुद्बुदबिन्दुसंनिभाः।
अधर्ममज्ञानमभक्तिमाश्रिता न तत्त्वमेतस्य विदन्ति ये जनाः॥ १०९॥

सतीदृशे विज्ञानाद्भुतरत्नवति ज्ञानसमुद्रे घनवैज्ञानिकनिपीतोद्गीर्णामृतकृतार्थितजगति कथं बहवः शून्यमायानिराकारादिवादगर्त्तेष्वात्मानमन्धा इव निपातयन्तीति चेत्; सूत्रद्वयेनाह्निकमुपसंहरंस्तद्धेतुं दर्शयति—

विध्यर्थवादमेरुद्वयाविवेकाद्दिग्भ्रमः ॥ ३६ ॥

व्याहताव्याहतदिगन्तराविवेकस्तत्सहभावी ज्ञानविज्ञानविप्लवहेतुः ॥ ३७ ॥

अविवेकनीहारपिहितदृष्टिभिर्ज्ञानसांयात्रिकैः परमार्थसूर्यं सदोदितमप्यपश्यद्भिर्दिङ्निर्णयो दुष्करः। तैः किलेदृशेषु नीहारदुर्दिनेष्वनुशासनाख्यं दिङ्निर्णयसाधनं शरणीकुर्वाणैः सन्मार्गगामिभिः कियता कालेन परमार्थसूर्यकिरणोज्ज्वलः संनिहितोऽपि चिरं विलुप्त इव वाङ्मयमहार्णवो द्रष्टुमीषत्करः। दिङ्निर्णयाय पुनरानुशासनिकसूच्या विध्यर्थवादाख्यं मेरुद्वयं विवेक्तव्यम्। लौकिके हि दिङ्निर्णययन्त्रे स्थितायस्कान्तसूची निजमुखद्वयेन यथायथं दक्षिणोत्तराख्यं मेरुद्वयं निर्दिशति। मेरुद्वयनिर्देशकत्वात्तन्मुखद्वयमपि मेरुद्वयमुच्यते। तत्र कस्य मुखस्योत्तरमेरुत्वं कस्य पुनर्दक्षिणमेरुत्वमिति विस्मरन्न दिङ्निर्णयं कर्त्तुं क्षमते। अनुशासनेषु विधिर्दक्षिणो मेरुरर्थवादः पुनरुत्तरः। आसीदस्ति भविष्यतीत्यर्थवादो भवितव्यमिति विधिरिति द्वितीयाह्निके दर्शयिष्यत्याचार्यः। परमार्थसूर्यस्य मेरुद्वयं विध्यर्थवादरूपं परितो भ्रमणमिव।

परमार्थसूर्योदयवती प्राची दिगव्याहता नाम। तदस्तमयोपलक्षिता प्रतीची दिग्व्याहता नाम। प्रमादनीहारदुर्दिनेषु ज्ञानार्णवसांयात्रिक आनुशासनिकीं नोदीचीं विविनक्ति नावाचीं न प्राचीं न प्रतीचीम्। प्रमादाज्ञानरूपेण महाप्रमादचण्डवात्यावेगेन प्रत्यगुह्यमानश्च गाढमोहान्धतमसे बन्ध्यापुत्रान्वेषणसमाजतिमिकुलनिलये सुरसार्थसिद्धिगह्वरे गम्भीरदम्भवाडवविकटे मायावर्त्तविषमरयाकृष्यमाणो मुह्यत्पित्रादिकर्णधारः प्रच्छन्नव्याहतिशिलाप्रतिघातचूर्णितपरीक्षाकौतुकप्रवहणः सद्यो विपत्तिनिरयमनुभवति। यो हि फल्ग्मानयेति पितुराज्ञामिव वाराणसी पाटलिपुरादल्पीयसीति तदुक्तिमपरीक्ष्य स्वीकार्यां मन्यते। बन्ध्यापुत्रशृङ्गलवेन कुण्डलीकृतेन वा मधुमासादृश्यखञ्जनशिखयावतंसीकृतया वा सिद्धा-

---

(वा०) येषां सिद्धपिशाचमन्त्रसदृशे भक्तिः किल व्याहते
प्राच्योक्तेश्च सुरार्णवादिषु भृशं श्रद्धा तदाज्ञास्वितः।
अन्यप्रत्ययनेयताहतधियां तेषां विमूढात्मनां
दिङ्मोहाद्भ्रमतामिवानुगमनं सद्योनिपातावहम् ॥ ११० ॥

सिद्धाञ्जनेन वा परैरदृश्यः पुरुषोयस्य कस्यापि कुटुम्बिनीमनुभवितुं शक्नोतीत्यादि-मन्त्रशास्त्रप्रलापमहरहः संध्यामुपासीतेति स्मार्त्तादेशवच्छ्रद्धेयमनुसरणीयं च प्रतिपद्यते कथं नासौ विपद्यताम्। तस्माद्विध्यर्थवादमेरुद्वयविवेकपूर्वकमव्याहतार्थ-मात्रपरीक्षया व्याहतपरीक्षापराङ्मुखेन सर्वात्माऽऽराधनीय इति सुहृद्भूत्वाऽऽचार्योऽनु-शास्ति ॥ ३६-३७ ॥

●

प्रथमाध्यायस्य द्वितीयाह्निकम्।

[अधि० १] अस्ति वा नास्ति वा दिव्या।

इत्थं प्रथमाह्निके प्रमाणानि परीक्ष्य काश्चिद्विप्रतिपत्तीरुदाहरंस्तन्मुखेन प्रमेयपरीक्षामुपक्रमते। तत्र प्रथममविधौ यत्प्रत्यक्षानुमानातिरिक्तं न प्रमाणमित्युक्तं तत्र महती विप्रतिपत्तिः। अस्ति हि दिव्या दृष्टिर्यां भवान्न जानाति। तया च पुरोमुखः पश्चात्पट्टिकायां लिखितं द्रष्टुं शक्नोति। स्वीकरोषि चेदिमां दिव्यां दृष्टिं चित्रीयामहे कथं तां विस्मृतवानसि प्रत्यक्षप्रस्तावे। अथ न स्वीकरोषि, ऋषि-निन्दकोऽसि। स्वमिव ऋषीनपि साधारणदृष्टीन्मन्यसे। प्रायो मन्मते नैव स्वीकरोषि दिव्यां दृष्टिम्। अन्यथा कथमवक्ष्यो विधिभिन्नेषु शब्दाप्रामाण्यम्। न हि दिव्यां दृष्टिमुरीकुर्वंस्तया सर्वं संनिहितमसंनिहितं च भूतं च भविष्यच्च भवच्च करामलकी-कुर्वतां चिरत्नानामर्वाचां च शब्दैः प्रतिपादितमप्रामाणिकं प्रतिपद्येत चर्मचक्षुषां च प्रत्यक्षानुमानाभ्यां सर्वं प्रमिमीताम्। न खलु कलियुगीयानां तपोविमुखानां विप्राणां कुले प्रजातऋषिप्रतिभटोऽसि येनेदृशानि वक्तुमर्हसि। न चेत्स्वयमज्ञत्वादृषिषु श्रद्धत्से तपोयोगादिभिः स्वयं दिव्यशक्तिमासादितवद्भिर्भारतीयैर्विरागधृतभारतीयवेषैः परैश्च सिद्धैः प्रत्यक्षीकृतमृषीणां माहात्म्यं निशमय। सिद्धाराधनेन तदनुग्रहाद्दिव्यदृष्टिः स्वयं मूर्च्छितोऽपि त्रिकालज्ञो भविष्यसि परांश्च बालान्मूर्छयन्भीष्मादिसत्त्वैरालपद्भि-स्तैर्ज्ञातं त्रैकालिकं वृत्तं साक्षात्करिष्यसि। उत्तिष्ठोत्तिष्ठ किं प्रत्यक्षानुमानपङ्के स्वयं जरद्गव इव सीदसि परांश्च तत्रैव सादयितुमिच्छसि। क्षुद्रं हृदयाभिमानं जहीहि सिद्धसाहाय्याद्विहायसि चरन्निव दिव्यदृष्ट्यनुभवे विहरन्न प्रत्यक्षानुमाने स्मरिष्यसि किं दिव्यदृष्टेरस्वीकारेण ऋषीणां गौरवं कदर्थयसि। कृतमनेन वैदुष्यप्रख्यापनेन। इतीदृशानि व्याहतानि व्याहरन्तं गोमायूपदेशार्तिसहशावमिव मृगयुपाशे स्वऋषित्व-ख्यातिकामानामृषीणां मिथ्यामाहात्म्यं ख्यापयतां धर्मव्यवस्थाविलोपपूर्वकमस्मान-ज्ञाननिरये सदावस्थितान्द्रष्टुमिच्छतां वाक्पाशे पतन्तं बालमुपदिशति—

(वा०) दिव्यदृष्टिरनुमैव न चान्या व्याहतिप्रणय एव तथान्त्यम्।
भावि भूतमथ यच्च भवत्तद्विप्रकृष्टमनुमानविगाह्यम् ॥ १ ॥

न दिव्या दृष्टिरनुमानानतिरेकात् ॥ १ ॥

दिव्या दृष्टिर्नास्तीति ब्रूमो व्याहतत्वात्। पुरोमुखः पश्चाल्लिखितं पश्येदिति व्याहतं चक्षुषः संनिकृष्टग्राहकत्वात्। एतेनेहस्थस्य सिद्धपुरदर्शनादि व्याख्यातम्। एवमिन्द्रियान्तरेषु। तथान्योपलम्भस्य मूर्च्छाभासादिग्रस्तेन बालेनोपलम्भोऽपि। नहि परोपलब्धसंकेताद्यैरनुपदिष्टं पर उपलब्धुं शक्नोति। न चाप्रमत्त ईदृशान्प्रलापान्परीक्षते। तस्माद्यः कश्चिदीदृशानि दर्शयेद्यो वा तत्प्रतीयात्तावुभौ धूर्त्तमूर्खावविश्वास्यौ।

ननु सहस्रशो दृष्टानीदृशान्यद्भुतानि भवानपि पश्यत्विवितिचेन्न; परमार्थज्ञस्येदृशाभासानुसरणासंभवाद्वन्ध्यापुत्रानुसन्धानसमितिमात्रानुसन्धेयत्वाद्व्याहतानाम्। प्रोषितस्तव भ्राता बाष्पशकटेनागच्छति तदर्थं श्वो भोजनादिसंभारो भवत्विति शृण्वन् हि भ्रातरमायान्तं मत्वा तदर्थं भोजनसंभारान्कुरुते, स यद्यागच्छति तदा स भुङ्क्ते न चेदागच्छति परैर्भुज्यते तदंशः। प्रोषितस्तव भ्राता पादुकाभ्यां खे विहरन्नागच्छति, कतिपयवर्षाणि पूर्वं मृतः सिद्धगुरुस्ते संप्रति रासभरूपो रजकाक्रान्तः स्थलेन वा पिशाचरूपो विहायसा वा नक्ररूपो जलेन वा स्वरूपेण वा यथा कथञ्चिदागच्छतीति श्रुत्वा तु न कोऽप्यप्रमत्तस्तृणादिसंभारं सिद्धरासभार्थे संगृह्णाति। प्रत्युत व्याहतश्रवणेन दूषितौ कर्णौ महापुरुषचरितश्रवणादिभिः सान्त्वयंस्तस्य प्रायश्चित्तं विदधाति।

ननु विलक्षणैव भवतो वाचोयुक्तिर्नेदृशानि दर्श्यमानान्यपि पश्यसि न च कस्याप्याप्तस्यापि शब्देषु विश्वासं भजसीति चेदयि महात्मन्नाप्तविश्वासिन्भवन्तमेव तावदाप्तमानिनं पृच्छामि—यः किल विद्वत्त्वेन धनित्वेन महाधिकारत्वेन वा लोके ख्यातोऽपि व्याहतानि प्रलपेत्तस्य किं कश्चिदपि विश्वासं करोति। तव मृतः सिद्धगुरुः प्रतिदिनं पिशाच इव भ्रमन् राजमार्गमवस्करेण दूषयति तं निवारयेति सशपथं जनपदाध्यक्षेण महाविद्वद्भिः कृतसाक्ष्येण पुनः पुनरुक्तोऽपि प्राणनाशदण्डेन भर्त्सितोऽपि न कश्चिन्मृतं सिद्धगुरुं राजमार्गे गवेषयितुं प्रयतते। तथैव भवतः शपथैरपि न विश्वसिमः।

केचिद्दिव्यदृष्टयः सिद्धा भवतामाराध्या वा भवन्त एव वा मृतैर्भीष्मादिभिः संलापं कुर्वन्ति वा, पुरतोमुखाः पश्चात्पश्यन्ति वा, व्यवहितं साक्षात्कुर्वन्ति स्वदृष्टं मूर्च्छाभासादिमत्सु बालेषु संक्रमयन्ति वेति। शतशोधूर्त्तमुखैरिदमुद्घोषितं शतशश्च बन्ध्यापुत्रान्वेषकैरीदृशानामसत्यत्वमुपलब्धम्। तथापि

(वा०) दिव्यशक्तिविभवादनुजस्ते खे चरन्द्रुतमुपैत्ययि पश्येः।
को निशम्य गिरमीदृशमास्ते स्वानुजेक्षणसमुन्नतकण्ठः ॥ २ ॥

पुनः पुनर्बाला एषु विषयेषु विमुह्यन्तीत्यतिचित्रमिदम्। यत्पुनर्व्याहतं वदन्नपि सिद्धानां माहात्म्यं श्रावयन्श्रद्धेयवचनत्वमात्मनो व्यपदिशसि चित्रीयसे चास्माकमविश्वासे सा ते परा व्याहतिर्नः। न हि नगराद्दक्षिणस्यां स्थितं देवमन्दिरं पूर्वस्यां दर्शयितुमुद्यतस्य तेन च प्रकटितदिग्भ्रमस्य कस्यापि महात्मनो नगरस्थितिवर्णनं कश्चिच्छ्रद्धेयं प्रतिपत्तुमर्हति, न चान्यथासिद्धेषु कारणत्वं प्रतिपद्यमानस्य मुहुर्मुहुः साग्रहमुद्धोषितमपि तर्कशास्त्रे श्रमं कोऽपि प्रत्येति, न वा स्वनामाक्षरविन्यासमपि यथावत्कुर्वतो व्याकरणज्ञतां कश्चिच्छ्रद्दधाति। तस्माद्व्याहतमप्यव्याहतं प्रतिपद्य ख्यापितप्रमादस्य तं प्रमादमस्माभिर्दर्शितव्याहतिमप्यस्वीकृत्य ख्यापितमहाप्रमादस्य व्याहतवादिषु श्रद्दधानतया प्रकटितमहामहाप्रमादस्य भवत उक्तीः कः श्रद्दधीत। मृतेन पित्रा संलापं कर्तुं सिद्धैराहूतस्तत्र प्रवृत्तमात्र एव सद्यो बन्ध्यापुत्रानुसंधानसमितेः सदस्यतां गच्छसि। यदि तु तत्समितिमलङ्कुर्वाणो व्याहतान्यपि परीक्षितुमेवेच्छसि तदाह्निकशेषे समितेः प्रमादहेतूनाचार्योक्तानाकर्ण्य परीक्षां विदध्यास्तेन च न चेद्वज्रमूर्खोऽसि सद्यः प्रमादं परिहास्यसि।

तत्र दिव्यदृष्टिविषये पत्राङ्कादिसुखनिर्णयप्रश्नानुपन्यासं प्रमादहेतुं वक्ष्यत्याचार्यः। पञ्चशतपृष्ठात्मके पुस्तके पत्रखण्डं निभृतं विन्यस्य पुस्तकममुञ्चन्धूर्तं परोक्षदृष्टिवादिनं पृच्छेः कस्मिन्पृष्ठे पत्रखण्डमिति। स च बहून्प्रलापान्विधास्यति। रसविद्यापरीक्षकेण चषकस्थं जलमाग्नेयजलीयवायुद्वये विभजेत्यादिष्टः किमेतेन तेनासां सद्योयष्टिप्रहारेण हिरण्मयीं कुर्यां रसविद्ययेत्यादि प्रलपन्दण्डनीयो बालिश इव भवतां सिद्धो वक्ष्यति। किमीदृशैः सामान्यविषयैर्योजनायुतविप्रकर्षे स्थितानां पट्टुकोणस्थानां वन्यलम्बकानां वृत्तमिहस्थो वक्तुं शक्नोमि, हस्तिनापुरस्थः कालकूटनगरीये महाधिकरणे जायमानानि वृत्तानि वक्तुं शक्नोमि, तत्रत्यपरीक्षाध्यक्षमञ्जूषायां स्थितान्परीक्षाप्रश्नान्वा ज्ञातुं शक्नोमीत्यादि। तस्य सिद्धधूर्त्तस्येदृशाः प्रलापा न श्रोतव्याः।

स चेदुपदिशेत्पुस्तकं गृहान्तरे शून्ये स्थापय ततोऽहं वक्ष्यामीति, तदपि नानुसरणीयं शून्यवदुपलभ्येऽपि हि गृहादौ धूर्त्तानुचराः प्रच्छन्नास्तिष्ठन्ति, सर्वं दृष्ट्वा पश्चादागत्यालक्षणीयैः संकेतैः समितौ परेषां पश्यतामेव संज्ञपयन्ति। तस्मात्पुस्तकं गृहान्तरे स्थापयेत्यादिशतश उक्तोऽपि न तद्विसृजेर्नच प्रलापश्रवणे प्रमत्तः पत्रादि दर्शयेस्ततश्च विकलीभूतो भगवान्दम्भः पृष्ठाङ्कं वक्तुमशक्नुवन्क्रोधकथाबलात्काराद्दम्भस्य साधनाभावो रहस्यं वेत्याद्यनुशासने वक्ष्यमाणा दम्भशैलीरनुसरन्नद्य कर्णपिशाचो न संनिहित इति वा, रहस्यानीदृशानि भवादृशायाश्रद्दधानाय न

(वा०) भारताद्यदि हि पश्यति सिद्धो हन्त सिद्धपुरवृत्तमशेषम्।
पत्रखण्डकृतलक्ष्मणि पृष्ठे पुस्तकस्य स कथं हतदृष्टिः॥ ३॥

प्रदर्शनीयानीति वा, धिङ्मूर्ख न मे ऋषिकल्पस्य रोषाद्बिभेषीत्यादि प्रलापैर्वा, भवादृशान्बहून्हुङ्कारेण भस्मीकृतवानस्मीत्यादिकथाभिर्वा भवन्तं धर्षयिष्यति। एवमादिभिरधर्षणीयश्चेदसि सद्यस्त्वां हुं हुं ही ही हंहो हा हन्त धिगित्यादि वदन्तो दम्भस्य भगवतोऽनुचरा बहवः संनिहितास्त्वामरे मूर्ख नास्तिक ऋषेर्न बिभेष्यपगच्छेत्यर्धचन्द्रेण निर्वासयिष्यन्ति। ततश्च निष्फलमर्धचन्द्रं बन्ध्यापुत्रान्वेषण-समितिसदस्यतैकफलमासाद्य महाप्रमादेनेदृशानुसंधानेषु शक्त्यादिव्ययं कृतवानस्मि हा न मया पारमार्थिकानां वचस्युपपन्नेपि श्रद्धा कृता तस्यायं विषमयो विपाक इत्यनुशयदग्धकलुषः कदाचित्प्रशान्तचित्तः समितिं जह्याः।

केचित्तु पश्चात्तापे सत्यपि कयापि पण्याङ्गनयोत्पादितोपदंशाः पण्याङ्गनान्तर-मिवैकेन सिद्धेन विमोहिताः सिद्धान्तरमाराधयन्तो विनश्यन्ति। तस्मान्न दिव्य दृष्टिप्रकर्षान्बन्ध्यापुत्रबृहत्कथालम्बकानिव दुरन्तान्कोऽप्यप्रमत्तः श्रोतुमर्हति। अनुमानेन तु संनिकृष्टलिङ्गं परोक्षमपि यत्किञ्चिद्गृहीतलिङ्गा वक्तुं शक्नुवन्ति। तेन धूमाच्छिखरे दृष्टाद् ग्रहान्तरे वह्निं वा ग्रहगणिताद्भविष्यन्तमुपरागं वा मुद्रादेः परीक्षया तस्य रजतताम्रमिश्रणजन्यत्वं वा सूचीसंकेतैः सतन्त्रीकं निस्तन्त्रीकं च संवादं वा निश्चिन्वानः सर्वोऽनुमानेनेदृशमसंनिकृष्टग्रहं कर्तुं शक्नोतीत्येव साम्प्रतं वक्तुं न पुनर्दिव्यदृष्ट्येति। तस्माद्दम्भस्य भगवतोनुसरणैर्महाननर्थो यथा बालानां न स्यादिति सुहृद्भूत्वाऽऽचार्यः स्मरति न दिव्या दृष्टिरनुमानानतिरेकादिति।

संभवानुमानमपि गुणाविलङ्घने मध्यमाविपर्यासे चेत्याद्यनुशासने दर्शितं तस्माद्वाल्मीकिना हनूमतः सुचिरभाविनि सागरप्लवने वर्णितेऽपि तस्यैकेनोत्फालेन सद्यः सागरलङ्घनं कल्पयतामर्वाचीनेषु पुराणसंस्करणेषु वस्तुतो भूतानामपि भविष्यत्त्वेन नामग्राहमुक्तानां राज्ञां नामदर्शनेन तल्लेखकानां त्रिकालज्ञानमुत्प्रेक्षमाणानां नष्टजातकादिवदतामगणितज्ञानां फलितरमलपिशाचाद्याराधिनां भूतादिज्ञानं च श्रद्दधतां भ्रमो निरस्तः।

यत्पुनरुक्तं कलियुगीयानां तपोविमुखानां विप्राणां कुले जातः कथं दिव्यदृष्टि-रहस्यमवगच्छेदिति, तत्र दिव्यदृष्टिभाजश्चर्मकारकुलोत्पन्ना भवतः सिद्धधूर्ता एव प्रमाणम्। न खलु ते सत्ययुगोत्पन्ना न च वायुभक्षा अब्भक्षा वा। यच्च वालिश्याद्दिव्यदृष्टेरस्वीकारे ऋषीणां गौरवं गतप्रायं मन्यसे तन्मोहविजृम्भितम्।

(वा०) हुं बिभेषि न कथं मम शापात्त्वमत्र ननु भक्तिविगाह्यम्।
दाम्भिकादिति निशम्य न धृष्टस्त्रासमृच्छति परीक्षकलोकः ॥ ४ ॥
भारतप्रणयनादिमहिम्ना गौरवं भरतवर्षकवीनाम्।
सिद्धधूर्तसमजस्य महत्त्वं दिव्यशक्तिकपटाश्रयमेव ॥ ५ ॥

दिव्यदृष्टेः स्वीकारे ऋषयः सर्वं विज्ञानं ज्ञानं च तत्तच्छास्त्रोपलब्धं तत्समये परैः प्रायोऽनुपलब्धं च जानन्तिस्मेति धूर्त्तानां प्रलापेन तुष्यसि तथैवार्वाचीना धूर्त्ता अपि दिव्यदृष्टिभाजः सर्वं पश्यन्तीति तैरुद्घोषितं धूर्त्तमूर्खाणामृषिसाम्यं तु सर्वथा ऋषिगौरवविलोपकं न पश्यसि। धिङ्मूर्ख धूर्त्ता एते स्वऋषित्वप्रख्यापनाय भवत्पूर्वजेषु दिव्यां दृष्टिं कल्पयन्ति ततो दिव्या दृष्टिस्तेषु धूर्त्तेषु ऋषिषु चेति श्रद्दधानो भवानृषिसाम्यं धूर्त्तमूर्खेषूत्प्रेक्षितुं शक्नोति न च तेन पङ्के मग्नं सर्वं गौरवं पश्यति स्वात्मानं तु सर्वगौरवरहितं पशुमिव पश्यति देवर्षीणां धूर्त्तानां संन्निधौ। तदतिचित्रं ते ऋषिमाहात्म्यप्रत्ययित्वं यदशुचिभिश्चर्मकारैः प्रामादिकैर्वञ्चकैरिदानी-मवैज्ञानिकेषु दिव्यदृष्टित्वेन ख्यातैः स्वान्परकीयान्वा ऋषीन्ज्ञानविज्ञानाद्भुत-मनुमानमाहात्म्येन प्रमादाभावसहकृतेन पश्यतः स्वस्त्रसमये निष्प्रतिभटांस्तुलयत्स्वर्णस्य विष्ठया तुलनादप्यधिकतरं पातकं शिरसि संगृह्णाति।

ननु मूढ ऋषीणामनन्याधिगतदर्शिनां पारमार्थिकनिष्प्रमादप्रत्यक्षानुमानशुचीनां दिव्यदृष्टित्वमख्यापयतां प्रत्यक्षानुमानोपलब्धं व्याहताव्याहतविवेकमप्यजानतां ज्ञात्वा वा परान्वञ्चयतां सिद्धधूर्तानां भवदाराध्यानां च महदन्तरम्। किमेवं स्वाध्यायरूपै-रानखाग्रतपोभिः स्थितं ज्ञानं विज्ञानं चासाद्य ततोऽप्यधिकतरमबाधिताभ्यां प्रत्यक्षानुमानाभ्यां पश्यतां पूर्वजानां वैज्ञानिकधुर्याणां समकालभवधूर्त्तानुसरणैः स्वयमज्ञानतिमिरे मज्जतामन्यांश्च मज्जयतां सिद्धाभासानां च तुल्यतां ख्यापयन्नात्मानं च पशुमिव तच्छिष्यतामापादयन्न लज्जसे। स्वयमृषितुल्यतां भवादृशानां चाज्ञान-गर्त्तेऽवस्थानं कामयमाना एते बहून्प्रपञ्चान्रचयन्ति।

न याज्ञवल्क्यो दिव्यया दृष्ट्या जीवस्य नश्वरत्वं सूक्ष्मस्य वानुत्क्रमणमपश्यत्। न माध्यमिकाः क्षणस्य स्वलक्षणत्वं सिद्धानुग्रहेण दृष्टवन्तः। नार्यभटः पाटलिपुत्रकेषु कुर्पणिकश्च रोमकेषु पृष्ठदृष्ट्या भूग्रहस्य गतिं पश्यति स्म। न दारुवीणः क्रमविकाशं जीवस्य सिद्धादेशाद्गृह्णाति स्म। सर्वं एते श्रमेणाधीतविज्ञानाः प्रमादशून्यतया व्याहताप्रणयितया च निर्बाधाभ्यां प्रत्यक्षानुमानाभ्यां विज्ञानरहस्यानि पश्यन्ति स्म। त्वमपि प्रथमाह्निकोक्तं व्याहताव्याहतविवेकमात्रमप्यनाग्रहेण पश्यन्सिद्धधूर्त्तेभ्यस्तद-विजानद्भ्यो महनीयतरः पूर्वजानामनुरूपः पुत्रो भव श्रमासादितविज्ञानश्च सामयिकानां वैज्ञानिकानां मध्ये गणनायोग्यत्वात्स्वकालिकवैज्ञानिकाग्रणीनामृषीणां मुखान्यु-ज्ज्वलीकुरु। अद्य चेदृषयोऽभविष्यन्मन्ये पारमार्थिकं विज्ञानं विहाय रसनाविषेण ऋषिनामानि कलुषयत ऋषिशब्दाभिधेयमप्यविजानतः सिद्धाननुगच्छन्तं त्वां दृष्ट्वा कुपुत्रमुखावलोकनं परिहर्तुं गान्धारीधृतराष्ट्रलीलां व्यडम्बयिष्यंस्तत्रभवन्तः।

(वा०) दिव्यशक्तिमधिगम्य तु सिद्धात्कुक्कुरोऽपि विदधीत निबन्धान्।
विद्यया पुनरनल्पकसत्त्वोऽनल्पधीश्च कुरुते किल कार्यम्॥ ६॥

न खलु मधुरां द्राक्षापियालमिश्रितां यवागूं विहाय कण्टकान्भक्षयन्ति भवतः सिद्धाः। न बाष्पयानादि विहाय विहायसा पवित्रोपानन्मात्रसहाया उड्डीयन्ते। नाधिकरणेषु दिव्यदृष्ट्याऽपराधान्निर्णयन्ति। न तन्त्रीसंवादविमुखाज्ञानसंक्रमेण वार्त्तां प्रेषयन्ति। तत्कोऽयं व्यामोहः। नैसर्गिकी खलु भवादृशानां खेचरपादुकादिप्रणयिता वैज्ञानिकसिद्धिविमुखता चार्यभटादिष्वतीतेषु क्वापि क्रमतो विकाशमभजत। तां किल वैज्ञानिकानां जनाज्ञाननिरासबद्धपरिकराणां प्रशास्तॄणामनुग्रहेण शनैरपयान्तीं विलोक्य हस्तावलम्बेन निरोद्धुकामैः कुपणिकादिप्रयत्नेन निरस्यमानं पाश्चात्यं तमो निरोद्धुकामै रोमकपुरोहितैरिव सिद्धधूर्त्तैरमीभिर्भवतो भूमिर्विदूष्यते। पुत्रात्पराजयमपि बहुमन्यमानानामृषीणामाशंसां किं विफलयसि। विज्ञानं विस्तारयितुर्नृपस्य प्रयासं किं तिरस्करोषि। बन्ध्यापुत्रान्वेषणे शशशृङ्गगवेषणे यतिरोमाङ्कुरतनयानुसंधाने च किं वयः क्षपयसि। देशोन्नतिव्याजेन नीतिसभासु खेचरत्वादिविभूतिलोभेन सिद्धाराधनेषु धर्मप्रचारकैतवेन धर्मसमितिषु देशद्रविणं समाप्य प्रशासकेषु सद्व्ययशीलेषु विज्ञानप्रचारपरेषु प्रत्यन्तशान्तिरक्षकेषु दुर्व्ययमिथ्याभियोगमासज्य महापातकं संचिन्वतामनुसरणेन किं पितृभूमिं विनाशयसि सांसर्गिकं महापातकं चार्जयन्नरके निपतसि। कोटिव्ययं प्रतिदिनं स्वदेशानुरागित्वेन ख्यातैर्वैरयात्रावेदयात्रानीतियात्राधर्मयात्रादिषु क्रियमाणं निवार्य विज्ञानप्रचारे प्रवर्त्तयसि चेत्पारमार्थिकदेशोन्नतिरात्मोन्नतिर्जगदुन्नतिश्च न दवीयसी।

अथ चेत्तमोऽभिभूतो विज्ञानमवधीर्य मन्त्रसाधने सिद्धाराधने द्रोहविस्तारणे मम धर्मः साधीयानन्यधर्मो वेति धर्मार्थं कलहायमानो दिनानि द्रव्याणि शक्तिं च क्षपयसि, तदा मम पिता गरीयानस्य वा तस्य वेति कलिं कुर्वन्ननवेक्षितस्वाध्यायश्छात्रवर्गश्चानधिगतविद्यो द्रव्यार्थं पितराविव प्रशासकान्मिथ्याभियुञ्जानो विपत्स्यसे। परःसहस्रपरिवत्सरदुःखितां पितृभुवं न गणयसि, ऋषिऋणमनपाकृतं न पश्यसि, विज्ञानं जगति जाज्वल्यमानं पिल्ल इव नालोकयसि। तामेव दिव्यदृष्टिमरीचिकां पथिक इव गर्तस्थामुल्कामुखीमनुसरसि। कवलितभ्रातृशतां सिद्धिपिशाचीं सुयोधन इव भीमगदां न दूरात्परिहरसि। सिद्धभिक्षुणा विसृष्टं प्रमादहेमहरिणं राम इवानुधावञ्जानकीमिव विवेकशक्तिमपह्रियमाणां न विभावयसि।

(वा०) सिद्धधूर्त्तवचोभिः किं श्रद्धया दिव्यशक्तिषु।
विद्योद्योगादि संत्यज्य निराशान्कुरुषे पितॄन्॥ ७॥
सर्वतो जयमन्विच्छेत्पुत्रादिच्छेत्पराभवम्।
आशापितॄणामित्येषा व्यर्थयेन्मूर्खं एव ताम्॥ ८॥
पूर्वजानामृषीणां को दिव्यानां तुल्यतां व्रजेत्।
पुत्रात्पराभवस्याशां तेषां कृन्तति धीरियम्॥ ९॥

व्यभिचारमेव सदाचारं मैरेयनिरयमेव नाकनिलयं बालकबालिकाविदूषणमेव मानुष्यकभूषणं परप्रतारणामेवाज्ञानव्रतशरणामसत्यमेव परमार्थमपव्ययमेव देशोदयं प्रत्यन्तसेनाव्ययनिन्दामेव नीतिविद्यां सन्धिमेव प्रणयं जिघांसामेवानुग्रहं यज्ञोपवीतविक्रयमेव धर्मप्रचारं पशुरक्षायै नरहत्यामेव भूतदयां प्रख्यापयद्भिः, वेदे बाष्पयानविद्यां रामायणे विमाननिर्माणकौशलं पुराणेषु भूगोलज्ञानं ज्योतिःशास्त्रेषु बधूलक्षणं धर्मसंहितासु चिकित्साविषयं महत्तरोपदेशेषु वेदान्तं चर्मकारव्याख्यानेषु सुवर्णनिर्माणमन्विष्यद्भिः, शिलाशकलवर्ष्मभिर्मांसवृक्षैराक्रान्ता क्रन्दन्तीयं वसुमती। प्रायः पञ्चदशशतीं वर्षाणां विनाथेवाखिद्यतेयं तपस्विनी।

सह शिशुनागनन्दमौर्यशुङ्गान्ध्रवंश्यैर्नृपतिभिः क्रमादस्तं गतानि शास्त्राणि शिल्पानि च। सह विक्रमादित्यशरीरेण भस्मीभूता वीरता। सहार्यभटजीवितेनास्तं गतं ज्यौतिषम्। सह मिहिरकुलसैन्यरजोभिरुत्तरापथाद्भारतभुवमागतः प्रमादान्धकारः। सह श्वभ्रविपोथितेन तद्दन्तिना चक्रन्द निःशरणः परमार्थः। सह कुमारिलेन चितामधिरूढो विध्यर्थवादविवेकः। सह वराहार्केण विनष्टो विज्ञानसंग्रहः। सह भिक्षोर्मायावादेन व्यजृम्भत मायेन्द्रजालादिप्रणयः परितः। यवनैः शकैश्चीनैस्तुरुष्कैश्च विलुण्ठितेन रत्नजातेन सह निर्गतो व्याहताव्याहतविवेकः। न राजपुत्रैर्न मुद्गलैर्न महाराष्ट्रैश्चन्द्रप्रियदर्शिकनिष्करुद्रदामविक्रमहर्षपुलकेशिपालितेयं भारतवसुन्धरोत्पातकम्पविदलद्भूग्रहविवरं प्रविशन्तीव रक्षितुमपार्यत। तामिमां मूर्च्छितां शवाङ्गयष्टिमिव श्वभ्रे कालबन्धुना सजीवामपि प्रमादान्निखन्यमानां तस्करकार्कैर्विकुष्यमाणगात्रां व्यक्तोर्जया विक्रम्य रक्षितां नीतिरसेन तद्वंशधरैर्नवीक्रियमाणहृदयां विज्ञानपथ्याभ्यवहारणैस्तदधिकारिभिरुपचीयमानगात्रां चिरकालिकीं मूर्च्छामवधूय चक्षुर्मुद्रां विघटयन्तीमेव धिक्पिशाचिके मृतापि किं पुनरस्मान्भक्षयितुमिच्छसीति वदन्नपल्यराक्षस इव वीरैराङ्ग्लनृपैर्दस्युद्रोणेभ्यः कथञ्चिद् गोपायितामपि सिद्धगृद्धेभ्यो ललद्रसनोल्काभीषणाभिर्गोमायुकुटुम्बिनीभिरनुधावितेभ्यः प्रक्षिप्योत्पतनसिद्ध्या स्वयमपि गृध्रतामापद्य चञ्च्वा क्षणमुन्मुद्रयोश्चक्षुषोर्विदारयितुमिच्छसि।

आः पातकिन्! विज्ञानगङ्गावगाहनेन समानां शतं मातृचक्षुर्बुभुक्षाकिल्बिषं क्षालयन्विभूतिवेश्याः परिहरन्निरभिमानं निरुपद्रवं वर्त्तयस्व। मातृप्राणरक्षकान्

(वा०) मायावादादिभिर्मिथ्याप्रपञ्चैर्वञ्चितं जगत्।
अनुद्योगपरं वन्यविसर्पेण निपीडितम्॥ ११॥
प्राचीनसभ्यता तस्मिन्विसर्पे तु व्यलुप्यत।
आविर्भूता न वान्यत्र भारतेनोपलभ्यते॥ १२॥
विद्योद्योगवतां यत्नात्सैषाऽत्राविर्भवन्त्यपि।
आध्यात्मिकयादिवाचाटवावपङ्के हा विषीदति॥ १३॥

बन्धूनिरुपधमाराधयस्व। कृतघ्नतया किं किल्बिषं द्विगुणयसि क्रव्यात्प्रकृतिं च प्रकाशयसि। पूर्वजमेघमुक्तधारासारलब्धमूलया साम्प्रतिकभगीरथैराङ्ग्लनृपैर्भारते स्वतपसा प्रवर्तितया दुर्निवारवेगया विज्ञानदिव्यनद्या पावयस्व प्रमादलङ्घित-परमार्थकपिलभस्मीकृतानामर्वाचीनपितृणामस्थीनि। न ऋषीणां मिथ्याश्लाघया ऋषिऋणमपाक्रियते। ऋषय इव निष्पक्षपातं परमार्थानुसारिणो वैज्ञानिकगणनार्हा स्तदृणमपाकुर्वन्ति। पितृभ्योऽधिकतरविज्ञानमासादयन्तः पितॄनस्तुवन्तोऽपि प्रीणयन्ति। प्रमादपतिता असंगृहीतविज्ञानास्तु पितॄंस्तारस्वरेण स्तुवन्तोऽपि खेदयन्ति ह्लेपयन्ति च। स्वाध्यायतपसः शिल्पशास्त्रानुसंधायिन ऋषीनर्वाचीनानिव व्याहत-सिद्धिप्रियान्व्यपदिश्य प्रमादेन कलुषयसि कल्यपालकुम्भकारदिविरदिवाकीर्त्तिजन-ङ्गमादीन्निरक्षरानविज्ञानान्प्रमादोपहतांश्च ऋषयोऽमी इति प्रथयसि। ऋषींश्च स्तुवन्तमात्मानं बहु मन्यसे। न जानासि पिता ते पादुकाभ्यां खे विहरति स्म, यतिना शोधितजिह्वश्च शास्त्राण्यधिजगे, तस्मादहमपि खेचरत्वविभूतिमधिगतवान्, सख्युर्लोकान्तरं गतस्यापत्यमसि, क्व मे प्रजावती, गच्छ तामिमां मृष्टान्नपेटिका-मर्पय द्वित्राणि दिनान्यत्रैव निवत्स्यामि त्वामपितृकं पितृविद्यां खेचरत्वसाधनीमुपदिश्य तवापि रसनां विशोध्य गमिष्यामीत्यादिघृतमधुमयैर्वचोभिर्मोहयन्तं सिद्धापसद-मनुसरसि।

पितृनिन्दा किलेत्थं भविष्यतीति मन्यमानो न सद्यो ब्रवीषि न मे पिता खेचरः सिद्धोल्लिखितरसनो वा, न जननी दृशा निमन्त्रयते न बन्धवो वा, कस्त्वमपेहि पामर न पेटिकां नेष्ये नेच्छामि जननीं त्वया दृष्टां न च कामये पितरं त्वया श्लाघ्यमानम्, न रसनाविशोधनीं वा खेचरत्वस्य साधनीं वा तव विद्यां बहुमन्ये। राजपुरुषेभ्यः सर्वमिदं प्रकाशये न चेज्झटित्यपेषि। धिङ्मूर्ख जनको मे महासत्त्वः श्रमाराधितगुरुः शास्त्राधिगमतपसा विनैव सिद्धधूर्त्तानुग्रहं विद्वानभूत्स किल तत्रभवान्भीष्म इव सत्यवत्यै विद्यायै ब्रह्मचर्यमवालम्बते। न वशीकरणकुशलां-

---

(वा०) वैज्ञानिका महोद्योगा अस्तुवन्तोऽपि पूर्वजान्।
मुखान्युज्ज्वलयन्त्येषां सत्पुत्रैर्हि यशः स्थिरम्॥ १४॥

पितरो दिव्यशक्तित्वादनन्यासाद्यवैभवाः।
इत्यादि कीर्त्तयन्पुत्रः कलङ्कयति तान्कुधीः॥ १५॥

न दिव्यशक्तिमत्त्वेन पितृत्वेनैव पूर्वजाः।
पूजनीया यतस्तस्मात्स्तुतिस्तेषामनर्थिका॥ १६॥

यस्तु सिद्धा इति पितॄनर्चयेन्मोहविक्लवः।
स नीचान्सिद्धिविख्यातान्सहसा पूजयिष्यति॥ १७॥

स्तान्त्रिकान् प्रत्यर्थिदमनाय राम इव धनुरवेक्षते न मारणमन्त्रम्। हरिश्चन्द्र इव सिद्धीश्चाण्डालेभ्यः प्रेषयति स्वयं तु करार्जितेन द्रविणेन ऋणमपाकरोद्रैभ्य इव भारद्वाजम्, अशास्त्रायासमिथ्यागृहीतार्थं तृणाय मन्यते, मायेन्द्रजालादिहेमहरिणानुगामिनमग्रजमपि सौमित्रिरिव यथा संभवं निवारयति। मधुव्रत इव सर्वतः सारं गृह्णाति न भवादृशो मक्षिकाडिम्भ इव स्वेभ्यः परेभ्यश्च सिद्धिविभूतिपूयशोणितं पिपासति। तस्य तनुजोऽहं तथैव महाप्रयासेन विज्ञानमन्विष्यामि स्वेभ्यः परेभ्यश्च तदेव संगृह्णामि। न मे प्रयोजनं सिद्धरोमाङ्कुरेण त्वयेति। महोद्योगशालिनां पूर्वजानां सात्त्विकानां का निन्दा दिव्यदृष्ट्यभावे। तेषां शास्त्राण्येव माहात्म्यं ख्यापयन्ति। मूर्खो हि ज्ञानविज्ञानहीनस्तामसो दिव्यदृष्टिरहं साक्षाद्दाशरथिमर्धरात्रेऽवलोकयामि न ते द्वादशवार्षिकमाराधनं विना दर्शयामीत्यादि प्रलपन् स्वाज्ञानप्रच्छादनार्थी महामूर्खान् प्रतारयति। ऋग्यजुःसामाथर्वदर्शिन उपनिषद्व्याख्यातारो धर्मसूत्राम्नातारो दर्शनप्रणेतारो रामायणभारतादिकृतयश्चरकबृहत्संहितासिद्धान्तशिरोमणिनिबन्धकाश्च प्रकाशयशसो रहस्यमयीं महामूर्खोलूकदृष्टिमात्रगम्यां दिव्यदृष्टिं चर्मकारैरपि सुलभां वेदवेदाङ्गशिल्पशास्त्रादिकुशलानामपि शश्वद्विप्रकृष्टां कथं ख्यापयेरन्निति न विभावयामः।

न खलु गुरवोऽधिक्षिपद्भ्योऽपि गर्भरूपेभ्यो द्रुह्यन्ति, तानुत्कृष्टान्दृष्ट्वा हृष्यन्ति तेष्वभिस्निह्यन्ति च। ते कथं दिव्यदृष्टितामात्मनः प्रख्याप्य पुत्रान्नैराश्यगर्ते निमज्जयेयुः। नजाने कः सिद्धापसदश्चिराद्भारतीयान्बालान्बन्ध्यापुत्रानुसंधित्सां मूर्खैर्दस्युभिराक्रान्तेषु विषयेषु नैसर्गिकीमपास्यामाङ्ग्लधरेश्वरेषु वैज्ञानिकेषु प्रशासत्सु पुनर्विज्ञानगङ्गावगाहनपरान्दृष्ट्वैव चक्षुःशूलमनुभवन्दिव्यदृष्टिरहस्यमुद्घोष्य वनकरिण इव तालास्फोटनपटुश्चण्डवातस्त्रासयति। यत्तु पतञ्जलिप्रभृतिभिरपि समाधिमतां सूर्ये संयमाद्भुवनज्ञानं वा भूतरुतज्ञानं वा हस्तिबलादि वा समुपदिशद्भिर्दिव्याः शक्तयः स्वीकृता इवेति केषाञ्चिदभिमानस्तदप्याशामात्रम्। असंप्रज्ञातसमाधिर्हि सूचीकारेणेव सूचीनिर्मात्रा वरयात्राया महाप्रमादविजयघोषणायात्राया इव गजरथतुरगसहस्र-

---

(वा०) भीष्मरैभ्यहरिश्चन्द्रावरजा हि महौजसः।
न वयं सिद्धधूर्तानां जातु सिद्धिषु लोलुपाः॥ १८॥
राज्यत्यागान्नाभिचरद्भीष्मः सिद्धिं परां दधौ।
विससर्ज हरिश्चन्द्रो विभूतीः पक्वणं प्रति॥ १९॥
श्रुतिदर्शनवित्तानां सूत्राम्नाययशस्विनाम्।
भारतादिप्रणेतॄणां दायादा भारता वयम्॥ २०॥
जाग्रत्प्रकाशविज्ञाने कोऽर्थो जगति नः किल।
दिव्यदृष्ट्या महामूर्खघूकदृष्ट्येकगम्यया॥ २१॥

संबाधाया अपि विचित्रवादित्रनिनदविदारितजनकर्णकुहराया अपि निकटेन गच्छन्त्या अप्यनुपलक्षणं सूचीमयत्वान्न पुनर्मूर्च्छापत्तिः। सूर्यसंयमो ज्योतिर्विद इव मन्त्रादिसाहाय्येन सूर्यप्रकृतिनिश्चयो नाक्षिणी निमील्य सूर्यस्य ध्यानम्, हस्तिबलादीनि चित्तनिरोधपूर्वाद्व्यायामाद् भूतरुतज्ञानं चाभ्यासान्न तु प्राणायामादिमात्रेणेति विस्तरेण वक्ष्याम आह्निकशेषे 'योगे वान्तरोपायभक्षणादिकम्' इति सूत्राक्षराणां व्याख्यानावसरे ॥ १ ॥

[अधि० २] अपौरुषेयं पुरुषो-

ननु दिव्यां दृष्टिं बलादपलपसि शब्दास्तु न सर्वे पौरुषेया एव तत्पौरुषेयाणामस्मदादिशब्दानामप्रामाण्यं वदन्नपि नापौरुषेयस्य वेदादेरप्रामाण्यं वक्तुमर्हसीति वदतः प्रत्याह—

नापौरुषेयो मानुषः शब्दो व्याहतेः ॥ २ ॥

वेदशब्दाः स्पष्टं मनुजशब्दाः प्रतिभान्ति तत्कथं ते खल्वपौरुषेयाः। मेघादेः स्तनितादि संजायते नाकाशाद् 'अग्निमीळे पुरोहितम्' 'इषेत्वोर्जेत्वा' 'अग्न आयाहि वीतये' 'शं नो देवी' इतीदृशाः शब्दाः संभवन्ति, मनुष्य शब्दा ह्येते। केषां मनुष्याणामिति चेत्; विश्वामित्रादीनां तत्तदृषीणामिति गृहाण। 'निःश्वसितमेतदस्य महतो भूतस्य यदृग्वेदो यजुर्वेदः' इत्यादि तु ज्ञानमात्रोपलक्षकत्वान्न वेदे विशेषाधायकं सर्वस्येश्वरसृष्टत्वान्न हि कोऽपि पितरावपलपन्नीश्वरराज्जातोऽहमिति वदञ्छ्रद्धेयवचनो भवति। ईश्वरोक्तत्वाद्वेदः प्रमाणं चेदीश्वरस्यान्तर्यामितया तत्प्रेरितस्यैव चाण्डालादेरपि वक्तृतया तद्वचोऽपीश्वरवाक्यत्वाद्वक्तुश्चेश्वरपुत्रत्वात्तस्यापि श्रुतिवत्प्रामाण्यमापद्यते। किं मनुष्यस्य शब्दो भाषानिबद्धः स्पष्टार्थकोऽस्मादृशैर्नातियत्नेन यास्कसायनादीन्विनापि बहुत्र सुबोधस्तत्साहाय्येन तु काव्यवत्सरलः कथमपौरुषेयः स्यात्, न ह्यपौरुषेयं मेघरसितादि कीचकक्रेङ्कारादि

(वा०) यन्त्रादिसाधनोपेतैरवधानपुरःसरम्।
सूर्यादिदृष्टेर्भुवनज्ञानं ज्योतिर्विदां यथा ॥ २२ ॥
तत्सूर्यसंगमाद्युक्तेरैदम्पर्यं पतञ्जलेः।
वैज्ञानिकानां कोऽर्थः स्याद्विश्वचिन्तादिमात्रतः ॥ २३ ॥
अपौरुषेयतां को वा नृगिरां भावयेत्सुधीः।
ज्ञानस्यापौरुषेयत्वे श्रुतीनामेव तत्कथम् ॥ २४ ॥
विश्वामित्रवसिष्ठादिप्रणीताः श्रुतयः किल।
अग्निमीळ इति स्पष्टं मानुष्यो गिर ईदृशः ॥ २५ ॥

वा केनापि मनुष्यभाषावदर्थेन योजयितुं शक्यते तस्माद्व्याहतं मनुष्यशब्दस्य 'अग्निमीळे पुरोहितम्' इत्यादेरपौरुषेयत्वम् ॥ २ ॥

किंच संभवत्यपि बन्ध्यापुत्रे स पुत्रवतीपुत्रात्प्रबलतर एव भविष्यतीति कस्य खल्वप्रमत्तस्याशा स्यादित्याह—

न च तत्संभवेऽपि शब्दमाहात्म्यं कीचकध्वनिवत्स्वनग्राहवदज्ञात-लेखकपत्रवच्च ॥ ३ ॥

अभ्युपेत्यवादोऽयमत्रभवतः। वस्तुतस्तु नापौरुषेयो मानुषः शब्दः संभवतीत्युक्तमेव, संभवेऽपि यथा वनवायुपूरितरन्ध्रः क्वणन्कीचको वा जरत्पण्याङ्गनादिगानपूरितः स्पष्टशब्दोच्चारकः स्वनग्राहाख्यो यन्त्रविशेषो वा दुर्ज्ञेयलेखकोऽनुपन्यस्तनामाक्षरः पत्रविशेषो वा न कस्याप्यपौरुषेयतया श्रद्धेयवचनो भवति। तथैवापौरुषेयत्वेन का श्रद्धा वेदेष्विति न ज्ञायते। ईश्वरविसृष्टत्वादितिचेच्छृगालादीनामपीश्वरविसृष्टत्वात्तदुक्तिष्वपि तादृश्येव श्रद्धा समापततीत्युक्तपूर्वम्। तस्मात्प्रामादिकं वेदस्यापौरुषेयत्वम्। पारमार्थिकानां तु पित्रादिवचसीव पौरुषेयेऽपि वसिष्ठवामदेवादिवचस्यव्याहते श्रद्धा न बाधिता ॥ ३ ॥

नन्वपौरुषेयां वाणीं न स्वीकरोषि चेद्दैववाण्यादेरनुपलब्धवक्तृकाया अशरीरगिर आकाशादागतत्वेन प्रसिद्धायाः का गतिरिति चेदाह—

वाचि देवासुरमानुषरूपणं परमार्थव्याघातविधिलक्षणम् ॥ ४ ॥

अतिमुग्धोऽसि यो मुक्ताफलं फलशब्दश्रवणादेवाद्भुततरुफलं कल्पयसि, कस्तूराख्यशुक्तिविकृतिं तु तां सिंहलपारसीकाद्युपसागरसंभवां न श्रुतवानसि। नाकाशे देवा वा पूर्वदेवा असुरा वा बन्ध्यापुत्रान्वेषणसभोत्प्रेक्षितपिशाचादिवद्वा वृद्धप्रपितामहीकथालम्बकगौरीशङ्करवद्वा माल्यकारकल्पितजगदम्बादिवद्वा रैदासाद्यनुसारिकल्पितरामकृष्णादिवद्वा यतस्ततो भ्रमन्ति कृतार्थयन्ति च जनान्भूतवाणीभिर्वियतो विसृष्टाभिरिति मन्येथाः। रूपणं त्वेतद्विप्रेषु विज्ञेषु भूदेवत्वमिव वाचि परमार्थप्रतिपादिकायां दिव्यवाणीत्वं वक्तर्यस्मदादिसदृशे सत्यपि वक्तृनिरपेक्षम्।

(वा०) अज्ञातवक्तृकत्वाद्वा यन्त्रादेरागमाच्च वा।
भक्तिश्चेत्सा स्वनग्राहशब्दादावपि संभवेत् ॥ २६ ॥
विधेर्मनुष्यशब्दत्वं दिव्यमव्याहतं मतम्।
आसुरं व्याहतं प्रोक्तमुपचारेण मानवैः ॥ २७ ॥

न हि तरुरयमिति तरुं प्रत्यक्षविषयं वदन्वक्ता कीदृश इति कश्चिदपेक्षते, परमार्थवक्तृत्वात्। तथा बन्ध्यायाः पुत्रः शशस्य शृङ्गं काञ्चनजिह्वः पुरुष इत्यादि वदतस्तु वागपारमार्थिकी व्याहतेत्यसुरवाणीति भण्यते। वक्तृनिरपेक्षं च वस्तुव्याहतिमूलकमेव तस्या आसुरत्वम्। नीचतमवक्तृकापि परमार्थप्रतिपादिका वाणी देववाणीति महत्तमोच्चारितापि व्याहतार्थिका वागसुरवागिति व्यपदिश्यते। नान्या देववाणी वा काचिदसुरवाणी वा लोकान्तरस्थवक्तृकाणां शब्दानामत्र वायुसंबन्धाभावादागमासंभवस्य दर्शितत्वाल्लोकाल्लोकान्तरगमनस्य चाद्याप्यनुपलम्भात्। लोकान्तरवासिनां भूवासिभ्योऽधिकतरशक्तिमत्त्वादिनिर्णयस्यासाध्यत्वं दर्शयिष्यामो द्वितीयाध्याये। तस्माल्लोकान्तरीयपुरुषविशेषाणामेतल्लोकवायुविशेषाणां वा देवासुरत्वेन कल्पितानां वाणीश्रवणकुतूहलं बन्ध्यासुतारोह्यकाञ्चनतुरगहेषाकर्णनकुतुकमिव प्रमादविजृम्भितम्। ननु देवासुरवाणी तावत्पारमार्थिकी व्याहतार्था च वागित्यवगच्छामः। का तर्हि मनुष्यवाणीति चेदनुशास्ति—विधिलक्षणा वाक् केवलं मनुष्यवाक्, तस्यां न वक्तृनिरपेक्ष आदरो वा तिरस्कारो वा, वक्तृसापेक्षं तूभयम्। विधौ हि मातापितृगुरुनृपाद्याप्तवक्तृके श्रद्धाऽनाप्तवक्तृके पुनरश्रद्धेति दर्शितत्वात्। वक्त्रपेक्षत्वाच्च विधेर्मनुष्यवाक्त्वव्यपदेशः ॥ ४ ॥

यथा देववाक्त्वं परमार्थवचसि वक्त्रनपेक्षया वस्तुगुणेनैव स्वीकार्ये वस्तुतः सवक्तृकेऽपि कल्पितं तथैवापौरुषेयतास्मिन्वक्तृनिरपेक्षत्ववदेव कल्प्यतां का ते क्षतिः। इतीममाक्षेपं सूत्रयित्वा प्रतिक्षिपति—

भवेदपौरुषेयतमरूपणमप्याद्ये पुरुषानपेक्षत्वात् ॥ ५ ॥

तथा तु व्याघातोऽपि ॥ ६ ॥

तु शब्दः पक्षं व्यावर्त्तयति। यथा परमार्थलक्षणं वचो वक्तृनिरपेक्षतया त्वमपौरुषेयं वदिष्यसि तथा व्याहतिग्रस्तमपि वचो वक्तृनिरपेक्षत्वादपौरुषेयं वदन्तः परे दिव्यदृष्टिमन्तः सर्वाणि व्याहतवचांसि स्वव्याख्यानेषु स्वपितामहव्याख्यानेषु चोपलब्धानसुरवाक्त्वेन पारमार्थिकैः प्रत्यादिष्टानपि वेदवाक्यवत्स्वीकर्तव्यानि वदिष्यन्ति ॥ ५-६ ॥

(वा०) अव्याहतानां स्वीकारं व्याहतानां च वर्जनम्।
वक्तारमनपेक्ष्यैव शिष्टाः कुर्वन्त्यसंशयम् ॥ २८ ॥

तत्र वक्त्रनपेक्षत्वात्तद्दिव्यासुररूपणम्।
विधेस्तु वक्त्रपेक्षत्वान्मानुषत्वमुदाहृतम् ॥ २९ ॥

तस्मान्नापौरुषेयत्वाद्वचसि श्रद्धेति यथोपपादितेनैवोपदेशेन तुष्येर्नापौरुषेयत्वाद्याभासपिशाचानाराधयेरित्यनुशास्ति—

तस्मादपौरुषेयत्वमुपादेयत्वाप्रयोजकम् ॥ ७ ॥

प्रपञ्चितपूर्वाद्धेतुकलापादपौरुषेयत्वं व्याहतम्। यथाकथञ्चित्संभावितमपि न तदुपादेयत्वप्रयोजकमपौरुषेयस्य जडकीचकादिशब्दस्य चेतनानधिष्ठितस्य चेतनेन पुरुषेणानपेक्षणात् ॥ ७ ॥

सकलचेतनामूलेन सर्वात्मनाधिष्ठितत्वात्प्रत्नगवीनामपौरुषेयाणामप्यादरो भवत्विति चेत्स्मारयति—

न वाचि सर्वात्मीयत्वाद्बहुमानो विश्वस्यैव तथात्वात् ॥ ८ ॥

न खलु वाचि सर्वात्मना देवदेवेनाधिष्ठितत्वाद्वा तद्विसृष्टत्वाद्वा बहुमानः संभवति आब्रह्मण आस्तम्बादापामरादाविश्वामित्रमापिपीलिकमासप्तर्षिभ्यः सर्वस्य जगत एव तथात्वादविशेषात्। तस्मादाप्तपुरुषादिष्टत्वमेव विधिमयेषु वाग्विस्तरेष्विहोपादेयत्वप्रयोजकम्। अर्थवादमयेषु पुनः प्रतिपाद्यस्य पारमार्थिकत्वे व्याहतिर्वा स्वीकारास्वीकारयोर्बीजम्। व्याहतवादिनस्तु विधावप्यनाप्ततामस्मारयाम पुनः पुनश्च स्मारयिष्यामः ॥ ८ ॥

[अधि० ३] विध्यर्थवादयोर्भेदः

ननु पुनः पुनरस्मिंस्तन्त्रे समानतन्त्रेषु च विध्यर्थवादभेदमुपदिश्यमानमुपलभामहे। कीदृशस्तु स भेद इति न स्पष्टं प्रतिपद्यामहे। विशेषतस्तु सिद्धवस्तून्यात्मादीन्यप्युदिश्य प्रवृत्तानि "आत्मा वा अरे द्रष्टव्यः" इत्यादीनि विधिच्छायानि वाक्यजातान्युपलभ्यास्माकमप्रतिपत्तिर्विध्यर्थवादविषये। तस्मात्स्पष्टं व्याचक्ष्व को विधिः कश्चार्थवाद इत्यप्रतिपत्तिविक्लवान्बोधयिष्यन्प्रथमं शब्दस्य द्वैविध्यं स्मरति—

(वा०) अपौरुषेयता तस्माच्छ्रुतौ चेदौपचारिकी।
तदुपादेयताहेतुर्व्याहतेषु कथं न सा ॥ ३० ॥
वाचोपदिष्टा ये मन्त्राः किलर्षिभ्यो वरैः श्रुताः।
ताः समाम्नाय विरहाच्छ्रुतयः प्रथिता भुवि ॥ ३१ ॥
श्रुतीः स्मृत्या प्रणीतास्तु स्मृतयः परिकीर्त्तिताः।
सर्वात्मीयं जगत्सर्वं को विशेषः श्रुतेस्ततः ॥ ३२ ॥
तस्मान्न सर्वात्मीयत्वं श्रुत्याप्तत्वप्रयोजकम्।
पूर्वजैस्तु प्रणीतत्वात्स्वश्रुत्यादौ समादरः ॥ ३३ ॥

शब्दोऽर्थवादविधिभिन्नः ॥ ९ ॥

अनुगमनशैलीयमाचार्यस्य प्रथममुदाहरणान्युपन्यस्य तेभ्यो नियमाननुगमयति। निगमनशैली तु नियमानुपन्यस्योदाहरणेभ्यस्तान्व्याचष्टे। उभयी गतिश्चानुशासने। तस्मादेतावतो विलम्बाद्विध्यर्थविवेकं सूत्राक्षरैरुपक्रमते। शब्दो द्विविधः स यथा कश्चिदर्थवादप्रधानः कश्चिच्च विधिप्रधानः। प्रकरणाच्छब्दोऽत्र पौरुषेयः सुव्यक्तार्थबोधको वेदितव्यः ॥ ९ ॥

उद्दिष्टं भेदद्वयं परिभाषते योगद्वयेन—

आसीदस्ति भविष्यतीत्यर्थवादः ॥ १० ॥

भवितव्यमिति विधिः ॥ ११ ॥

अद आसीदिदमस्त्येतद्भविष्यतीति प्रतिपादयञ्छब्दोऽर्थवाद इति व्यपदिश्यते। ईदृशेन भवितव्यमिति प्रतिपादयंस्तु विधिरिति व्यपदिश्यते। भूमिः पुरा तप्तपिठराऽऽसीदद्यत्वे सान्तस्तापा बहिः शीतास्ति कालेन सर्वथा निस्तापा भविष्यतीत्यर्थवादः। 'अहरहः सन्ध्यामुपासीनेन भवितव्यम्' इति विधिः ॥ १०-११ ॥

विधेरभिधान्तरं तन्त्रान्तरीयाणामभिमतमाह—

सा जैमिनेश्चोदना ॥ १२ ॥

योगविभागाद्विधिमात्रस्य परामर्शः। योऽत्र विधत्वेनोक्तः सैव जैमिनेराचार्यस्य चोदनेत्यभिमता। अत्रेदमवधेयम्। सिद्धं वस्तु न चोदनाविषयः। न ह्यग्निर्दाहको भवत्विति कस्यापि चोदनया दाहको भवति, दाहकत्वेन ग्रहीतव्य इत्युक्त्या वा स दाहक इति गृह्यते, परैर्दाहकत्वेनोक्तो वाऽनुक्तो वा प्रत्यक्षेण दाहकः स प्रतीयते। विधिच्छायेषु 'आत्मा वा अरे' इत्यादिवाक्येषु तु य आत्माऽस्ति, स द्रष्टव्य इत्याद्यर्थकत्वाद्वाक्यस्य य आत्मास्तीत्यंशोऽर्थवादो न तस्यौपनिषदत्वात्प्रामाण्यं

(वा०) अस्य भूतस्य महतो यन्निःश्वसितरूपणम्।
अनुव्याख्यानपर्यन्ते तत्समस्तेऽपि वाङ्मये ॥ ३४ ॥
अन्ततः प्रकृतेर्ज्ञानं सर्वप्रकृतिवीक्षणात्।
सर्वात्मा प्रकृतिश्चेति बादरायणसंमतम् ॥ ३५ ॥
अद्वैतवादिनां भेदाः प्राकृताप्राकृतादयः।
असंगता यतस्तस्मात्सर्वतः सत्यमादृतम् ॥ ३६ ॥
अद आसीदिदं चास्ति भविष्यत्येतदीदृशम्।
अर्थवादाख्यया ख्यातं शब्दोऽत्र ज्ञापकः परम् ॥ ३७ ॥

कि पुनरनुभवात्सर्वानुभवमूलत्वेनोपलब्धो ह्यात्मा। स द्रष्टव्यो वा न वा द्रष्टव्य इत्यंशस्तु केवलं विधिच्छायः। गृहे पुत्रस्थितिर्हि वस्तुतन्त्रा न पुरुषतन्त्रा, सति पुत्रे तद्दर्शनं वा पुरुषतन्त्रम्। औपनिषदानां च वाक्यानां वस्तुप्रधानत्वाद्विधेर्गौणता। धर्मशास्त्रेषु तु तस्य 'नित्यं क्षरत्येष पयो दधि घृतं मधु' इत्याद्यर्थवादानां गौणत्वम् 'अहरहः संध्यामुपासीत' इत्यादिनिर्हेतुकविधीनां च मुख्यत्वम्। हेत्वपेक्षायां तु संध्योपासनस्य दध्यादिक्षरणधर्मत्वं व्याहतमिति तदननुष्ठानमेवापद्येत। तस्माद्विधयो निर्हेतुकाः ॥ १२ ॥

सिद्धस्यार्थस्य विधेश्चापरमपि भेदं दर्शयति—

एकोऽर्थो वैकल्पिका विधयः ॥ १३ ॥

सहधर्मिणीसमागमो वा स्वाध्यायो वा पितृस्मरणं वा गुरुप्रणतिर्वा सिद्धा। ईदृशा अर्थास्ते च सर्वेषु च कालेष्वेकरूपाः। परिणयविधयो विद्यारम्भप्रकाराः श्राद्धभेदाः प्रणामपरिपाट्यश्च विविधा लोकेषु दृश्यन्ते। स्वस्वदेशकालबुद्ध्याद्यनुरूपं स्वस्वस्मृतिषु पिटकेषु शुभसंवादपुस्तकेषु कुरानादिषु च भारतीयैः सौगतैः ख्रिस्तीयैर्महम्मदीयैश्च निवेशिताः सर्वेऽपि विधयस्तत्तद्धर्मावलम्बिनामनुकूलाः। कस्य धर्मस्य विधयः साधुतरा इति कलिः सर्वथा परिहेयः। स्वस्वपितरौ वा सेवमानाः स्वनृपाज्ञां वाऽनुतिष्ठन्तः किमर्थं भक्त्यवसरे कलहायेरन्कस्य पितरौ विद्वत्तरौ कस्य वा नृपोऽस्त्रवित्तर इति। भक्तिमूलकमादेशस्यानुष्ठानं हि पित्रोः पितृत्वेन नृपस्य च नृपत्वेन क्रियते न गुणापेक्षया। अर्थज्ञानावसरे पुनः को विद्वान्यतो विद्याग्रहणं साधुतरं कोऽस्त्रविद् यतोऽस्त्रशिक्षा समीचीनतरेत्यादिविचारः। तथा पूर्वजानामादेश इति भक्तिमूलं निर्हेतुकं विध्यनुसरणम्। तत्र कस्य धर्मो विज्ञानानुकूल इत्यनुसंधानं निष्फलं कलिमात्रफलं वा।

वैज्ञानिकैर्हेतुभिः किं श्रेयसे भविष्यति किमश्रेयस इत्यनुसंधानं त्वर्थवादेषु तत्र च न स्मृत्यादिवचनाच्छ्रद्धा, प्रत्यक्षानुमानोपपत्तिदर्शनात्तु पूर्वजवाक्येषु श्रद्धाऽन्यथा

(वा०) इदं कुर्विति सर्वस्य विधेराकार ईरितः।
तस्य शब्दैकमेयत्वं हेतूनां त्वर्थवादता ॥ ३८ ॥
उपपादकतैवात्र प्रामाण्यं ज्ञापनं न तु।
प्रामाण्यमर्थवादे तत्प्रत्यक्षानुमयोः परम् ॥ ३९ ॥
अर्थ एकोऽत्र जायादेः संग्रहस्तद्विधौ भिदाः।
शिविकारासभाश्वादो वरस्यारोहणं यतः ॥ ४० ॥
सर्वस्य स्वपिता श्रेयान्विद्वान्वा मूर्खं एव वा।
तथैव स्वविधिः श्रेयान्हेतुभिः संगतो न वा ॥ ४१ ॥

पुनरुपेक्षैव। मदर्थं फलान्यानयेतीदृशानां पित्राद्यादेशानां हि निर्हेतुकमनुसरणमुक्तम्। वाराणसी पाटलिपुरादल्पीयसीत्यादिसदृशानां पित्राद्युक्तानामर्थवादानां तु परीक्षाकाले न पितुः पितृत्वमपि तु वक्तृत्वमात्रं सामान्यजनस्येव। अर्थपरीक्षया च तदनुसरणं न पितृभक्त्या। परीक्षापि बन्ध्यापुत्रस्य गृहान्तरे स्थितस्य शिरसि तपनीयेष्टकास्ति तामानयेत्यादिव्याहतवाक्येषु न प्रवर्त्तनीयेत्युक्तमेव। व्याहतिश्चाप्रमत्तेन मनुष्यमात्रेण निर्णेतुं शक्यते। न तत्र दिव्याया दृष्टेः शास्त्रभारस्य वा काचिदपेक्षेत्यपि दर्शितमेव। तस्माद्विधौ भक्तिमविप्लावयद्भिरर्थेषु चाज्ञानप्रसरं निवारयितुकामैर्दम्भमौढ्यादिदोषवन्तो हैतुका दूरात्परिहरणीयाः। हैतुका हि दम्भाद्वा प्रमादाद्वा विधीन्हेतुभिरनुगृह्णन्त इव धर्मं विप्लावयन्ति। नहि सर्वेषां विधीनां हेतुरस्ति सत्त्वे वा विप्रैरेवेदं कर्त्तव्यं नान्यैः, ख्रिस्तीयैरेवेदमनुष्ठेयं न भारतीयैरित्यादयो धर्मनियमा व्याहन्येरन्न च मन्त्राणां भाषादिनियमः स्यात्। तथैव ते ऋषिभिरुक्तेषु चिकित्सावास्तुज्योतिषादिविषयेषु कः खलु सर्वज्ञः संप्रति यः परीक्ष्य व्याहतिमव्याहतिं वा निश्चिनुयादित्यादि प्रलपन्तः शास्त्रसंस्कारेण ऋषिऋणमपाकुर्वतो निवारयन्ति। तस्मान्नैते धर्मविप्लवकारका विज्ञानविकासबाधकाश्च जातुचिदनुसरणीयाः।

यथा कश्चिन्नेपालेषु चौराणां हस्तच्छेददण्डं भारते च षाण्मासिककाराबन्धमुभयं प्रशासकेच्छामात्राधीनं वैकल्पिकमपि सहेतुकमुपदिश्य हेतुमन्विष्यद्भिरेकमतिक्रूरमपरं चातिमृदुतरं पश्यद्भिराधिकरणिकैर्विप्लावयितुं चेष्टेत। भ्रश्चलति वा सूर्यो वेत्याद्यर्थवादेषु तु स्वधर्मोऽयं पूर्वजोक्तिरियं सूर्यश्चलतीति न भवान्सर्वज्ञो येनेदृशेषु बुद्धिं नियोजयतीत्यादिभिर्वाक्प्रपञ्चैः प्रतार्य तत्त्वज्ञानान्निवारयेत्तथामी हैतुका धर्मनियमानहेतुकान्पूर्वजादेशमात्रत्वेनानुसरणीयान्हेतुभिर्विप्लावयन्ति सिद्धांश्चार्थानविशेषेण ऋषिभिरनृषिभिश्च परीक्ष्यानप्यस्पृश्योपपत्तिकानहेतुकं स्वीकार्याणुदाहररन्ति। धर्मविप्लवो विज्ञानविकासनिषेधश्च तेषां परमुद्देश्यम्।

(वा०) स्वधर्मे निधनं श्रेयः श्रीकृष्णोऽपि जगावतः।
भ्रमयो धर्मनिःश्रेणावक्षिमीलनकेलयः ॥ ४२ ॥

अव्याहतो य आप्तस्य विधिस्तस्य फलं जनः।
अन्विष्यन्नैव भक्त्यामुं वाणिज्यात्त्वनुतिष्ठति ॥ ४३ ॥

आप्ताज्ञेत्यनुसर्तव्या शासकाज्ञा सदाजनैः।
निर्हेतुर्वा सहेतुर्वा किं हेत्वन्वेषणैर्विधौ ॥ ४४ ॥

येऽस्मन्नृपस्य विधयस्ततः साधुतरेष्वपि।
नृपान्तराणां जह्याम किमात्मनृपतेर्विधीन् ॥ ४५ ॥

ये तु केषुचिद्धर्मांशेषु हेतूपपन्नास्तैलमाषोत्तराहारामित्याद्यायुर्वेदाद्यनुकूलविषयाः समुपलभ्यन्ते तेषां वस्तुतोऽर्थवादत्वात्परीक्षोपलब्धायां हेतूपपत्तौ सर्वजनस्वीकार्यतया **न** धर्मविशेषत्वम् । न त्वीदृशांशानां सहेतुकत्वोपलम्भेन यज्ञोपवीतादेरपि सहेतुकत्वमनुमाय सद्योमुक्तिहेतुत्वादिकं प्रकल्प्य सर्वे यज्ञोपवीतपाशैः सनाथनीयाः। यथा शतशः सत्यवादिनोऽपि युधिष्ठिरादेरसत्यवादिता दृष्टेति न शतशः सत्यवादित्वादसत्यवादाभावोऽनुमेयस्तथा कतिपयानां सहेतुकार्थवादानां धर्मसंहितासूपलम्भनेन विधयोऽपि सहेतुकाः कल्पयितुं शक्यन्ते। सहेतुकत्वाद्विज्ञानविषयत्वे विधित्वाभावात् ॥ १३ ॥

एवं विध्यर्थवादप्रतिपादकत्वेन शब्दस्य द्वैविध्यमुक्त्वा तस्य प्रामाण्यव्यवस्थामाह—

सर्वमव्याहतमुक्तविधया प्रमाणम् । १४ ॥

सर्वमित्यस्य बुद्धिस्थेन शब्दजातमित्यनेन संबन्धः। अव्याहतार्थप्रतिपादकं सर्वं शब्दजातमुक्तविधया प्रमाणम्। अर्थवादप्रतिपादकत्वे प्रत्यक्षानुमानोपपन्नार्थकं विधित्वे त्वाप्तोक्तं प्रमाणमित्यर्थः। उक्तमप्यर्थं विप्रकृष्टत्वात्पुनः स्मारयति ॥ १४ ॥

[अधि० ४] सर्वाः प्रतिज्ञाः त्रिधाः

शब्दस्य प्रकृतत्वात्प्रतिज्ञायास्त्रैविध्यमुपपादयति—

प्रतिज्ञा सोपपत्तिकानपेक्षितोपपत्तिकोपपत्तिविरुद्धत्वात्त्रिविधा ॥१५॥

सर्वापि प्रतिज्ञा त्रिविधा। काचित्सोपपत्तिका नोपपत्तिमसमीक्ष्य बोद्धव्येन स्वीकार्या। काचित्तु वस्तुतः सोपपत्तिका निरुपपत्तिका चेत्युभयविधां सत्यप्यनपेक्षितोपपत्तिका बोद्धव्येनोपपत्तिमनपेक्ष्यैव स्वीकार्या। काचित्पुनरुपपत्तिविरुद्धा यस्याः श्रद्धया श्रवणमपि प्रायश्चित्तावहं या चानिच्छया कर्णगोचरं गतापि सद्यो निरसनीया। पर्वतो वह्निमान्पावको दहति शब्दो वायवीयपरमाणुकम्पजः प्रभाकाशकम्पजा तेजोरूपा शरीरभेदाज्जीवभेदो धनवान्योगक्षेमार्थं वणिज्यामाश्रयेदित्याद्या

(वा०) मातापितृनृपाचार्यविधींस्तस्मादहेतुकम् ।
अनुतिष्ठेन्न कुर्वीत तत्र हेतुपरीक्षणम् ॥ ४६ ॥
स्वास्थ्याय गोमयस्पर्शी बलवृद्धौ सुरां पिबेत् ।
तस्माद्विधिषु हेतूनां न प्रशस्ता गवेषणा ॥ ४७ ॥
एकापेक्ष्योपपत्तिश्चान्यानपेक्ष्योपपत्तिका ।
परोपपत्तिविहता प्रतिज्ञा त्रिविधा ततः ॥ ४८ ॥

उपपत्त्यपेक्षाः प्रतिज्ञा उपपत्तौ सत्यां स्वीकार्या अन्यथोपेक्ष्याः । परमार्थदर्शनीयाः प्रतिज्ञाः सर्वा ईदृश्यः ।

त्रैवर्णिकः संध्यामुपासीत उक्षप्रतरीयः कलाकुमारः पाटलदशं पृष्ठपटं धारयेत् ख्रिस्तीय आदित्यवारे विश्रामं कुर्यान्महम्मदीयः पञ्चकृत्वोऽह्नः स्तुतिं पठेदुदयपुरेश्वरमागतमेकविंशत्या शतघ्नीशब्दैः प्रत्युद्व्रजेदित्याद्या विधयोऽनपेक्ष्योपपत्तिकाः स्वैः स्वैराप्तैरादिष्टा इत्येतावन्मात्रेणानुसरणीयाः । कांश्चिद्वैद्यकादिविषयान्विहाय धर्मशास्त्रसंप्रदायशास्त्रादिविधयः प्राय ईदृशाः । पूर्वे ऋषयः साम्प्रतिकाः सिद्धधूर्त्ताश्च दिव्यदृष्टयो मन्त्रबद्धः पावको न दहति सिद्धरोमाङ्कुरयोगात्क्लीवपत्न्योऽपि पुत्रं लभन्ते प्रेमवृद्धये सहभोजनमावश्यकं जातिविभागाद्देशनाशो वेदभगवद्यात्रासु महान्व्ययः कर्त्तव्यो वैदुष्यं नास्तिक्यप्रयोजकं द्वादशशतवर्षात्मककलेः सम्प्रति सोपदशानि पञ्चवर्षसहस्राणि व्यतीतानि सामगस्यात्मा कृतयुगे सरमासुतस्य शरीरमध्यास्त यज्ञोपवीतं मुक्तिसाधनं सर्वस्मै जनाय बलादपि देयं महर्षिमैत्रेयो जगत उद्धारायोत्तरापथादागमिष्यन्दिव्यदृष्टिभिरुपलब्धः पितृभ्यो विद्वत्तरः पुत्रो न संभाव्यते दैवस्यापरिहार्यत्वेऽप्युद्योगः कार्य इत्याद्याः स्पष्टव्याहतिकाः प्रच्छन्नव्याहतिका वा गिर उपपत्तिविरुद्धास्ताश्च विचारबलाद्व्याहतिं ज्ञात्वा सद्यो हृदयान्निःसारणीयाः, न तदुपपत्त्युपलम्भाय सिद्धधूर्त्तानामनुसरणम् ।

प्रायः शिल्पकलाशास्त्रादिकौशलमजानतां वा तल्लेशमासाद्यैव महर्षित्वमात्मनि ख्यापयितुकामानां वा जात्या नीचानामप्युच्चतरजातिकृतां पूजामिच्छतां वाऽनुद्योगदग्धत्वेऽपि धनभूमितुरगकरिक्रमेलकादिकामानां वा परिणयाभावेऽपि स्त्रीपुंसाकर्षणलोलुपानां वा धर्मकर्मादिनियमविप्लवमभिलषतां वा जनैरज्ञानतिमिरे बम्भ्रम्यमाणैर्दास्यं कारयितुं वाञ्छतां वा रोमकपुरोहिताधिकाराभावेऽपि विज्ञानाभासोच्छेदकं पारमार्थिकं विज्ञानं नृपादिकृपया जगति लब्धोदयमालोक्य तेन च स्वसदृशेऽबोधविक्लवे पृथग्जने सुजनानामृषित्वप्रत्ययं विलुप्यमानं दृष्ट्वा क्षोभात्पुनर्विज्ञानबिम्बम-

---

(वा०) प्रतिष्ठापटवर्णादिरासभारोहणादिकम् ।
तथैव स्तुतिपाठाद्यमनपेक्ष्योपपत्तिकम् ॥ ४९ ॥

सर्वात्मीयेषु कार्येषु यावन्नैव क्षतिर्भवेत् ।
तावद्धेत्वनपेक्षैव कार्या तेषामनुष्ठितिः ॥ ५० ॥

स्तुतिपाठस्य वेलायां जनेषूपप्लवो यदि ।
को वा जनपदाध्यक्षः स्तुतिपाठं न हास्यति ॥ ५१ ॥

आचारपालनं तावद्यावद्धर्मस्य न क्षतिः ।
पारमार्थिकधर्मारिमाचारं परिवर्जयेत् ॥ ५२ ॥

ज्ञानमेघेनाच्छादयितुकामानां सिद्धधूर्त्तानां तदनुसारिणां वञ्चमूर्खाणां च वेदवेदाङ्ग-दर्शनशिल्पकलाप्रणयनस्थिरस्य ऋषिगौरवस्य विलोपं दिव्यदृष्टिप्रत्ययाद्यभावे मुधाशङ्कमानानाम्, वस्तुतस्तु पारमार्थिकविज्ञानाननुसारितया कुपुत्रत्वात्स्वकीयैः सिद्धानुसरणादिपातकैः सर्वं पूर्वंजगौरवं सद्यो विलोपयतामृषिनामानि मृषारसना-विषेण सिद्धोच्छिष्टसंपृक्तेन कलुषयतामीदृश्यो व्याहृतिमय्य उक्तयः ।

ईदृशीनामुक्तीनां रिक्तवाचाटताप्रधानैर्महाव्याख्यातृमारुतैः प्रतिद्वीपं प्रतिनगरं प्रतिरथ्यं प्रतिविद्यालयं प्रत्यविद्यालयं च विविधभाषाभिर्विविधमतानुसारेण समुद्घोष्य-माणानां मातापितृनृपाचार्यभक्तिविलोपिनीनां नीतिधर्मविप्लाविनीनां विज्ञानविकासो-न्माथिनीनां देशद्रविणशक्तिसमयविनाशिनीनां बालबालिकादिहृदयविशोषणभीषण-विषमयीणां नीतिसंस्कारव्याजेन देशोन्नतिच्छलेन धर्मरक्षापदेशेन पशुरक्षाकैतवेन वा यतस्ततो वन्यकलायवद्विकीर्यमाणानां नीतिधर्माभासादिकिम्पाकावलम्बेन जवाद्वर्धमानानां कलिलतानामिव न कामत आश्रयणम् । अकामतो रथ्यादौ कर्णगोचरत्वे संवादपत्रादिषु दृष्टिगोचरत्वे वा सद्यो भीष्मरामादिचरितानुस्मरणात्प्रायश्चित्तम् । कामतः पौनःपुन्येनाश्रयणे तु बन्धुभिरनिवारितानामज्ञानां पूर्वोक्तमेव प्रायश्चित्तम् । बन्धुभिर्निवारितानां तु दोषं ज्ञात्वापि क्रियासमभिहारेण तदाश्रयिणां प्रायश्चित्तशतै-रप्यक्षालनीयं पातित्यप्रयोजकं सांक्रामिकं कुलदूषणं महापातकम् ॥ १५ ॥

पूर्वत्रोपपत्तिघटिताः शब्दा उपलभ्यन्ते तत्कीदृगसावुपपत्तिरित्यपेक्षायां तत्स्वरूपं निर्दिशति—

सा च प्रत्यक्षोपलम्भोऽनुमितिर्वा ॥ १६ ॥

उपपत्तिः सर्वत्रोपपाद्यस्य वस्तुनः प्रत्यक्षोपलम्भो निश्चिताभिर्व्याप्तिभिः संबन्धोऽनुमानप्रयोजको वा । ईदृशोपपत्तिविरहितत्वे त्वव्याहते सिद्धपुरप्रान्तेषु बहूनि देवमन्दिराणीत्यादौ संदेहो व्याहते तु हीरकजिह्वास्त्रैकालिकवृत्तभाषिणः

(वा०) सिद्धोच्छिष्टैर्मतैर्वृद्धिः परोक्षार्थावलोकनम् ।
उपपत्तिहतं सर्वमीदृशं दूरतस्त्यजेत् ॥ ५३ ॥
पुष्पकादिकथानां च मन्त्रादिक्षरणस्य च ।
निवापजायास्तृप्तेश्चायुतायुष्ट्वस्य वा नृणाम् ॥ ५४ ॥
स्थितमत्युक्तिमात्रत्वं नोपपन्नं हि तादृशम् ।
उपपत्तिविरुद्धेषु श्रद्धामीदृक्षु वर्जयेत् ॥ ५५ ॥
शैलार्णवाद्यवस्थानमीदृगन्यच्च यद्भवेत् ।
तस्योपपत्तिरन्वेष्या तद्व्यपेक्ष्योपपत्तिकम् ॥ ५६ ॥

पुरुषा हरितभूमौ प्रालेयद्वीपे च प्रतिवसन्ति, दिलीपौ वसिष्ठमन्त्रोक्षितेन तुरगरथेन वियद्वारिधिवसुधास्वप्रतिहतगतिरासीन्मूर्छाख्ये समाधौ सर्वज्ञत्वं सर्वशक्तिमत्त्वं संपद्यत इत्यादौ तु सद्यः सत्येतरत्वनिश्चयस्तथा चानुपदमेव वक्ष्यति 'व्याहते तु सद्योऽसत्यतानिश्चयः' इति ॥ १६ ॥

ननु प्रत्यक्षोपलम्भ उपपत्त्योरन्यतरेति भवानङ्गीकरोति शब्दजन्ये च ज्ञाने शब्दश्रावणप्रत्यक्षोपलब्ध इति, तत्र कस्मादुपपत्त्यन्तरमिच्छसीत्यादि प्रलपन्तं वारयात्रिकवादमात्रकुशलं बालं सान्त्वयन्स्मारयति—

शब्दोपलम्भः शब्द इति चेन्न; शब्दस्थितिमात्रोपपादकत्वात् ॥ १७ ॥

शाब्दे इति सप्तम्याच्छेदः। अयि बाल शाब्दे ज्ञाने यः शब्दोपलम्भस्तेन शब्दोऽस्तीत्येतावन्मात्रं वक्तुं शक्यते। शब्दविशेषस्थितावेव तस्य श्रावणप्रत्यक्षस्योपपादकत्वं तदर्थस्तूपपन्नोऽव्याहतो वेति प्रत्यक्षोपलम्भेनानुमानेन वा समुपपादयितुं शक्यं न तद्वाचकशब्दमात्रोपलम्भेन ॥ १७ ॥

इत्याकर्ण्य पुनर्वारयात्रिको विद्वदङ्कुरः प्रत्यवतिष्ठते। किं भवानाह न शब्दात्तदर्थस्योपपत्तिरनुपपत्तिर्वेति। ननु घटो यदि न स्याद्घटशब्दः कुत्र भगवदिच्छीयविषयताविशेषरूपं संकेतं वहेत्, तस्माद्घटशब्दसत्त्वात्तदर्थः कश्चिदस्तीति साग्रहं ब्रूम इति। तं वावदूकं शब्दतर्कादिशास्त्राघ्राणकृतार्थं भगवतः कुक्कुटमिश्रस्यार्वाचीनमवतारमिव ज्ञानाभासस्फुलिङ्गैः फुरफुरायमाणं पुनरुपदेशजलेन प्रशान्तपित्तं कुर्वन्नाह—

न व्याहतार्थः शब्द इति चेन्न; बन्ध्यापुत्रादिसत्त्वात् ॥ १८ ॥

अयि तर्कव्याकृतिलेशकुशल वारयात्रिक भवत्पूज्यानां तत्रभवतां न जन्मक्षपणाय महाश्रमेणाहिफेनतरूनिव महाप्रबन्धान्परिपुष्य विसृष्टतनूनां प्रमादवत्त्वे सति तद्विषयज्ञानाभावस्वरूपान्महाप्रमादात्तदाराधने पुरुषायुषं यापयतां भवतां च

(वा०) प्रत्यक्षेणोपलम्भो वोपपत्तिरनुमाथ वा।
यत्र नान्यतरत्तस्य नोपपन्नत्वमीरितम् ॥ ५७ ॥
संभवत्यनयोर्दोषो न त्वन्या दोषवर्जिता।
अप्रमत्तैस्तयोर्दोषापनयाय प्रवर्त्यताम् ॥ ५८ ॥
अशुचित्वादिसंबन्धः सर्वत्रैव नृणां यतः।
अश्मानं वा पिशाचं वा कः करोति गुरुं ततः ॥ ५९ ॥
तथाशङ्क्य सदोषत्वं प्रत्यक्षानुमयोर्जनः।
शब्दस्य नैव प्रामाण्यमविधौ वेत्तुमर्हति ॥ ६० ॥

मुखे भूयो भूयो व्याहतार्था बन्ध्यापुत्रादिशब्दा उपलब्धा न च तदुपलम्भात्कोऽप्यप्रमत्तो बन्ध्यापुत्रशशशृङ्गादीन्पारमार्थिकान्प्रत्येति, न वा भवाँल्लक्षाधीश इति भवद्गुरोर्वाङ्मात्रेण भवतो लक्षेश्वरत्वं कश्चित्प्रत्येति। तथैव रामो विमानेन वियति विहरंस्त्रिकूटात्साकेतमाजगाम, सीता कुणपाशननिहततपस्विरुधिरराशेरुद्भूता, अजपुत्रेषु विचरन्कश्चिदारव्यः पुरा शवाशनाधिगतसिद्धेः कस्याश्चिड्डाकिन्या मन्त्रशक्त्या पाषाणीभूतजनतं नगरमेकमपश्यद्, अवलिम्पगिरौ यवनदेवा द्युपित्राद्या रत्नगृहेषु निवसन्ति, सुमेरुशिखरेषु सप्तर्षयस्तारास्वरूपा अपि दिव्यनराकारा अवतीर्य मन्दाकिनीहेमपद्मादि शिवार्चनायोच्चिन्वन्ति, रावणः कैलासं करेणोत्तोलयामास, देवासुरसंग्रामे वियति प्रवर्त्तमानं भग्नाक्षं दशरथचक्रं कैकेयी बाहुमृणालेनास्तभ्नात्, चर्मकारसिद्धा रहसि भगवतो रामस्य मूर्त्ति तरलघृतदुर्भिक्षदुर्लभयवागूलीलुपललद्रसनां साक्षाद्भोजयित्वा सखीभावेन परिणतपुंस्त्वास्तयैव सह विहरन्तीत्यादयो धूर्त्तमूर्खप्रलापाः शब्दोपन्यासमात्रेण न कस्याप्यप्रमत्तस्य प्रत्ययमुत्पादयितुमर्हन्ति ॥ १८ ॥

इयत्यापि परमार्थामृतमात्रयाऽनधिगतदोषशान्तिः पुनः सहचरैर्भ्रूकुंसैरिव शिक्षिताकाण्डताण्डवो वरयात्राढक्काभिरिवाध्यापितगलविवरपाटवो नर्त्तकीभिरिवार्पितविभ्रमश्चाण्डालस्पृष्टपूतिपर्युषितमृष्टान्नभक्षणादिव दूषितमस्तिष्को लक्ष्मणपुरीयैर्जगद्भक्षकैर्भण्डैरिव परिपोषितहास्यशक्तिर्धृष्टो वारयात्रिकवाचालः पुनराक्षिपति—

किमिदमुच्यते शब्दमात्रोक्तिर्नोपपत्तिरिति। पुराणपटच्चरेषु विन्यस्तं वा रैदासादिभिर्भक्तमतल्लिकाभिरुक्तं वा यत्र कुत्राप्युपलब्धं वक्तुः शतशः सत्यवादिनः सत्यवचनैरुपलब्धपूर्वैस्त्रैकालिकमाप्तत्वं पक्षतावच्छेदकावच्छेदेनानुमाय तदुक्तं सर्वं प्रामाणिकं प्रतिपत्स्यामहे। महता प्रपञ्चेन पञ्चदशभिर्वर्षैर्वाराणस्यां शब्देन्दुशेखरेण सहैव पञ्चलक्षणीमधीत्य दशभिर्वर्षैर्नवद्वीपे सिद्धान्तलक्षणमभ्यस्य वरयात्रासु वादित्रकोलाहलेऽपि जनैः स्पष्टमाकर्णितं धर्मसमाजेषु चापठितेनापि रेखागणितेन मूर्त्तिपूजादिसाधनात्सर्वजनविदितं प्रतिलोमानुलोमसङ्करसमाकुलावच्छेदकताप्रकारतादिविस्मापितान्यवारयात्रिकविद्वज्जनमद्भुते स्वपाण्डित्ये स्वमपि चित्रीयमाणं पठितापठितसकलविषयबोधक्षमं मामबोधग्रस्तमिव निरवच्छेदकावच्छिन्नैः प्रकारताविषयताविरहितैर्भगवन्नागेशगदाधराद्यननुकूलैरकाण्डताण्डवितं भूतिभूषितं जटाजूटमण्डितं शब्दब्रह्ममूर्त्तिमिन्दुशेखरमप्युपहसद्भिः क्रोडपत्रमुखरितदिगन्तानि

(वा०) बन्ध्यापुत्रादिशब्देभ्यो न तदर्थस्य सत्यता।
न पुष्पकादिशब्देभ्यो विमानादेश्च सत्यता ॥ ६१ ॥
स्वर्णं जानन्गिरिं जानन्वदेत्स्वर्णगिरिं यथा।
तथा विमानमाहस्म रथं चोड्डयनं स्मरन् ॥ ६२ ॥

साध्यतावच्छेदकावच्छिन्नादिघटितलक्षणानि जन्मशताभ्यासबोध्यानि दूरात्परिहरद्भिस्तर्काभासैर्धर्षयन्निवारोढुमिच्छसि। ईदृशानि प्रलपन्तं महाविद्वांसं वरयात्रान्वेषणाय विसर्जयिष्यन्प्रतिक्षिपति—

आप्तत्वानुमानात्तदुक्तेः सोपपत्तिकत्वानुमानमिति चेन्न; अर्थवादे प्रमादस्य सर्वत्र संभवात् ॥ १९ ॥

शतशः सत्यवादिन्यतीतात्सत्यवादित्वाद्भविष्यन्तीं सत्यमात्रवादितामनुमाय सर्वस्यास्तदुक्तेर्व्याहताया अव्याहताया वा सोपपत्तिकत्वमनुमास्यसीति यस्तवाभिमानिनः स तव हेत्वाभासप्रकरणानभ्यासाद्वाऽभ्यस्यापि वरयात्रास्वनुपयुज्यमानस्यास्मरणाद्वा। नेयं व्याप्तिः केनापि गृहीता ग्रहीतुं शक्यते वा बहुशः सत्यवादी नासत्यं वदतीति। धर्मपुत्रोऽजातशत्रुरपि गुरुजिघांसया सत्यं विप्लावितवानिति हि भारते स्मर्यते। शतशोऽधिकरणादौ प्रतिष्ठितानामप्यहरहः सावित्र्या इवासत्यपिशाचिकाया अनुसरणे सर्वस्वव्ययश्च प्रत्यक्षमुपलभ्यते। तस्मादसिद्धो हेतुः। सत्प्रतिपक्षश्च। चेतनः खलु वैकल्पिकोपायशतः कस्मिन्क्षणे किं करिष्यतीति नानुमातुं शक्यते, ममाभ्यूषौदनकृसरमोदकादिभक्ष्यशतस्य हि न भक्ष्यनिश्चयः कैश्चित्कर्त्तुं शक्यते तस्माच्चेतनक्रियाया भविष्यन्त्या अननुमेयत्वव्याप्त्या सत्प्रतिपक्षस्तव शतशः सत्यवादित्वात्पुनः सत्यमात्रवक्तृत्वप्रकारकश्चेतनविशेषविशेष्यको निश्चयः। अर्थवादेषु सर्वत्र प्रमादादिना सत्यलङ्घनसंभव उक्तस्तमियतैव कालेन विस्मृतवानसीति प्रशस्या ते विस्मरणशक्तिः ॥ १९ ॥

तस्मादीदृशेषु सिद्धान्तमाह—

अबाधादाप्तत्वं नाप्तत्वादबाधः ॥ २० ॥

यदुक्तमाप्तत्वमनुमाय तदुक्तेष्वबाधितत्वमनुमास्यामीति, तन्न; अव्याहतवादी खल्वाप्त इत्याप्तलक्षणे प्रविष्टत्वाद्व्याहतिरहितवादित्वसमपर्याप्तिकमाप्तत्वम्। यावत्पित्रादयो व्याहतं वदन्ति तावन्न कोऽपि कामतस्ताननुसरति। न हि पटेऽग्निमानयेत्युक्तः पुत्रः पटेऽग्निं स्थापयितुं कामतो यत्नं करोति, पित्रा बलात्पटे

(वा०) अनुमायाप्ततां वक्तुर्वदिष्यन्सत्यवादिताम्।
प्रमादसंभवादुक्तीः संशयार्हा न किं वदेत् ॥ ६३ ॥
न सार्वकालिकं कस्याप्याप्तत्वं दृश्यते क्वचित्।
अबाधितार्थवक्तृत्वात्तन्मात्रे ह्याप्तनामता ॥ ६४ ॥
पित्राच्छलेन पुत्रस्य वधं पुत्रेण वा पितुः।
कस्याप्ततां कः श्रद्दध्यान्मतिमान्सार्वकालिकीम् ॥ ६५ ॥

विन्यस्ताग्निकस्तु रोदिति। तस्मादुपकारातिशयमूलकसंबन्धविशेषवति यदाप्तत्वमुक्तं तदव्याहतवादित्वेन व्याप्तमेव दर्शितम्। व्याहतवादित्वे त्वाप्तत्वाभाव उक्तस्तस्मात्तदुक्तेर्व्याहतिविरहतत्साहित्यपरीक्षामन्तरेण न कस्यचित्कुत्रापि भक्तिरभक्तिर्वा संभवति। अबाधिते व्याहतिरहिते पित्रादेर्वचने तु निर्हेतुकेऽपि विधित्वादुपपत्तिमनपेक्ष्यैव प्रवृत्तिर्यथोक्षप्रतरविश्वविद्यालयाज्ञया तत्रत्यानां कलाकुमाराणामापाटलदशस्य पृष्ठपटस्य धारणमनपेक्षितहेतुकमित्यनुपदमेव दर्शयिष्यति। रागद्वेषरहितो भ्रमरहितश्चाप्त इति परेषां लक्षणं तु पित्रादौ सर्वस्वीकृताप्तत्वेऽप्यसंभवात्पूर्वाह्णिक एव दूषितम् ॥ २० ॥

[अधि० ५] उपपत्तिविरुद्धस्य

इदानीं त्रिविधां प्रतिज्ञां विभक्तविषयां सूत्राक्षरैरुदाहरन्सोपपत्तिकमर्थं प्रथमं दर्शयति—

सोपपत्तिकोऽर्थवादः ॥ २१ ॥

सिद्धवस्तुरूपस्यार्थस्य वादः सर्वः सोपपत्तिक एव स्वीकार्यो भवति। सोपपत्तिक इत्यस्यापेक्षितोपपत्तिक इत्यर्थः। प्रत्यक्षेणानुमानेन वा यस्य नोपपत्तिः संभाविताऽपि सोऽर्थवादस्तु बन्ध्यापुत्रकृतसामगानसमविषयो न कैश्चित्स्वीकार्यः। येषामुपपत्तिस्तु संभाविता न पुनरुपलब्धा तेषु ससंशया प्रवृत्तिरिति वक्ष्यति ॥ २१ ॥

अर्थवादं सोपपत्तिकमेव स्वीकार्यं दर्शयित्वा विधिविषयस्य सोपपत्तिकत्वं निरुपपत्तिकत्वं वेत्याकाङ्क्षायामाह—

विधिरनपेक्ष्योपपत्तिको विधेयस्य ॥ २२ ॥

यस्य मातापितृनृपाचार्यादिर्यो विधेयः पुत्रप्रजाशिष्यादिरूपस्तस्य मातापितृनृपाचार्यादिनिर्दिष्टा विधयोऽनपेक्ष्योपपत्तिकाः। गृहान्तरात्पुस्तकमानयेति वा स्वाध्यायमधीष्वेति वा पित्रा गुरुणा वा पुत्र आदिष्टः शिष्यो वा नादेशस्योपपत्तिं विचारयति, न वा शतत्रयमासिकवेतनेन वार्षिकः शतमितः करो राज्ञे देय इति राजाज्ञां कश्चिदुपपन्ना न वेति परीक्ष्यानुसरति, न चेदृशानादेशानुपपपत्तिमनपेक्ष्य

(वा०) भक्त्या प्राणानपि त्यक्ष्यन्गुर्वादेशेषु मानवः।
अबाधसंभवे वेति विधौ गुरुजनाप्तताम् ॥ ६६ ॥
सबाधसंभवे त्वर्थवादकस्यापि नाप्तता।
यावन्नाबाधितोऽर्थस्तु निर्णीत उपपत्तिभिः ॥ ६७ ॥
अर्थवादस्ततः सर्वं उपपत्तिमपेक्षते।
उपलब्धोपपत्तेश्च सत्यता तस्य नान्यथा ॥ ६८ ॥

सद्योऽनुसर्त्तव्यान् कश्चिदनुष्ठानाय परीक्षितुमर्हति । अनुष्ठाय तु सति प्रयोजने तदुपपत्तिं परीक्षेतेत्यन्यत् । तदानीं हि न स विधिः किन्तु विहितमनुष्ठितं च सप्रयोजनमासीन्निष्प्रयोजनं वेत्यादि परीक्षाविषयोऽर्थवादः खलु सः । परीक्षया सिद्धेऽपि निष्प्रयोजनत्वे पुनरादिष्टानां च तादृशानां विधीनां सद्योऽनुसरणमेवोचितं विधेर्विधेयेनानपेक्ष्योपपत्तिकत्वात् ॥ २२ ॥

इत्थं विधेयेनानुष्ठानाय विधेर्नोपपत्तिरपेक्ष्या, इत्युक्त्वा विधायकेन विधीयमाना आदेशास्तेनोपपत्तिमपेक्ष्यैव विधेयेषु विसृज्यन्तेऽन्यथा वेति विचारयति—

उभयथा विधायकस्य ॥ २३ ॥

विधायकैस्तु स्मृतिकारैर्मातापितृनृपाचार्यादिभिश्च बहवो विधयो भक्ष्याभक्ष्यादिविषया हेतूनपेक्ष्योक्ता बहवस्तु निवापाद्या निर्हेतुका एवादिष्टाः, विधेरुभयविधस्यापि सहेतुकस्येव सद्योऽनुसरणं विधेयैः पुत्रादिभिः । गुरावागते अभ्युत्थानं चरणस्पर्शश्च भारतीयानाम् । देशान्तरीयाणामभ्युत्थानमुष्णीषापनयश्च । नृपे नगरमागते नृपाभिषेकाद्युत्सवेषु चाधिशतं शतघ्नीशब्दाः भारतसम्राड्विषयेषु । नीलपीतपाटलश्वेतादीनि पृष्टपटानि तत्तद्विश्वविद्यालयकलाकुमाराणाम् । अग्निस्थापनादिसहकृतः परिणयादिः स्मार्त्तधर्मणाम् धर्मान्तरीयाणां पुनरङ्गुलिमुद्रादिपरिवर्त्तपूर्वकः । पिण्डाभ्यूषाद्यर्पणैर्वा सत्त्वशान्तिपाठैर्वा पितृस्मरणम् । ध्वजपटा विविधास्तत्तद्देशीयसैनिकानाम् । ईदृशानां विषयाणां हेतुर्न विधायकानामपि विदितो यथा परिणयादिसंकेतास्त्वादिष्टास्ते विधयो विधायकानां विधेयानां चोभयेषामपि निरुपपत्तिकाः स्वीयाप्तोपदिष्टा इत्येव तु विधेयैः सद्यः सहर्षमनुष्ठेयाः ।

प्रमत्तो हैतुकश्च यशोदया क्षीरं पिब शिखा ते सद्यो वर्धिष्यत इत्युपदिष्टः क्षीरेऽर्धपीते शिखां परामृशञ्शिशुः कृष्ण इव वैज्ञानिकाभासमतल्लिकया कया-

---

(वा०) अनपेक्ष्योपपत्तिस्तु विधेयेन विधिर्मतः ।
सहेतुर्वाप्यहेतुर्वा सद्योऽनुष्ठीयते विधिः ॥ ६९ ॥
उपपत्तिमपेक्ष्यापि कदाचिद्वा यदृच्छया ।
विधायकैस्तु विधयो विधेयेषु निदेशिताः ॥ ७० ॥
भक्ष्याभक्ष्यादिविधयो हेत्वपेक्षा उदाहृताः ।
वृषचर्मासनाद्यं तु न सर्वत्र सहेतुकम् ॥ ७१ ॥
मन्त्रपाठादिभिः प्रेतबन्धस्फोटो भविष्यति ।
नर्मदेश्वरविद्युच्च स्पर्शादङ्गान्युपैष्यति ॥ ७२ ॥
इत्यादि मूर्खवाचाटपोटादीनां कुकल्पनाः ।
निरस्य तस्मान्निर्हेतुर्विधेरनुसृतिर्मता ॥ ७३ ॥

चिदुपदिष्टो बुद्धिवृद्ध्यै शिखां धारयति, प्रेतस्य वैतरणीतरणसमयेऽवलम्बनीयलाङ्गूलां वत्सतरीं विप्रायार्पयति, तदङ्गपुष्ट्यै पिण्डान्निवपति, तद्बन्धनविशरणायोच्चैर्मन्त्रान्पठति। अशास्त्रीयान्धूमनलिकादींश्च प्रेतोद्देशेन विसृजति। धर्मान्तरीयांश्च स्वस्वविधीन्विहाय वैज्ञानिकानेतानेव विधीन्कर्तुमुपदिशन्मुखं खेदयति। कदाचित्तु तान्निर्हेतुकानुपलभ्य तिरस्करोत्यपि। अप्रमत्तः पारमार्थिकस्तु स्वस्मृतिभिः स्वकीयैराप्तैश्चोपदिष्टान्विधीन्हेतुमनवेक्ष्य सद्यो विधिमात्रापेक्षयाऽनुसरणीयान्गृह्णानो राम इव दशरथायेङ्गुदीपिण्डान्निवपन्संक्षेपतो विध्यक्षरमात्रपरितोषाय विधीननुतिष्ठन्नन्यान्यपि जगतः कार्याणि कुर्वन्सर्वं स्वधर्मं पालयति न च निर्हेतुकानप्याप्तविधींस्तिरकरोति ॥ २३ ॥

इत्थं सोपपत्तिकानपेक्षितोपपत्तिकांश्चार्थानुदाहृत्योपपत्तिविरुद्धानामर्थाभासानां का गतिरित्यपेक्षायामाह—

उपपत्तिविरोधादुन्मत्तप्रलापस्तस्य नानुगमो निरोधस्तु प्रमादात् ॥ २४ ॥

प्रत्यक्षेण सुनिश्चिताभिर्व्याप्तिभिर्वा ये प्रत्याहता अर्थाभासास्तार्किकहैतुकवारयात्रिकादिरसनामात्रकृतस्थितिषु शब्देष्वेव वर्त्तमानाबाधितसद्व्यतिकरस्वरूपा आसीदस्ति भविष्यतीत्यर्थवादैकगोचरैर्वा भवितव्यमिति विधिविषयैर्वा पवित्रैः शब्दैरप्रतिपाद्या बन्ध्यापुत्रसदृशास्तद्वक्तॄणामुन्मत्तत्वान्न कामतः केनाप्यप्रमत्तेनानुसरणमुचितम्। किं तर्ह्युचितमिति चेदाह—निरोधस्तु प्रमादात्। वक्तुर्बोद्धव्यस्य चेति शेषः। ईदृशेष्वर्थाभासेषु प्रचरत्सु वक्तुर्बोद्धव्यस्य च प्रमादप्रयुक्तादनर्थान्निवारणं सर्वेषां बन्धूनां कर्त्तव्यम्। पितरं कूपे स्नान्तं वार्धकाद्वा व्याध्यादिदोषाद्वा यथा कथञ्चिज्ज्ञानादज्ञानाद्वा हेतोर्वत्स गोपुरार्गलदीर्घं तालमूलस्थूलं हरिन्मणिशकलं कूपे पश्याम्यहमेतदर्थमात्मानं पातयामि त्वमप्यनुसरेति वदन्तं बोद्धव्यः संनिहितः पुत्रः स्वयं वा सामादिभिर्निवार्य गृहं प्रवेशयति। सोऽपि चेत्पितरमनुगन्तुं परिकरं बध्नाति प्रातिवेशिकपथिकादयो वा स्वस्वकार्याय कूपमुपसन्ना उभौ तौ प्रसह्य विनिवारयन्ति। तस्मान्न व्याहतवक्तॄणां सिद्धादिव्यपदेशभाजामप्यनुसरणं प्रत्युत प्रमादजन्यादनर्थात्तेषां तदनुसारिणां च विनिवारणमुचितमिति सुहृद्भूत्वा प्रामादिकानुपदिशत्याचार्यः ॥ २४ ॥

(वा०) उपपत्तिविरुद्धस्तु　　विधिर्यश्चात्रिधिस्तथा।
तस्य नानुसृतिः कार्या निपातोऽस्याः फलं यतः ॥ ७४ ॥
तालदघ्नमणेरर्थे　　पितुः　　कूपे　　पतिष्यतः।
निवारणं　　सुतः　　कुर्यात्पतनाद्‌दात्मनस्तथा ॥ ७५ ॥

[अधि० ६] अर्थवादा ह्यसंदिग्धाः

अपेक्षितोपपत्तिकः सर्वोऽप्यर्थवाद इत्युक्तं तस्येदृशस्यार्थवादस्यावान्तरभेदावाह—

अर्थवादः संदिग्धोऽसंदिग्धश्च ॥ २५ ॥

द्विविधोऽर्थवादः संदेहविषयो निश्चयात्मकश्च ॥ २५ ॥

कदार्थवादे संदेहः कदा चासंदेह इत्यपेक्ष्यं सूत्रद्वयेन पूरयति—

बाधसंभवे शब्दमात्रप्रतिपादने वा संदेहः ॥ २६ ॥

अबाधिते प्रत्यक्षेऽनुमाने वा तदभावः ॥ २७ ॥

मन्दालोके निश्चन्द्रिके प्रदोषे नातिविप्रकृष्टमनतिस्फुटाकृतिं तृणानि चरन्तं श्रूयमाणकिङ्किणीरणितमिश्रदशनचुर्चुरशब्दं विपुलकायं प्राणिनं पश्यन्देवदत्तः पितरमाह—तात तुरगः क्षेत्रे चरति मुद्गान्विनाशयेत्तदाह्वयामि भृत्यं तत्संयमनायेति। पिता तुरगोपलम्भस्य पर्याप्तालोकविरहाद्बाधमाशङ्कमानः पुत्रोपलब्धं जन्तुं मदोदग्रं नागरिककुद्मन्तं च संभावयंस्तमाह—वत्स न भृत्येनैकाकिना संयमनीयोऽयं तुरगः मत्तः ककुद्मानेकपुरुषदुर्धरस्तद्गोष्ठात्पञ्चषान्गोपानाह्वयेति । बाधसंभवात्स एष दैवदत्तीय उपलम्भः संदेहविषयः। सरभसमुपेत्य रहसि तिष्ठन्तं देवदत्तं विष्णुमित्रो विज्ञापयति मम भ्राता कूपे मग्न एहि तदुदञ्चनाय चेष्टां कुर्म इति। शब्दमात्रप्रतिपादितत्वात्प्रत्यक्षानुमानागोचरत्वादयमपि संदेहविषयः। ईदृशेष्ववसरेषु संदेहवती प्रवृत्तिर्भवितुं युज्यते, इत्यनुपदमेव वक्ष्यामः। संदेहस्त्वालोकागमे गोपभृत्यादिभिः संयम्यानीतस्य महोक्षस्य सुव्यक्ताकृतेरुपलम्भे तस्मात्पूर्वतरमपि तन्नर्दिते वा, विष्णुमित्रभ्रातुश्च कूपकुहरादयमहं भोस्त्रायस्वेति क्रन्दतः स्वरव्यक्तेर्वा, कूपतटात्तद्दर्शने वा निवर्त्तते न तु देवदत्तस्य विष्णुमित्रस्य वा सामान्यतो विश्वसनीययोरपि वाङ्मात्रेण संदेहनिवृत्तिरसंदिग्धप्रवृत्तिश्च समुचिता । वाङ्मात्रेण सत्यामसंदिग्धप्रवृत्तौ तु युधिष्ठिरवचसा पुत्रमृत्युमसंशयं प्रतिपद्यमानस्य द्रोणस्येवानर्थनिरये विनिपातः। अबाधिते ककुद्मिशरीरस्य विष्णुमित्रभ्रातृशरीरस्य वा प्रत्यक्षे तदीयनर्दितभाषितादिविशेषादनुमाने वा संदेहाभावस्तु दर्शितः ॥ २६-२७ ॥

(वा०) असंदेहससंदेहावर्थवादौ द्विधा मतौ।
प्रत्यक्षे वाऽनुमाने वा संजाग्रद्बाधसंभवे ॥ ७६ ॥
प्रत्यक्षे वाऽनुमाने वा निर्बाधे नेव संशयः।
संशयः शब्दमात्रोक्ते चार्थवादे सदोचितः ॥ ७७ ॥
असंशयोऽपि द्विविधो भावाभावावगाहनात्।
उपपन्नस्य भावः स्याद्व्याहतस्य त्वसंभवः ॥ ७८ ॥

[अ० ७] अव्याहतेऽर्थवादे स्यात्

बाधरहिते प्रत्यक्षेऽनुमाने वा संदेहाभाव उक्तस्तस्य द्वैविध्यमाह—

असंदेहो भावाभावावगाही ॥ २८ ॥

असंदेहः खलुः निश्चयः। स च भावविषयश्चाभावविषयश्च। प्रत्यक्षोपलब्धे विषाणिनि ककुद्मति तद्भावनिश्चयः। वह्निमान्धूमादित्यनुमानाद्वा पर्वते वह्निनिश्चयो भावावगाही। सामान्यतो जनानाबालेभ्य आ च बृद्धेभ्यः क्षुद्रशिलाशकलादीन्युत्तोलयत उपलभ्य ततोऽधिकतरपरिमाणानां हस्त्यादीनामुत्तोलकस्य भीमादेः संभवनिश्चयो वा भावनिश्चयः। पृष्ठवर्त्तीनि वस्तूनि पुरतोमुखस्य चक्षुषा दर्शनासंभवस्य वा सामान्यतो जनानां वायवीयवाहनादिरहितानामुड्डयनशक्तिमनुपलभ्य सिद्धाभासानामुड्डयनशक्त्यसंभवनिश्चयो वा मया दृश्यमानस्य पद्मस्यान्येन तदपश्यतोपलम्भो व्याहत इन्द्रियाणां तज्ज्ञानस्य च प्रतिव्यक्तिनियतत्वादित्यादिनिश्चयस्त्वभावनिश्चयः। उभयविधोऽप्यसंदेहः प्रत्यक्षानुमानमूलक इति तु सुव्यक्तमेव ॥ २८ ॥

असंदेहस्य विषयमुदाहृत्य संदेहविषयं नियमयति—

संदेहो व्याहतिरहिते प्रवृत्तेरबाधकः ॥ २९ ॥

संभवद्बाधेन प्रत्यक्षेणानुमानेन वा तर्कितस्थितौ शब्दमात्रेण वा प्रतिपादितो यः संदेह उक्तः स व्याहतिरहित एव। अर्थेन तु व्याहतेऽर्थाभासे न हि बन्ध्यापुत्रं मन्दालोके साम गायन्तमिव संभावयामीति कस्यापि संदेहो न वा पितृपक्षोऽयमिति पितॄनितस्ततः पिण्डार्थं भ्रमत इवानुमिनोमीत्यप्रमत्तस्य कस्यापि तर्को न वा मुद्गरानन्देन विसृष्टः पावकावस्कर राशिः सहसा प्रज्वलन्मुञ्जकुञ्जात्प्रसरन्कतिपयानुटजान्भस्मीचकारेति सत्यवादित्वेन प्रथितस्यापि वचसा पावकावस्करोऽपि मनुजः संभवेदिति संदेहो व्याहतेषु व्याहतिदर्शनमात्रेणैव सद्योऽसत्यतानिश्चयस्योचितत्वात्।

यत्तु व्याहतिरहितेषु वचस्सु निश्चय एव श्रेयान्न हि सर्वत्र संदेहे प्रवृत्तिर्नृणां भविष्यति ततश्च सर्वं कार्यं विनश्येदिति कश्चिदाह, तदपि न युक्तम्। न हि संदिग्धे प्रवृत्तिर्न भवतीति व्याप्तिग्रहो न वा वयं संदिग्धे प्रवृत्तिं निषेधामः, संदेहविषयेऽप्यसंदेहपूर्विकां तु प्रवृत्तिमनर्थमूलां वदामः। द्रोणश्चेदसंदिग्धं युधिष्ठिरवाक्यं न प्रत्यपत्स्यत संदिहानश्चाश्वत्थामनिधने तन्निश्चयाय प्रत्यैक्षिष्यत न स परित्यक्तशस्त्रो

(वा०) उपपत्तिप्रतीक्षे यः संशयः समुदाहृतः।
सोऽपि निर्व्याहतावेव व्याहतस्य त्वसत्यता ॥ ७९ ॥
कामं देवोऽपि वक्ता स्याद्व्याहते तु न सत्यता।
असत्यत्वग्रहः सद्यः प्रवृत्तेर्बाधकश्च सः ॥ ८० ॥

धृष्टद्युम्नकीटदंशेन व्यपत्स्यत। प्रत्यहं च शतशो भृत्यान्बन्धून्परांश्चाप्ता इति गृह्णाना स्वैर्वञ्च्यन्ते। तस्मात्सम्भावितबाधे शब्दमात्रप्रतिपादिते वा व्याहतिरहितेऽपि संदेहपूर्विकैव प्रवृत्तिर्न निश्चयपूर्विकोचितेत्यनुशास्ति ॥ २९ ॥

इत्थं व्याहतिरहितेऽपि प्रत्यक्षेणानुमानेन वा समधिगतयाथातथ्ये संदेहमेवोचितमनुशिष्य व्याहते व्याहतिदर्शनमात्रादसत्यतानिश्चयमुचितमुपदिशंस्तत्परीक्षादौ शक्त्यादिव्ययो नानुष्ठेय इति सूत्रयंश्चाह—

व्याहते तु सद्योऽसत्यतानिश्चयो वक्त्रादिनिरपेक्षः प्रवृत्तेर्बाधकः ॥३०॥

व्याहते नु वह्निना सिक्तो वृक्षो देशान्तरेषु वर्धते, युगान्तरेषु पादुकाभिरुड्डयनशीलाः पुरुषा अभूवन्दिव्यदृष्टयो हस्तिनापुरस्थाः कर्पूरद्वीपवृत्तं प्रत्यक्षीकुर्वन्तीत्यादिसदृशे त्वर्थाभासे शब्दमात्रेण प्रतिपादिते वा प्रत्यक्षाभासादिविषयतां गते वा यावद्व्याहतिं न पश्यति तावदेव पुरुषस्य प्रवृत्तिरुचिता। उपलब्धायां तु व्याहतौ सद्यस्तदसत्यतानिश्चय उचितो न च तदनुसंधित्सोचिता। यत्तु निस्तन्त्रीकयोजनशतान्तरस्थस्तम्भसंवादादि विज्ञानाद्भुतं पश्यन्तः कल्पयन्ति न किञ्चिदसंभाव्यमिति, तदयुक्तम्। न हि स्तम्भसंवादसंभवकल्पनामूलकः स आविष्कारः संमुखीनयोर्विप्रकृष्टयोरप्ययस्कान्तसूच्योर्व्यापारसंवादस्य सर्वैस्तज्ज्ञैः संभावितस्य परीक्षामूलको हि सः। तस्माद्वैज्ञानिकेष्वाविष्कारेषु पदे पदे व्याहतिरहितानां परीक्षाऽपेक्षिता न तु व्याहतानुसंधित्सा।

अत एव ताम्रात्तृणादिसंमिश्रणेन स्पर्शपाषाणादिसंपर्केण वा सुवर्णतापादनप्रतीक्षां व्याहतामनुसरद्भिर्वर्षकोट्या साधितानि बाष्पयानादिकार्याण्यव्याहतां बाष्पादिशक्तिं क्रमशः परीक्षमाणैर्वर्षशतैरेव साधितमित्यतिरोहितं वैज्ञानिकानाम्। वक्तृनिरपेक्षव्याहतेष्वसत्यतानिश्चयः सिद्धादित्वेन ख्यातेरप्युक्ते पुरतोमुखस्य पृष्ठदर्शित्वादौ न श्रद्धा न वा संदेहः। सद्यस्त्वसत्यतानिश्चयः। स च प्रवृत्तेर्बाधकः संनिधानाद्व्याहतप्रवृत्तेरित्यर्थः। यत्र व्याहतिदर्शनं तस्मिन्नर्थाभासे मरुमरीचिकायामिव जलोपलम्भाय न कस्याप्यर्थोपलम्भाय प्रवृत्तिरुचिता ॥ ३० ॥

ननु तत्तदर्थानामर्थाभासानां वा यैः कैश्चिदुक्तानां विशेषतस्तु सिद्धादिख्यातिमद्भिः ख्यापितानामेकैकशः परीक्षां विना व्याहतेरपि ज्ञानं कथं सुकरमित्याक्षिपन्तं प्रत्याह—

(वा०) स्फुलिङ्गस्यैककस्यापि वृक्षस्य च परीक्षया।
व्याहतं वह्निना वृक्षसेचनं ज्ञायते जनैः ॥ ८१ ॥
एकस्य नखकृन्तस्य ज्ञानात्कार्ष्णायसं नृणाम्।
विज्ञातं सर्वमेव स्यादित्यारुणिरपीक्षते ॥ ८२ ॥

यत्किञ्चिज्ज्ञानात्तद्वर्गीयव्याहतिज्ञानं तथा चारुणिः ॥ ३१ ॥

यथा वह्निस्फुलिङ्गस्यैकस्यैव परीक्षया वह्नेर्नरदेहदाहकत्वं व्याहतमिति सुनिश्चितं तथा द्वित्राणामेव शब्दानां परीक्षणाच्छब्दानां द्रव्योत्पादकत्वं साक्षाद्द्रव्यपरिवर्त्तकत्वं वा व्याहतमिति निश्चेतुं शक्यते। तेनाज्ञातानां शब्दविशेषाणां स्यान्नाम रजतमुद्राद्युत्पादनशक्तिरित्यादिकल्पना प्रामादिकी, यत्किञ्चिज्ज्ञानादेव तद्वर्गीयेषु कीदृगुपलम्भाभासो व्याहत इति सर्वैरप्रमत्तैर्वक्तुं सुशकत्वात्।

आरुणिरपीत्थमेव पश्यति। यथा 'सौम्यैकेन मृत्पिण्डेन सर्वं मृण्मयं विज्ञातं स्यादेकेन नखनिकृन्तनेन सर्वं कार्ष्णायसं विज्ञातं स्याद्' इत्यादि वदता तेन हि स्पष्टं यत्किञ्चिज्ज्ञानातद्वर्गीयव्याहतिज्ञानं सूचितम्। मृदा घटशरावादि, पावकेन दाहपाकादि, कार्ष्णायसेन कर्त्तनादि क्रियते, विशिष्टेन तेन चेदृशान्येव विशिष्टानि कार्याणि क्रियन्ते। न पुनः स्वभावविपर्ययः क्वापि दृष्टो न हि बाष्पीयवायवीयवैद्युतादियानेषु वा सतन्त्रीकनिस्तन्त्रीकवैद्युतसंवादेषु वा व्यवहितप्रदर्शककिरणेषु वा वस्तुतः स्वभावविपर्ययो दृष्टः। बाष्पविद्युदादेः स्वभावस्योत्कर्षस्त्वज्ञातपूर्वो वैज्ञानिकैराविष्कारितः स च न रहस्यरूपः सर्वैरदिव्यशक्तिसाधनैः कर्तुं द्रष्टुं च शक्यते। न तत्र साधनानि मेरवीयसुवर्णतृणानि वा शेषस्फटामणयो वा न च दर्शयितारः कलिपूर्णिकायामवतीर्य योगबलात्त्रिविष्टपीये मैत्रेयमहाप्रभौ संक्रमितात्मानो भारतेऽवतरिष्यन्तः सिद्धा न च द्रष्टारः श्रद्धालवो भक्तवराः सिद्धानुसंधानपूतचित्ताः। सर्वत्र सुलभैर्द्रव्यैः साधितानि हि वैज्ञानिकानां साधनानि केवलमाविष्कर्त्तारश्च प्रबलतर्कशक्तयो दर्शयितारस्तु ये केचित्साधारणा नरा द्रष्टारः फलभाजश्चाबालेभ्य आ च वृद्धेभ्यः, तस्माद्रहस्यदिव्यादि शक्तिविभूत्यादिव्याहतवादिनः सर्वथा परिहेयाः ॥ ३१ ॥

[अधि० ८] प्रमादाद् दृष्टिभेदाद्वा

ईदृशानुपदेशान्सोपपत्तिकानप्याकर्ण्य प्रायो बन्ध्यापुत्रान्वेषणबद्धपरिकराः कौपीनप्रच्छादितसर्पादिदर्शनहस्तलाघवैः सौभाग्यदौर्भाग्यादितर्कणाप्रलापैर्बलिमूर्छनादिभिर्ग्राहितसङ्केतपुरुषान्तरसंक्रमितज्ञानप्रकटनकैतवैश्च मन्दालोके दूरात्त्रिकादिवर्त्तिकृष्णायसरशनादिसंबद्धनागदन्तकावलम्बेन वियति सावर्त्तनृत्तशालिनीनामपरीक्षितावयवानां तरुणीनां विभ्रमैश्चान्तर्यन्त्रोद्घाटनीयेषु पेटकेषु बहिस्तालकयन्त्रितेष्वपि वन्दीकृतात्पटराशिप्रच्छादितात्पेटकान्तरात्स्वयं निःसृत्य बहिरागच्छतां नटानां

(वा०) ज्ञाने सर्वस्य धूमादेर्व्याप्तिज्ञानं न चान्यथा।
इति चार्वाककल्पस्तु सर्वथा व्याहतः स्फुटम् ॥ ८३ ॥
तद्वर्गीयस्य कस्यापि ज्ञानाद्व्याहतिदर्शनम्।
वर्गे तस्मिन्भवत्येव निर्णयेद्व्याहतिं ततः ॥ ८४ ॥

छलैर्विटभण्डानां च शाटीशङ्खकमण्डितानां मुण्डिततुण्डानामलक्तकरसविडम्बितार्त्तवानां रहसि स्वस्य स्त्रीभावेन रामादिमूर्तेश्च पुम्भावे परिणामं प्रख्याप्य बीभत्सभक्त्याभासाकृष्यमाणैः स्त्रीपुंसैरवाच्यानि पातकान्यनुष्ठायानुष्ठाय निरये निमज्जतां सीतारामादित्रेतायुगीयपुरुषसाक्षात्कारादिप्रलापैश्च प्रतार्यमाणा ईदृशेषु कुकृत्येषु स्वयं श्रद्दधानाः परानपि पातयन्ति ।

यथा च केचिद्बाष्पयानादिफलमात्रमुपलभ्य तद्गतिप्रकारमजानन्तस्तत्र मन्त्रशक्तिं वा पिशाचशक्तिं वा कल्पयेयुस्तथैव प्रमादाच्छलमेव दिव्यशक्तिमुत्प्रेक्षमाणा अनर्थपरम्परासु निपतन्ति । विबोध्यमानाश्च सामान्यबुद्धेरगम्यमिदं महात्मभिर्बहुभिः स्वीकृतमिदं कथमश्रद्धेयमित्यादि प्रलपन्तः कर्णौ कदर्थयन्ति । तेषां सर्वत्र बहुलीभवतां भारते पुनर्दिने दिने वर्धमानसंख्यानां भाषागणितेतिहासतर्कव्याकृतिप्रभृतिभारवाहिनामपि प्रमादमविजहतां प्रमादहेतून्दर्शयिष्यंस्तन्मुखेन व्याहतेष्वपि विना परीक्षां कथमादरोऽनादरो वेत्याग्रहवतां कांश्चित्तादृशान्परीक्षोपायानुदाहरति येषामननुष्ठानादमी सिद्धजालेषु निपतन्ति ।

तत्रेदमधिकारसूत्रम्—

बन्ध्यापुत्रान्वेषिणां प्रमादहेतवः ।। ३२ ।।

अत्रान्यत्र बन्ध्यापुत्रशब्दो व्याहतार्थाभाससामान्यवाचकः ।। ३२ ।।

प्रमादहेतूनां द्वैविध्यं भावरूपत्वादभावरूपत्वाच्च मनसि कुर्वन्भावरूपान्प्रथममुपन्यस्यति—

आप्तत्वानुमानं प्रत्यक्षैर्विज्ञानाद्भुतैर्विस्मयपारवश्यं गुणविलङ्घी मध्यमविपर्यासवांश्च तर्कः ।। ३३ ।।

गुरोरजातशत्राविव यत्र तत्रानुमानाविषयस्याप्याप्तत्वस्याग्रहः प्रथमः प्रमादहेतुर्बन्ध्यापुत्रानुसंधानसदसः । सर्वज्ञोऽहं योगबलादिति कश्चिद्वदति तत्र बहुभिरनुसृतत्वाद्वा बहुधा सत्यवादित्वाद्वाऽऽत्मनः सर्वज्ञत्वख्यापनविषयेऽपि सत्यवादित्वानुमानं प्रतिबन्धाग्रहादनुचितमिति दर्शितम् । स्वयं तु जन्तोः परिच्छिन्नेन्द्रियत्वात्परिणामि-

---

(वा०) आप्तत्वानुमितेः सत्यं वदेदेवेति दुर्ग्रहः ।
वैज्ञानिकाद्भुतैश्चैव विस्मयाब्धौ निमज्जनम् ।। ८५ ।।
गुणस्य लङ्घनं तर्के मध्यमस्य विपर्ययः ।
व्याहतांशानवगतिः संक्षेपो मानसस्तथा ।। ८६ ।।
अश्रधानाधिकारादेरसम्यक्परिशोधनम् ।
बन्ध्यापुत्रानुसंधानसदसो भ्रमहेतवः ।। ८७ ।।

त्वाच्च सर्वज्ञत्वममरत्वं वा व्याहतं प्रतिपद्य सद्य ईदृशानां वञ्चकनामानुक्रमणीषु नामविन्यासः कर्त्तव्यः। व्याहर्ति प्रमादादगणयतां वज्रमूर्खाणां परितोषाय तु सर्वज्ञश्चेद्ध्रुवाज्ञानकीहरणस्य द्वितीयसर्गीयान्तिमं श्लोकमुच्चारयतु। गृहे मम मञ्जूषायां कति मुद्राः सन्तीत्यादिभिः प्रश्नैस्तस्य परीक्षा कर्त्तव्या। तस्य मनोजवसाध्यश्च प्रसिद्धामरोक्तशब्दानां वा रघुवंशीयपद्यानां वार्थाद्यज्ञानं च प्रदर्श्यातितरामज्ञत्वमुद्घोषणीयम्। न पुनर्जनश्रुतिप्रत्ययात्तस्मिन्सर्वज्ञत्वप्रत्यय उचितः।

प्रत्यक्षमाबालेभ्य आवृद्धेभ्यश्च प्रदर्श्यमानानि बाष्पयानवैद्युतयानवायवीययानादीनि सतन्त्रीकनिस्तन्त्रीकसाङ्केतिकसुव्यक्तादिवैद्युतसंवादादीनि स्वनग्राहव्यवहितदर्शकदूरवीक्षणसूक्ष्मवीक्षणादीनि च विज्ञानाद्भुतानि दृष्ट्वा श्रुत्वा च तत्साम्येन दिव्यदृष्ट्याादिकल्पनं द्वितीयः प्रमादहेतुः। नहि दृष्टेऽनुपपन्नं नाम। बाष्पयानादीनि सर्वैर्दृश्यन्ते। तस्मात्तत्र प्रत्ययोऽणुरूपाद्वटबीजात्सैनिकायुतरक्षणक्षमस्य रेवातटवटस्योद्भव इव नैसर्गिकः। न पुनरीदृशेभ्यो दिव्यशक्तिप्रत्यय उचितः। प्रत्युत पिशाचमन्त्रादिशक्तिं विनैवेदृशानि महाद्भुतानि पैशाचिकैर्मान्त्रिकैश्च स्वप्नेऽप्यनुत्प्रेक्षितानि सिद्ध्यन्ति तस्मात्सिद्ध्यासादनाय विज्ञानं शरणीकरणीयं न मन्त्रादीति प्रतिपत्तुमुचितम्।

मोहात्तु पर्वते धूमदर्शनादुल्कामुखस्य पिशाचविशेषस्य तत्रावस्थानं कल्पयन्वन्याग्नि तद्धेतुमगृह्णानस्तार्किकोन्मत्त इव बाष्पयानं ग्रामश्मशाननिकटे पताकासङ्केतानुपलम्भान्मार्गविघ्नशङ्कया नियन्त्रा सहसा विरामयन्त्रावभ्रमणेन विश्रमय्य कञ्चुकचुटकात्काचपात्रीमाकृष्य फेनं बहिः प्रक्षिप्य स्वयं काञ्चिन्मैरेयमात्रां पिबता पुनर्विरामयन्त्रावभ्रमणेन प्रेरितं फूत्कारोद्गीर्णवहलधूमलतं समहाशीत्कृतिवेगविधावितमुपलक्ष्य नूनं श्मशानस्थैर्ग्रामपितृप्रेतैरुपरुद्धः शकटो नियन्त्रा शीधुडिण्डीरार्पणसान्त्वितैस्तु पुनर्विसृष्ट इत्यादि कल्पयन्ग्रामीणहलभृदिव, पथि विकीर्णस्येष्टकाद्वयस्यान्यतरं विद्युत्पातविशीर्णमुपलभ्य हंहो पश्यत भगवतो माहात्म्यं जन्मान्तरे बदरिकाश्रमे यतिसमाराधनपरामेकामिष्टकां स रक्षितवानपरां तु प्रायः पूर्वजन्मनि मूर्खपतिमात्रसेवनपरायणां यतिकुलाराधनपराङ्मुखीं तडित्पातेन विनाशितवान्कि वा संभाव्यते किलान्यापि कल्पनातडित्ताडितेष्टकासंनिहितानां पिपीलकादीनामदृष्टं ध्रुवं विनाशफलकमेवेष्टकान्तरसंनिहितानां पुण्यवतामन्यादृशमित्यादि प्रलपन्वैधेयवञ्चकः प्रकृतौ जडायामदृष्टाद्यनपेक्षनियतकार्यकारिण्यां पुण्यपापदृष्टिमसंभावितामजानन्पण्डितमण्डूक इव प्रमादजाले विषीदत्वयं जनः।

(वा०) युधिष्ठिरं गृहीत्वास्तं सत्यमेव वदिष्यति।
इति भ्रमाद् गुरुर्द्रोणः संपराये व्यपद्यत॥ ८८॥
अनुमानोपपन्नं यत्प्रत्यक्षेणोपलभ्यते।
वैज्ञानिकाद्भुतं दृष्ट्वा कस्तद्विस्मितमानसः॥ ८९॥

गुणविलङ्घी मध्यमविपर्यासवांश्च तर्कोऽनुमानाभासो दूषित इति दर्शितं प्रथमाह्निके। स तर्काभासस्तृतीयो हेतुर्बन्ध्यापुत्रान्वेषिणां प्रमादस्य। तद्यथा कश्चिदात्मानं खारीमात्रोत्तोलनसमर्थं कञ्चिन्मल्लं च हस्तिन उत्तोलने क्षममवलोक्य जगद्वैचित्र्यं तादृशं कल्पयति येन पुरा किल पादुकाभ्यां वियति यतयश्चरन्तिस्म। सम्प्रत्यपि केचित्प्रालेयाद्रिशिखरेषु तीर्थादिषु वा तादृशदिव्यशक्तयः संभाव्यन्त इत्यनुमिमीते, स तस्य प्रमादो न हि गुणविलङ्घी संभवतर्कोऽप्यनुमानोपपन्नो वक्तुं शक्यते। न कश्चिदुत्तोलनशक्तिभेदादुड्डयनशक्तिं नरेषु कल्पयितुमर्हति प्रत्युतलघोरप्युत्तोलनशक्तेर्महत्तरायास्तस्या यथा संभवस्तथा लघुमप्युड्डयनशक्तिं नरबालकेऽवलोक्य महत्तरायास्तस्याः कल्पनमुचितं न तु लघुतराप्युड्डयनशक्तिः सामान्यतो जनेषूपलभ्यत इति तत्कल्पना सर्वथा व्याहतेत्येवानुमानमुचितम्।

अत्रोत्तोलनस्योड्डयनस्य च न परिमाणकृतः किन्तु गुणकृतो भेदः, संभवतर्कश्च परिमाणमात्रभेदावगाहीत्युपपादितत्वादीदृशास्तर्का अनुपपन्नाः। गुणाभेदेऽपि परिमाणमात्रभेदेऽपि मध्यमविलङ्घी संभवतर्कोऽनुपपन्न इत्यपि दर्शितम्। तस्मान्मारुतिर्गिर्युत्तोलने सूर्यबिम्बस्पर्शे योजनायुतलङ्घने वा समर्थो बभूवेत्याद्यतिशयोक्तिमात्रं पयोधरादेः पर्वताद्यौपम्यकल्पनावत्। यदि किल कञ्चिद्वलिष्ठं वानरमपरं च शिशुमतिदुर्बलं मारुतिजातीयमानयेम तदैकस्य किष्कुविंशतिपरिच्छिन्नामपरस्य किष्कुद्वयपरिच्छिन्नामुत्पतनशक्तिमुपलभ्य मध्यमवानरोत्पतनमानमेकादशकिष्कुमितमुपलभ्यते, यावच्चैतस्य मध्यमस्य न दूरविलङ्घनं तावच्चेद्वानरोत्पतनं कश्चिद्ब्रूयात्संभाव्यते तस्य सत्यता। यस्तु कस्यापि कपेः सकृदुत्फालेन योजनशतलङ्घित्वं कल्पयति स मध्यममानं दूराद्विजहातीति न तस्य श्रद्धेयता। न चेदृशं प्राचेतसादयोऽतिशयोक्तिप्रिया अपि कवयः कल्पयामासुश्चिरेण सागरप्लवनं हि मारुतिना वर्णयति भगवान्वाल्मीकिस्तदर्थमबुद्ध्वा तु मूढा अर्वाचीनायोजनशतोत्फालादि जल्पन्ति॥ ३३॥

इत्थं बन्ध्यापुत्रान्वेषिणां प्रमादहेतूनभावरूपान्प्रदर्श्य संप्रत्यभावरूपांस्तानुदाहरति—

व्याघातांशस्य प्रच्छन्नस्यादर्शनमौत्प्रेक्षिकः संक्षेपोऽधिकारसाधनावधानभूम्याद्यशोधनं च॥ ३४॥

प्रच्छन्नस्य व्याघातांशस्याननुसंधानं बन्ध्यापुत्रान्वेषिणां प्रमादस्य चतुर्थो हेतुः। इष्टक्षणे वृष्टिप्रवर्त्तकः कोऽपि यतिरस्तीत्याह विष्णुमित्रो यज्ञदत्तम्। शतवार्षिकीं

(वा०) प्रत्यक्षेणानुमानेन स्फुटं प्रत्याहतं हि यत्।
नृणां शिलाप्रवेशादि तच्छ्रद्दध्यात्कदाचन॥ ९०॥

द्वादशवार्षिकीं चानावृष्टिं कथासु शृण्वन्नद्य तेष्वप्यवग्राहनिमित्तैर्दुर्भिक्षैः पीडितां जगतीमुपलभ्यमानो यज्ञदत्तो विष्णुमित्रोक्तिं श्रद्धातुमर्हति। यथा ममैका भार्या सापि बन्ध्येति ह्य उक्तवतो देवदत्तस्योक्तिमस्मरंस्तस्यान्तरे परिणयान्तराभावं विजानन्नपि मम भार्यायाः पञ्चदशवर्षदेशीयः पुत्रो नाद्यापि परिणीत इति महती चिन्ता मां बाधते। प्रायश्चतुर्थ एव वर्षे बालमष्टादशवर्षदेश्याभिः कन्याभिर्योजयन्त इमे बन्धुमहत्तराः किं वक्ष्यन्तीत्यादि विलपन्तं तं श्रद्दधाति। तथाऽवग्रहान्भूयोभाविनोप्यननुस्मरन्यज्ञदत्त इष्टक्षणे वृष्टिप्रवर्त्तकस्य बन्ध्यापुत्रस्य स्थितिं श्रद्धत्ते, तदर्थं च गृहीतपाथेयो धावति। सेयमीदृशप्रच्छन्नस्य व्याघातांशस्यादृष्टिश्चतुर्थः प्रमादहेतुः।

क्रूरसंकल्पां कैकेयीं दौर्बल्यादनुरुध्यमानस्य दशरथस्य वाक्यात्सहसीतः ससौमित्रिश्च रामो वनं जगाम। सुमन्त्रसारथिना रथेन स्थले व्रजन्स वीरो गङ्गोपकण्ठे रथं विसृज्य निषादाधिपतिना समानीतया नावा जलं ततार। ततश्च प्रायश्चतुर्दशभिर्वर्षैर्दण्डकावनं कुणपाशनोपप्लवशून्यं विधाय सीताहरणापराधिनं लङ्केश्वरं विनाश्य पुष्पकेण वियति विहरन्निजवियोगशोकान्मृतेन पित्रा विरहितामयोध्यां प्रत्याजगामेति वदन्प्राचेतसो भगवाञ्जले स्थले वियति च यानत्रयमपेक्षितं संभावयति। ततः प्रयात्यनेहसि वर्धमानसंक्षेपप्रणयेषु भारतीयेषु महाकविः कालिदासः

'वसिष्ठमन्त्रोक्षणजातप्रभावादुदन्वदाकाशमहीधरेषु।
मरुत्सखस्येव बलाहकस्य गतिर्विजघ्ने न हि तद्रथस्य॥'

इति वदन्नेकेनैव रथेन संक्षेपतो जलस्थलवायुयानं कल्पयति। ततोऽप्यर्वाचीना आर्यक्षेमीश्वरादयस्तु पादुकाभ्यां वा चरणयोरर्पिताभ्यां गुटिकया वा वदनविन्यस्तया प्राणायामादिमात्रेण च गतिसंक्षिप्तशैलीभिः सर्वगत्वमुत्प्रेक्षन्ते। भीष्मेण सत्यवत्याकर्षणायानुपलब्धांस्तान्त्रिकानद्य संभावयन्ति। युधिष्ठिरेण दुर्योधनमारणायानासादितान्मान्त्रिकानन्वेष्टुं यतन्ते। वसिष्ठादिभिर्दाशरथेः श्वो भाविनं वनवासमप्यपश्यद्भिरनधिगतां परोक्षज्ञतां चर्मकारमहत्तरादिषु संभावयन्ति। स एष विज्ञानाधिगमश्रमाज्जुगुप्समानानां तामसानामौत्प्रेक्षिकः संक्षेपः पञ्चमः प्रमादहेतुः।

अप्रमत्ताः पारमार्थिका वैज्ञानिकास्तु नौत्प्रेक्षिकं संक्षेपं बहुमन्यन्ते। वास्तवविकाशप्रिया अतामसा ह्येते। ततश्च तेषु क्रमेण पुरानुपलब्धानि बाष्पयानानि

(वा०) गच्छाम्यहं पदशतं परः क्रोशशतं तथा।
अनेन गतिभेदेन तर्कयेत्को नरोडुयम्॥ ९१॥
पिता चेच्छतजीवी स्याद्दशजीवी सुतस्तथा।
कोऽस्मात्पूर्वयुगीयानां मन्येतायुतजीविताम्॥ ९२॥

जलीयानि स्थलीयानि च महोद्योगमाहात्म्येनाविर्भूतानि। ततश्च वैद्युतानि वायव्यानि च यानान्यद्यत्वे सर्वतश्चरन्ति दृश्यन्ते। तदेते अत्यन्तविभिन्ने द्वे वर्त्मनी, सात्त्विकं च पारमार्थिकविकासोज्ज्वलं तामसं चौत्प्रेक्षिकसंक्षेपकलुषम्। तत्रैकेन गच्छतामभ्युदयः परेण तु स्खलतां निरयः। अधिकारसाधनावधानभूम्या संशोधनं षष्ठो बन्ध्यापुत्रान्वेषिणां प्रमादहेतुः।

सर्पदष्टेव वनिता जाराद्यवलोकनाय मान्त्रिकसविधं गच्छति। वस्तुतः सर्पेण दष्टेयमदष्टापि दष्टमिवात्मानं दर्शयति वा जनेभ्यः। वस्तुतश्चेत्सर्पदष्टा विषबलमल्पमप्राणहरं प्रचण्डं प्राणहरं वेति विषविद्यामजानंश्चैत्रो न निश्चेतुं शक्नोति। चैत्रस्तथापि कुम्भकारमान्त्रिकस्य निरर्थकैर्हुङ्कारादिभिर्जलसेककांस्यपात्रसंपर्कादिबाह्योपचारमात्रसारैः सुस्थां वनितामवलोक्य तन्मन्त्रशक्तिमुपपन्नां प्रतिपद्यते। आयुर्वेदीयविषविद्यानभिज्ञस्य नाधिकारो विषपरीक्षायामित्यधिकाराशोधनं प्रमादहेतुश्चैत्रस्य। अत्रैव विषतापमानयन्त्राद्यभावात्साधनाविशुद्धिरपि प्रमादहेतुश्चैत्रस्य।

विश्ववल्लभमाहितुण्डिक उपागच्छति केशखण्डाद्भवत्करस्थात्सर्पानुत्पादयिष्यामीति च तं स ब्रवीति। विश्ववल्लभश्च प्रथमं तवान्तरीयोत्तरीयादिकं परीक्षेय ततः सर्पान्पश्येयमिति तं प्रत्याह। स तदाकर्णयन्नेव निरस्तोत्तरीयो निष्कच्छः कौपीनमात्रशेषः प्रथमं वामजघनान्तं ततश्च दक्षिणजघनान्तं कौपीनमुद्घाट्य दर्शयति। अवहितस्तद्गोप्याङ्गांशालोकनलज्जितश्च विश्ववल्लभो भवतु शोधिता भूमिर्दर्शय सर्पानिति तं त्वरयति रजतमुद्रिकां च तस्मै प्रतिशृणोति। किं ताम्रकर्षद्वयमात्रदर्शनीयकौतुकाय रजतमुद्रिकां प्रतिशृणोषि कौपीनप्रच्छादितजघनान्तरसंसक्तसर्पोऽसौ धिग्जरायुजाङ्गस्योष्णरुधिरत्वं सरीसृपस्य च शीतरुधिरत्वमद्याप्यविजानतस्तवाहितुण्डिकजघनान्तरस्पर्शेऽपि न सर्पो वा तदङ्गं वेति विवेकः संपत्स्यते, किं पुनर्विप्रकृष्टस्यावलोकनेनेति वारयतो गुरोर्विश्ववल्लभो न प्रतिश्रवाद्विरमति। तुम्बिकावादनाकृष्टजनदृष्टिश्च परिक्रामन्नाहितुण्डिकः कियतः कालाज्झटित्युत्पत्य सर्पोऽयमिति सहसा वदंश्चकितेभ्यो जनेभ्यः सकृत्पादप्रहारे कौपीनान्तरान्निर्धूतमलक्षितप्रायाविर्भावं सर्पं दर्शयति। विश्ववल्लभोऽपि सहचरैः सह हन्त कीदृशी मन्त्रशक्तिरित्युच्चैर्जल्पन्प्रकोष्ठान्तरे गवाक्षविवरेण सर्वमवलोकयन्तीं जननीमुपसद्य तामाहितुण्डिकदेयां रजतमुद्रामर्थयते। सापि वञ्चितोऽसि वत्स गृहपृष्ठे क्षेत्रभुवि बिभृतं कौपीनान्तरे सर्पं निक्षिपन्तममुमेवाहि-

---

(वा०) मुद्राद्युत्पादयेन्मन्त्रैः स्पष्टं व्याहतमीदृशम्।
कस्तद्दर्शनतः श्रद्धां मन्त्रशक्तौ करिष्यति ॥ ९३ ॥
कन्या वा विधवाः कामं सिद्धधूर्ताङ्गभस्मजान्।
ख्यापयेयुः सुतांस्तेषां जारजत्वं तु निश्चितम् ॥ ९४ ॥

तुण्डिकधूर्त्तं दृष्टवत्यस्मि तथापि कृतप्रतिश्रवो गृहाण मुद्रां गच्छ देहि तस्मा इति वत्सलया जनन्यार्पितां मुद्रां गृहीत्वा पश्चात्तापकलुषितकौतुकः पुनरागत्य वितीर्णमुद्रं तं विसर्जयति। अत्र विश्ववल्लभस्य जरायुजादिस्वभावानभिज्ञस्यानधिकार आहितुण्डिकपरीक्षायां जघनान्तरापरीक्षणाद् भूम्यशोधनमनवधानाद्बीभत्सतद्गात्रांशमात्रावलोकलज्जितस्यानवधानं दृष्टिभ्रमादि हेतुः।

एवमन्यदा विश्ववल्लभाग्रजो हरिहरः प्रमदां प्रोषितभर्तृकां वानीरकुटीरान्निर्यतीं पृष्ठलग्नपुरुषवच्छायां प्रातिवेशिकेन लक्षिताहमिति गृहमागत्यैव मातः क्षेत्रे भुजंगेन दष्टाहमित्यभिधाय भूमौ निपतितां मृगयुविद्धां करेणुमिव मूर्च्छन्तीं विकीर्णमूर्धजां बन्धुभिर्मान्त्रिकस्य कुम्भकारस्योटजं नीयमानामवलोकयति। तल्लावण्यमूर्च्छितश्च सकष्टमीदृशं विश्वशिल्पिशिल्पं सद्यो विघटिष्यत इति शोकाकुलः स्वमिष्टदेवं स्मरन्नभिधावता विश्ववल्लभेनाभिधीयते किमार्यः शोकाकुलः श्रृण्वन्नेवास्या अत्याहितं कल्यपालकुलपालिकाया जरत्कुमार्यास्तीर्थाटनसिद्धाया उर्वशीदेव्याः कौमारप्रणयिनं दिविरमहत्तरं हरकुमारं गत्वा तेन भुजगदष्टाया उन्मादयन्त्या नामाकर्णनमात्रेण वितीर्णामभिमन्त्रितां सर्षपसिकतामात्रामिमामादायायमागच्छामि गृहाणेमाम्। भोः क्व भवतामुन्मादयन्ती तामिहानयत भिषज्याव एनां सिद्धसर्षपैरिति। अशरीरिणीं गिरमिव तद्वाचमभिनन्द्य केकिन इवोन्मादयन्ती बन्धवः कुम्भकारगृहोन्मुखान्मार्गात्प्रतिनिवृत्य तयोस्तामुपहरन्ति। हरिहरोऽप्यायुष्मन्नेककराकृष्टं कूपजलमानय मार्जनाय तावदिमां सर्षपैरभिमृशामीत्यनुजं विसृज्य स्वच्छन्दं तारुण्यकठिनानि लावण्यमसृणानि चन्द्रचूर्णघटितानि पीयूषमसृणितानीवोन्मादयन्त्या गात्राणि ससर्षपेण पाणिना परिमृशति। सापि तरुणकरपरिमृष्टा विस्फुरदुच्छ्वसत्प्रायाणां गात्राणामनीशा कियतः कालात् किञ्चित्प्रत्यागतचेतनेव पयोधरौ प्रच्छादयति। हरिहरोऽप्यनुजानीतैकहस्ताकृष्टजलकृतमार्जनस्तामङ्के समुत्थाप्य जातस्वर्गसुखो निरस्तमूर्च्छां कृतावगुण्ठनामितस्ततो जनान्विलोक्य निजाङ्काच्छनैः स्खलितां स्वस्थास्मीति गद्गदाक्षरं वदन्तीं बन्धुभिरवलम्बितामपगच्छन्तीमुपलभ्य साङ्क्रामिकमूर्च्छागृहीत इवान्तर्मान्त्रिकशक्तिवेगं त्वरितापनीतोन्मादयन्तीसंपर्कसुखं विगर्हयन्बहिर्जनेषु हन्त भोः कीदृशी मन्त्रशक्तिः संप्रत्यपि न प्रत्येथ निरस्यत नास्तिक्यमभ्युपगच्छत देवादिबलमितीदृशा-

---

(वा०) महाफलानि दृष्ट्वापि न तर्कयितुमर्हति।
मन्त्रप्रेतादिजन्यानि तान्युन्मादविवर्जितः॥ ९५॥
सामान्यं कारणं तेषां छलान्नैव विभाव्यते।
न जारनामाज्ञानेन वैधवेयस्तु देवजः॥ ९६॥
केचिज्जले स्थले वायौ यानत्रयमतर्कयन्।
मन्त्रोक्षितं रथं पश्चात्सर्वत्रगमकल्पयन्॥ ९७॥

नुन्मादयन्तीविरहसंनिपातजानिव प्रलापानातन्वानस्तदङ्गाश्लेषस्मरणजान्पुलकान्देवभक्त्युद्धोषणैः शिव शिवेत्युच्चारणैश्चापह्नुवानः सकलदेवमयीं तामेव ध्यायन्कथं कथञ्चिद्गृहं गच्छति। सौखशायनिकश्च नामातिमहति प्रत्यूषे तदालयद्वारमुपेत्य तामाहूय पुनः परिचयं नवीकरोति, प्रत्यहदर्शनाभ्यर्थनां च तयाङ्गीकृतां बहु मन्यमानस्ततः प्रभृति तां हृदयाधिदेवतां विधत्ते।

अत्र हरिहरस्य विश्ववल्लभस्य च विषविज्ञानाभावाद्दंशापदेशो वाऽयमुन्मादयन्त्या वस्तुतो वा सर्पदष्टेयमिति विवेक्तुमशक्तयोर्विषचिकित्सायामधिकाराभावः। विषादितापमानायापेक्षितस्य तापमानशलाकादेरभावात्साधनाभावः। विषवैद्यमायुर्वेदकुशलमाहूय तत्परीक्षिताया उन्मादयन्त्याश्छलादिनिश्चयमकृत्वैव चिकित्साप्रवृत्तेर्भूम्यशोधनम्। अवधानेन तन्मुखवर्णादिपरीक्षयापि तल्लावण्यविमूढयोश्छलानुपलम्भादवधानाशुद्धिः। एवमन्येषु व्याहतपरीक्षाव्यसनेषु हेतव उपलभ्याः॥ ३४॥

इत्थं प्रमादहेतून्सामान्यत उक्त्वा पुनर्विशेषोदाहरणैर्जनप्रमादमपनिनीषुः कौतुकोत्पादनशक्तिपरीक्षाप्रकारमुदाहरति—

उत्पादने घनाविशोधनम्॥ ३५॥

ऐन्द्रजालिकः कौतुकानि दर्शयितुमिच्छति, तत्तदर्थान्मन्त्रैराकृष्य दर्शयामि पुनर्विलोपयामि चेति स उद्घोषयति। मन्त्रैर्द्रव्योद्भवस्तदाकृष्टिर्वा व्याहतेति तत्तत्कौतुकानि पारमार्थिकस्यापरीक्ष्याणि। बन्ध्यापुत्रान्वेषणसमितीयानां पुनस्ते परीक्षां विना न निरास उचित इत्याग्रहश्चेत्तान्घनविशोधनं नाम तत्परीक्षाप्रकारमुपदिशति—हन्त भोः किमिदमश्रुतपूर्वं घनविशोधनं नाम। वैज्ञानिकः संकेतोऽयमाचार्यस्य। दैर्घ्यं विस्तारो गाम्भीर्यं चेति त्रयं मिलितं घनो नाम गणितविदाम्। तत्त्रितयपरीक्षा घनविशोधनम्। सर्पादि दर्शयन्नगनीकृतः परीक्षितमुखादिरन्ध्रो घनपरीक्षित इत्युच्यते। कस्यापि रन्ध्रस्य परीक्षायामवशिष्टायामसम्यगनुष्ठितायां वा घनाविशोधनं भूम्यशोधनसमम्। ततश्चापरीक्षितप्रायेण नटादिना दर्श्यमानेषु कौतुकेषु न मन्त्रादिशक्तिजन्यत्वश्रद्धामृजुका बन्ध्यापुत्रान्वेषणसमितीया अपि कर्तुमर्हन्ति।

(वा०) पादुकागुटिकाद्यैश्च सम्प्रत्याहुर्वियद्गतिम्।
अयमौत्प्रेक्षिको हन्त संक्षेपो भारते स्थितः॥ ९८॥
पूर्वं गवाश्वयानानि बाष्पयानं ततः परम्।
ततश्च वैद्युतं व्योमयानं चेति महौजसाम्॥ ९९॥
क्रमो द्वीपान्तरोयाणां विकासो वास्तवो यतः।
क्षतौजसां व्यथामेष नूनं मार्गो विधास्यति॥ १००॥

ईदृशोपदेशादश्लीलतादोषः। आचार्यस्येदृशानुपदेशांस्त्रपाकरान्प्रथयतोऽश्लीलत्वं दोष इति चेन्न; कवितायां दोषनियमात्। कवितायामेवेदृशा दोषा गर्हिताः। आयुर्वेदादिविज्ञानेषु पुनः सर्वाङ्गप्रत्यङ्गमन्तर्बहिश्च सचित्रं वर्णयत्सु नेदृशा दोषा गण्यन्ते। अत एव चरकादयश्चिरन्तनास्तथा कुर्वन्ति स्म। अनुशासनस्य वैज्ञानिकत्वात्। इदमनुशासनं किल न पुराणादिवत्कवितामात्रम्। वस्तुविज्ञानपरं तु। वस्तुविज्ञानमस्यानुशासनस्योद्देश्यं न शक्रतापसचरितादिकीर्त्तनम्। कवितायां चान्येषाम्। इह तु वैज्ञानिकपरीक्षाद्युपयोगायाश्लीलश्लीलाद्यविवेकः। कवितायां पुनर्भवतां पुराणरामायणभारतादिषु प्राचीनेष्ववर्वाचीनेषु च काव्येषु सर्वाङ्गवर्णनव्यभिचारकीर्त्तनसंभोगासनविशेषादि दृश्यते, देवादिविषयमपीदृशमश्लीलमश्लीलरसिकैर्भवद्भिः श्रद्धयाऽधीयते। तत्किमयमकाण्डे पराश्लीलस्पर्शव्यसनमत्रभवताम्॥ ३५॥

मन्त्रफलपरीक्षोपायमुदाहरति—

मन्त्रे जाङ्गुलाविदा विषबलापरीक्षणं निर्मन्त्रक्रियाफलादर्शनं च॥३६॥

सर्पदंशोद्घोषे जाङ्गुलां विषविद्यां विजानता दंशपीडामात्मनो व्यपदिशतः प्रथमं परीक्षा कार्या। प्रमादादपि दष्टोऽहमिति बहवः शङ्कन्ते, जारभुजिष्यादिप्रणयाच्च तन्निह्नवाद्यर्थं परेषां दंशादिख्यापनम्। तस्मात्प्रथमं विषवैद्येन सयन्त्रादिसाधनेनायुर्वेदविदा परीक्षां कारयेत्। ततः पारमार्थिकश्चेद्बन्धुर्निश्चितदंशं भिषजे विसृजति न पुनर्मान्त्रिकाय। बन्ध्यापुत्रान्वेषणसमाजप्रणयी तु मन्त्रशक्तिं परीक्षितुमाग्रहवान्मान्त्रिकाय दष्टमुपहारीकुर्वन्पुनरन्यस्मिन्दष्टे तामेव जलोपचारकशाघातकांस्यपात्रसञ्जनादिक्रियां स्वयममन्त्रामनुष्ठाय तत्फलं परीक्षेत। परीक्षया विषबलाभावे तदल्पत्वे वा निर्मन्त्रायाः समन्त्रायाश्च क्रियायाः सममेव फलमित्युपलभ्यते। ईदृशपरीक्षाभावे तु न मन्त्रे बन्ध्यापुत्रान्वेषणसमितीयानामपि श्रद्धोचिता॥ ३६॥

भूतभविष्यत्परोक्षादिज्ञानव्यपदेशिनः परीक्षाप्रकारमुदाहरति—

परोक्षज्ञाने पत्राङ्कादिसुखनिर्णयप्रश्नानुपन्यासः॥ ३७॥

(वा०) विनाधिकारभूम्यादिशुद्धिं यो हेतुनिर्णयः।
कः श्रद्दधीत प्रेक्षावांस्तस्मिन्वालिशजल्पिते॥ १०१॥
किं जातमिदं किल दर्श्यते ननु मनूनयि विश्वसितोद्धताः।
इति सदर्पमुदीरयतो द्रुतं घनविशोधनमेव परीक्षणम्॥ १०२॥
विषचिकित्सनमक्षरघोषणैः सजलसेकमुपक्रमते जनः।
यदि तदाक्षरघोषणवर्जितः किमु विधिर्न स एव विधीयते॥ १०३॥
विषबलेऽल्पतरे किल जीवनं मरणमेव सुनिश्चितमन्यथा।
रुतविशेषवशेन रुजः कथं प्रतिविधानमिदं परिभावय॥ १०४॥

यः किल भूतस्य वा भविष्यतो वा वर्त्तमानस्य परोक्षस्य ज्ञानमात्मनि व्यपदिशति तं व्याहतवादिनं पारमार्थिकैरश्रद्धया निरसनीयमपि बन्ध्यापुत्रान्वेषकाश्चेत्परीक्षितुमिच्छेयुस्ताननुशास्ति—विपुले पञ्चशतपत्रात्मके पुस्तके क्वचित्पत्रखण्डे निधाय पुस्तकं वस्त्रबद्धं हस्ते कुर्वंस्त्रिकालज्ञधूर्त्तं पृच्छेत्। कस्मिन्पत्रे तत्पत्रखण्डं यदत्र मया निहितमिति। स किल न तद्वदिष्यति। तं विमूढं प्रकोष्ठान्तरे पुस्तकं स्थापय ततः कियतः कालादेतद्वक्ष्यामीति वा नेदानीं मन्त्राकृष्यो देवः संनिहित इत्यादि वा प्रलपन्तं न गणयेन्न च तदादेशात्पुस्तकं प्रकोष्ठान्तरे निक्षिपेत्। प्रच्छन्नचरा हि धूर्त्ताः कृतानेकसंकेताः। देवयोनयश्च सर्वत्र सर्वगाः कल्पिता वञ्चमूर्खैरिति किं प्रकोष्ठनिक्षेपादेः प्रयोजनमिति पश्यंस्तत्पाशे न निपतेत्। न वा कियदेतत् पत्राङ्कमात्रं योजनायुतविप्रकृष्टे सिद्धपुरेऽधुना किं भवतीति ब्रुवन्तं परोक्षज्ञं चषकस्य जलविभजनायादिष्टं किमिदं यष्टिप्रहारमात्रेण भवतो नासिकां सद्योहिरण्मयीं कुर्यामित्यादि प्रलपन्तं रसशास्त्रपरीक्ष्यमिव श्रद्दधीत। शालावृकेभ्य इन्द्रो यतीनिव गौल्मिकेभ्य ईदृशान्धूर्त्तान्प्रयच्छेद्येन बालान्वञ्चयितुं न ते पुनः प्रभवेयुः। पत्राङ्कप्रश्नेन सद्य एव तदज्ञाननिर्णयः सिद्धपुरादिवृत्तस्य तु तन्त्रीसंवादैरपि सद्यो न निर्णयः सुकर इति कितवास्तथा प्रलपन्ति। तस्मात्सुखनिर्णयानां प्रश्नानामनुपन्यासेन परोक्षज्ञता-परीक्षा बन्ध्यापुत्रान्वेषिभिरपि प्रवर्त्तनीया॥ ३७॥

योगवैभवपरीक्षायां प्रमादहेतुमुदाहरति—

योगे वान्तरोपायानपेक्षाद ॥ ३८ ॥

'योगश्चित्तवृत्तिनिरोधः' प्राणायामादिबाह्यसाधनोऽवधानाद्यान्तरसाधनः। तस्मात्सर्वभूतरुतज्ञानहस्तिबलभुवनज्ञानक्षुत्पिपासावशीकारादीनि फलानि पतञ्जलिप्रभृतय आहुः। अयमभिप्रायस्तेषाम्—अवहितेन चेतसा भाषापरिचयमाचरन्सफलो भवति, व्यायामवान्महाबलो जायते, ग्रहादिविज्ञानपरोऽभीष्टं भुवनज्ञानमासादयति, वीरोदाराशयश्च रणादौ क्षुत्पिपासानिद्रादिदुःखमभिभवितुं शक्नोति। अनवहितेन चेतसा पुनस्तत्तदुपायाननुतिष्ठन्नपि व्यर्थमनोरथस्तप्यते। तत्रावधानमात्रेण तत्साधन-

---

(वा०) अहमिह स्थित एव जगद्गतं निखिलवृत्तमवैमि परीक्ष्यताम्।
इति वदन्कितवः सुखनिर्णयं किमपि हन्त जनैः परिपृच्छ्यताम्॥ १०५॥
ननु पुरः परिपश्यसि पुस्तकं मम करे कृतलक्ष्म तदुच्यताम्।
कितव हे कतिथे खलु पृष्ठके तदिह लक्ष्म कथं न्वसि मौनवान्॥ १०६॥
असुनिरोधविधेः करिणो बलं सकलभूतरुतावगमस्तथा।
इति वदन्नवधानवतां परं फलमिति स्फुटमाह पतञ्जलिः॥ १०७॥
अवहितस्य फलं जगतो मतं न पुनरस्त्यवधानवतामपि।
फलमनुद्यममाश्रयतां भवेरवहितो महितोद्यमतत्परः॥ १०८॥

मात्रेण प्राणायामादिना वा मूर्छारूपेण तमोविकारेण समाधिना ज्ञानविज्ञानविघ्नेन तामसैर्महाज्ञानमिदमिति प्रथितेनाध्ययनव्यायामाद्यवान्तरोपायानपेक्षेण भाषाज्ञानबलाद्याशा भूमेरन्तर्जलमिति श्रुतिमात्राज्जलाभिलाषिणो मरुशिलायामधरघर्षणेन तृषोपशमप्रतीक्षेव ॥ ३८॥

एवमपरास्वपि बन्ध्यापुत्रान्वेषणसमितीयासु गवेषणासु प्रमादहेतवो ज्ञातव्या इत्युपदिशन्नध्यायमुपसंहरति—

एतेनेदृशं सर्वं व्याख्यातम् ॥ ३९ ॥

एतेन बन्ध्यापुत्रान्वेषिणां ये प्रमादहेतवस्तेषां दिङ्मात्रप्रदर्शनेन यत्किञ्चिद्व्याहतं तस्य सर्वस्य पारमार्थिकैरपरीक्षा बन्ध्यापुत्रान्वेषणपरैः केवलं परीक्षेति। सापि परीक्षा साधनाधिकारभूम्यादिशुद्धावेव प्रवर्त्तनीयेति व्याख्यातम्। बन्ध्यापुत्रानुसंधानसदसोऽन्वेष्या विषया यथा।

इति प्रथमाध्यायस्य द्वितीयाह्निकं समाप्तम्।

(वा०) इति कितवचरित्रं जानता मानवेन
स्फुटमतिशयचित्रं दृष्टमप्यज्ञलोकैः।
न किल फलमुपेयं व्याहतं हुङ्कृतादे-
रभिमतपरमार्थः किं नु रज्येदनर्थे ॥ १०९ ॥

द्वितीयोऽध्यायः, प्रथमाह्निकम्

[अधि० १] परिच्छिन्नोऽस्ति वाग्यादृक् सर्गादौ भगवानयम् ।
स्वापतेयः परिच्छेदः सर्वथा ह्युपपद्यते ॥ १ ॥
असामञ्जस्यतः पत्युः स्वयमेवायमीशिता ।
परिच्छेत्तुरभावाच्च नेयत्ताऽस्योपपद्यते ॥ २ ॥

प्रथमेऽध्याये प्रमाणपरीक्षा कृता । प्रमाणानि व्यवस्थापितानि । प्रमाणाभासाश्च निरस्ताः । संप्रति लोकस्थित्यादिष्वर्थवादेष्वपि शब्दप्रमाणावलम्बात्प्रमादेन यां कांचित् कल्पनापारमार्थिकीमवगच्छतः प्रति यथास्थितां प्रत्यक्षानुमानाभ्यां निर्णीतां लोकव्यवस्थां प्रदिदर्शयिषत्याचार्यः । दिव्यदृष्टियोगिप्रत्यक्षादिसदृशास्तु व्याहता लोकादिस्थितिज्ञानोपायाः पूर्वमेव प्रत्यादिष्टा इति, संप्रति प्रत्यक्षानुमानाभ्यां या स्थितिर्निर्णीता ततोऽधिका प्रत्यक्षानुमानातीता स्थितिः पूर्वैर्निरणीयत तज्ज्ञानं च तच्छब्देभ्य एवास्मत्प्रत्यक्षानुमाननिरपेक्षेभ्य इति न कल्पनीयम् । प्रत्युत साधनाल्पत्वात्तेषां प्रत्यक्षानुमानजमपि ज्ञानं न तथा साधुतरमभवद्यथार्वाचीनानां बाष्पीयवैद्युतादियानयन्त्रादिसहायानां प्राच्याविष्कृतपारमार्थिकविज्ञानसमेधितबुद्धीनाम् ।

प्राञ्चो हि न भविष्यतोऽर्वाचीनानर्थाँल्लेशतोऽपि साहायकायावलम्बितमशक्नुवंस्ततोऽल्पसहायाः । नव्यास्तु भूतानां प्राच्यविज्ञानानां साहायकेन महासहायास्ततोऽधिकतरं विज्ञानं वहन्तीति न चित्रम् । तथा च सहायमाहात्म्यप्रयुक्तं विज्ञानगौरवं नव्यानाम् । प्राचां तु सहायाल्पत्वेऽपि यथाकथंचित्कार्यकरणाद् बुद्धिगौरवं नतु विज्ञानगौरवम् ।

विश्वजनीनः प्रमाद उक्तः । स प्रमादो विज्ञानाभासकल्पनानां मूलम् । ताम्रादौ तृणविशेषादिमिश्रणात्पाषाणविशेषस्पर्शाद्वा सुवर्णतापत्तेराशा, शब्दोच्चारणान्मारणाद्याशा, शक्रलोकादेरदर्शनेऽपि तत्र सभादिकल्पनेतीदृशीनामुत्प्रेक्षाणां स एव बीजम् । अप्रमादश्च तस्यैकमात्रं भेषजम् । ततश्च निसर्गतः प्राच्येषु नव्येषु च बहव ईदृश्यः कल्पनाः समुपलभ्यन्ते, दाम्भिकाः प्रमत्ताश्च ता एता रहस्यमिति ख्यापयन्ति । प्रमत्ताश्च तथैव प्रतियन्ति । ये च पूर्वजानां सहवासिनां वा प्रामादिकीः कल्पना निरस्याप्रामादिकमबाधितप्रत्यक्षानुमानमात्रमूलं परमार्थमुपादाय तत्सहायेन ततोऽधिकतरं विज्ञानमासादयन्ति तेषां सरस्वतीपरिगृहीतानां विज्ञानमयं प्रकाशनप्रचुरं जीवनम् । ये पुनः पूर्वजानां सहवासिनां च पारमार्थिकानि विज्ञानानि निरस्य तेषामुत्प्रेक्षामात्र-

मुपादाय तदेव स्वकीयोत्प्रेक्षाभिर्वैपुल्यमापादयन्ति तेषां प्रमादभगवत्पादास्कन्दित-स्कन्धानामात्मघ्नानामसुर्येऽन्धे तमस्यवस्थानम्।

तदिदं यानद्वयं दैवमासुरं च। तत्र देवयानेन प्रतिष्ठमानानामुत्तरोत्तरोऽभ्युदयः। आसुरेण यानेन तु प्रतिष्ठमानानामुत्तरोत्तरो विनिपातः। तानासुरेण यानेन प्रमादोद्धूतेन वाताहतेनोडुपेनेव लीयमानान्व्यसनशिलाविशंकटमहान्धतमसावर्त-विनिपातप्रवणान्विनिवारयन्सुहृद्भूत्वाऽऽचार्यः प्रत्यक्षानुमानाभ्यां निर्णीतां परैरपि प्रत्यक्षानुमानाभ्यां परीक्षितुं शक्यामरहस्यामदिव्यदृष्टिलभ्यामबन्ध्यापुत्रसदृशीं पारमार्थिकीं लोकस्थितिमुपदेक्ष्यन्नुपक्रमते—

आकाशत्वक्सहस्रशीर्षा सर्वात्मा ॥ १ ॥

यथा जीवो व्यक्तिशरीरस्तथा सर्वात्मा विश्वशरीरः। त्वग् जीवशरीर-व्यापिनी। तथाऽऽकाशं विश्वव्यापि तस्मात्तस्य त्वक्साम्यम्। ताराख्याः सूर्यास्तस्य शिरांसि गतिकेन्द्रत्वात्। स्वस्वसूर्यं परितो हि सौराणि जगन्ति परिवर्तन्ते। विश्वं प्रकृतिरित्यनर्थान्तरम्। पुरुषाः शिरांसि प्रकृतिनियामकत्वादित्येके। तेषामसंख्येय-त्वात्सहस्रत्वव्यपदेशः ॥ १ ॥

कस्तावदाकाशः। शून्यमित्येके। शब्दगुणो द्रव्यविशेष इत्यपरे। अभावमात्र-मित्यन्ये। तस्मान्महती विप्रतिपत्तिराकाशे। तामेतां विप्रतिपत्तिं परिहरन्नाह—

आकाशः प्रकाशधर्मावकाशमात्रगोऽनन्तः ॥ २ ॥

शब्दगुणत्वमाकाशस्य निरस्तं प्रथमाध्याये द्वितीयसूत्रव्याख्यावसरे। प्रकाशस्त्वाकाशस्य गुणः। द्रव्यगुणयोरभेदं वक्ष्यति। शाब्दिकस्तु व्यपदेशः सर्वत्रास्य द्रव्यस्यायं गुण इति। स प्रकाशगुणात्मक आकाशः सर्वव्यापी। न तच्छून्योऽत्रकाशः कश्चित्। तस्मादवकाशोऽपि नाममात्रम्। वस्त्वन्तरशून्यस्याप्यवकाशस्याकाश-मयत्वात्। स चाकाशोऽनन्तः परिच्छेदाभावात्। सूर्यादेर्भूम्याश्च वाय्वादिद्वारक-संबन्धाभावेऽप्याकाशस्योभयस्य धारणत्वादत्र प्रकाशोपलम्भ इत्युक्तम् ॥ २ ॥

एवमाकाशं निरूप्य तत्रानेकानि विश्वानीति प्रतिपादयति—

तस्मिन्सागर इव द्वीपान्यसंख्यानि विश्वानि ॥ ३ ॥

(वा०) अनन्तमाकाशमिदं पयोधेर्द्वीपैरिवाम्भो निचितं च विश्वैः।
एकस्य तत्रास्मदुपाश्रयस्य प्रस्तूयते वर्णनमत्र किंचित् ॥ १ ॥
ताराग्रहोपग्रहकेतुजातैः परस्पराकर्षणनिघ्नचारैः।
विचित्रवर्णाकृतिभिः समन्ताद् व्याप्तं विशालं किल विश्वमेतत् ॥ २ ॥

तस्मिन्नाकाशे समुद्रे द्वीपानीवापरिच्छिन्नसंख्यानि विश्वानि ॥ ३ ॥

प्रत्येकं च विश्वं स्वयमपरिच्छिन्नपरिमाणमसंख्यताराग्रहोपग्रहकेत्वादियुक्तमपि सर्वात्ममहोदधेरनन्तविश्वनिलयस्य बुद्बुदप्रतिममित्याह—

ते बिन्दवो बुद्बुदा वा सर्वात्ममहोदधेः ॥ ४ ॥

त इति पुंस्त्वं विधेयापेक्षम् । तानि विश्वानि सर्वात्ममहोदधेर्बिन्दवो बुद्बुदा वा। एकस्य विश्वस्यापि तावत्परिच्छेदो दुष्करः परिच्छिन्नेन्द्रियेण पुरुषेणेत्यसंख्यविश्वात्मनः सर्वात्मसमुद्रस्य का कथेतिभावः । अपरिच्छेद्यमहिम्नोऽपि सर्वात्मनो विषये कीदृशोऽसौ किंकरोति क्वास्त इत्यादि प्रश्नानुत्थापयन्तो नापत्रपन्ते बाला इत्यहो गम्भीरस्तेषां मोहः । सर्वव्यापिनोंऽशविशेषैः सर्वत्र संनिहितस्य तस्यांशविशेषाणां विज्ञानविशेषैः पारमार्थिकं परिचरणमुचतमिति तात्पर्यम् । परिचरणोपायविशेषांस्तु वक्ष्यति भक्तियोगाध्याये ॥ ४ ॥

असंख्यानां विश्वानामेकमस्मद्भूम्याद्यधिकरणं यथा कथंचिज्ज्ञातं विश्वान्तराणां तु संभवमात्रं तर्कितमित्युपक्षिपति—

अंशतो ज्ञातमिदमेकम् ॥ ५ ॥

इदमेकमपि विश्वं केवलमंशतो न तु कात्स्न्येंन ज्ञातम् । पुरुषो हि परिच्छिन्नज्ञानः स्वशरीरमपि तावन्न कात्स्न्येंन जानाति, न च हृदयपुरीतद्यकृदादिकमान्तरं स्वशरीरस्थमपि साक्षादुपलब्धुं शक्नोति, न वा पृष्ठादिकं बाह्यमपि शरीरं द्रष्टुं शक्नोतीति तस्य कात्स्न्येंन विश्वज्ञानकथा तु दूरापास्ता ॥ ५ ॥

[अधि० २] **ग्रहादेः पुरुषाधीनाऽऽकृष्टयधीनाऽथवा गतिः ।**
स्याद् गतिः पुरुषाधीना रथादौ दर्शनात्तथा ॥ १ ॥
जलाद्यावन्यथा दृष्टेर्न गतिः पुमपेक्षिणी ।
नियम्ये चेतनापेक्षा नियतेस्त्वनपेक्षता ॥ २ ॥

अस्मिन्नंशतो ज्ञाते विश्वविशेषेऽस्माभिरधिष्ठिते कियत्केन रूपेण ज्ञातमित्यादि प्रपञ्चयति—

(वा०) धराभितो वर्त्तुलकल्परूपा कदम्बकिञ्जल्कनिभाश्च तस्याम् ।
देशेष्वनेकेषु कृताधिवासाः सर्वत्र खं मूर्ध्नि विलोकयन्ति ॥ ३ ॥
आकृष्टिशक्त्याऽखिललोकभाजा धरातलादुगच्छति खं न किंचित् ।
अधार्यमाणं सलिलानिलाद्यैस्तस्मान्न कस्यापि निपातशङ्का ॥ ४ ॥
भूकेन्द्रपातित्वमधोनिपातः खसंमुखीना गतिरूर्ध्वगत्वम् ।
अतो धराधन्तिरचारभाजां निपातशङ्कोर्ध्वगतित्वबुद्धिः ॥ ५ ॥

तस्मिंश्छायापथताराग्रहोपग्रहकेतवः प्रधानानि प्रमेयस्थानानि ॥ ६ ॥

अस्मिन्नंशतो ज्ञाते विश्वविशेषे प्रधानानि प्रमेयस्थानान्येतानि। तानि यथा छायापथः क्वचित्सूक्ष्मतारकासमूहरूपः परमतप्तवाष्पपटलमयो विप्रकृष्टत्वात्सर्वत्र दूरवीक्षणादियन्त्रासहकृतदृष्टीनां शुभ्राभ्रपटलमय इव प्रतिभासमानो विश्वस्य वेष्टनरूप इव स्थितः। तस्मिंस्ततः पृथक् च ताराः स्वस्वमण्डलस्य सूर्याः स्वप्रकाशाः सूर्यान्तरनिरपेक्षगतयः। तासामन्यतमो भूमेरतिसंनिकृष्टोऽयमेकः सूर्यः। सूर्यान्तराणामतिविप्रकर्षाद् ग्रहादयो न ज्ञाताः। अस्य सूर्यस्य ग्रहादयो ज्ञाताः। तत्र ग्रहाः सूर्याधीनचाराः। उपग्रहा ग्रहनिघ्नचाराः। केतवस्त्वेतत्सूर्यसंबन्धिनः केचिदागन्तुकाश्च सूर्यान्तरसंबन्धिनः स्वप्रकाशाः पुच्छप्रतिमातिदीर्घज्योतिष्पटलवन्तः केचिन्निर्णीतगतिप्रकाराः परे त्वद्याप्यनिश्चितगतयः ॥ ६ ॥

किमेते स्थिरा आहोस्वित्सगतिकाः? किमाधाराश्च त इत्यादि जिज्ञासायामाह—

स्वाधाराः परस्पराकृष्टिनिघ्नचाराः सर्वे ॥ ७ ॥

सर्व एते छायापथाद्याः स्वाधाराः। परस्पराकर्षणवशाच्च तेषां गतिविशेषाः समुद्भवन्ति। तद्यथा— सूर्यो गुरुतरत्वाल्लघीयांसं ग्रहविशेषं निजकेन्द्रं प्रत्याकर्षति। आकृष्टेर्गौरवाधीनत्वात्। स ग्रहस्तु सूर्याद्विप्रकृष्टस्तस्मादपक्रमितुं प्रवर्तते। विप्रकर्षस्यापक्रमणहेतुत्वात्। गुरुतराद्धि वस्तुनो यथा यथा लघीयो वस्तु विप्रकृष्यते तथापक्रमितुं प्रवर्तते। गुरुतरवस्तुनिष्ठाया आकर्षणशक्तेर्हि विप्रकर्षात्तनुत्वम्। ततश्चाकर्षणापक्रमणशक्त्योर्योगाल्लघीयसो गुरुतरं परितो भ्रमणमुत्पद्यते। शक्तिद्वययोगस्य फलमिदं भ्रमणम्।

विलक्षणं शक्तिद्वययोगस्य फलं दृश्यते। तद्यथा—नौकादि कयाचिच्छक्त्या पूर्वस्यां परया तु दक्षिणस्यामुह्यमानं दिग्द्वयं विहायाग्नेयेनापदिशेन प्रवर्तते। किंतु ग्रहादिचारे न केवलं सूर्याकर्षणं ग्रहापक्रमश्च कारणम्। ग्रहान्तराण्यपि समीपमापतितानि गतौ यं कंचिद्विशेषमुत्पादयन्ति। तच्च वक्रगमनातिचारादेः कारणं ज्योतिर्विदां विदितम्। गणितेन तत्सर्वमधिगम्य विचित्रां ग्रहादिगतिं निश्चिन्वन्ति तज्ज्ञाः।

(वा०) प्रकाशधर्मण्यवकाशमात्रव्यापिन्यथाकाश उदीक्ष्यमाणे।
दृष्ट्या स्वया यन्त्रसहायया वा यदीक्ष्यते तस्य विचारणात्र ॥ ६ ॥
मानानुलोमा किल विप्रकर्षप्रतीपगाकर्षणशक्तिरत्र।
न सर्वगा सर्वगतिस्थितीनां निमित्तमेषेति वदन्ति तज्ज्ञाः ॥ ७ ॥

किमाधाराः सूर्याद्या इति प्रश्नस्तु सर्वथा व्याहतः। आकाशे हि सर्वतो विकीर्णाः स्वाधाराः पृथिव्यादयः। यत्र गरीयो लघीयांस्याकर्षति। यच्च पृथिव्याश्चरति संनिकृष्टं वायुमण्डले सागरादिजले वा तिष्ठति तच्चेत्परिमाणसाम्येऽपि वाय्वादेराधाराद् गरीयस्तदा पृथिव्याः केन्द्रं प्रत्याकृष्यते। रोधपर्यन्तं च निपतति। स च निपातो वर्तुलकल्पस्य पृथिव्यादेः सर्वांशेषूपलभ्यते। सर्वत्र कदम्बकेसरवत्पृथिव्यां सर्वं संसक्तधरापृष्ठादिभिररुद्धं च केन्द्रं प्रत्युपेयात्। तत्र पृथिव्यादिसंबद्धानामेव वस्तूनामाधारान्वेषणं रोधान्वेषणमिति यावत्। केन मध्ये रुद्धा नौर्न जले मज्जतीति प्रश्ने जलेन गुरुतरेणेत्युत्तरम्। केन रुद्धः पक्षी स्वैरं वायुमण्डले समुत्सृष्टशरीरो न पृथिवीमागच्छतीति प्रश्ने वायुनेत्युत्तरम्। पृथिवी तु न कस्यापि गुरुतरस्य वस्तुनः सूर्यादेस्तथा संनिकृष्टा येन सा तत्र पतेत्, तस्मात्केन रुद्धा पृथिवीति प्रश्ने स्वेन रुद्धेत्युत्तरम्। रोधस्य चाधारत्वात्स्वाधारा पृथिवी। तथैव स्वाधाराः सर्वे ग्रहाद्याः।

किं च सर्वतो विकीर्णतारकादिमण्डले वियति किमधः किमूर्ध्वं येन पृथिव्यादेर्निपातशङ्का स्यात्, एकैकस्यापेक्षयैषामन्यत्संनिकृष्टं विप्रकृष्टं वा गुरुतरं लघुतरं वा वक्तुं शक्यते। ऊर्ध्वाधो व्यवस्था तु न वियति किन्तु पृथिव्यादावेव। पृथिव्यादौ हि वियत्संमुखीनस्योर्ध्वत्वं पृथिव्यादिकेन्द्रसंमुखस्य वाऽधस्तनत्वं न तु वियत्यूर्ध्वाधो विभागः कश्चित्संभावयितुं शक्यते। अत एव भूगोलैकार्धस्थानामधर्न्तिरस्थानां चोभयेषां परस्परं निपातशङ्काभासे जाग्रत्यपि न वस्तुतो निपात उभयोः शिरसोर्वियत्संमुखीनत्वात्पदयोश्च भूकेन्द्रसंमुखीनत्वात्। वस्तुतस्तु धरार्धान्तरचारिणां निपातशङ्का तेषां वियदुत्पतनशङ्केव। यथाहि न वयं वियत्युत्पतामः सति भूविवरे भूकेन्द्रं प्रत्येव निपतामस्तथैव सर्वतोऽन्येऽपि केन्द्रं प्रत्येवागन्तुं शक्नुवन्त्यसतिधरापृष्ठावरोधे नतु वियत्युत्पतितुं शक्नुवन्ति।

परितो धरां भ्रमद्भिश्च न क्वापि शेषकूर्माद्या उपलब्धाः। धरां परित आकाशस्योपलम्भात्सन्तो वा ते तारासमूहविशेषादिस्वरूपसर्पाद्याकारेणोत्प्रेक्षिता भवितुमर्हन्ति। धराकेन्द्रे तु तप्तद्रवा समये वक्ष्यमाणस्वरूपे न नागादयो जन्तवः स्थातुं शक्नुवन्ति, न वा तिष्ठन्तोऽपि सर्वतो धरापृष्ठावृतास्तां धारयितुं शक्नुवन्तीति शेषकूर्माद्याधारत्वकल्पना पृथिव्या मेर्वाद्याधारत्वकल्पना ग्रहादीनामक्षरार्थानुसारेण प्रतिपद्यमाना कविकल्पनामात्रमपारमार्थिकम्। धरां परितो वियति तारकास्तासां काश्चित्प्रतिरजनि सर्वोत्तरस्य भूभागस्योत्तरमेरुनामकस्योपरि सुदूरं वर्तमाना मेर्वसंस्पृष्टा अपि तदुपर्याकाश उपलब्धत्वान्मेर्वधिकरणा उच्यन्ते, वटशाखाग्रे सप्तर्षय इति वत्। काश्चित्तु सर्वतोऽर्वाचीनस्य दक्षिणमेरोरभिमुखे वियद्भागे स्थिताः

(वा०) स्फुरत्पयःफेनचयावभासश्छायापथो दूरतमः पृथिव्याः।
दृश्यः क्वचित्तारकितः परत्र सिताभ्रसंघातनिभः प्रसिद्धः ॥ ८ ॥

पूर्ववन्मेर्वसंस्पृष्टा अपि नागकूर्माद्याकारसंनिविष्टा इवोपलक्ष्यमाणाः पृथिव्याधारत्वेनोत्प्रेक्षिता इत्याद्यभिप्रायकल्पनेऽपि स्वाधारत्वं पृथिव्यादीनां पारमार्थिकं स्थितमेव ॥ ७ ॥

गुरुत्वापेक्षं विप्रकर्षबाध्यं चाकर्षणं सर्वेषु वस्तुषु प्रदर्शितं तस्य संप्रति गुरुत्वेन विप्रकर्षेण वा नियतं सम्बन्धं निर्दिशति—

आकृष्टिर्मानानुलोमा विप्रकर्षप्रतिलोमा च ॥ ८ ॥

सर्वेषु वस्तुषु या किलाकृष्टिशक्तिरुक्ता मानानुलोमा मानाधिक्येऽधिकतरा मानाल्पत्वे चाल्पीयसी तथा विप्रकर्षप्रतिलोमा विप्रकर्षाधिक्येऽल्पीयसी विप्रकर्षाल्पत्वे चाधिकतरा। इममेव संबन्धमाकृष्टिर्मानगुणितं विप्रकर्षं कृतिं च यावत्तावत्तावद्रूपमिति गणिताचार्या निर्वदन्ति ॥ ८ ॥

[अधि० ३] छायापथादयः सर्वे गतिमन्तोऽन्यथाऽथवा।
भूगतेर्गतिभानं स्यादगतिष्वप्यमीष्वलम् ॥ १ ॥
आकृष्टेरनिवार्यत्वात्सर्वेऽपि गतिशालिनः।
परिवृत्तिर्धरापेक्षा धरागमनहेतुका ॥ २ ॥

छायापथो वर्णितः। स वियति सांप्रतं दृश्येषु वस्तुषु विप्रकृष्टतम इत्याह—

छायापथोऽतिविप्रकृष्टः ॥ ९ ॥

शुभ्राभ्रकाञ्चीप्रतिमः स्वच्छासु रात्रिषु प्रायः सायंकाले दक्षिणोत्तरौ वियदन्ताववगाह्य स्थितो वियत्सागरे सेतुरिवोपलभ्यमान आकाशगङ्गेति दुग्धधारेति दिव्यो घण्टापथ इति बहुभिर्नामभिस्तत्तज्जनेषु प्रसिद्धश्छायापथो भूमेरति विप्रकृष्टः। भूमेरम्बरवेष्टनाभे वायुमण्डले हि मेघास्ततो वायुः शून्ये वियति भूग्रहं परितो भ्रमंश्चन्द्राख्य उपग्रहः। ततो विप्रकृष्टतराणि ग्रहान्तराणि। तेभ्योऽपि विप्रकृष्टतरोऽस्मत्सूर्यः। अस्मत्सूर्यादपि विप्रकृष्टतरास्ताराख्याश्चान्ये सूर्याः, यत्कदम्बकानि दूरवर्तित्वादभ्राणीवोपलभ्यन्ते। तदेतदभिप्रेत्याचार्य उक्तवांश्छायापथोऽतिविप्रकृष्ट इति ॥ ९ ॥

छायापथवर्तिन्यस्ततः पृथक् च तारका इत्युक्तम्, तदेव विवृण्वन्नाह—

तस्मिंस्ततः पृथक् च सूर्याः सूर्येतरा निघ्नचारास्ताराख्याः ॥ १० ॥

(वा०) शुभ्राभ्रकाञ्चीप्रतिमः प्रवेष्टच तारादिकं व्योम्नि विभासमानः।
छायापथोऽयं विपुलोऽस्ति बाष्पावस्थास्थितो द्रव्यचयश्चिरत्नः ॥ ९ ॥
घनीभवद्बाष्पचयादमुष्मात्कालेन तारानिकरो विजज्ञे।
ततो ग्रहोपग्रहवर्ग आसीदुत्प्रेक्षितं कैश्चिदिदं सुधीभिः ॥ १० ॥

तस्मिश्छायापथे ततः पृथक् तस्य भूमण्डलस्य च मध्य इति यावत्, तारापरपर्यायाः सूर्याः सन्ति। ते च सूर्येतरानधीनगतयः। यथाहि ग्रहाः सूर्याधीनगतयः सूर्यं परितो भ्रमन्त्युपग्रहाश्च ग्रहं परितो भ्रमन्ति न तथा सूर्यः कश्चित्सूर्यान्तरं परितो भ्रमन्नद्याप्युपलब्धः। सर्वे सूर्या अपि सगतिकास्तथापि तेषां गतिकेन्द्राण्यद्यापि न निश्चितानीत्यभिप्रायेणेदमुक्तम्। विज्ञानवृद्धेर्निःसीमत्वात्सूर्यविशेषाणामपि गतिकेन्द्राणि पश्चान्निश्चितानि स्युरिति तु संभाव्यते ॥ १० ॥

नन्वेक एव सूर्यः प्रसिद्धस्तत्किमुच्यते पुनः पुनः सूर्या इत्याशङ्किते प्रतिवक्ति--

सूर्यस्तारेत्यनर्थान्तरम् ॥ ११ ॥

सूर्यस्तारेति नार्थान्तरम्। एक एव त्वर्थः शब्दाभ्यामुच्यते। स्वप्रकाशत्वे सति सूर्यान्तरानधीनचारत्वं तत्सदृशमेव हि किमप्यन्यद्वा सूर्यलक्षणं वक्तव्यं तच्च तारासाधारणम्। तापदत्वं तु संनिकर्षवशादस्य वैकस्य सूर्यस्य। परेषां त्वतिविप्रकर्षात्प्रकाशमात्रप्रेषकत्वमित्यनुपदमेव वक्ष्यत्याचार्यः ॥ ११ ॥

अनेके ताराख्याः सूर्या उक्ताः। संप्रति तद्वर्गानाह—

तद्वर्गाः सप्तर्षिप्रभृतयः ॥ १२ ॥

तासां तारकाणां परिचयसौकर्याय कृता बहवो वर्गाः प्राचीनैर्निर्दिष्टास्ते यथा सप्तर्षयो मेषवृषाद्याश्च। मेषादीनामवान्तरभेदा नक्षत्राद्यास्तारकावर्गाः। अन्येऽपि शिशुमाराद्याः पुराणादिषु देशान्तरीयेषु च प्रसिद्धाः ॥ १२ ॥

इमे च ताराग्रहाद्याः केषाञ्चिदपेक्षया केचित्स्थिरा अपि वस्तुतः सर्वे सगतिका इत्याह—

सर्वे तु सगतिकाः ॥ १३ ॥

वस्तुतः सर्वे ताराद्याः सगतिकाः। आपेक्षिकं तु स्थिरत्वं तेषु। तद्यथा भुवं परितो भ्रमतश्चन्द्रस्यापेक्षया भुवः स्थिरत्वं करण्डे नीयमानं रसालं परितो भ्रमतो मधुकरस्यापेक्षयेव फलस्य। सूर्यं परितो भ्रमन्तीं भुवमपेक्ष्य सूर्यः स्थिरः। तामेवापेक्ष्य तारका अपि स्थिराः। नहि ता भुवं परितो भ्रमन्ति। योऽयं परितो भ्रमति स तस्य चरो यथा चन्द्रो भुवो भूश्च सूर्यस्य ॥ १३ ॥

(वा०) स्वयंप्रकाशा निरपेक्षचाराः सूर्या असंख्या निजमण्डलस्य।
केन्द्रस्वरूपा विचरन्ति तेषां ताराख्यया सर्वजने प्रसिद्धिः ॥ ११ ॥
जवाच्चरन्तोऽपि विहायसीमे तापप्रकर्षात्प्रचुरप्रकाशाः।
स्थिरा इवेक्ष्यन्त उदीर्णवेगाः पोता इवाम्भस्यतिविप्रकर्षात् ॥ १२ ॥
तेषां धराया अतिसंनिकृष्टस्तापप्रदोऽयं किल सूर्य एकः।
अन्ये तु सूर्या अतिविप्रकृष्टाः स्फुरन्ति रात्रौ दिवसे त्वदृश्याः ॥ १३ ॥

[अधि० ४] **ताराणां स्वप्रकाशत्वं रविभास्यत्वमस्ति वा।**
तापस्यानुपलम्भात्ता रविभास्या ग्रहादिवत् ॥ १ ॥
स्वप्रकाशा इमे सूर्यास्ताराख्यास्तप्तमण्डलाः।
रवितोऽप्यतिदूरत्वान्नासां तापोऽनुभूयते ॥ २ ॥

यथा चरत्वं स्थिरत्वं चापेक्षिकं तथा संनिकर्षविप्रकर्षौ। तद्यथा तारापेक्षया भुवोऽत्यन्तसंनिहितोऽपि सूर्यश्चन्द्रापेक्षया तस्या अत्यन्तविप्रकृष्टः। भुवः संनिकृष्टतरत्वादेव बह्वीभ्यस्ताराभ्यो लघीयानपि सर्वाभ्यो बृहत्तरस्तापदश्चायं सूर्यस्तारास्तु सूक्ष्मा इव सूर्यादर्शने स्फुरणधर्मिण्यः। सूर्यादपि भुवोऽत्यन्तसंनिकृष्टतरत्वादेव च चन्द्रस्तत्कोटचंशसदृशोऽपि प्रायस्तत्समानपरिमाण इव प्रतिभाति। परमार्थतस्तु सूर्यादतिलघीयस्याः पृथिव्या अप्यतिलघुतरश्चन्द्रः। तमेतमर्थं सूचयंस्तापदं सूर्यं वर्णयति—

भूमेः संनिकृष्टतमस्तापदः सूर्योऽयमेकः ॥ १४ ॥

चन्द्रापेक्षया भुवोऽतिविप्रकृष्टोऽपि तारकाख्यानि सूर्यान्तराण्यपेक्ष्यातिसंनिकृष्टः। संनिकर्षादेव च तस्यास्तापदोऽपि न तु केवलं प्रकाशक एकोऽयमस्मदीयः सूर्यः। सूर्यान्तराणि तु विप्रकर्षाद्रात्रौ प्रकाशमात्रप्रेषकाणीति भावः ॥ १४ ॥

ननु कियान्विप्रकर्षो भुवः सूर्यस्यास्य च कियांश्च तारकाणां भुवो विप्रकर्षो येन तारकापेक्षया संनिकृष्टतमोऽयं सूर्य उच्यत इत्याकाङ्क्षायां प्रथमं सूर्यस्य विप्रकर्षमाह—

तस्य मध्यमो भूविप्रकर्षः कोटिः साङ्घ्र्यूनचतुर्दशलक्षा ॥ १५ ॥

अनिर्दिष्टः समयो वत्सरात्मकस्तादृश एवाध्वा च योजनात्मक इति शैलीयमाचार्यस्य। तथा चोपलभ्यते वाङ्मयमहार्णवीयासु परिभाषासु "कालो वर्षमनिर्देशे तथाध्वा योजनात्मकः" इति। तथा च सूर्यस्य च भुवश्च मध्यममन्तरं योजनानां कोटिस्त्रयोदशलक्षाणि पञ्चसप्ततिः सहस्राणि चेति सूत्रार्थः। ग्रहगतिं दीर्घवृत्तप्रायां निर्देक्ष्यत्याचार्यो दीर्घवृत्तस्य चान्योन्यविषयं व्यासद्वयमिति ग्रहविशेषस्य सूर्यस्य चान्तरं न सर्वदैकरूपमिति मध्यममन्तरं सर्वत्रैवानुशासने निर्दिष्टम् ॥ १५ ॥

(वा०) श्वेतारुणश्यामलपीतधूम्रनीलादिवर्णा बहुशोऽत्र ताराः।
काश्चित्पृथक्कारभृतः परास्तु संबद्धचाराः सुधियां प्रसिद्धाः ॥ १४ ॥
विद्वत्सु तारानिकरस्य वर्गाः सप्तर्षिमुख्याः प्रथिता अनेके।
वर्गक्रमेणैव सुखेन तासां विशेषविज्ञानविधिः सुसाधः ॥ १५ ॥
तक्षक-शिशुमार-शिफाः सुमेरुसविधेऽक्षगतिवृत्ते।
वीणा-जानुग-मुकुट-कृषक-श्व-युगर्षयो वनौतुश्च ॥ १६ ॥

इत्थं भुवः सूर्यस्य च विप्रकर्षमुक्त्वा तारकाणां भुवो विप्रकर्षं ततोऽतिमहीयांसं प्रदर्शयिष्यंस्तदर्थमपेक्षितज्ञानं प्रभाया गतिवेगं निर्दिशति—

प्रभाया विकलया संचारः साङ्घ्रित्रयोविंशतिसहस्राणि ॥ १६ ॥

अहोरात्रस्य चतुर्विंशो भागः किल होरेत्युच्यते। होरायाः षष्टितमो भागः कलेत्युच्यते। कलायाश्च षष्टितमो भागः पुनर्विकलेत्युच्यते। तदुक्तं वाङ्मयमहार्णवीयासु संज्ञासु—"अहोरात्रचतुर्विंशो होरा षष्टिकलात्मिका। कलायां विकलाः षष्टिः प्रकलातिकलाद्यतः ॥" पूर्ववदनिर्दिष्टोऽध्वा योजनात्मकः विकलया योजनानां त्रयोविंशतिसहस्राणि सार्धशतद्वयं च प्रभा चरतीति वैज्ञानिकैर्निश्चितम् ॥ १६ ॥

शङ्कुद्वयाधिकः संनिकृष्टतमताराविप्रकर्षः ॥ १७ ॥

एकदशशतसहस्रायुतलक्षप्रयुतकोटयः क्रमशः।
अर्बुदमब्जं खर्वनिखर्वमहापद्मशङ्कवस्तस्मात् ॥
जलधिश्चान्त्यं मध्यं परार्धमिति दश गुणोत्तराः संज्ञाः।
संख्यायाः स्थानानां व्यवहारार्थं कृता पूर्वैः ॥

अत्रोक्ता या शङ्कुसंख्या तद्द्वयाधिकयोजनान्तरे भुवः संनिकृष्टतमास्मत्सूर्याभिन्ना तारेत्यर्थः ॥ १७ ॥

ताराविशेषस्य भूविप्रकर्षसूचकं ततः प्रभाया भूप्राप्तिसमयमाह—

अतिविप्रकृष्टेभ्योऽर्धलक्षेण भूप्राप्तिर्विप्रकर्षमवगमयति ॥ १८ ॥

शङ्कुद्वयान्तरे संनिकृष्टतमतारावस्थानमुक्तम्। अतिविप्रकृष्टानां तु तारकाणां विप्रकर्षमानानि न योजनैः परिच्छेत्तुं सुकराणि। परार्धाधिकानि हि तानि योजनानि न च पारेपरार्धं साङ्केतिकं गणितम्। तस्मादतिविप्रकृष्टानां तारकाणां प्रभागमनकाल-

---

(वा०) चित्र-क्रमेल-कश्यप-गोधा-हंसाः शिवा परे वृत्ते।
गरुड-नरेन्द्र-भुजङ्गाः करिमुण्डः सिंहशावकः सूतः ॥ १७ ॥
पर्शु-त्रिकोण-दोला वाज्यश्वतरौ तिमिर्बाणः।
एते तृतीयवृत्ते चतुर्थवृत्ते तु राशयः प्रथिताः ॥ १८ ॥
सरट-ह्रदाहि-घटिकाः सुवर्णयष्टिः कपोतश्च।
पोत-शलाकाष्टास्रं कुमेरुपविधेऽक्षगतिवृत्ते ॥ १९ ॥
वृत्त-त्र्यस्र-मयूराश्चतुरस्रं श्येनिका सरिच्च शशः।
शुनकस्त्रिशङ्कुमुष्कौ सुपर्ण इति च द्वितीयवृत्ते तु ॥ २० ॥
महिष-वृक-वेदि-दूरेक्षकोटीराणि सिन्धुश्च।
सूक्ष्मेक्षणमपि सारस-शकुनौ टङ्कस्तिमिङ्गिलो व्याधः ॥२१॥

निर्देशमुखेन विप्रकर्षमाह—अतिविप्रकृष्टाः काश्चित्तादृश्योऽपि तारकाः सन्ति याभ्यो वर्षाणां पञ्चाशता सहस्रैः प्रभा भुवमागच्छति । अनिर्देशादर्धलक्षेणेत्यत्र वर्षाध्याहारः । कोऽस्त्यधिकविप्रकर्षात्सूर्यात्पञ्चभिरेव कलाभिः प्रभा भुवमायाति, तारकाभ्यस्तु काभ्यश्चिद्वर्षार्धलक्षेणेत्यहो अतिमहांस्तासां विप्रकर्षः ॥ १८ ॥

विप्रकर्षतारतम्यज्ञानस्य फलमुपसंहरति—

तस्मात्तेभ्यः प्रभामात्रागमो न तापाधिगमः ॥ १९ ॥

भूसूर्ययोर्विप्रकर्षमपेक्ष्य तारकाणां भुवो विप्रकर्षस्यातिमहत्त्वात्तारकाख्येभ्यः सूर्यान्तरेभ्यो भुवि प्रभामात्रमुपलभ्यते न पुनस्तापोऽपि ॥ १९ ॥

विप्रकर्षभेदस्यान्यदपि फलं सूचयति—

सूर्यस्यास्य ग्रहादयो ज्ञाता नान्येषामतिविप्रकर्षात् ॥ २० ॥

तापदस्यास्यैव सूर्यस्य परिचारिणो ग्रहादयो ज्ञाता भूवासिनां सूर्यान्तराणां तारकाख्यया लोकप्रसिद्धानां तु ग्रहादिविषये नास्माभिः किमपि ज्ञायते । सन्ति सहचारिण्यः काश्चित्तारकास्तासां तु कः सूर्यः को ग्रह इत्यादि विप्रकर्षाधिक्यान्नाद्यापि निर्णेतुं पारितं ज्योतिर्गणिताचार्यैः ॥ २० ॥

[अधि० ५] ग्रहैः सह रविः पृथ्वीं परिगच्छति वा न वा ।
परिगच्छन् रविर्दृष्टः काऽन्या स्यात्तत्र कल्पना ॥ १ ॥
महीग्रहो ग्रहैरन्यैः सह पर्येति भास्करम् ।
अयनर्तूपरागादि सर्वमित्थं समञ्जसम् ॥ २ ॥

इत्थमुपक्षिप्तानामेतत्सूर्यसंबन्धिग्रहाणां लक्षणं विभागं चाह—

सूर्याधीनचारा ग्रहा लघवो महान्तश्च तं परियन्ति ॥ २१ ॥

(वा०) शृङ्गी श्वशिशुः शेषश्रमसः काकस्तृतीयवृत्तगताः ।
ज्योतिर्गणिताभिज्ञैरिति तारावर्गसंग्रहो विहितः ॥ २२ ॥
साङ्घ्रचष्टलक्षणान्वितकोटिमानो रवेर्भुवो मध्यमविप्रकर्षः ।
ततः प्रभाऽऽयाति धरां कलाभिरष्टात्मिकाभिर्महनीयवेगा ॥ २३ ॥
साङ्घ्रित्रयोविंशतिसंमितानि प्रभा सहस्राणि तु योजनानाम् ।
कालेन सैषा विकलात्मकेन चरत्युदग्रेण जवेन युक्ता ॥ २४ ॥
शङ्कुद्वयादप्यतिविप्रकृष्टास्तारा भुवो या अतिसंनिकृष्टाः ।
लक्षार्धवर्षैरतिविप्रकृष्टात्प्रभैति तारानिकरादिहास्मान् ॥ २५ ॥

सूर्याधीनचारत्वं ग्रहत्वमिति ग्रहसामान्यलक्षणम् । लघवो महान्तश्चेति वर्गद्वये तेषां विभागः । तं परियन्तीति सूर्याधीनचारा इत्यस्यैव व्याख्या ॥ २१ ॥

सूर्यं परितो ग्रहा गच्छन्ति तेनैव तेषु कालभेदादिकमित्याह—

ईदृशचारादयनर्तूपरागादि ॥ २२ ॥

सूर्यं परितो ग्रहा गच्छन्तीत्युक्तम् । यदा चक्रवदक्षपरिवर्त्तिनश्च ते । यथा चक्रमक्षदण्डं परितो भ्रमन्नगरं परितो गच्छेत्तथा ग्रहा अपि स्वाक्षं परितः परिवर्त्तमानाः सूर्यं परितो गच्छन्ति । अक्षपरिवृत्तिप्रयुक्तोऽहोरात्रभेदः । यदर्धं ग्रहविशेषस्य सूर्याभिमुखं तत्र दिनम् । यत्पुनस्तदनभिमुखं तत्र रात्रिः । इयं च गतिरहोरात्रप्रयोजिका परिवृत्तिशब्दवाच्येति सङ्केतः । सूर्यं परितो भ्रमणं तु ऋतूनामयनभेदस्य च प्रयोजकम् । सा गतिः परिभ्रमणशब्दवाच्येति संकेतः । यावद्ग्रहविशेषः सूर्यं परितो भ्रमंस्तं दक्षिणेन परिवर्तते तावद्ग्रहस्योत्तरतः सूर्य इत्युत्तरं तदयनम् । यावत्तु ग्रहः सूर्यमन्तरेण परिवर्तमान आस्ते तावत्सूर्यो ग्रहस्य दक्षिणत इति दक्षिणं तदयनम् ।

सूर्यकिरणानामृजुवक्रपातित्वं ग्रहप्रदेशविशेषेषु । वक्रपातितायां सूर्यविप्रकर्षाच्छैत्यम् । ऋजुपातितायां सूर्यसंनिकर्षादुष्णत्वमिति ऋतुभेदः । अन्ये ऋतवस्तु शीतोष्णावान्तरभेदः । सूर्यकराकृष्टस्य ग्रहवारिण ऊर्ध्वोर्ध्वक्रमेण शीतशीततरे वायुमण्डले संचीयमानस्य घनशैत्यमापद्यमानस्य पुनर्वृष्टिरूपेण ग्रहपृष्ठे पात इति प्रावृट् । एतेन ऋत्वन्तराणि व्याख्यातानि । अयनद्वयेन ग्रहकृतस्य सूर्यं परितो भ्रमणस्य सकृत्समाप्तिर्वर्षं शरत्समादिपर्यायम् ।

उपरागः सूर्यं परितः परिवर्त्तमानो भूग्रहः शुक्लपर्वणि पार्श्वद्वयवर्त्तिनोः सूर्याचन्द्रमसोः चन्द्रमसः सौरीं प्रभां स्वव्यवधानेन विच्छिन्दंश्चन्द्रोपरागं प्रयोजयति । प्रभाविच्छेदश्चोपरागप्रयोजको न सर्वत्र दृश्यत इति यदाकदाचिदेव

(वा०) तद्विप्रकर्षातिशयाच्च तापः प्रभा परं भूमिमुपैति ताभ्यः ।
ज्ञाताश्च सूर्यस्य ततो ग्रहाद्या न तारकाणामतिविप्रकर्षात् ॥ २६ ॥
सूर्यः प्रसिद्धो निरपेक्षचारस्तन्निघ्नचारा ग्रहनामभाजः ।
उपग्रहास्तु ग्रहनिघ्नचारा ग्रहाः सपुच्छा इह केतुसंज्ञाः ॥ २७ ॥
बुध-कवि-क्षिति-भौम-बृहस्पतीञ्शनिमथाप्युरणं वरुणं तथा ।
विदुरिहाष्ट रवेर्महतो ग्रहानुपसहस्रलघुग्रहसंयुतान् ॥ २८ ॥
शून्ये त्रये तद्द्विगुणेषु चैवं चतुर्युतेषु ग्रहविप्रकर्षः ।
तं प्रायिकं केचिदुदाहरन्ति न विप्रकर्षो नियमेन बद्धः ॥ २९ ॥
द्वासप्तत्या युक्ता त्रिशती व्यासो बुधस्य संकलितः ।
योजनचतुष्टयं कियदूनं कक्षागतेर्वेगः ॥ ३० ॥

कस्माच्चिदेव स्थानविशेषादुपरागोपलम्भः। कृष्णपर्वणि पुनरेकस्मिन्नेव पार्श्वे सूर्याचन्द्रे वहन्भूग्रहश्चन्द्रे मध्यवर्त्तिनि संक्रामन्त्या स्वच्छायया सौरीं प्रभां जनलोचनेभ्यो विच्छिन्दञ्जातुचित् सूर्योपरागं जनयति। यस्मिन्किल सर्वग्रासात्मके जायमाने क्रमात्सर्वतः कपिशायमानमाकाशमन्धतमसे निमज्जति, लोहितायति सलिलराशिः, क्षपागमादन्यादृश इव ध्वान्तविवर्त्तो जनमनांसि त्रासयति, चान्द्रमसी छाया धरापृष्ठे धावन्तीव दृश्यते विलोक्यते चान्तरिक्षेऽपि वेगविधाविता च भीषणरंहसा केनापि सत्वेनेव बाध्यमानां दर्शयति वराकीं वसुन्धराम्। विप्रकर्षोऽपि सहसा संक्षिप्त इव विलुप्यते, जनमुखान्युपरागास्कन्दितानीवोपरज्यन्ते, पक्षिणः शरणद्रुमानन्विष्यन्ति, कुसुमानि संकुचन्ति, च्छेकाः क्रन्दन्ति, महाभयाभिभवविप्लाव्यमानसकलौचित्यमिव भूतजातं प्रवेपते। भूग्रहव्यवस्थया ग्रहान्तरव्यवस्थापि व्याख्याता वेदितव्या ॥ २२ ॥

के ते ग्रहाः सूर्यस्याद्य यावद्विदिता इत्याकाङ्क्षायां प्रथमं महाग्रहान्निर्दिशति—

महान्तोऽष्टौ बुधः शुक्रो भूमिर्भौमो जीवः शनिररुणो वरुणश्च ॥ २३ ॥

सूत्रं निगदव्याख्यातम्। यादृच्छिकानि ग्रहनामानि प्रायो नार्थानुसारीणि ॥२३॥

सूर्यसंनिकर्षक्रमेण निर्दिष्टानामेषां परिभ्रमणकक्षां वर्णयति—

क्रमतो वर्धमानायामास्तत्कक्षा दीर्घवृत्ताकाराः ॥ २४ ॥

ग्रहा दीर्घवृत्ताकारासु कक्षासु परिभ्रमन्ति। दीर्घवृत्तं नाम केन्द्रद्वयवानाकारविशेषः। निर्दिष्टानां च महाग्रहाणां परिभ्रमणकक्षाः क्रमाद्वर्धमानायामाः। विप्रकर्षवृद्धया कक्षायामपि वृद्धिरिति ग्रहाणां मध्यमविप्रकर्षमानान्यत्र यथाक्रममुपन्यस्यन्ते।

(वा०) सार्धं लक्षचतुष्टयमस्य रवेर्मध्यमन्तरं प्रोक्तम्।
प्रायोऽष्टाशीत्याह्नां सूर्यं परितः परिभ्रमणम् ॥ ३१ ॥
शुक्रस्यार्धशतोनं सार्धत्रियुतं सहस्रकं व्यासः।
अङ्घ्र्यूनयोजनत्रयमस्य च कक्षागतेर्वेगः ॥ ३२ ॥
सचतुर्लक्षं प्रयुताष्टकं पुनः साष्टसाहस्रम्।
साङ्घ्रिशतषट्कयुक्तं रवितः शुक्रस्य मध्यमन्तरं प्रोक्तम् ॥ ३३ ॥
प्रायः सपञ्चविंशति दिनशतयुग्मेन तु भ्रमणम्।
शुक्रस्य तत्त्वमित्थं ज्योतिर्विद्भिर्विनिर्णीतम् ॥ ३४ ॥
सार्धदशोनसहस्रं भूमेर्व्यासोऽत्र संकलितः।
प्रायः शुक्रसमानस्तस्याः कक्षागतेर्वेगः ॥ ३५ ॥

तद्यथा बुधः सूर्यस्यातिसंनिकृष्टस्तस्य सूर्यान्मध्यमविप्रकर्षः। ततः शुक्रादीनां मध्यमविप्रकर्षा यथाक्रमम्, तत्र ग्रहाणां मानादीनि वाङ्मयार्णवादवगन्तव्यानि ॥ २४ ॥

(वा०) साङ्घ्रयचष्टलक्षयुक्ता कोटिर्मध्यान्तरं रवितः।
प्रायः सपञ्चषष्टित्रिशतदिनैस्तत्परिभ्रमणम् ॥ ३६ ॥
अर्धसहस्रमिहार्धोनितचत्वारिंशदन्वितं व्यासः।
भौमस्य किंचिदूनं द्वितयं कक्षागतेर्वेगः ॥ ३७ ॥
कोटिः सप्तप्रयुतानि सप्तलक्षाण्ययुतमेकम्।
साङ्घ्रिशतषट्कसहितं सहस्रयुग्मं च मध्यमन्तरं रवितः ॥ ३८ ॥
सप्ताशीतिसमन्वितदिनशतषट्केण तत्परिभ्रमणम्।
भौमग्रहस्य तत्त्वं तदिदं ज्योतिर्विदामिष्टम् ॥ ३९ ॥
सार्धद्व्यशीतियुक्तं सप्तशताढ्यं किलायुतं व्यासः।
जीवस्य योजनमितः कल्पितः कक्षागतेर्वेगः ॥ ४० ॥
सचतुर्लक्षं साष्टायुतं सहस्रान्वितं शतैः षड्भिः।
साङ्घ्रिभिरुपेतमन्तरमस्य चतुर्भिः सहस्रैस्तु ॥ ४१ ॥
सार्धद्वात्रिंशद्युतशतत्रयाढ्यैर्दिनैः परिभ्रमणम्।
जीवग्रहस्य तत्त्वं ग्रहवेदिभिरिति विनिर्णीतम् ॥ ४२ ॥
शतनवकं नवसहितं व्यासस्तु शनिग्रहस्य संकलितः।
योजनचरणत्रितयं कक्षागतिवेग एतस्य ॥ ४३ ॥
एकादशकोट्योऽष्टभिराढ्या लक्षैस्तथाष्टभिस्त्वयुतैः।
सचरणसहस्रसप्तोपेता मध्यान्तरं रवितः ॥ ४४ ॥
षष्ट्याढ्यसप्तशतयुतमयुतं भ्रमणस्य कालोऽह्नाम्।
इति शनितत्त्वं गणिताचार्यैर्निरणीयत स्पष्टम् ॥ ४५ ॥
उरणस्य नवाढ्यशतोपेतो व्यासश्चतुः सहस्रमितः।
प्रायोऽर्धयोजनमितः कलितः कक्षागतेर्वेगः ॥ ४६ ॥
सत्रिप्रयुता द्वाविंशतिकोट्यो युतनवकयुक्ताः।
सार्धसहस्रोपेता रवितो मध्यान्तरं तस्य ॥ ४७ ॥
त्र्यंशान्वितषडशीत्या युक्तैः शतपञ्चकाढ्यैश्च।
त्रिंशत्सहस्रदिवसैः सूर्यं परितः परिभ्रमणम् ॥ ४८ ॥

दीर्घवृत्तं नाम केन्द्रद्वयवानाकारविशेषः, इति दर्शितम्। ग्रहकक्षाणां तादृशाकाराणां किं तत्केन्द्रद्वयमित्याकाङ्क्षायामाह—

सूर्यः केन्द्रान्यतरः ॥ २५ ॥

ग्रहविशेषस्य कक्षायाः केन्द्रयोरेकस्य स्थाने सूर्यः। अन्यत्केन्द्रं न केनाप्याक्रान्तम् ॥ २५ ॥

महाग्रहानेवं संग्रहेण निर्दिश्य सम्प्रति लघुग्रहाणां संनिवेशादिकं वर्णयति—

भौमजीवयोर्मध्ये लघुग्रहाः परःशताः शचीरमाद्याः ॥ २६ ॥

बुधादिक्रमेण भौमः सूर्यस्य तुरीयो महाग्रहो निर्दिष्टो जीवश्च पञ्चमो महाग्रह इत्युक्तम्। अनयोर्मध्येऽतिसूक्ष्मा लघुग्रहाः परिवर्त्तन्ते। परःशता इत्युपलक्षणम्, शतद्वयाधिका इति तात्पर्यम्। इयं च संख्याऽद्यावधि विदितानाम्। अपरेऽपि पुनः संभाव्यन्ते। तेषां लघुग्रहाणां साङ्केतिकानि शचीरमेत्यादीन्यभिधानानि व्यवहारार्थमाचार्यैरङ्गीकृतानि। अद्यावधि विदितानां नामानि वाङ्मयार्णवात्—रमा, वाणी, शची, बाला, दक्षिणा, तरुणी, कनीनिका, पुष्पिणी च ॥ २६ ॥

[अधि० ६] **केतवो विविधाकाराः सौरा आगन्तवोऽपि च।**
निश्चिता न गतिस्तेषां तस्मादागन्तवस्त्वमी ॥ १ ॥
केचिन्निर्णीतगतय इतरेऽन्यादृशा अपि।
केचिदागन्तवः केचित्सौरा इति विनिर्णयः ॥ २ ॥

इत्थं महाग्रहाँल्लघुग्रहाँश्च यथोपलम्भं निर्दिश्य केतून्वर्णयति—

सप्रभापुच्छा अनतिघना अतिदीर्घतरवृत्तगाः सौरा आगन्तुकाश्च केतवः ॥ २७ ॥

केतवः किल विचित्राकारा अनियतसंख्या यदा कदाचिद् दृश्यन्ते। यन्त्राद्यसहकृतया दृष्ट्या प्रायः सर्वेऽपि ग्रहाः सर्वाश्च तारका वृत्ताकारा ज्योतिर्बिन्दव इवोपलभ्यन्ते। ग्रहादीनामाकारविशेषास्तु यन्त्रादिसाहाय्यकं विना नोपलभ्यन्ते

(वा०) अष्टाविंशत्यन्वितसप्तशताढ्यं सहस्रकत्रितयम्।
सत्र्यंशं वरुणस्य व्यासो वेगस्तु योजनत्र्यंशः ॥ ४९ ॥
कोट्यस्तु चतुस्त्रिंशत्प्रयुतानि नवैव पञ्च लक्षाणि।
षट्साहस्रसमेतायुतषट्काढ्यानि चान्तरं रवितः ॥ ५० ॥
सत्र्यंशद्वयसप्ताशीतियुतैः षट्सहस्रदिनैः।
सूर्यं परितो भ्रमणं वरुणस्योक्तं विपश्चिद्भिः ॥ ५० ॥

केतवस्तु केचिन्निर्झरद्वययोगाकृतयः परे महासंमार्जनी समा अन्ये चावर्त्ताकारा इति विविधा असहायदृष्ट्याप्युपलभ्यन्ते। तेषामेकांशः कश्चिद्घनतरः पिठराख्यः शेषांशस्तु पुच्छाख्यो दीर्घोऽतिविरलतेजोमयः। केतवश्च सर्वेऽप्यतिदीर्घतरवृत्तगाः। तत्कक्षाणां दीर्घतरत्वं ग्रहोपग्रहकक्षापेक्षया। ते च केतवो द्विविधाः सौरा आगन्तुकाश्च। तत्र सौरा एतत्सूर्यसम्बन्धिनः। तेषां च परिभ्रमणसमयः प्रायो निश्चितः। आगन्तवस्तु सूर्यान्तरसंबन्धिनः सकृद्दृष्टाः पुनर्नावर्त्तन्ते, तेषां कक्षाद्यनिश्चितम् ॥ २७ ॥

केतूनां विषयेऽन्यदपि किञ्चिदाह—

ते बाष्पीयाश्छायापथाभ्रवत् ॥ २८ ॥

छायापथे तारकसमूहांशोऽभ्रसदृशो बाष्पपटलांशश्चेत्यंशद्वयमुक्तम्। तत्र योऽभ्रसदृशोबाष्पपटलांशस्तत्सदृशघटनाः केतवः ॥ २८ ॥

[अधि० ७] चन्द्रोऽयमेक एवास्ति बहवस्तादृशा उत।
एकस्यैवोपलम्भेन बहूनां कल्पना कुतः ॥ १ ॥
ग्रहाधीनगमाश्चन्द्रा उपग्रहपराभिधाः।
दूरवीक्षणदृश्याश्च षड्विंशतिरिह स्थिताः ॥ २ ॥

इत्थं ग्रहान् केतूंश्च वर्णयित्वा संप्रत्युपग्रहान्वर्णयति—

ग्रहाधीनचारा उपग्रहाश्चन्द्राख्याः ॥ २९ ॥

ग्रहाधीनचारत्वमुपग्रहस्य लक्षणम्। लोके प्रायो भूम्युपग्रहस्यैव चन्द्राख्या शास्त्रे पुनरुपग्रहमात्रस्य भूग्रहसंबद्धस्य ग्रहान्तरसंबन्धिनो वा चन्द्राख्यया प्रसिद्धिरित्यभिप्रायेण ब्रवीत्युपग्रहाश्चन्द्राख्या इति ॥ २९ ॥

निर्देशसूत्रे क्रमो न विवक्षितः। अत एव यत्र पूर्वतरं निर्दिष्टानामप्युपग्रहाणां चरमोऽत्र निवेशः कत्युपग्रहाः कस्य ग्रहविशेषस्याद्ययावदुपलब्धा इत्याह—

एको भूवरुणयोर्द्वौ भौमस्य चत्वारो जीवोरणयोरष्ट शनेर्विदिताः ॥ ३० ॥

अद्य यावदेको लोकप्रसिद्धश्चन्द्रो भुवो विदितः वरुणस्याप्येक एवोपलब्धः।

(वा०) ग्रहा प्रभापुच्छभृतोऽतिदीर्घैर्वृत्तैर्भ्रमन्तः परितः स्वसूर्यम्।
उल्काः सृजन्तः पथि केतुसंज्ञाः परःसहस्रा गगने चरन्ति ॥ ५० ॥
सूर्यान्तरं केऽपि परिभ्रमन्तः सौरेऽत्र लोके विरलोपलम्भाः।
परिभ्रमन्तो रविमेतमेव प्रायस्त्वनेकेऽत्र भवन्ति दृश्याः ॥ ५३ ॥
एको भुवो द्वौ च कुजस्य चन्द्रौ बृहस्पतेरष्ट शनेर्दशात्र।
चत्वार एवोरणकस्य दृष्टा एकोऽद्ययावद्वरुणग्रहस्य ॥ ५४ ॥

भौमस्य द्वावतिसूक्ष्मौ चन्द्रावुपलब्धौ। जीवस्याष्टचन्द्राः। उरणस्य चत्वारः। शनेर्दश विदिताः। विदिता इति वचनविपरिणामेन सर्वत्रान्वेति। भूवरुणयोर्जीवोरणयोरित्यत्र च प्रत्येकमिति शेषः। विदिता इत्यस्य सर्वत्रैव देशेषु वैज्ञानिकविषयेषु यथोपलब्धं शास्त्रे वर्णनमित्यभिप्रायः। न तु शास्त्रेण निरवालोके भविष्यत्काले विपुले च जगति शास्त्रोक्ताद्विशिष्टतरस्योपलम्भस्य व्यवच्छेदः क्रियते ॥ ३० ॥

[अधि० ८] भूगर्भे मेरुशृङ्गादौ ग्रहेष्वन्येषु वा क्वचित्।
स्युर्वा न वा स्युर्निरयाः स्युरेवोक्ताश्चिरन्तनैः ॥ १ ॥
व्यापित्वात्परिणामस्य दुःखादेर्नित्यसंक्रमात्।
लोकान्तरेऽमरत्वादिवर्णना कविकल्पना ॥ २ ॥

आह्निकशेषे लोकस्थितिवर्णनस्य फलविशेषं दर्शयन्नाह—

असदनीदृशेषु निर्दिष्टम् ॥ ३१ ॥

ईदृशी च्छायापथताराग्रहोपग्रहकेतुप्राया लोकस्थितिरुपलभ्यते। तस्माद्यः कश्चित्पारमार्थिकीं स्वर्गनरकादिस्थितिं वा शक्रवरुणकुबेरयमादिलोकस्थितिं वा वैकुण्ठशिवलोकगोलोकादि वा स्वस्वसंप्रदायकल्पनामनुसृत्योपदिशति, स कस्मिश्छायापथखण्डे कस्यां वा तारकायां कस्मिन्वा ग्रहे कस्मिन्नुपग्रहे वा कस्मिन्केतौ वा तदुक्तो लोकविशेष इति पर्यनुयोज्यः। स यदि न किञ्चित्प्रतिपद्यते निर्मूलां कल्पनां प्रलपत्यसावित्युपेक्ष्यः। अथ स्वलोकविशेषसंनिवेशं स ईदृशेषु केषुचिन्निर्दिशति वक्ष्यमाणरीत्या तादृश्यास्तस्य कल्पनाया उपपत्तिः परीक्षणीया। उपपत्तिपरीक्षणे नूनं स कियद्वादानन्तरं तूष्णीम्भावमवलम्बिष्यते तादृशीनां कल्पनानां प्रायो निरुपपत्तिकत्वात्। निरर्थका वितण्डाः प्रतन्वानो वा तूष्णीम्भूतो वा स प्रेक्षावद्भिर्व्याहतेषु विषयेषु समयशक्त्यादिव्ययमचिकीर्षद्भिः सर्वथा परिहरणीयो यथाशक्ति जनता चेदृशेषु व्याहतप्रलापिषु यथा न श्रद्दधीत तथा प्रयतनीयम् ॥ ३१ ॥

(वा०) नैव नाकनिरयादिकस्थितिस्तारकादिषु किलोपपद्यते।
दिव्यदृष्टिगगनारविन्दिनीमन्तरेण न च वीक्ष्यतेऽपि सा ॥ ५५ ॥
नापि सा विनिरदृश्यत स्फुटं तारकादिषु विभज्य सूरिभिः।
कल्पनेयमसमञ्जसा कविस्वप्नमोदकसमेति निश्चयः ॥ ५६ ॥
केन्द्रमात्मवसतिग्रहस्य यज्जन्मिनामिदमध्रस्तनं सदा।
ये वियत्यथ परे ग्रहादयस्ते तु शश्वदुपरि प्रसर्पिणः ॥ ५७ ॥
अस्तु कस्य तदिहोर्ध्वलोकता कस्य वा पुनरधस्तनी स्थितिः।
संपदाद्यतिशयोऽनुमीयतां कीदृशः कथमथोर्ध्वचारिषु ॥ ५८ ॥

इत्थं सामान्यतः स्वर्गलोकादिकल्पनामसतीं प्रदर्श्य कासांश्चिद्विशेषकल्पनानां व्याहतत्वमुदाहरति—

एतेषूर्ध्वाधोभेदः सुखाद्यतिशयश्च कवीनामुत्प्रेक्षा ॥ ३२ ॥

वियति विकीर्णेषु तारकादिषु परस्परसंनिकर्षविप्रकर्षाविव सुवचौ न पुनस्तेषु कश्चिदूर्ध्वाधोभेदः। यथा हि भूग्रहस्थानां शिरसि सर्वत्र ग्रहान्तराणि वियति तारकासहचराणि उपरिस्थानि प्रतिभान्ति तथैव ग्रहान्तरे स्थितानां भूग्रहोऽपि वियति तारकासहचर उपरिष्ठो विभाव्यत इत्यबाधितमनुमानं ज्योतिर्विदाम्। तस्माद् ग्रहादिषूर्ध्वाधोभेदः कल्पनामात्रं न पारमार्थिकम्। किञ्चेदृशो भेदोऽभून्मा वा। न खलु ग्रहान्तरीया जलवायुजनादिस्थितिः सर्वथा निश्चेतुं सुशका। न च यथाकथञ्चित्सामान्यज्ञाने जातेऽपि तत्रतत्रत्या भूग्रहवासिभ्यः शिवतरजीवना अन्यथा वेति कश्चिदिहस्थो न वक्तुं शक्नोतीति नूनमूर्ध्वाधःस्थत्वेन कल्पितेषु ग्रहादिषु स्वर्गनरकाद्युत्प्रेक्षा तत्र सुखदुःखाद्यतिशयसंभावना च विष्णुशर्माद्युत्प्रेक्षिता शृगालादीनां मानुषव्यवहार इव जरत्कवीनामवैज्ञानिकानां कल्पना व्यसनमात्रम् ॥ ३२ ॥

कल्पनान्तराण्यपि तादृशान्येवेत्यतिदिशति—

तथा पुत्रत्वगुरुत्वयुद्धहेतुत्वादिकल्पना नराकारादिकल्पना च ॥ ३३ ॥

यथा स्वर्गनरकादिकल्पना न श्रद्धेया तथैव ग्रहादिषु पुत्रत्वादिकल्पनाऽपि। तद्यथा बुधश्चन्द्रात्तारायां जीवभार्यायां जात इति प्रसिद्धिः। जीवोऽङ्गिरसः पुत्रो देवानामाचार्यो वाक्पतिस्तारापतिर्वा। भौमो भूमिदेव्यां नरकासुराज्जात उदितः सन्युद्धहेतुः। शुक्रः काणो दैत्यगुरुर्महाकविर्महानीतिज्ञश्च भृगुवंश्यः। शनिः पङ्गुः सूर्यपुत्रो दृष्ट्या पुरुषं विनाशयति। तारानिकराः केचिदृक्षाकाराः केचिन्मेषाकारा इतीदृशैराकारविशेषैर्युक्ताः। इतीदृश्यो व्याहता उत्प्रेक्षाप्रधानेन कविचक्षुषैव दृश्या अतिशयोक्तयो न श्रद्धेयाः। संभवति तु यत्किञ्चिन्मूलं कासाञ्चित्कल्पनानाम्।

तद्यथा बुधश्चन्द्रवदल्पकाय इति तस्य च तत्सुतत्वम्। जीवो ग्रहाणां बृहत्तम इति तस्य गुरुत्वं तन्मूलं च बृहस्पतित्वं "वाग्वै बृहती" इति ब्राह्मणं स्मरद्भिर्वाक्पतित्वे परिणमितम्। भौमस्य कतिपयविषयेषु भूसादृश्याद् भूसंनिकर्षाच्च भौमत्वम्। एवमन्यत्। तथापीदृशीनामालङ्कारिकमात्रप्रियाणामुत्प्रेक्षातिशयोक्त्यादीनां न परमार्थविज्ञाने कश्चिदवकाश इति सर्वथा परमार्थभक्तिपरायणैरुपेक्ष्यमेवेदृशं कल्पनाजालम् ॥ ३३ ॥

(वा०) मङ्गलः क्षितिसुतो बृहस्पतिर्नाकनायकगुरुर्नराकृतिः।
भूमिसाम्यगुरुतादिहेतुका इत्यमूः कविकुलस्य कल्पनाः ॥ ५९ ॥

[अधि० ९] **व्यक्ता सर्वेषु लोकेषु भवेज्जीवस्थितिर्न वा ।**
तैजसादिसिद्धयोगाद्व्यक्ता सर्वत्र सा भवेत् ॥ १ ॥
तप्तपिण्डे रविनिभे शीते च शशिना समे ।
व्यक्ता जीवस्थितिर्नैव शीतोष्णे सा क्षिताविव ॥ २ ॥

तर्हि पारमार्थिकी जीवादिस्थितिः कीदृशी ग्रहादिषूपलभ्यत इत्याकाङ्क्षायामाह—

शीतोष्णोष्णशीतभेदः सर्वत्र ॥ ३४ ॥

वियच्चारिषु भूम्यादिषु सर्वेष्वपि वर्गत्रयम् । केचित्सर्वथा शीताः अन्येऽत्यन्तमुष्णाः । केचिदन्तरुष्णा बहिः शीताः । कञ्चित्कालं सर्वोऽपि वियच्चर उष्णस्तिष्ठति । तदनन्तरं क्रमादूष्णनिर्गमे बहिः शैत्यमन्तरुष्णत्वम् । अन्ततः सर्वथा शैत्यमन्तर्बहिश्च सर्वोष्मनिर्गमात् ॥ ३४ ॥

किमनेन भेदेन जीवस्थित्यादिविषय इत्याकाङ्क्षायामाह—

जीवव्यक्तिः शीतोष्णेषु पृथिव्यामिव ॥ ३५ ॥

सम्प्रति पृथिवी कालवशाद्बहिः शीतान्तरुष्णा । ये ग्रहाश्च भौमाद्याः केचिदीदृशास्तेषु पृथिव्यामिव जीवव्यक्तिः संभाव्यते । न तु किञ्चिन्निश्चयानुमानलिङ्गमीदृशेषु विषयेष्वद्याप्युपलब्धम् ॥ ३५ ॥

शीतोष्णेषु जीवस्थितिं पृथिव्यामुपलब्धामन्यत्र च संभावितामुक्त्वा संप्रत्युष्णेषु कीदृशी व्यवस्थेत्याह—

उष्णेष्वव्यक्ता जीवशक्तिर्यथा सूर्ये ॥ ३६ ॥

उष्णेषु व्यक्ता जीवशक्तिर्न संभाव्यते, जीवशक्तेरूष्ममयत्वेऽप्यत्यूष्मणस्तद्बाधकत्वात् । तथा च पृथिव्यादिग्रहेषु जीवशक्तिं निजोष्मणा रक्षन्नपि सूर्यो न व्यक्तजन्तुरद्याप्यतितप्तत्वात् । सूर्यसादृश्याच्च तारकादिष्वव्यक्ता जीवशक्तिर्व्याख्याता ॥ ३६ ॥

एवमुष्णेषु शीतोष्णेषु च जीवव्यवस्थामुदाहृत्य सम्प्रति शीतेषु सा कीदृशीत्याह—

(वा०) केतुतारकशशिग्रहादिकव्यक्तिरुष्णजडमिश्रता स्थिता ।
जीवशक्तिरिह तद्भिदानुगा तद्व्यवस्थितिमिमां विदुर्बुधाः ॥ ६० ॥
अन्तरूष्मसु बहिर्जडास्विह व्यक्तिरुद्भवति जीवसंततिः ।
बाह्यतापविगमे हि भूग्रहः प्राणिनां क्रमविकासमाबधे ॥ ६१ ॥

शीतेषु नष्टा यथा भूमिचन्द्रे ॥ ३७ ॥

सर्वथा नष्टोष्मसु वियच्चरेषु न जीवशक्तिः संभाव्यते, यथा भूमिचन्द्रे। भूमिचन्द्रो हि केवलं चन्द्र इति जनेषु प्रसिद्धः। स च चिराद्व्ययितसर्वोष्मा। तस्मात्तत्र संप्रति जीवा न संभाव्यन्ते ॥ ३७ ॥

[अधि० १०] **वैज्ञानिकैर्यत्प्रकृतेस्तत्त्वमत्र विनिश्चितम्।**
तत्प्रत्यक्षानुमानाभ्यां शब्दमात्राश्रयेण वा ॥ १ ॥
शब्दमात्राश्रयेण स्यात्पौराणिककथादिवत्।
नोपपन्नमिदं शब्दो मानं नैवाविधौ यतः ॥ २ ॥

नन्वविधौ शब्दमप्रमाणं भवाननुशासनोपक्रमे निर्णीतवान्, सम्प्रति तु विप्रकृष्टानां सूर्यादीनामप्रत्यक्षं बहुतरं स्वभावादिकं भवानुद्गिरति। तत्किं भवदुक्तमिदं सर्वं भवदीयशब्दगौरवाच्छ्रद्दधीमहि। कथं पुनः श्रद्धा भवच्छब्देष्वर्थवादस्पर्शिषु भवतु। भवानेव हि शब्दमप्रमाणमर्थवादे व्यपदिशति। इतीदृशमालपन्तं प्रत्याह—

तदुपलम्भः प्रत्यक्षानुमानाभ्याम् ॥ ३८ ॥

यदस्मिन्नाह्निके लोकादिस्थितिविषये किञ्चिदुक्तं न तद्योगिनां मान्त्रिकाणां वा रहस्यं दिव्यदृष्ट्युपलब्धम्। प्रत्युत प्रत्यक्षानुमानाभ्यां वैज्ञानिकैर्निर्णीतमिदमरहस्यवादिभिरपेक्षितयन्त्रादिसाधनैः। तानि च साधनानि प्रायः सर्वत्र महापत्तनेषु विज्ञानशालासनाथितेषु सुलभानीति तत्परीक्षार्थिनः स्वयं सर्वमिदं प्रत्यक्षानुमानाभ्यां निश्चेतुं शक्नुवन्ति। न च रहस्यमितिकृत्वा मान्त्रिकादय इव वैज्ञानिकाः किमपि निगूहितुमिच्छन्ति। ते पुनः परीक्षार्थिनं जनं साहायकेनानुग्रहीष्यन्तीति सर्वथा दिव्यदृष्ट्यादिमात्रसुलभाद्वन्ध्यापुत्रसदृशादनर्थजाताद्भिन्नमिदं पारमार्थिकमर्थजातम्। न च कश्चिदनर्थोऽत्र सुरेक्षुसमुद्रादिवच्चक्रताराव्यभिचारादिवद्वार्थत्वेन ग्राहयितुमिष्ट आचार्यस्य येन व्याहतेष्विव तेषु सद्यः श्रद्धाभङ्गः स्यात्। अव्याहतास्त्वेतेऽर्थाः प्रतिपादितास्तेषु यथायथं परीक्ष्य ये केचिदप्रमिताः स्युस्त उपेक्ष्या ये च प्रमिताः स्युस्ते ग्राह्याः। एतेनानुशासनेनोक्तेषु विषयान्तरेष्वपि न शब्दमात्राच्छ्रद्धा किं पुनरुपदिष्टस्यार्थस्याव्याहतस्य प्रत्यक्षानुमानाभ्यां शक्यपरीक्षत्वात्।

(वा०) या महोष्ममयविग्रहाः पुनर्व्यक्तयो रविनिभाश्चरन्ति खे।
बाह्यतापविगमप्रतीक्षिणी जीवशक्तिरधुनाऽऽसु कल्प्यते ॥ ६२ ॥
याः पुनः शिशिररश्मिशीतलास्ताश्चिराय गतजीवशक्तिकाः।
प्राणिनां न पुनरेकतः खगात्संक्रमः किल परत्र संगतः ॥ ६३ ।

यः कोऽपि हि वक्ता पुरुषोऽयं राजमार्गेऽवस्करं कृतवानिति कृताभियोगः श्रद्धेयवचनो भवति। पश्चात्साक्ष्यादिपरीक्षयाऽपराधिनो मोक्षो वा दण्डो वा। पुरुषोऽयं वह्निमवचस्कार तेन च दीनस्य कस्याप्युटजं दग्धवानित्यभियोक्ता तु महाप्रतिष्ठोऽपि न श्रद्धेयवचनो भवति प्रत्युतोन्मत्तो वा धूर्त्तो वेत्युन्मत्तालये वा प्रेष्यते दण्डयते वा, विसृज्यते च तदभियुक्तः। तस्मादब्याहतानामुपलम्भानां वक्ता न सह व्याहतोपलम्भाभासवक्तृभिरेकस्मिन्नेव घरट्टे पेषणीयः। असकृदुक्तमेतत्। उदाहरिष्यति चैतद्व्याहतपरीक्षा मुद्गरारेरित्यत्राख्यायिकाध्याये ॥ ३८ ॥

इदं तावद्व्याहताव्याहतविवेकशून्यमपरीक्षकं प्रत्यभिध्याय संप्रति परीक्षकमव्याहतान्यर्थजातानि परीक्षायै मुहुर्मुहुः श्रोतुकामं क्वेदृशानर्थान्विस्तरेणोपलभेयेति सकौतुकं सोत्कण्ठं च पर्यनुयुञ्जानमाह —

विस्तरस्तु वाङ्मयमहार्णवेऽन्यत्र च ॥ ३९ ॥

ईदृशानामर्थानां परीक्ष्य प्रतिपत्तव्यानामरहस्यानामनपेक्षितासंभाव्यसाधनानामदिव्यदृष्टिगम्यानां विस्तरेण वर्णनं वाङ्मयमहार्णवाख्ये महाप्रबन्धे प्रबन्धान्तरेषु च तत्तद्विज्ञानमुद्दिश्य विविधाभिर्भाषाभिरनेकैर्विद्वद्भिः प्रणीतेषु कृतमिति सविस्तरमीदृशं विज्ञानमधिगन्तुकामैस्त एव प्रबन्धा अवलोकनीयाः।

इति द्वितीयाध्यायस्य प्रथमाह्निकं समाप्तम्।

(वा०) अर्थजातमिदमीदृशं बुधैर्हेतुसंगतमतर्क्यं नाग्रहैः।
न त्वतीन्द्रियखपुष्पदर्शिभिर्दिव्यदृग्भिरपरीक्ष्यमर्मभिः ॥ ६४ ॥
कौतुकाय सुधियामयं कियान्दर्शितः प्रकृतितत्त्वसंग्रहः।
विस्तरार्थिभिरलं वगाह्यतां वाङ्मयार्णवतरङ्गमालिका ॥ ६५ ॥

इति द्वितीयाध्याये प्रथमाह्निकम् ॥

द्वितीयाध्यायस्य द्वितीयाह्निकम् ॥

[अधि० १] अन्वेष्यहेतुः सृष्टिः स्यात्सादिराहो तु शाश्वती ।
साद्धिः स्यान्निर्मितेशेन नहि किंचिदहेतुकम् ॥ १ ॥
सृष्टिवैचित्र्यतः पूर्वाद्वैचित्र्यान्तरनिःसृतिः ।
सा कीदृगिति विज्ञानं कुतः सेत्यज्ञकौतुकम् ॥ २ ॥

तन्त्रान्तरेषु प्रायः सृष्टिप्रलयवर्णनमुपलभ्यते । तदस्मिंस्तन्त्रे सृष्टिप्रलयस्वीकारो-ऽस्ति न वेति लोकविभागव्यवस्थां श्रुत्वा कौतुकेन पृच्छन्तं प्रत्याह—

शाश्वतं विश्ववैचित्र्यमगम्यबीजं तथा च ऋषिः ॥ १ ॥

विश्ववैचित्र्यं सदैवासीत्सदैव च स्थास्यति, न तस्यादिरन्तो वा । किञ्चास्य वैचित्र्यस्य प्रथमं बीजमिति न कश्चिद्वक्तुं बोद्धुं वार्हति । ऋषिरपि पश्यति—

"को अद्धा वेद क इह प्रवोचत्कुत आजाता कुत इयं विसृष्टिः ।
अर्वाग्देवा अस्य विसर्जनेन अथ को वेद यत आबभूव ॥
इयं विसृष्टिर्यत आबभूव यदि वा दधे यदि वा न ।
यो अस्याध्यक्षः परमे व्योमन् सो अङ्ग वेद यदि वा न वेद ॥" ॥ १ ॥

तर्हि किं सर्वस्यानादित्वमनन्तत्वं च प्रतीमः । व्याहतं तु तन्नरखरतुरगादीन् गिरिनगरार्णवादीन्ग्रहनक्षत्रादींश्च सर्वानेव प्रत्यक्षेणानुमानेन वा जायते अस्तीत्यादिभिर्यास्कोक्तैः षड्भिर्भावविकारैर्ग्रस्तानुपलभामहे । तस्मान्न विश्ववैचित्र्यस्य शाश्वतत्वमित्याशङ्कां प्रतिक्षिपति—

व्यक्तेस्तु सादित्वं सान्तत्वं च ॥ २ ॥

यथा हि बुद्बुदविशेषस्य नाशेन जन्मना वा न समुद्रस्य नाशो जन्म वा, यथा नैकस्या नरव्यक्तेर्जन्मनो नाशाद्वा मनुष्यमात्रस्य जन्म नाशो वा तथा सर्वसमष्टेः सर्वात्मसमुद्रस्य न विश्वाख्ये बुद्बुदविशेषे जाते वा नष्टे वा सादित्वं सान्तत्वं वा कल्पयितुमुचितम् । एकस्मिन्बुद्बुदे नश्यति बहवः प्राक्तनास्तिष्ठन्ति तथाऽभिनवा अप्युत्पद्यमाना उपलभ्यन्ते । एकस्मिन्पुरुषे म्रियमाणे बहवस्तिष्ठन्ति तथोत्पद्यमानाश्चोपलभ्यन्ते । तथा च व्यक्तेः सादित्वं सान्तत्वं च न तु सर्वात्मन इति सिद्धम् ॥ २ ॥

(वा०) शाश्वती किल जगद्विचित्रताऽवैतु हेतुमदसीयमत्र कः ।
आदिमन्तमपि तत्र केवलं व्यक्तयो दधति तद्द्वयोज्झिते ॥ १ ॥

नन्वद्भुतमिदं भवतो विज्ञानं यन्नोच्यते कुतो विश्वमायातं न वा विज्ञायते कोऽस्य सर्गहेतुरिति, न च सर्वस्य सर्गः प्रलयो वा स्वीक्रियतेऽपीत्याक्षेपं समाधत्ते—

न कस्मादिति विज्ञानविषयः कीदृगिति सः ॥ ३ ॥

कस्माद्धेतोः किं भवतीत्यादिर्न विज्ञानविषयः। कस्तर्हि विज्ञानविषयस्तदाह—कीदृग्विश्वस्य व्यवस्थेति विज्ञानविषयः। सूर्यः किल प्रालेयं द्रावयति जलं च विशोषयति, तत् कस्य हेतोरिति न वैज्ञानिकानां जिज्ञासा। केवलं कीदृशं फलं सूर्येण प्रालेयस्य संबन्धे कीदृशं च जलस्येति वैज्ञानिकानां जिज्ञासा। कुत इति जिज्ञासमाना अप्यन्ततस्तूष्णीम्भावमेव शरणीकुर्वन्ति, मायावादिन इव मायाया अनिर्वचनीयत्वम्। अत एव ऋषिर्न सृष्टिहेतुं जिज्ञासाविषयं पश्यति। तथैव "लोकवत्तु लीलाकैवल्यम्" इत्यादि वदन्तो बादरायणादयोऽपि स्मरन्ति ॥ ३ ॥

[अधि० २] **क्षीराब्धिरूपणं क्व स्यात्पार्थिवे वा पयोनिधौ।**
वियच्चरे वा कस्मिंश्चित्पार्थिवे स्यात्तथोक्तितः ॥ १ ॥
क्षित्यादिविश्वाधारस्य विष्णोर्यदयमाश्रयः।
छायापथोऽतः क्षीराब्धिरस्य विश्वस्य वेष्टनम् ॥ २ ॥

न कस्मादिति विज्ञानविषयश्चेत्कीदृशी विश्वव्यवस्थेत्येतमेवार्थं पृच्छामस्तावद्भवन्तमिति पर्यनुयुञ्जानमाह—

सर्वात्मन्यक्षर ओतश्च प्रोतश्चाकाश इति याज्ञवल्क्यः ॥ ४ ॥

वैदेहब्राह्मणे सर्वाश्रयमोतप्रोतविश्वमाकाशमुपदिशन् "कस्मिन्खल्वकाश ओतश्च प्रोतश्च" इति पृष्टः "एतद्वै तदक्षरं गार्गि ब्राह्मणा अभिवदन्ति" इत्यादिना ब्रह्मण्यक्षरे सर्वात्मन्योतं च प्रोतं चाकाशमाह याज्ञवल्क्यः। यथा जीवे व्यक्तिरोता च प्रोता च तथा सर्वात्मनि विश्वमोतं च प्रोतं चेति तस्य तात्पर्यम् ॥ ४ ॥

तस्मिन्नित्योपलब्धिस्वरूपे सर्वात्मनि यदाकाशमोतं च प्रोतं च तस्मिन्नाकाशे नित्यानेकवैचित्र्यवद्विश्ववति विश्वस्यास्य लोकविभागादि प्रथमाह्निके यथोक्तं तथैतत्सूर्यकेन्द्रकस्य जगतः सर्गादिक्रमः कश्चिदुच्यताम्। न हि सर्वात्मसमुद्रस्यानाद्यनन्तत्वमपरिच्छेदं च स्वीकुर्वन्नपि तद्बुद्बुदविशेषस्यास्य सौरजगतः सर्गादि न

(वा०) कीदृगत्र ननु तत्त्वमित्ययं भाति शास्त्रविषयः परिस्फुटम्।
इत्थमेतदथ नान्यथा कुतः कस्य तर्कविषयो भवेदसौ ॥ २ ॥
द्रावयत्यहिमदीधितिर्हिमं वारि शोषयति चेति दृश्यते।
नान्यथैव नियमः किमित्यमं के समादधतु वा कुकल्पनाम् ॥ ३ ॥

जिज्ञास्यमिति कश्चिद्वक्तुमर्हति। इतीदृश्यां जिज्ञासायामेतस्य सौरजगतः सर्गादिक्रमं यथोपलब्धं वर्णयिष्यन्नाह—

तदेतद्विश्वोपाधिमद्विष्णुपदं क्षीराब्धिनिभेन च्छायापथेन वेष्टितम् ॥५॥

व्यापक आकाश इत्युक्तम्। विष्णुर्व्यापकस्तदेव पदं वाचकं यस्येति विष्णुपदमिति निर्वचनाद्विष्णुपदशब्देन वा विष्णुशब्देन वा तस्यैव व्यपदेशः। सामान्यत आकाशमात्रं विष्णुपदम्। विशेषतस्तु निर्मेघे वायुमण्डले दृश्यस्यैतद्विश्वोपाध्यवच्छिन्नस्याकाशस्य स व्यपदेशः, ईदृशश्चाकाशांशश्छायापथेन विप्रकृष्टतमेन दृश्यवस्तुना वेष्टित इति सूचितमेव। अस्यैव शशिसूर्यनेत्रत्वं कविभिरुत्प्रेक्षितमस्मिन्नेव च मेघाच्छादितदृष्टीनामदृश्ये सति विष्णुः स्वपितीति व्यपदेशः। मेघात्यये चास्योत्थानव्यपदेशः। अतसीकुसुमोपमेयकान्तेरस्यैव शान्ताकारत्वं विश्वाधारत्वं मेघवर्णत्वं नक्षत्रादिलक्ष्म्याः कान्तत्वमित्यादि बहुविधं वर्णनं कविभिः कृतम्। छायापथवेष्टितत्वादस्य क्षीरसागरशायित्वम्। दुग्धधारावद्दर्शनीयो ह्यसौ छायापथः। एतच्च दिङ्मात्रं दर्शयत्याचार्यः। एवमेव बहुविधा अन्येऽपि कवीनामेतद्विषयका व्यपदेशा यथायथं योजनीयाः ॥ ५ ॥

किमेतस्य विष्णुपदस्य सर्गप्रकरणे वर्णनेनेत्याह—

छायापथशकलानां वियति प्लवनं मेघानामिव वायुमण्डले ॥ ६ ॥

विष्णुपदे यत्र तत्र तप्तबाष्पमयाः सूर्यादिषु विभक्ता वा विभज्यमाना वा राशिरूपा अनारब्धविभागा वा छायापथांशास्तिष्ठन्ति वायुमण्डल इवाभ्राणि। ते च सर्वेंऽशा महाछायापथस्य काञ्चीवद्विश्वं वेष्टयित्वा स्थितस्य प्रायः प्रतिनिशं दृश्यस्य मन्दाकिनीति दिव्यो घण्टापथ इति दुग्धधारेति बहुभिर्नामभिस्तत्तज्जनेषु विदितस्य तुल्याः ॥ ६ ॥

[अधि० ३] ब्रह्मा स्यात्पुंविशेषो वाऽन्यो वा, स्यात्स पुमान्ध्रुवम्।
कुलालवद्धि सर्वं स निर्मिमीते महोद्यमः ॥ १ ॥
उद्यन्नग्णपक्षेऽसौ ब्रह्मा सूर्यो न संशय।
हिरण्मयमृताण्डस्य स गर्भः स्वयमुद्बभौ ॥ २ ॥

(वा०) अक्षरात्मनि वियच्चिदात्मके प्रोतमोतमिति यज्ञवल्क्यजः।
विश्वमेव वियदाश्रयं स्फुटं शाश्वताखिलविचित्रतागृहम् ॥ ४ ॥
विश्वमेकमिदमस्मदाश्रयो यद्वियत्तु तदुपाधिकं स्थितम्।
तस्य विष्णुपदवाच्यता स्फुटं व्यापिता वियति सर्वसंमता ॥ ५ ॥

ईदृशादेव कस्माच्चिच्छायापथशकलादस्मदीयस्यैतत्सूर्याश्रयस्य ब्रह्माण्डस्य सर्ग इत्याह—

कुतश्चिच्छायापथशकलाद्विष्णुपदे प्रतप्ततेजोमयाद्रविकेन्द्रकमिदमण्डम् ॥ ७ ॥

विष्णुपदे प्लवमानात्प्रतप्तबाष्पमयात्कस्मादपिच्छायापथखण्डादिदं ब्रह्माण्डं मार्तण्डकेन्द्रकमभूत् । स तापः पुनः कथमागतश्छायापथ इति जिज्ञासायां तु निसर्गतो महावेगेन चलतामणूनां गतेः सतापा गतिर्हि तापहेतुर्दृष्टा वेगेन घृष्यमाणेषु लोहखण्डादिषु तथा दर्शनादित्यादि वैज्ञानिका वदन्ति, तदत्र विस्तरभयान्नोपन्यस्तम् ॥ ७ ॥

केन्द्रमधिवसतो रवेस्तेजसा हिरण्मयं तदित्याह—

हैमं रवितेजसा ॥ ८ ॥

केन्द्रमधिवसतो रवेस्तेजसा हैममिव तदण्डम् । 'आप्रणखात्सर्व एव सुवर्णम्' इत्यादि ब्राह्मणेषु हिरण्यनिभस्य रवेरुक्तत्वात्तथैवोपलम्भाच्च । स्मरन्ति च 'तदण्डमभवद्धैमम्' इति । प्रथममेकमेव तदण्डमासीद्रविग्रहादिविभागस्तु केन्द्रापक्रमेण शक्तिकृतः क्रमादभूदित्यवधेयम् ॥ ८ ॥

कथं तस्याण्डस्य विभागोऽभूदित्याह—

तत्परिच्छिन्नस्य विष्णुपदस्य नाभावरुणपद्माश्रयो रविः ॥ ९ ॥

यः खलु विष्णुपदांश एतत्सूर्यप्रभापरिच्छिन्नस्तस्य नाभौ केन्द्रेऽरुणपद्मस्य प्रातस्त्यं पाटलं सरसिजसदृशत्वात्सरसिजत्वेनैव कविभिर्वर्णितं तेजः समाश्रितः प्रतिप्रत्यूषं तदाश्रित इव दृश्यो रविः ॥ ९ ॥

अयमेव विष्णोर्नाभिकमले समासीनो ब्रह्मा कविभिर्वर्णित इत्याह—

स बृहत्वाद् ब्रह्मा प्रयुताधिकभूमिसमः परितस्तेजोमयत्वात्सर्वतोमुखः ॥ १० ॥

(वा०) वेष्टितं च तदनातपाध्वना क्षीरवारिधिनिभेन सर्वतः ।
तप्तबाष्पपटलैरसंख्यकैर्व्याप्तमस्य शकलैरितस्ततः ॥ ६ ॥
तप्तबाष्पपटलादथेदृशात्सारमण्डमुदभूत्कुतश्चन ।
ब्राह्ममण्डमिति यद्विपश्चितः कीर्त्तयन्ति महसा हिरण्मयम् ॥ ७ ॥

सोऽयं रविर्मार्तण्ड इत्युच्यते मृतस्याण्डस्यापत्यत्वात्। ब्रह्मापि हिरण्यगर्भो हिरण्यस्याण्डस्य गर्भो बाल इवेति स्पष्टमेव। तस्मात्तयोरभिन्नत्वम्। सेयमेका व्यक्तिः सूर्यसवितृत्वादिनामभिर्ब्रह्मविश्वसृट्चतुराननादिनामभिश्च व्यपदिश्यते। सा लोकान्सूते। सा बृहती। ब्रह्मशब्दस्य निरुच्यमानस्य बृहत्त्वमर्थः। बृहतेर्धातोरर्थानुगमादिति तन्निवर्चने शङ्करोऽपि। तस्मात्सा ब्रह्मेति गीयते। कीदृशं तस्या व्यक्तेर्बृहत्त्वमित्याह—न सा प्रादेशमात्रव्यासस्य दर्पणस्य तुल्येति मन्तव्यम्। ज्योतिर्विदामबाधितेनानुमानेन प्रयुताधिकभूमतुल्याऽसावित्युपलब्धत्वात्। परितस्तेजोमयी सा दक्षिणोत्तरयोरयनयोस्तां परितो भ्रमन्त्यामपि पृथिव्यां वसद्भिर्निस्तेजस्कस्य कस्यापि पृष्ठस्यानुपलम्भात्। इदमेव कारणं तस्याः सर्वतोमुखत्वलक्षणचतुराननत्वव्यपदेशस्य ॥ १० ॥

इत्थं सूर्यस्य ब्रह्मशब्दादिवाच्यत्वमुक्त्वा विश्वसृडादिवाच्यत्वमप्याह—

सर्वशक्तिमयेन धाम्ना विश्वसृट् स्वयम्भूः ॥ ११ ॥

तस्यास्य सूर्यस्य तेजः सर्वशक्तिमयम्। तस्यैव तापो हि जीवादिरूपेण भूग्रहादौ परिणमति। तस्मात्स विश्वसृट्। स्वयम्भूश्चासौ। नहि कुलालेनेव केनापि मृत्पिण्डवद्वर्त्तुलीकृत्य वियति विसृष्टोऽसौ ॥ ११ ॥

किमयमेक एव ब्रह्मा परेऽपि वा तादृशाः सन्तीत्याकाङ्क्षायां ब्रवीति—

अनेके ब्रह्माणोऽनेकानि च ब्रह्माण्डानि ॥ १२ ॥

अनेके ब्रह्माणः। सूर्यो हि ब्रह्मेत्युक्तम्। ताराख्या अनेके च सूर्या उक्ताः प्रथमाह्निके। ब्रह्मणामनेकत्वात्तत्प्रकाशपरिच्छिन्नानि ब्रह्माण्डान्यप्यनेकानि। वर्त्तुलस्य ब्रह्माण्डस्यास्य सीमा लोकालोकाचलत्वेन कविभिरुत्प्रेक्षितः। ईदृशीनां कल्पनानामनन्तत्वात्परमार्थज्ञानानुपयोगित्वादत्रोपेक्षा ॥ १२ ॥

प्राञ्चोऽपि ब्रह्माण्डानां च नैकत्वं वर्णयन्तीत्याह—

प्रतिरोमकूपं सर्वात्मन इति कवयः ॥ १३ ॥

(वा०) तद्बचभज्यत च यात्यनेहसि प्रादुरास च रविस्तदन्तरे।
त्रुट्यतश्च परिधेर्ग्रहादयो जज्ञिरेऽस्य वियदङ्गणाश्रयाः ॥ ८ ॥
इत्थमेव तपनो मृताण्डजो रश्मिभिश्च किल सर्वतोमुखः।
एष सौरजगतश्च सर्जनाद्विश्वसृड् विदित एष च स्वभूः ॥ ९ ॥
अप्रमेयसकलात्मपुरुषे रोमकूपसमविश्वमण्डले।
कत्यमी किल मरीचिमालिनस्तत्प्रसह्य तु परिच्छिनत्तु कः ॥ १० ॥

वैराजस्य पुरुषस्य प्रतिरोमकूपमेकं ब्रह्माण्डमिति कवयः। एकैकस्य तारा-विशेषस्याश्रयरूपस्तत्केन्द्रको विष्णुपदांशो ब्रह्माण्डव्यपदेशमर्हतीति तदभिप्रायः ॥१३॥

[अधि० ४] य औपनिषदः सर्गस्तस्य वैज्ञानिकाद्भिदा।
समन्वयो वा, भेदः स्याद् भूतादिक्रमभेदतः ॥ १ ॥
वैचित्र्ये शाश्वतेऽप्यत्र व्यक्तेः सर्गक्रमः स्थितः।
समन्वयश्च तत्रास्ति प्राचां वैज्ञानिकैः सह ॥ २ ॥

इत्थं विभज्यमानस्यास्य ब्रह्माण्डस्य केन्द्रं रविमुक्त्वा शेषांशस्य ग्रहादिषु विभागं दर्शयिष्यन्स्मारणाय कृत्स्नमेव विभागं पुनर्दर्शयति—

तदण्डं क्रमाद्व्यभज्यत केन्द्रग्रहोपग्रहादिषूक्तेषु १४ ॥

कालक्रमेण तद्ब्राह्ममण्डं केन्द्रे रवौ ग्रहोपग्रहादिषु च प्रथमाह्निकोक्तेषु विभक्तम्। विभज्यमाने तस्मिन्केन्द्रांशः केतोः पिठर इव रवित्वेन व्यतिष्ठत। परिधि-चक्राणि तु पृथग्भवन्ति तत्तद्ग्रहरूपेण स्थितानि। कालक्रमेण च ग्रहेष्वपि केन्द्रपिठरा ग्रहत्वेन स्थिताः। परिवेषवृत्तानि तु शनैरूष्णीषाणीव चन्द्ररूपेण व्यभज्यन्त। येनेतरां-शानामित्थं ग्रहोपग्रहेषु विभागोऽभूत्। विभज्यमानादण्डाद्विशीर्णाः केऽपि विरल-तरास्त्वंशाः केतुरूपेण स्थिता इति तत्त्वम् ॥ १४ ॥

एवमण्डाद् ग्रहादिसर्गमुक्त्वा प्रतिग्रहादिव्यक्त्यपेक्षं प्रतिसर्गं वर्णयति—

ग्रहादिषु तेजसो बाष्पवायोर्वा शनैरूष्मनिर्गमेऽपामुद्भवः ॥ १५ ॥

शनैरूष्मणो निर्गमो नैसर्गिकः सर्वत्र। ग्रहादिषु प्रथमं विभक्तेषु कियन्तं कालं सूर्यवत्तैजसेषु घनीभवत्पिठरेषु यः परितो बाष्पवायुः प्रतप्तो बाष्पावस्थो द्रव्य-राशिस्तस्य क्रमोष्णनिर्गमे नैसर्गिके जायमाने ग्रहादिपृष्ठेषु च शैत्यमापद्यमानेषु कालेन तत्र जलमाविरभूत्। पाकस्थालीगते जले पावकसंयोगाद्बाष्पीभूय वायुमण्डलमभ्युत्पतति

(वा०) भज्यमानपरिधावथाण्डके तस्य केन्द्रमभवद्विभाकरः।
सृज्यते स्म च ततः क्रमाद्ग्रहोपग्रहादिनिकरो नभोऽङ्गण ॥ ११ ॥
निःसरत्सु रवितो ग्रहेष्वयं भूग्रहोऽपि समये विनिर्गतः।
तप्तबाष्पमयपिण्डतां दधत्प्राणभृत्स्थितिविरोधिनीं चिरम् ॥ १२ ॥
बाष्पवायुमयतेजसः शनैरूष्मनिर्गमभवैस्ततो घनैः।
सान्द्रवारिपरिणामिभिः कृता भूरियं सलिलपूरसंप्लुता ॥ १३ ॥
सान्द्रतां यति च वारिणः सरे प्रस्तरीभवति सागरैर्नगैः।
व्यज्यमानविलसन्नतोन्नता कामिनीव वसुधा व्यराजत ॥ १४ ॥

यथा कश्चिच्छीततरं करं वा दर्पणं वा स्थालीमुपर्युपरि स्थापयन्नुष्णान्वाष्पकणानदृष्टाञ्शीतकरादियोगात्स्थूलवारिपृषताकारेण परिणतानुपलभते, यथा वा दिनोष्मजा बाष्पकणा भूपृष्ठसंनिहिता रात्रौ शिशिरेषु बालतृणेषु वा काचनिर्मितेषु गवाक्षादिफलकेषु वा मुक्ताफलस्थूला अवश्यायबिन्दवः संजायन्ते, यथा वा ग्रीष्मसमये ऋजुप्रायैर्धरणिपृष्ठे संपतद्भिः शरैरिव तीक्ष्णतरैर्ललाटन्तपैस्तपनमरीचिभिर्विशोषिता बाष्परूपेण शीततरं हिमगिर्यादीनां तुङ्गनगानां शिखरेषु प्रालेयोत्पादकं विप्रकृष्टं वायुमण्डलांशमुपेत्य तत्र संचीयमानैः शीततरवायुयोगात्क्रमेण शैत्यमापद्य प्रावृषेण्यस्फीतधारासाराकारेण पुनर्निपतद्भिर्धरातलं कृतार्थ्यते, तथैव ग्रहादिसमवेतस्य महोष्मणः शनैर्निर्गमे शैत्यमापद्यमाने च तत्पिठरे परितो वर्त्तमानस्योष्णवाय्वंशस्य वारिरूपे परिणतिरभूत्। अनयैव विधया पुरा जलाप्लावितां पृथिवीं स्मरन्तः प्राञ्चः संवर्त्तकालमनुप्रकल्प्य महोष्ममयं भूमण्डलं सूर्यसहस्रतापवन्तमुक्त्वा पुष्करावर्त्तादिभिः कल्पावसानजलधरैर्विसृज्यमानधारामुसलसंपातमेकार्णवमयं जगद्वदन्ति स्म ॥ १५ ॥

ग्रहान्तरादिस्थितेर्भूग्रहस्थितिज्ञानात्तत्साम्येन सुबोधत्वमभिसंधायेत्थमेकार्णवीभूतायां भुवि पार्थिवांशस्याविर्भावमाह—

तद्यदपां शर आसीत्तत्समहन्यत सा पृथिव्यभवदिति वाजसनेयिनः ॥१६॥

एवमेकार्णवे भूमण्डले निसर्गतो धाराभिर्वहनात्स्थूलतरद्रव्यांशवाहिनीनामपां यः शरस्तत्सहवाही स्थूलतरद्रव्यांश आसीत्स क्रमाद्घनीभवन्यत्र तत्र पृथिवीमाविश्चकारेति शतपथब्राह्मणम्। अयमभिप्रायः गङ्गादिनदीनामद्यापि जम्बालवाहिनीनां पङ्कसंचयक्रमेण यत्र विशेषतः सागरसंनिहितेषु मुखेष्वाविर्भवन्ति सैकतानि द्वीपानि दृश्यन्ते। यतस्तु पङ्कोपनीयापनीयातिवाह्यते सरिद्भिस्तत्र गभीरा भ्रमन्महावर्त्ता गर्ताः संभवन्ति। तथैव कल्पार्णवेन स्वैरं प्रवहता संवर्तकालोचितमहामारुतान्दोलितपाथसा कालक्रमेण क्वचित्क्रमघनीभवज्जम्बालमय्यो भूमयः क्वचित्तु शनैरुत्खातापनीतजम्बालजालाः क्रमाद् गभीरतरीभवन्तः साम्प्रतमगाधप्राया महागर्ताः सम्प्रति भारतार्णवतुङ्गार्णवशान्तार्णवध्रुवार्णवादिनामभिर्व्यपदिश्यमानाः समुद्भाविताः ॥ १६ ॥

तदित्थं द्वीपानां च सागराणां च समुद्भवो ज्ञातः, पर्वतानां विशेषतो ज्वालामुखानां तु कः स्वभाव इति प्रकरणवशात्स्मरतां कौतुकमापूरयन्नुपक्षिपति—

(वा०) आन्तरोष्मपयसोरभूद्यतो भूदरे व्यतिकरो भयङ्करः।
पावकीयदृषदुद्भिदास्ततो निस्तरा उदभवन्यतस्ततः ॥ १५ ॥
सेयमुन्नतगिरिस्तना मही मातरिश्वपरिवेषगुण्ठना।
प्राप्य वारितरलाम्बराम्बुधेर्भर्त्तुरङ्कमरुहत्स्वयंवरा ॥ १६॥

आन्तरोष्मार्णवयोर्युद्धाद्भेदाः ॥ १७ ॥

वह्निवारिणोः साक्षात्संयोगे महान्क्षोभो भवतीति प्रायः सर्वे जानन्ति। प्रज्वलितो हि वह्निर्जलागमेन सात्कारवाद्धगद्धगायमानः स्वयं वा नश्यति जलं वा विशोष्य पुनर्बलीयसीं शक्तिं प्रदर्शयति। भूग्रहस्य पिठरे क्रमेण शीतपृष्ठेऽपि यः किलान्तर ऊष्मा सम्प्रति भूगर्भान्वेषिभिः प्रत्यक्षमुपलभ्यते रोमकादिसंनिहितैश्चाग्निपर्वतदर्शिभिः शैलजठराग्निलिङ्गादनुमीयते तस्य साम्प्रतं जरतोऽपि तादृशी शक्तिर्येन वर्षशतानि प्रशान्तचरितं परितो हरितसस्याच्छादितगण्डशैलं जनसहस्रावासं विषुवीयादिशैलं सकोलाहलं विदार्य निर्यति योजनशतावधिः प्रतिवेशभूः कम्पते। गिरयो दोलायन्ते। नगराणि शीर्यन्ते। क्षोभमापन्नस्तालोन्नतैरुल्लोलैरुत्सुक इव कोलाहलकारणं द्रष्टुरर्णवोऽपि निरस्तमर्यादो वेलाविलङ्घी गिरिमूलमुपेत्य परित्रस्त इव सद्यः सुदूरमुपक्रामन्नगरमुत्पातास्कन्दितं परित्यज्य पोतैर्निजाङ्कमागताञ्जनाञ्शुष्कभूमौ विहाय शरणागतपरित्यागमहापातकमगणयंस्ताररसितैकव्यसनी संवर्तताण्डवमभिनयति।

कियता च कालेन पौराणिकोत्प्रेक्षितनरकसंपर्ककलुषमिव शैलशिखरमुखेन वमन्त्या सर्वंसहयाऽपि वसुन्धरया निःसहया विषधर्येव निरस्तक्षमया क्षमया व्याहृतिपिशाचिकानुसरणकिल्विषं निजाश्रितानां सद्यो दग्धुकामयेव ससंरम्भं समुद्गीर्यमाणेन सरित्प्रवाहविपुलेन महोष्मद्रवीभवत्पाषाणस्रोतसा सलिलेषु सात्कारिणा प्राण्यस्थिषु चटचटात्कारिणा तरुगहनेषु पटपटायमानेन बालसस्येषु सिमसिमायमानेन समुज्जास्यन्ते। संनिहितानि जनपदानि योजनसहस्रधाविभिश्च महास्फुलिङ्गैर्भस्मनामुखानि विलिप्यन्ते सुदूरवासिनामपि नगराणाम्। नातिचिराद्गतेषु च दिवसेष्वस्यैव धरान्तरमहोष्मणो विषमेण वेगेन लवशो विशीर्यमाण आकस्मिकप्रस्फुटनसंरम्भेण प्रकम्पयञ्जगतीं विद्युत्प्रणाशं प्रणष्टः शान्तार्णवीयो द्वीपविशेषः। तस्यास्य भगवत्या भुवः पिठरजठरे साम्प्रतं जरतोऽपीदृशसंरम्भस्य संवर्तकाले तारुण्यतरलस्य कियद्बलमभूदिति प्रेक्षावन्तः स्वयमुत्प्रेक्षितुं शक्नुवन्ति।

प्रायश्चार्णवसंनिधावेवास्य वेगः समनुभूयते। अन्यत्र तु मृदुर्भूकम्प एवैतत्प्रयुक्तो यदा तदा समुपलभ्यते। प्रबलभूकम्पादयो महोत्पाता अद्याप्यस्यैव महोष्मणस्तोयधिसंघर्षेण कारणान्तरैश्च समुद्भवन्ति। अत एव कर्पूरद्वीपादौ सदा शङ्कितभूकम्पा दारुमयान्येव प्रायो गृहाणि निर्ममते। तस्यास्य संवर्त्तकाले तरुणस्य वसुन्धरान्तरमहोष्मणो महार्णवेन सह युद्धाद्यत्र तत्र भूगर्भाद् गिरयः समुत्थिताः। या दृषदः

(वा०) तप्तकेन्द्रपिठरा शिलास्तरप्रायवारिशरवेष्टनोद्धता।
भूरभूत्क्रमविकाशशालिभिर्भूरिजीवनिकरैरथाचिता ॥ १७ ॥

पर्पटमप्यरजाः किल वारिजा वारिशरघनीभावोद्भवा वारितलसंचिते समाश्यानपङ्के पर्पटानां दृष्टत्वात्। याः पुनर्नीलशिलादिरूपा अनुपलब्धपर्पटाः पिठराकारास्ता आग्नेय्यः प्रतप्तभूगर्भोत्क्षिप्ता इति दृषदां द्वैविध्यम्। भूयो भूयः प्रस्फुटतां जनपदविनाशिनां सानुमतामधीयतामेव प्रत्नानां पुरा किल शैलाः सपक्षा अभवन्ग्रामादिनाशकास्ते च पश्चादिन्द्रेण कर्त्तितपक्षाः प्रशान्तस्थितय इत्याद्याः कविकल्पनाविपुलिताः प्राय उक्तयः ॥ १७ ॥

तदेवं धरायाः सम्प्रत्युपलभ्यमानप्रायां स्थितिमाविर्भावक्रमेण व्यवस्थापयन्नुपसंहरति—

सेयं तप्तकेन्द्राश्मीभवच्छरा क्रमाविर्भवज्जीवविकाशा ॥ १८ ॥

उक्तक्रमेणेयं पृथिवी साम्प्रतिकीमवस्थां प्राप्ता। सेयं तप्तगर्भा। तप्तं गर्भमध्यधि क्रमाद्घनीभूयाश्मतामापद्यमानेन वारिशरेण शनकैराविर्भवद्भिरुपर्युपरि योग्यताधिक्यवद्भिर्जीवैस्तृणगुल्मपादपकृमिकीटमत्स्यसरीसृपपक्षिपशुनरप्रभृतिभिरुपेता च वसुमती ॥ १८ ॥

अत्रोक्तपूर्वे सर्गादिक्रमे ब्राह्मणैः संवादं दर्शयति—

तस्माद्वा एतस्मादात्मन आकाशः संभूत आकाशाद्वायुर्वायोरग्निरग्नेरापोऽद्भ्यः पृथिवी पृथिव्या ओषधय ओषधिभ्यो भूतानीति तैत्तिरीयाः ॥ १९ ॥

सर्वात्मनः शान्तत्वात्तद्भिन्नस्य वस्तुनः सर्वथैवासंभवात्तस्मिन्नाकाशाद्याविर्भावेऽपि सप्तम्यर्थे पञ्चमीं प्रायुङ्क्तात्मन आकाश इति, वृक्षे समुद्भवतः प्ररोहस्योक्तौ वृक्षात्प्ररोह इतिवत्। एतस्माद्वै तस्मादिति परोक्षापरोक्षवाचिनोः सर्वनाम्नोः प्रयोगः "तद्दूरे तदु चान्तिके" इत्यादिनात्यन्तसंनिहितस्यापि दूराद्दूरतरमपि गमनादपरिहार्यत्वं सततानुबद्धस्यात्मनो दर्शितवान्। संभूत इत्यतीतप्रयोगोऽत्र च "सदेव सोम्येदमग्र आसीद्" इत्यादौ चाविवक्षितः। सर्वात्मनः कालत्रयाश्रयस्यातीतत्वानुपपत्तेः। तथा चात्मन आकाशः संभूत इत्यस्यात्मन्याकाश ओतश्च प्रोतश्चेत्यर्थो याज्ञवल्क्योक्तिसमन्वयात्। तत्तु समन्वयादिति वदतो बादरायणस्यापीदृशा एवोपनिषद्वाक्यार्था अभिमताः। वाक्ये सर्वत्र सप्तम्यर्थे पञ्चमी योज्या, तार्किकैरपि मृदि समवेतो घट

(वा०) एवमेव सकलात्मनि स्फुटं सर्ग औपनिषदैरपीरितः।
खानिलाग्निसलिलावनिक्रमादुद्भिदादिपरिणामनिर्भरः ॥ १८ ॥

इति वदद्भिः कारणे कार्यव्यदेशस्वीकारात् । तथा चाकाशे वाष्पवायुश्छायापथीय आविर्भूतो वायौ च महोष्मरूपोऽग्निरवर्त्तत तस्मिन्निर्गच्छत्याप आविर्भूता अप्सु शरसान्द्रीभावेन पृथिव्याविरासीत्पृथिव्यामोषधय आविरासन्नोषधिषु भोज्यासु च प्राणिन आविरभूवन्भोज्यौषध्युपलक्षितेष्वन्नमयेषु शरीरेषु प्राणिन आविर्भूता इत्यर्थः । भूतशब्दोऽत्रौषधिभ्यः परमुपन्यासवशात्प्राणिवाची ॥ १९ ॥

संवादान्तरमपि संगृह्णाति—

सदेव सोम्येदं तत्तेजोऽसृजत तदपोऽसृजत तदन्नमसृजतेति च्छन्दोगाः ॥ २० ॥

सतिकृत्स्नपरमार्थसमष्टौ सर्वात्मन्यक्षरे तेजसः सूक्ष्मतरस्याकाशात्मनः स्थूलतरस्याग्नेयवाय्वात्मनश्चाविर्भावस्तस्मिंश्च जलस्याविर्भावस्तत्र चान्नस्य पृथिव्या आविर्भाव इत्यर्थः । सर्वस्य द्रव्यस्य घनत्वं द्रवत्वं तरलत्वं चेति तिस्रोऽवस्थास्तद्यथा—जलस्य करका वा हिमखण्डो वा घनावस्था, स्रोतस्तु द्रवावस्था, बाष्पश्च तरलावस्था । तदेतदवस्थात्रयं द्रव्यमात्रस्याभिप्रेत्यच्छन्दोगैस्त्र्यात्मकत्वं सर्गस्य दृष्टमविरोधश्च तेषां तैत्तिरीयैर्दर्शितः । बादरायणस्य तु तैत्तिरीयदृष्टयोराकाशानिलयोश्छन्दोग-सर्गेऽपि योजनम् ॥ २० ॥

नन्वन्नशब्दं छन्दोगानां कथं प्रसिद्धमर्थं विहाय पृथिवीत्वेन व्याख्यातवानाचार्य इत्याशङ्कायामाह—

अन्नमत्र पृथिवीति बादरायणः ॥ २१ ॥

"यदग्नेरोहितं रूपं तेजसस्तद्रूपं यच्छुक्लं तदपां यत्कृष्णं तदन्नस्य" इत्यादि वक्ष्यमाणकृष्णत्वादिलिङ्गात्तैत्तिरीयादिसमन्वयापेक्षया चान्नं पृथिवीत्याचार्यो व्याचष्टे, बादरायणीयव्याख्यया स्वव्याख्यातस्य संवादं च पश्यति ॥ २१ ॥

एवं प्रत्यक्षानुमानाभ्यां संवदता ब्राह्मणोक्तिसमन्वयमनोज्ञेन प्रसन्न-गभीरेण सर्गवृत्तान्तेन निजव्याख्यातेन जिज्ञासून्विबोध्य कल्पनान्तराणि निरस्यति—

एतेनामूलकल्पनोक्तिर्नव्यानां नराकारोक्तिश्च मध्यमानां निरस्ता ॥२२॥

(वा०) सर्गमौपनिषदं त्वमूलिकां कल्पनामथ नरादिमूर्त्तिताम् ।
स्रष्टुरत्र किल कल्पयन्ति ये दुर्धियस्त उभयेऽत्र धिक्कृताः ॥ १९ ॥
भास्वदूष्मविलयावधि स्फुटं ब्राह्ममेकदिनमुच्यते बुधैः ।
कीर्त्तितं तदभिधान्तरं महाकल्प इत्यपि विपश्चितां वरैः ॥ २० ॥

नव्याः पाश्चात्यवैज्ञानिकास्तदनुसारिणश्च । मध्यमा अर्वाचीनभारतीयास्तदनुसारिणश्च । तत्र नव्याः किल क्षीरसागरशायिनो विष्णोर्नाभिकमले चतुर्मुखो विश्वसृड् ब्रह्मा तपस्यन्विश्वं सृजतीत्याद्युक्तीरुक्तरीत्या छायापथवेष्टितस्य सौरविष्णुपदस्य केन्द्रेऽरुणपद्ममाश्रित्य प्रतिदिनमुद्यन्परितः प्रकाशमयो रविस्तापेन जगत्पुष्णातीत्यादिसमञ्जसार्था अपि नन्दनाद्याश्रयकल्पवृक्षादिवन्निर्मूलं कविकल्पनामात्रं वदन्ति । मध्यमास्तु नेदृशा ब्रह्मविष्ण्वाद्या अपि तु समस्तं पृथिव्यादिसहितं विश्वमुदरे निगीर्य विश्वबिन्दोः पृथिव्याः कोणे स्थिते क्षीरसागरे विष्णुः पुरुषाकारश्चतुर्भुजः क्लेशाधिवासमङ्गीकरोति, तन्नाभिपद्मे च सुकुमारे कम्पमाने मधुकर इव रजोरुणश्चतुर्वदनो नराकारो ब्रह्मा वृद्धपुरोधा इव सामानि गायन्क्लिष्टतरां स्थितिं वहति । पश्चादग्निकण्टकशयनादिसाध्यानि त्रिवेणीतटादौ संप्रत्यपि भिक्षुकैः प्रत्यक्षं दर्शितानि च तपांस्याचरन्कुलाल इव घटशरावादींश्चन्द्रसूर्यादीन्करेण विसृज्य सर्वासु दिक्षु विप्रकिरतीत्याहुः । कल्पनाद्वयमप्येतत्प्रामादिकं पारमार्थिकेनात्रोपन्यस्तेन सर्गवृत्तान्तेन निरस्तं वेदितव्यम् ॥ २२ ॥

[अधि० ५] महाकल्पादयः प्राचां सार्था यादृच्छिका उत ।
यादृच्छिकाः स्युः संबन्धा भावाबर्थैरिह स्फुटम् ॥ १ ॥
रवितापादिसंबन्धात्कल्पमन्वन्तरादयः ।
सार्थका एव नियतमर्थो ग्राह्या यथायथ ॥ २ ॥

कालक्रमेण विचित्रजीवविकासभाजि भूपृष्ठे जीवादिस्थितिं युगादिव्यवस्थां च वर्णयिष्यन्महाकल्पं प्रथमं निर्दिशति—

रवितापावसानावधि ब्रह्मदिनं महाकल्पः ॥ २३ ॥

रविर्ब्रह्मेत्युक्तम् । स तपन्भूतानि सृजतीत्यपि दर्शितम् । क्रमोष्मनिर्गमः सर्वत्र नैसर्गिक इत्युक्तम् । ऊष्मनिर्गमक्रमेण च रवितापस्यावसानं कदाचिद्भविष्यतीत्यनुमिमीमहे । अण्डविभागकालमारभ्य रवितापावसानावधिर्यः कालः स महाकल्प इत्युच्यते । नास्य कालस्य गणितेष्वतिकुशलैरपि वर्षादिसंख्यापरिच्छेदेन सम्यङ्निश्चयोऽद्यापि कृतः । अस्य महाकल्पस्यावसाने ग्रहादीनां सर्वेषां प्रथमत एव नाशादन्ते सूर्यस्य च नाशादिदं सौरं जगद्विलीनं भविष्यति । ग्रहोपग्रहेषु प्रथमं लघुत्वादुपग्रहाणां ततो लघुत्वक्रमेण ग्रहाणां नाशः । ग्रहस्थितिसमयश्च कल्पाख्यस्तत्राप्यवान्तरकल्पाः । स्थितिविशेषापेक्षाः ॥ २३ ॥

(वा०) कल्पजातमवनाववान्तरं मानवान्तरसमाख्ययोदितम् ।
अन्तरं निजगदुः स्वयंभुवो भास्वदण्डसमवस्थितिं भुवः ॥ २१ ॥
स्वप्रकाशपरितप्तगोलकेऽत्रान्तरं निगदितं स्वरोचिषः ।
द्योतवत्यथ विवस्वदंशुभिर्भूग्रहेऽद्य तु विवस्वदन्तरम् ॥ २२ ॥

तत्र ग्रहान्तराणामनपेक्षितत्वात्पृथिव्यामवान्तरकल्पव्यवस्थां दर्शयति—

पृथिव्यां स्वायम्भुवस्वारोचिषवैवस्वताद्या मन्वन्तराख्याः कल्पाः ॥२४॥

सूर्यस्थितिसमयो महाकल्पः। कल्पश्च ग्रहस्य स्थितिसमय इत्युक्तम्। तस्मादत्र कल्पशब्दोऽवान्तरकल्पवाची। आदिशब्दात्सतीसरः श्वेतवाराहादिकल्पानां तैजसादि-मन्वन्तराणां च ग्रहणम्। बहुभिः कविकल्पनाभिर्मिश्रितत्वाद्दुष्करो मन्वन्तरकल्पादि-व्यवस्थानिर्णयः। तथापि केषाञ्चिन्मन्वन्तराख्यावान्तरकल्पानां स्वरूपं व्याख्या-स्यामः। स्वयम्भूः सूर्यो ब्रह्मेत्युक्तम्। तस्मिन्यावन्मात्रं ग्रहः स्थितस्तावन्मात्रं स्वायम्भुवं मन्वन्तरम्। यावच्च ग्रहः सौराण्डान्निर्गत्य पृथगवस्थितोऽपि तप्तपिण्डः स्वप्रकाशस्तत्किल स्वारोचिषमन्वन्तरम्। ततश्च निर्गतोष्मपृष्ठे पिठरसंकुचन्महोष्माणि स्वप्रकाशत्वयोग्यताविरहिते भगवतो विवस्वतः समागच्छता प्रकाशेन संतापिते ग्रहे वैवस्वतं नाम मन्वन्तरम्। अत एव साम्प्रतं पृथिव्यां वैवस्वतमन्वन्तरं जना वर्णयन्ति। एवमन्येषामपि मन्वन्तराणामर्थो यथायथं योजनीयः ॥ २४ ॥

[अधि० ६] **व्यक्तयोऽत्रावताराः स्युर्जातयो वा झषादयः।**
विशिष्टा व्यक्तयः स्पष्टमवतारा उदीरिताः ॥ १ ॥
सिंहः पशूनामित्यादि व्यपदेशात्तु जातयः।
अवतारा गुणैर्योगादेव व्यक्तिषु तद्वचः ॥ २ ॥

इत्थं कल्पव्यवस्थाया दिङ्मात्रं प्रदर्श्य कालव्यवस्थाप्रस्तावात्कालस्य च भारतेऽवतारसम्बन्धेनापि बहुत्र निरूपितत्वादवताररहस्यमाह—

अवतारा जीवजातयः ॥ २५ ॥

मत्स्यादयोऽवतारास्तत्तज्जातिस्वरूपेण जीवशक्तेराविर्भावस्तद्यथा—जीवशक्तिः कदाचिन्मत्स्यरूपेण ततः कूर्मरूपेण ततो वराहरूपेण ततो नृसिंहरूपेण ततो वामन-रूपेणेत्यादिक्रमेण पृथिव्यामाविर्भूतेत्यवतारवादिनां तात्पर्यं प्रतिभाति। न पुनरेको महामत्स्यो वा महाकमठो वा महावराहो वा कश्चिद्वामनो वाऽन्यादृशो वा मनुष्यो वा मनुष्यभिन्नो वा जन्तुर्विष्णोर्वा शक्रस्य वाऽन्यस्य वाऽवतार इति दार्शनिकैर्वा वैज्ञानिकैर्वा वक्तुं शक्यते। तस्मादवतारत्वं जातिषु न तु व्यक्तिषु। "यद्यद्विभूतिमत्सत्त्वं श्रीमदूर्जितमेव वा" इति वासुदेवोक्तविधया धर्मादिमहिम्ना वा ज्ञानाद्युत्कर्षेण रामादेः प्राधान्येनावतारत्वव्यपदेशः, पणचतुष्टयादिधनानामपि वस्तुतो धनवत्त्वे लक्षाधी-शादिष्वेव धनित्वव्यपदेशवत्। तेषु देवादिबुद्धिस्त्वस्मत्पूर्वजत्वादिनैवोचिता न तत्र

(वा०) प्राद्रुरास कृमिमीनकच्छपाद्याकृतिक्रमविकासशालिनी।
जीवशक्तिरवनौ नरावधिस्तेऽभजंस्तदवतारतामतः ॥ २३ ॥

विभूतेरप्यपेक्षा। न हि पितरं देवत्वेन गृह्णन्नरः पितुर्विभूतिमत्त्वमपेक्षते। पितेत्येताव-तैव तु गुणवन्तमगुणं वा देव इति पूजयति। सन्ति चेद् गुणास्ते न निषिध्यन्ते न तु तदपेक्ष एवास्माकं तेष्वादरः। उपपादयिष्यति चेदं विस्तरेण भक्तियोगाध्याये।

वासुदेवोक्तौ न कल्पिताः सिद्धयो विभूतिशब्दवाच्याः, लौकिकानुत्कर्षांस्तु स विभूतय इत्याह। अत एव सिंहादीन्स विभूतिमतो व्यपदिशति। तथा च पार्थिवेन द्विभुजेनाकारेण वा तद्भिन्नेन चतुर्भुजाद्याकारेण वा सम्प्रत्यपि रामकृष्णादेर्गोलोकादौ स्थितिकल्पना सर्वथा भ्रम एव। सर्वात्मसमुद्रे बुद्बुदानामिवोद्भूतानां रामादिशरीराणां वास्मदादिशरीराणां वा सर्वेषामविशेषेण नश्वरत्वात्। बुद्बुदस्य नष्टस्यापि सर्वात्म-रूपेणावस्थानमिति स्वीकारेऽपि पिपीलकस्यापि स्वशरीरविनाशेऽपि सर्वात्मत्वेनाव-स्थानाद्रामादिभ्यो न कश्चिद्विशेषः।

तस्मान्नावतारत्वं रामादिषु विशेषाधायकं सर्वस्यापीदृशावतारत्ववत्त्वात्। पूर्वजत्वबलवीर्यादिमत्त्वं तु तेष्वीश्वरावतारत्वव्यपदेशस्य बीजं पित्रादिष्विव देवत्वादिव्यपदेशस्य। यथा "मातृदेवो भव पितृदेवो भवाचार्यदेवो भव" इत्यादि गुर्वादिभिरुपदिष्टो न सूर्यवद्द्योतनादि वा जरामरणादिराहित्यं वा पित्रादिषु देवत्व-प्रयोजकं कश्चित्प्रत्येति तथा रामकृष्णादिभक्तस्तद्देवो भवन्नपि न तेषाममरत्वादि प्रत्येतुमर्हति। भक्तिविषये तु देवत्वभगवत्त्वादिव्यपदेशान्न चित्रं यद्यत्र रामादिष्व-स्मद्भक्तिविषयेषु देवभगवदादिशब्दाः प्रयुज्येरन्। "वहूनि मे व्यतीतानि जन्मानि" इति, "अहं विवस्वते योगं प्रोक्तवान्" इत्यादि वासुदेवोक्तं तु जीवन्मुक्तस्य तस्य व्यक्त्यात्मत्वं विहाय सर्वात्मभावापत्त्यभिप्रायेण। प्रायो गीतास्वर्जुनप्रयुक्तस्त्वच्छब्दः कृष्णप्रयुक्तश्च मच्छब्दः सर्वात्मपर्यायस्तथैव केवल आत्मशब्दोऽपीत्यवधेयम्॥ २५॥

ननु पुराकल्पेषु ये किल महाजन्तवः स्मर्यन्ते येषां चास्थीन्यद्यापि भूगर्भे वा स्थितानि हिमानीच्छन्नानि वा ततोऽपनीयाद्भुतशालासु स्थापितानि वा समुपलभ्यन्ते तेषां का गतिर्जाता ये नाद्यत्वेन ते जीवन्तो दृश्यन्त इति चेद्वदति—

योग्यतमावस्थानाद्विलोपा महाव्यालादीनाम्॥ २६॥

प्रकृतौ योग्यतमानां बुद्धिबलदाक्ष्यादियोग्यताभिर्गरिष्ठानामवस्थानमयोग्यानां तु योग्यतरैर्बाधः शनकैश्च विलोप इति नियमः। योग्यता च बलादियोगापेक्षा। न तु केवलेन बलेन वा केवलया बुद्ध्या वा केवलेन दाक्ष्यादिना वा। तद्यथा गामर्थय-मानौ बलवत्तरौ ककुद्मन्तौ परस्परं युध्येते, युध्यमानौ च दुर्बुद्धितया विनश्यतः। दुर्बलतरस्त्वन्य उक्षा तयोर्विनाशं प्रतीक्षमाणः पश्चादुपेत्य गवि गर्भमाधत्ते। तस्यैव च

(वा०) यास्तु रोमशगजादयोऽभवन्व्यालजातय इह क्षमातले।
ता विनेशुरथ योग्यताधिकैः पीडिताः किल शरीरिभिर्हठात्॥ २४॥

दुर्बलस्यापि बुद्धिमतः प्रजा प्रवर्धते। दिङ्मात्रं चैतत्। एवमेव बलाद्येकैकापेक्षा-योग्यताऽनेकापेक्षयोग्यतायाः कनीयसीति विभाव्यम्।

इत्थं योग्यतमानामवस्थानादयोग्यतमानां च बाधान्महाव्यालादीनां पुराकल्पेषु दृष्टानां वारणाधिकप्रमाणानां गिरिकीटानां वेणुदीर्घदर्शनानामच्छभल्लवल्लोमावृत-शरीराणां महागजानां ततोऽपि गरीयसां पक्षिविशेषाणां बलबतामपि क्षुद्रजन्तुभिर्बाध्य-मानानां महाकायत्वादितस्ततो विचेष्टितुमक्षमाणां क्रमाद्विलोपो बभूव। अद्यत्वेऽपि नीलनदवासिनां महाकायानां जलहस्तिनां नीलनदोपशल्यमरुभूमिष्ठानामुष्ट्रपक्षिणां सौराष्ट्रवासिनां सिंहानां पौरस्त्यारण्यचारिणां खड्गिनां सिद्धपुरादिमानवानां चानयैव विधया क्रमशो ह्रास आसन्नप्रायविलोपो दृश्यते ॥ २६ ॥

ननु योग्यता किलोपचीयते पृथिव्यामाहोस्विदपचीयते दिने दिने। नाद्यः पक्षः। प्रत्यक्षं भारतादौ कृतयुगादारभ्याद्यावधि योग्यतापचयदर्शनात्। भवन्मते नान्तिमोऽपि क्रमशो योग्यतापचये योग्यतमावस्थानसिद्धानां बाधात्। योग्यतमाव-स्थाने हि स्वीकृतेऽल्पतरयोग्यत्वानां च क्रमविलोपे योग्यतमोपचयस्योचितत्वात्। इष्टापत्तिरिति चेन्न, योग्यतापचयस्य भारतादौ दर्शनात्। इत्थं मोहादुभयतः पाशायां रज्जौ विन्यस्तशिरोधरान्मोचयन्नाह—

जनकयोगाद्योग्यताधिक्यमुभयोर्धनत्वेऽवस्थानपकर्षे ॥ २७ ॥

अपत्यं खलु जनकस्य जनन्याश्च योगफलम्, तच्च स्वावस्थया गुणितमुपचीयते-ऽपचीयते वा। ततश्च यथा बीजगणिते यावत्तावतोर्योगफलमुभयोर्धनत्वे गुरुतरमन्यतर-स्योभयस्य वा ऋणत्वे तु लघुतरं सर्वथा ऋणस्वरूपं वा। यथा वा वृक्षो बीजस्य भूमेश्च योगफलं तत्रान्यतरस्य दूषितत्वे फले दोष उभयस्योत्कर्षे तु फलोत्कर्षः। सोऽपि पुनरुपचयकालादेरनुकूलत्वमपेक्षते, भूबीजयोरुत्कर्षेऽपि प्रालेयादिभिः कस्मिंश्चिद्देशे स्फीतस्याप्यङ्कुरस्य विनाशादन्यत्र तु दुर्बलस्याप्यङ्कुरस्यानुकूलवृष्ट्या-दिभिरुपचयात्। तथा जनकस्य जनन्याश्चाधिव्याध्यादिदोषाधिक्याल्पत्वापेक्षः स्वावस्थानुकूल्यप्रातिकूल्यापेक्षश्च योग्यतोपचयोऽपत्यस्येति स्थितम्।

अपत्यं च जनकस्य जनन्याश्च योगस्वरूपमिति नैसर्गिकं तस्यान्यतरतो योग्यताधिक्यं शुक्रशोणितबलापेक्षम्। द्वयोर्द्वयोश्च योगे हि नैसर्गिकमुभयोर्धनत्वे चतुरात्मकस्य फलस्य दर्शनम्। एकस्या द्विसंख्यायाः ऋणत्वे तु योगफलं द्वयमेव न चत्वारि। उभयोर्ऋणत्वे ऋणात्मकं फलं न धनात्मकम्। तथा पितुर्मातुर्वा द्वयोरेकस्य

(वा०) योग्यताधिकतरोचिता सुते योगतो जनकयोर्जनुष्मति।
पैतृकः प्रकृतिजोऽथवा न चेत्कोपि हेतुरपकर्षको महान् ॥ २५ ॥

वा सोन्मादादिदोषत्वे नापत्यस्योत्कर्षः। कदाचित्तु निसर्गाददोषयोः पित्रोर्योगादुत्पन्नस्योत्कृष्टस्यापि वंशाङ्कुरस्य प्रतिकूलकालादिवशाद्विनाशो वा निकर्षो वेति न चित्रम्। तस्मादेकस्मादेव पितुस्तस्यामेव जनन्यामुत्पन्नानामपत्यानामनेकविधत्वं जनकयोर्बलादिभेदात्स्वजीवनावस्थाविशेषवशाच्च नैसर्गिकं विलोक्य न तस्मादीदृशभेदप्रयोजकत्वेन पूर्वजन्मादि कल्पनीयं दृष्टात्सिद्धावदृष्टकल्पनाया अन्याय्यत्वात्।

पूर्वजन्मकृतमित्यादि तु पूर्वं जन्म येषां ते पूर्वजन्मानः पूर्वजास्तैः कृतमित्यादिविधया सति प्रयोजने योजनीयमन्यथोपेक्ष्यम्। दृश्यते चैकधान्यस्तम्बघटकानां बहूनां बीजानां विकीर्णानां क्षेत्रावस्थादिभेदादङ्कुरादौ भेदः। उपपादितं च शाश्वतं विश्ववैचित्र्यम्। धान्यादीनामपि पूर्वजन्मजीवत्वात्कल्पनीयमिति चेत्, तदप्ययुक्तमदृष्टकल्पनायाः सर्वत्र दृष्टात्सिद्धावनुचितत्वात्।

किञ्च साम्प्रतिकान्विशेषान्दृष्ट्वा पूर्वजन्मकल्पना चेज्जीवेषु तथा स्वीकारेऽप्यजीवेष्विष्टकादिषु का कल्पना भवतां भविष्यति। क्षेत्रप्रान्ते शाकटिकविकीर्णानामिष्टकानामेका चेद्विद्युदुपहता विशीर्यति परास्त्वविशीर्णास्तिष्ठन्ति किं तार्किकवरा भवन्तस्तत्राप्यजीवानामपीष्टकानां सूक्ष्मशरीराणि तत्सहचराञ्जीवांश्च कल्पयिष्यन्ति। तत्राप्यदृष्टं कल्पयित्वा विनैव जन्मान्तरमदृष्टवशादेकस्या इष्टकाया विद्युत्कृतं विशरणमन्यासां तु सुखावस्थानं कल्पयिष्याम इति चेद्धन्यासि तार्किकमर्चचिके या धर्माधर्मावदृष्टमिति ब्रुवती निर्जीवस्येष्टकादेरदृष्टं कल्पयन्ती न लज्जसे। न हि निर्जीवेषु भगवत्या कल्पितमधर्मं वा धर्मं वा स्वनिष्ठं कश्चित्संभावयितुं शक्नोति। परनिष्ठेन धर्मेणाधर्मेण वा कार्यसिद्धिश्चेदीदृशयोर्धर्माधर्मयोः प्रचुरत्वात्सवं फलं सर्वत्र संभाव्यत इत्यहो व्यवस्थां विलोपयन्ती भवती तारुण्ये बादरायणादिभिर्निरस्तापि चिरात्पुनर्जराजर्जराङ्गी कल्पशतायुष्ट्वादद्याप्यविनष्टा परमार्थदाशरथेः पुरतः पौलस्त्यस्वसेव विभ्रमान्दर्शयन्ती कृतार्थयति जनान्। पूर्वजन्मादृष्टादीनां विस्तरेण निरासं त्वाभासनिरासाध्याये कर्माध्याये च करिष्यत्याचार्यः ॥ २७ ॥

[अधि० ७] भूः स्थिरा वा सगतिका सा स्थिरैवोपलभ्यते।
लम्बरेखापगमनात्क्षिप्ताश्मस्थितिभेदतः ॥ १ ॥
अबाधितानुमानेन भूरियं गतिशालिनी।
निर्णीता स्थितिभानं तु घर्षणादेरभावतः ॥ २ ॥

(वा०) शाश्वती किल जगद्विचित्रता नात्र कार्ययुगमेकहेतुकम्।
हन्त हेतुभिदयेति दृष्ट्या संगता विषमता मताऽखिला ॥ २६ ॥
पूर्वजन्मपरजन्मकल्पना वैषमीमिति समञ्जसामपि।
या समर्थयितुमाश्रिता जनैः सा प्रमादभगवत्कृता परम् ॥ २७ ॥

इत्थं भूग्रहे कल्पादिव्यवस्थां प्रदर्श्य युगव्यवस्थां वक्ष्यन्कालकलनोपयुक्तां भगतिं प्रथमाह्निके सामान्यत उपक्षिप्तामपि विशेषतः स्मारयति—

भूरक्षपरिवर्त्तिनी सूर्यं पर्यैति ग्रहान्तरवत् ॥ २८ ॥

सौराकाशकासारे सूर्यग्रहादयो वर्त्तुलप्रायाः कूष्माण्डालाबुकजम्बीरसर्षपराजिकादिसदृशा महान्तोऽल्पका इव प्लवन्ते। तत्रैकत्र सूर्यश्चेन्महाकूष्माण्डप्रतिमः परत्र तु जम्बीरनिभो भूग्रह उत्प्रेक्ष्यते। दीर्घवृत्ताकारमेकं ताम्रपत्रमेकस्मिन्केन्द्रे सूर्यकूष्माण्डं परिधौ च भूजम्बीरमर्धे कर्त्तयत्कल्प्यते तदा तत्ताम्रपत्रं ज्योतिर्वित्कल्पितस्य क्रान्तिवृत्तस्य सदृशं भविष्यति। क्रान्तिवृत्ते भूः स्वाक्षवर्त्तिनी सूर्यं परितो भ्रमति ग्रहान्तराण्यपि स्वस्ववृत्तेष्वेवमेव सूर्यं परितो भ्रमन्ति।

वर्तुलकल्पं केसरैः कदम्बकुसुममिव परितो गिरिनगरार्णवप्राणिवर्गादिभिरधिष्ठितं भूमण्डलम्। तस्य तन्मण्डले विषुवद्रेखा यत्र सौराः किरणाः शरा इव ऋजवः पतन्ति। तेन वृत्तेन विभक्तायां भुवि सूर्याभिमुखं तिष्ठतो वामकरस्थो भुवोऽन्तः सुमेरुः। दक्षिणकरस्थोऽन्तस्तु कुमेरुः। तयोर्योगरेखा भूकेन्द्रवेधिनी ज्योतिर्विद्भिरक्षशब्देन व्यपदिश्यते। विषुवद्रेखायाश्चक्रनिभाया अक्षदण्डसदृशी हि सा। तमक्षदण्डं परितो भुवः परिवर्तः स दिनरात्रिजनकः। परिवर्त्ते जायमाने सूर्यसंमुखीनस्य भागस्य प्रकाशमयत्वात्तत्र दिनम्। सूर्यविप्रकृष्टस्य भागस्य तु तमोमयत्त्वात्तत्र रात्रिः ॥ २८ ॥

[अतः परं मूलमातृकायाः पत्रद्वयं (१२७-१२८) न विद्यते। तत्रैव २९ तमं सूत्रं तद्भाष्यं च विलुप्तमभवत्। ग्रन्थकर्तृप्रणीतसूत्रसूच्यामत्र सूत्रम्—]

गतेरुपपत्तयः ॥ २९ ॥

ननु सोपपत्तिकां गतिं भवता प्रदर्शितामपि न स्वीकरोति चेतो नहि गतेरनुभवोऽस्माकमिति वदन्तं प्रत्याह सूत्रत्रयेण—

घर्षणाभावादन्तादर्शनाच्च गतेरननुभवः ॥ ३० ॥

बाष्पशकटस्थस्य तन्त्रीस्तम्भानामिव नक्षत्रादीनां गतिभानम् ॥ ३१ ॥

नौदृष्टान्तो वा ॥ ३२ ॥

बाष्पशकटादौ वा नौकादौ वा स्थितो वाहने चलत्यपि प्रायः प्रथमं तत्स्थिरमेव मन्यते, तन्त्रीस्तम्भांस्तटादींश्च प्रत्युत प्रतीपं गच्छतः प्रत्येति। बाष्पयानचक्राणां

(वा०) भूमिरक्षपरिवर्तिनी रविं हायनेन परियाति सर्वदा।
ईदृशी ग्रहगतिर्विनिश्चिता सूरिभिर्ग्रहविदां धुरि स्थितैः ॥ २८ ॥
लम्बलिप्त्यपगमादपक्रमा दूरतो निपततस्तथाश्मनः।
संगतेश्च गणनासु सर्वथा गौरियं गतिमती विदां मता ॥ २९ ॥

लौहवर्त्मनि वा नौकाऽरित्रादीनां नीरतरङ्गेषु वा घर्षणं तज्जन्यशब्दश्च नाभविष्यच्चेद्वाष्पयानस्य नौकायाः पार्श्वे च यदि दृश्ये परिवर्त्तमानचक्रारित्रे नाभविष्यतां को नाम बुद्धिमानपि प्रत्यक्षां यानगतिमुपालप्स्यत। भूस्तु सवायुमण्डलावरणा वियति सूर्यं परितो गच्छति, न च वियति कश्चिद्घर्षणहेतुरस्ति, न वा भुवो वर्त्तुलकल्पाया स्तटभागो नाम कश्चित्क्वचिद् दृश्यो येन तस्या गतिं साक्षादुपलभेमहि। ततो नेदृशोऽर्थः प्रत्यक्षोपलभ्यः किं पुनरनुमानगम्योऽदर्शितं चानुमानं भुवो गतेः साधकम्। तथा चानुमितगतेरपि भुवः स्थिरत्वप्रतिभानं वा न चित्रं बाष्पशकटस्थस्य वाहने चलति तन्त्रीस्तम्भपार्श्वद्रुमादीनामिव वा नौस्थस्य तटवृक्षादीनामिव वा भूस्थस्य भुवि चलन्तं सूर्यनक्षत्रादीनां गतिभानं नातिचित्रमिव ॥ ३०-३२ ॥

[अधि० ८] जलेन प्रलयः किं वा प्रालेयेनाथवा मतः।
जलेन मध्यमैरुक्तस्तस्मात्स्वीक्रियतां तथा ॥ १ ॥
प्रालेयव्याकृतिः शालातुरीयाद्यैर्यथा कृता।
भूविद्यावेदिनामिष्टः प्रालेयप्रलयस्ततः ॥ २ ॥

भूरक्षपरिवर्त्तिनीत्युक्तम्, तत्राक्षान्तयोर्नामिनी सूत्राक्षरैर्निर्दिशति—

अक्षान्तौ मेरुद्वयं दक्षिणोत्तरम् ॥ ३३ ॥

यस्मिन्स्वकेन्द्रवेधिनि कल्पितेऽक्षदण्डे परिवर्त्तमाना वसुन्धरा प्रकृतिकन्यायाः क्रीडाभ्रमरिकेव सूर्यं परितो भ्रमति तस्याक्षदण्डस्यैकोऽन्तः सुमेरुरुत्तरमेरुर्वा, परश्च कुमेरुर्दक्षिणमेरुर्वेत्यभिधीयते। विषुवद्रेखायां प्रातः सूर्यसंमुखीनस्य दक्षिणहस्तगोऽन्तः कुमेरुर्वामहस्तगश्च सुमेरुः ॥ ३३ ॥

भूग्रहस्य परिवर्त्तं परिभ्रमणं च प्रदर्श्य युगव्यवस्थया तस्य संबन्धं दर्शयन्युगावधिमाह—

मेरौ प्रालेयनिपातः प्रलयस्तन्निर्वचनात् ॥ ३४ ॥

पूर्वं संवर्त्तकालो वर्णितः स्वायम्भुवान्तरावसाने बाष्पवायोर्घनीभावाद्वृष्टिबाहुल्याद्भुव एकार्णवीभावापत्तिहेतुः। स एव प्रमादात्प्रलय इति कैश्चिद्वर्णितः।

(वा०) घर्षणं न धरणेर्वियत्पथे नैव निस्तलतयान्तदर्शनम्।
वेगवत्यपि ततोऽनुभूयते नैतदीयगतिरस्मदादिभिः ॥ ३० ॥
भाति बाष्पशकटेन गच्छतो नौकया सरिति वा प्रसर्पतः।
यानमस्फुटगमं तटद्रुमस्तम्भजातमपि तु प्रतिव्रजत् ॥ ३१ ॥
तद्वदेष तमसि प्रसर्पतां भूग्रहेण सह नो निजाश्रयः।
भासते स्थिर इव प्रतिव्रजदृश्यते च रवितारकादिकम् ॥ ३२ ॥

वस्तुतस्तु प्रालेयशब्दस्य निरुच्यमानस्य प्रलयसंबन्ध उपपद्यते। दाक्षीपुत्रोऽपि "केकयमित्रयुप्रलयानां यादेरिय" इति वदंस्तदेव द्रढयति। तस्मात्प्रालेयप्राचुर्यं प्रलयनिमित्तं प्राचाम्। मध्यमानां त्वभिधानेषु नातिप्राचीनेषु कल्पादिकल्पान्तादि-शब्दव्यपदेश्यः प्रलयशब्दवाच्योऽपि। पुरा किल सुमेरुप्रदेश आर्यैरध्युषितो नातिशीतो जननिवासयोग्य आसीदिति भूगर्भशास्त्रविदः। नक्षत्रचक्रादिव्यपदेशैर्मेरुसंबद्धकथा-दिभिश्च भारतादावैतिह्यादिगोचरैस्तथैवानुमीयते, चिरात्तु महाप्रालेयनिपातैरति-शिशिरेषु सम्प्रतीव जनवासायोग्येषु सुमेरुप्रदेशेष्वार्या दक्षिणतः प्रतिष्ठमाना गिरिसरि-दर्णवारण्यादीन्विलङ्घ्य महोद्योगा भारतादिभुवः प्रापुरिति श्रीधरादीनां पाश्चात्य-विपश्चितां गङ्गाधरादीनां पौरस्त्यविदुषां च तर्कः। अस्मिन्नेव नीहारशीकरप्रहार-जर्जरितजीवे हिमानीमयं सार्णवं सस्थलमुत्तरापथं स्फीतजनपदमपि मरुमयं वितन्वति प्रलयकाले परिवर्त्तमाने चण्डमारुतोद्धूतोत्पातप्रालेयपुञ्जशैलानधोधो निखातकायाः सहसा पलायितुमक्षमास्तत्रैव विपन्नाः। कचाचितकाया महागजाश्चीनप्राचीरस्योत्तरतः शिविरप्रदेशेषु हिमसंहतिमपनयद्भिः कृषीवलादिभिरद्यापि ह्यो निखाता इव यथा-स्थिताकारा यदाकदाचिदुपलभ्यन्ते। गभीरप्रालेयश्वभ्रान्निःसारितमात्राश्च बाह्यवायु-संपर्काद्विलीनकचत्वगाद्याः सद्यो महायामरदद्वयकीकसकङ्कालशेषाःकदाचित्तत्रैवोपेक्ष्यन्ते कदाचित्तु गजदन्तार्थिभ्यो वाद्भुतालयार्थमद्भुतसंग्राहकेभ्यो वा विक्रीयन्ते ॥ ३४ ॥

ईदृशाः प्रालेयप्रलयाः कति वारानभवन्निति वक्तुं न शक्यते, न च तत्समय-निर्णयोऽपि सुकरः। तथापि प्रायः परोऽयुताः परिवत्सरा अन्तिमात्प्रालेयनिपातादि-दानीमतीता इति यथाकथञ्चिदनुमीयते। अस्मादेवान्तिमात्प्रालेयनिपाताद्यु-गारम्भमाह—

कृतारम्भः सरित्सागरगिर्यादिलङ्घिनाम् ॥ ३५ ॥

अन्तिमे प्रालेयनिपातात्मके प्रलये परिवर्त्तमाने सरित्सागरगिर्यादीन् विलङ्घ्य दक्षिणेन प्रतिष्ठमानानां महोद्योगानामार्याणामुद्योगहेतुकेनैव कृत्याख्येन कृताख्येन वा

(वा०) अक्षयष्टिरिह केन्द्रवेधिनी भूग्रहस्य परिकल्पिता तु या।
मेरुयुग्ममिति दक्षिणोत्तरं कीर्त्तितं तदवधिद्वयं बुधैः ॥ ३३ ॥
मेरुमुत्तरमुपावसन्पुराऽहर्निशात्मकसमस्तवत्सरम् ।
सुस्थिताः सुचिरमार्यपूर्वजाः कर्षणादिकुशला महौजसः ॥ ३४ ॥
यात्यनेहसि हिमान्युपप्लुता मेरुभूरथ बभूव भीषणा।
तां विहाय च जनाः प्रतस्थिरे दक्षिणां दिशमवारितोद्यमाः ॥ ३५ ॥
ये हिमप्रलयविप्लवेषु तेष्वन्तर्रुवि निधनं महागजाः।
रोमशा उपययुः सहस्रशस्तेऽद्य यावदपि यान्ति दृश्यताम् ॥ ३६ ॥

नाम्ना प्रसिद्धं युगमुपक्रान्तम् । ते हि तत्रभवन्तोऽद्यतना भारतीया इव कूपमण्डूकतामुदुम्बरकीटतां चावलम्ब्य पात्रकप्रदीप्तेऽपि गृहे शय्याममुञ्चन्तोऽलसप्रवरा इव द्वीपान्तरयात्रादिमहोद्योगाज्जुगुप्समानास्तुन्दपरिमृजा अभवन्, महोद्योगास्तु ते सर्वतो गन्तुं क्षमाः सर्वोद्योगोत्साहवन्तोऽनल्पसत्त्वाः सर्वथा साम्प्रतिकभारतीयेभ्यो भिन्नाः प्राचीनसभ्यतीया मूलस्तम्भा इव ॥ ३५ ॥

[अधि० ९] युगव्यवस्था दैव्या वा मानव्या समयापि वा ।
दैव्या स्याद्वैष्णवीयादौ दिव्यशब्दस्य दर्शनात् ॥ १ ॥
मानभिन्नेऽप्यहोरात्रे दिव्यमानुषवर्षयोः ।
अयनद्वितयात्मत्वात्साम्यं वादोऽत्र नोचितः ॥ २ ॥

उत्तरे ध्रुवप्रदेशे च दक्षिणमयनं रात्रिरुत्तरं चायनं दिनं तदुभयात्मकं च वर्षमित्याह—

ध्रुवीयमहोरात्रसमं दैवं वर्षम् ॥ ३६ ॥

ध्रुवशब्दोऽत्र प्रकरणादुत्तरं ध्रुवमभिधत्ते । ध्रुवीयं यत्षाण्मासिकं दिनं षाण्मासिकी च रात्रिस्तदुभयात्मकं दैवं वर्षम् ॥ ३६ ॥

ननु वर्षं प्रायः पञ्चषष्ट्यधिकशतत्रयदिनमितं सर्वत्र प्रसिद्धं न त्वहोरात्रसमं तत्किमिदमेकाहोरात्रसमं वर्षमुपक्षिप्तमिति चेदाह—

तदयनद्वयात्मकनियतदिनादिसंख्यमत्र ग्रहान्तरेषु च ॥ ३७ ॥

अयि ऋजुक वर्षे न दिनरात्र्यादिसंख्या किल नियता । वर्षं नाम सूर्यं परितो ग्रहविशेषस्य परिभ्रमणेनोपाधिनावच्छिन्नकालकला । यावच्च सूर्यं दक्षिणेन ग्रहस्तावदुत्तरमयनं यावत्तु सूर्यमुत्तरेणासौ तावद्दक्षिणमयनमित्ययनद्वयघटितत्वमेव वर्षसामान्यलक्षणं सर्वेषु ग्रहेषु । भूग्रहेऽपि सर्वत्र सुमेरौ वा कुमेरौ वा विषुवद्वृत्ते वान्यत्र वा तादृशमेव वर्षं स्वीकर्त्तव्यम् । तस्माद्दैवं मेरवीयं वा मानुषं भारतीयं वा वर्षमुभयमयनद्वयात्मकं तथा चाभिधानमयने द्वे गतिरुदग्दक्षिणार्कस्य वत्सर इति । अयनद्वयघटितत्वमेव साम्यं दैवमानुषादिवर्षाणां न पुनः पञ्चषष्ट्यधिकशतत्रयाहोरात्रवत्त्वं तादृशमेवान्यद्वा किमपि । इयान्पुनर्दैवमानुषयोर्वर्षयोर्भेदो यद्दैवमेकाहोरात्रात्मकायनद्वयसमं मानुषं तु पञ्चषष्ट्यधिकशतत्रयात्मकायनद्वयसमम् ॥ ३७ ॥

(वा०) सागरांश्च सरितो गिरींस्तथा यद्विलङ्घ्य शतशः समाययुः ।
सप्तसिन्धुपरिभूषिता भुवो विश्रुतौजस इहार्यपूर्वजाः ॥ ३७ ॥
तेन तद्युगमभूत्कृतात्मनां संमतं क्षितितले कृताख्यया ।
सत्यमित्यपि मृषाकुकल्पनावर्जनाद्विदुरमुष्य चाभिधाम् ॥ ३८ ॥

किमनया वर्षपरिभाषयेति चेद्युगव्यवस्थायां तदुपयोगं दर्शयिष्यन्नुपक्षिपति —

द्वादशसाहस्रे मानवानां चतुर्युगेन दिव्यशब्दः ॥ ३८ ॥

द्वादशभिर्वर्षसहस्रैश्चतुर्युगमाहुर्मानवीयास्तत्र वर्षाणामष्टचत्वारिंशच्छती कृतयुगं जाग्रन्महोद्योगप्रायपूरुषम्। ततस्त्रेतायुगं ततोऽल्पतरोद्योगं षट्त्रिंशच्छती वर्षाणाम्। ततो द्वापरोऽत्यल्पोद्योगः संशयानाश्रद्दधानपूरुषश्चतुर्विंशतिशतवर्षात्मकस्ततश्च कलिरनुद्योगदग्धपशुप्रायजनः पिशाचपूजादितमः प्रधानो द्वादशशतवर्षात्मक इति विवेकः। ईदृशे च युगविभागे दिव्यशब्दो मानवीयैर्नोपन्यस्तः। प्रत्युत परस्ताद्यदेतद् द्वादशसाहस्रं मानवानां चतुर्युगं तदेव देवानामेकमेव युगमित्युक्तम्। प्रकरणाच्च भारते मनुष्यभूमौ मनुष्यवर्षैरेव युगव्यवस्थोचिता ॥ ३८ ॥

किं च केनापि युगव्यवस्थायां दिव्यशब्द उपन्यस्तोऽभून्मा वा, न खलु तेन कश्चित्कालभेदो दिव्यमानुषयोरुभयोरपि वर्षयोरयनद्वयघटितत्वेन समत्वादित्याह—

दिव्यमानुषयोः समत्वेऽपि क्वचिद्दिव्यशब्दः प्राक्स्थित्यपेक्षः ॥ ३९ ॥

अयनद्वयघटितमत्र ग्रहान्तरेषु च वर्षमित्यवोचाम। तथा च वैष्णवीयादिषु दिव्यशब्दोपलम्भेऽपि युगव्यवस्थायां कालभेद आपतति, तेन च निजपञ्चाङ्गनिदर्शकानां वर्षलक्षैर्युगपरिगणनं सर्वथैवासंगतम्। दिव्यमानुषयोर्वर्षयोः समत्वे कथं दिव्यशब्दो वैष्णवीयादिषु दृष्ट इति चेत्प्रतिवक्ति—क्वचित्यादिना। कैश्चिन्मध्यमैर्यत्र तत्रोपन्यस्तो दिव्यशब्दस्तु प्राक्स्थित्यपेक्षः। पुरा किल मेरावार्यपूर्वजा वसन्ति स्मेत्युक्तं मेरवीयं च दिव्यं वर्षमिति तदवरजैः पूर्वजापेक्षया तदेव कालकलनायामुपन्यस्तम्। यः कश्चिदुपक्रमकालादिभेदस्तयोर्दिव्यमानुषयोर्वर्षयोर्मालिवाब्दशकाब्दयोरिव भवेन्न पुनः कालमानकृतः कश्चिद्विशेषः। यथा च ज्योतिर्विदः सत्यपि मालवाब्दे शकाब्दमेव गणनायै परम्पराप्रणयेन स्वीकुर्वन्ति तथैव केचिन्मध्यमाः पूर्वजपरम्परानुरोधेन दिव्याब्दमेव कालकलनायै स्वीकुर्वन्ति स्म ॥ ३९ ॥

(वा०) मेरुमण्डलनिवासिनामहोरात्रतुल्यमयनद्वयं विदुः।
वत्सरोऽयनयुगेन संमितस्तत्र नैव नियतस्त्वहर्गणः ॥ ३९ ॥
मेरुवर्षमिदमेव दिव्यमित्युच्यते नरसमा समानता।
पार्थिवायनयुगात्मनः स्फुटा त्वस्य हन्त ऋजुचेतसामपि ॥ ४० ॥
पूर्वजानुसरणोद्यतैः क्वचिद्दिव्यवर्षगणना समादृता।
स्वीकृताऽपि न युगव्यवस्थितावन्तरं घटयितुं क्षमेत सा ॥ ४१ ॥
दिव्यमानुषभिदामपास्य तन्मानवीयमवलम्ब्य वर्त्म च।
स्वीकृता युगचतुष्टयस्थितिर्नाद्य संघटयितुं कलिं क्षमा ॥ ४२ ॥

सा च युगव्यवस्था येन केनापि वर्षेण व्यवस्थाप्यमाना न विश्वजनीनेति दर्शयति—

युगव्यवस्था देशभिन्ना भूतमात्रे न भविष्यति ॥ ४० ॥

मानवीयादीनां प्राचां युगव्यवस्था किल भारतोपयुक्ता। भारते पुरा कियन्तं कालमभ्युदयोऽभूत्कथञ्चावनतिः प्रावर्त्ततेत्यादि प्रदर्शयति। न पुनर्देशान्तरीयेषु सा व्यवस्था कृतयुगादिकं व्यवस्थापयितुं क्षमा। न हि भारतीयेष्वभ्युदयवत्स्वजपुत्रा असुराः फणीशा जारूषा पारसीका यवना रोमकाश्च सर्वेऽपि युगपदभ्युदयवन्तोऽन्यादृशा वा समभवन्निति कश्चिदितिवृत्तवित्पश्यति। सर्वदैव कस्मिंश्चिद्देशेऽभ्युदयवति देशान्तरीया दुर्गता वान्यथा वा वैषम्यमुपलभ्यत एव। किञ्च न केवलं युगव्यवस्था देशभिन्ना सा नूनं भूतमात्रनियता। चिरन्तनैर्हि स्वपूर्वजानामितिवृत्तमालोच्य युगव्यवस्था दर्शिता, भविष्यत्काले पुनः कीदृशी युगव्यवस्थेति कः किल जानातु, न हि कश्चित्सर्वज्ञस्त्रिकालज्ञो वा। साक्षात्कृतधर्माणो हि ऋषयो न पुनरार्हतकल्पिता जिना इव सर्वज्ञा येन भविष्यद्वादमेते धूर्त्तान्तरवत्प्रथयेयुर्मध्यमास्तु व्यामोहाद्वा लोकप्रतारणाय वा यत्किञ्चित्प्रलपन्ति। स्पष्टीकृतश्चैष विषयो 'न दिव्या दृष्टिरि'त्यत्र प्रथमाध्यायस्य द्वितीयाह्निके। तथा च सम्प्रति कस्मिन्देशे किं युगमिति व्यवस्था न मध्यमोक्त्यधीना किम्पुनर्जनोद्योगादिपरीक्षाधीनेति सुव्यक्तम् ॥ ४० ॥

यस्य तु कृतयुगानन्तरं त्रेता ततो द्वापरस्ततः कलिस्ततश्च भूयो भूय ईदृशएवावर्त्त इत्याग्रहस्तेषामप्यत्र न कयापि कालकलनया कलिरित्याह—

त्रेता द्वितीयं कृततुरीयं वा तदाग्रहवताम् ॥ ४१ ॥

दिव्यदृष्टिः परोक्षदर्शिका नास्तीत्युपपादितम्। न च प्रत्यक्षेणानुमानेन वातिविप्रकृष्टामनियतोद्योगचेतनाधीनकालस्थितिमाधुनिकीं प्रथमत एव मध्यमा अद्राक्षुरिति

(वा०) भूतमात्रविषया युगस्थितिः किं स एव नियमो भविष्यति।
देशभेदमिह साप्यपेक्षते नैकरूपसुखदुःखता भुवाम् ॥ ४३ ॥
सार्वकालिकयुगव्यवस्थितेरैकरूप्यविषयेऽप्यथाग्रहे।
तुर्य एष चरणः कृतस्य वा त्रैत एव किमु वादिमात्परः ॥ ४४ ॥
द्वादशाढ्यमयुतार्धमद्य यत्साम्प्रतं समुदयात्कलेर्गतम्।
द्वादशादिमशतान्यतः कलेः सत्यमेव तु युगं ततः परम् ॥ ४५ ॥
ह्रास एकचरणक्रमाद्यथा वृद्धिरप्यथ तथैव संमता।
द्वापरात्कलियुगद्वयी समात्त्रेतयैव पदमर्पितं ततः ॥ ४६ ॥

संभावयितुं शक्यते, तथाप्यभ्युपेत्य वदत्याचार्यो यद्याग्रह एव तव मध्यमकलनयेदानीन्तनीं कालस्थितिं निर्णेतुं तदा साम्प्रतं कृतयुगस्य तुरीयं चरणं त्रेताया द्वितीयं चरणं वा गृहाण।

शतेषु षट्सु सार्धेषु त्र्यधिकेषु च भूतले।
कलेर्गतेषु वर्षाणामभूवन् कुरुपाण्डवाः॥

इति कल्हणः।

आसन्मघासु ऋषयः शासति पृथ्वीं युधिष्ठिरे नृपतौ।
षड्दिकपञ्चद्वियुतः शककालस्तस्य राज्ञश्च॥

इति वराहार्कः।

सम्प्रति च शकाब्दानां द्वात्रिंशदधिकाष्टादशशती गता। तथा च त्रिपञ्चाशदधिकशतत्रयस्य कलेरुपक्रमादाभारतमहाहवाच्च यातस्य षड्विंशत्यधिकायाः पञ्चविंशतिशत्याः पाण्डवकालादाशकाब्दारम्भाच्च गताया द्वात्रिंशदधिकाया अष्टादशशत्याश्च शकाब्दानां गतायाः संकलनमेकादशाधिकसहस्रपञ्चकम्। अस्य चैकादशाधिकपञ्चसहस्राब्दमितस्य कालस्य प्रथमा द्वादशशती कलिस्ततश्च कलेरनन्तरं सद्यः कृत्ययुगं न संभाव्यम्, यथा ह्येकैकचरणक्रमेणावनतिस्तथैव तेनैव क्रमेणोन्नतिरुचिता। तथापि कलेरनन्तरं सद्यः कृत्ययुगं स्वीक्रियते चेत्, साम्प्रतं कृत्ययुगस्यैकादशाधिकार्ष्टत्रिशच्छती समतीतेति तस्येदं चतुर्थं चरणं कल्प्यतामथ चरणक्रमेणाभ्युदयं स्वीकृत्य सम्प्रति जगतोऽभ्युदयमपूर्णं चावलोक्य कलेरनन्तरं पुनर्द्वापरं ततस्त्रेतां ततः कृत्यमिति क्रमं साधुतरं स्वीकरोषि, तदेकादशाधिकपञ्चसाहस्र्याः प्रथमां द्वादशशतीं कलिं ततश्चतुर्विंशतिशतीं द्वापरं ततश्चावशिष्टामेकादशाधिकचतुर्दशशतीमवसितपूर्वनवशतात्मकत्रेताप्रथमाङ्घ्रि ततश्चातीतद्वितीयाङ्घ्रिभागात्मकैकादशाधिकचतुर्दशशतीं स्वीकुरु। न चैतत्स्वीकारे काचिदनुपपत्तिर्महती।

कलिः शयानो भवति संजिहानस्तु द्वापरः।
उत्तिष्ठंस्त्रेता भवति कृतं संपद्यते चरन्॥

इति श्रुतेर्हि सम्प्रति परितोभ्युदयोन्मुखं भारतांशमात्रेऽवलम्बितघनस्वापं हि जगदीषदूनाभ्युदयमयत्रेतात्मकमिति कस्य वा न संतोषाय। मानवीयानां तु राजा हि युगमुक्तम्—

कलिः प्रसुप्तो भवति स जाग्रद्द्वापरं युगम्।
कर्मस्वभ्युद्यतस्त्रेता विचरंस्तु कृतं युगम्॥

(वा०) त्रेतयाद्य कृतसंनिधौ क्षितौ सर्वतः शुभकृतेः पदत्रयम्।
दुष्कृतेश्चरण एकको हठाद्भारते निपतितः प्रमादिनि॥ ४७॥

इति स्मरतां सम्प्रति वीरेषु भारतशासकेष्वभ्युन्नतकर्मावलम्बिषु जनमात्रशरणे च तिमिरे सुव्यक्तमेवेदं त्रेतायुगम्। किञ्च त्रेतायामौदीच्यसभ्यता दक्षिणारण्यकेषु रामेण प्रचारितेति किंवदन्ती साम्प्रतमपि श्वेतद्वीपीयौदीच्यसभ्यता दक्षिणार्णवगा संवृत्ता। कपोलकल्पनामयं पुष्पकमतीतायां त्रेतायामिदानीं तु प्रत्यक्षदृश्यानि शर्भण्यान्याङ्ग्लीयान्यन्यानि च वायवीयपुष्पकाणीति यत्किञ्चित्साम्यमप्यस्यास्त्रेताया अतीतया सह। सर्वतोऽभ्युदये जाग्रत्यपि शासकेषु महोद्योगेषु न्यायपरेष्वपि भारतीयावनतिस्तु प्रमादाख्यबन्ध्यापुत्रान्वेषणप्रणयजनकमधर्माङ्घ्रि सकलान्विहायास्मिन्देशे पतितं देववत्पूजयतां स्वदोषदृष्टिसुकृतमुपेक्ष्य सदा परदोषनिरीक्षापातकं संचिन्वतां विटवेश्याधूर्त्तसिद्धादिप्रणयिनां जनानां दोषेण न पुनरुद्योगवतां प्रशासकानां दोषेणेत्यतिरोहितं प्रेक्षावताम्। वरयात्राव्ययेन तन्त्रमन्त्रादिप्रणयैर्व्यवहारविवादैर्मूर्खपुरोहिततीर्थध्वाङ्क्षाद्याराधनैर्विज्ञानोपेक्षापूर्वकं पुराणपटच्चरादिष्वायुःक्षपणैः, शुष्कतर्कव्याकृत्यभ्यासैश्च मानुष्यकमुन्मत्तपशुभावे परिणमयन्तु भवन्त इति, कः खलु नृपो वा नृपप्रतिनिधिर्वा भारतीयानुपदिशति। स्वयमेवेदृशं बन्ध्यापुत्रान्वेषणमहापातकमनुष्ठाय प्रशासकेषु तद्दोषारोपणेन द्विगुणीभवन्महापातका राजपैशुन्यं गोघातसदृशं वदन्तीं मानवीयां स्मृतिमपि विस्मरन्तो निरयभाजो ह्येते ये किल परदोषप्रख्यापनैकवाचालाः स्वदोषान्धा नीत्याभास-धर्माभासादिव्याख्यानैर्जनतां विप्लावयन्ति ॥ ४१ ॥

[अधि० १०] सप्तद्वीपयुताः सप्त स्थिता मध्यादिवार्धयः।
अन्यादृशा वा सप्त स्युः प्राच्यैरुत्प्रेक्षिता यथा ॥ १ ॥
क्षारस्य संचयाच्छश्वद्वाष्पीभवति वारिणि।
निसर्गलवणोऽम्भोधिर्महाद्वीपद्वयं त्विह ॥ २ ॥

तस्यामेतस्यां वसुधायां युगव्यवस्थामुपपाद्य साम्प्रतिकीं स्थलजलादिव्यवस्थां संग्रहेण सूचयन्नाह—

अत्र सम्प्रत्येको नैसर्गिकलावण्यः समहाद्वीपद्वयः सोच्चावचानेकद्वीपो महार्णव उपाधिभिन्नः ॥ ४२ ॥

यथा युगव्यवस्थाविषये मध्यमानां प्रमादस्तथैव द्वीपार्णवादिविषयेऽपि। सप्तद्वीपां सप्तसागरां वसुमतीं वर्णयन्ति मध्यमाः, उपलभ्यमाना तु व्यवस्था समहाद्वीपद्वयां

(वा०) एवमद्य चरणोनसत्कृतौ त्रेतया विहितसंनिधौ क्षितौ।
एक एव लवणो निसर्गतः पाथसां पतिरुपाधिभेदवान् ॥ ४८ ॥
अंशकत्रितयमम्बु भूतले वर्त्तते स्थलमथैककोंऽशकः।
द्वीपयुग्मकमिह स्थितं महत्क्षुद्रभूर्यवनिबिन्दुसंयुतम् ॥ ४९ ॥

सोच्चावचानेकद्वीपोपद्वीपसैकलवणार्णवामिमां दर्शयति। नात्रोत्तरोत्तरं द्विगुणानां वर्तुलानां द्वीपानामवकाशो न वा तादृशानामेव मद्यक्षीरादिमहार्णवानाम्। न च सम्प्रति सप्तद्वीपत्वसप्तार्णवत्वाद्यभावेऽपि प्राचीनतरसमयेषु तस्यास्तथात्वं किमिव नाङ्गीक्रियत इति वाच्यम्, द्वीपादिपरिवर्त्तसम्भवेऽपि सुराक्षीरार्णवाद्यसंभवात्। मध्यमानां सुरादि-सागरवर्णनानुमितप्रमादानां द्वीपादिवर्णनस्याप्यनतिश्रद्धेयत्वात्। नदीपयोदादि-सलिलं हि सागरगतं सूर्यकिरणैर्विशोष्यमाणं स्वयं मधुरीभूय पयोदान्प्राप्नुवल्लवण-मर्णवपूरे विमुञ्चत्तत्क्षारीकरोतीति विसर्गः ॥ ४२ ॥

तथा च सुराक्षीरेक्षुरसाद्यर्णववर्णनं न पारमार्थिकमिति सिद्धम्। अपारमार्थिकं रूपकातिशयोक्त्यादिविधया कल्पितं तदिति स्वीकारे तु न हानिरित्युपदिशन्नध्याय-मुपसंहरति—

सुरादिकल्पना वर्णादिकल्पनातिशयोक्तिः पोतादिसागरवत् ॥ ४३ ॥

संभवेदेतद्यत्प्राचेतसीये रामायणे सुग्रीवेण वर्णितानां रक्तादिसागराणामेव साम्प्रतिकैर्वर्णितानां रक्तश्वेतपीतकृष्णादिसागराणामेव वा सिकताद्युपाधिजनितवर्ण-विशेषाणां लवणार्णसामप्यालङ्कारिकविधया सुराक्षीरेक्षुरसादिनामभिः प्रसिद्धिः पुराण-कविभिर्व्यधीयतेति। न पुनस्तेन वस्तुतः सुराक्षीरेक्षुरसाद्याशासिद्धशक्तिमरुमरी-चिकानुधावनप्रणयिभिर्मुग्धहरिणैः कर्तुमुचिता ॥

(वा०) सुरार्णवादेः परिकल्पना तु या परिस्फुटात्युक्तिरियं चिरन्तनी।
सितारुणश्यामलतादि वारिधावुपाधिजं जात्ववलम्ब्य कल्पिता ॥ ५० ॥

इति द्वितीयाध्यायस्य द्वितीयाह्निकं समाप्तम्।

तृतीयोऽध्यायः, प्रथमाह्निकम् ।

[अधि० १] ज्ञानं कर्म च भक्तिश्च समुच्चेयान्यथो न वा ।
परस्परविरुद्धत्वान्न स्यात्तेषां समुच्चयः ॥ १ ॥
अन्योन्यसहकारित्वाच्छ्रेयांस्तेषां समुच्चयः ।
न पारमार्थिकस्तेषां विरोधं कंचिदीक्षते ॥ २ ॥

लोकविभागमुक्त्वा भूवासिनां कर्मोपदेक्ष्यत्कर्मणो भक्तिविज्ञानमूलकत्वेन द्वैविध्याद्भक्तिमूलस्य च कर्मणो ज्यैष्ठ्यात्प्रथमं तदेव वक्तुं प्रक्रमते। तत्र कर्मज्ञानभक्त्यादिविषये तान्त्रिकाणां विप्रपत्तिमाह—

कर्मेत्येके ॥ १ ॥

केचिद्भक्तिज्ञानहीनमपि कर्म फलावहमिति वदन्ति। तच्च स्फुटमसंगतम्। भक्तिज्ञानहीनस्य कर्मणो जडानां तैलकारचक्रादीनामेवोचितत्वात् ॥ १ ॥

तदित्थं सति कर्मणो जडेष्वपि दृष्टत्वादकर्मकत्वमेवाश्रयणीयम्। शुद्धं ज्ञानमेव च मानवानां परममुद्देश्यमित्यन्ये तदाह—

ज्ञानमेव भिक्षवः ॥ २ ॥

भिक्षवो गौडपादशङ्कराद्यास्तु यत्किञ्चिदगत्या करणीयत्वेनापतितं कर्म परिहाराशक्त्या करोतु मानवस्तस्य परममुद्देश्यं तु निर्गुणस्य ब्रह्मणो ज्ञानं कर्मसंन्यासपर्यवसायि। ईदृशस्य ज्ञानस्य कर्मणश्च स्वैरं करणीयस्य परिहरणीयस्य वा न समुच्चय इत्याहुः। सर्वथा सर्वस्य कर्मणस्त्यागो न संभाव्यत इति तु तैरपि स्वीक्रियत एव। ब्रह्म च निर्गुणं सगुणं वेति विप्रतिपत्तिः। उपपादयिष्यति च ब्रह्मणः सगुणत्वं महता विस्तरेण भूमाध्याये। कर्म चेन्न सर्वथा परिहार्यं शरीरस्य चालस्येन परान्नादिभिः पालनं तामसं स्वपरदोषावहमिति विहितस्य कर्मणो जगन्मङ्गलार्थ-

---

(वा०) न केवलं कर्म पुमर्थ इष्यते जडेऽपि वाष्पानसि दृश्यते हि तत्।
अकर्म च ज्ञानमसंभवं द्वयी न चेतसस्त्र्यात्मन इष्टतुष्टये ॥ १ ॥
इतीष्यते चेतसि बुद्धिवेदनाक्रियात्मके भक्तियुतैव सा द्वयी।
त्रिवर्गसिद्धिस्त्रितयानुकूल्यतो ममत्वनाशादमृतात्मिका ध्रुवम् ॥ २ ॥
विपश्चितश्चेतसि बुद्धिवेदनाक्रियात्मके नैकतमावलम्बिनः।
त्रयं हि तैलाग्निदशोपमं यतः सहायतामेति परस्परस्य तत् ॥ ३ ॥

मपेक्षितस्य कर्मान्तरस्य च त्यागेन शारीरकक्लेशपरिहारं प्रमेहार्शःकफोपचयादि-मात्रफलं को नामाप्रमत्तो वाञ्छतु ॥ २ ॥

तस्मान्न कर्ममात्रं न वा ज्ञानमात्रं मानवस्योद्देश्यं भवितुमर्हतीत्याह—

भक्तितृतीयं तद्द्वयं तु मनसस्त्र्यात्मकत्वात् ॥ ३ ॥

मनः खलु त्र्यात्मकमुक्तम्। तथाहि मनसस्तिस्रः शक्तयो वेदना कृतिर्ज्ञानं चेति। यया सुखदुःखसंवित्तिः सा शक्तिर्वेदना नाम। यया किंकर्त्तव्यताध्यवसायः सा कृतिर्नाम। यया पुनर्गन्धरूपरसशब्दादीनां विषयाणां तद्गतानामिरेतरविशेषाणां चोपलम्भः सा शक्तिर्ज्ञानं नाम। बहव आसामवान्तरभेदा अन्यत्र दर्शिताः। नात्र तेषामपेक्षेति न पुनरुपन्यासः। शक्तित्रयमिदं तमो रजः सत्त्वं चेत्यपि विदितं तन्त्रान्तरीयाणाम्। प्रदीपवच्च वृत्तिः शक्तित्रयस्य। परस्परास्कन्दने तैलवह्निवर्त्ति-काणामिव महान्क्षोभः। परस्परसाहाय्ये तु महानुपकारः। वेदना हि तमोमयी ज्ञानं कृतिं चास्कन्द्य विनाशयति। वेदनैकपरायणश्च मद्याहिफेनादिशरणो विनष्टज्ञानः सर्वत्र स्खलदध्यवसायः स्वात्मानं संनिहितांश्च निरये पातयति। दुःखबहुलेषु जगत्कार्येषु दुःसाध्ये विज्ञानाद्यभिगमे च विहितोपेक्षः क्षणं धूर्त्तैर्मूर्खवरैश्च प्रख्यापित-माहात्म्योऽपि जीवन्नभार्यो निष्प्रजो दुश्चरितपरोऽनुद्योगः सदा नरकमनुभवति, मृतश्च न तत्कर्म पश्चान्मुञ्चति येन सर्वात्मन उपकारः स्याद्येन वास्य बन्धुप्रभृतयः कंचिल्लाभमावहेयुः, प्रत्युत तस्य जन्मतो वैयर्थ्यं जानन्तः पुरुषवराः खिद्यन्ति तदजानन्तः पुरुषापसदाश्च तस्यैवानुकुर्वन्तस्तदनुभूतेष्वेव निरयेष्वन्धगोलाङ्गूलानु-सारिणो निपतन्ति।

कृतिरपि सुखदुःखानपेक्षिणी ज्ञानमवस्कन्द्य प्रवर्त्तमाना स्वानुष्ठानपरं पुरुषा-पसदं सिंहमिव मेघेषु प्रतिगर्जन्तं मेघास्कन्दनाशया गिरिशिखरोत्पतनाच्चूर्णशरीर-मन्धतमसे निपात्य नाशयति।

ज्ञानमपि वेदनां कृतिं चोपेक्ष्य प्रवर्त्तमानं शून्यनिर्गुणनिराकारादिनाममात्र-विषयमन्धतमसान्नातीवातिरिच्यत इति शक्यमदाम्भिकैरनुभवमनपलपद्भिः प्रेक्षावद्भिः प्रतिपत्तुम्।

तस्मात्त्र्यात्मकत्वान्मनसो भक्तिर्ज्ञानं कर्म चेति त्रितयमेकमुद्देश्यं मानवस्य। यथा हि चक्षुःश्रोत्रत्वग्रसनघ्राणवतो जन्तोर्न सौन्दर्यसाक्षात्कारो न वादित्राकर्णनं न

(वा०) विपद्यते वेदनया नयातिगः क्रियान्धता श्वापदचेष्टितं परम्।
अतद्द्वयं ज्ञानमविद्यया समं त्रयी पुमर्थोऽभिमतः समृद्धये ॥ ४ ॥

मृदु शयनं न मृष्टभोजनं न वा परिमलग्रहणमेकं किमपि परायणं न वा सर्वेषां परिहारो धर्मः। पञ्चानां तु यथोचितमव्याधिकरं स्वकायस्यापीडाकरं प्रतिवेशिनामबाधकं समाजादिव्यवस्थायाः समाराधनमुचितम्। तथा मनसस्त्र्यात्मकत्वाद्भक्तिज्ञानपूर्वकं कर्मानुष्ठानं धर्मार्थकामसाधनं जीवन्मुक्तिफलं परायणं मानवस्येत्याचार्यः।

भक्तिर्वेदनायाः परा काष्ठा, कर्म कृतेश्चरमसीमा, ममत्वलेशरहितं ज्ञानं तु विज्ञानादेः परप्रकर्षः। तद्यथा पित्रोर्भक्तः स्थविरं पितरं जरतीं वा मातरं स्कन्धे वहन्वा तदर्थं सत्यामपेक्षायां प्राणानपि परित्यजन्वा न तथा सुखिनं जगति कमपि मन्यते यथात्मानं पित्रोरर्थे क्लिश्यमानम्। योधो नृपार्थं तृणमिवासूनपास्यन्नैवात्मना सदृशं सुखिनमन्यं गणयति। सरस्वतीभक्तो वा विज्ञानप्रचाराय सर्वस्वमर्पयन्नैवात्मनः सुखितरमन्यं मन्यते। परमार्थभक्तो वा पृथिवी सूर्यं परितो भ्रमति न सूर्यस्तां परित इति प्रख्यापयन्दुराग्रहैः कारितकाराप्रवेशोऽपि तत्रैव जीवनं क्षपयञ्जगति सुखितममात्मानमेवाकलयति। कृतिशाली प्रमादालस्यरहितस्त्रिवर्गं साधयन्कृतार्थयत्यात्मानं जगच्च। कृतिरहितस्तु तमोमयः कज्जलह्रद इव कलङ्कयति संनिहितान्। ममत्वलेशरहितः स्वपरदुराग्रहविरहेण परमार्थं गृह्णाति परैरपि बालैरप्युपन्यस्तम्, निरस्यति चापरमार्थं बन्धुभिरप्युदाहृतम्। पुत्रं नरहत्याद्यपराधिनं दण्डाय विसृजति। शत्रुसुतमपि गुणवन्तं बहु मन्यते। ममत्वविरहाच्च ऋतसत्यमात्रापेक्षः समापतितसुखदुःखादिसाक्षित्वेन पश्यन्न तत्र मुह्यति।

तस्माद्यावत्कर्मानुष्ठानशक्तिर्यावती च शक्तिस्तावत्तदनुरूपं भक्तिज्ञानपूर्वकं कर्मानुष्ठानं पुरुषस्य परायणमिति स्थितम्। सत्यामनुष्ठानशक्तौ संन्यासस्त्वेकान्ततमसत्त्वान्मनसापि न चिन्तनीयः। एतदभिप्रेत्य वासुदेवोऽप्याह "कर्मणैव हि संसिद्धिमास्थिता जनकादयः" इति "कुरु कर्मैव तस्मात्त्वम्" इत्यादि च। तस्मान्ममत्वे वर्त्तमानेऽप्यवर्त्तमानेऽपि जगद्धिताय कर्म कर्त्तव्यमेव। तदाह वासुदेवो "न मे पार्थास्ति कर्त्तव्यं त्रिषु लोकेषु किंचन। नानवाप्तमवाप्तव्यं वर्त्त एव च कर्मणि" इति। न च वासुदेवादपि जीवन्मुक्ताः साम्प्रतिका येन तेषां बाल्यादेव विरज्य विरज्य काषायग्रहणं श्रद्धया पश्येम। ईदृशानां विरागाभासपरिगृहीतानामाराधने प्रवृत्तात्सर्वज्ञत्वेन तान्घोषयतो महाप्रमादभगवत्पादावस्कन्दितस्कन्धान्कः खलु प्रेक्षावान्न करुणया पश्यति न वा निषेद्धुं यतते। प्रमादिनां विरागाभासदर्शनप्रयुक्तो भक्त्याभासो हि महाप्रमादमूलकोऽयम्। आभासानां च भूयो भूयो मोहान्धतमसनिरयनिपातहेतुत्वमवोचाम ॥३॥

(वा०) तमत्वमास्कन्द्य कृती तु विद्यया चरंश्च भक्त्या किल कर्म निर्मलम्।
उपैति सिद्धिं जनकादिवत्परां विपर्यये दुर्गतिरेव केवलम् ॥ ५ ॥

[अधि० १] पितृत्वाद्येव बीजं स्याद्भक्तेर्लिप्साऽथवा परा ।
भक्तिर्बाह्यफलाधीना सर्वं लाभेच्छया यतः ॥ १ ॥
भक्तेर्बीजं पितृत्वादि बाह्यहेत्वनपेक्षणात् ।
यद्वाह्यफलसापेक्षं तद्वाणिज्यं स्फुटं मतम् ॥ २ ॥

तथा च सिद्धे भक्तिज्ञानमूलकस्य कर्मणः सदानुष्ठेयत्वे काऽसौ भक्तिरित्याह—

भक्तिर्वात्सल्यमद्भुतोत्कर्षापेक्षमहेतुकाराधनपर्यवसायि ॥ ४ ॥

भक्तिर्वात्सल्यमिति स्वरूपोपन्यासः। अद्भुतोत्कर्षापेक्षमिति बीजोपक्षेपः। अहेतुकाराधनपर्यवसायीति फलप्रदर्शनम्। मातापितृगुरुनृपदेवादिषु योऽद्भुत उत्कर्षो वक्ष्यमाणलक्षणस्तज्ज्ञानं प्रायः साधारणबुद्धिशालिनामकृतघ्नानां कामक्रोधाद्यविप्लुतसत्त्वानां पुत्रादीनां चेतसि सर्वदा स्फुरति। तस्य बीजस्य विकासरूपा भक्तिलता परप्रेमस्वरूपा। सा च निर्हेतुकाराधने पर्यवस्यति। पारमार्थिको हि पित्रादिभक्तो न स्वर्गाय न वा विषयसुखाय पित्रादीनाराधयति। क्लेशैरैहिकैरामुष्मिकैर्वा वास्तवैरुत्प्रेक्षितैर्वा स्वीयैः परैश्च भर्त्सितोऽपि नाराधनाद्विमुखीभवति। पित्रादीनामाराधनसक्त आराधनविरुद्धान्स्वर्गाप्सरोभोगादिफलत्वेनोत्प्रेक्षितान्कर्माभासानन्यैरुपदिश्यमानानपि नानुसरति। सद्यः खेचरत्वान्निधिप्राप्त्यादिफलत्वेनोपदिष्टान्महामन्त्रजपादीन्न तादृश्या भक्त्याऽऽराधयति। न वा गुणवत्तरान्यान्कांश्चित्सिद्धाञ्छ्रुत्वा सद्यस्त्यक्तगृहस्तदनुसरणेन पितृपुत्रभार्यादीन्खेदयति। प्रत्युत संनिहितेषु पित्रादिषु साक्षात्तदाराधनसुखमनुभवति। असंनिहितेषु च तेषु तदुपदिष्टानि जगन्मङ्गलकारीणि कर्माण्यनुतिष्ठन्सिद्धिमरुमरीचिकास्वबद्धश्रद्धः सदुद्योगैः सच्चरितानुसरणैश्च प्रकाशं जीवनं सफलयन्रहश्च तच्चरितस्मरणोदितबाष्पसीकरः परां काष्ठां धन्यतायाः समधिगच्छति।

अपारमार्थिकेन भक्त्याभासनाम्ना प्रमादेन प्रवर्त्तमानैस्तु स्वर्गादिफलाय पुत्राद्यर्थं वा भक्तोऽहं सिद्धोऽहमिति प्रख्यापनाय वा यथाकथंचित्तारस्वरं प्राकृतगाथादि पठद्भिर्धृतधर्मकञ्चुकैः प्रकाशं नामोच्चारयद्भिर्मृष्टं भोज्यं च पितृपादुकाद्यभिमुखमुपहृत्योपहृत्य स्वयं सतृणमश्नद्भिश्छात्रादिभ्यस्तु काकिणीमप्यनर्पयद्भिरर्धरात्रे च समागतया दास्या सह मृतः पिता सम्प्रति ममैवाधिपत्यं तत्किं विरज्यसे घटयिष्यामि ते भूषणानीत्यन्यादृशीमेव भक्तिं पल्लवयद्भिरासुरैः पुरुषाधमैस्तेषां नर्मसचिवैश्च काषायशीर्षकमात्ररक्षितसंन्यासाभासैः परिणयाभावादितस्ततः सुभ्रुवां भ्रूकुंसानामन्वेषणे प्रवृत्तैरुन्मत्तं जगत्सिद्धिकीर्त्या वञ्चयद्भिः कन्यादूषणादिमहापातकिभिस्त्या-

---

(वा०) नृपे जनन्यां जनके गुरौ तथा परेऽपि च श्रेयसि कोऽपि योऽद्भुतः ।
हृदेकगम्योऽतिशयः स केवलं नरेषु भक्तेरिह बीजमुच्यते ॥ ६ ॥

गेऽपि लक्षाधीशै रभार्यत्वेऽपि बहुप्रजैश्चर्मकारघण्टावादिसनाथितमन्दिरैरुपदंशमेह-कुष्ठादिभाण्डागारशरीरैर्विप्लाव्यते पारमार्थिकी भक्तिर्जगति परिहस्यन्ते च विद्वांसो वैज्ञानिकाः सद्गृहस्थाश्च ॥ ४ ॥

अद्भुतोत्कर्षापेक्षं वात्सल्यं भक्तिरित्युक्तं किंस्वरूपः स उत्कर्ष इत्याकाङ्क्षायां निरूपयति—

उपकारः परीक्षितः प्रतीक्षितो वा सर्वात्मनः शरीरविशेषस्य वा स उत्कर्षः ॥ ५ ॥

पित्रादिभिः कृतस्योपकारस्य परीक्षितपूर्वत्वम्। सद्योऽभिषिक्तेन नृपेण विधास्यमानस्योपकारस्य प्रतीक्षा। नृपादयो न साक्षाद्वयक्तिविशेषान्द्रव्यादिदानेनोपकुर्वन्ति, महापुरुषा प्राक्कालिकाश्च न साक्षात्पित्रादिवदस्मदुपकारकास्तथापि तेषु भक्तिस्तेषां जगदुपकारकत्वेन सर्वात्मोपकारकत्वात्। पित्रादयस्तु शरीरविशेषस्य पुत्रादेरुपकारकाः प्रसिद्धा एव। ईदृशस्योपकारविशेषस्याद्भुतस्वरूपस्यास्मिन्प्रकरण उत्कर्षाख्या। प्रायः पित्रादिभिरीदृशा उपकारा न स्वार्थदृष्टयानुष्ठीयन्ते। न हि पित्रा वा मात्रा वा मामन्ते पालयिष्यत्ययं पिण्डांश्च निवप्स्यतीत्याशयैव पुत्रो महदायासेन परिपोष्यते। प्रत्युत मान्त्रिकमायिकादिदुःसङ्गपतितः खेदयेदयमस्मानित्यादिशङ्कासु जाग्रतीष्वपि पितरौ पालयत एवार्भकं प्राणव्ययेनापि। ईदृशं च निर्हेतुकमुपकारं सुपुत्रा निर्हेतुकेनैवाराधनेन स्वसुखानपेक्षेण जीवतोः पित्रोः प्रतियातयन्ति। कथाशेषयोश्च तयोर्निर्हेतुकेनैव पैत्रिकधर्मानुकूलेन निवापादिना स विद्वत्पुरोधसः संक्षेपेण कृतज्ञतामनुष्ठाय व्याहताननुस्मारिणे विज्ञानाधिगमप्रमुखैः सञ्चारितैरासादितमहायशसस्तन्नामोज्ज्वलयन्ति।

हैतुकैः कुपुत्रैस्तु दाहेन स्वर्गो भवति निखननेन वा, विप्राभ्यवहारणैर्मुक्तिरासाद्यते चर्मकारभक्ताभ्यवहारणैर्वा, स्मार्त्तेन विप्रवंशीयपुरोधसा पिता सर्वोत्तमेषु लोकेषु प्रेषयितुं शक्यतेऽधुनातनसमाजान्यतरसम्बन्धेन धर्मान्तरमपहाय वा, जनङ्गमत्वं निरस्य वा, सद्योधृतयज्ञोपवीतेन महर्षिविशेषेण वैदिकैर्मन्त्रैराकारो प्रेतत्वेन विचरतीत्युत्प्रेक्षितस्य पितुर्बन्धनस्फोटो भविष्यति प्राकृतगाथाभिर्वा। धूमपाननलिकाप्रदानं पितुरपेक्षितं न वा, श्राद्धदानानि पितृमित्राय विष्णुमित्राय प्रदेयानि निजनर्मसचिवाय

(वा०) प्रतारयत्सु प्रचुरान्मृषोक्तिभिर्न सिद्धधूर्त्तेषु तु भक्तिमान्भवेत्।
अमीषु भक्त्या स्वजनं हि सादयन्पतत्यवश्यं निरये विपन्मये ॥ ७ ॥
इयं क्षितिः क्रन्दति मांसवृक्षकैः प्रबाधिता सिद्धविशेषनामभिः।
न शिल्पशास्त्रप्रणया विपश्चितः समाद्रियन्ते किल तैस्तिरस्कृताः ॥ ८ ॥

धनमित्राय वेत्यादि कल्पनाशतावर्त्तेषु निरत्योन्मत्तैरिवापस्मारगृहीतैरिव जीवन्तीं मातरं पादेन प्रहृत्य तद्भूषणादि विक्रीय तदर्थमर्धरात्रसमागमप्रणयिन्यै भुजिष्यायै वितीर्यर्धिन शैशवे मातङ्गमपि मूर्खपुरोधसोऽनुग्रहेण वा समुल्लास्यमानवरत्रास्थूलयज्ञसूत्रस्य प्रख्यापितशर्मान्तनाम्नो दूरात्परिहृतशास्त्रस्याक्षरास्पर्शिन आमन्त्रणं विधाय तत्पठिताभिर्गाथाभिर्निजदुराग्रहपरिगृहीतस्य मतविशेषस्यानुकूलं न तु पैत्रिकसंप्रदायानुकूलं महता विस्तरेण निवापाभासमनुष्ठाय सर्वोर्ध्वेषु लोकेषु पितरं प्रेषयितुकामैः परिहस्यन्ते निर्हेतुकपैत्रिकधर्मनिर्वाहमात्रप्रणयिनो हेतुवादप्रत्यादेशकाः ॥ ५ ॥

नन्वीदृशस्योत्कर्षस्य भक्तिविषयनिष्ठस्योपलम्भाय कियत्साधनमपेक्षितमिति चेदाचष्टे—

सत्त्वविकाशान्नैसर्गिकं तत्प्रतिभानम् ॥ ६ ॥

अल्पीय एव साधारणं साधनमीदृशस्योत्कर्षस्य प्रतिभानायाधिकारिभिरपेक्ष्यते। सत्त्वविकाशमात्रे हि जायमाने शिशूनामपि द्वित्रिवर्षवयसां नैसर्गिकस्य पित्राद्यनुरागस्य दृश्यमानत्वात्। अतामसा ह्यधिकारिणो न पित्रादिभक्तये परैर्दाम्भिकैर्द्रव्याद्यर्थमितस्ततो वितीर्यमाणानि महाव्याख्यानानि स्वकीयेषु मातापितृगुरुनृपदेवादिष्वनुरागार्थमपेक्षन्ते। शिशवोऽपि हि सामान्यतः पित्रादौ विनेदृशानि व्याख्यानानि बद्धप्रणया दृश्यन्ते। अशिक्षिताश्च व्याख्यानश्रवणाशक्ता अपि जना नृपादौ दृढां भक्तिं प्रदर्शयन्ति। दाम्भिका रजतभक्ता व्याख्यातृवरास्त्वस्मद्देशीया वा देशान्तरीया वा विरागाभासधृतधर्मकञ्चुकाः किमस्मत्पित्रादींस्तोषयन्ति कश्चार्थोऽस्माकं तेषां रसनाग्रनृत्यशीलाभिर्हृदयादनागच्छन्तीभिर्वाक्प्रतारिकाभिः।

पतिव्रता हि न पतिं क्रुधा ताडयन्तमपि निर्गुणमपि निरस्य गुणवतो वाग्मिनोऽपि सुन्दरस्यापि पुराणवाचकस्य कथां श्रुत्वा पातिव्रत्यधर्मोपदेशान्ग्रहीतुं निभृतं नगरकोणस्थं मन्दिरं रात्रौ गच्छति। जारार्थिन्यः केवलमीदृशीं धर्मोपदेशभक्तिमनुसरन्ति। पातिव्रत्यशिक्षा हि न तथा साधीयसी श्रोतृविलासिनीस्तनाग्रनिबद्धदृष्टीनां

(वा०) भ्रुकुंसभक्ता विनयस्य शत्रवः सदैव पश्चात्कृतशास्त्रशिल्पकाः।
विदूषयन्तस्तनयान्कुटुम्बिनां चरन्ति सिद्धा विगतत्रपा भुवि ॥ ९ ॥
समेत्य वा पण्यविलासिनीजनैरथापि धूर्त्तैः किल सिद्धनामभिः।
अयं पुरा खेदयतीति जाग्रतीं निरस्य शङ्कां तनयं प्रपुष्णतोः ॥ १० ॥
अहेतुकं सेवनमाचरन्परं श्रमेण पित्रोः समुपैति निष्कृतिम्।
सहेतुका नैव हि भक्तिरिष्यते ध्रुवं वणिज्यापदवीं तु सार्हति ॥ ११ ॥
जनो न पित्रादिषु भक्तिसिद्धये कदापि सिद्धस्य वचांस्यपेक्षते।
वधूर्ग्रहीतुं पतिदेवताव्रतं विटं न पौराणिकमेति रात्रिषु ॥ १२ ॥

कथकानामुपदेशेभ्यो यथा कुपितपतिचरणप्रहारात्सहर्षं स्वीकृतात् । तथा रामकृष्णादिषु पूर्वजेषु वाऽत्यन्तसंनिहितेषु पित्रादिषु वा न वयं भक्त्यर्थं महाव्याख्यानान्यपेक्षामहे । यथा तथा ते भवन्तु विज्ञा वा अविज्ञा वा गुणवन्तो विरलगुणा वा। जडं मूकं बधिरमन्धं वा पतिं पतिरित्येव मातापितृभ्यां बाल्ये लब्धादुपदेशान्निसर्गाच्चानुसरन्त्यः पतिदेवता इव वयं निसर्गाद् गृहे लब्धाद्विरलादुपदेशाच्च यादृशांस्तादृशान्पितृगुरुनृपदेवादीनाराधयामो न च साक्षात्तत्सेवने तदुपदेशानुरूपेण विज्ञानाद्यनुशीलनेन परम्परया तद्यशोविकाशे वा तद्ग्रन्थाद्यालोचनैर्वा समुचितोपयोगं स्वसमयं जरद्वृकोपदेशाकर्णने क्षपयितुमीहामहे ।

नहि पतिदेवता पत्युरन्यं पातिव्रत्योपदेशकमपेक्षते । न च तदाराधनोचितविनियोगबहुमूल्यं जनसंबाधविषमस्थानां कथकचरणानां स्पर्शपातकेन दूषयति । तथा वयमपि न पित्रादिमाहात्म्यश्रवणाय व्याख्यानान्यपेक्षामहे । पितृभिर्याज्ञवल्क्यादिभिः संध्यावन्दनादौ समुचितोपयोगत्वेनोपदिष्टं समयं न दाम्भिकानां हेतुभिर्धर्मं विप्लावयताम्, यज्ञोपवीतादिचिह्नमपि मुक्तिहेतुरिति प्रख्याप्य मातङ्गेषु विक्रीणताम्, बाष्पवाहनतन्त्रीसंवादप्रणाल्यादि वेदेषूपलभ्यत इत्यादि प्रचार्य मिथ्यावादैः शम्भल्युपदेशैरिवास्मानहेतुकऋषिभक्तेः प्रच्याव्यार्थविषयेष्वप्यस्मानज्ञानपङ्के निक्षिप्य जम्बालनिक्षिप्तद्विपानां जम्बुकचरणानामिव प्रतारणकुशलानां निभृतं वञ्चितानस्मानुपहसतां वाग्जालाकर्णने मोहात्क्षपयितुं कामयामहे ।

अतामसा हि दाम्भिकैर्हैतुकैरसंसर्गवन्तः स्वपित्रादीन्परिचिन्वन्त्येव । तेषां हैतुकव्याख्यानपरिहारमात्रेण पित्रादिभक्तिः स्थिरैव स्थास्यति । श्रवणाद्यपेक्षापि चेत्ते पूर्वजानां ग्रन्थान्पश्यन्तु । न शृण्वन्तु महामूर्खव्याख्यानानि । यदि तु तमोबाहुल्यान्न विना व्याख्यानं पित्रादीन्परिचिन्वन्ति, न चालस्यात्तमोमूलात्पूर्वजानुशासनान्यपि द्रष्टुं शक्नुवन्ति, मूर्खत्वे सत्यपि तदज्ञानवतो महामूर्खांश्च श्रद्धातिरेकात्सर्वज्ञत्वेनाराधयितुं चेष्टमानाः पितृभ्रात्रादींश्चिरं रोदयिष्यन्ति, तदा तूष्णीमास्महे वयमचिकित्स्यप्रायं हि पितृभ्रात्राद्युपेक्षिणां महामूर्खप्रणयित्वं पुरुषाणां परिद्वेषिणामिव कथकादिचरणसंवाहनप्रणयित्वम् ॥ ६ ॥

(वा०) निरस्य तन्द्रामृषिभिः कृतानि येऽधिगम्य शास्त्राणि महौजसः सुताः ।
तदीयदोषानपसार्य सूक्ष्मया परीक्षया योजितया पदे पदे ॥ १३ ॥
समाहृतार्थैर्विनयेन सर्वतः प्रबन्धजातैः परिपूरयन्ति ते ।
विशोधयन्त्यार्षमृणं न दुर्धियः पुरातनानां स्तुतिगानतत्पराः ॥ १४ ॥
इतीदृशीयं ननु पारमार्थिकैः सदैव भक्तिः पितृषु प्रशस्यते ।
निरस्य तां सिद्धिविभूतिलोलुपो मरीचिपानैरिह खेदयेद् गुरून् ॥ १५ ॥
न भक्तिबीजं किल बाह्यसौष्ठवं मतं पितृत्वादि हि तत्कृतात्मनाम् ।
परीक्षया दोषविनिश्चयेऽप्यतश्चिरन्तनानामवहीयते न सा ॥ १६ ॥

इत्थं व्याख्यानश्रवणाद्यनपेक्षत्वं पारमार्थिकभक्तेर्व्यवस्थाप्य ज्ञानाङ्कुरमात्रोदय-सहभावित्वं सर्वजननीत्वं च तस्याः प्रतिपादयति—

ज्ञानाङ्कुरमात्रसहभाविनी सर्वजननी ॥ ७ ॥

ईदृशी पारमार्थिकी भक्तिरहेतुकाराधनपर्यवसायिनी ज्ञानाङ्कुरोदयमात्रमपेक्षते। बालानामप्यशिक्षितानामपि च व्याख्यानश्रवणसौभाग्यरहितानामपि च सर्वत्र मातापितृगुरुनृपदेवादिवात्सल्यस्योपलम्भात्। पारमार्थिकज्ञानस्य जगन्मङ्गलायापेक्षितस्य कर्मणश्च सर्वस्यापि मूलं पारमार्थिकी भक्तिरिति तस्याः सर्वजननीत्वम्। दाम्भिकस्य भक्त्याभासस्यासुराराधनापराख्यस्य तु ज्ञानकर्मादिसर्वविप्लवहेतुत्वमुक्तम्। वक्ष्यति च भूयोऽपि ॥ ७ ॥

ननु भक्तिरहितयोरपि ज्ञानकर्मणोरुपलम्भो दृष्टस्तथाहि मातापित्रादीन्विहाय प्रव्रजन्तो बहवो महात्मानः श्रुता दृष्टाश्च। विदितवेदितव्याश्चाधिगतयाथातथ्याः परोक्षमक्षणा गृह्णन्तोऽनाकर्णितं कर्णेनाकर्णयन्तो निष्पक्षा वायौ भ्रमन्तश्च सिद्धास्तथा मातापितृगुरुनृपदेवादिषु भक्तिमबिभ्रतोऽपि दृष्टाः श्रुताश्च। मातरं वञ्चयित्वा तद्भूषणेन पण्याङ्गनां तोषयन्तः, पितरं प्रतार्य पुस्तकक्रयार्थं तस्माल्लब्धं धनं परीक्षाप्रश्नान्प्रथमतः प्रकाशयितुं शक्तेभ्यो रमलतन्त्राद्यभिज्ञेभ्योऽर्पयन्तो गुरुनृपदेवादीनगणयित्वा च महाव्याख्यातॄणामुपदेशैर्देशनिपातादिमहाकर्माणि साधयन्तः पुरुषा इति चेदोमिति ब्रूमः। सत्यम्, दृष्टाः श्रुताश्चेदृशाः पुरुषपशवो न तु तेषां ज्ञानलेशोऽपि। प्रव्रज्या तेषामज्ञानमूलिका मातापितृपुत्रभार्यादिरोदनमात्रफला। कर्म च तेषां बीभत्सं स्वपरविनिपातमात्रफलम्। तस्मान्नेदृशाननुकृत्य निर्भक्तिकं हैतुकभक्त्याभासवद्वा कुर्वीतेत्याह—

सर्वमाभासमात्रं तामन्तरेण ॥ ८ ॥

(वा०) अरूपमज्ञं जडमन्धमुद्धतं पतिं निजं वा जनकं निषेवते।
कलत्रतोकादि यथा तथा वयं स्वपूर्वजत्वेन चिरन्तनान्नुमः ॥ १७ ॥
व्रणांस्तु भक्तोऽपि यथावधानवान्गुरोः पितुर्वा विदयं विदारयेत्।
चिरन्तनानामपि निष्ठुरस्तथा परीक्षको दोषमुदस्यति ध्रुवम् ॥ १८ ॥
अमेरिकीयैनं महात्मभिः स्वयं वियच्चरैः ख्यापितसिद्धिवैभवान्।
चिरन्तनासिद्धतया निषेवितुं यतामहे शुष्कगुणस्तवोत्सवैः ॥ १९ ॥
यथा तु सभ्याः पितरः कृतोद्यमाः स्वकालिकानां विदुषां धुरि स्थिताः।
तथाद्य विज्ञानविदां धुरीणतां स्वबन्धुताया घटयेम यत्नतः ॥ २० ॥

तां पारमार्थिकीं भक्तिमन्तरेण न ज्ञानं न वा कर्म ज्ञानाभासस्तु कर्माभासस्तु वा संभवेत्। चेतनाचेतनयोर्योगाज्ज्ञानमिति न वक्तुं शक्यतेऽन्यतराश्रयं तदिति। नहि मातापितृभ्यां जनितः सुतोऽन्यतरस्य भवितुमर्हति। तस्माज्ज्ञानं प्राणिनो विशेषधर्मः। कर्म त्वचेतनेष्वपि मेघवाय्वादिषु स्फुटं दृश्यते। तस्मान्न सोऽपि प्राणिनो विशेषधर्मः। वात्सल्यं तु न प्राणिनो विहायान्यत्र दृष्टमिति तस्यैव प्राणिनामसाधारणधर्मत्वमिति केचित् ॥ ८ ॥

ननु विलक्षण एव कश्चिदुत्कर्ष उपकारविशेषाख्यो भवता भक्तिहेतुरुक्तः। किं च फलानपेक्षत्वमपि भक्तेर्भवानाह। न चेदृशी भक्तिरधुना प्रायो दृश्यते। भक्ता हि प्रायो गुणवत्सु सिद्धेषु भक्तेषु च भक्तिं कुर्वन्ति। ईदृशानां सिद्धानां साधूनां चानुसरणे न पितरौ गणयन्ति न धर्ममपेक्षन्ते। महाफलं चेह लोके परोक्षज्ञानखेचरत्वब्रह्मविष्णुदर्शनादिकमीदृशानां सिद्धानामाराधनात्ते संभावयन्ति। परत्र च स्वर्गाप्सरोभोगादिकमुत्प्रेक्षन्ते। तदीदृशीं महाफलां कल्यपालदिविरदिवाकीर्तिजनङ्गमादिकुलानि जन्मनाऽनुगृह्णतां निर्मलकषायाम्बराणां च सिद्धविशेषाणां भक्तिमुपेक्ष्य कः खलु प्रेक्षावानासन्नमरणयोर्भुक्तभोगयोर्निरिन्द्रिययोरकिंचित्करयोर्जरत्पटच्चरच्छन्नगात्रयोः पितृवृद्धयोर्वा शास्त्रकणमात्रोपदेशादिवञ्चितच्छात्रादीनां गुर्वादीनां निष्फलां शुष्कां भक्तिं कुर्वीतेत्यादि प्रलपन्तं प्रति ब्रवीमि—

न सा बाह्यसौन्दर्यसुखाद्यपेक्षिणी ॥ ९ ॥

अपि प्रमादभगवत्पादास्कन्दितस्कन्धहैतुकसिद्धाभासेष्वीदृशेषु भक्तिर्न मातापितृनृपादिभक्तेः सहस्रांशमप्यर्हति। किमिति सिद्धीनां निधीनां स्वर्गभोगादेश्चाशां मरुमरीचिकामिवैषामाराधनाद्भवानस्मभ्यमुपदिशति। पारमार्थिका वयं भक्तिमात्रसारे विध्यादावहैतुकाः। न वयं सिद्ध्यादिलोभेन पितरावाराधयामः। न भवादृशानामिवास्माकमज्ञानं सर्वत्र शरणम्। भक्तिविषयेषु नम्रताऽस्माकमर्थवादेषु च धाष्टर्यम्। मदर्थं फलान्याहर वत्सेत्युक्ताः सद्यः पित्रोः फलान्याहरामो वयम्। वाराणसी पाटलिपुरादल्पीयसीत्युक्तास्तु परीक्ष्य तत्प्रतिपद्यामहे। तारुण्ये नौ पादुकाभ्यां वियद्यात्राशक्तिरभूदित्यभिहितास्तु सद्यस्तत्प्रलापमात्रं व्याहतं हृदये नावकाशं लम्भयामः। भवतां पुनः फलमानयेति विधेरनुष्ठाने स्वर्गभोगादिसंभवपरीक्षा। पादुकाभ्यां वियद्यात्रावर्णने तु परीक्षामन्तरेण सद्यः प्रत्ययः। भवतां परैरतिगुणवत्त्वेन वर्णितयोः पित्रोरादरः। अगुणवत्त्वेनोपलब्धयोस्तु तयोस्त्यागेन सिद्धिविश्रुतानां

(वा०) धृतिं भजेद्रावणपुष्पकस्तवैर्मनागनार्यः किल रावणाङ्गजः।
इहार्यवंश्याः पुनरात्मनः श्रमैर्नवं नवं निर्मिमतेऽद्य पुष्पकम् ॥ २१ ॥

स्त्रीपुंसानामाश्रयणम् । अस्माकं पुनर्न गुणवतोरगुणयोर्वा सफलाराधनयोर्निष्फलाराधनयोर्वा पित्रोराराधनं बहुमतम् । परेषामाश्रयणं तु सहेतुकं विज्ञानाद्यासादनमात्रफलत्वात् । तदपि सहेतुकमाश्रयणं न प्रमादाद्विभूतिसमाध्यादिसमधिगमाय किं पुनः पारमार्थिकशिल्पशास्त्रादिसमासादनाय ।

तस्मात्कामं भवतां भक्त्याभासः पित्रादिषु सहेतुकः सिद्धेषु तु निर्हेतुको भवतु न पुनरस्माकं पारमार्थिकी भक्तिर्मातापितृगुरुनृपदेवादिषु सहेतुका भविष्यति, नहि बाह्यसौन्दर्यसुखाद्यपेक्षिणी सा । महता क्लेशेनापि वयं मातापितृगुरुनृपदेवादीन्बाह्यसौन्दर्याभावेऽपि निर्हेतुकभक्त्याऽऽराधयामः । सिद्धधूर्त्तांस्तेषां सिद्ध्याभासांश्च तृणाय गणयामः । सिद्ध्यर्थं तु भवतामिव नास्माकमज्ञानमालस्यं च शरणम् । विज्ञानं हि सिद्धीनां निधीनां च पारमार्थिकं निमित्तमिति प्रतीमः ।

अयि हैतुक सिद्धमान्त्रिकैकवशंवद विस्मृतवानसि देवव्रतम् । स खलु वीरः पित्रे सत्यवतीमानेतुकामो न मान्त्रिकापसदांस्तद्वशीकरणायाक्लेशेन साध्याद्यन्वयुङ्क्त । स्वयमुपगम्य तु तत्पितरं राज्यं द्वितीयाश्रमं च परित्यज्य सतां महता क्लेशेन परितोषितात्तत्पितुरानीय पित्रे समर्पितवान् । देवव्रतादयश्चास्माकमादर्शाः । तद्विरम्यतां सिद्धसेवोपदेशायासात् । कः खलु विद्वान्स्वयं प्रत्यक्षानुमानोपलब्धपरमार्थोऽस्मानपि प्रत्यक्षानुमानाभ्यां परमार्थं दर्शयितुं प्रभवतीत्ययमेवास्माकं प्रश्नः । कः किल सिद्धो दिव्यदृष्ट्योपलब्धनिखिलरहस्यो यद्व्याख्यानेषु पादुकाभ्यां वियच्चरणादिविभूतीर्वर्णयत्सु तच्छब्दमात्रश्रद्धया प्रत्ययभाजस्तदुच्छिष्टं भुञ्जानाः पित्रादीनुपेक्षेमहि कुटुम्बेऽप्युदासीमहि विज्ञानमवधीरयेमहि सिद्धिस्वप्नैरद्भुतैश्च मरुमरीचिकावद्दूराद्दूरं पलायमानैर्जन्म विफलयेमहीति प्रशास्तु केवलं बन्ध्यापुत्रान्वेषणसमितावुत्तिष्ठत इति तत्सदस्या एवास्योपदेशस्य भाजनतां नेयाः ॥ ९ ॥

[अधि० ३] भक्त्योपकारो ज्ञानस्य धर्मस्य च भवेन्न वा ।

भक्तस्य समयाभावाद्भक्त्या स्यान्नाश एतयोः ॥ १ ॥

सत्त्वोद्रेकात्परा भक्तिः सत्त्वं च ज्ञानधर्मयोः ।

सहकारकमित्यस्माद्भक्तिस्तदुपकारिणी ॥ २ ॥

ननु भवदुक्ता भक्तिर्ज्ञानं धर्मं च वर्धयिष्यति नाशयिष्यति वा । द्वितीयः पक्षोऽस्माकमभिमतः । वर्धयिष्यतीति भवान्वदति चेन्नेति ब्रूमः । सिद्धानां महात्मनां

(वा०) न धूर्त्तगोमायुमुखानलोज्ज्वले सुदारुणे सिद्धिविभूतिगह्वरे ।
निपत्य विज्ञानपराङ्मुखा मुखं कलङ्कयेम स्वकुलस्य दुर्ग्रहैः ॥ २२ ॥
अविज्ञतावस्करगर्तमाश्रितान्विलोक्य नस्तत्र चिरस्थितिं हृदा ।
दिदृक्षमाणाः कितवाः स्तुवन्त्यमी परेषु च स्वेषु च दिव्यशक्तिताम् ॥ २३ ॥

चानुग्रहाद्धि परोक्षादिज्ञानस्याधिगमो दिव्यदृष्टिलाभात् । स्वर्गादिसाधनस्य धर्मस्याधिगमस्त्वीदृशाज्ज्ञानात्सुकर एव । अत्यल्पं चेदमुच्यते । सिद्धा हि स्वर्गं स्वर्गीयान्विष्णुप्रभृतीन्देवान्प्रेतान्पिशाचान्गन्धर्वानन्यानि च भूतानि पृथिवीपृष्ठेऽपि नर्तयितुं शक्ताः । स एष जीवत्स्वर्गलाभः सिद्धसेविनाम् । सिद्धिदर्शिनी चास्माकमाराधना, न भवत इव जाड्यमूला । अथ सिद्धान्महात्मनश्चोपेक्ष्य मोहादालस्याद्वा सिद्धिहीनान्मातापित्रादीनाराधयन्कचतपान्पठञ्जन्म क्षपयसि, न च हिमगिरिशिखरस्थेषु वा भक्तानुग्रहाय यदा तदा गङ्गाद्वारवाराणसीरामेश्वरादितीर्थान्युपेत्य तत्र कृतनिवासेषु वा साकेतादिशरणेषु वा महात्मसु विश्वासमात्रमपि भजसि, किं पुनर्भाग्यलभ्यं तदाश्रयं तदा हतोऽसि मन्दभाग्यः सर्वथा नास्तिको दग्धेयं जन्मभूमिस्तव जडस्य जन्मना ।

अरे पाषण्डचाण्डाल सिद्धविश्वासदग्ध सिद्धोपेक्षक जडाराधक तव वृद्धौ मूर्खौ मातापितरावेव सेवनीयौ । वेदांशं वा वेदाङ्गांशं वा स्वास्थ्येनाधीयानः पण्डितापसदो वा प्रकृतिविज्ञानलेशाधिगमाय क्षपितजीवनः कश्चिच्छिल्पकारो वा तव गुरुः । अन्ये च लौकिकाः समाराध्याः । धिङ्मूर्ख ! सिद्धापलापदग्धजिह्व पठ शुष्काणि गहनानि श्रुतिस्मृतिभारतरामायणदर्शनकाव्यादीनि गणितशिल्पादिक्षुद्रप्रबन्धान्वा यावज्जीवनमधीयानोऽपीदृशानि सेवमानोऽपि पित्रादीन्कां सिद्धिमासादयिष्यसीति पश्यामस्तावत् । वयं पुनरुपेक्षितगहनशास्त्रा अवधीरितविफलयन्त्राद्यपेक्षविज्ञाना अगणितरुदत्कुटुम्बाः साकेतवाराणसीप्रभृतिषु तीर्थेषु स्थितानां सिद्धानामाराधनेन तदनुग्रहात्प्रालेयगिरिशिखराणि गत्वा तत्र भवादृशजनादृश्यान्सत्ययुगे सत्यतापभयादिव धृतसमाधीन्भ्रष्टयुगेऽस्मिन्भक्तानामस्मादृशानामनुग्रहाय पापावलोकनप्रीत्येवोन्मूलिताशान्सर्वं सत्ययुगवृत्तं स्पष्टमाचक्षाणान्कुण्डलनातोऽप्यधिकमधुराणि तत्र मूलादीनि स्वयं भुञ्जानान्भक्तजनांश्च भोजयतः कतिपयैः साहसिकैः पाश्चात्त्यैरपि परीक्षितमहानुभवान्सिद्धानवलोक्य तत्प्रसादाद्विस्मृतशुष्कशास्त्रगौरवास्तृणाय वैज्ञानिकाविष्कारान्गणयन्तः खेचरत्वादिविभूतीर्महानिधीन्समाधिशक्तिमन्यांश्च भवादृशजनेर्ष्याविषयान्प्रभावानासाद्य सद्यः कृतार्था भवामो न बाष्पशकटमार्गेण प्राणायामेनैव दूरं गच्छामो न धूमपोतेन पादुकाभ्यां सागरं तरामो न शास्त्रेण समाधिमूर्च्छया तु ब्रह्मसाक्षात्कारं विदध्मो नाल्पदूरगामिनाद्यापि पतनभयविषमेण पाश्चात्त्यवायुयानेन चक्षुर्मुद्रणमात्रेण तु विहायसि विहरामो न तन्त्रीसंवादेन निस्तन्त्रीकेणाभिनवेन वा स्तम्भसंवादेन कुटुम्बवृत्तान्तमधिगच्छामो मूर्च्छामिव प्रापितस्य बालकस्य तु मुखात्सद्यो योजनायुतवर्त्तिनः कुटुम्बस्य वा लोकान्तरस्थानां प्रेतानां च शक्रादिदेवानां च प्रत्यक्षवृत्तमुपलभामहे । मूर्च्छादिप्रयोजकैरशस्त्रप्रयोगभीषणैरकटुभेषजनिगरणोपदेशिभिः करसंज्ञादिभिर्महाव्याधीं-

---

(वा०) न तन्त्रमन्त्राद्यभिचारकैतवैर्विभूतिमापुर्महनीयविक्रमाः ।
उपास्य विज्ञानममी तु वास्तवं पुरापि सिद्धा रभजन्महाद्भुताः ।। २४ ।।

श्चिकित्सामहे न पुनः शस्त्रौषधादिबीभत्सैर्भिषग्भिः। यदा कदाचिद्योगनिर्वेदेन यानादिवाहकेषु भिषगादिषु कारुण्येन च बाष्पयानेषु द्रव्यं दत्त्वा खेदमनुभवामो भिषक्शस्त्रं वा गात्रं प्रवर्त्तयाम इत्यादि व्याहतमद्भुतं प्रलापं प्रतन्वतः सिद्धिप्रियान्दुर्वाच्यरसिकान्प्रमादिनः प्रत्युपदिशति—

ज्ञानधर्मसहकारिणो सत्त्वोद्रेकात् ॥ १० ॥

अयि महात्मन्! सिध्येकदर्शिन्! सिद्धप्रिय! किमेवं सुहृदो निरस्य द्विषतां वचांसि स्वयं शृणोष्यन्यांश्च श्रावयसि। केयं मरुमरीचिकायां वारिप्रतीक्षा। स्वयं गोयानाश्वयानबाष्पयानादिवाहकानां चरणचुम्बिनस्त्वां सिद्धिलोभं प्रदर्श्य प्रतारयितुमिच्छन्तोऽतिप्रमादान्न विभावयन्ति। मारणमोहनादिसिद्धयो गीताप्रणेतुर्न विदिता न वा तत्पूर्वजानां भीष्मादीनाम्। सतीषु सिद्धिषु कुतो न भीष्मः स्वपित्रे मन्त्रैः सत्यवतीमर्पितवान्। कुतो न दुर्योधनो युधिष्ठिरं जपेन व्यापादितवान्। अयि ऋजुक भारतादिभ्योऽपि नाव्याहतानि भीष्मादिचरितानि श्रद्धत्से, व्याहतान्येव प्रक्षिप्तानि सिद्धिवृत्तानि श्रद्धया शृणोषि। कस्ते व्यामोहः। नित्यमहेतुकानुष्ठेयेन गायत्रीजपेन गन्धर्वगृहीतां प्रजावतीं चिकित्ससे। क्व श्रुतं भूतपलायनं तज्जपात्। न जानासि शैशवेऽभ्यस्तानामिक्षुक्षेत्रस्वैरविहारारभटीनां स्मरणमेव गन्धर्वः प्रजावत्या एते जरद्गवाकारस्य ते भ्रातुर्धनादिलोभात्कुटुम्बैरुपहृताया इति।

न वेत्सि प्राचीनानां वैदिकादिमन्त्राणां सिद्धानामृषीणां च माहात्म्यं मिथ्या प्रख्याप्य कल्यपालकुम्भकारदिविरदिवाकीर्त्तिजनङ्गमहुङ्कारानेव मन्त्रान्विरागाभासदम्भधृतभारतीयादिधर्मान्धर्मान्तरीयांश्च महर्षीञ्जनेषु वस्तुतः प्रथयितुकामान्मूर्खान्वा करुणार्हान्धूर्त्तान्वा दण्डार्हान्। न ऋषयः पारमार्थिकाः कस्मिन्नपि भूभागे जातुचिन्मिथ्याखेचरत्वादिमाहात्म्यं क्वापि प्राकाशयन्। ज्ञानविज्ञानप्रणेतारः प्रामादिकविभूत्याभासमरीचिकानभिज्ञा हि ते तत्रभवन्तः सर्वत्र शिल्पशास्त्राद्युपदेशेन जगत्कृतार्थयन्ति। का कथा ऋषीणाम्। न शङ्कराद्या अप्यर्वाचीना विद्वांसः स्वस्य खेचरत्वादिविभूतीर्लिखन्ति। पारमार्थिकतच्चरितानभिज्ञास्तु ततोऽप्यर्वाचीनतरास्तमोग्रस्ते भारते धृतजन्मानस्तामसाः क्रमादालस्यप्रमादाद्युपहता वाहनादिनिर्माणपरिश्रमं परिजिहीर्षवो जाग्रदवस्थायां तत्कर्त्तुमपारयन्तः स्वप्नवस्तूनामश्रद्धोपघातं

(वा०) न योगिगम्यैर्यवसैर्हिमाद्रिजैर्न चापि निःश्वासनिरोधविभ्रमैः।
जनश्चिरं प्राणिति हन्त तण्डुलानपेक्षते जाठरवह्निशान्तये ॥ २५ ॥
पितृष्वलं भक्तिमहेतुकां भजन्प्रमादशून्यो विधिजातमाचरन्।
परीक्षमाणश्च पदे पदेऽखिलानिहार्थवादानुदयं जनो भजेत् ॥ २६ ॥

पश्यन्तः सुषुप्तौ विरतवस्तूपलम्भास्त्यक्त्वेदमवस्थात्रयं पारमार्थिकं विलक्षणं खपुष्पप्रायं तुरीयसमाधियोगमूर्च्छादिरूपं व्याहतेः परां काष्ठामिवायतनं मरीचिकानां फलावधिं प्रमादस्य सर्वाद्भुतनिधानं घोरान्धकारेऽपि परोक्षविषयप्रकाशकं मूर्च्छायामपि खेचरत्वापादकं शास्त्राद्यज्ञानेऽपि ब्रह्माद्वैतोपलम्भकं जातिव्यवस्थाविलोपेऽपि जातिस्मरत्वापादकं विरोधानामेकायतनं वृद्धप्रपितामहमिथुनमिव बन्ध्यापुत्राणामवस्थान्तरमुत्प्रेक्षमाणा बृहत्कथालम्बकैरिव कविकपोलजल्पमात्रावलम्बैर्महाप्रबन्धैर्जगद्विप्लावयाम्बभूवुः।

तदीदृशं गहनान्धतमसमुदस्य बहिरागत्य कदाचिज्ज्ञानसूर्यस्य प्रभयाऽन्यदा भक्तिचन्द्रिकयाऽन्यदा च धर्मतारकोद्योतेनात्मानं कृतार्थयतेत्युपदिदिक्षुः सुहृद्भूत्वाऽऽचार्यो वदति—सत्त्वविकाशाद्रजस्तमसोस्तत्सहकारिताप्राप्तिपिशुनायाः पारमार्थिकभक्तेर्मातापितृनृपाचार्यदेवाद्येकविषयायाः सिद्धादिविभूतिश्रवणं पतिदेवतायाः परगुणश्रवणमिव प्रायश्चित्तप्रयोजकं पश्यन्त्याः समवलम्बे पारमार्थिकधर्मस्य च महान्सहकारो भविष्यति। भक्तिविषया हि मातापितृनृपाचार्यादयः पूर्णवात्सल्या ज्ञानविज्ञानादिपरिशीलनपरान्महोन्नतिशालिनः सद्गृहस्थान्पुत्रादीन्दृष्ट्वा हृष्यन्ति सहकुर्वन्ति तदविरोधेनैव, न च स्वाराधनमप्युपदिशन्ति तथा च तैत्तिरीयाः "आचार्याय प्रियं धनमाहृत्य प्रजातन्तुं मा व्यवच्छेत्सीः" इति।

पाषण्डाः पुनर्धूर्त्तैर्मूर्खैर्वा प्रख्यापितलोकसिद्धयः सतां मतां सर्वसिद्धिहेतुं मातापितृनृपाचार्यादिभक्तिं कामदुघामिव विहाय सर्वस्वसंन्यासेन स्वपादानुसरणमात्रं सिद्धिहेतुमुपदिशन्तो जनतां प्रतारयन्ति, गृहाणि विनाशयन्ति, कुटुम्बान्युच्छिन्दन्ति, विज्ञानानुसरणं विघ्नन्ति, सबलव्यवस्थाविलोपेन च जगदाकुलयन्तीति न ते मनसापि चिन्तनीया न च तत्सिद्धिविलोकनायापि चेष्टनीयम्। धूर्त्ता मूर्खाश्च तदनुसारिणः स्वयं भगवत्साक्षात्काराय कर्त्तितनासिकाः परानपि विग्नीकर्त्तुं प्रयतन्ते। ये खलु महापत्तने प्रमादात्पूर्वामिव स्फुटोदितादित्यां दिशं पश्चिमां मन्यन्ते का तैरुपदिष्टे तत्पत्तनीयरथ्यादिव्यवस्थाने श्रद्धा। तथा व्याहतानां बन्ध्यापुत्रानुसंधानसमितिमात्रान्वेष्याणां सर्वथा श्रद्धानर्हाणां खेचरत्वादिविषयाणामनुसंपित्सया प्रमादनिपातमात्मनः स्फुटमगत्यापि सूचयतां मूर्खाणां वचसि का किल श्रद्धा। ते यदि मयेदमद्भुतं श्रुतं तदद्भुतं साक्षात्कृतमित्यादि प्रलपन्ति कः खलु प्रमादसंनिपातग्रस्तानामेषां

(वा०) कथासु वैधेयजनप्रियासु हा पिशाचसंबन्धमनोरमासु वा।
वियच्चरोपानदुपाश्रितासु वा सुधीः स आस्थामिह कर्त्तुमर्हति ॥ २७ ॥
समाधिमूर्च्छाकुशले खले न वा न चापि जातिस्मरदाम्भिके विटे।
न वा वियच्चारविडम्बनाप्रिये जनस्य भक्तिः कुशलं विधास्यति ॥ २८ ॥

प्रतापैर्दग्धं श्रुतिपुटं कलुषितं हृदयं च भीष्मादिमहापुरुषचरितस्मरणादिभिर्न पवित्रयितुमर्हति।

हंहो बाला भारतीया देशान्तरीयाश्चास्मद्धर्मावलम्बिनो धर्मान्तरावलम्बिनश्च सर्वान्वयं करुणया प्रार्थयामहे—न स्वनासिका कर्त्तनीया विनासिकानामेषां वचसा। न विज्ञानं विप्लावनीयं दिग्भ्रमवतामेषामनुसरणान्न मातापित्राद्याः खेदनीया एषां कृते। कुटुम्बपरित्यागान्न कलङ्कनीयं विश्वामित्रवसिष्ठयाज्ञवल्क्यहरिश्चन्द्रभगीरथराम-कृष्णादिकुलजत्वमेषां संसर्गात्। अयि दुग्धमुखा ज्ञानविज्ञानादिसाधनक्षमबुद्धयः शिशवः कथमेषां वृद्धवृकाणां मुखे निपततो भवतो न कोऽपि परित्रायते। हा भगवति वसुन्धरे किमीदृशान्धूर्त्तान्पृष्ठे वहसि। अयि शिशवः किं ब्रूथ विद्वांसोऽपि शतशः प्रत्यक्षीकृतमेषां विभूत्यद्भुतमिति वदन्तोऽस्मांस्तेषु पातयन्तीति।

ननु वत्साश्चन्दनभारवाहाः खरा इव शास्त्रभारवाहिनो विद्वांसो व इत्थं प्रलपन्ति। आयुष्मतां सर्वोऽपि किल जीवन्तं भ्रातरं पद्भ्यामागच्छन्तमविदुषोऽपि मुखाच्छ्रुत्वा संभ्रान्तस्तं प्रत्युद्व्रजति, तद्दर्शने च हृष्यति, परिहासमात्रोक्ते तदागमने च विषीदति। किं पुनरस्ति कोऽपि युष्माकं यः किल महर्षिरितिख्यातेनापि केनचिदुक्तं भ्रातुः प्रोषितपूर्वस्य पादुकाभ्यां विहायसा स्वगृहागमनोपक्रमं श्रुत्वा वा मृतस्य पितुर्वा नागरोपशल्येऽवस्थानं श्रुत्वा वा तद्दर्शनायोत्कण्ठितः स्वाध्यायादि विसृज्य सकौतुकं प्रतिष्ठेत। नूनं न कोऽपीदृशो भवत्सु मृदुकरचरणेषु मृदुतरहृदयेषु भगवत्याः प्रकृतेः सुकुमारतमेषु प्रसवेष्विव बालरूपेण बालिकारूपेण वा परिणतेषु संभाव्यताम्। न क्रूरकरचरणाः क्रूरतरहृदयास्तस्करादयोऽपीदृशविश्वासाः क्वाप्युपलभ्यन्ते। दम्भमहाप्रमादादिदग्धहृदया बाल्यात्प्रभृति प्रमादपालिता अनासादितोचितवृत्तयोऽनुद्योगशीलास्तमोमयाः किल जगतीदृशीः प्रथाः प्रथयन्ति बालकेषु च शनैः प्रतार्यमाणेषु मिथ्यामाहात्म्यविकाशमुपलभ्य हृष्यन्ति।

अयि भवन्तः किल मृतस्य पितुः पुनरागमनं वा भ्रातुः प्रोषितस्य पादुकाभ्यां वियद्यात्रारम्भं वा न श्रद्दधति, कथं तर्हि ततोऽप्यद्भुततरेषु बन्ध्यापुत्रान्वेषणसमिति-मात्रपरीक्ष्येषु समाध्याभासविभूत्याभासादिषु तारुण्ये वार्द्धके वा भवतां श्रद्धा। भवन्तः खलु निसर्गतः परमार्थप्रिया जननीस्तन्यलवेनापि तृप्यन्तो नोत्कण्ठध्वे सुधाघटसहस्र-

---

(वा०) यथा नृणां हन्त निकृत्तनासिको विनासिकत्वाय मुहुर्विचेष्टते।
तथा परेषां कितवैः प्रतारितः प्रतारणायै यतते पुनः पुनः ॥ २९ ॥
पयो निसर्गादृजवः स्तनन्धयाः पिबन्ति मातुः प्रणयार्द्रचेतसः।
भजन्ति नैवोत्सुकतां सुधाघटे सुरालयस्थे कविभिः प्रकल्पिते ॥ ३० ॥
तथैव विज्ञानमयं पिबन्सुधीः सरस्वतीस्तन्यमनन्यमानसः।
विभूतिविस्फारवियन्मृणालिनीमधुद्रवैर्नैव धिनोति भावनाम् ॥ ३१ ॥

पानाय। मातापितृनृपाचार्यदेवा न तृप्यथ शक्रादिदर्शनाय। पाञ्चालिकाचित्रादिदर्शनकृतार्था वा बाष्पयानाद्यवलोक्य धन्या वा नाप्सरोदर्शनाय स्पृहयध्वे। सूर्यचन्द्रतारकाद्यवलोकनप्रणयिनो न क्षीरेक्षुसुरासागरादीन्मणिद्वीपकाञ्चनगिर्यादीन्वा द्रष्टुं कामयध्वे। धिक् कष्टम्। धूर्तैर्मूर्खैश्चैन्द्रजालिकादिभिः प्रतारिता वा दाहैकयोग्यानां शास्त्राभ्यासतरमवलोकनाद्वञ्चिता वा बान्धवस्वयमशिक्षिता वा शिक्षाभासमात्रवाहिनो वा रसनाग्रवर्त्तिबाधान्ततर्कशास्त्रा अपि पुनः पुनरन्यथासिद्धेषु कारणत्वं गृहीत्वा मन्त्राकृष्ट्या रजतमुद्रा वियदुत्पातिनीः पादुका नराकारान्गृहे गृहे वने वने च भ्रमते।

देवान्दिव्यदृष्टिनिश्श्रेयावस्थितीन्स्वर्गादींश्च स्वयं प्रतिपद्य भवतामपि मन्त्राभासादिविभूतिकथाभिर्वास्तवदेवादिविज्ञानकथा विहाय कल्पितदेवासुरादिबृहत्कथाप्रपञ्चैश्च चित्तमुन्मथ्नन्ति। अहिफेनादिविषबुभुक्षेव न नैसर्गिकीयं बालानां शुश्रूषा सिद्धिदर्शनोत्कण्ठा च। तथापि प्रयतैर्बन्धुभिर्मात्रा वृद्धिक्रमेण बाल्यादेव कृतविषभक्षणाभ्यासानामिव तरुणानामियमुत्कण्ठा भूयो भूयः श्रावितकल्यपालकुम्भकारहुङ्कारादिमाहात्म्यानाम्। कोऽन्यथा बाल्ये मृतं पितरमागच्छन्तं श्रुत्वा वा भ्रातरं वा पादुकाभ्यां विहायसा प्रतिष्ठमानमाकर्ण्य तदश्रद्दधानस्तारुण्ये संभावितसाधुतरबुद्धिरपि तथा विमूढो भवेद्यथा मृतैः पित्रादिभिः सह संलापं करिष्यामीत्याशया धूर्त्तानाराधयेत्। सत्ययुगे धृतसमाधीनदृश्यत्वखेचरत्वादिसिद्धिमतो भ्रष्टयुगपर्यन्तं भक्तानुग्रहाय हिमगिरिशिखरेषु वर्त्तमानसिद्धान्द्रष्टुमितस्ततो भ्राम्येद्भगवतो रामादीन्दासवद्भूपृष्ठे भ्रमयितुं शक्तान्भ्रूकुंसानुपासितुं तीर्थानि पर्यटेद्वा ॥ १० ॥

[अधि० ४] भक्तो बाह्यं भजन्दुःखं भक्तिं मुञ्चति वा न वा।
अयोऽपि मार्दवं तापे याति भक्तोऽप्यभक्ततम्॥ १॥
भक्त्या सह महद्दुःखं सुखं भक्तस्य संमतम्।
तां विना न सुखं किंचिन्नातो भक्तिं स मुञ्चति॥ २॥

ननु सा निर्हेतुका भक्तिर्ज्ञानधर्मसहकारिणीति ज्ञातम्। कच्चित्सुखलेशोऽपीदृश्या पित्रादिभक्त्या लभ्य इति चेदाह—

निरवधि दुःखं तया सह सुखं सुखावधिस्तां बिना दुःखम्॥ ११॥

(वा०) शिशुर्मुमूर्षुः फणिफेनबिन्दुना क्रमेण मात्रापरिवर्धनाद्यथा।
विषस्य पिण्डान्ग्रसतेऽन्तरेण तान्मुहूर्त्तमप्युत्सहते न जीवितुम्॥ ३२॥
तथा मृषावादपराङ्मुखाः क्रमात्प्रतार्यमाणाः किल धर्मकञ्चुकैः।
विभूतिसिद्ध्यादिमृषाकुकल्पनाविपन्निपातं बहुमन्तुमीशते॥ ३३॥
सुखं महद्दुःखसमं ध्रुवं मतं विनेह भक्तिं खलु पारमार्थिकीम्।
सहानया दुःखमपारमुत्तमाः सुखप्रकर्षेण समं पुनर्विदुः॥ ३४॥

हैतुकानाममुत्राप्सरोविहाराद्याशया वाऽत्रैव खेचरत्वाद्याशया वा सिद्धेषु भक्तिः क्लेशमात्रफला। नास्माकमप्सरोविहारवाञ्छा न पीयूषपानतृष्णा न खेचरत्वादिविभूतिस्पृहा। जन्मैवेदं मातापितृगुरुनृपदेवाद्यर्थं क्षपयितुकामानामलोकलिप्सूनां नस्तदाराधनक्लेश एव निष्फलोऽतिमहानानन्दः। स्फीतां सरसां विभूतिमरीचिकां दूरतः परिजिहीर्षूणां शुष्कविज्ञानतत्त्वलेशानुसंधानं च परमं जीवनफलम्। मातापित्राद्याराधने निरवधि दुःखमस्माकं सुखं तद्वैमुख्ये सुखस्य पराकाष्ठाप्यसह्यं दुःखम्। यथा च पित्रोश्चरणावाराधयन्देवदत्तः किमनेन जरद्वलिभचरणाराधनेन भोः किं पुत्रं प्राप्स्यसि, निधिं वा लप्स्यसे, मुक्तिं वाधिगमिष्यसि, यदि तादृशं किमपि फलं स्यादहमपि ते पित्रोश्चरणान्स्प्रक्ष्यामीति जनङ्गमेन पर्यनुयुक्तः क्लेशमात्रफलमिदं न पुत्रादिफलमथ ते श्रद्धापि स्यात्स्वपित्रोश्चरणावाराधयेति संक्षेपत उक्त्वा पित्रोर्जनङ्गमस्पर्शं परिहरति। तथैव याज्ञवल्क्यादिभक्त्या तदाज्ञया मद्यविधवादिदौर्लभ्यप्रयोजकत्वाद्दुःखमयं यज्ञसूत्रादिधारणं कुर्वाणा वयं तदनधिकृतेन तद्धारणफलं पृष्टा न किंचिद्दुःखातिरिक्तं फलं वक्तुं शक्नुमो ब्रूमश्च तम् अयि भद्र भज सुखं मद्यसेवया प्रौढविधवाश्च परिणयस्व सर्वभक्षो भव, किं ते यज्ञसूत्रेणानेकनियमपालनक्लेशमात्रफलेन। निष्फलं हि सूत्रं कष्टव्रते द्विजातीनां कुले जन्ममात्रं पिशुनयति। हैतुकास्तु यज्ञोपवीतमात्राधिगमेन ब्रह्माद्वैतसुखं मेधावृद्धिविभूत्यधिगमादिफलान्तरं च ख्यापयन्तः प्रतियज्ञसूत्रार्पणं द्रव्यलाभमपेक्षमाणाः सर्वेभ्योऽपि पणद्वयक्रयसूत्रमात्रेण मरणानन्तरं स्वर्गमारुरुक्षुभ्य इह च द्विजातिपदलिप्सुभ्यः सूत्राणि वितरन्तः स्वजन्म सफलयन्ति ॥ ११ ॥

[अधि० ५] **पित्रादिविरहार्त्तस्य स्याद्भक्तेः संक्रमो न वा।**
पित्रादीनां विनाशे स्यात्सिद्धादौ भक्तिसंक्रमः ॥ १ ॥
विरहाख्यां महाभक्तिं वहन्नन्त कथं सुधीः।
धूर्ते संक्रमयेद्भक्तिं तस्मात्स्यान्नैव संक्रमः ॥ २ ॥

ननु मातापित्रादिर्भक्तिं सिद्धादिभक्तिमपि विहायाश्रयणीयां वदसि। यस्य तु न मातापितरौ वर्त्तेते स किं न तयोः स्थाने सिद्धानेवाश्रयेदिति चेदाह—

भक्तिविरहो महाभक्तिः ॥ १२ ॥

भक्तिविषयाणां मातापितृनृपाचार्यदेवतादीनां कश्चिदपि न स्यादिति न संभावयितुं शक्यते। यस्य खलु न मातापितरौ स्तः स आचार्यनृपादौ भक्तिं

(वा०) नृणां जनन्यादिषु भक्तिरुत्तमा प्रकीर्तिता सा यदि नैव संभवेत्।
असंनिधानाद्विषयस्य वान्यथा तदावसीदेद्विरहाम्बुधौ सुखम् ॥ ३५ ॥

करिष्यति। ननु नेदं ब्रूमः पित्रादेरसंनिधावाचार्यादेराराधनं करणीयमिति किं पुनर्मातापितृरूपस्य भक्तिविशेषस्याभावात्तत्खेदासंभवात्सिद्धाश्रयेण सुलभासु विभूतिषु किं न प्रणयः कार्य इति पृच्छामः। जीवतोर्हि मातापित्रोस्तत्खेदपरिहाराय सिद्धाननुसरणं भवानाह। मृतयोस्तु तयोः किंनिमित्तं न सिद्धाश्रयेणात्मानं कृतार्थयामह इति चेद्वदति। नेदं युक्तम्। नहि सिद्धाः पित्रादेरसंनिहितस्यापि स्थानं ग्रहीतुं शक्ताः। पित्रादेरसंनिधावपि सद्गृहस्थानामाचार्यादीनां भक्तावेव जन्मनः क्षपणीयत्वात्।

किं च पित्रादेरसंनिधाने साक्षात्तदाराधनस्यासंभवाद्यो भक्तिविरहजः क्लेशः पारमार्थिकस्य हृदये समुदेति, हा कष्टं पित्रा विरहितो न तस्य साक्षादाराधनावसरं प्राप्नोमीति, स भक्तिविरहो महाभक्तिरिति तादृशमहाभक्तिनिधिमता सिद्धयादिलोभात्कथं सिद्धाराधनं स्यात्। लौकिककार्यार्थं हि ते वैज्ञानिकादीनाश्रयन्ति। भक्तिरूपं दिव्यमलौकिकं निधिमासादयितुं तु संनिहितेषु पित्रादिषु साक्षात्तदाराधनं कुर्वन्ति। तेष्वसंनिहितेष्वपि वक्ष्यमाणरीत्या किंचित्परोक्षं तदाराधनं कुर्वाणा हा हन्त साक्षात्तदाराधनं कर्त्तुं न पारयामह इति विरहपावितचेतसस्तान्स्मरन्तः सिद्धान्विभूत्यै कथं सेवेरन्। को हि नाम करतलस्थे मुक्ताफले तत्संनिधिकृतार्थितो वा तस्मिन्दैवान्नष्टे च तद्विरहखिन्नो वा तृणाग्रलग्नावश्यायबिन्दवे स्पृहयेत्।

न सिद्धिः क्वापि दृश्यते। न हि भारतीया देशान्तरीया वा सिद्धत्वेन ख्याता गवाश्वबाष्पयानानि विहाय पादुकाभ्यां खे भ्रमन्तः केनापि सत्यवादिना प्रमादरहितेन कदाप्युपलब्धाः। व्याहतांश्च तदुपलम्भप्रलापान्प्रामादिकोक्तान्पुनः पुनरवोचाम। किंतु सत्यामपीदृश्यां विभूतिमरीचिकायां कः खलु प्रेक्षावान्भक्तिरत्नं मातापितृनृपाचार्याद्यहेतुकाराधनक्लेशरूपपरानन्दमरहस्यमलौकिकं दिव्यं दिव्यदृष्टिप्रियैर्लौकिकैर्लौकिकवैज्ञानिकादिसिद्धितोऽपि नातिस्पृहणीयेषु स्वार्थमात्रदग्धैः परोपकारलेशशून्यैर्मूर्खैरनुसृतेषु खेचरत्वादिषु श्रद्धां बध्नीयात्। ज्ञानं हि विदुषां शास्त्रज्ञानामनाग्रहवतां प्रमादशून्यानामन्तेवासात्प्राप्यम्। शिल्पकलादिविज्ञानं तु वैज्ञानिकानुसरणैकलभ्यम्।

भक्तिस्तु हृदयस्था नैसर्गिकी पित्रादिविषया। कः खलु सिद्धान्वेदवेदान्तदर्शनज्ञ इति वा, कः खलु वैज्ञानिकः शिल्पाद्यभिज्ञ इति वा, कः खलु मे मातापितृनृपादिसंबन्धविशेषवान्वेत्यन्वेषणं नैसर्गिकप्रमादभगवत्पादानास्कन्दितस्कन्धानां सर्वेषाम्। इदं चान्वेषणं कः पुत्रवतीपुत्र इत्यन्वेषणस्य सदृशम्। कः खलु सिद्ध इत्यन्वेषणं तु बन्ध्यापुत्रान्वेषणसदृशं सर्वस्वनाशकम्। पित्रादीनां बन्धूनामयमेव धर्मो यत्सिद्धानां नाम्नोऽप्यश्रवणं बालेषु विनेयेषु सिद्धान्वेषणव्यसनविषाच्च व्यसनान्तरेभ्य इव संरक्षणीया बालाः। मातापितृनृपाचार्यादिष्वेवं तेषां श्रद्धा नैसर्गिकी परिपोषणीया अयमेव वास्तवः पुष्टिमार्गः शून्यमार्गस्व(श्चा)परः, अत्रान्तरे प्रत्यवतिष्ठन्ते।

ननु भोः सिद्धनिन्दक सिद्धचपलापिन् भवानेव मातापितरावाचार्यं च भक्तिविषयानाह। यद्यस्माकं पितरः सिद्धाः स्युराचार्या वा सिद्धाः स्युः किं तान्परित्यजामः। यत्पुनरुक्तं विद्वत्सेवनस्यानुष्ठेयत्वं तत्र पृच्छामः। अपि न ज्ञायन्ते नाममात्रेणापि भवता ज्ञानविज्ञानसंपन्नाः सिद्धा इति तान्प्रति ब्रूमः। अये प्रमादभगवत्पादास्कन्दितस्कन्धसिद्धिप्रिय सिद्धोपासक न निषेधामः केषुचिद्भवादृशैः प्रामादिकैर्मोहात्स्वयं वा सिद्धा इति प्रख्यापितेषु वैदुष्याभावात्। प्रायः सिद्धा इति ख्यातेषु वैदुष्यलेशाभाववत्सु कल्यपालकुम्भकारदिविरदिवाकीर्त्तिजनङ्गमादिषु जाग्रत्स्वपि विरलाः केऽपि विद्वांसोऽपि भवेयुः। सिद्धिप्रख्यापनमूलेन मोहेन प्रतारकत्वेन वा दग्धस्तु तेषां वैदुष्यलेशो दूषितो लवणसंसर्गादिव दुग्धराशिः।

तद्यदीदृशो मोहः पित्रादिष्वन्यथापि भक्तिविषयेषु स्यात्स उपेक्ष्यो व्रण इव सत्यां शक्तौ सामादिभिश्चिकित्स्यो वा। पितुरपि व्रणं हि तेन मोहादस्पृश्यमानं तन्मङ्गलकामः सुपुत्रः शनैर्भिषज्यति। यदि मोहान्धेष्वचिकित्स्यपूतिव्रणेषु व्रणमेव सिद्धिनिधानं प्रतिपद्यमानेषु केषुचिदन्यथा भक्त्यनर्हेष्वीदृशाः सांक्रामिका विकाराः स्युर्दूरतस्ते नमस्कार्यास्तेषां संसर्गात्प्रमादव्रणस्यैव विभूतिदुराशापूयपूर्णस्यान्तरनुतापशल्यदृढस्य बहिर्गलत्कुष्ठक्लिन्नस्य लाभस्य संभवात्। सन्ति हि तेभ्योऽपि विद्वत्तरा महावैज्ञानिकाश्च बहवो ये सिद्धानां सिद्धेश्च नामापि न जानन्ति। तान्विशुद्धबाह्यान्तःकरणान्संनिधानमात्रेण पवित्रीकृतान्तेवासिनः किं नाचार्यत्वेन वृणीमहे। हंहो मुग्ध सिद्धिप्रिय मन्ये शपथपूर्वकं न वक्तुं शक्नोषि कोऽपि सिद्धः कदापि ममत्वोच्छेदस्वरूपेण ज्ञानेनान्वितो वा योजनशतान्तरे स्थितयोर्निस्तन्त्र्यादिसंबन्धयोः स्तम्भयोर्मध्ये वार्तासंचारसदृशं पारमार्थिकं वैज्ञानिकमनुतिष्ठन्वा भवता साक्षात्कृत इति। केवलं प्रमत्तैर्धूर्त्तैर्वा प्रख्यापितान्प्रजननेन्द्रियादिभिर्जलदुग्धादिग्रहणसिद्धयाभासानाकर्ण्य सर्वा महाविभूतीः सर्वं च ज्ञानं तेषु संभावयन्नुन्मादवानिव सिद्धाचार्यत्वेन वरीतुं भ्रमसि। न भवता भवन्मित्रैर्वा साक्षात्कृता प्रजननेन्द्रियादिभिर्दुग्धलवग्रहणादिव्यतिरिक्ता कापि कस्यापि विभूतिरिति वदामः। किन्तु सत्यपि निस्तन्त्रीकस्तम्भवार्त्तासदृशे वैद्युतकिरणविशेषैरन्तःशरीरसदृशे वा कस्याप्यनुभवे प्रत्यक्षीक्रियमाणे किं तावज्ज्यायः।

कथमिदं त्वया साधितमिति पर्यनुयुक्तश्चेन्महानुभावो रहस्यमिदं दिव्यशक्तिमात्रसाध्यम्। सा च शक्तिः परःसहस्रपरिवत्सरान्तेवासिने मह्यं हिमगिरिशिखरस्थो बन्ध्यापुत्रो ममेष्टदेवो वितीर्णवांस्तुभ्यं पुनस्त्वद्भावुकत्वमोहितो विंशत्यैव वर्षाणां सिद्धिमिमां प्रयच्छामि केवलं कुटुम्बं विहाय कटपूतनकुलाकुलेषु श्मशानेषु वा शान्त-

---

(वा०) न सिद्धधूर्त्तेषु तु भक्तिमात्मनो मनस्विनः संक्रमयन्ति कर्हिचित्।
निवेशयन्ति प्रणयं महारथास्तुरङ्गयोग्यं न खले खराधमे ॥ ३६ ॥

शृङ्गाराभासैकनिकेतनेषु स्वैरविहरत्स्त्रीपुंसेषु नगरकुञ्जेषु वा स्वार्थं रामादीन्भूपृष्ठे पुनरवतार्य नर्त्तयद्भिर्महात्मभिः सनाथीकृतेषु तीर्थेषु वा मच्चरणावनुसरन्तो दारय दारय मारय मारय हुंफडिति महामन्त्रं जपन्महाभैरवीं साधयेति चेत्स ब्रूयात्तदा तस्यानुसरणम् । किंवाऽयस्कान्तसूचीविद्युद्यन्त्रादि सद्यः सर्वेभ्यः प्रदर्शयन्न रहस्यवादी वैज्ञानिकश्चेद् ब्रवीति नात्र मन्त्रजपाद्यपेक्षा नेदं दिव्यशक्तिगम्यं नात्र वर्षाण्यपेक्षितान्यागच्छ कियद्भिर्दिनैः स्वल्पव्ययेन विना श्मशानादिभ्रमणं त्वां यन्त्रादिसाहाय्येनैतदुपदिशामीति तदा सद्यस्तस्यानुसरणम् ।

अयि मुग्ध विभूतिवल्लभ यथा किलैकस्य स्फुलिङ्गस्य परीक्षया ज्ञायते न वृक्षसेचनमग्निना संभाव्यमिति, यथा वा निसर्गतः सर्वैर्ज्ञायते न यतिगात्रभस्मना शिशुर्जायत इति, तथा निसर्गतो वा केषांचिदन्येषां चाप्रमत्तानामुपदेशेन वा द्वित्रैः स्वपरशब्दैरेव परीक्षितैर्ज्ञायते मनोविकारविशेषांस्तज्जन्यरोगाञ्ज्वरादींश्च विहाय नान्यत्किंचिच्छब्देभ्य उत्पद्यत इति । प्रवृत्त्यादयो भावा अपि सत्यर्थज्ञाने । तदभावे तु शब्दतारत्वादिप्रयुक्तं चकितत्वादिमात्रं संभाव्यते । दुरुपदेशैर्विषैरिव बाल्यात्प्रभृति न चेच्छोषितहृदयोऽसि स्वयमेव तत्प्रतिपत्स्यसे । अथ बन्धुभिरन्यैर्वा प्रमादाद्दुरुपदेशविषैः क्रमाच्छोषितहृदयः प्रमत्त इव शास्त्राण्युपेक्ष्य विज्ञानमगणयित्वा विदुषां नामाकर्णने कर्णज्वरवान्सिद्धानन्विष्यन्विभूतिमरीचिकायां जलाशया भ्राम्यसि । हा भ्रातः कस्ते व्यामोहः किमर्थं क्लेशमनुभवसि सौम्य मामेहि परमार्थरसेन ज्ञानविज्ञानपथ्येन भक्त्यनुपानेन ते शुष्कप्रायं हृदयं हन्त पुनर्जीवयामि । कष्टं भोः कष्टम् । भवतो हृदयशोषं संनिपातपरिणामिनं वाङ्नाडीद्वारेणोपलभ्य सद्योऽत्याहितमुत्प्रेक्षमाणो बाष्परुद्धकण्ठः किं वच्मि । धिक् संनिपातित एव संनिपातः । न शृणोषि मे वचः । कुपित इवोपलक्ष्यसे । तमेव सिद्धहतकं दुर्योधन इव भीमं चूर्णीभावाय मार्गयसि । हितवादिनि मयि भ्रुकुटिं बध्नासि । परमार्थरसोऽयं पारमार्थिकभक्तिमिश्रो ज्ञानविज्ञानोपघातकप्रमाददोषविशोधनो दुरुपदेशविषशुष्यद्धृदयसंजीवनैकमहौषधस्वरूपस्तव संनिधौ निक्षिप्तः । अये रसस्य नामाकर्णनेन तर्जयन्निव मामभिद्रवसि । विसृजामि भेषजमिदं भवत्सविधे । प्रयाम्यस्मात्स्थानात् । जीवनं चेत्किमपि प्रेयः पीयतामिदमन्यथा भवतो दुराग्रहेण किममङ्गलं भविष्यतीति को वक्तुमुत्सहते ॥ १२ ॥

(वा०) जनस्य पित्रोरथवा प्रजेश्वरे तथा निजेऽध्यापयितर्यपि स्फुटम् ।
निसर्गजा भक्तिरनन्यगामिनी न सिद्धधूर्त्तेषु विभूतिवादिषु ॥ ३७ ॥
न मूर्खधूर्त्तादिमहोक्षशिक्षणैस्तमोमयं यस्य शिशोर्मनो भवेत् ।
कथं स नैसर्गिकभक्तिमस्मरन्विभूतिवादेषु मुधा निमङ्क्ष्यति ॥ ३८ ॥
विटान्महादम्भपरान्वकव्रताञ्शठान्प्रसक्तान्विकृतेषु कर्मसु ।
प्रतारकानुद्धतधर्मकञ्चुकान्समृद्धिकामो वचसाऽपि नार्चयेत् ॥ ३९ ॥

[अधि० ६] विषया नृपपित्राद्या भक्तेः सिद्धादयोऽपि वा।
सिद्धादयोऽपि किं न स्युर्महात्मानो हि ते मताः ॥ १ ॥
विषया नृपपित्राद्याः किं सिद्धैर्वञ्चकैरिह।
अतो न सिद्धेषु जनो भक्तिं कुर्वीत धर्मवित् ॥ २ ॥

इयता प्रपञ्चिता भक्तिः कतिविधेति तदुपदिशति—

विषयाधिकारिभेदादनेकधा ॥ १३ ॥

भक्तयो न संख्यातुं शक्यास्ताः खलु भक्तिविषयाणां मातापितृनृपाचार्यादीनां बहुविधत्वात्पुत्राद्यधिकारिणां च भेदाद्बहुविधाः ॥ १३ ॥

के तद्विषया इति संक्षेपेण दर्शयति—

मातापितृगुरुनृपदेवाद्यास्तद्विषयाः ॥ १४ ॥

गुरुराचार्यः सद्विद्वान्। वेदवेदाङ्गशिल्पकलादिवित्। न तु निरक्षरः सिद्धो वा कुलक्रमागतः कश्चिन्मूर्खो वा कर्णफूत्कारमात्रकृत्। अन्ये प्रसिद्धाः। आदिशब्दः प्रकारवाची। तस्मान्मातापितृनृपाचार्यसदृक्षा उत्कर्षाख्यसंबन्धविशेषवन्तो भक्तिविषया न तु ये केचिदसंबद्धाः सिद्ध्यादिप्रख्यापिनः ॥ १४ ॥

[अधि० ७] अधिकारः सुतादीनां हैतुकानामथापि वा।
हैतुकानां भवेद्भक्तावधिकारः परैः सह ॥ १ ॥
भक्तिर्यज्ञो मतस्तत्र वणिजां नाधिकारिता।
हैतुका वणिजो नूनं खपुष्पपणनोद्यताः ॥ २ ॥

विषयानुपलक्ष्य साम्प्रतमधिकारिण उपलक्षयति—

सत्त्वोद्रेकवन्तः पुत्राद्या अधिकारिणः ॥ १५ ॥

नैसर्गिकसत्त्वाङ्कुरक्रमविकाशशालिनो दुरुपदेशविषभीषणप्रसरदाहा विशुष्कहृदयाः पित्रादिभिः संबन्धविशेषेणापूर्वेण संबद्धाः पुत्राद्या भक्तेरधिकारिणः ॥ १५ ॥

(वा०) स्मरन्भृगोरुक्तिमितीदृशीं हृदा न सिद्धधूर्त्तान्न तदर्चकांस्तथा।
नरोऽनुगच्छेन्नरकं न कामयेदिहैव सद्यो यदि मोहविह्वलः ॥ ४० ॥
जगद्धितेच्छूनरहस्यया जनान्सुविद्यया वर्धयतो महामतीन्।
निषेवते शास्त्रपरान्हि भावुको न सिद्धधूर्त्तान्क्षितिभारसंनिभान् ॥ ४१ ॥
यथा स्फुलिङ्गस्य परीक्षया शुचेरसेचकत्वं निखिलस्य जानते।
परीक्ष्य शब्दादि निजं तथेशते ततोऽवगन्तुं लघिमाधसंभवम् ॥ ४२ ॥

के पुनरनधिकारिणस्तदाह—

हैतुकास्तदाराधकाश्चानधिकृता महाप्रमावादिदोषग्रस्तत्वात् ॥ १६ ॥

यथाऽतिसान्द्रपटखण्डद्वयच्छन्ननेत्राः पटमपनय नो चेद् गर्त्ते पतिष्यसीति मुहुर्मुहुरुच्यमाना अपि ये पटोऽयमस्माकं भूदैवतं तत्र निराकरिष्याम इति प्रलपन्ति, ते किल न लोकाह्लादिनीं चन्द्रिकां द्रष्टुमधिकृतास्तथा विध्यर्थवादयोरविवेकेनार्थवादे च व्याहताव्याहतयोरविवेकेन समाच्छादितविवेका मुहुर्मुहुरुच्यमाना अपि ये नेदमविवेकद्वयं मुञ्चन्ति, पैतृकेष्वव्याहतेषु निर्हेतुकेषु धर्मेषु हेतूनपेक्षन्ते, समपेक्षितोपपत्तिकेप्सुसु प्रकृतिविज्ञानादिष्वर्थवादेषु तु प्राचीनैरुक्तमेतदिति शब्दमात्रेण श्रद्दधति, ते हैतुकाः, हैतुकानामीदृशानां सिद्धिख्यातिं श्रुत्वा तदाराधनप्रवृत्ताश्च न भक्तावधिकृताः। यः खलु नैसर्गिकभक्तिरहितः प्रमादवान्पदे पदे यज्ञसूत्रशिखादेर्हेतुं पृच्छति मातापितृनृपगुर्वाराधनस्य च पुत्रोत्पत्तिधनागमादिफलं कल्पयति वा, सूर्यः पृथिवीं परितो भ्रमति वा पृथिवी सूर्यं परितो भ्रमति वेत्यादिविषयेषु प्राचीनैरुक्तं दुर्बुद्धिभिर्भवद्भिर्न तद्विचारणीयमिति वदति स खल्वविवेकपटच्छन्ननेत्रः कथं नु भक्तिचन्द्रकलां वा ज्ञानसूर्यं वा द्रष्टुमधिकृतः स्यात्। महाप्रमादशब्देन सूत्रे प्रमादे सत्यपि तदज्ञानं विवक्षितम् ॥ १६ ॥

ननु भोः पटच्छन्नत्वमपि नेत्रस्य कदाचिदुपकारकं भवति, यात्रादौ काणतैलकारादिदर्शनपरिहारसाधनतयेति चेत्, सत्यमुपकारकं भवदुक्तरीत्या किं पुनः कूपनिपातादिहेतुत्वान्महतोऽनर्थस्य हेतुरित्याह—

प्रमादादिर्ज्ञानाङ्कुरानलो भक्त्यादिविरोधी ॥ १७ ॥

प्रमादः सामान्यतः उपलम्भसाङ्कर्यहेतुरनवधानमविवेकादिशब्दवाच्यः। अनुशासने तु विशेषतो विध्यर्थवादयोरर्थवादे च व्याहताव्याहतयोरविवेकः प्रमादः। आदिशब्दान्महाप्रमादो महामहाप्रमादश्च ग्रहीतव्यः। महाप्रमादो नाम वर्तमानस्य

(वा०) न सेचकत्वं दहनस्य जातुचिन्न चासुरोधाद्वियति प्रसर्पणम्।
नरस्य नैवामरता न च ध्वनेः सुवर्णवस्त्रोरगजन्मदातृता ॥ ४३ ॥
चिरत्नशब्दादिह दिव्यदृष्टिता प्रमाणता तस्य च दिव्यदृष्टितः।
इतीदृशे हन्त परस्पराश्रये चिरत्नवादानुररीकरोतु कः ॥ ४४ ॥
यथौषधाख्यामपि कर्णगोचरे रुजार्दितो न क्षमते हतेहितः।
विभूतिलुब्धो व्यथते तथा मुहुः श्रुतिं प्रयाते परमार्थनामनि ॥ ४५ ॥
जनस्य सत्त्वातिशयेऽधिकारिता मतात्र भक्तौ नतु तद्विपर्यये।
अदुष्टदृष्टेर्हि सुखाय चन्द्रिका विदूषिताक्षस्य तु निष्फलैव सा ॥ ४६ ॥

प्रमादस्याज्ञानम्। महामहाप्रमादश्च महाप्रमादाः सर्वज्ञाः सिद्धा इति बुद्धया तदनुसरणम्। स ईदृशप्रमादादिर्ज्ञानाङ्कुरस्य मानवहृदये नैसर्गिकभक्त्यादेश्वानल इव शोषकत्वादत्यन्ततो विरोधी, भक्त्यादेः पारमार्थिकेषु प्रमादरहितेष्वेव संभवस्य दर्शितत्वात्। आदिशब्दाद्धर्मादीनां ग्रहणम् ॥ १७ ॥

नन्वहेतुकमाराधनं सर्वथा निष्फलं भवन्मते निष्फलस्यानुसरणं न प्रेक्षावत उचितमिति चेत्प्रवक्ति—

अहेतुकेऽप्याराधने दृष्टचदोषाद्विषयाधिकारिणोर्निःश्रेयसम् ॥ १८ ॥

हेतुनिरपेक्षेऽपि पित्राद्याराधने दृष्टिदोषरहितेनाधिकारिणा क्रियमाणे पुत्रादेरधिकारिणः पित्रादेर्विषयस्य चोभयस्य निःश्रेयसं भवति। तद्यथा प्रमादरहितः पुत्रः पितरमहेतुकमाराधयन्ननपेक्ष्योपपत्तीरव्याहताः सर्वास्तदाज्ञाः समनुतिष्ठति। अथ तु पिता कूपे स्नास्यंस्तमाह वत्स तालदघ्नं हीरकं कूपे पश्यामि तदर्थमहमपि कूपे पतामि त्वमप्यागच्छेति, तदा पितरमसुस्थचेतसं तं कूपनिपातान्निवार्य गृहमानयति, पुनश्च स यथा न कूपे निपतेदिति निष्प्रमादं सदा पश्यति। तस्माच्चोभयोः कल्याणम्। अत्यल्पं चेदमुच्यते भक्तिर्हेत्वनपेक्षा महाफलेति। हेत्वनपेक्षमेव सर्वं सत्यानुसरणमद्भुतफलं हेत्वपेक्षं तु प्रायो निष्फलमल्पफलं वा। तथाहि सुवर्णदुर्वर्णनिर्माणाय चेष्टमानैर्भारतीयैर्देशान्तरीयैश्च स्वप्नेऽप्यनुत्प्रेक्षितं बाष्पयानवैद्युतयानवायवीययानाद्यद्भुतं फलं शुष्काङ्गारादिपरीक्षया वैज्ञानिकैरासादितम्। अधिकरणलेखकपदाय विंशतिवेतनाय पठद्भिरन्ते तदप्यलब्ध्वाऽऽत्महत्यया जीवनमवसादयद्भिर्मनसाप्यचिन्त्यं यशो वसूनि च फलमनपेक्ष्याध्ययनप्रवृत्तानां विद्यावीराणां दृश्यते। तुष्यतु दुर्जन इति न्यायेन चेदमुक्तम्, वस्तुतस्तु भक्त्यादिपरमार्थानुसरणं स्वयं फलस्वरूपमेकमात्रपुरुषार्थात्मकं क्लेशसहस्रपारितोषिकं तदासाद्य कः खलु बाह्यफलायानुषङ्गिकाय स्पृहयेत्। दारिद्रचकारावन्धनादिक्लेशानगणयन्हि भक्तिविज्ञानादिकृतार्थंस्तृणमिव जगन्मन्यते ॥ १८ ॥

विपर्यये तूभयोर्विनिपातमाह—

सहेतुकाराधने दृष्टिदोषादुभयोर्विनिपातः ॥ १९ ॥

ये तु हैतुकाः पुत्रा धनाद्यर्थं पित्रादीन्सेवन्ते, तदादेशानामव्याहतानामप्युपपत्ति परीक्षन्ते, तदुक्तानि वाराणसीपाटलिपुरादल्पीयसीत्यादिवचनान्यप्यादेशवदपरीक्ष्याणि

(वा०) चिरन्तनेष्वद्यतनेषु वा जनो विभूतिसिद्धयाद्यवकल्प्य भक्तिमान्।
अभक्तिमानेव वणिक्सहेतुकः पणायितुं वाजिविषाणमिच्छति ॥ ४७ ॥
अहेतुका भक्तिरनुष्ठिता ध्रुवं समस्तकल्याणमयी सतां मता।
अदृष्टिदोषो हि गुरोस्तथात्मनः सदैव भक्तः कुशलं विधास्यति ॥ ४८ ॥

मन्यन्ते, मम पिता बलवत्तरो वा यज्ञदत्तस्य पिता वा मम माता विदुषितरा वा विष्णुमित्रस्य वेति कलहायन्ते, तालदघ्नहीरकलोभात्कूपे पतन्तमपि पितरं विद्वत्तमोऽयं न प्रमादार्तिकचित्करिष्यतीति भ्रमान्न निवारयन्ति, पिता ते शक्तिविकलः सम्प्रति वृत्तिं विहाय प्रवासादागतस्त्वामाह्वयतीति मातुः संदेशं श्रुत्वा पिता मे देवः सर्वज्ञः सर्वशक्तिमान्स कथं शक्तिविकलः संवृत्तो नन्वम्ब नेदृशानि प्रलपितुमर्हसि मासिकवेतनं मे प्रेषयतु पिता नाहमागमिष्याम्ययि जननि देवतायास्ते को व्यामोहो यद्देवस्य पितुः शक्तिवैकल्यं कल्पयसीत्यादि प्रतिसंदिशन्तः पितरौ खेदयन्ति, ते खलु प्रमादभगवत्पादास्कन्दितस्कन्धाः पटच्छन्नदृष्टयः स्वात्मानमपि निरये निपातयन्ति पित्रादीनपीति न तेषामनुकरणं केनापि कर्त्तव्यम् ॥ १९ ॥

उभयोर्विनिपाते दृष्टान्तमुपन्यस्यति—

शम्भलीगृहीतया प्रमदयेव प्रमादवत्या ॥ २० ॥

कांचित्प्रमदां लावण्यतारुण्यविभ्रमवतीं पत्युराराधनपरां कापि शम्भली विनयान्विता समुपगच्छति। बीभत्साकारां तुलसीमाल्यधरामूर्ध्वपुण्ड्रधारिणीं रसनामलेन रामकृष्णादिनामानि दूषयन्तीं त्रिकालज्ञत्वेन प्रथितां चण्डललाटां मुण्डितमुण्डामुपनेत्रवतीं कलिपूतनामिव सद्धर्मकृष्णकवलनायोपस्थितां विकटपोटां पुमानयं स्त्री वेत्यनिर्णेयां तामवलोक्य भयजुगुप्साभ्यामाकुलापि सा प्रमादादाशीविषचक्षुराकर्षवशीकृता मुग्धा शकुन्तवधूरिव भिक्षुराक्षसगोचरगता जानकीव सद्यस्तस्याः पलायितुमक्षमा तामासनादिभिः संभावयति। शम्भली च पत्युराराधनपरां तां तत्पतिस्तुत्यैवाऽवर्जयितुमुपक्रमते। पत्युरहेतुका भक्तिः कर्त्तव्येति वदन्तीं च तां वदति—अयि मनस्विनि नान्यासां पतिरिव पतिः कुरूपो वा नवतिवया वा येनेदृशं मन्त्रयसे भक्तिरहेतुकेति। याः किल जरत्पतिका वा कमनीयेतरपतिका वा त ईदृशैरालापैः संतुष्यन्ति। मया तु तव भर्तृसमो नाद्यापि पुरुषो दृष्टः। निरवधिः कालः पृथिवी च विपुलेति वदद्भिः पुरुषाधमैः संभाव्यतां कश्चिदीदृशो मया पुनराशान्तमहार्णवाद् दूराच्छलद्रजतपक्षमत्स्यपटलादातुङ्गसागराच्चाम्बरचुम्बिकल्लोलमालादामेरुप्रदेशोपकण्ठान्महातिमिकुलाध्युषितप्रालेयमयजलादाभारतमहार्णवान्ताच्च पङ्गुपक्षिमात्रशरणीकृतविजनदिङ्मण्डलाद् भ्रमन्त्या नाद्याप्युपलब्धः कोऽपीदृशलावण्य इति।

तां चेदृशानि घृतमधुमयानि चेतोहराणि वचांस्युच्चारयन्तीमुपलभ्य प्रमादाद् गृहे तां वासयति पोषयति चान्नपानादिभिः। पञ्चषाणि दिवसानि तत्रोषिता दृष्टसर्वरहस्या च सा तामेकस्मिन्नहनि चित्रगतं तरुणमनुपमलावण्यं दर्शयति जल्पति च साम्प्रतमयं

(भा०) सदृष्टदोषः शशशृङ्गकङ्कतैः पणायमानो विषयस्य चात्मनः।
निपातमुग्रं सहसैव साधयेत्प्रमादमग्नः प्रमदाजनो यथा ॥ ४९ ॥

तरुणः पारसीकभूमेरागतः। कीदृगस्य लावण्यम्। शम्भलीव्याख्यानैः सत्यं सर्वोत्तमलावण्यं पतिमासन्नचत्वारिंशं मन्यमाना च सा निर्हेतुकां पतिभक्तिं विसृज्य लावण्यदास्यमुपगता सद्यश्चित्रगतोऽपर्विशवयस उन्मादयित्रा तारुण्येन लावण्येन च विमुह्यति। तां तद्दिने तथाभूतामुपलभ्य च दिनान्ते मिषाद्रथ्यायां भ्रमन्तं साक्षादेव तरुणं शम्भली दर्शयति। कतिपयैर्व्याख्यातैश्चानायासेन प्रमादवत्याश्चित्तमुन्मथ्य तां पत्यौ कार्यवशादसंनिहिते तरुणेन संगमय्य कियत्कालानन्तरं स्वैरविहाराय तद्गतप्राणां तेन सह गृहीतगृहसारां तां देशान्तरं नयति स्वयं च तरुणप्रतिज्ञातं लक्षाधिकं प्राप्य पुनरन्यास्तरुणीर्व्याघ्री हरिणकुटुम्बिनीरिव मार्गयति। कियन्तं कालं विहृत्य च जातप्रसवां प्रमादवतीं तरुणो निर्वासयति। सा च पतिगृहं पुनरन्विष्यन्ती तं स्ववियोगनिर्विण्णं पञ्चत्वमुपगतं श्रुत्वा देवरैर्भर्त्सिता भगवत्यां भागीरथ्यामात्मानं सपुत्रं निक्षिप्य दुःखमवसाययति।

अयि मुग्धा हैतुकानुसारिणः कीदृशोऽयं जायापत्योर्विनिपातः। तस्माद्वदामः प्रमादादुभयोर्विनिपात इति। ऋषयः किलास्मत्पूर्वजाः कियद्विज्ञाना इति स्वयं तच्छास्त्रावलोकनाज्जानीमहे, न तत्रासंगतानुवादमात्रपठितानां व्याख्यानैः कश्चिदर्थोऽस्माकम्। पित्रोर्माहात्म्यं पुत्रा यथा जानन्ति न तथान्ये। जीवन्तौ वा विपन्नौ वा पुत्रैरेव पितरौ स्पृश्येते नान्येषामधिकारस्तौ स्प्रष्टुम्। जीवन्तौ तावाराधयामो विपन्नौ च दहामः। पूर्वजानामद्यत्वे समुपयुक्तानि वाक्यानि गृह्णीमहेऽनुपयुक्तानि पुनरुपेक्षामहे। ते च यथा स्वसमये शास्त्रशिल्पकलोद्योगैः सर्वतः संगृहीतैर्यशस्विनो बभूवुस्तथैव वयमपि स्वपरभेदं विहाय सर्वतः संगृहीतैर्विज्ञानैस्तेषामप्यात्मनश्च यशो विस्तारयामः। ते किल सर्वतो जयमन्विच्छन्तोऽपि पुत्रेभ्यः पराभवं वाञ्छन्ति स्म। तेषामिमामाशंसां तद्ग्रन्थानवलोक्य तदशुद्धीश्च दृष्टिदोषाद्वा प्रक्षेपपाताद्वा तत्रोपलभ्यमानाः परिशोधयन्तः संपूरयामः।

वञ्चका बैडालव्रतिका व्याख्यातारः किल रसनाविषेणास्मत्पूर्वजनामानि कलुषयन्त उत्तरोत्तरावनतिवादेनास्मत्पूर्वजानां पुत्रेभ्यः पराभवाशां विफलयितुमीहन्ते। आ बादरायणादा च नागेशाद् गुरुप्रणीतशास्त्रपरीक्षैवास्माकं शैली। अनार्यजुष्टेयं धूर्तैः प्रख्यापिता प्रथा यत्पूर्वजनामभिर्विदितेषु लेखेष्वन्धपरम्परयैव भक्तिर्न च तत्परीक्षाप्रयत्नः। परीक्षाऽभावे किल प्रक्षिप्तमप्रक्षिप्तं च न विवेक्तुं शक्यम्। किं नु भो यः कश्चिद्यदेव किंचित्पूर्वजनाम्नोपन्यस्यति विलिखति मुद्रयत्यनुवदति वा तत्सर्वमपरीक्ष्य श्रद्दधीमहि। अयि पशवो बिडाला अपि घृताक्तोयमभ्यूष इत्युक्तिमात्रेणापरीक्ष्य घ्राणरसनाभ्यां घृताक्तं न प्रतियान्ति।

(वा०) अतो जनः सिद्धिविभूतिशम्भलीप्रलोभ्यमानामपि भक्तिमात्मनः।
निवेशयेत्सिद्धविटे न जातुचित्कुलेन्यऽथा स्याद्विपुलो ह्युपप्लवः॥ ५०॥

कथमपरीक्ष्य पारमार्थिकत्वमचिरमुद्रितानां पुस्तकानां प्रतिपद्येमहि। न च परीक्षया पारमार्थिकेतरत्वे पूर्वजनामभिर्मुद्रितेषु लेखेषूपलब्धेऽस्माकं भक्तिः क्षीयते। प्रक्षिप्तान्वा दृष्टिदोषकृतान्वा तादृशाँल्लेखान्मन्यामहे। न च दृष्टिदोषोपलम्भात्पूर्वजेष्वश्रद्धाऽस्माकमन्धजडवधिरमूकानपि हि पितृपत्यादीन्भारतीया भक्त्याऽऽराधयन्ति। नहि निरक्षरामपि मातरं विहाय साक्षरामपि व्याख्यानकुशलामपि कुट्टनीमनुसरामः। ये किल मातरं विहाय घृतमधुमयवाचालताप्रगल्भाः शम्भलीरनुसरन्ति तेषां पूर्वजदोषावलोकनाद्भक्तिक्षयभीतिरस्तु। अस्माकं पुनर्दोषवन्तो निर्दोषा वा पूर्वजाः पूजनीयाः। पूर्वजत्वादेव पूज्या हि ते न पुनर्निर्दोषत्वात्। न हि पितामहा वैयाकरणा इति न वा माता वाक्चपलेत्यस्माभिः पूज्यते। येषां तु यः कश्चिद्व्याकरणाद्यभिज्ञ एव पिता काचिद्वाक्चपलैव माता तेषां गुणदोषानपेक्ष्यैव पूर्वजांस्तद्ग्रन्थांश्च परित्यज्य परांस्तत्कृतानुवादांश्च श्रद्धया पश्यतां पित्रोः प्रत्यहमनामिषाशिनोर्भागीरथीस्नायिनोर्धार्मिकयोरप्यदृष्टाः परोक्षत्वखेचरत्वादिसिद्धीः परेष्वशौचनिलयेषु भक्ष्याभक्ष्याविवेकिषु स्वैरव्यतिकरविनाशितस्त्रीपुंसाचारेषु संभावयतामपूर्वा पितृभक्तिरिति चित्रीयते चेतः।

नूनं पूर्वजाश्चेदद्याभविष्यन्निजप्रबन्धखण्डनक्षमान्विदुषः पुत्रान्स्निग्धेन चक्षुषाऽद्रक्ष्यन्न परीक्षात्मिकायामन्धपरम्परायामस्मान्निपातयन्तीः समधक्ष्यंश्च व्याख्यातृमर्चिकारूक्षेणाक्ष्णा पुत्रेभ्यः पराभवोत्सुकास्तत्रभवन्तः। अतीतास्त्वमी महानुभावा ये विज्ञानाय स्वाचारांश्च लौकिकान्प्रबन्धान्ज्ञानाय चोपनिषत्प्रबन्धानाश्रयन्ति स्म। साम्प्रतिकास्तु ब्रह्मज्ञानाय वृद्धशम्भलीर्जुषन्ते। शिल्पकलादये च वेदानुवादानवलोकयन्ति। स्वयं तथा कुर्वन्ति पुत्रानपि तथैव कारयन्ति। भारतधरा धन्या महाशयानामेषां जनुषा ॥ २० ॥

[अधि० ८] शून्यमूर्त्यादिपूजा वा सत्यस्यान्वेषणं तु वा।
भक्तिः स्याद्वास्तवी शून्यपूजादिः सा विरागिणाम् ॥ १ ॥
शून्यपूजादि मूर्खत्वं सत्यस्यान्वेषणं तु यत्।
विज्ञानस्यानुसारेण भक्तिः सा परमा मता ॥ २ ॥

ननु सर्वेऽपि यदि हैतुका हैतुकानुसारिणो वा दृश्यन्ते तत्कं शरणीकरवाम प्रमादनाशाय चेद्भक्तिविशेषवर्णनमुखेनैव तमुपायमुपदिशति—

परमार्थभक्तिर्महिष्ठा प्रमादविरोधिनी ॥ २१ ॥

सांक्रामिकस्य हैतुकत्वव्याधेः प्रसरबन्धिका दुरुपदेशविषकलुषितमनःसंजीवनी

(वा०) स्थिरां दधानेन पितृष्वहेतुकां जनेन भक्तिं तदृणस्य शुद्धये।
परीक्षमाणेन चिरन्तनीर्गिरो विधीयतां विज्ञतरत्वमात्मनः ॥ ५१ ॥

भक्तीनामुत्तमा प्रमादमनागतं दूरान्निरस्यन्ती संनिहितं च सद्यः शल्यमिवोद्धृत्य दूरीकुर्वन्ती विशल्यकरणी महौषधिरियं परमार्थभक्तिर्नाम। प्रथमाध्याये परमार्थस्वरूपं महता प्रपञ्चेनोक्तम्। यश्च परमार्थस्य भक्तः सन्व्याहृतं नराकारेणागत्य ब्रह्मणाऽप्युच्यमानं न प्रतिपद्यते न स प्रमादे पतति, पतितो दैवात्सद्यः प्रमादं निर्धूय निःश्रेयसाय कल्पते। यः पुनर्व्याहृतमव्याहृतं वा सर्वं सर्वेणोक्तं प्रतिपद्यते, वेदमन्त्रैरसाध्यां सिद्धिं दारय मारयेत्याद्यर्थकैः प्राकृतवाक्यैः सुगमां मन्यते, ऋष्युपनिषद्वासुदेवबादरायणाद्युक्तिभिरगम्यं रैदासवाक्यैः सुबोधं गृह्णाति। वेदवेदाङ्गदर्शनक्षपितजीवनैः प्रत्यहं भागीरथीस्नाननिर्मलैर्वसिष्ठयाज्ञवल्क्यादिवंशजैर्विद्वद्भिः पितृभिरप्यदृष्टपूर्वान्विष्णवादीन्सतुलसीमाल्यैः कल्यपालादिभिः कुट्टनीप्रकाण्डैर्विधवातल्लजैर्वा स्वैरं साक्षीक्रियमाणान्विभावयति। भीष्मादिभिः शाश्वतब्रह्मनिष्ठैरप्यनधिगतपूर्वाः खेचरत्वादिविभूतीर्मैरेयास्वादनतश्चरणवर्द्धितयकृद्भिर्व्यवायाभ्यासकृशगात्रैर्नरैश्च बालमोहनोचितगात्राभिर्वृद्धनारीभिश्च सुलभाः प्रतिपद्यते स खलु धन्यः। परमार्थभक्तस्तं विदूरात्परिहरति। प्रमादभगवत्पादाश्च तं सद्यः स्वीकुर्वन्ति ॥ २१ ॥

परमार्थभक्ति विना प्रमादान्धत्वात्पारमार्थिकस्य मातापितृनृपाचार्यादिविषयस्य भक्त्यन्तरस्याप्यसंभव इत्याह—

भक्त्यन्तरमाभासस्तां विना ॥ २२ ॥

यथा भक्तिं विना सर्वस्य ज्ञानकर्मादेराभासत्वमुक्तं तथा परमार्थनिष्ठां विना पित्रादिभक्तिर्हैतुकैः फललोभात्कदाचित्क्रियमाणापि न भक्तिः किन्तु भक्त्याभासः। परमार्थभक्तिविरहितस्य पित्रादीनल्पगुणान्विहाय सद्यः सिद्धिमाहात्म्यविदितानां कल्यपालादीनामनुसरणदर्शनात्। पतिसेवां रहस्युपदिशन्हि कथकधूर्त्तः शनैः कामिनीमङ्कमानयति। जन्मान्तरपतिरहं भवत्या इति च तामाश्वासयति। पितृभक्तिमुपदिशंश्च सिद्धापसदः किं पित्रा मूर्खेणादृष्टसिद्धिना जगद्गुरुं जगत्पितरं मामनुसरेति बालं विलोभयति। सत्यमेव परमं धर्ममुपदिशन्ती च बन्ध्यापुत्रानुसंधानसमितिः शिल्पं कलां शास्त्रं पितरौ विदुषः कुटुम्बं च सर्वमसत्यं व्यपदिश्य सिद्धविधवा जरद्धुकुंसान्मातङ्गबालयतीन्कौलकूर्मींश्च तद्व्याख्यानानि चालौकिकसत्यमयानि प्रस्तूय विवेकविक्लवानर्भकान्क्लैव्यचिकित्सार्थिनो वृद्धान्भक्ष्यादिविचारखिन्नान्धर्मान्तरान्वेषिणस्तरुणांश्च वञ्चयति। परमार्थभक्तश्च जनः पतिपादाघातान्नतु कथकवाक्प्रपञ्चात्पातिव्रत्यं सुलभं गृह्णाति। सिद्धधूर्त्तस्य दूरात्परिहारेण विद्वदाराधनेन

(वा०) महौषधं हैतुकतामहारुजः प्रमादकुष्ठस्य रसायनं शिवम्।
सुदोहदः सन्नयपादपश्रियां पराऽत्र भक्तिः परमार्थगामिनी ॥ ५२ ॥

च पितृमनोरथपूरणं संभावयति। शिल्पकलाशास्त्राभ्यासेन पुनर्धर्मकञ्चुकरसना-विषदग्धेन सदुपदेशेन सत्यमाराध्यं मन्यते ॥ २२ ॥

[अधि० ९] स्वस्वाकारभूतो देवा निराकारास्तु वा मताः।
सर्वे प्राणिशरीरास्ते न स्वाकारा अचेतनाः ॥ १ ॥
सर्वे भवेयुः स्वाकाराः सूर्यादेः प्राणिता न वा।
नाकारहीनता वापि सामञ्जस्यवती यतः ॥ २ ॥

इत्थमधिकारिणां स्वरूपादिकमुक्त्वा विषयाणां किञ्चिद्विशेषाभिधानं प्रस्तौति—

मात्रादयः प्रसिद्धाः ॥ २३ ॥

माता पिता नृप आचार्य इत्यादयो भक्तिविषयाः, अहैतुकानां स्वार्थमात्रदर्शिनां तु सिद्धा विभूतिमन्त इति ख्यातास्तावद्भक्तिविषया यावत्तेषां विभूतिदर्शनाशा। भग्नाशानां तु भक्त्यभावः। ईदृशी स्वार्थानुसारिणी भक्तिराभासमात्रमसुराराधन-मिति वक्ष्यामि ॥ २३ ॥

विषयनिर्देशसूत्रे देवा भक्तिविषया इत्युक्तम्। के ते देवा नहि ते सर्वजना-विदिताः। नामादिभिर्देवानविदन्तोऽपि तेषु बहुधा विप्रतिपद्यन्ते। मन्त्रमयीं देवतां केचिदाहुरन्ये तु प्राणिनां नियतान्यनियतानि वा शुद्धानि संकीर्णानि वा रूपाणि धारयतो देवान्मन्यन्ते इति चेत्सिद्धान्तमाह—

देवासुरा वृत्तिशक्त्यादर्शकल्पनाद्याः ॥ २४ ॥

देवप्रसङ्गादसुरानपि स्वरूपतो निर्णेयानाह—देवासुरा इति। ब्राह्मणेषु "देवासुरा ह वै यत्र संयेतिरे उभये प्राजापत्याम्" इत्यादौ सत्त्वप्रधाना इन्द्रियवृत्तयो देवास्तद्भिन्ना असुरा इति प्राञ्चस्तदेव च प्रकरणज्ञानां मतम्। ऋषिः पुनः "इन्द्रस्य नु वीर्याणि प्रवोच यानि चकार प्रथमानि वज्री"—इत्यादि पश्यन्स्फुटमिन्द्रा-दीन्विद्युदादिशक्तिरूपानाम्नातीत्यतिरोहितं तद्विदाम्। तथा च मुनिर्यास्कोऽपि—

(वा०) क्रियाः समस्ता निखिलाश्च भक्तयस्तथाखिलं ज्ञानमनर्थकारणम्।
विनात्र भक्तिं परमार्थगामिनीं तथाहि सर्वं प्रथते महार्थकम् ॥ ५३ ॥

मनोऽभिषङ्गा मदमत्सरादयस्तडित्प्रधानाः प्रकृतेश्च शक्तयः।
कपालभस्मोरगसंग्रहादयो नृणां तथादर्शविशेषकल्पना ॥ ५४ ॥

सरित्समुद्राम्बुदपादपादयः पतङ्गसारङ्गसरीसृपादयः।
ज्वरातिसारादिरुजश्च कल्पिताः सुरासुरत्वेन पुराणपण्डितैः ॥ ५५ ॥

भैरवश्चिताभस्मलिप्ताङ्गो भुजगभूषणो दिगम्बरः पुरुषः कपालपाणिर्घोरमारकाणां स्त्रीपुंसानामादर्शस्तादृशमेव हि ते जीवनं वाञ्छन्ति। भैरवी वा बहुलक्षपाच्छविश्वलकपालकुण्डला शवोरसि विहरन्ती किल सेयमादर्शकल्पना। आदिशब्दात्प्रकृतवस्तूनामैतिहासिकपुरुषाणामन्येषां च ग्रहणम्। तद्यथा तुङ्गशिरश्चुम्बिचन्द्रचामरचारुर्गङ्गाधरो गिरीशः पशुपतिः कैलासगिरिरेव। सूर्या ग्रहा वाय्वादयश्च देवाः सूर्यबिम्बादिरूपा एव। रामकृष्णादयः पुरुषाः पारमार्थिकत्वादिमहामहिमवन्तः सर्वेषां देवत्वेन प्रसिद्धा एव। किं बहुना न देवशब्दोऽत्र भक्तिविषयपर्यायः। य एव भक्तिविषयः स एव देव उत्कर्षवत्त्वात्। तथा च ब्राह्मणः "मातृदेवो भव पितृदेवो भवाचार्यदेवो भव" इति। न देवशब्द ईदृशेष्वमरत्वादिप्रतिपादको भक्तिविषयं तु स्पष्टं व्याचष्टे माता ते भक्तिविषयो भवतु पिता ते भक्तिविषयो भवत्वाचार्यस्ते भक्तिविषयो भवत्वित्यादि ॥ २४ ॥

ननु सूर्यकैलासविद्युदादयो विलक्षणा एव देवाः प्रत्यक्षोपलब्धाकारा भवन्तोच्यते। नराकारास्ते पुनः कैश्चिद्धार्मिकैरितस्ततो वायुरूपेण भ्रमन्तः केषांचित्तु पुण्यवतां सिद्धानां दृष्टिसंभाषणादिगोचरास्तदर्पितान्महाप्रसादादीन्भुञ्जाना व्याख्यायन्ते। परैस्तु देवाः शक्तिविशेषा वा यथा तथा वा निराकारा व्याख्यायन्ते। तत्कथं भवदुक्तं प्रतिपद्यामह इति चेत्प्रतिक्षिपति—

नराद्याकृतिरुत्प्रेक्षा तथाऽनाकृतिः ॥ २५ ॥

सूर्यग्रहादीनां नराकारकल्पना कवितामात्रं न पारमार्थिकमित्युक्तं लोकविभागाध्याये। तथा देवान्तराणामपि सर्वेषां नरखरतुरगोरगकेसरिवारणादितत्तद्रूपकल्पना कवितामात्रम्। नहि गङ्गाधरश्चन्द्रशेखरः कोऽपि पुरुषाकार उपलब्धुं शक्यते केनापि। दर्शितस्तु गिर्याकार ईदृशः सर्वजनप्रसिद्धः। एवमन्येषामपि देवानां यथास्थितप्रत्यक्षानुमानगम्यतत्तदाकारता। तद्यथा वह्नेस्तैजसतत्तदाकारता प्रत्यक्षोपलब्धा। सूर्यस्य प्रत्युताधिकभूपरिमाणताऽनेककलङ्काङ्किततैजसबिम्बता च ज्योतिर्विदामहेत्वाभासादिदूषितेनानुमानेन यन्त्रादिमहासाधनसम्पन्नेन प्रत्यक्षेण चोपलब्धा। दिव्यदृष्ट्युपलम्भस्तु शिवादेः पुरुषाद्याकारत्वगोचरो "न दिव्या दृष्टिः" इत्यादि वदताऽऽचार्येण प्रथममेव निरस्तः। न केवलं प्रत्यक्षानुमानविरुद्धो बन्ध्यापुत्रसदृशो नराद्याकारवाद एव किं पुनर्निराकारवादोऽपि। नहि किञ्चित्तदाकारमस्ति प्रत्यक्षानुमानाभ्या-

---

(वा०) जनेन सर्वात्मनि वा परेषु वा सुरेषु किं वाप्यसुरेषु कल्पिता।
अनाकृतिः प्राणिसमाकृतिस्तथा कवित्वसारेति मतं विपश्चिताम् ॥ ५६ ॥
न भास्करेऽधिप्रयुतावनीसमे न चापि शक्रे विलसत्तडिन्मये।
न वा गिरीशात्मनि चन्द्रशेखरे नराकृतिर्नाकृतिशून्यतापि वा ॥ ५७ ॥

मुपलब्धस्य सर्वस्य साकारत्वात् । दिव्यदृष्ट्युपलब्धस्य च मदसंनिपातस्वप्नप्रमादाद्युपलब्धस्य काञ्चनगिरिव्योमनृत्यादेरिवात्यनाबाधितसविकारस्वरूपत्वात् ।

अपर आह—ननु भोः पारमार्थिक निराकारस्यासत्स्वरूपत्वं प्रख्यापयसि कस्तावदाकारः क्षुत्तृष्णादेरिति भवन्तं पृच्छामि । किं च भो रेखागणितापक्रमं करणपरम्परया शृण्वतामपि तदनुसारेण निराकारस्यापीश्वरत्वेन कैश्चित्सामाधिकैर्भारते बहुभिश्च देशान्तरीयैर्धार्मिकैरुद्घोषितस्य साकारत्वं सप्रपञ्चं प्रतिरथ्यं व्याचक्षाणानां श्रोतॄन्कृतार्थयतामृष्युपनिषद्बादरायणवासुदेवादिशास्त्रैरप्यगम्यमीश्वरं गाणितिकोपपत्तिभिर्ग्राहयतां व्याख्यानवेतनेनोपदेशककीर्त्या च कुलं कुटुम्बं सनाथयतां प्रजीवतां मृतानां च श्रुतवानसि पीयूषप्रवाहमयं वचः । हंहो सर्वापलापिन्न श्रुतं चेदहमेव श्रावयामि ते किमपि रेखाभिर्ज्ञैर्बिन्दुरिति निराकारो वस्तुविशेष उच्यते यस्य न विस्तारो न दैर्घ्यं न वा गाम्भीर्यम् । दिव्यदृष्टिः सर्वानुभूतमहाफलाप्यपलप्यताम् । निर्गुणनिराकारब्रह्मवादिनः शङ्कराद्या विद्वांसो वा महर्षिदेवेन्द्रमहर्षिदयानन्दादयो वा विमूढेन भवता तिरस्क्रियन्ताम् । काममनुगम्यन्तां सगुणवादिनः । वैज्ञानिक इवानधिगतविज्ञानोऽपि विज्ञानप्रणयीव वा यदा तदा प्रलपसीति भवन्तं वैज्ञानिकेनेव पथा नयामि । अपि बिन्दुसाम्येन निराकारमीश्वरं प्रतिपद्यसे सम्प्रति । आहर सोम्य हस्तं पारमार्थिक पतितोऽसि निजप्रणयिविषये क्षुद्रविज्ञानपाशे । "न वदेद्यामिनीं भाषाम्" इत्यादि मनुस्मृतिं स्मरन्तो धार्मिका वयं न साक्षाद्रेखागणितादिकं भाषान्तरेषु पश्यामः । अनुवादेभ्यो वा तज्ज्ञश्रावितेभ्यः कथाभ्यो वा तद्विषयं शास्त्रवेदितया बुद्धिप्रकर्षात्तज्ज्ञानयापितजीवनेभ्योऽपि साधुतरमध्यवस्यामः । पारमार्थिकास्तु प्रायो यामिनीं भाषामपि जानन्तीति प्रथितम् । सर्वमन्यदपलपन्नपि विज्ञानकथां किं वक्ष्यसि ।

ननु तूष्णींभूतोऽसि मुखमुद्रैव ते काप्यपूर्वा संवृत्ता । इतीदृशं प्रलपन्तं वातकिनं चतसृषु दिक्षु तारतरजयोद्घोषिभिः कृतहस्ततालैः साम्प्रदायिकैः सामाजिकैश्छात्रैरध्यापकैर्वणिग्भिरन्यैश्च शास्त्रलेशभारावनम्रैस्तद्धारशून्यैश्च परःसहस्रैः कृतसाहायकं प्रतिवदामः । अयि महात्मन्, बहुश्रुत ! यदुक्तं कीदृशः क्षुत्तृष्णादेराकार इति घटे स्थितानां धर्माणां क आकारः । घटस्थत्वाद् घटाकारास्ते कोऽन्यत्राकारो मयेषणीयस्तथा यदीयं क्षुत्तृष्णादि तदाकारं तत् । घटपटनरनार्यादिकं पारमार्थिकं वस्तुजातं

(वा०) न कल्पितैर्बिन्दुभिरेव निर्मितं घनात्मकं वस्तु विदन्ति तद्विदः ।
घनात्पृथक्कृत्य तु शब्दमात्रतस्तलादिबिन्द्वन्तमलं प्रकल्पयेः ॥ ५८ ॥
न शब्दमात्रेण तु वस्तुनिश्चयः स्वतन्त्रया वस्तुपरीक्षया हि सः ।
जनेन बन्ध्यातनयाख्ययोदितो भवान्न बन्ध्यातनयो भविष्यति ॥ ५९ ॥
न वस्त्वनाकारमिहास्ति वस्तुतः समस्तमप्याकृतिमत्समीक्ष्यते ।
न दैर्घ्यविस्तारगभीरतोज्झिते गुणस्तु कश्चित्क्वचनोपलक्ष्यते ॥ ६० ॥

सर्वं साकारं सगुणम्। नाकारगुणाद्यतिरिक्तं वस्तु तत्र वस्तुतः सर्वथा भिन्नमाकारादि। तार्किकाणां शब्दमात्रकृतस्त्वयं भेदो घटश्च घटत्वं च नारी च सौन्दर्यं चेत्यादिः। वस्तुतस्तु परमार्थ एक एव कदाचिद्धर्मिरूपेण नारीति कदाचित्तु धर्मविशेषापेक्षया सौन्दर्यमित्यादि व्यपदिश्यते। तथा क्षुत्तृष्णादिधर्मकः समुदायापेक्षया देवदत्त इति। धर्मविशेषापेक्षया तु तृष्णेयं देवदत्तस्येत्यादिभिः शब्दैर्वर्ण्यते। परमार्थस्तु गुणमय आकारमयो देवदत्त एव। उपपादयिष्यामश्चैतदाभासनिरासाध्याये।

अथवा व्यवहारस्त्वयं यत्सर्वोऽपि दैर्घ्यविस्तारगाम्भीर्यवत्त्वात्साकारोऽपि रूपादिमत्त्वात्सगुणोऽपि कदाचित्सत्तामात्रविषयत्वेन कदाचिद्दैर्घ्यमात्ररूपत्वेनान्यैश्च तत्तद्विशेषैर्जिज्ञास्यते, न तु तार्किकजिज्ञासया क्षणमंशविशेषावगाहित्वात्तदंशमयः परमार्थः संपद्यते। तथाहि दैर्घ्यस्थौल्यादिमानपि वैदुष्यादिमानपि देवदत्तः सर्वजनस्येन्द्रियैरनुभवनीयो विकटं परिक्रामति रथ्यासु चत्वरेषु विद्यालयेषु वनेषु समाजेषु यात्रासु तीर्थेषु विलासभवनेषु महामठेषु प्रासादेषु हर्म्येषु च। यज्ञदत्तश्च देवदत्तस्य भ्रातरं पृच्छति। भद्र गृहादागच्छसि आयाति देवदत्त इति। स च प्रत्याह आम् अस्तीति। किमेताभ्यां प्रश्नोत्तराभ्यां देवदत्तस्य सत्तामात्रावगाहिभ्यां स्थूलत्वकाणत्वाद्यनवगाहिभ्यां तं सत्तामात्रं निर्विशेषं निरीहं प्रतियन्ति केचिदप्रमत्ताः। अन्यदा राजपुरुषः सविधस्थं देवदत्तं नगरभिषक्परीक्षितसर्वाङ्गं गुल्माद्यधिकारे नियोक्ष्यन् पृच्छति कियद्दैर्घ्यं भवत इति। तं च देवदत्तो ब्रवीति दैर्घ्यमेव किमु पृच्छ्यते स्थूलतापि मयि वर्त्तते तदपि वच्मि किमप्यपेक्षितं चेदिति। राजपुरुषस्तु किंचिद्बद्धभ्रुकुटिरिव पुनर्ब्रवीति राजनियमो राजनियोगाधिकृतानां दैर्घ्यमात्रं विनियोगसमये तत्तत्पुस्तकेषु विलिख्यतामित्याह। न भवतः स्थूलत्वाद्यपेक्षामहे। लेखाधिकृतं कायस्थं गत्वा दैर्घ्यं विलेखय। किमेतया राजपुरुषभर्त्सनया दैर्घ्यमात्रावशेषो देवदत्तः। एतेन गाणितिकम्मन्यानां भवतां बिन्दुरपि व्याख्यातः।

सर्वो हि परमार्थो मदसंनिपातप्राद्युपलब्धसद्व्यतिकरवर्जं दैर्घ्यविस्तारगाम्भीर्याख्यांशत्रयावगाहिना येन केनचिद्दृष्टपरिच्छेदेनान्यादृशेन संपन्न एवाकारेण। यथा विश्वं गिरयः सागरा नगराणि नरा नार्यो घटः पटः पेटकश्च। जनास्तु नेदृशं त्र्यंशमाकारं सर्वदाऽपेक्षन्ते। कदाचित्कश्चित्सत्तामात्रं जिज्ञासते पेटकोऽस्ति न वेति।

(वा०) त्रियन्मुखं द्रव्यमवेयतां सुखं गुणः क्षुदादिः प्रतिपद्यतां तथा।
न दैर्घ्यविस्तारगभीरतामयं घनत्वमेतान्यपि जातु मुञ्चति॥ ६१॥
घनत्वमेवाकृतिरत्र संमतानपेक्ष्यमस्याः स्फुटमन्तदर्शनम्।
सहैव सर्वं स्थितमेतया यतः किमङ्ग तद्वस्तु भवेदनाकृति॥ ६२॥
घनस्य दैर्घ्यादिमयस्य केवलं यथांशमंशानपि वा पृथक्पृथक्।
विभज्य शब्देन जनः प्रकल्पयेत्तलानि रेखामथ बिन्दुमेव वा॥ ६३॥

अन्यस्तु पृच्छति कियान्विस्तारस्तस्येति। परो गवेषयति कियद्दैर्ध्यं तस्येति। इतरो विनिश्चिकीषति कियद्गाम्भीर्यं तस्येति। वस्तुतस्तु पेटकः किष्कादिदैर्घ्यः प्रादेशद्वयादिविस्तार प्रादेशादिगाम्भीर्यश्चतुष्कोणो द्वादशास्त्रः षट्तलः। कोणाः किल बिन्दवः सन्मात्रं दैर्घ्यादिनिरपेक्षम्। अस्त्राणि रेखादैर्घ्यमात्रं विस्तराद्यनपेक्षम्। तलानि दैर्घ्यविस्तारयोर्गुणनफलं गाम्भीर्यानिपेक्षम्। सर्वं चेदं गणितव्यवहाराय कल्पितं प्रकृतिप्रत्ययाद्यमिव शब्दानुशासने। अकाल्पनिकः पारमार्थिकः पेटकस्तु दैर्घ्यविस्तारगाम्भीर्यत्रितयगुणनफलस्वरूपस्त्रितयापेक्षः। न परमार्थतः सत्ता दैर्घ्यादिरंशविशेषोंऽशान्तरनिरपेक्षः पृकक्कत्तुं शक्यते।

तस्मान्न निराकारं किंचित्सर्वात्मशरीरं विश्वमारभ्य बिन्दुपर्यन्तमिति स्थितम्। निराकारो बिन्द्वाख्यस्तु नास्ति बहिर्न वा मनसापि चिन्तयितुं शक्यते। मानसानां बाह्यव्यतिकरमयत्वात्। अशिरस्कजीवत्पुरुषादिवन्नाममात्रं तु बिन्द्वादि। तदेतत्सर्वं मनुस्मृतिं वा स्वधर्मसूत्रादि वा स्वयं दृष्ट्वा तत्र भवदुक्तां यामिनीं भाषां वैयाकरणैस्तु यावनी भाषेति संस्कृत्योच्चारिताभिधानामधिगच्छतां विप्राणां पातकित्वमनुपलभ्य यथाशक्ति देशान्तरीया भाषाः पठतामतिरोहितं विदुषाम्। गणितसूत्रादिकथामात्रं परेभ्य आकर्ण्य द्रविणख्यातिलोभाद्रथ्यासु व्याचिख्यासूनामरण्ये रुदितमनुतिष्ठासूनां तु भवादृशानां विलक्षणो गाणितिकबिन्दुग्रह इति न चित्रीयामहे।

अत एव न निराकारः प्रायो भारतीयधार्मिकैर्गृहीतो न च शून्याः परब्रह्मप्रासादास्तैर्निर्मिताः। सर्वत्र साकाराणां कृष्णादीनां मूर्त्तयो हि तैः प्रासादेष्वस्थाप्यन्त। केवलं धर्मान्तरे च ज्ञानपूर्वकमज्ञानपूर्वकं वा दम्भाय द्रविणाय वा वर्णादिव्यवस्थाविलोपनाय बलसंग्रहाय वा ये केचिदर्वाञ्चो निराकारमीश्वरं देवान्वा समुद्घोषयन्ति तत्स्तुतीर्गायन्ति शून्यचैत्यवन्दनमनुतिष्ठन्ति व्यवस्थाविलोपं चोपदिशन्ति। पैतृकधर्मशिशवोऽपि तैर्दूरमाकृष्टास्तैर्विवदमाना निराकारमेवेश्वरं स्वीकृत्य तस्य साकारत्वं कीदृशमित्याद्यन्विष्यन्तस्तथा खिद्यन्ति यथा गङ्गायामग्निदाहे जायमाने मत्स्याः क्व गमिष्यन्ति तत्रैव पक्वमत्स्याशिनां कवलीभावं गमिष्यन्ति वा गवाश्वादिवद्वृक्षानारोक्ष्यन्तीति वा निर्णिनीषन्तः खिद्यन्ति। न निराकारः कश्चिदुत्प्रेक्षितुं शक्यते न वा गङ्गादाहः संभाव्यत इति किं न प्रथममेव ते पश्यन्तीति पुनर्वक्तुं शक्यते ॥ २५ ॥

(वा०) तथैव सत्तामपि तार्किकाङ्कुरो निराकृतिं कल्पयतीह वाचिकीम्।
प्रसह्य भिक्षुः परिगृह्य तामथ प्रपञ्चहेतुत्वपदेऽभिषिञ्चति ॥ ६४ ॥
परस्परव्याहतकल्पनाकुला अनाकृतिस्त्रीपुरुषाकृतिश्रिताः।
कुतर्कणा देवविशेषगोचरा महत्त्वमेषां नहि ताः प्रयुञ्जते ॥ ६५ ॥

नराद्याकृतिकल्पनां निराकारकल्पनां च भूयोऽपि दूषयति—

न नियता नाव्याहता न च माहात्म्यप्रयोजिका ॥ २६ ॥

ईदृश्यः कल्पना न नियताः कल्पनात्वादेव। नराद्याकारवाहिनो हि देवव्यक्तिः शुक्लां नीलां पीतां वा हयग्रीवां वा सिंहार्धां वा चतुर्भुजामष्टभुजां द्विभुजां वा द्विनेत्रां वा पञ्चवदनामेकवदनां वा यादृशीं तादृशीं कल्पयन्ति। व्याहतत्वं तु भूमेर्वा सूर्यस्य वा गङ्गाया वा नरनार्याद्याकारत्वे कल्पनाया निराकारत्वकल्पनाया वा स्फुटमेव प्रत्यक्षानुमानाभ्यां तैजसबिम्बत्वनदीत्वादिनिश्चयात्। विश्वात्मनोऽपि विराड्रूपस्य सहस्रशीर्षेत्यादि ऋष्याम्नातरूपत्वमेव प्रत्यक्षानुमानाभ्यामव्याहतं न पुनर्नराद्याकारत्वं प्रत्यक्षेणानुमानेन वा तस्य सिध्यति। न च देवानां विश्वात्मनो देवदेवस्य वा नराद्याकारं कविकल्पितं प्रत्यक्षानुमानविरुद्धं निराकारत्वं वा धर्मान्तरानुकरण-प्रमादादिमूलकं माहात्म्यप्रयोजकम्। न हि निराकारः शून्यस्थोऽत्यन्तमसंभाव्यो वा कमलादौ कम्पमानः क्लेशमयीं स्थितिं वहन्नराकारो ब्रह्मादिः प्रयुताधिक-भूमिसमादपटीच्छेद्यप्रायतेजोराशेर्ग्रहाद्यवस्थितसकलजीवजीवनवैभवाद्दृष्टादिगीतमहिम्नो वैज्ञानिकप्रत्यक्षीकृतानुमितमाहात्म्यादस्मत्सूर्याद्वा तस्मादपि गुरुतरेभ्यः सूर्यान्तरेभ्यो वा दिव्यनरः संभावयितुं शक्यते ॥ २६ ॥

[अधि० १०] शिल्पशास्त्रप्रचारेऽपि प्रासादादौ महाव्ययः।
कार्यो न वा कार्य एव देवमन्दिरभक्तितः ॥ १ ॥
देवमन्दिरनाम्नापि ख्यातं विद्याविवर्जनात्।
श्मशानमेव तद्दूरान्मानवः परिवर्जयेत् ॥ २ ॥

वृत्तिशक्त्यादर्शादिषु कः श्रेष्ठ इत्याह—

महिष्ठा सरस्वती ॥ २७ ॥

सरस्वती विद्यादेवी देवेषु श्रेष्ठा। असुराणां च दुर्वृत्त्यादीनां दमनी। तदेतत्तस्य देवासुरेषु महिष्ठत्वम्। नहि कोऽपि देवस्तस्याः प्रशस्यतरः। न च कोऽप्यसुरस्ताम-भिभवितुमुत्सहते ॥ २७ ॥

(वा०) सुरेषु सर्वेषु सरस्वती किल श्रुता महिष्ठा सकलोपजीविता।
फलं तदाराधनयाऽखिलं नृणां तदीयभक्तिः परमार्थसेवनम् ॥ ६६ ॥
पिशाचपूजामणिमादिदायिनीं प्रपद्यमानैः कुसुतैरुपेक्षिता।
फलानपेक्षैर्ह्रदयन्महाफलैः श्रिता सुपुत्रैर्जयतीह भारती ॥ ६७ ॥

ननु भक्तिषु परमार्थभक्तेर्महिष्ठत्वमुक्तं देवासुरेषु च सरस्वत्या महिष्ठत्वमुच्यत इति विरोध इति चेदाह—

तदाराधनं परमार्थभक्तिसमम् ॥ २८ ॥

सरस्वती किल परमार्थस्यैव देवीति तदाराधनस्य परमार्थभक्तेश्चाभिन्नत्वान्न कश्चिद्विरोधः। यथैकस्मिन्नेव मुखे चन्द्रत्वकमलत्वाद्यनेककल्पना तथा परमार्थ एव स्वशब्देन सरस्वतीशब्देन चोच्यते ॥ २८ ॥

सेयमभिनवा कालीगौरीलक्ष्मीप्रभृतिभ्यो विलक्षणैवेयं भवतो देवी किं पुनरस्याः पूजनं विरलप्रचारं विशेषतस्तु भारते। तत्किमेतदाराधनमुपदिश्यत इति चेदाह—

सर्वजनन्यपि पैशाचैः कुपुत्रैरुपेक्षिता निरयनिपातरसिकैः ॥ २९ ॥

सरस्वत्याराधनं विरलप्रचारं भवान्व्यपदिशति। तच्च सत्यम्। नहि मातरं कुपुत्राः सेवन्ते। कुपुत्राश्च प्रायो बहुतराः सुपुत्रेभ्यः। सरस्वती किल सर्वस्याः समृद्धेर्जनकत्वात्सर्वजनमातापि पिशाचोपासकैः कुपुत्रैर्दुर्गतिनरके निपातमेव जन्मफलं मन्यमानैरुपेक्षिता। पिशाचाः कल्पिताः सत्त्वविशेषाः। क्लेशधेना(?)न्यैर्व्यापादिता आत्मघातिनश्च पिशाचा भवन्तीति प्रवादः। ते च वायुरूपा भ्रमन्तस्तत्तद्रूपेण मूर्खाणामेव दृश्या निगृह्णन्त्यनुगृह्णन्ति वा पुरुषपशूनिति प्रामादिकानामुत्प्रेक्षा। केचित्त्वीश्वरादीनपि पिशाचसदृशानेव वायुरूपान्दृश्यान्कथयन्ति। सर्वं एते कल्पना-प्रपञ्चाः पिशाचाः। तदुपासकैश्च तदनुग्रहेणैव सर्वं सुलभं मन्यमानैः सरस्वती परमार्थदेवी स्वजनन्यपि समुपेक्ष्यत इति नातिचित्रम्। फलं त्वस्या उपेक्षाया दुर्गतिनिरये निपातः। यथा हि पुत्रवत्सलां जननीमुपेक्ष्य तदाराधनपरां जायां च पादप्रहारैस्ताडयित्वा कोऽपि व्यसनी दुर्व्याधिभाण्डागाररूपं द्रविणमात्रभक्तं वेशजनं वा सिद्धविधवादिसमाजं वा सर्वस्वव्ययेनाराध्य शीर्णतारुण्यो गलितकायः परान्न-शरणो नरकभोगं साक्षादनुभवेत्तथेयं दशा सरस्वतीमुपेक्ष्य पिशाचोपासकानां तामसानाम् ॥ २९ ॥

तामसानां सरस्वत्याराधनं विहाय महाफलाशया पिशाचादिकल्पनोपासकानां

(वा०) वसूनि वाञ्छन्नपि सिद्धिलोलुपः पतत्यवश्यं निरये विपन्मये।
वसून्यवाञ्छन्नपि शास्त्रसेवया प्रयाति संपत्तिमिहाद्भुतां कृती ॥ ६८ ॥
सरस्वती यत्र न यन्त्रपुस्तकप्रधानविस्तारितसाधनैर्जनैः।
निषेव्यते चैत्यमनार्यसेवितं तदुच्यते नैव तु देवमन्दिरम् ॥ ६९ ॥

दुर्दशामुक्त्वा सम्प्रति सात्त्विकानां फलमनपेक्ष्यापि सरस्वत्याराधने प्रवृत्तानां स्वयमुपस्थितं फलमाह—

सात्त्विकैराराध्यमाना फलानपेक्षैः क्लेशमगणयद्भिर्महाफल-शालिभिः ॥ ३० ॥

फलानपेक्षैरित्यादि सात्त्विकैरित्यस्यैव स्पष्टीकरणम्। निगदव्याख्यातान्यक्षराणि। ननु फलार्थिभिः फलं न लभ्यते फलानपेक्षैः फलं लभ्यत इति विचित्रो भवदुपदेश इति चेन्न, परमार्थानुसरणस्येदृशस्वभावत्वात्। परमार्थानुसरणं निःश्रेयसमार्गस्तस्य महाफलत्वं तु सिद्धमेव। "नहि कल्याणकृत्कश्चिद् दुर्गतिं तात गच्छति" इति वासुदेवः। व्याहतानुसरणं तु दुर्गतिमात्रफलमकल्याणं स्यात्। कथं किलेत्यस्य वासुदेववाक्येनार्थाक्षिप्तत्वात्। बहुशश्च तथैव दृष्टम्। तथाहि ताम्रादेः स्पर्शमपि संबन्धादिना सुवर्णमुत्पादयितुं भ्रमन्तः सदा दुर्गता एव दृश्यन्ते। नहि व्याहतमन्विष्यंस्तदिच्छामात्रेण प्राप्तुं शक्नोति। जलबाष्पादिसामान्यपदार्थपरीक्षापरास्तु परमार्थानुसारिणः खलु सर्वत्र महाधना महाशक्तयश्च दृश्यन्ते। सिद्धरसस्पर्शेन कृष्णायसं सद्यश्चामीकरत्वमापद्यत इति नक्तन्दिवं स्वप्नायमानोऽपि कथं किल सिद्धिमासादयेत्कल्पनापिशाचपूजकत्वात्। जलबाष्पादिपरीक्षकस्तु स्वप्नेऽपि केनाप्यदृष्टा योगिभिरप्यदृष्टपूर्वाः सिद्धीरासादयेदिति नैसर्गिकपरमार्थाराधनस्यारम्भत एव कल्याणमयत्वात्।

तस्मादव्याहतमनुसरंस्तेन च परमार्थदेवतामाराधयन्विभूतिमान्भविष्यत्येव। पथ्याशी यथाशक्ति व्यायामी जितेन्द्रियश्च बली भवत्येव स बलमिच्छतु न वा। बहवः प्लीहादिमन्तश्च बलार्थं व्याघारितं मांसौदनं भुञ्जाना अपि त्वरया मृत्युमुखे पतन्त्येव, तथा व्याहतानुसरणव्याधिशून्यो यत्किंचित्करोति यदश्नाति यत्तपस्यति तत्सर्वात्मार्पणम्महाफलमिति कस्य विस्मयः, बाह्यफलासत्त्वेऽपि परमार्थभक्तेरेव फलस्वरूपत्वात्। दर्शितं हि पितृभक्तस्य भक्तिरेव महत्फलं महच्च सुखमिति। व्याहतानुसरणव्याधिमांस्तु यत्करोति यदश्नाति तत्सर्वं प्लीहवतः प्लीहबलवर्द्धनमिव तमोवर्धकत्वाद् दुर्गतिमात्रफलमित्यत्रापि न कस्यापि विस्मयः ॥ ३० ॥

(वा०) न यत्र शास्त्राणि न शिल्पसंततिर्न यत्र च च्छात्रकुलं सुलक्षणम्।
विपश्चितो यत्र न विश्रुतोद्यमाः श्मशानतुल्यं तदवेहि मन्दिरम् ॥ ७० ॥
न हूयते यत्र धनं महाधनैरनर्घ्यसज्जीकृतपुस्तकेष्टके।
समुल्लसद्यन्त्रमयस्रुवस्रुचि प्रवृत्तशिल्पस्वनसामगीतिके ॥ ७१ ॥

इत्थं सरस्वत्याराधनं परमार्थाराधनसममुपदिश्याराधनाभासाः प्रचुरप्रचाराः पुनः पुनर्निरसनीया इति पश्यन्नाराधनस्थानानां प्रासादानां स्वरूपमाह—

तदालयाः प्रासादाः ॥ ३१ ॥

देवालयाः प्रासादा इति व्यपदेशः। सरस्वत्याश्च महिष्ठत्वात्तदाराधनं यत्र नास्ति तेषां देवस्थानत्वे व्यपदिष्टानामपि क्लीबपत्नीभिः प्रजार्थं वानुद्योगैर्धनार्थं वा निर्विद्यैर्ब्रह्मज्ञानार्थं वा शरणीक्रियमाणानां पावनानि रामकृष्णादिनामानि विक्रीय विद्योद्योगाद्यभावेऽपि वित्तमर्जयद्भिर्मूर्खधूर्त्तैः स्थविरौ पितरौ रथमारोप्य द्रविणार्थं जनेषु दर्शयद्भिः कुपुत्रैरिवानिशं सेवितानां ज्ञानविज्ञानसूर्यैर्भक्तिचन्द्रिकया च दिवानिशमन्विष्यान्विष्य निरस्यमानस्य तमःकौशिकस्य निगूहनाय तद्बन्धुभिर्महता व्ययेन निर्मितानां गभीरगुहानामिव पारमार्थिकैः प्रकाशप्रियैः परिहारः कर्त्तव्यः ॥ ३१ ॥

उक्तमेवार्थं सूत्राक्षरैः पुनः स्पष्टं व्याचष्टे—

तदभावे चैत्यान्यत्यन्तमनपेक्ष्याणि ॥ ३२ ॥

यत्र रामकृष्णादिव्यपदेशोक्तविधया विटा द्रव्यमुपार्ज्य वेश्याः पुष्णन्ति न तानि तीर्थानि, न वा ते देवालयाः। चैत्यानि शून्यश्मशानानि तानीति प्रतिपत्तव्यम्। परमार्थाराधनाभावान्न तानि पारमार्थिकेन कदाचिदपेक्षणीयानि। यत्र तु यथाकथंचित्सरस्वत्याराधनं परमार्थानुसरणरूपमुपलभ्यते ते सर्वे देवालयास्तान्येव तीर्थानि। यत्र विद्वांसः संभाव्यन्ते, छात्राः पाठ्यन्ते पुष्यन्ते च, पुस्तकानि संगृह्यन्ते, शास्त्राणि परिशील्यन्ते, विज्ञानमनुसंधीयते, मन्त्राणि निधीयन्ते, शिल्पानि कल्प्यन्ते, सदाचारः परिपाल्यते, दुराचारश्च निवार्यते, सीदत्कुटुम्बाः संभ्रियन्ते, व्ययः परीक्ष्यते, दुर्व्ययो रुध्यते तानि ननु तीर्थानि ते खलु देवालयाः।

यत्र पुनरविद्वांसः पूज्यन्ते, विद्वांसस्तिरस्क्रियन्ते, विटा मृष्टान्नैः संभ्रियन्ते, छात्राश्चार्धचन्द्रेण संभाव्यन्ते, शम्भल्यो भ्रकुंसाश्च संगृह्यन्ते, वेशवैदग्धी परिशील्यते, विज्ञानं विगर्ह्यते, कन्यादूषणादिषु महाव्ययो विधीयते, पुस्तकादीनां विद्यासाधनानां

(वा०) प्रमादमेध्याश्ववरे महाध्वरे समर्चिताध्येतृसुपर्वनिर्भरे।
सुविद्वदार्विज्यसनाथवेदिके श्मशानतुल्यं सुरसद्म तद्विदुः ॥ ७२ ॥

विनयनिलयैः शिल्पेऽनल्पश्रमैरसमोद्यमै-
रनृतविरतैर्दम्भद्विड्भिः प्रमादमदोज्झितैः।
ध्रुवमपि पदे विश्वं ज्ञाने करे ग्रहतारकाः
कलयितुमलं बद्धोत्साहैरनाग्रहबन्धुभिः ॥ ७३ ॥

नामापि सयत्नं परिह्रियते तानि किल धूर्त्तैर्वा परवञ्चनेच्छया वज्रमूर्खैर्वा स्वयं वञ्चितत्वात्तीर्थत्वेन वा तपःक्षेत्रत्वेन वा सिद्धाश्रमत्वेन वा देवालयत्वेन वा व्यपदिष्टान्यपि श्मशानानीत्याचार्यः सुहृद्भूत्वोपदिशति ।

अत्यल्पं चेदमुच्यते श्मशानानीति । श्मशानं हि शवविसर्गार्थमपेक्ष्यते सर्वैरपि । नतु धूर्त्तान्वज्रमूर्खांश्च विहाय कोऽपि श्मशानत्वेनात्रातिदिष्टानि तीर्थाभासादीन्यपेक्षते । किंच न वास्तवश्मशानेषु कन्यादूषणादिमहापापान्यनुष्ठीयन्तेऽस्मदीयातिदेशविषयेषु तु सर्वमीदृशं महापातकं नैष्ठिकब्रह्मचारित्वेन ख्यातैः पुनः पुनरनुष्ठीयमानमुपलभ्यत उपलभ्योपलभ्य चोपेक्ष्यते भक्त्याभासनम्रकन्धरैः सिद्धाशीर्वादमात्रसुलभविभूतिलुब्धैर्बैडालप्रकृतिकैः ॥ ३२ ॥

इति तृतीयाध्यायस्य प्रथमाह्निकम् ॥

(वा०) प्रवचनपरैरन्तेवासिप्रियैरमितश्रुतै-
व्यंसनविमुखैः सद्विद्वद्भिर्यदेव सनाथितम् ।
महितमवनौ विस्तीर्णायामदः सुरमन्दिरं
सफलमखिलं तत्साहाय्यं नृणां खलु शर्मणे ॥ ७४ ॥

इति तृतीयाध्यायस्य प्रथमाह्निकम् ॥

तृतीयोध्यायः द्वितीयाह्निकम् ॥

[अधि० १] वस्तुस्वभावापेक्षाणि भिन्नान्याराधनानि वा ।
प्रतीकादिप्रपञ्चैर्वा वस्तुवृत्तानपेक्षिभिः ॥ १ ॥
प्रतीकादिप्रपञ्चैः स्युस्तथा प्रायोऽत्र दर्शनात् ।
वस्तुस्वभावापेक्षित्वाद्भिन्नान्याराधनानि तु ॥ २ ॥

इत्थं प्रथमाह्निके सप्रपञ्चमहेतुकाराधनपर्यवसायिनीं पारमार्थिकीं भक्तिं वर्णयित्वा तस्या विषयाधिकार्यादिकं च प्रस्तूय सम्प्रत्याराधनान्यधिकरोति—

आराधनानि ॥ १ ॥

अधिकारसूत्रमिदम् ॥ १ ॥

कीदृशमाराधनं कस्येत्याकाङ्क्षायां प्रथमं देवाराधनं प्रस्तौति—

यज्ञो देवानां वाणिज्यभिन्नः ॥ २ ॥

यज्ञो वक्ष्यमाणलक्षणः स देवानामाराधनः। वृत्तिशक्त्यादयो देवा उक्ताः प्रथमाह्निके। सर्व इमे देवा इति प्रकरणशेषे दर्शनादस्मिंस्त्वाह्निके भक्तिविषयाः पित्रादयः सर्वे देवाः इत्यभिप्रैत्याचार्यः। यज्ञस्वरूपं प्रकरणशेषे वक्ष्यतीत्यवोचाम। अत्र तु हैतुकैर्वणिग्भिर्द्रविणाय क्रियमाणायाः परेभ्यस्तण्डुलाद्यर्पणक्रियाया इवाप्सरोभोगादिलोभेन पुत्रधनादिलिप्सया वाऽनुष्ठीयमानाय होमविप्रभोजनचण्डीपाठादिवणिज्यायाः स्वार्थनिरपेक्षस्य यज्ञस्य च महान्भेद इति सूचयति वाणिज्यभिन्न इति। परमार्थयाज्ञिको हि सर्वात्मन्यर्पितसर्वकार्यः क्षणं ममताधिष्ठानस्य शरीरविशेषस्य कृते न बहुधा चेष्टते। प्रायो ह्यसौ सर्वात्मनोऽर्थे कार्याणि कुरुते। यत्किंचिद्द्रव्योपार्जनादि शरीरविशेषार्थं कुर्वन्नपि नेदृशं कर्मजालं यज्ञत्वेन व्यपदिशति ॥ २ ॥

एवं सामान्यतो देवानामाराधनं यज्ञसामान्यरूपं निर्दिश्य विशिष्टदेवतानामाराधनविशेषान्यज्ञविशेषरूपान्वक्ष्यन्प्रथमं परमार्थाराधनमाह—

व्याहताननुसरणं परमार्थस्य ॥ ३ ॥

व्याहतानामपारमार्थिकानां बन्ध्यापुत्रानुसंधानसदसोऽन्वेष्यत्वेन पुनः पुनर्वर्णितानामनर्थानामर्थाभासानामनुसरणं प्राणात्ययेऽप्यननुसंधित्सा परमार्थाख्यस्य देवस्याराधनम्। इमं सत्यदेवादिशब्दैर्वदन्तोऽपि सत्यात्परं धर्ममस्वीकुर्वन्तोऽपि प्रायशो जना असत्यपिशाचेन मरुमरीचिकाप्रतिमेनापहृता मृतानां सत्त्वैर्वार्त्तां कारयितुं प्रतिजानान्वा विष्णुं रहोगृहे दर्शयितुमुद्यतान्वा छायापुरुषमाविर्भावयतो वा लालाटं ज्योतिर्विजृम्भयतो वा प्रेतादिसाहाय्येन हुङ्कारादिबलेन चाद्भुताक्षराणि प्रादुर्भावयतो वा सिद्धादिख्यातिमतेऽनुगच्छन्ति। मरीचिकाया मरीचिकान्तरमनुसरन्तो मुग्धहरिणा इव ते महतीमनर्थपरम्परामृच्छन्ति। प्रमादवत्त्वेन सत्यपि तद्रत्नानुरूपेण महाप्रमादेन महाप्रमादेषु सर्वज्ञत्वादिभ्रमरूपेण महामहाप्रमादेन वा दूषितचित्तेषु हिताहितविवेकशून्येषु तेषु कारुण्यवानाचार्यः पुनः पुनस्तेषां प्रमादापनयनाय चेष्टते ॥ ३ ॥

साम्प्रतं परमार्थाराधनमुक्त्वा परमार्थस्यापि देवतां सरस्वतीमाराधयितुकामेभ्यस्तदाराधनोपायमाह—

विज्ञानप्रचारो महायज्ञः सरस्वत्याः ॥ ४ ॥

(वा०) इति वीक्ष्य सुरान्सरस्वतीप्रभृतीनर्चयतां विपश्चिताम्।
असुरेष्ववहेलनावतामयमाराधनविस्तरो मुदे ॥ १ ॥
जगदभ्युदयाय सर्वतः श्रमयोगेण समाहृतैस्तथा।
जनतासु मुहुः प्रचारितैर्विविधैः शिल्पकलादिभिः शिवैः ॥ २ ॥

स्वयं पारमार्थिकविज्ञानाधिगमतपसा वा परोद्देश्यकेन विज्ञानप्रदानसत्रेण वा विद्यालयपुस्तकालययन्त्रालयनिर्माणाद्यौदार्येण वा प्रवृत्तिप्रदानादिना ग्रन्थादिनिर्मातॄणां विदुषां प्रोत्साहनेन वा स्वयमुपयुक्तग्रन्थनिर्माणेन वा व्याहताननुसरणोपदेशादिना वा विज्ञानप्रचारः परमार्थाधिदेवतायाः सरस्वत्या आराधनम्। इदं च सरस्वत्याराधनमस्मिन्ननुशासने महायज्ञशब्दव्यपदेश्यम्।

ननु परमार्थस्य सरस्वत्याश्चाभिन्नत्वं पूर्वाह्निके प्रदर्शितं तत्किमिदमाराधनद्वयमत्र तयोर्निर्दिश्यते इति चेच्छृणु, भक्तिमार्गे न नियमोऽयमेकस्मिन्वस्तुन्येकविधमेवाराधनमिति। वक्ष्यमाणविधयौचित्यालङ्घने तस्मिन्नेव वस्तुनि नानाकल्पनाः प्रभवन्ति। तद्यथा पितरि महाविदुषि पितृत्वव्यवहार आचार्यत्वव्यवहारश्च। न केवलं भक्तिमार्ग एव लोकेऽपि स एव पुरुषः कस्यापि पिता कस्यापि पुत्रो वा व्यपदिश्यते। स एव वा राजपुरुषो नगरशासक इति करसंग्राहकरणिक इति वा व्यपदिश्यते। तस्मिश्चाधिकारभेदाद्व्यवहारेऽपि भेदाः संभवन्ति। तथैवात्रापि परमार्थत्वेन परमार्थस्याराधनं व्याहताननुसरणेन। तस्यैव तथाराध्यमानस्य पश्चात्सरस्वतीव्यपदेशेनाराधनं तु विज्ञानप्रचारेण प्रपञ्चितस्वरूपेण पितुरिव पितृत्वेनाराध्यमानस्य पश्चादाचार्यत्वेनाश्रयणम्॥ ४॥

इत्थं महिष्ठाया देवतायाः परमार्थसरस्वत्यादिव्यपदेशवत्या आराधनमनेकविधं प्रदर्श्य देवान्तराणामाराधनान्याह—

साक्षादुपासनं पित्रादीनां संनिकृष्टानाम्॥ ५॥

मातापित्रादीनां समीपस्थानां साक्षाच्चरणाराधनादिना वात्सल्यं परिपुष्यते। नहि संनिहितयोरपि पित्रोरालेख्यगतयोराराधनं कस्यापि बहुमतम्। न वा मृतेऽपि पितरि तदालेख्यमूर्त्यादिसंनिधौ मृष्टान्नमुपन्यस्यतस्तत्पूजाव्यग्रस्य तेनैव मृष्टान्नादिना निजोदरं भार्योदरं च पूरयतो जीवन्त्या मातुरुपेक्षा युक्ता। जीवन्तीनां मात्रादिदेवतानामविरोधेन त्वीदृशानि कर्माणि चिकीर्ष्यन्ते चेत्क्रियन्ताम्। तदपि न भक्तिप्रख्यापनाय कश्चित्कर्त्तुमर्हति॥ ५॥

असंनिकृष्टानां देवतानां कथमाराधनमिति चेद्दर्शयति—

असंनिकृष्टानां ध्यानादि॥ ६॥

(वा०) रुचिराध्ययनादिमन्दिरे परितश्छात्रनिवासमण्डिते।
महनीयतमां सरस्वतीं महतार्थेन जनः समर्चयेत्॥ ३॥
जननीं जनकं गुरूंस्तथा पदसंवाहनभोजनादिभिः।
भजति स्वयमेव यत्नवानभिगम्यावहितो जितश्रमः॥ ४॥

संनिकृष्टानां पित्रादीनां साक्षादुपासनमुक्तमसंनिकृष्टानां प्रोषितानां वा स्वयं प्रोषितात्पुत्रादितो दूरस्थितानां वा मृतानां वा तेषामाराधनं ध्यानेन स्वस्वस्मृत्याद्युक्तैः श्राद्धादिभिश्च निर्हेतुकानुष्ठितैः संभवति ॥ ६ ॥

ध्यानादि श्राद्धतर्पणादि च कथमनुष्ठेयमिति चेदाह—

तत्रोपयोगः प्रतीकपुस्तकादीनाम् ॥ ७ ॥

असंनिहितानां पित्रादीनां ततोऽपि पूर्वजानां रामकृष्णादीनां च ध्यानादौ प्रतीकानां तत्तदालेख्यमूर्त्तिप्रभृतीनां चक्रादिचिह्नानां वा चरितादिप्रदर्शकरामायण-भारतादिपुस्तकानां वा श्राद्धादिप्रतिपादकधर्मसूत्रादीनां वा समुपयोगः । सन्निहितानामाराधने तु न प्रतीकपुस्तकाद्युपयोग इति तात्पर्यम् ॥ ७ ॥

ननु चरितश्रवणं पूर्वजादीनामाराधनं वदसि तच्च सुव्यक्तं चरितस्यानुकरणार्थमेव, नहि कश्चिदन्यस्तस्योपयोगः संभाव्यते । ततश्चाप्रामादिकस्य सच्चरितस्य प्रामादिकस्यासच्चरितस्य चोभयस्यानुकरणं प्राप्नोतीत्याशङ्कां मनसिकृत्य प्रतिक्षिपति—

सच्चरितानुकरणं महापुरुषाणां तथा च तैत्तिरीयाः ॥ ८ ॥

न कोऽप्याह पूर्वजादीनां श्रुतचरितानां सर्वस्य चरितस्यानुकरणाय प्रयतनीय-मिति । किं पुनस्तेषां सच्चरितमनुकरणीयमसच्चरितं चोपेक्ष्यमिति सिद्धान्तः । तैत्तिरीया अपि तथैव पश्यन्ति । तथा च तेषामुक्तिः—"यान्यस्माकमनवद्यानि चरितानि तानि त्वयोपास्यानि नेतराणि" इति । कुतो महापुरुषेष्वसच्चरितस्य संभव इति चेन्न, प्रमादस्य विश्वजनीनत्वात्सर्वत्र तत्संभवात् । तथा च रामायणाभ्यासवतां रामस्य पितृदेवत्वं भरतस्य मातृदेवत्वं नृपदेवत्वं च सीतायाः पतिदेवत्वमीदृशानि सुचरितान्तराणि चानुकरणीयानि । दशरथस्य जायावचनाद्रामनिर्वासनं रामस्य सीतायाः परिगृहीतायाः पुनस्त्यागश्चेतीदृशानि चरितानि तु नानुकरणीयानीति स्थितिः ॥ ८ ॥

संप्रत्याचार्याराधनं वर्णयति—

स्वाध्यायाद्याचार्यस्य ॥ ९ ॥

(वा०) अभिगम्य पुनः स्वयं यदा न समाराधयितुं क्षमेत तान् ।
स्मरणादिभिरेव साश्रुभिः शमयत्युत्सुकतां हृदस्तदा ॥ ५ ॥
स्मरणाद्युपयोगि पुस्तकं प्रतिमां लक्ष्य तथा परं भजन् ।
विरहेऽप्यनुपेक्षितक्रियोऽसविधस्थं गुरुमर्चयेज्जनः ॥ ६ ॥

अव्याहतार्थदर्शिनीनां वेदवेदाङ्गादीनां वा शिल्पशास्त्रादीनां वा विद्यानां संग्रहः परममाराधनमाचार्यस्य। तस्य स्वयं परमार्थाराधकस्यास्याराधनं परमार्थाराधनेन वा व्याख्यातमपि व्याहतिप्रणयिनां सिद्धादितया ख्यातेषु स्वाध्यायविरोधिष्वाचार्यत्वग्रहो माभूदिति परमार्थिकभक्तिविषयाणां देवानां मध्ये सूत्रकार आचार्यं पुनः पुनर्गणयन्सूचयति। सिद्धाराधनं त्वसुराराधनमिति सूचयिष्यति ॥ ९ ॥

बालः प्रथमं मातापितृमात्रदेवस्ततः किञ्चिदुत्क्रान्तशैशवः स्वाध्यायमनुतिष्ठन्मातापितृगुरुदेवो गृहे वर्तमानः पितरावनुसरन्गुरोराश्रमे तु गुरुमनुव्रजन्नधीतविद्यः समावृत्तस्त्रिवर्गसेवी जगति भ्रमन्वा, गृहे तिष्ठन्वा, न्यायव्यवस्थायास्त्रिवर्गाधारभूतायाः परिपालकत्वाद्राजानं तदाज्ञया तत्तत्कार्यदर्शिनीः शासकसमितीर्व्यवस्थाधिकृतानि परिषदन्तराणि पुरुषान्तराणि वाऽध्येतुः सङ्गव्यसनाद्वा, स्वाध्यायकाले सिद्धान्संसेव्य ताम्रात्स्वर्णमुत्पादयेयं विष्णोः साक्षाद्दर्शनं कुर्यां सिद्धोच्छिष्टभोजनतपोभिस्त्रिविष्टपाज्जगदुद्धारायागच्छतां महासिद्धानामवतारं त्वरयेयमित्याद्याशया धूर्तानुसारेण वा, राजनीतिव्याख्यानैर्वा, मूर्त्तिपूजाखण्डनप्रयत्नैर्वा, तन्मण्डनप्रयासैर्वा, जगद्विकलीकुर्वतां व्याख्यातॄणामनुधावनैर्वा, ततस्तारुण्ये प्रमत्तव्याख्यातृदुरुपदेशविषविशोषिते चित्ते मातापितृगुरुनृपादिभक्तिलतां वा, ज्ञानतरुं वा, तदाश्रयान्सत्कर्मपक्षिणो वाऽत्यन्तमसंभाव्यस्थितीनुपलक्ष्य निजेष्टदेवानां बन्ध्यापुत्राणां विरहसागरे मग्नस्तत्प्रतिश्रुतास्ताम्रसुवर्णखचरपादुकादिसिद्धीः सोत्कण्ठं ध्यायन्प्रव्रज्यामुरीकृत्य जगद्वञ्चयति, सकलां व्यवस्थां विप्लावयति, प्रशान्तचित्तांस्त्रिवर्गसेविनो गृहस्थांश्च दुर्व्याख्यानैराकुलयति, मूर्खोपासकार्पितैर्वित्तैश्च कन्यादूषणादिमहासिद्धीः साधयति, महापातकानि धर्मकञ्चुकेनाच्छादयति, बालकान्बालिकाश्च मातापितृगुरुनृपादिभ्यः प्रच्याव्य बीभत्सेष्वनाचारनियमेष्ववाच्येषु स्मरणमात्रेण हृदयं कम्पयत्सु मज्जयति। तस्यासुराराधकस्य भक्तौ नाधिकार इत्यपि बहुशो दर्शितम्। सम्प्रति शैशवादिक्रमेण मुख्यतयाऽनुष्ठेयानि पित्राद्याराधनान्युपन्यस्य सामान्यतः सर्वदा हृदये निधेयं विशेषतस्तु व्यवहारनिरीक्षाक्षमे प्रौढवयस्यपेक्षितानुरोधं नृपाराधनमाह—

आज्ञापालनं शान्त्यभङ्गश्च प्रशासकानाम् ॥ १० ॥

शैशवे पित्रोर्वा गुरोर्वा निदेशे तिष्ठन्परतन्त्रः स्वयं प्रायो विचाराक्षमो जनः। पित्रोर्गुरूणां चाप्रमत्तत्वे सच्चरितत्वे सदुपदेशप्रणयित्वे च न दोषशङ्का। प्रौढवयसि

(वा०) अपचारमसद्वचस्तथा विनिरस्यावहितेन चेतसा।
चरितानि वचांसि चाश्रयेदनवद्यान्यनिशं महात्मनाम् ॥ ७ ॥
इह शिल्पकलादिविद्यया सतसंसेवितया महोद्यमः।
कितवेष्वपभक्तिरचयेद्वगुराचार्यमहार्यनिश्चयः ॥ ८ ॥

तु स्वतन्त्रस्य स्वैरं विहरतो व्यालगजस्येव स्वपरनाशकत्वं प्रशासकानुरोधानियन्त्रितस्य विशेषतो दुर्व्याख्यातृमुखानर्गलनिर्गतैर्दुरुपदेशप्रवाहैरक्षालितभवतेरिति प्रौढवयसां विशिष्टधर्ममात्रमुपदिशति।

त्रिवर्गसेवी पुरुषस्त्रिवर्गाधारभूतां न्यायव्यवस्थां पालयतां प्रशासकानां तदाज्ञापालनेन शान्त्यभङ्गेन चाराधनमनुतिष्ठेत्। राजानश्च राजपुरुषाश्च शासनपरिषदश्च केवलं शान्त्यभङ्गेन निजाज्ञानुरोधदर्शनेन च प्रीयन्ते। न्यायव्यवस्थानां संरक्षणेन त्रिवर्गसेविनीनां प्रजानामभ्युदयो हि नृपाणां परममुद्देश्यम्। स चाभ्युदयः शान्त्या वर्त्तमाने नृपनियमानुरोधिनि जगति संभाव्यते नान्यथा। तस्मान्महता सैन्यसमारोहेण राष्ट्रस्यान्तर्बहिश्च शान्ति स्थापयतां त्रिवर्गाराधकाभ्युदयैकदर्शिनां सर्वस्य धर्म इत्यत्र कस्य संदेहः स्यात्। केवलं तामसानामुपद्रवप्रियाणां दुर्व्याख्यानानि धर्मादिव्याजेन जनेषु प्रचार्यमाणानि परिहरणीयानि। दुर्व्याख्यानोत्पातप्रेरिता हि बहवः सुजनसांयात्रिकाः कतरा प्राची प्रतीचीत्यादि विस्मरन्तः सद्यो व्यसनशिलासु विशीर्णवहित्रा विपन्नाः। तस्मात्स्वयमप्रमादेन विचार्य प्रौढवया विचारक्षमः पुरुषः कार्याणि कुर्वीत। न पुनः प्रमत्तान्दुर्बलेन्द्रियाणां चित्तमुन्मथ्नतो दुरुपदेशविषबीजवपनलोलुपाञ्शान्तिद्वेषिण उपप्लवप्रियान्देशधनं नीतिसमितिषु धर्मसमाजेषु विटाराधनेष्वधिकरणविवादेषु मृतमस्कर्यादिप्रतिमास्थापनेषु निष्प्रयोजनविद्याभ्यासप्रचारेषु शान्तिशत्रुसहायकेषु तीर्थध्वाङ्क्षाभ्यवहारणेषु वरयात्रानृत्येषु भ्रूकुंसलीलासु च स्वच्छन्दं कोटिशः प्रतिदिनं स्वयं क्षपयन्तः परांश्च धर्मकार्याण्येतान्यवश्यानुष्ठेयानीत्युपदिश्योपदिश्यानर्थमात्रफलेष्वीदृशेषु महाव्ययेषु मज्जयतः सरस्वतीसमाराधने तु दूरादाकर्णितेऽपि कर्णशूलवतः परमार्थद्वेषिणो धूर्त्तमूर्खान्मनागप्यनुरुध्येत ॥ १० ॥

एवं केषांचिद्देवानामाराधनमुक्त्वा देवान्तराणामाराधनं दिङ्मात्रेण प्रदर्श्य प्रकरणमुपसंहरिष्यन्नाह—

होमादिः सूर्यादीनाम् ॥ ११ ॥

सूत्राक्षराणि निगदव्याख्यानानि। आदिशब्दादग्निवायुसरिदादीनां मलमूत्रविषाद्यनिक्षेपाद्याराधनमिति सूचितम् ॥ ११ ॥

अस्मिन्प्रकरणे भक्तिविषयाणां सर्वेषां देवत्वमित्युक्तं तदेव सूत्राक्षरैरुपन्यस्य सर्वेषां देवानामाराधनस्य यज्ञाख्यस्य पारिभाषिकं स्वरूपमपि स्पष्टीकरोति—

सर्वं इमे देवाः सर्वश्चायं यज्ञो व्यक्त्यर्थवधात् ॥ १२ ॥

(वा०) विनयेन तदैव वर्त्तयन्नलमाज्ञासु कदाचिदस्खलन्।
अपरिक्षतशान्तिरात्मवान्नियतं तोषयति प्रशासकान् ॥ ९ ॥

सर्व एते पारमार्थिका भक्तिविषया देवास्तेषामाराधनमव्याहतानुसरणादिकं च यथोक्तं यज्ञः। यज्ञो हि व्यक्त्यर्थवधः। व्यक्तिः सर्वात्मसमुद्रस्य बुद्बुदविशेषः। सा च स्वार्थं चेष्टमाना स्वार्थं परार्थमुभयं तत्त्वतो विनाशयति। सर्वात्मनि कर्माण्यर्पयित्वा सर्वात्मार्थं चेष्टमाना तु व्यक्त्यर्थं सर्वात्मार्थं चोभयमविरोधेन साधयति। पशुवधरूपेऽश्वमेधादौ यज्ञशब्दो लौकिकेषु प्रसिद्धः। स एवात्र व्यक्त्यर्थवधे प्रयुज्यते ॥ १२ ॥

इत्थं देवाराधनं देवस्वरूपं यज्ञस्वरूपं च संक्षेपेणोक्त्वाऽनुक्तानां देवानामाराधनमेव बोध्यमिति निर्दिशति—

एवमन्येषाम् ॥ १३ ॥

उक्तप्रकारेण व्याहतिप्रणयवर्जमनुक्तानामपि भक्तिविषयाणामाराधनं कर्त्तव्यम् ॥ १३ ॥

[अधि० २] विषयो नवधाभक्तेर्नियतो वान्यथापि वा।
सर्वत्र नवधाभक्तिनियमस्तत्र नेष्यताम् ॥ १ ॥

वस्तुवृत्तानुसार्येव दृष्टमाराधनं यतः।
आराधनत्वान्नियमः श्रवणादावपीष्यते ॥ २ ॥

एवं स्वमतानुसारेणाराधनस्वरूपमुक्त्वाऽन्यत्रोक्तस्य नवधाऽऽराधनस्य साम्प्रतिकैर्भक्ताभासैराकुलीक्रियमाणस्य रहस्यमाह—

श्रवणं कीर्त्तनं वन्दनं चोभयथा ॥ १४ ॥

चरितादिश्रवणं गुणकीर्त्तनं शिरोनमनरूपं स्तुतिपाठरूपं वा वन्दनं चोभयथा। किमिदमुभयथेति। असंनिकर्षे संनिकर्षे चेति वक्ष्यमाणं सिंहावलोकनेन परामृश्यते। भक्तिविषयस्य पित्रादेरसंनिकर्षे च तच्चरितश्रवणं तद्गुणकीर्त्तनं तेषां साक्षाद्वा प्रतीकादिद्वारेण वा प्रणमनं च संभाव्यते ॥ १४ ॥

स्मरणं तु पित्रादेरसंनिकृष्टस्यैवेत्याह—

स्मरणमसंनिकर्षे ॥ १५ ॥

(वा०) यवशालिगुडाज्यपायसैर्घनसारागुरुधूपचन्दनैः ।
अधिवह्नि हुतैर्जनोऽर्चयेद्रविपर्जन्यमरुन्मुखान्सुरान् ॥ १० ॥
उदिता इति देवता इमा इह यज्ञस्तदुपासना मता।
जगदभ्युदयार्थमात्मनः क्षतिरर्थस्य हि यज्ञ उच्यते ॥ ११ ॥

संनिकृष्टेऽपि पित्रादावक्षिणी निमील्य तत्स्मरणं गजनिमीलिकामात्रम्। तस्मात्संनिकृष्टानां तेषां साक्षाद्दर्शनं चरणाद्याराधनं च समुचितम्। असंनिकृष्टानां पुनर्ध्यानं प्रतीकादिसहकृतं तदसहकृतं वा कर्तुं क्षमम् ॥ १५ ॥

चरणसेवनं दास्यं चेति द्वितयं संनिकर्ष एव संभाव्यत इत्याह—

चरणसेवनं दास्यं च संनिकर्षे ॥ १६ ॥

चरणसेवनं दास्यं स्नानभोजनाद्यर्थं जलफलाद्यानयनं च संनिकृष्टानामेव पित्रादीनां कृतं संभाव्यते। प्रतीकादीनां चरणसेवनं दास्यं वा केवलमौपचारिकमपारमार्थिकमिति परमार्थदर्श तेषां नावसरः ॥ १६ ॥

अर्चनं तु संनिकर्षेऽप्यसंनिकर्षेऽपि संभाव्यते। तस्यानुष्ठाने तु प्रकारभेदा नियता इत्याह—

अर्चनमनेकधा प्रतीकनीये प्रतीके च ॥ १७ ॥

अर्चनं नाम प्रसाधनं तत्परमार्थदृष्ट्या प्रतीकनीये पित्रादौ संनिकृष्टेऽन्यादृशं तेषां जीवत्वात्। निर्जीवेषु प्रतीकेषु त्वन्यादृशम्। नहि यादृशं स्नानानुलेपनादि पित्रादेरपेक्षितं तादृशमेव तत्प्रतीकानि निजरक्षार्थमपेक्षन्ते। किं च प्रतीकेष्वपि परस्परं महान्भेदः। पत्रमयेष्वालेख्येषु जलार्पणं तस्मिन्दोषोत्पादकत्वादनर्चनम्। धातुशिलादिविग्रहेषु जलाद्यपेक्षा। भोजनाद्यपेक्षा तु न प्रतीकानां कदाचिदपि। एवमर्चनान्तरेष्वनुष्ठेयेषु पुरुषप्रतीकादिप्रकृत्यपेक्षं ह्यर्चनं न तु संनिहितस्य पित्रादेर्भोजनाद्यनर्पणसंनिहितस्यालेख्यादिशेषस्य तु मृष्टान्नार्पणमिषेण स्वोदरपूरणमाराधनशब्दवाच्यम् ॥ १७ ॥

अर्चनमुक्त्वा सख्यमाह—

सख्यं समानयोरुभयथा ॥ १८ ॥

सख्यं मित्रत्वं समानयोरेव कृष्णार्जुनयोर्वा शकुन्तलाप्रियम्वदयोर्वा। न पुनरसमानयोर्युगान्तरव्यवहितयोर्दाशरथितद्भक्ताभासयोः। तच्च सख्यं भक्तिविषयस्य संनिकर्षेऽप्यसंनिकर्षेऽपि। सब्रह्मचारित्वात्कृष्णसुदाम्नोरपि समानत्वम्। बीभत्सस्य भ्रुकुंसस्य भगवतो रामस्य न पुनः समानत्वम् ॥ १८ ॥

(वा०) श्रुतिकीर्त्तनवन्दनान्यसंनिहिते संनिहितेऽपि वस्तुनि।
स्मरणं पुनरत्र युज्यते समुपास्ये सविधानुपस्थिते ॥ १२ ॥
सविधस्थित एव संमता चरणोपास्तिरथापि दासता।
वहुधोचितमर्चनं भिदामनुगच्छेद्विषयस्य सर्वदा ॥ १३ ॥

आत्मनिवेदनरहस्यमाह—

आत्मनिवेदनं जायापत्योः ॥ १९ ॥

आत्मशब्दोऽत्र शरीरं सबाह्यान्तःकरणं मुख्यतयाभिधत्ते। तदर्पणं जायापत्योरेव संभवति। सत्कर्माद्यर्पणं सर्वात्मादावुक्तम्। देहार्पणं तु जायायाः पत्ये पत्युश्च जायायै। भ्रूकुंसादीनां परस्परमात्मार्पणादिकं प्रमत्तैर्भक्तिरिति गृहीतमपि न वस्तुतस्तथा व्यपदेशमर्हति, व्याहतानुसरणाज्जुगुप्सितानाचारपर्यवसायित्वाच्च ॥ १९ ॥

[अधि० ३] **इष्टो न वाऽधिकारादेर्विप्लवाद्भक्तिसंश्रयः।**
इष्टो यस्माद्विरागार्त्तैः स्त्रीलक्ष्मादीह धार्यते ॥ १ ॥
स्त्रियः स्त्रीत्वेन पुंसश्च पुंस्त्वेनैवेष्यते यतः।
वास्तवी भक्तिरिष्टातो नाधिकारादिविप्लवः ॥ २ ॥

प्रकरणवशाच्चक्रत्रिशूलादिसेवनविषये किञ्चिदाह—

फलाय लक्ष्मादिसेवनं दम्भादज्ञानाद्वा ॥ २० ॥

नदीतटे बन्धुभिरुज्झितं शिरसि मत्स्यार्थं नाकाविकेनाक्रान्तं तत्पदाङ्कितमूर्ध्वपुण्ड्रालङ्कृतमिव शवमवलोक्य तस्य वैष्णवत्वं प्रतिपद्यमानो यमस्तं विहाय पलायिष्ट, गरुडश्च तं पृष्ठमारोप्य वैकुण्ठं नीतवानित्यादिकथा संसारान्मुक्त्यर्थं वैकुण्ठार्थं वा लक्ष्मगामूर्ध्वपुण्ड्रमाल्यादीनां ये केचित्सेवनं कुर्वन्ति ते ज्ञानैकरूपां मुक्तिं माल्याद्यलभ्यामजानन्तो ज्ञानाभावादिदमनुतिष्ठन्ति। तथा ज्ञात्वा वा परेषां वञ्चनाय तत्कुर्वन्तीति न तेषामनुकरणं कर्त्तव्यमित्याशयः ॥ २० ॥

सच्चरितश्रवणानुकरणादेः कर्त्तव्यतामुक्तवान्संप्रति निरर्थकान्नामोच्चारणादिव्यापाराननुतिष्ठन्तं बोधयति—

नाममाहात्म्यं तामसानाम् ॥ २१ ॥

ये खलु गाम्भीर्येण महापुरुषाणां रामादीनां ध्यानं वा धैर्येण तच्चरितानुकरणं वा न कुर्वन्ति प्रत्युत तन्नाममाहात्म्यबलेन पातकानि भस्मीभविष्यन्तीत्याद्याशंसमानाः स्वदुश्चरितैः पूर्वजानां तेषां यशसि भस्म किरन्ति तेषामेव तामसानामल्प-

---

(वा०) समयोरिह सख्यमात्मनोऽर्पणमिष्टं किल भर्तृभार्ययोः।
अनपेक्ष्य फलं कृतात्मभिः कृतिभिर्भक्तिरितीयमादृता ॥ १४ ॥
अथ हेतुमपेक्ष्य यज्जनः प्रतिमाख्याङ्कमृदादि सेवते।
नहि भक्तिरियं विमूढता महती दम्भविजृम्भणाऽथवा ॥ १५ ॥

सत्त्वतया रामायणादिश्रवणं वा सच्चरितानुसरणं वा कर्त्तुमपारयतां केवलं शुकवदनर्थं- नामोच्चारणेनैव मुक्तिर्भविष्यतीति दुराशा ॥ २१ ॥

एतावता प्रपञ्चेन पारमार्थिकीं देवभक्तिं व्याख्याय साम्प्रतमपारमार्थिकं भक्त्याभासमनर्थनिरयनिपातैकपरिणामं दर्शयति—

बिपर्यासः प्रमादवतां स भक्त्याभासस्तदसुराराधनं व्याहतानु- सरणम् ॥ २२ ॥

यत्सर्वं पारमार्थिकभक्तिस्वरूपविषयेऽत्रोदाहृतं तस्य विपर्यासः प्रमाद- वद्भिरेवानुसृतः। स च न भक्तिशब्दवाच्यः किन्तु भक्त्याभासः। यथा शुक्तिरजतं प्रमादवता रजतत्वेन गृहीतमपि न परमार्थतो रजतं शुक्त्युदरं तथा पारमार्थिक्या भक्तेर्विपर्यासो न भक्तिः किन्तु कुम्भकारकल्यपालदिविरदिवाकीर्त्तिजनङ्गमादिभि- र्भारतीयैर्वा विरागाभासधृतभारतीयवेषैरन्यैर्वा भक्तिरिति समुद्घोष्यमाणोऽप्यसौ भक्त्याभासः। तन्मूलमाराधनं च न परमार्थदेवतायाः कस्याश्चिदाराधनं किं पुनर्व्याहतिपिशाचिकाया मुग्धहरिणप्राणैकप्रणयिन्या मरमरीचिवायाा इवानुसरण- मादावन्ते च विपन्मयमिति दर्शयत्याचार्यः।

विकसत्सत्त्वः पारमार्थिकः खलु पितरौ प्रीणयति। गुरूनाराधयति। न्यायव्यवस्थामविलोपयन्नभ्युदयाय चेष्टते। हैतुकान्परिहरति। व्याहतमुपेक्षते। सरस्वतीं सर्वात्मना सेवते। बिदुषामन्ते वसति। सिद्धिप्रख्यापनकुशलांस्तु दूरान्न- मस्करोति। निष्कारणं स्मार्त्तादिविधीननुतिष्ठति। न फलाशया तान्वाणिज्यात्मता- पादनेन दूषयति। संनिकृष्टान्पित्रादीन्भोजनादिभिस्तोषयत्यसंनिकृष्टांस्तु ध्यायन्स- च्चरितमनुसरंस्तेषां यशांस्युज्ज्वलीकरोति। सौहार्दे सखित्वमवलम्बते। दाम्पत्ये स्वात्मनिवेदनमनुतिष्ठति। मुक्तये ज्ञानमाश्रयति। न दम्भं चरितस्मरणादये च शब्दमुच्चारयति।

उच्चारणमात्रेण मुक्तिदासीमाकृष्टं साक्षात्सर्वात्मानं भूमौ नर्त्तयितुं वा विजृम्भमाणतमश्छन्नदृष्टिरपारमार्थिकस्तु पितरौ द्वेष्टि। सिद्धिख्यातानाराधयति। न्यायव्यवस्थाविलोपेन स्वातन्त्र्यमिच्छति। हैतुकाननुसरति। व्याहतमन्विष्यति।

(वा०) इह भक्तिमुशन्ति तामसा अधिकारादिविपर्ययेण ये।
असुरान्मदमत्सरादिकान्मतिहीनाः परितर्पयन्ति ते ॥ १६ ॥
पितरौ द्विषतः खचारितामुशतः सिद्धविटप्रपत्तिभिः।
अवधीरयतः सरस्वतीमभिचारादिपिशाचसेविनः ॥ १७ ॥
परिहृत्य विपश्चितां सदो जुषमाणान्सक्रतून्भ्रुकुंसकान्।
शिशुरप्यवधानवान्कथं सुरभक्तानभिधातुमर्हति ॥ १८ ॥

सरस्वतीमवधीरयति। विदुषः परिहरति। खेचरत्वादिविभूतिलोभेन मन्त्रान्साधयति। धनाद्यर्थमाभिचारिकाणि महापातकान्यनुतिष्ठति। पित्रोर्जीवतोर्भूषणप्रणयिनोर्निवापाञ्जलिं दातुमिच्छति। मृतयोस्तु पर्यङ्कशयनं दर्शयन्भक्तजनार्पितेन वित्तेन साधितान्महाप्रसादान्पादुकाभ्यामर्पयन्नात्मानं प्रियभुजिष्यां च पुष्णाति। कृष्णयत्यसच्चरितैः पित्रोः कीर्तिम्। सखीभावं प्रकटयन्नार्त्तवं निषेवते। भ्रकुंसेषु स्वात्मानं निवेदनं करोति। ज्ञानं स्थूलतुषावघातं व्यपदिशति। सहस्रमालभारितां मुक्तिहेतुं ख्यापयति। नामोच्चारणकोलाहलेन भक्तेभ्यो मोदकानाकर्षति।

ईदृशो भक्तिविपर्यासो व्यहतानुसरणान्न देवाराधनं भवितुमर्हति। असत्यासुरस्याराधनं हि तत्। अत्यद्भुतं चास्य माहात्म्यम्। नरकासुरस्यावतारविशेषेणेव महाप्रमाददैत्येन वज्रमूर्खताख्यायां पिशाच्यामुत्पादितोऽसौ मरुमरीचिकाजलाभास इव स्वयमसन्नपि सत्यदेवे भक्तिं ख्यापयतामपि सत्यात्परं धर्ममस्वीकुर्वतामपि दिग्भ्रममुद्भावयंश्चैतांस्युन्मथ्नाति ॥ २२ ॥

[अधि० ४] **सर्वात्मनः प्रतीकाद्यैर्भक्तिधर्मेण वा भवेत्।**
विरज्य सर्वतः कार्यात्प्रतीकाद्यैस्तु सा भवेत् ॥ १ ॥

सत्यसेवाविधर्मेण सेवा भगवतो मता।
न शून्यस्तवमूर्त्यादिपूजनैः सा भविष्यति ॥ २ ॥

तदित्थं देवविशेषाणामाराधनमुपदिश्य तद्विक्षेपकारणमसुराराधनं दर्शयित्वा सम्प्रति देवदेवस्य भूम्न आराधनमाह—

धर्मो भूम्नः सर्वात्मनो देवदेवस्य ॥ २३ ॥

भूमाध्याये सप्रपञ्चं निरूपयिष्यमाणस्य सर्वात्मस्वरूपस्य देवाधिदेवस्य परमेश्वरपरमात्मादिशब्दैर्व्यपदिश्यमानस्यापि विभोरपि सर्वत्र स्थितस्यापि सर्वाकारस्यापि प्रमादवद्भिः स्वप्रमादमप्यजानद्भिर्वज्रमूर्खैः संपश्यद्भिरप्यन्धैरिव कुम्भकारकल्यपालदिविरदिवाकीर्त्तिजनङ्गमादिसिद्धोच्छिष्टभोजनचरणाराधनतमसैकेन सुलभमाशंसमानैः पिशाच इव वायुरूपो भ्रमन्नयं स्तम्भादि विदार्य वा निःसरेत्कौलभिक्षुरिव मैरेयैकरसिको विद्यालयादिकार्याधिकृतानामुपानद्भिः पावितासु भूमिषु वा विचरेदित्यादि कल्पयद्भिः कैश्चिन्निराकारवादिभिर्विश्वम्भरत्वमस्य साक्षादुपलभ्य-

---

(वा०) अपरेष्विति कीर्त्तितः सुरेष्वयमाराधननिस्तरः शिवः।
सकलात्मनि दैवतोत्तमे ननु धर्मोऽर्चनमेकमिष्यते ॥ १९ ॥
यदिहात्मनि वा परत्र वा परमं सत्यमसत्यवर्जितम्।
मनसा वचसाऽथ कर्मणानुगमस्तस्य तु धर्म उच्यते ॥ २० ॥

मानमपि मोहादपलपद्भिरन्यैर्नरवराहाद्याकारवादिभिर्विश्वार्णवक्रमिमिव तमुत्प्रेक्षमाणै-र्विपर्यस्तबुद्धिभिरपारमार्थिकैरन्यथान्यथा गृहीतस्यापि चिदम्बुधेः सकलं सत्स्वरूपस्य बुद्बुदावर्त्तफेनतरङ्गायमाणजगतः शाश्वतानेकवैचित्र्यस्य धर्म एवैकमात्रमाराधनम्। जीवति संनिहिते च पत्यौ मोहात्तमुपेक्ष्य साक्षात्तदाराधनमकुर्वाणया विक्षिप्तयेव पातिव्रत्यशिक्षायै प्रव्रजितेषु धूर्त्तकथकेषु वा भ्रमन्त्येव वनितया संनिहितमजममरं विभुमुपेक्ष्य भारतीयेषु विरागधृतभारतीयवेषेष्वन्येषु वा तत्स्वप्नमन्विष्यन्त्या जनतया विमूढया संप्रति ज्ञानकर्मभक्तिमार्गास्त्रयोऽप्याकुलीकृता इति विपर्यस्ता इव दृश्यन्ते ॥ २३ ॥

धर्मो देवदेवस्याराधनमुक्तं कोऽसौ धर्म इति चेन्निर्वक्ति—

धर्मः सत्यं धारणात् ॥ २४ ॥

धर्मशब्दस्य निरुच्यमानस्य धारणं स्वरूपमधिगम्यते। धारकत्वं च सत्य-स्यैव। तथा हि बालस्य वा वृद्धस्य वा छात्रस्य वा गुरोर्वा क्रेतुर्वा विक्रेतुर्वाऽधमर्ण-स्योत्तमर्णस्य वा स्त्रिया वा पुंसो वा पशोर्वा पक्षिणो वा मनुष्यस्य वा प्रशास्तॄणां वा प्रजाया वाऽपराधिनोधिकरणस्य वा धर्मोपदेशकस्य वा नीतिव्याख्यातुर्वा संवादपत्रप्रकाशकस्य वा ग्रन्थप्रणेतुर्वा किं बहुना नीचानामपि जुगुप्सितस्य महतामपि महनीयस्य यस्य कस्याप्यसत्येन व्यवहरतः स्वपरनाशकत्वं कस्य न विदितम्। सत्यव्यवहारशीलस्तु स्वात्मानं जगच्च विप्लवनिरयाद्रक्षतीति सर्व एवाप्रमत्तो जानाति।

तथा हि बालः सरय्वां स्नात्वा प्रत्यागतं पितरं ब्रूते तात त्वामन्विष्यन्कश्चि-द्राजपुरुषो गुल्मस्थाने त्वामाजुहावेति। स यदि सत्यं वदति पितरमुपकरोति, अथासत्यं वदति पितरं खेदयति। वृद्धः स्वतनयं वृक्षगुल्मे गच्छन्तं निवारयन्यदि वदति पिशाचस्तत्र प्रतिवसति स इत्थं व्याहतवादी बालं वञ्चयंस्तस्य बुद्धि विनाशयति स्वयं चासत्यवादपातकी भवति। अथ सर्पवृश्चिकादिभयं दर्शयन्स बालं गुल्मान्निवारयति स्वयमव्याहतानुसरणेन परमार्थाराधनभाक् पुत्रेऽपि परमार्थ-बुद्धि निःश्रेयसकरीं चिरायार्पयति। छात्रोऽपि गुरुं प्रतार्य संध्योपासनच्छलेन

(वा०) अमुनैव धृतं जगत्सदा परिशीर्येदमुमन्तरेण यत्।
तदमुं प्रवदन्ति शाश्वतं किल धर्मं प्रथिता विपश्चितः ॥ २१ ॥
यदथात्मनि वा परेषु वा खचरत्वादिविभूतिकल्पनम्।
तदनुव्रतमेव कर्म च स्फुटमाख्यातमधर्म इत्यदः ॥ २२ ॥
ऋतुपानपरः कुमारिकाकुलसंदूषणपातकी पशुः।
स्वयमात्तवलक्ष्म धारयन्नतिबीभत्सविकर्मकर्मठः ॥ २३ ॥

कौलोपदिष्टं मन्त्रं साधयन्स्वाध्यायमनपेक्षमाणो व्यसननिरये निपतति। स्वाध्यायमधीयानस्त्वानखाग्रेभ्यः परमं तपस्तप्यमानः पारमार्थिकीं सिद्धिमधिगच्छति। गुरवः फूत्कारमात्रेण कर्णशष्कुलीं कलुषयन्तः सर्वार्पणमन्यवनितानामुपदिश्य रहसि तदङ्गानि परामृशन्तः स्वयं निरये पतन्ति शिष्यभावेनोपस्थितान्स्त्रीपुंसांश्च प्रत्यक्षोपदंशादिनिरये कुटुम्बनाशादिफले सद्यो निपातयन्ति।

त एव तु प्रमदाः स्वैरचरीः प्रमदात्संनिहिता अप्यदृष्ट्वैव पतिपुत्रादिसेवनाय पुनः प्रेषयन्तः पुरुषान्पतिपुत्रादिसहिताः प्रमदाश्च समागतान्गृहस्थांस्तैर्निवेद्य दूषितैर्दैवकथादिविप्लुतैः सदुपदेशैर्ज्ञानविज्ञानमयैस्त्रिवर्गानुसरणे प्रवणयद्भिर्जीवन्मुक्तिवशीकारमहौषधैः प्रमादविषापनयनरसायनैः कृतार्थयन्तो मन्त्रयन्त्रतन्त्रनिर्वेदप्रव्रज्यान्यतममाहात्म्यखेचरत्वभित्तिप्रवेशविष्णुदर्शनसिद्धावतरणत्रिकालज्ञानादीन्धूर्त्तमूर्खप्रयासांश्च परिहृत्य भीष्मरामादिचरितानि श्रावयन्तः श्रुतिस्मृतिविधीनुपदिशन्तः शिल्पशास्त्रादिविषयान्विवृण्वन्तो जगति परमार्थाराधनमाभासपिशाचानुसंधित्सानिवृत्तिं च विस्तारयन्ति। वणिग्व्यापारजीवितस्तैलघृतादौ स्वास्थ्यनाशकानां वसादीनां मिश्रणेनासत्यपिशाचाराधनापराधैर्जगदाकुलयन्ति। शुचिव्यवहाराः पुनः सर्वानुपकुर्वन्तीति विदितमेव सर्वेषाम्।

एवं न स व्यापारो न सा कला न तच्छिल्पं न तज्जीवनं यत्र सत्यं नोपकाराय न चासत्यमपकाराय। न चैवं मन्तव्यं स्वस्मिन्नेव सत्यस्य पालनं धर्मः। स्वस्मिन्परस्मिन्वा यथाशक्ति सत्येतरस्य परिहारश्चासत्ये प्रणयलेशाभावश्च धर्मः। यो हि स्वयं सत्यवाद्यपि परस्मिन्सिद्धधूर्त्तादौ लोकानुसारेण वाऽन्यस्माद्वा व्यामोहात्सिद्धिरित्यादिख्यापनाद्यात्मकमसत्यमुपेक्षते नूनमसत्यपिशाचीं जगद्भक्षिणीमुपेक्षमाणः स स्वीयान्परांश्च घोरनिरये निपातयति। पितरौ न केवलं बालं गर्त्ते पातयन्तावधर्मकारिणौ किं पुनः स्वयं गर्त्ते पतन्तमुपेक्षमाणौ वा परेण पात्यमानं सत्यां शक्तौ सहमानावपि। तस्मात्पारमार्थिकः सत्यबाधामसहमानः स्वस्मिन्परस्मिन्वा स्वेन परेण वा प्रख्याप्यमानान्सिद्धिविभूत्यादिवादान्यथाशक्ति प्रत्याचक्षीत।

(वा०) वियदुड्डयनादिवाञ्छया सुरगन्धर्वदिदृक्षयापि वा।
अपि राघववासुदेवयोर्वसुधायामवतारणाय वा॥ २४॥
पतितः स्वयमात्महा विपन्निरये वाप्यथ धर्मकञ्चुकः।
विनिपातयितुं परान्मुहुः कृतयत्नो वकवृत्तिमाचरन्॥ २५॥
अपि पूतिनि पातके गणिकाऽजामिलवार्त्तयोच्छ्वसन्।
कथमीदृगिहाभ्युपेयतामृजुकेनापि जनेन धार्मिकः॥ २६॥
न निजप्रतिकूलमाचरेन्मनुजेऽन्यत्र जनः कदाचन।
इति शाश्वतधर्ममूचिरेऽपि चिरत्नाः किल सत्यमूलकम्॥ २७॥

सिद्धिविभूत्यादिलोलुपांश्च प्रातिवेशिकानन्यांश्च निवार्य तादृशाद्दुर्व्यसनात्पारमार्थिकीषु वैज्ञानिकसिद्धिषु प्रवणीकुर्वन्परांश्च कृतार्थयेत ॥ २४ ॥

धारयितुः सत्याख्यस्यैव धर्मरूपभेदलेशवतामन्यैर्व्यवहारकालेऽत्यन्तमुपयुक्तं स्वरूपविशेषमुपन्यस्तं ततस्तन्मुखेन सर्वात्मभावस्य पारमार्थिकत्वमाह—

धर्म आत्मनः प्रतिकूलस्यान्यस्मिन्ननुष्ठानं सर्वभूतात्मभावात् ॥ २५ ॥

चिरन्तनी किलोक्तिरियम् "आत्मनः प्रतिकूलानि परेषां न समाचरेत्" इति। अयं धर्मः सत्यात्मकोऽसत्यात्मकस्त्वधर्म इत्युक्तेरेवापरा विधा। दस्युः किल परस्वस्तेयमात्मनोऽनुकूलं वा मन्यते प्रतिकूलं वा। प्रतिकूलं चेन्मन्यते स तमधर्मं न कर्त्तुमर्हति। अथानुकूलं तन्मन्यते स्वधनमपहरन्तं दस्युं कथं प्रजिहीर्षति परिजिहीर्षति वा। ह्यनुकूलकारिणं कोऽपि परिहरति वा दण्डयति वा। तस्मादसत्योक्तिरियं तस्करस्य भवेद्यदि स ब्रूयादनुकूलं मे चौर्यमिति।

असत्यस्य च विप्लवावहत्वादधर्मो व्यवस्थापितः। सत्यत्वादेवागत्यापि स्वपरशिरोरक्षणेच्छुभिर्धर्मस्यानुष्ठेयत्वे सिद्धे तदनुष्ठाने हेत्वन्तरमभ्युच्चिनोति— सर्वभूतात्मभावादिति। एककश्चेज्जन्तुर्जगत्यभविष्यदनेकत्वे वा नान्यस्य व्याध्यादिना स्वयं वा व्याध्यादिबाधामाशङ्किष्यते न वा परपीडने परैः कृतमात्मनो दण्डं प्रत्यैक्षिष्यत। कः खलु प्रेक्षावानपि धर्ममधर्मं वा लेशमात्रेणाप्यज्ञास्यज्ञ्ज्ञाने वाऽन्वतिष्ठासिष्यन्नतु तादृक्त्वमनेका हि व्यक्तयः सर्वाश्च परम्पराधीनकल्याणाः। विपुलं प्रासादमधितिष्ठन्नपि महोद्याननिर्झरकासारसनाथितावासोऽपि स्वयं व्यायामादि-सुस्थोऽपि प्रातिवेशिकेषु दीनकीनाशादिष्वनात्मभावं वहंश्चेत्तान्पीडयेदपीडयन्वा सत्यां शक्तौ व्यसने मज्जत उपेक्षेत, तेषु दुर्गतेषु बुभुक्षितेष्वपथ्याशिष्वशुच्यावासनिरयभोमिषु विषूचिकादिभिर्मारीभिराक्रान्तेषु कः खलु सर्वतो जलवायौ प्रसरद्भिर्व्याधिकृमिभिर्न खलु निधनमाशङ्केत।

तथा च ऋषिरपि पश्यति "न वा उ देवाः क्षुधमिद्वधं ददुरुताशितमुपगच्छन्ति मृत्यवे" इति। तस्मादेकस्य सर्वात्मनोंऽशविशेषाः सर्वाधिभूतानीति पश्यन्ग्रामनगरादि-

---

(वा०) अनुकूलमिहाभ्युपैति यः परवित्तस्य विलोपनं कृती।
निजवित्तविलोपकारिणं प्रहरन्दस्युमसावसत्यधीः ॥ २८ ॥
परवित्तविलोपनं हि चेदनुकूलं कलयस्यनारतम्।
क्रियमाणमिदं निजेन वा न कथं रोचयसे परेण वा ॥ २९ ॥
अनुकूलमिदं यदीष्यते ननु दस्युं परितोषयेस्तदा।
प्रतिकूलमथोच्यते तदा कुरुषे तत्तु कथं परं प्रति ॥ ३० ॥
निरवाति य एष शाश्वतः किल धर्मः स्थिरसत्यमूलकः।
तमसो रिपुरत्र विद्यया प्रथतेऽसौ महतोद्यमेन च ॥ ३१ ॥

शौचप्रणालीभिरभ्युदयकारिणां विद्यालयादीनां व्यवस्थापनैरन्यैश्च बहुभिरुपायैः सततं जाग्रत्कृत्ययुगीयां प्रकृतिं वहन्तः सर्वेऽपि न केवलं स्वहिताय चेष्टमानाः समुपलभ्यन्ते। यस्तु मोहात्स्वार्थप्रणयवानपि सर्वात्मार्थ एव पारमार्थिकः स्वार्थ इत्यजानञ्जलार्थी रात्र्यन्धः प्रदोषे जलमन्विष्यन्कण्टकसरीसृपमवस्करगर्त्तमिव स्वार्थाय परमार्थं सर्वात्मानुष्ठानरूपं विनिध्नन्केवलं व्यक्त्यर्थाय चेष्टमानो दुर्व्यसनपरम्परानिरयमुखं विवृतमभिधावति तस्य तपस्विनः का गतिरिति स्वयं विभावयन्तु पश्यन्तु चानन्धचक्षुषः ॥ २५ ॥

ननु विलक्षण एव धर्मः पारमार्थिकेनोपदिश्यते जनता पुनः स्त्रीवेषधारकं वा शून्यध्यानचैत्यवन्दनादि वाऽन्यद्वेदृशं ज्ञानविज्ञानानपेक्षं धर्महेतुं भक्तिहेतुं च प्रतिपद्यत इत्याक्षिपन्तं प्रति वक्ति—

स उद्योगाश्रयस्तमोविरोधी ॥ २६ ॥

अयि मुग्ध धर्माधर्मौ किल गुणौ सर्वकार्यानुस्यूतौ। सत्यांशमयश्च धर्मस्तदितरांशमयश्चाधर्मः। परस्य भग्नं गृहं परिहृत्य स्वगृहेऽवस्करोत्सर्गोऽपि शौचोत्तरः किल धर्म एव धर्मसूत्रकृद्भिः स्मर्यते। दम्भादज्ञानाद्वा महामेलकेषु भिक्षायै कण्टकशयनं वान्यद्वेदृशं भवादृशैर्धर्मत्वेन परिगृहीतं पारमार्थिकं धर्मं मन्येत। तामसानि कण्टकशय्यालक्ष्मसेवनस्त्रीवेषधारणचैत्यवन्दनादीन्यज्ञानिभिर्वञ्चकैश्च पारमार्थिकं विज्ञानमुपेक्षमाणैराश्रितानि जगद्विप्लवकारीणि न धर्मव्यपदेशमर्हन्ति। धर्मो ह्यतामसोऽभ्युदयफलोद्योगात्मकः सर्वात्माराधकैर्विज्ञानप्रचारप्रणयिभिरनुष्ठितः ॥ २६ ॥

अनुद्योगिनां तामसानामविद्याग्रस्तानां प्रियः कण्टकशयनाद्यात्मको न केवलं न धर्मः किं पुनरधर्म इत्याह—

अधर्मस्तद्विरुद्धः ॥ २७ ॥

सत्त्वाश्रयेण महोद्योगरूपेण धर्मेण विरुद्धः किलाधर्म इति व्यपदिश्यते। यमवलम्ब्याभोज्यकणार्थं वा परसुतदारपतिवञ्चनार्थं वा महीं भ्रमन्तोऽसत्या-

---

(वा०) तमसः सुहृदुद्यमं द्विषन्नुदितः पूर्वमधर्म एष यः।
शरणीकृत आसुरैरसावतिबीभत्सनृशंसकर्मभिः ॥ ३२ ॥
सकलात्मनि भूम्नि दैवते त्वपरिच्छिन्नमहर्द्धिशालिनि।
कथमत्र कदापि संभवेन्ननु दोषः खलु पक्षपातजः ॥ ३३ ॥
यदधर्मविवर्जनं तथानुगतिर्धर्मपरायणा सदा।
इदमेकमुपासनं मतं ननु विश्वात्मनि भूम्नि चिन्मये ॥ ३४ ॥
नियमस्य यथानुपालनं परमोपास्तिरिह प्रशास्तरि।
अखिलात्मनि धर्मपालनं परमाराधनमिष्यते तथा ॥ ३५ ॥

सुरोपासका नानारूपधराः स्त्रीपुंसा बीभत्सधर्मलिङ्गा बीभत्सतराचारुनिरयरसिकाः स्वपरप्रतारका जगद्विप्लावयन्ति ॥ २७ ॥

ननु दाम्भिका अपि येन केनापि व्यपदेशेन भगवदाराधकास्तदाराधन-महापुण्येन पातकं क्षालयिष्यन्ति भगवान्पातकिनोऽपि भक्तानुद्धारयतीति कस्य न विदितमिति चेत्सूत्रद्वयेन दुष्कल्पनामिमां प्रत्यादिशति—

भूम्न आराधनं प्रशास्तुरिव तत्र ज्ञानभक्तिकर्मणामैक्यम् ॥ २८ ॥

तस्मिन्पक्षपातासंभवः स्वभावादेव ॥ २९ ॥

भूम्नः सर्वात्मनो देवदेवस्याराधनं न कण्टकशयनमालभारिताभ्रकुंसतादि-दम्भेन संपद्यते, किं पुनः प्रशास्तारो नृपादयो यथा न चरणसेवादिभिः प्रसाद्यन्तेऽपि चौर्याद्यननुष्ठानात्मकेन न्यायानुसरणेन तथैव देवदेवोऽपि विज्ञानप्रचारादिसात्त्विको-द्योगैर्नतु नामाम्रेडनादिभिराराध्यते। तस्य विज्ञानप्रचाराद्यात्मकं पारमार्थिक-माराधनं च तथाविधं यत्र ज्ञानस्य भक्तेश्च कर्मणश्च समन्वयः। सत्यदेवभक्तो ह्यसत्यपिशाचाप्रणयी ज्ञानविज्ञानसंपन्नः परमार्थानुसरणैर्व्याहताननुसरणैर्विज्ञान-प्रचारादिपुण्यपर्यवसायिभिर्भगवन्तमाराधयति। सत्यस्वरूपो भगवांश्च ज्ञात एव प्रसीदति। सत्यं हि कण्टकात्मकं वा रसवत्फलात्मकं वा कटुभेषजात्मकं वा विषात्मकं वा ज्ञातं महाफलायाज्ञातं पुनर्महतेऽनर्थाय। कण्टकशयनादिभिस्तामसैस्तु किल्विषै-स्तामसा अविद्यावन्तस्तमसोऽप्यन्धतामिस्रतरमसत्यपिशाचमाराधयेयुर्न पुनर्निसर्गा-न्निष्पक्षपातं न्यायैकनिलयं सत्यदेवमिति कथं स भगवान्प्रसद्य तानुद्धरिष्यति। न हि स भक्तैराराध्यते। असत्यपिशाचस्तु निरयरूपस्तदाराधितस्तानसत्यनिरयेऽ-वस्थाप्य गोपयेदित्यन्यत् ॥ २८-२९॥

[अधि० ५] शिखासूत्रादिराचारः पालनीयोऽथवा न वा।
कस्तस्य पालनेनार्थः फलं स्वर्गादिकं न चेत् ॥ १ ॥
स्वाप्तोक्तमीदृशं सर्वं पालनीयमहैतुकैः।
हेतुदृष्ट्या पालयंस्तु मूर्खेषु गणनां वहेत् ॥ २ ॥

इत्थं धर्मस्य पारमार्थिकं स्वरूपमुक्त्वा लोकेऽन्यस्मिन्नप्यर्थे धर्मशब्दस्य प्रयोगमाह—

(वा०) इत्येष भूमनि चिदात्मनि विश्वरूपे निष्पक्षपातविमले सकलर्द्धियुक्ते।
अराधनाविधिरवाचि नितान्तकान्तः शान्तात्मनामभिमतः स्थिरधर्मरूपः ॥ ३६ ॥
आचारजालमपि देशकुलाद्यधीनं धर्माख्यया कतिचिदाहुरदोषजुष्टम्।
कालेन तस्य परिवृत्तिरशाश्वतत्वमद्धा प्रयोजयति तत्सुधियो विदन्तु ॥ ३७ ॥

प्रवर्त्तमान आचारो धर्म इत्येके ॥ ३० ॥

धर्मशब्दस्य न रुच्यमानस्य धारणं प्रवृत्तिनिमित्तं ततश्च सत्यं धर्मस्य स्वरूपमिति व्यवस्थापितम्। लोकः पुनः शब्दानां व्यतिकीर्णं परस्परविरुद्धप्रयोगं कुरुते। तद्यथा शाश्वतीमव्यभिचारिणीमवैकल्पिकीमशब्दाधीनां प्रकृतेर्व्यवस्थां देशकालनियतां वैकल्पिकीं नाशब्दमात्राधीनामधिकरणादिव्यवस्थां चोभयं नियमशब्देन व्यपदिशति लोकः। ईदृशैश्च मोहविवर्त्तैर्व्यपदेशैश्च प्रकृतिनियामकं पुरुषविशेषमपि कल्पयति। तथा प्रकृतिव्यवस्थाङ्गं धृतिक्षमादिविशेषरूपं सत्यात्मानं शाश्वतमशाश्वतं देशकालभिन्नदशाकुलाद्याचारं चैकेन धर्मशब्देन व्यपदिशन्विज्ञानं विप्लावयति जनः ॥ ३० ॥

किं तर्हि धृतिक्षमादेरेवानुसरणीयत्वं न कुलाचारादीनामिति चेदनुशास्ति—

तस्याप्तोक्तस्य हेत्वविरुद्धस्यानुष्ठानं विधित्वात् ॥ ३१ ॥

प्रकृतिव्यवस्थाङ्गानां सत्यात्मनां धृत्यादीनां शाश्वतधर्माणामनुसरणं जगतोऽभ्युदयाय देशकुलाद्याचरणं तु निजप्रोक्तानां हेत्वविरुद्धानामव्याहतानामिति यावत्। निर्हेतुकं विधित्वेनानुष्ठानं न तु तेषां जगतोऽभ्युदयेन वा कश्चित्संबन्धः। अत एवान्येषां प्रकृतिनियमानामिव धृत्यादीनां सर्वत्रैकरूप्यं सर्वो ह्यौपनिषदो वा सौगतो वा धर्मान्तरीयो वा पथ्यभुग्वा पावकस्पृग्वा धृत्यादिवर्जितो वा प्रकृत्या दण्ड्यते। नहि वैकल्पिकाः प्रकृतिनियमाः पुरुषतन्त्राः। देशकुलाद्याचारस्तु स चेदाप्तस्य शब्दो निर्हेतुकमनुसर्त्तव्यः। अथानाप्तस्य न मनागप्यनुसर्त्तव्यः। कुत्रचिद्वरः शिबिकारूढः कन्याजनकेन प्रतीष्यते। परत्र रासभारूढः प्रतीष्यते। क्वापि रक्तानडुच्चर्मणि स्थितः कन्यां प्रतिगृह्णाति। परत्र महोलूखलस्थः। कश्चिद्यज्ञसूत्रवान्विपुलशिखश्छात्रालयमधिवसति परः शिखारहितो विसूत्रो विद्यामधिगच्छति। कश्चिद्बाल्ये कर्तितपुरुषेन्द्रियमुखावरणचर्मा गृहकर्माणि कुरुते, परः प्रलम्बमानतच्चर्मैव सहधर्मिणीमनुगृह्णाति। कश्चात्र विशेषः सर्वेष्वीदृशेषु पृथगाचारेषु विद्वांसोऽपि मूर्खा अपि प्रजावन्तोऽप्यप्रजसोऽपि धनवन्तोऽपि दुर्जना अपि ॥ ३१ ॥

अव्याहतस्याप्तोक्तस्य विधेरप्यनुष्ठेयत्वमुक्तं व्याहतस्यानाप्तोक्तस्य धूर्त्तमूर्खनापितादिमुखगह्वरमात्रशरणस्य का पुनर्गतिरिति चेदुपदिशति—

अन्यथौदासीन्यं विध्याभासे प्रमादवद्भिरनुसृते ॥ ३२ ॥

(वा०) आप्तोदितं तु विधिरूपतयानपेक्ष्य हेतूनशाश्वतमपि स्फुटमाचरन्ति।
आचारजालमपदोषमदुष्टभावा भक्त्या पितृष्वथ समाजभयेन वापि ॥ ३८ ॥

अनाप्तैरुक्ते स्वस्वस्मृत्याद्यनुपलब्धवरयात्रासमारोहवेश्यानर्त्तनमूर्खपुरोहितपूजनवृषलीप्रणयितीर्थध्वाङ्क्षपरितोषणधूर्त्तनिरक्षरगुरुदीक्षाग्रहणादिरूपे वा व्याहते जन्माङ्गलक्षितलावण्यकाणकुष्ठवृद्धवधूपयममन्त्रसाध्यवित्तानुसरणगैरिकरागभावितार्त्तवभ्रूकुंसाराधनद्वारकमुक्तिलिप्सादिरूपे वा महाप्रमादैर्वञ्चमूर्खैरनुसृते विध्याभासे प्रेक्षावतामौदासीन्यमेवोचितं न पुनर्धूर्त्तवाचाटव्याख्यातृविज्ञानाभासमृषाप्रख्यापितविद्युच्छक्त्यादिमाहात्म्यस्यापीदृशस्य विध्याभासस्यानुसरणेनासत्यपिशाचाराधनं केनापि कर्त्तुं साम्प्रतम् ॥ ३२ ॥

अनाप्तोक्तानां व्याहतानां वा विध्याभासानामननुष्ठेयत्वं विधीनां त्वाप्तोक्तानां कथं ज्ञानमितिचेदाह्निकमुपसंहरन्नाह—

स विषयः स्वस्वस्मृतीनां पित्राद्याज्ञायाश्चेति तत एवावगन्तव्यः ॥ ३३ ॥

विधिविषयो न परमार्थदर्शनसंबद्धो न वा देशकालकुलग्रामादिभेदभिन्नानामत्र सुकर उपन्यास इति न स विषयोऽत्र प्रपञ्च्यते। स्वस्वस्मृतिभ्यो विषयं जनो ज्ञातुं क्षमते। तद्यथा कृष्णयजुर्वेदीया याज्ञवल्क्यस्मृतिमाश्रयेयुरेवमन्येऽपि भारतीया देशान्तरीयाश्च स्वस्वशाखीयां स्वस्वदेशीयां वा स्मृतिं वा पिटकान्वा शुभसंवादान्वा कुराणान्वा समाश्रित्य स्वाचारान्स्वैरं पालयेयुः स्वपित्रादेरेव वा निर्हेतून्विधीनवगच्छेयुः ॥ ३३ ॥

इति तृतीयाध्यायस्य द्वितीयाह्निकम्।

(वा०) ये बालिशाः शिबिकयैव वरस्य यात्रा नाश्वेन संततिमिहावहतीति विद्युः।
ते हैतुकास्तु वणिजो गगनारविन्दं विक्रीय संपदमुशन्ति विपत्फलाय ॥ ३९ ॥

इति तृतीयाध्यायस्य द्वितीयाह्निकं समाप्तम्।

चतुर्थाध्यायस्य प्रथमाह्निकम्

[अधि० १] **संबन्धो ज्ञानविषयः स्वभावो वापि तादृशः ।**
संबन्धविषयं ज्ञानं स्वभावो नावबुध्यते ॥१॥
ज्ञानं स्वविषयं यत्तत्स्वभावविषयं स्फुटम् ।
संबन्धस्तु तदंशानामुभयं विषयोऽस्य तु ॥२॥

भक्तिमूलं ज्ञानमूलं चेत्युभयविधं कर्म पुरस्तान्निर्दिष्टम्, तत्र भक्तिमूलस्य ज्यैष्ठ्यात्पूर्वाध्याये प्रपञ्च उक्त इत्याह—

भक्तिमूलमहेतुकं कर्मोक्तम् ॥१॥

पूर्वाध्याय इति शेषः ॥१॥

अहेतुकमिति सहेतुकाज्ज्ञानमूलात्कर्मणो भक्तिमूलं कर्म व्यवच्छेत्तुमुपन्यस्यति—

तत्र ज्ञानाङ्कुरमात्रमपेक्षितम् ॥२॥

अस्मिन्नहेतुके भक्तिमूले कर्मणि बालादिष्वपि नैसर्गिकं ज्ञानाङ्कुरमात्रापेक्षितमत एव तातेत्यपि स्फुटं मन्त्रयितुमशक्तः शिशुरपि पित्रोः स्निह्यतीति दर्शितम् ॥२॥

एवं पूर्वाध्यायविषयं स्मारयित्वैतस्मिन्नध्याये विवक्षितं विषयं निर्दिशति—

प्रकृतिविज्ञानविकासापेक्षं ममत्वलेशवत्कर्म ॥३॥

ज्ञानमूलकं कर्म द्विविधं ममत्वविषयव्यक्त्यर्थं सर्वात्मनिमित्तं चेत्याचार्यस्याभिप्रायः। तद्यथा देवदत्तो धनार्थं वाणिज्यमाश्रयते तत्तस्य व्यक्त्यर्थम्। वाणिज्यादधिगतधनस्तु वृत्तिमात्रपर्याप्तमृक्थमपत्यादिभ्यो विभज्य चतुर्थे वयसि कोटिं विज्ञानप्रचाराय दत्त्वा पञ्चत्वं गच्छति। तद्विज्ञानप्रचाराय दानं तस्य सर्वात्मनिमित्तं कर्म।

(वा०) हेतुमदहेतुकं चेत्युक्तं कर्म द्विधा पूर्वम्।
बाह्यार्थमुख्यमेकं परं तु भक्तिप्रधानं स्यात् ॥१॥
यत्प्राकृतांशविद्याविकाससापेक्षमत्र स्यात्।
तत्सति ममतालेशे कर्मात्रासति पुनर्ज्ञानम् ॥२॥
निष्कामकर्म भक्तेरङ्गं ज्ञानस्य निर्ममत्वं तत्।
मुख्यं कर्मात्रातः सन्ममतं कामवच्च मतम् ॥३॥

यद्वा प्राड्विपाकत्वेनाधिकरणे नियुक्तो यज्ञदत्तः पक्षपातेन शत्रुपुत्रमनपराधमपि दण्डयितुं स्वपुत्रं सापराधमपि विस्रष्टुं क्षमते तथापि सर्वात्मभक्त्या नेदृशमन्यायमनुतिष्ठति। स्वधर्म इत्येव निवृत्तकारणश्च शत्रुपुत्रे निजात्मजे चोभयत्र धर्मविप्लवं दण्डेन निर्हन्ति। तत्तस्य व्यक्त्यर्थानपेक्षं न्यायानुष्ठानं सर्वात्मार्थं कर्म। प्रायो निर्ममत्वस्य कर्मणो न महान्प्रपञ्चोऽपेक्षितः। पारमार्थिकं निर्ममत्वस्वरूपं तु ज्ञेयं तादृशकर्मप्रणयिभिर्जीवन्मुक्तैरिति तद्विषयं भूमाध्याये वक्ष्यति।

अस्मिंस्त्वध्याये ममत्वलेशवल्लोके लौकिकपारलौकिकादिशब्दव्यपदेश्यं कर्म कर्माभासोपेतं परीक्षणीयमिति, तत्र कीदृग्ज्ञानमपेक्षितमित्याह—प्रकृतिविज्ञानविकासापेक्षमिति। सर्वात्मनः सामान्यज्ञानम् ऋष्युपनिषद्वासुदेवबादरायणवैश्वानरादिभिरनुशिष्टमत्रानुशासने व्यवस्थापितं यथावद्गृह्णतां ममत्वलेशरहितं निष्पक्षपातन्यायानुष्ठानादिरूपं कर्म सुकरम्। ग्रहगणितादि वाष्पयाननिर्माणादि वा कृषिपाशुपाल्यादि वा शिल्पशास्त्रविशेषज्ञानापेक्षं तु कर्म प्रकृतिविज्ञानविकासापेक्षं यन्त्रादिनवाविष्कृतसाधनादिसाहाय्यं विना दुष्करम्।

तत्र च सिद्धाभासकर्मठाभासादयस्तामसाः पूर्वजैर्यद्विज्ञानाद्युक्तं ततः समीचीनतरं विज्ञानादि कः कलौ दर्शयितुं शक्नोति। किं च दैवाधीनं जगत्तत्रोद्योगस्तु निष्प्रयोजन एवेत्यादि वदन्तो वा पादुकया गुटिकया यज्ञैस्तपोभिर्मन्त्रैर्यन्त्रैर्मूर्छाभिश्च सुसाध्यां गरीयसीं सिद्धिमुद्घोषयन्तो वा प्रमादिनां बुद्धिभेदं जनयन्ति। तेषां निरासोऽपेक्षितः। उत्तरोत्तरोत्कर्षवति विज्ञाने हि न पूर्वप्रबन्धैर्ज्ञानं स्थिरीकरणीयं न हि दीर्घवृत्तगणितं पूर्वजानामविदितमभवदवरजप्रबन्धेभ्यः। सम्यगविज्ञाय यथावत्तद्गणितं तदपेक्षं ग्रहादिगणितं वा कश्चित्कर्तुं शक्नोति ॥३॥

तस्मात्प्रकृतिविज्ञानसापेक्षं कर्म परीक्षमाणस्तत्प्रसङ्गान्मन्त्रयोगपरलोकजीवोत्क्रमणादीनि विषयान्तराणि स्पृशन्विज्ञानस्वरूपं तावदाह—

विज्ञानं स्वभावसंबन्धावगाहि ॥४॥

विज्ञानं विशेषतो ज्ञानम्। तद् द्विविधं स्वभावावगाहि संबन्धावगाहि च। सद्यः शिशिरे गर्भाज्जातो मेषशिशुः शीतमनुभवंस्तत्स्वभावमात्रं विजानाति पश्चादूष्मागमे ततस्तस्य भेदादिविजानंस्तत्संबन्धं जानाति ॥४॥

(वा०) भक्तिश्च कर्म चेति द्वयं पुनर्ज्ञानपरिनिष्ठम्।
वक्ष्यत्यनुपदमेतज्ज्ञानं कर्मात्र तु प्रपञ्चयति ॥४॥
अंशानां प्रकृतेर्यद्विज्ञानं कर्मणेऽपेक्ष्यम्।
तत्स्यात्स्वभावविषयं संबन्धं वाऽवगाहेत ॥५॥

[अधि०२] शास्त्रेण चित्तसंस्कारो मन्त्रैर्भावनया तथा ।
द्रव्यादि साधनं किं वा सिद्धचेद्द्रव्यादि निश्चितम् ॥१॥
शब्दाद्भावनया वापि द्रव्यसिद्धिरसंगता ।
तस्माच्छास्त्रीयतत्त्वज्ञश्चेतः संस्कुरुते पदम् ॥२॥

तत्र विज्ञाने स्फुटं प्रत्यक्षानुमानमात्रोपपाद्ये शास्त्रं नापेक्षितमिति प्रतिभाति । शब्दस्य हि नेदृशेऽर्थे प्रामाण्यं भवता स्वीक्रियते तथाप्यवरजप्रबन्धेभ्यः प्रकृतिविज्ञानमासादनीयमिति किमुच्यते, किं च तथानुक्तावपि शास्त्रस्यापेक्षा न निरसितुं शक्यते । न हि कश्चिदद्यत्वे गणितं वा विज्ञानान्तरं वा विप्रकृष्टानां वा संनिकृष्टानां वा पूर्वजानां समकालिकानां वा विदुषां प्रबन्धाननवलोक्य स्वयं सर्वं तद्विषयमेकेन जन्मना शक्नोतीति महती किलानुपपत्तिः शब्दप्रामाण्यमविधावस्वीकुर्वतामिति चेत्, समाधत्ते—

संग्रहाय शास्त्रापेक्षा ॥५॥

यावत्पारमार्थिकं विज्ञानं पूर्वजैरर्जितं तदद्यत्वे नार्जयितुं शक्यत इति नास्ति । किंतु तावन्मात्रस्य तैः साधितपूर्वस्यैव साधनात्प्रत्नप्रबन्धोपन्यस्तस्य तस्योपपत्तिपरीक्षामात्रं सुकरतरमुपयुक्ततरं च । नहि पितृतो बहुतरं वित्तमर्जयितुकामस्तदुज्झितमृक्थं निरस्य वाणिज्यायोपक्रमते । तथैव गणितविज्ञानादौ पूर्वजैर्यावत्कृतं तत उपपत्तिपरीक्षापूर्वकमुपपन्नं संगृह्णीमहेऽनुपपत्तिहतं च निरस्यामः । उपपत्तिपरीक्षाशक्तिः कुत आसाद्यत इति चेत्, पूर्ववन्नैसर्गिकस्तच्छक्त्यङ्कुरपूर्वजग्रन्थांशाधिगमक्रमेण विकसितमस्माकमुपपत्तिपरीक्षासाधनमिति वदामः ।

न च पूर्वजप्रबन्धावलोकनविकसिता शक्तिः कथं तत्प्रमादं शोधयितुमुत्सहत इति मन्तव्यम्, पूर्वजाधिगत ऋक्थमूलधनेन वाणिज्येन तत्कृतस्य महत ऋणस्योद्योगवता विशोधयितुं शक्यत्वाद्बहुशस्तथा दृष्टत्वाच्च । अवश्यं चैतदेवं विज्ञेयम् । पूर्वजा हि पूर्वपूर्वतरक्रमेणावरजसाहाय्यविक्लवा अल्पाल्पतरज्ञाना उद्योगवत्त्वे चावरजाः । अर्वाचीनार्वाचीनतरत्वक्रमेणाधिकतरपूर्वजविज्ञानसहकृततद्बुद्धयः सुतरां तत्प्रमादान् शोधयितुं क्षमन्ते । अनुद्योगहतानां कलिरयं ज्ञानविकासप्रतिकूलो दैवमेव नानुकूलं पूर्वजेभ्योऽधिकतरं ज्ञानं च सर्वथा न संभाव्यमित्यादिप्रलापैः स्वानु-

---

(वा०) भूतं यन्महदेतन्मूर्तामूर्त्तं प्रकृत्याख्यम् ।
विज्ञानमखिलमस्माज्जीवानां संशयो नात्र ॥६॥
यावत्तु पूर्वजानां विज्ञानं तस्य संग्रहे विहिते ।
तदुपचयं साधयितुः शक्तेर्न महान्व्ययो भवति ॥७॥
तस्मादतत्त्ववर्जनपुरःसरं तत्त्वसंग्रहायात्र ।
पूर्वजशास्त्रापेक्षा न तु शास्त्रमशक्यमद्य निर्मातुम् ॥८॥

द्योगमहापातकं विधातुकामानां तामसानां नात्र कथा। ततश्चाद्यावधि पूर्वजैरर्जितानां विज्ञानतत्त्वानां पुनरुच्चये संभवत्यपि ततः सुकरतरायोपपन्नतदर्थसंग्रहायावरजानां शास्त्रापेक्षेति स्थितम् ॥५॥

विज्ञानतत्त्वसंग्रहाय शास्त्रापेक्षेत्युक्तम्, तत्किं विज्ञानतत्त्वसंग्रहमात्राय शास्त्रमितिनियमः क्रियत आहोस्विच्छास्त्रघटकानां मन्त्रादीनां विभूतिजनकत्वमपि स्वीक्रियत इत्यपेक्षायामाह—

शास्त्रं मनःसंस्कारकम् ॥६॥

शास्त्रं नामानुशासनमुपदेश इति यावत्। उपदेशाच्च न वस्तूद्भवः किंतु मनःसंस्कारमात्रम्। नहीत्थं वणिज्यया धनमर्जयेति शब्दाः कस्मैचित्साक्षाद्वित्तं वितरन्ति। अवगतार्थाः पुनरनुशासनानुरूपं कार्यमनुतिष्ठन्तो वित्तं प्राप्नुवन्ति। सुव्यक्तं चेदं शब्दस्यार्थान्तरं प्रति कारणत्वम्। शब्दानां त्वर्थबोधकत्वे संकेतितार्थबोधमात्रं प्रति कारणत्वम्। अवगतस्यार्थस्य पुनरर्थान्तरं प्रति कारणता न शब्दस्य। निरर्थकध्वनिमात्रत्वेन कर्णघातादिमात्रफलत्वं तत्र भाषाविशेषादेरप्रयोजकत्वम्। न हि निरर्थको ध्वनिः ह्रां ह्रीमिति वा क्रांक्रीमिति वा दारय मारयेति वा नवागतार्थस्य कर्णौ ताडयन्स्वभाषादिविशेषैः कंचिद्विशेषं जनयितुमीशः। विशेषपदेनात्र मन्त्रफले सिद्धाभासैरुत्प्रेक्षिते मारणादौ विशेषो विवक्षितो न पुनः स्थानप्रयत्नतारत्वमन्दत्वादिताडनप्रकारैः विशेषं निषेधामः। प्रायः सिद्धास्तदनुसारिणश्चेदृशः श्रोत्राकाशताडनादिविशेषैः सुवर्णरजतमुद्राद्युत्पादकत्वं मारणादिशक्तिं वा निरर्थकानां ह्रां ह्रीमित्यादीनामर्थाभासवतां दारय मारयेत्यादीनां वा स्वाङ्गुलौ स्वेददर्शनाद्दुग्धप्रस्रवशक्तिमिवात्यन्तं व्याहतां कल्पयन्ति तेन च पञ्चदशभिर्वर्षैः पठितस्य संस्कृतनिबन्धस्य भाषान्तरनिबद्धस्य वा तर्कलेशस्यात्युपयोगशक्त्यभावमूलं महाप्रमादमात्मनः ख्यापयन्तीति तान्स्मारयितुमयमस्माकं प्रयासः। वस्तुतस्तु शब्देभ्यो द्रव्यं द्रव्ये परिवर्तो वा संभवति न वेति विवादो बालविवादकल्पः सिद्धविमोहितान्बालान्विहायान्यैरीदृश्याः कल्पनायाः स्वप्नेऽप्यदृष्टत्वात् ॥६॥

तदेतत्सूत्राक्षरैः स्पष्टीकुर्वन्नाह—

न शब्दो न च मनोविकारो द्रव्यमुत्पादयति साक्षात्परिवर्त्तयति वा ॥७॥

(वा) मनसः शास्त्राभ्यासैः संस्काराख्यं फलं साक्षात्।
शब्दैर्भावनया वा न द्रव्योत्पत्तिपरिवृत्ती ॥९॥
मृत्पिण्डमेकमपि यः परीक्षते मृण्मयं स वेत्त्यखिलम्।
एकं परीक्ष्य शब्दं शब्दप्रकृतिं तथैव जानीमः ॥१०॥

न शब्दो ह्रां ह्रीं दारय मारयेत्यादिरूपः सार्थकोऽनर्थको वा न च शब्दकृतोऽन्यादृशो वा कामक्रोधादिर्मनोविकारो रजतमुद्रादिकं पुत्रादिकं वा समुत्पादयितुं शक्नोति, न वा सन्निहितेषु हस्तादिषु वा तादृशीं शक्तिमुत्पादयितुं शक्नोति यया हस्तादौ रजतमुद्राद्युद्भवः स्यात्, स्त्रीपुंसानां बन्ध्यानां क्लीबानां वा पुत्रोत्पत्तिः स्यात्। सिद्धेन मिथ्यामन्त्रान्पठता कञ्चुकान्तराल्लाघवेनाविर्भाविता प्रच्छादितपूर्वमुद्रा प्रदर्श्यते, बन्ध्यस्य क्लीबस्य भार्यया वा सहैव रतिसुखेन पुत्रदर्शनसुखमपि दत्त्वा कृतार्थ्येतेति त्वन्यत्। न तादृश्यां मन्त्रशक्तौ कस्यापि विवादो यया विमोहिताः कञ्चुकान्तरोत्क्षिप्तां मुद्रामाकाशादागच्छन्तीमिव पुत्रं भार्यायां यतिनोत्पाद्यमानं देवानुग्रहमिव पुरुषाः प्रतिपद्यन्ते। परम्परयार्थमवबोध्य द्रव्यपरिवर्तने मृत्पिण्डाद्धटादिनिर्माणे कुलालादेः प्रवर्तनाच्छब्दस्य पारम्परिके घटाद्युत्पत्तौ निमित्तत्वं स्यादिति चेत्तदपि न, विनाप्यन्योपदेशं पर्वतस्फुटनाद्यामघटध्वंसादिदर्शनाच्चेति सर्वथा द्रव्योत्पादने द्रव्यपरिवर्त्तने वा शब्दस्यान्यथासिद्धत्वम् ॥७॥

ननु भवान्सर्वज्ञो येन सर्वान्स्त्रीपुंसानतीतवर्तमानान्सर्वांश्च तच्छब्दान्परीक्ष्य निश्चेतुं शक्नोति न शब्देभ्यो द्रव्यं द्रव्यपरिवृत्तिर्वेति चेदाह—

स्पष्टं तदारुणेरादेशमनुसरताम् ॥८॥

'उत तमादेशमप्राक्ष्यो येनाश्रुतं श्रुतं भवत्यमतं मतमविज्ञातं विज्ञातम्' इति पित्रा पर्यनुयुक्तः 'कथं नु भगवः स आदेशो भवति' इति जिज्ञासमानः श्वेतकेतुस्तस्मादुत्तरमवाप्तवान् 'यथा सौम्यैकेन मृत्पिण्डेन विज्ञातेन सर्वं मृण्मयं विज्ञातं स्याद्यथा सौम्यैकेन नखनिकृन्तनेन (विज्ञातेन) सर्वं कार्ष्णायसं विज्ञातं स्याद्' इत्यादि। तस्य च प्रत्यक्षानुमानाभ्यामुपपन्नः सुव्यक्तोऽयमभिप्रायो न सर्वस्य अतीतानागतवर्तमानमृदः परीक्षणान्मृत्स्वभावनिर्णयः केनापि मृत्पिण्डेन परीक्षितेन तन्निर्णयस्य सुकरत्वात्। बालोऽपि नालपति वह्निस्फुलिङ्गानां परीक्षितानां द्वित्राणां करार्पितानां दुःखदत्वेऽपि करार्पणे सुखदो बह्निर्देशान्तरेषु युगान्तरेषु वा संभाव्यत इति। न वह्नित्वमदाहकस्य न च दाहकस्य करार्पणे सुखदत्वमिति हि सकृदेकस्यैव स्फुलिङ्गस्य परीक्षया निश्चेतुं सुशकत्वात्। अतीतानागतवर्तमानसकलवस्तुपरीक्षया तद्धर्मनिश्चये तु तादृशज्ञानस्यात्यन्तासंभाव्यत्वादनुमानकथाया एवोच्छेदप्रसङ्गः। तस्माद्यथा द्वित्राणामेव मेषवृषमहिषादिव्यक्तीनां परीक्षणान्निष्पक्षस्योड्डयनाभावो निश्चीयते तथा द्वित्राणामेव शब्दानां परीक्षणात्तेषु द्रव्योत्पादनस्य वा द्रव्यपरिवर्तनस्य वा शक्तिर्न निश्चेतुं शक्यते ॥८॥

(वा०) तत्त्वातत्त्वविवेकं विधाय यत्नेन शास्त्रेभ्यः।
कार्योऽत्र तत्त्वसंग्रह उपेक्षितव्यं तु यदतत्त्वम् ॥११॥

[अधि० ३] श्रुत्यादिशास्त्रे सकला विषया अल्पकास्तु वा ।
श्रुत्यादि दिव्यशास्त्रं यत्सर्वज्ञाननिधिस्ततः ॥ १ ॥
शास्त्रस्य दिव्यः सत्योंऽशः को विशेषः श्रुताविह ।
ज्ञानस्य न परिच्छेदः शास्त्रमल्पावगाह्यतः ॥ २ ॥

ननु मा भूच्छब्दस्य द्रव्योत्पादनादिशक्तिस्तस्य शास्त्ररूपस्य तत्त्वसंग्रहायोपयोगस्तु स्वीक्रियते भवद्भिस्ततश्च तस्य प्रामाण्यमपि स्वीकर्तव्यम् । किं वा प्रामाण्यमस्तु न वा तत्रोपपत्तिमनपेक्ष्यापि श्रद्धेति तु स्वीकर्तव्यमगत्यापि । न हि गणितादिशास्त्रमारभमाण उपक्रमादेव सर्वत्र संदिहानो बालः किंचिद्विज्ञानमासादयितुं प्रभवतीति चेन्नेति ब्रूमः, विज्ञानाय निवापाञ्जलिं दत्तवति भारते किलेदानीं तत्ते क्रमोऽयम् । वस्तुतस्तु सोपपत्तिकमेव विद्यामारभमाणोऽपि बालः श्रद्धातुमर्हति, निरुपपत्तिकं तु संदिग्धमेव ग्रहीतुमर्हत्यव्याहतं चेद्, व्याहतं तु सद्यो हृदयान्निरसितुमर्हति । इयमेव सर्वत्रोपपत्त्यपेक्षाबुद्धिर्बाले विकासमापादनीयेऽपि परमोऽध्यापयितुर्धर्मः । उपपत्तिनिरपेक्षं गणितादि शब्दमात्रोक्तं ग्राहयन्तोऽध्यापकापसदा भारतीयान्बालान्प्रमादनिरयेऽपायतन् । उपपत्तिसापेक्षत्वमेव पाश्चात्त्येषु क्रमेण विकसत्तेषां वैज्ञानिकवरत्वे हेतुः । किंच दिव्यदृष्टेर्व्याहतत्वस्योपर्यादित्वात्तद्वत्त्वमात्मनि परेषु वा ख्यापयद्भिः सर्वज्ञमानिभिरुक्तेष्वर्थेषु व्याहतेष्वपि न श्रद्धा कार्येति सुव्यक्तम् । दिव्यदृष्टिख्यापका हि दिग्भ्रमवन्त इव तैरुक्तं च प्रायः पारमार्थिकेतरत्कल्पनाप्रचुरत्वात् । यथा चेदानीन्तनेषु तथा पूर्वजेष्वपीति तेषां प्रबन्धेष्वपि । यस्मिञ्शास्त्रे यो विषयो मुख्यतया वर्णनीयस्तच्छास्त्रस्य तत्रैव प्रामाण्यसंभावनापि । यथा विधिशास्त्रस्य निर्हेतुकेषु विधिषु स्वस्वविधेयानुष्ठानयोग्येषु प्रामाण्यं नार्थवादे । पुराणेतिहासबृहत्कथाकाव्यादीनां कविकल्पनाप्रायत्वं न पुनर्गोलगणिते प्रामाण्यम् । स्मृत्यादिषु पित्रगाद्यनुसारेण प्रामाण्यम् । न सर्वासां स्मृतीनां सर्वेषां वा धर्मसूत्राणां श्रौतादिसूत्राणां वा सर्वेष्वेव जनेष्वविशेषेण प्रामाण्यम् । न ह्यापस्तम्बो वाजसनेयिनां न वा याज्ञवल्क्यस्तैत्तिरीयाणां प्रमाणम् । तदेतत्सर्वमभिप्रेत्याह—

शास्त्रविशेषाणां विषयनियमः ॥ ९ ॥

उपपत्त्यपेक्षापि या काचिच्छ्रद्धा शब्देषु दर्शिता सापि विषयसंकोचेन तत्तद्विषयप्रतिपादकानामृषीणामनृषीणां वा वचनेषु विधेया न पुनर्विषयाविभागेन ज्योतिषविषयाणां पुराणेषु दार्शनिकविषयाणां धर्मसंहितास्वित्यादि सांकर्यवदन्वेषणमुचितम् । सांकर्यवत्या श्रद्धया सन्तोषादेव पुराणेष्वेव वा स्मृतिष्वेव वा श्रुतिष्वेव वा सर्वं विज्ञानं

(वा०) तत्रापि तस्य विषयो यः स्याच्छास्त्रस्य तस्य तत्रैव ।
प्रामाण्यसंभवः स्यात्प्रायो नान्यत्र विषये तु ॥१२॥

प्रतिपद्यमानैश्चन्द्रस्य भुवोऽन्यन्तसंनिहितस्योपग्रहस्य ग्रहमध्ये गगना सूर्यादपि विप्रकृष्टेत्याद्याः प्रमादाः कृता विप्लाविता चास्मिन्देशे विज्ञानव्यवस्था। यावद्विज्ञानं तु प्रायो वर्षसहस्रेभ्यः पूर्वं भारते सोपपत्तिकं गणितादिसंहितास्वासीत्तस्य चेत्पुराणादिषु वैज्ञानिकीं श्रद्धां विहाय विद्वांसं निन्दद्भिर्भारतीयैः कलिदैवादिहेतुकं तामसानुद्योगजनप्रियवादं प्रकल्प्य महानुद्योगो वाऽऽलम्बिष्यत नाद्यत्वे विज्ञानकथास्वलब्धास्पदमाविष्कारवार्तास्वसंभाव्य चार्थं व्याहताद्भुतविभूतिवाचकशब्दमात्रकृतार्थं वर्षमिदमभविष्यत् ॥ ९ ॥

ननु किमेतदुच्यते शास्त्राणां विषयविभाग इति। किं शास्त्रान्तराणि शास्त्रान्तरे सर्वथा नोपलभ्यन्त इति भवतोऽभिप्रायः, शास्त्रान्तरे समुपलभ्यमानः शास्त्रान्तरविषयोऽत्यन्तमुपेक्षणीय इति वा। नाद्यः, दृश्यन्ते हि भक्ष्याभक्ष्यादयो वैद्यकविषया अर्थशास्त्रविषयाश्च पुराणादिषु। नान्तिमः, एकस्य शास्त्रकृतो बहुश्रुतत्वसंभवात्तदुक्तस्य विषयान्तरस्यापि तच्छास्त्रे समधिगम्यमानस्योपेक्षायां कारणाभावादिति विप्रतिपत्तिं परिहरति—

विषयान्तरस्पर्शे तत्तच्छास्त्रेण पूर्तिर्यथा भक्षादौ धर्मसंहितायाः ॥१०॥

न वदाम एकस्मिञ्शास्त्रे शास्त्रान्तरविषया नोपलभ्यन्त इति, न वा शास्त्रान्तरविषयस्याप्यन्यत्रोपलब्धस्यात्यन्तोपेक्षामुपदिशामः। सामान्यत उपपत्तिपरीक्षाक्षमाणामुपपत्तिपरीक्षायाः पूर्वं विशेषतस्तु तदक्षमाणां तत्तद्विषयेषु शाब्दप्रामाण्येनैव संदिग्धार्थप्रतिपादनेनापि गच्छतां मङ्गलं वाञ्छन्नाचार्य आह—भवतु विषयान्तरस्पर्शः शास्त्राणां भवतु च तदपेक्षा नराणाम्, तथापि शास्त्रान्तरस्पृष्टः शास्त्रान्तरविषयः श्रेयस्कामस्तच्छास्त्रविरोधे हि स्वविषये लब्धावकाशस्य विषयान्तरस्पर्शिनः शास्त्रस्य तद्विषयप्रतिपादकेन शास्त्रेण बाध उचितः। चिकित्सां जानन्नपि हि पुरोहित आयुर्वेदज्ञसंनिधाने न धाष्टर्यं कर्तुमर्हति। तथा च भक्ष्यादिविषये धर्मसंहितायाश्चिकित्साग्रन्थैरर्थादिविषयेषु चैवमेव तत्तच्छास्त्रैः पूर्तिमनुशासदाचार्यो नासूयाविषयो भवितुमर्हति। सर्वत्रोपलभ्यतेऽपीत्थमेव। नह्यौषधार्थमात्ययिकेषु व्याधिषु सुरां पिबन् विप्रः पातित्यमृच्छति न वाऽऽर्तः स्मृत्यनिषिद्धमपि घृतं बन्धुभिरातुरः प्राश्यते ॥१०॥

[अधि० ४] **हरेः स्तम्भोद्भवत्वादिकथा अत्युक्तयो न वा।**
नात्युक्तयश्चिरत्नानां श्रद्धा वाच्युचिता यतः ॥१॥
व्याहते न क्वचिच्छ्रद्धा चिरत्ने वा नवेऽपि वा।
तस्मादत्युक्तयः सर्वे वादा एतादृशा इह ॥२॥

(वा०) स्पृष्टे तु भिन्नविषये तत्तच्छास्त्रेण पूर्तिः स्यात्।
भक्ष्याभक्ष्यविचारे स्मृतेर्यथा वैद्यशास्त्रेण ॥१३॥

ननु विषयान्तरस्पर्शे भवतु पूर्तिः शास्त्रस्य तत्तच्छास्त्रैर्यत्पुनर्ग्रन्थेषु पुराणेषु **च** स एव लोकविभागदेवासुरयुद्धादिविषयोऽत्यन्तविसदृशैरनेकैः प्रकारैरुक्तस्तत्र का गतिर्विशेषतः स विषयश्चेद्वैज्ञानिको वा वैदिको वा पौराणिको वेति न निश्चीयते चेत्कि करणीयमिति पर्यनुयुञ्जानं प्रत्याह—

स्वभावोक्तिरूपकात्युक्तिभेदाद्वाक्यार्थानवगमः ॥११॥

अत्युक्तिमयेष्विति शेषः। अन्यत्र वाक्यार्थावगमेऽपि त्रिविधोक्तिवशाद्विप्रतिपत्तिः। देवदत्तो यज्ञदत्तो विष्णुमित्रश्च नगरोपकण्ठे कस्यापि श्रेष्ठिन उपवनं गच्छन्ति। उपवनं दृष्ट्वा समागतांस्तान्सुक्रतुः पृच्छति किं भवद्भिर्दृष्टमिति प्रत्येकं कथयत। ततो देवदत्त आह—सहस्रं तरून् व्रततिसहस्रैर्वेष्टितान्दृष्टवानस्मीति। अथ यज्ञदत्त आह—सहस्रं तरुपुरुषान् व्रततिवनितासहस्रैराश्लिष्टान्दृष्टवानस्मीति। अथ विष्णुमित्र आह—सहस्रं पुरुषान्वनितासहस्रै राश्लिष्टान्दृष्टवानस्मीति। तानित्थं वदत आकर्ण्य तेषामुक्तौ विशेषतो विष्णुमित्रस्य दिवोपवने स्त्रीपुंसव्यवहारं संभावयितुमक्षमः प्रायः सर्वेऽप्येकमेव परमार्थं त्रिः कथयन्तीत्यनुमिमानो दाढर्याय तान्गृहीत्वा स्वयमुपवनं गच्छति पृच्छति च तान्। यथेदमद्योपवनं तथैव भवतामागमनसमयेऽप्यासीदन्यादृशं वेति, तत एवं पृष्टानामपि तथैवेति प्रतिपद्यमानानामप्येको लतासहस्रवेष्टिततरुसहस्रं मालाकारमात्रेण जरत्कुटुम्बिनीद्वितीयेनाश्रितं स्त्रीसहस्रश्लिष्टपुरुषसहस्रान्वितं व्यपदिशतीति नूनं कवितामात्रं तदुक्तम्, लता एव तु स्त्रियस्तरव एव पुरुषा इति सुक्रतुः प्रतिपद्यते।

अत्र देवदत्तः स्वभावोक्तिप्रियो वैज्ञानिकस्तरून्व्रततीश्च तरुत्वेन व्रततित्वेन च व्यपदिशति। यज्ञदत्तस्तु रूपकप्रियः कविस्तरुषु पुरुषरूपणं व्रततिषु च वनितारूपणं कृत्वा वर्णयति। विष्णुमित्रः पुनरतिशयोक्तिप्रियः पौराणिकस्तरून्व्रततीश्च सर्वथैवानु-

---

(वा०) एका स्वभाववर्णनशैली रूपकमयी द्वितीया स्यात्।
अत्युक्तिस्तु तृतीया वाचोयुक्तिस्त्रयीत्युक्ता ॥१४॥
तरवो लतावृता इति तरुपुरुषा वल्लिवनिताभिः।
श्लिष्टा इति पुरुषा इह वनिताश्लिष्टा इति क्रमशः ॥१५॥
तदुदाहरणान्यत्र प्रथमा वैज्ञानिकी शैली।
प्रायो वैदिकशैली दृष्टा रूपकमयी कविभिः ॥१६॥
पौराणिक्यत्युक्तिर्मोहं तनुते प्रमादवत्स्वतुलम्।
मत्वा स्वभाववर्णनशैलीं तां मोहमेति जनः ॥१७॥
अश्वादिरूपणं यद्रविकिरणादिषु कृतं वेदे।
किरणादेर्विनिगरणात्सैवात्युक्तिः पुराणेषु ॥१८॥

द्विश्य स्त्रीपुंसानेव पश्यति तथैव च वर्णयति। न पुनरुक्तित्रैविध्येऽपि वस्तुत्रैविध्यमुपवनस्यैव त्रिभिर्वर्णनीयत्वात्। अत्युक्तिप्रियस्य स्वभावोक्तिप्रियस्य वाऽत्यन्तभिन्नं यदुक्तिद्वयं तस्य सम्बन्धो रूपकोक्तिप्रियस्य वचसा।

तथैव भारतीयवाङ्मयेऽन्यत्र च स्वभावोक्त्या परमार्थं वर्णयतां वैज्ञानिकानां ज्यौतिषवैद्यकगणितादिप्रबन्धकृतामत्युक्तिप्रियाणां पौराणिकानां च रूपकप्रिया वैदिककवयः सम्बधं सम्पादयन्ति। वेदेभ्यश्च सूर्ये प्रजापतित्वरूपणं विद्युति सूर्ये वा कल्पनाभेदादिवत्त्वरूपणमुषस्यहल्योर्वशीत्वादिरूपणमित्यादिरूपकाणि स्फुटमवगम्यन्ते। न चैतावता परमार्थंविज्ञानप्रियेण सर्वासां पौराणिकात्युक्तीनां मूलमन्वेषणीयमिति कल्पनीयम्। संप्रति स्वभावोक्तिमयेन विज्ञानेन साक्षादृजुमार्गेणोच्यमाने परमार्थे पारम्परिकात्युक्तिगहनानां पुराणानामनपेक्षणीयत्वात्। सर्वत्र हि रूपकोक्तिसमयोऽत्युक्तिसमयः स्वभावोक्तिसमयश्चेतियुगत्रयमुपलभ्यते। तत्र स्वभावोक्तिसमये वैज्ञानिके प्राप्ते न कोऽप्यप्रमत्तः पौराणिकमत्युक्तिसमयं विज्ञानायापेक्षते शिशूनां कौतुकाय तु पौराणिकीं कथां यदा कदाचिज्जनाः कथयन्ति।

तस्मात्संप्रति पूर्वजानां समकालिकानां च वैज्ञानिकीभ्यः स्वभावोक्तिभ्यः परमार्थज्ञानस्य सुकरत्वादत्युक्तिप्रचुराः पुराणोक्तयो नापेक्ष्या न च श्रुता अप्यक्षरानुसारेण स्वभावोक्तिरूपतया ग्राह्याः। 'वापी कापि स्फुरति गगने तत्परं सूक्ष्मपद्म' इत्यादि कविपुत्राः प्रमदाङ्गानि वापीत्वादिभिरिव पौराणिकाश्छायापथवियत्सूर्यग्रहतारकाध्रुवप्रदेशादीन्क्षीरसागरविष्णुविधिदेवदेवर्षित्वादिभिर्वर्णयितुं यथा कथंचिद्यतते। तेषां पुनर्वस्तूनामिदानीं वैज्ञानिकप्रबन्धेभ्यः साक्षाज्ज्ञाते सुकरतरे कः प्रेक्षावान्पारम्परिकनेयार्थममीषु पौराणोक्तिषु द्राविडप्राणायामसदृशीषु श्रद्दधीत। न हि नाममात्रेण वस्तुनो लावण्यम्। तमेव परमार्थं सूर्य इति वा ब्रह्मेति वा जानीयामेति का

(वा०) कफपूयमूत्रशोणितगूथाद्यं यन्मृतेः पूर्वम्।
वैतरणीनिरयाद्यातस्यात्युक्तिस्तथैव विज्ञेया ॥१९॥
धनिनो हिरण्यशयने दण्डः स हिरण्यकशिपुवृत्तान्तः।
वनदाहकार्यशक्त्या चण्ड्या महिषादिविनिपातः ॥२०॥
सर्वं पुराणकर्तृभिरत्युक्त्या हन्त परिणमितम्।
नरनार्यादिकथामयमुदितं महता प्रपञ्चेन ॥२१॥
ईदृग्बृहत्कथादौ निशासहस्रस्य चाख्याने।
पाषण्डपुस्तकेषु च वन्यकथासु च बहु प्रपञ्चोऽस्ति ॥२२॥
सभ्याः कथाप्रपञ्चानेतान्मनसो विनोदाय।
शृण्वन्ति न पुनरीदृशमत्युक्तिं वास्तवीं प्रपद्यन्ते ॥२३॥

विकल्पना। पारमार्थिका विज्ञानेन यन्त्रादिमहासहायेन निर्णीतान्सूर्यस्य विप्रकर्षादीञ्ज्ञानीयामेति श्रद्दधानैरस्माभिर्भाव्यं न तं चतुराननपुरुषत्वेन ध्यायन्तो मुह्येमेति केऽप्याशंसितुमर्हन्ति।

तस्माज्जाग्रत्सु विज्ञानेष्वातारकाभ्य आ च भूगर्भादा पिपीलिकेभ्य आ च मनुष्यमनस आ विद्युत आ च वाष्पादा गिरितुङ्गत्वादा च सागरगाम्भीर्यं सकलं परमार्थं दिने दिने विकसन्त्या स्वभावोक्त्या वर्णयत्सु यवनरोमकशर्मण्यादिप्रसिद्धा अवलिम्पगिर्याद्याश्रितद्युपित्रादिकथा इवाद्यत्वे विज्ञानविरोधित्वादत्यन्तहानिकरीः सर्वत्र नराकारदर्शिनीर्जरत्पुराणपटच्चरलेखमयीः कथा न परमार्थविज्ञानाय पारमार्थिकः स्प्रष्टुमर्हति। वैज्ञानिकविषयमविप्लाव्य पुराणादिभ्यः कथामात्रसारेभ्यो भीष्मरामादिमहापुरुषचरितं श्रुत्वा तदादर्शानुकूलगमनाय तदाश्रयिणां तु सत्फलमुक्तं पूर्वाध्याये विषयनियमाद्वैज्ञानिकरहस्येषु पुराणादिकथाभिर्विप्लवस्तु शश्वदवधानेन परिहरणीयः ॥११॥

[अधि० ५] ऋषीणां सर्वदर्शित्वं केषामप्यस्ति वा न वा।
अस्त्यप्रतिहता तेषां दृष्टिः सर्वार्थदर्शिनी ॥१॥
कस्यापि नेदृशी दृष्टिः सर्वो हि मितदृष्टिकः।
परीक्ष्य प्रकृतेस्तत्त्वं नवं जानन्नृषिस्ततः ॥२॥

ननु साक्षात्कृतधर्माण ऋषयो बभूवुरिति हि तत्रभवन्तः परावरज्ञा विदितवेदितव्या अधिगतयाथातथ्या इत्यादि च पतञ्जलिप्रभृतयस्तत्सर्वज्ञानामृषीणामुक्तिषु विप्लवव्यावातादिशङ्कमानेन भवता मोहमापादितः किमेतदिति न जानीमो व्यामिश्राणि मोहजनकानीव भवतो वचांसि। ऋषीणां दिव्यां दृष्टिमपलपसि सर्वज्ञताममीषां नाङ्गीकरोषि वैज्ञानिकाननृषीनृषित्वेन प्रतिपद्यस इत्यादि प्रलपन्तं सान्त्वयन्नृषित्वं निर्वक्ति—

ऋषित्वमनधिगतदर्शित्वं तत्तद्विषये ॥१२॥

(वा०) मूर्खास्तु वसनवृद्धिं कृष्णायाः सिंहनिर्गमं स्तम्भात्।
भ्रूकुंसरूपमधुनापि रामसत्त्वं भ्रमद्भूमौ ॥२४॥
अवतारबालकैः सह संभाषां विकटमोटानाम्।
विद्युत्संक्रममेवं पतद्ग्रहान्मूर्खभक्तानाम् ॥२५॥
तात्त्विकमेतत्सर्वं प्रख्याप्य जनेषु मुग्धेषु।
परमार्थनाशनपराश्चरन्त्यधन्यामिमां भूमिम् ॥२६॥
दृष्ट्वा पुराणवचने वालान्विश्वासमापन्नान्।
विश्वासयन्ति कितवाः स्वीयेषु जुगुप्सितेष्वसत्येषु ॥२७॥

द्विविधा विद्वांस ऋषयः संग्रहीतारश्च । तत्र ते किल ऋषयो ये गुरुभिः पूर्वजैश्चानुपदिष्टमपि पश्यन्ति, महोद्योगतत्त्वात्तर्कशक्तिप्रकर्षाच्च ते पुनरनृषयः संग्रहीतारो ये पूर्वजार्जितं संगृह्य नयेन वर्धयन्ति । द्वयेऽप्येते सात्विका विद्वांसः । यस्तु न पूर्वजोक्तमतिसंगृह्णाति दूरापास्तां च यस्य पूर्वजविज्ञानोपचयकथां स तामसः कलिदैवपूर्वजादिमाहात्म्यं स्तुवंस्तदेवाद्य स्वमाहात्म्यबाधकं कल्पयन्न विद्वद्गणनार्हः । ऋषित्वं संग्रहीतृत्वं च विषयनियतम् । न हि सर्वः सर्वं द्रष्टुं वा संग्रहीतुं वा शक्नोति ऋते जैनोत्प्रेक्षितायाः सर्वज्ञचतुर्विंशतेः । धर्मस्वरूपमृषिभिः साक्षात्कृतमिति वदन्यास्कः श्रद्धेयो धर्मरूपस्यैवास्य विषयस्य ऋषिविशेषैः साक्षात्कर्तुं शक्यत्वाद्विशेषस्त्वंशक्रमेण बहुभिः ।

विदितवेदितव्या इत्यादीनि पतञ्जलिप्रभृतीनां तु वचांसि व्याहतत्वाज्जिनसर्वज्ञतावादवदत्युक्तिमात्रपर्यवसायीनि । धर्मः सूक्ष्म आचारो देवजातिकुलादिभिः कलानृत्यगीताद्यसंख्यभेदः । शिल्पानि रञ्जनधावनालङ्कारनिर्माणवास्तुरत्नवेधादीन्यनन्तानि । भाषा विचित्रा अपरिच्छिन्नविविधवाङ्मया । इतिवृत्तानि देशयुगादिभेदविस्तीर्णानि । गणितं दर्शनं ज्योतिषं भूगर्भविज्ञानं द्वीपादिस्थितिज्ञानं मनोविज्ञानं रसशास्त्रं विद्युदादिरहस्यमित्याद्यान्यनेकानि प्रत्येकं पुरुषायुषेणाप्यसमाप्यानि प्रतिदिनमुपचीयमानानि शास्त्राणि । तत्को नामाज्ञानान्धं वाङ्मयापरिच्छेदनाम्नाप्यपरिचितं प्रमादवन्तमन्तरेण कमपि पुरुषमृषिमनृषिं वा सर्वज्ञकल्पमपि कल्पयेत् । पारिभाषिकं सर्वज्ञत्वं तु रामनामादिजल्पनमात्रविज्ञानस्य कौपीनधनस्य धनित्वमिव कल्प्यमानमज्ञैर्न निवार्यते । तस्मादृषित्वं वस्तुतस्तद्विषयेऽन्यैरदृष्टपूर्वस्य तत्त्वस्य दर्शनं पुनः सर्वज्ञत्वमिति स्थितम् ।

ऋषित्वं च न युगनियतम् । महोद्योगानामतामसानां कलिदैवपूर्वजस्तुतिमजानतां पूर्वजार्जितस्य विज्ञानऋक्थस्योपचयेन तत्प्रमाणपरिशोधनादृषिऋणं विशोधयतामृषीणां सर्वदाऽसंभवात् । यथा पितृऋणं स्वयं पितृभावप्रयत्नेनैव शोधयितुं शक्यम् । तथा प्रयासेन ऋषित्वमधिगम्यतां न वा संग्रहीतृत्वरूपं विद्वत्त्वं तु संनिहितम् । ऋषयोयथा संहिताकालेषु विश्वामित्रवसिष्ठवामदेवादयोऽग्निसूर्यसरिदादीनां देवानां देवीनां च स्वभावादिद्रष्टारः सर्वात्मत्ववैराजस्वरूपादिद्रष्टारश्च । ब्राह्मणसमयेषु याज्ञवल्क्यारुणिसनत्कुमाराजातशत्रुजाबालिप्रभृतयो विप्रर्षयो राजर्षयश्च सूक्ष्मानुक्रमणैकपरीक्षाभूगत्यादिद्रष्टारः । अर्वाचीनसमयेषु चार्यभटश्रीधरादयो भारतीयेषु भूगतिमध्यमानयनोपायादिद्रष्टारो देशान्तरीयेषु च पृथुगौरयूकलीढार्कमीढकुपर्णिककपिल-

---

(वा०) यावत्पूर्वाधिगतं तस्मादपि बहुतराधिगमः ।
प्रकृतिपरीक्षाविधिभिस्तत्तद्विषये ऋषित्वं स्यात् ॥२८॥
तत्र परीक्षाशक्तिर्भवितः सत्येऽनृताज्जुगुप्सा च ।
पूर्वजसंक्रान्ता च प्रतिभावस्थानुकूल्यं च ॥२९॥

नवतनुदारुवीणकलवीणरम्यजनुः प्रभृतयो गणितवैद्युतादिविज्ञानद्रष्टारः सुक्रतुप्रभृयश्च बहवो दार्शनिका धर्मविषयस्य गूहतत्त्वेऽप्यनतिविस्तृतत्वात्पूर्वजैरेव समर्पिततत्त्वात्संप्रति विद्वांसः पूर्वजोक्तसंग्रहमात्रेणैव कृतार्था न तत्र नवाऽविष्कारान् कर्तुमीहन्ते। तस्माद्धर्मविषये सांप्रतिकानां संग्रहीतृत्वमात्रं न ऋषित्वम् ।

इदमेव धर्मविषयमृषित्वस्य संकोचं विधाय सांप्रतिकैर्भारतीयैर्वैदिककालादर्वाचीनेषु ऋषित्वं नाङ्गीक्रियते। विज्ञानविषयेष्वपरिच्छेद्येषु पुनरहन्यहनि सात्त्विकैर्महोद्योगैर्विकासं नीयमानेषु न ऋषीणामवसानमद्यत्वेऽपि रम्यजनिप्रभृतीनां पाश्चात्त्यानां जगदीशादीनां च भारतीयानां विज्ञानर्षीणामाविर्भावोपलम्भात्। शुष्कतर्कव्याकृतिप्रभृतिवादैर्वकबन्धनप्रयासादपि निष्फलैः काकदन्तपरीक्षातोऽपि क्षुद्रतरैर्व्याहतानुशरणशीलतामात्रपर्यवसायिभिः कूपमण्डूकमात्रप्रीतिकारिभिस्तु पुरुषायुषं क्षपयत्सु न ऋषीणां न वा परमार्थसंग्रहीतॄणामप्याविर्भाव इति न चित्रम्। वाङ्मयोद्याने पारमार्थिकभृङ्गसेव्यमानविकसितविज्ञानप्रसूनोऽपि वादजल्पवितण्डादिकण्टकान्वेषिषु क्रमेलकेषु तदाविर्भावस्यात्यन्तमसंभवात् ॥१२॥

ईदृशमनधिगतदर्शित्वरूपं पारमार्थिकमृषित्वमपूर्वं प्रकृतिविकासकमित्याह—

तदद्भुतं प्रकृतिलताफलम् ॥१३॥

यथा किल लतादिषु दोहदादियोगवशाद्भूम्याद्युत्कर्षवशाद्वा कुशल उद्यानपालोऽनतिकुशलैरलसैरनुत्प्रेक्ष्याण्यद्भुतानि पुष्पफलादीन्युद्भावयति तथा पित्रोः शिक्षकादेश्च माहात्म्यात्स्वप्रतिभावशाच्चान्यानधिगतवैज्ञानिकादितत्त्वदर्शनमद्भुतं प्रकृतिलताफलमृषित्वव्यपदेश्यं यदा तदा समुद्भवति ॥१३॥

इयमेव ऋषीणां मन्त्रदर्शिता यदनधिगततत्त्वदर्शितेति ऋषयो मन्त्राणां द्रष्टार इत्याद्युक्तिभिरप्यविरोधोऽस्माकमिति दर्शयति—

सा मन्त्रदर्शिता मन्त्राणां नवाविष्कृतरहस्यपिशुनत्वात् ॥१४॥

उक्तपूर्वानधिगतदर्शितैव मन्त्रदर्शिता मन्त्राणां हि विचार्यमाणानां नवाविष्कृतरहस्यप्रकाशकत्वातिरिक्तं गौरवं न विभाव्यते। न हि विशेषेऽर्थोत्कर्षं वक्तुरुत्कर्षं चानपेक्ष्य कंचिन्महिमानं कश्चित्संभावयितुं शक्नोति। वक्तुरुत्कर्षश्च पित्रादिप्रयुक्तेषु विधिष्वेवोत्कर्षप्रयोजक इत्यवोचाम। अर्थवादेषु तु नार्थोत्कर्षमपहाय किमप्यन्यच्छब्दोत्कर्षप्रयोजकमिति सुव्यक्तम् ॥१४॥

(वा०) साधनमीदृगपेक्ष्यं न पुनर्जन्मान्तरीयसंस्कारः।
देवविशेषकृपा वा मन्त्रजपादिप्रपञ्चो वा ॥३०॥
आध्यात्मिकताडम्भः समाधिमूर्च्छानिपातो वा।
परचिन्तासंक्रान्तिः प्रतीकचरणादिसेवा वा ॥३१॥

[अधि० ६] निगमागममन्त्राणां पाठाच्चित्रं फलं न वा ।
पाठाद् वृष्टयादिकं चित्रं फलं दृष्टं महात्मभिः ॥ १ ॥
शब्दपाठात्फलं नेदृक्तस्मात्कार्योपयोगिता ।
मन्त्राणामिति सिद्धान्तः किं शुष्कैरत्र चर्वणैः ॥ २ ॥

मन्त्राणां द्वैविध्यमाह—

ते स्पष्टार्थबोधकाः सांकेतिकाश्च ॥१५॥

ते नवाविष्कृतरहस्यपिशुना मन्त्रा द्विविधाः, प्रसिद्धभाषाविशेषशब्दैर्निबद्धा वा सांकेतिकप्रथमाक्षरमातृकादिभिः प्रकाशिता वा । तद्यथा जलमाग्नेयस्यैकेन जलीयस्य च वायोर्द्वितीयेनांशेन घटितमिति रसविदामनधिगतदर्शनम् । तत्सूचकं चाग्नेयस्यैकेन जलीयस्य च वायोर्द्वितीयेनांशेन घटितं जलमिति वाक्यं स्पष्टार्थबोधकम् । ज=ह[२] अ इतीदृशो मन्त्रस्तु सांकेतिकः । वैदिकादिमन्त्राः स्पष्टार्थबोधकाः । कौलादि-मन्त्रास्तु ह्रां ह्रीं प्रभृतयो मातृकाबीजसंकेतापेक्षाः सांकेतिका मारणाद्युपयुक्तविषयो-गादिप्रदर्शका अर्थज्ञानां गृहीतसंकेतानामिति प्रायस्तर्क उद्भवति । मूर्खैस्त्वनधिगत-संकेतैरधिगतसंकेतानां स्पष्टार्थकानामपि सप्तशत्यादीनां पाठमात्रेण मारणादि-फलमाशंसमानैः प्रायो जनमात्रविस्मृत्यर्था ह्रां ह्रीमित्यादयो मन्त्रा जपमात्रेण महासिद्धिप्रदा तदुत्प्रेक्ष्यन्त इति नातिचित्रम् । ह्रां ह्रीमित्यादीनां कीदृशा अर्था आसन्निति तु न पारमार्थिकान्वेषणविषयाश्छलाभिचारादिमयत्वाददृश्यत्वाच्च तदुपा-यानां सर्वात्माराधनविमुखैः पिशाचाराधकैश्चानुसरणीयत्वात्क्षुद्रत्वाच्च पापानां प्रायो मूर्खाधिपत्ये च तत्सिद्धेः सुलभत्वादधुना वैज्ञानिकराज्ये विजृम्भमाणे तेषां ज्ञानेऽप्य-सुकरत्वात्तथा चाह्निकशेषे वक्ष्यति 'तद्विस्मृतिः कीलनं स्मरणे वाऽनुप्रयोगः प्रशास-कानां विज्ञत्वे' इति ॥१५॥

सर्वेषामपि मन्त्राणामुपयोगं नियमयति—

विध्युपयोग्यर्थबोधकत्वेन तदुपयोगस्तथा च जैमिनिः ॥१६॥

स्पष्टार्थबोधकानां सांकेतिकानां च सर्वेषां मन्त्राणां जपपाठादिभिर्नैव प्रयोजन-मर्थावगतौ तु सत्यामपेक्षायां तन्निर्दिष्टार्थानुष्ठाने तद्विनियोगः । अर्थाज्ञाने सर्वथा-

---

(वा०) मन्त्रा वाक्यानि नवाऽऽविष्कृततत्त्वस्य सूचकानि यतः ।
तादृशतत्त्वालोकनमिष्टं किल मन्त्रदर्शनं सुधियाम् ॥३२॥
मन्त्रा द्विविधा दृष्टाः केचित्स्फुटमर्थबोधका यथा श्रुतिषु ।
सांकेतिका इहान्ये विदिता नागार्जुनादिलेखेषु ॥३३॥

निरर्थकत्वे वा मन्त्राणां निरर्थकत्वान्न तेषु पवित्रस्य मन्त्रशब्दस्य प्रयोग उचितः। अस्मिन्नर्थे जैमिनिसंवादमाह तथा चेति ॥१६॥

क्रियानुपयोगिनो जपादेस्तु निष्फलत्वमुपपादयति—

क्रियानुपयोगी पाठो निष्फलो विशेषतोऽर्थाग्रहे ॥१७॥

मन्त्राणां तदाभासानां चार्थबोधे यावान्पाठादिः पर्याप्तस्ततोऽधिकतरो वा निरर्थको वा पाठादिर्निष्फलः। कश्चिदपारमार्थिको यथा वञ्चकस्तन्त्रीसंवादशैलीवाष्पयानादितत्त्वं वा जिज्ञासुना पर्यनुयुक्त ॐ दारय मारय हुंफडिति तन्मन्त्रं गन्धदीपादिभिस्तत्सेवां च प्रपञ्च्य विंशत्या वर्षैरेवमनुष्ठाने स्वयमिदं रहस्यन्ते निशीथे समेत्य कोऽपि पिशाच उपदेक्ष्यतीति प्रलपंस्तस्मै विज्ञानमनुपदिशन्नपि महतीं निजाराधनां तेन कारयेत्तथा मारणादिविषाण्यज्ञानाद्वा राजपुरुषादिभयाद्वाऽनुपदिश्य महान्तं व्ययं शक्तिसमयादिक्षयैकफलमाशीर्विलेपनक्षीरस्नापनादिरूपं मन्त्रसाधनप्रपञ्चमनुशिष्य शिष्यकौशिकमन्धतमसनिरये निपातयन्नपि तस्मान्महतीं पूजां कियन्तं कालमधिगच्छति ॥१७॥

ननु स्पष्टार्थबोधकानाम् 'इषेत्वा' 'त्वमश्मेव स्थिता भव' इत्यादि मन्त्राणां यागविशेषेषु परिणयादिषु वा समुपयोगः संभाव्यते न पुनर्ह्रींह्लीमित्यादि महारहस्यानामिति चेदुक्तमप्यर्थं सूत्राक्षरैरनुशास्ति—

रसादिबीजत्वेन सांकेतिकानां विध्युपयोगः ॥१८॥

मारणाद्युपयुक्ततीक्ष्णरसादिषु निभृतं संकेतितानां ह्रौंह्रामित्यादीनामपि स्पष्टार्थबोधानामिव यागादिविधावाभिचारिकविधिषूपयोगो नैसर्गिकः ॥१८॥

(वा०) तत्रोपयोग उक्तः श्रौतानामरणिमन्थनादिकार्येषु।
ह्रां ह्लीमित्यादीनां विषादियोगप्रकारेषु ॥३४॥
अर्थानपेक्षशब्दाम्रेडनमात्रं तु निष्फलं नूनम्।
किं वा परप्रतारणमात्रफलं रामनामघोषणवत् ॥३५॥
रामेति यथा घुष्यन्मोदकमाकर्षति स्त्रियश्चैव।
मन्त्राडम्बरकुशलस्तथैव मुग्धान्प्रलोभयति ॥३६॥
उपदिश्य वारिसेकं क्षते यथा किल भिषग्धूर्त्ताः।
खड्गे व्ययेन महता विदधुर्भैषजविलेपनं सुचिरम् ॥३७॥
एवं मान्त्रिककितवा विषयोगैर्मारणादि कुर्वाणाः।
मन्त्रस्य तर्पणाद्यैः सिद्धिं विदधुः परान्प्रतारयितुम् ॥३८॥

[अधि० ७] संस्कृतेनात्र चित्तेन सिद्धिः संकल्पजा न वा ।
अस्ति संकल्पजा सिद्धिरीशाद्याकृष्टिकारिणाम् ॥१॥
दधिसंकल्पमात्रेण कश्चिन्न लभते दधि ।
संकल्पसिद्धिस्तत्तस्य संस्कृतस्यापि नास्त्यतः ॥२॥

तदित्थमवगतार्थानां पूर्वजशब्दानां जपादावनुपयोगं बुद्धिसंस्कारोपयोगं च व्यवस्थाप्यानर्थकानामनधिगतार्थानां निष्प्रयोजनत्वं प्रदर्श्य सम्प्रति बुद्धिसंस्कारस्येदृशैरुपायैरासादितस्य फलमुदाहरति—

असंस्कृतेन मनसा फले निकर्षः प्रायो व्याहतानुसरणात् ॥१९॥

पूर्वजैर्वा समकालिकैर्वा बन्धुभिः सदनुशासनैरसंस्कृतमतीनां सिद्धिविभूत्यादिलोभाद्व्याहतसिद्धोपदेशाद्यनुसारिणां फले महान्निकर्ष उत्तरोत्तरमवनतिर्वर्षसहस्रमेकरूपेणावस्थानं वा यथा भारते प्रायो वर्षायुतं ततोऽप्यधिकं वा रज्जुनद्धवेणुघटितवृषादिवाह्यकर्णीरथादिमात्रवाहनत्वमवस्थितं न पुनः काप्युन्नतिः। देशान्तरीयाणां तु प्रथममधूमवृषादिवाहनत्वं ततो धूमयानत्वं ततश्च वैद्युतादिवाहनत्वमिति महान्क्रमिक उत्कर्षः। खेचरपादुकादिप्रेक्षायामसदुपदेशैर्बुद्धिविप्लावनैर्जीवनक्षपणसदुपदेशैर्बुद्धिसंस्कारकैर्जन्मफलासादनं च क्रमादनयोर्निकर्षोत्कर्षयोर्बीजम् ॥१९॥

(वा०) गणिताद्यसंस्कृतं मन उद्दामतया प्रकल्पयति ।
चित्तादिशक्तित्रशतः खट्वारथपुष्पकोड्डयनम् ॥३९॥
ईदृङ्मानसमोदकभक्षणकुशलाश्चरन्ति शकटेषु ।
रज्जुनिबद्धेषु चिरं गायन्तः पुष्पकस्तोत्रम् ॥४०॥
गणितादिकौशलाढ्यः सुमहोद्योगस्तु यन्त्राणि ।
नवनवतराणि घटयन्खट्वोड्डयनार्थिनो हसति ॥४१॥
रामस्य चिन्तया किल पुष्पकमागात्कुबेरभुवः ।
वासिष्ठशब्दशक्त्या रथो दिलीपस्य नाकमगात् ॥४२॥
आस्वाद्येति विमुह्यन्हन्त कविस्वप्नपीयूषम् ।
विज्ञानमधःकुर्वञ्शरणीकृत्याज्ञतां घोराम् ॥४३॥
कौलेन्द्रजालिकाद्यैर्गुह्यादिनिगूहितं द्रव्यम् ।
आकृष्य दर्शयद्भिश्चकितमतिर्द्विगुणसंमोहः ॥४४॥
पोटाभिर्विकटाभिर्मूर्खैरन्यैर्भ्रुकुंसैश्च ।
सांकल्पिकभावादिस्तुतिमतिभिस्त्रिगुणितं वहन्मोहम् ॥४५॥
प्राणज्योतिर्दर्शकमन्त्रादिकथाभिरनृतपत्राद्यौ ।
दृष्टाभिः परितुष्यन् मोहेन चतुर्गुणेन ततः ॥४६॥

निकर्षमुदाहृत्योत्कर्षमुदाहरति—

संस्कृतेन तदुत्कर्षः ॥२०॥

सदुपदेशसंस्कृतेनासदुपदेशान्सन्निहितानपि धूर्त्तैरुद्घोषितानप्यगणयतामस्य फले महानुत्कर्षो यथा वाष्पवैद्युतवायवीयादियानमाविर्भावयताम् ॥२०॥

[अधि० ८] आरब्धारभ्ययोः कश्चिद्‌गुणभेदो भवेन्न वा ।
गुणभेदो न भवति कार्यकारणयोः क्वचित् ॥१॥
दृष्टस्तुलादिसाम्येऽपि गुणभेदो महानिह ।
वायुद्वयस्य संयोगविशेषेऽम्बुसमुद्भवात् ॥२॥

उपदिष्टमर्थमननुसृत्य व्याधिविशेषेषु तत्तच्चिकित्साग्रन्थान्ज्वरादिस्तोत्रान्वाऽधिकरणव्यवहारे चण्डीपाठादींश्च मूर्खपुरोहितादिभिर्जापयतां तु मरुमरीचिकानुसारित्वमाह—

सति द्रव्ये तूभयत्रान्यथा ह्यसद्वादपूर्त्तिः ॥२१॥

द्रव्यमित्युपलक्षणं कर्मादेरपि । उपदेशेऽपेक्षितं यादृशं द्रव्यं चिकित्सादौ भेषजाद्यं यादृशं वा कर्म तत्पानाद्यपेक्षितं तस्मिन्सत्ये च तत्फलं न ज्वरस्तोत्रमृत्युञ्जयजपादिभिः । समानतन्त्रेषु बादरायणीयादिषूपपादितं सत्कार्यवादमस्मिन्नपि तन्त्रे स्वीक्रियत इति व्यञ्जयञ्जपादेर्निष्फलत्वे हेतुमाहासद्वादस्येति । निरर्थको जपादिरिति सुव्यक्तमाग्रहानुपहतानाम् । किंच नियतादेव कारणात्कार्यमुत्पद्यते नाभावात्, अभावस्य हि सर्वत्र सुलभत्वात्सर्वत्र सर्वकार्यप्रसङ्गान्न दध्ने दुग्धादेरपेक्षा स्यादिति तन्त्रान्तरेषु व्यवस्थापितम् । तच्चोपपन्नं सत्कार्यवचनममूलाया जपादिफलकल्पनायाः स्वीकारेण व्याहन्यते ।

रजतादिकं विना मन्त्रेण मुद्राद्युत्पादने भेषजादि विना ज्वरस्तोत्रविषमन्त्रादिभिर्ज्वरविषादिचिकित्सने तु दुग्धासत्वे दध्न उत्पत्तिः पुनरप्यापद्यते । न च तथा

(वा०) कृष्णाचीवरभावं कृष्णस्य किल स्तुवद्भिरथ ।
धर्मव्याख्यातृवरैः पञ्चगुणत्वोपचितमोहः ॥४७॥
बालो भारतवासी कलाकुमारः कलाध्यक्षः ।
आचार्यो वा दर्शनकाव्यादेर्नश्यति प्रायः ॥४८॥
भावनया वा शब्दैरपि वा द्रव्यस्य नोत्पत्तिः ।
द्रव्याणामिह योगाद्द्रव्यं घटकैर्हि सदृशं स्यात् ॥४९॥
योगेऽपि तु नाभिनवं कार्यमिहान्यत्र तत्त्वयोगात्स्यात् ।
तत्त्वानामपि योगे न तुलादौ भवति परिवृत्तिः ॥५०॥

दृश्यते। दृष्टिभ्रमस्तु प्रथमाध्यायशेषे सप्रपञ्चं दर्शितः। फलं तु नैसर्गिकीं ज्वरनिवृत्तिं निजबलादिवशादासादयद्भिः कदाचिदुपलब्धं वारयात्रिकविद्वन्मात्रप्रतारणक्षमम्। नहि शतशो रासभे संनिहिते घटोत्पत्तिस्तस्य घटनिमित्तत्वं व्यवस्थापयितुं शक्नोति, न वा पञ्चाशतं वर्षाणां प्रत्यहं प्रभाते वाष्पयाने प्राच्याः पाटलिपुत्रमागतमात्रे लक्षाधिकानां नराणामवस्करप्रवृत्तिं विलोक्य वाष्पयानस्य रेचनमहाभेषजत्वं प्रतिपत्तुं शक्यते। तस्मादन्यकृतस्य फलस्यान्यसंनिधाने दर्शनेन न कारणमिति ज्वरस्तोत्रादेर्वारयात्रिकविदुषां वा दधिपृथुकप्रियाणां पुरोधसां तत्प्रतारितानां प्रमादिनां वा श्रद्धया न ज्ञानापनयहेतुत्वम्।

किंचाक्षिप्रेक्षिते सम्बन्धे सत्येव निमित्तत्वं स्वीकुर्वन्ति विद्वांसः। नहि चक्रमचालयन्दण्डमस्पृशन्मृदममृद्नंश्च कुलालः कुम्भस्य निमित्तं भवितुमर्हति। न वा तन्मन्त्राहूतलोकान्तरीया देवता चक्रादिचालयतीत्यप्रमत्तः कोऽपि कल्पनां तनोति। न च सम्बन्धे सत्यप्यनपेक्षितसम्बन्धकृदपेक्षितं सम्बन्धं परिहरंश्च दण्डं नासिकया जिघ्रंश्चक्रं नमस्कुर्वन्मृदं च ध्यायन्कुलालः कुम्भमुत्पादयितुं शक्नोति। नहीदृशाः सम्बन्धास्तदुत्पत्तावपेक्षिता यादृशस्तादृशः कालिकादिसम्बन्धस्तु सर्वदा सर्वस्येत्यनपेक्षितसंबन्धजन्यत्वे सर्वस्य कार्यस्य सर्वदोत्पत्त्यापत्तिः। ततश्च हृद्यकृत्प्लीहवस्तिमस्तिष्कनाडीमेरुदण्डादिगतव्याधिमपेक्षितसंबन्धविरहितः कालिकाद्यनपेक्षितसम्बन्धवान्मन्त्रस्तोत्रादिप्रपञ्चः कथमपनयेदिति बन्ध्यापुत्रानुसन्धानसमितिरेव जगद्वञ्चिका वारयात्रिकपुरोहितसिद्धधूर्तादिपालनैकव्रतिनी विदांकरोतु ॥२१॥

ननु सत्कार्यवादमवलम्ब्य कारणे कार्यमाकारान्तरेण स्थितं चेन्मन्यसे विचित्राणि नवनवानि नीडादेः शाखापुष्पफलादिरूपाणि कथमुपपादयिष्यति चेदाह—

न नूतनमन्यत्र तत्त्वयोगात् ॥२२॥

न किंचिन्नूतनं कार्यमन्यत्र तत्त्वयोगात्। उपलक्षणं वियोगस्यापि। उपशतानि तत्त्वान्यद्ययावन्निश्चितानि वैज्ञानिकैः। तत्त्वयोस्तत्त्वानां च यदा योगो वियोगो वा जायते तदैव सर्वथा नूतनाकारं कार्यमाविर्भवति, तद्यथाऽऽग्नेयवायोर्जलीयवायोश्च

(वा०) तत्त्वान्यत्रोपशतान्यद्यावधि निश्चितानि विद्वद्भिः।
अघटितमिति यज्ज्ञातं तत्त्वं तत्संमतं सुधियाम् ॥५१॥
अघटितमिति यत्संप्रति विज्ञातं तस्य घटितत्वम्।
अम्बुन इव संभाव्यं वायुद्वययोगघटितस्य ॥५२॥
घटनाद्धि निश्चितं यद्यावत्तेनोत्तर कार्यम्।
अद्भुतमिह घटते यत्तस्माद्विज्ञानमिदमेव ॥५३॥

योगेन जलमुत्पद्यते। भूवायुजलादिस्थस्य क्षारस्य वा वियोगे वायुः समुद्भवति। जीवशक्तिश्च बीजादिस्थानत्त्वयोगवियोगयोर्महद्यन्त्रम्। तद्यथा जरायुजाण्डजाः सर्वत्र आग्नेयं तत्त्वमाकर्षन्ति क्षारं च विसृजन्ति। उद्भिदास्तु सर्वतः प्रायः क्षारमाकर्षन्त्याग्नेयं च विसृजन्ति, अत एव प्राणिनामुद्भिदां च परस्परोपकारित्वम्। प्राणिनो हि क्षारमुद्भिदपेक्षितं विसृजन्त्युद्भिदश्च प्राणापेक्षितमाग्नेयं विसृजन्ति। तस्मात्तत्त्वयोगे नूतनानि फलान्यन्यत्र तु पाषाणादिभ्यः प्रतिमाद्युद्भवे प्रतिमादीन्यन्तरेण पाषाणादौ स्थितान्यनूतनानीति सुव्यक्तमेव ॥२२॥

ननु तर्हि जितमसत्कार्यत्रादिभिरागतं चासत्कार्यं जलादि हि नाग्नेयादिवायुषु स्थितानि सर्वथा नूतनानीति भवताऽपि स्वीकारादिति चेत्प्रतिवक्ति—

तत्रापि तुलासाम्यादि ॥२३॥

आदिशब्दान्नियतकार्यत्वादि। न ब्रूमो जलादि स्वकारणे नास्तीति। कारणं ह्यस्माकं कायघटक (पीलुपुद्गल)संनिवेशविशेष एव। अन्यत्तु सर्वं कारणकारणत्वात्कुलालपितृवदन्यकार्यपिठरघटकपीलुसंनिवेशविशेष एव वा सिद्धम्। तत्त्वयोगस्तु जलादेः कारणमिति तत्त्वापेक्षया नूतनत्वं तत्त्वयोगफलस्य दर्शितम्। नतु तेन कारणात्कार्यस्य सत्त्वं प्रदर्शितं हि न केवलं सत्त्वं प्रतिपादयामः। कार्यकारणयोरनन्यत्वं तु स्वीकुर्मः। अत एव 'तदनन्यत्वमारम्भणशब्दादिभ्यः' इति बादरायणः। अनन्यत्वं न घटादेस्तत्पुद्गलनिर्माणापेक्षितयोगस्य च प्रत्येकं मृज्जलाकाशादेः। घटघटकयावत्पुद्गलसंनिवेशविशेषस्य तु कारणत्वे तत्स्वरूपत्वाद्घटस्य कार्यकारणयोरनन्यत्वमुपपन्नम्। अन्यैरपि तान्त्रिकैः कारणकलापे एव करणता स्वीकृता न प्रत्येकस्मिन्कलापाङ्गे। एतेन पूर्ववर्तित्वं कारणस्यानपेक्षितं व्याहतं च समवर्तित्वादनन्ययोः कार्यकारणयोः। प्रपञ्चस्त्वाभासनिरासाध्याये।

तस्मात्तत्त्वयोस्तत्त्वानां वा प्रत्येकं कारणत्वं तत्त्वयोगस्य च कारणत्वात्कार्यकारणयोरनन्यत्वसिद्धान्तः। सत्कार्यवादश्च यथावस्थं स्थित एवेति नास्माकं काचिदनुपपत्तिः। दुग्धादावपि न केवले दधिनिमित्तता पूतिकीटानां वायुगतानां दुग्धे नापेक्षिता। संसर्गस्तु तत्कारणमिति नास्माकमव्यक्तवादिनामिव दध्याशया दुग्धास्वादनम्। अत

(वा०) नान्तिममिह विज्ञानं किमपीति ज्ञानमेव विज्ञानम्।
प्रथमं तेन विनाऽयं मनुजः पशुरेव विज्ञेयः ॥५४॥
अन्तिममिह विज्ञानं श्रोतादीति प्रपद्य मोहान्धः।
विज्ञानस्य विवृद्ध्यै न चेष्टते हन्त हतबुद्धिः ॥५५॥
वेदादौ विज्ञानं पूर्णं परिवृत्तिरहितं च।
शिल्पकलागणितादिकमपूर्णमेवेह सर्वमिदम् ॥५६॥

एव च यावत्तुलामानं तत्त्वयोगस्य तावदेव योगोद्भवस्य जलादेरपि प्रतियोगनियतं च कार्यतत्त्वयोगविशेषाणाम्। यस्य योगविशेषस्य यत्फलमद्य तदेव सर्वदा। असत्कार्यवादे तत्त्वविशेषाद्यथा जगस्यासत्तत्त्वयोगविशेषादुद्भवस्तथा तस्मादेवासतोऽन्यस्य दुग्धघृतादेः कथं नोद्भव इति नोत्प्रेक्षावल्लभं तार्किकप्रकाण्डमपि वक्तुं शक्नोति ॥ २३ ॥

तत्त्वयोगप्रकरणात्किं लक्षणं तत्त्वमित्याह—

अर्थादितत्त्वेन ज्ञानं तत्त्वम् ॥२४॥

[अस्य सूत्रस्य भाष्यं नोपलब्धम्—सम्पा०]

[अधि० ९] निराकारात्समुद्भूतं साकारं सकलं न वा।
निर्गुणाच्च निराकारादीशात्सर्वसमुद्भवः ॥१॥
निर्गुणाच्च निराकारं तत्त्वं नास्तीह किंचन।
तत्स्वीकारे त्वसद्वादः कार्यं त्वाकारविप्लवे ॥२॥

कार्यघटपुद्गलसंनिवेशविशेषाविर्भावक्षमे कारणकलापाङ्गानां योगवियोगे वा जायमाने प्रत्येकस्मिन्नङ्गे को विशेषो दृश्यत इत्याकाङ्क्षायामाह—

सर्वस्य साकारत्वादाकारोपमर्दः सर्वत्र ॥२५॥

सर्वं साकारमित्यनुशासनराद्धान्तः। गुणादेर्द्रव्याकारेणैवाकारत्वान्निराकारस्य तार्किकपूर्वजोत्प्रेक्षितस्य कालदिगादेर्द्रव्याभासस्य गुणादावन्तर्भाव्यस्यास्वीकारात्तत्प्रपञ्चस्तु न निर्गुणो न निराकार इत्यादौ भूमाध्याये तथाऽऽभासनिरासाध्याये। कृत्स्नस्य संनिवेशविशेषाय युज्यमानस्य कारणकलापस्य प्रत्येकमङ्गं स्वाकारं विहाय

(वा०) मूर्खाणां प्रतिपत्तिर्वेदाद्यविजानतामेव।
न हि विज्ञानं वैदिकमवैदिकं वा स्थिरं किंचित् ॥५७॥
श्रौतादरणिविमन्थात्साधीयानतिसंभवोऽद्य यथा।
स्फुरकशलाकाघर्षादेवं विज्ञानमात्रेऽपि ॥५८॥
न स्थिरता विज्ञाने नेशात्मादौ तथैकमत्यं च।
न तु तेन कार्यहानिर्विज्ञानवतां कदापि संभवति ॥५९॥
विज्ञानस्यापूर्तिं पश्यन्नज्ञानमिच्छेत्कः।
पद्भ्यां स्खलन्न मनुजः प्राणायामैः खमुड्डयते ॥६०॥
उपवासपरो मूर्खो विशर्करं भोज्यमुपहसतु।
प्रतिवेशिजनस्य कथं नापत्रपया विहीनश्चेत् ॥६१॥
निर्विज्ञानः कथमिव विज्ञानपूर्णमुपहसतु।
संकल्पसिद्धियोगैर्मूर्खाणां चेत्प्रतारितो न भवेत् ॥६२॥

संनिवेशाकारमवलम्बते तस्मात्सर्वत्र कार्याविर्भावकाले कलापाङ्गाकारोपमर्द एव न त्वसतोऽभिनवस्य कार्यस्यागमः ॥२५॥

ननु निराकारात्सत्तामात्राद् ब्रह्मणो मायाद्वितीयाद्भिक्षवो जगदुत्पादयन्ति तत्कोऽयं साकारवादः प्रतिवादिमायाकारं भिक्षोर्मायावादमविगणय्य भवता प्रख्यायत इतिचेत्प्रतिक्षिपति—

न निराकारादाकारोद्भवः पुनरप्यसद्वादापत्तेः ॥२६॥

न निराकारादाकारोद्भवश्चेद्भिक्षुभिस्तदुपजीव्यैस्तदुपजीवकैर्वा स्वीक्रियते तर्हि सर्वांस्तान्वारयामोऽस्माद्भगवद्बादरायणीयं सद्युक्त्युपपन्नं विप्लावयतोऽस्मान्निराकारवादात्प्रच्छन्नबौद्धशून्यवादकल्पात्। मायया वेन्द्रजालेन वा यथाकथंचिद्वा निराकारादाकारोद्भवे स्पष्टं पूर्वमसत आकारस्योद्भव इति यत्नाद्बादरायणादिभिः परिहृतोऽत्यन्तासंगतः पुनरप्यसत्कार्यवादः शिरस्यापतति। यथा च भिक्षुर्ब्रह्मण्यसत आकारादत्यन्ताभावप्रतियोगिन आकारं जगति कल्पयति तथैव मोदकापूपपायसाद्यर्थं सत्त्राण्युपासीनं तदध्यक्षचटुकारवाचाटं चेत्कश्चिन्निराकारान्मोदकानुत्पाद्य मठ एव किं न भक्षयसीति चेत्कोऽप्याह तत्र तस्य किमुक्तम्। नूनं मठमोदकतत्सत्रागमनादि सर्वभ्रमं व्यपदिशतस्तस्य भ्रम एव शरणम्। भूमाध्याये भैक्षवस्य भ्रमस्य विस्तरेण परीक्षा भविष्यतीति नात्र तां पल्लवयामः। अस्माकं तु सर्वस्यैव साकारत्वाद्विश्वात्मनः सर्वाकारत्वात्तस्मिंस्तत्तदाकारोपलम्भो नानुपपन्नः ॥२६॥

[अधि० १०] सर्वात्मा चेतनोऽयं वा स्यादथाचेतनोऽपि वा।
भक्तानुग्रहकृत्याद्यैश्चेतनः स्यादसौ स्फुटम् ॥१॥
अस्मिन्नवान्तरो भेदश्चेतनाचेतनाभिधः।
तस्मादस्मिन्विकल्पोऽयं सर्वथैवासमञ्जसः ॥२॥

अस्मिन्विश्वात्मनि सर्वाकारे सर्वगुणे चेतना कथमुद्भवति। न खलु विश्वात्मा चेतन इति वक्तुं शक्यते तथा सति पाषाणादीनां तत्रोपलब्धानां चेतनत्वापत्तिः।

(वा०) साकारमेव सर्वं तस्माद्वैचित्र्यमेकमुपमृद्य।
वैचित्र्यान्तरमत्राकारविमर्दात्समुद्भवति ॥६३॥
आकारस्योद्भूतिर्न निराकारात्कथंचित्स्यात्।
एवं स्वीकारे स्यादसत्समुद्भवकथा यस्मात् ॥६४॥
प्रकृतौ साकारायां किंचिच्चेतनमचेतनं तु परम्।
कृत्स्नायां न प्रकृतौ चेतनता तद्विपर्ययोऽप्यथवा ॥६५॥
यस्योपायविकल्पास्तच्चेतनमभिमतं विदुषाम्।
यस्य तु नियतैव गतिस्तदचेतनमिष्यते जगति ॥६६॥

अप्यचेतनादिश्वात्मनश्चेतनां यथाकथंचिदाविर्भवन्तीं स्वीकरोषि स्वयमसद्वादे पतसीति प्रतिवदन्तं निरस्यति—

अवान्तरभिदा चेतनाचेतनाख्या ॥२७॥

यथा व्यष्टिरूपजीवव्यक्तिर्नखकेशाद्यवच्छेदेनाचेतना नाडी मेरुमस्तिष्काद्यवच्छेदेन तु क्रमशो विकसच्चेतना तथा समष्टिरूपो विश्वात्माऽपि स्वस्मिन्नवान्तरभिदां चेतनाचेतनाख्यां धारयति। तस्मात्तस्मिन्पाषाणादेरचेतनस्य तरुगुल्माण्डजजरायुजादेस्तु क्रमशो विकसच्चेतनस्योपलम्भः समुपपन्न एव। अचेतनो विश्वात्मा चेतनो वा सर्वं जगत्कृत्रिममकृत्रिमं वेत्यादयस्तार्किकपुत्राणां सांकर्यप्रणयिनां प्रश्ना एव व्याहताः। न हि कौलेयककुटुम्बिनीं करेणुकां चैकस्यां रज्जौ निबध्य कोऽयं जन्तुरिति कश्चित्प्रष्टुमर्हति। न वेदृशेषु वादेषु कुक्कुरिकेयं चेत्कुतोऽयं शुण्डादण्डः, करिणीयं चेत्कुतोऽस्या अगुह्यगोपनं वृत्तवक्रं पुच्छमित्यादि वादावसरः। न वा हस्तपादादिसमष्टौ पुरुषशरीरे कृत्स्नोऽयं पुरुषो हस्तमयो वा पादमयो वेत्यादयो वादा उचिताः, तथा चेतनाचेतनसमष्टौ घटादिजन्तुकर्तृकगिरितारकार्णवाद्यकर्तृकसमष्टौ भगवति देवदेवे विश्वात्मन्यस्तीत्येवोपलभ्यते केनोपनिषद्भिरुपदिष्टे हस्तिदर्शिभिरन्धैरिव तार्किकैरित्थमयमित्थमयमिति कृतानामंशनिर्वचनानां 'नेति नेति' इति निरासमात्रेण ग्रहणीये कर्तृत्वमकर्तृत्वं वा चेतनत्वमचेतनत्वं वा व्यर्थं कल्पयन्तस्तदंशप्रतिपादकान्विज्ञानविशेषान्सर्वात्मदर्शनत्वेन परिणमयितुं किमेवं जनः खिद्यतीति वक्तुमीषत्करम् ॥२७॥

तस्माच्चेतनाचेतनभेदः सर्वात्मनि न तु द्वयसमष्टेः सर्वात्मनश्चेतनत्वमचेतनत्वं वा, उभयविलक्षणमुभयस्वरूपं वा, परस्परविरोधे हि तत्प्रकारान्तरस्थितिरिति भगवतां बौद्धानामपि तर्कमुल्लङ्घयन्कीदृशं सर्वात्मस्वरूपमिति तु भूमाध्याये प्रपञ्चयिष्यति। अत्र पुनर्विज्ञानोपयुक्तमेतावदपेक्षितं ज्ञातुं कश्चेतनः कश्चाचेतन इति तस्मात्तयोरेव पृथक्स्वरूपे निर्दिशति—

चेतनस्योपायविकल्पो न त्वचेतनस्य ॥२८॥

(वा०) अयसोऽयस्कान्तं प्रति ऋजुरेवैका गतिर्नियता।
न तु पार्श्वतो विलङ्घनमवान्तरस्थस्य तत्कुरुते ॥६७॥
तस्मादचेतनं तत्पिपीलकश्चेतनस्तु मतः।
यो गृह्णात्यन्नकणं गतिशतमवलम्ब्य यत्नेन ॥६८॥
अङ्गारादेरुचिते योगे सति बीजपुद्गले जाते।
उद्भवति चेतनेयं नश्यति पुद्गलविघटने च ॥६९॥
सा बुद्धिवेदनाकृतिशक्तिमयी केन्द्रमात्मीयम्।
रक्षति निजेऽधिकारे यथाकथंचित्तदायत्ता ॥७०॥

उपायविकल्पवत्त्वं चेतनस्य लक्षणम् । तद्भिन्नं चाचेतनमित्यर्थाक्षिप्तम् । अचेतना सूची, सा चेदयस्कान्तेनाकृष्यते पत्रादिव्यवहितं चायस्कान्तं न ऋजुरेखया गन्तुं पारयति न सा वक्रेण पथा तमुपसीदत्यचेतनत्वादुपायविशेषं प्रत्युपायविकल्पाभावाल्लम्बमाना च व्यवधाने युगशतमवतिष्ठेत । चेतनः पुनः पिपीलिकः काचचषके निहितां शर्करां गन्धेन वा दृष्ट्या वा गृह्णंस्तदाकृष्टऋजुपथेन नीरन्ध्रकाचव्यवहितेन गन्तुमशक्तः पार्श्वान्तरेणोर्ध्वभागेन वान्तःप्रवेष्टुं प्रयतते । ग्नेन तरुगुल्मादीनाम्'अन्तःसंज्ञा भवन्त्येते सुखदुःखसमन्विताः' इत्यादिना भृग्वादिभिश्चेतनत्वेनोक्तानां तथात्वं व्याख्यातम् । ते हि स्थावरा अपि यथाशक्त्यातपादेरनुकूलस्य प्रतिकूलस्य वा संग्रहाय परिहाराय च निजस्थितिमनेकधा परिवर्तयन्तो दृष्टाः ।

एतेन स्वस्वनियमानुकूलमयस्कान्तसूचीमारभ्य सूर्यतारकादिपर्यन्तानां सर्वेषां वर्तनान्नियामक ईश्वरश्चेतनः कश्चिदस्तीति केषांचिद्वादो निरस्तः । अनियततत्तदवस्थानुकूलं विकल्पितानेकोपायो हि चेतन इति दर्शितत्वादयस्कान्तसूचीवदविकल्पैकोपायस्य वस्तुनश्चेतनाधिष्ठितत्वासंभवात् । गतिश्चेतनक्षणमिति कल्पना तु जडानामयस्कान्ताकृष्टानां सूर्यग्रहादीनां जलादीनां च गतिमविजानतां प्रमादवताम् । अनधिष्ठितानां जलादीनां गतिस्वीकारे च न काचित्क्षतिरिति तद्वशादधिष्ठातृचेतनकल्पनाऽप्यमूलिका निष्प्रयोजना च ॥ २८ ॥

[अधि० ११] जन्मान्तराद्यदृष्टस्य दैवाख्या वा परस्य वा ।
दैवं जन्मान्तरादृष्टं तदधीनाश्च जन्तवः ॥ १ ॥
अयत्नसिद्धं दैवं स्याद्यत्नः स्यादिह पौरुषम् ।
फलमेतद्द्वयाधीनं निश्चितं सुधियामिदम् ॥ २ ॥

ननु न चेत्कश्चिच्चेतनोऽधिष्ठाता कथं तर्हि फले सर्वत्र वैचित्र्यं दृश्यते । तद्यथा— यज्ञदत्तस्यैकस्यैव द्वौ पुत्रावेकः पण्डितः सुखी सदाचारः । परस्तु मूर्खो दुःखी दुराचारश्च । अस्माकं त्वदृष्टदैवादिशब्दव्यपदेश्यस्य पूर्वजन्मकर्मणोऽनुसारेण फलं दिशतश्चेतनस्य नियामकस्येश्वराख्यस्यावस्थितिस्वीकारात्सर्वं समञ्जसमिति चेत्तत्राह—

भूतभवतामयत्नसिद्धानां यत्नस्य च फलं भावि ॥ २९ ॥

दृष्टासिद्धावदृष्टकल्पने मानाभावात्पूर्वजन्मनां वा फलदातुरीश्वरस्य वा कल्पना नैव कर्तुं शक्यते, न हि विश्ववैचित्र्यार्थमदृष्टं वेश्वरो वाऽपेक्ष्यते । इह खलु न

(वा०) भूतं भवच्च यावत्तदयत्नोपनतमेव स्यात् ।
दैवमथ पुरुषकारो यत्नः फलमेनयोर्भावि ॥७१॥
चेतनमचेतनं च प्रकृतावुभयं यतो दृष्टम् ।
न च सर्वज्ञः कश्चिद्विभाव्यते सर्वशक्तिर्वा ॥७२॥

काचिद् व्यक्तिः सर्वं नियन्तुं शक्नोतीति प्रत्यक्षानुमानाभ्यामुपलब्धम् । नेदृशो नियन्ता प्रत्यक्षदृष्टः । किं च यदि नाप्तपृथिव्या अपि सकलाया एको बाह्यनीतिनियन्ता सम्राडपि नास्ति तस्या आङ्ग्लरूष्यतुरुष्कशर्मण्यकर्पूरद्वीपीयामेरिकीयाद्यनेकसाम्राज्यघटितत्वात् का तर्हि कथा सर्वस्य विश्वस्यैको नियन्ता सर्वेष्वेव विषयेष्विति । एकस्यास्मत्सूर्यस्य भूग्रहाद् बहुत्तरा लघुतराश्चाष्टौ महाग्रहाः शतद्वयाधिकाश्च लघुग्रहा बहवः केतव एकैकस्य ग्रहस्यैकमारभ्याष्टपर्यन्तम् उपग्रहाः । न चैकोऽयमेव सूर्यः कति नाम सहस्राणि ताराणां याः सर्वा अपि स्वस्य मण्डलस्य सूर्यास्तत्र सर्वत्रैक एव नयन्यायादिनियन्तैक एवेति कः संभावयितुं शक्नोति । प्रत्युत प्रतिपक्षानुमानं संभवति । चेतनस्यैकस्य नियामकत्वे व्याध्यादयो न जननाशाय संभवेयुर्न वा विदुषोऽपि सत्कर्मणोऽपि मृत्युं स निवारयितुं प्रभवेदविदुषो दुराचारस्य समृद्धिं चिरायुष्ट्वं च दद्यात् ।

पूर्वकर्मजं सर्व तदिति कल्पनायामपि पूर्वकर्मापेक्षितं चेतनोऽधिष्ठाता नाद्यतनं कर्मेति विचित्रा तस्य कार्यशैली, कर्माधीनफलत्वे वा जगतः का तत्रेश्वरापेक्षेति न विभाव्यते । किं च संप्रति सुखदुःखादिवैषम्यमदृष्टाधीनं जगदारम्भे त्वन्ततो वैचित्र्यं किमधीनम् ? नियामकः स्रष्टा चेश्वरः स्वैरं सुखदुःखविषमं जगत्सृष्टवांश्चेत्तस्मिन्पक्षपातस्वैराचारितान्यायविरोधनैर्घृण्यादयो दोषाः । अनादित्वाज्जगतः पूर्वतरमदृष्टं न सृष्टिमत्सादि जगत् कल्पयतामव्याहतम् । अनादित्वे वा प्रथमवैचित्र्याधीने किलेश्वरवैचित्र्ये तत्परिवर्तनाक्षमे च जगद्धातर्यपि कर्मपरतन्त्रं जगन्निरयं जनाय स्वैरं विसृजति स्वयं निद्रापरायणे नारायणे कस्तार्किकाङ्कुरः किंमूलां किंफलामस्याशक्तिमत आदावन्ते च मध्ये च महाव्याधिदुर्भिक्षादिवाधाभ्यः स्वयं जगन्नाशाय सृष्टाभ्यो जनांश्च ताभ्यो मोचयितुमक्षमस्य जनकर्मादिपरतन्त्रस्य निर्घृणस्यापि सर्वरूपस्याशक्तेरपि सर्वशक्तिमतः परतन्त्रस्यापि स्वतन्त्रस्यानेकव्याहतिनिधेः कल्पनां कर्तुमर्हति ।

अत्यल्पं चेदमुच्यते जगतो नियामको नैकोऽस्तीति । स्वप्रतिवेशस्य स्वशरीरस्यापि न कृत्स्नस्य नियामक एकः स्वयं स्वच्छोऽपि हि प्रतिवेशमलोद्भवैर्व्याधिकीटैर्व्यापद्यते जन्तुः, स्वशरीरेऽपि रुधिरादिप्रचारं पित्तादिव्यवस्थां च जलवाय्वाधीनां न कार्त्स्न्येन कश्चिन्नियन्तुं शक्नोति, यथा यथा तु प्रकृतिं विजानाति यथा यथा च तज्ज्ञानानुसारेण प्रवर्तते तथा तथाऽधिकतरा तस्य प्रकृतिवशीकारशक्तिः । अन्धां स्वैरं प्रवर्तमानामनियतां प्रकृतिं वर्षासरितमिव सेतुबन्धादिभिः कृषीबल इव जनः स्वार्थेषु विनियोक्तुं

(वा०) नियता न तु विनियम्या प्रकृतिर्दृष्टा यतश्चैषा ।
तस्मात्प्रकृतेर्भिन्नो न नियन्तास्यास्तु कोऽप्यस्ति ॥७३॥
यावन्न भक्तवर्यः प्रार्थनया हन्त सूर्यगतिम् ।
रोधयति तावदस्या न नियन्ताऽन्योऽनुमेयः स्यात् ॥७४॥

यथाशक्ति यतते, न नियामकोऽस्तीति कथमपि पश्यति। नियामककल्पनां विनाऽपि नैसर्गिकं विश्ववैचित्र्यं शाश्वतं स्वीकुर्वतामस्माकं तु तयोरेव पित्रोः पुत्रद्वये भेदो न दुष्करः प्रतिपादयितुम्। न हि पुत्रद्वयस्य यमजस्यापि तस्मिन्नेव गर्भप्रदेशे तयैव रीत्या पोषणादि तस्मिन्नेव काले वा गर्भान्निर्गमस्तथैव वा गर्भनिर्गमानन्तरं भोजनादीनि मनसापि संभावयितुं शक्यते। सर्वथा निषेकादारभ्य मरणान्तमेव देशकालावस्थाद्यभेदे व्यक्तिभेदासंभवात्।

भिन्नयोश्च व्यक्त्योर्वैषम्यस्वरूपपित्रादेश्च देशकालावस्थादिभेदे प्रयुक्तमुपपन्नमपि भेदमदृष्टाभावेऽनुपपन्नं भवान्व्यपदिशति। न च तत्रानुपपन्नमन्तर्बहिर्वा किमपि सर्वं प्रत्युत वैषम्यानुकूलमेव। भूतानां पित्राद्यवस्थाविशेषाणां भवतां प्रतिवेशकेन्द्रके जगति क्रमादुपलभ्यमानानामवस्थान्तराणां मस्तिष्ककेन्द्रकस्य करचरणादिव्यापारप्रयोजने यथाकथंचित्स्वातन्त्र्यलेशवतः क्रमविकासिनः स्वयत्नस्य च यत्फलं तदेव भावीति व्यपदिश्यते। तत्र मन्त्राद्बहिर्जायमानानां भूतानां भविष्यतां वा प्रकृत्यवस्थान्तराणामेव नामादृष्टं वा दैवं वेति चेदोमिति ब्रूमः। पारमार्थिको भवानिति प्रत्युद्व्रजामश्च सहर्षं भवन्तम्। सागरीयो हि बुद्बुदविशेषः पूरव्यापिनोऽवस्थान्तरस्य फलमिति हि न कस्य श्रद्धा तथैव सर्वात्ममहोदधेर्बिन्दुस्वरूपा व्यक्तिर्व्यापिनोऽवस्थान्तरस्य फलमिति श्रद्दधानश्चिरं जीव।

अथ तु मोहान्महोदधेर्जीवनमन्दरमिव क्षोभकारिणं कमपि भूतविशेषमुदधेः कोणे वैकुण्ठादौ क्वापि स्थापयन्द्वैतवादिनां शिष्यो भवन्नुत्प्रेक्षितेषु जन्मान्तरेषु परिणमनबुद्बुदव्यक्त्या कृतं कर्मादृष्टं कलयसि भूमाध्यायमधीष्व तत्र ते प्रायः संशयविलयो भविष्यति। तत्रापि न ते संशयविलयश्चेददृष्टं भगवन्मन्दरमुदधिमन्दिरे निजगुरुचरणैः कल्पितं ध्यातुमायासवानहोरात्रं क्रन्दन्दिवसान्नेष्यसीति तु स्थितमेव ॥ २९ ॥

इत्थं जन्मान्तरीयकर्मनिरासे किं तव दैवपदेन पुरुषकारपदेन च वाच्यमित्याकाङ्क्षायामाह—

अयत्नसिद्धं दैवं यत्नः पुरुषकारः ॥ ३० ॥

तद्यथा कार्यघटकथावत्पुद्गलरचनाविशेष एवाभिजवो यत्नसाध्यः कार्यार्थिनः,

---

(वा०) वह्निर्दहत्यथेच्छं गिरिकाननपुरवरग्रामान्।
अनियन्तृको नियन्तरि शक्ते चुल्लीमुखे बद्धः ॥७५॥
चुल्लीनियम्यताग्नेरिव सूर्यादेस्तु भक्तानाम्।
प्रत्यक्षदर्शनीयः कार्यवशाच्चेद्विनियमः स्यात् ॥७६॥
नूनं तदाभ्युपेयो विनियन्तान्यः प्रकृत्याः स्यात्।
प्रह्लादादिकथाभ्यो न पुनर्विनियामकानुमितिः ॥७७॥

सर्वमन्यन्मृदादि तु यत्नसिद्धत्वादाकाशादिवदन्यथासिद्धम्, तथाभाविनि फले व्यक्ति-साध्यो यत्नः प्रत्यूहबहुलोऽपि स्वैरमनुसरणीयस्तस्यैव पुरुषकार इत्याख्या। अयत्नसिद्धस्य भूतवदवस्थान्तरकलापस्य तु दैवमित्याख्या। तत्र व्यक्तेर्न साक्षात्स्वातन्त्र्यलेशोऽपि। अनयोश्च स्वतन्त्रास्वतन्त्रयोर्भाविफलप्रयोजकयोरंशतः स्वयोगेन प्रतिकूलयोरंशतश्चानु-कूलयोर्महान्संघर्षस्तत्सर्वमनपेक्ष्यं पुरुषस्य कृषीबलस्येव कर्षणादिपरस्य वर्षणादि-चिन्तनम्। स्वाधीने वर्षणादौ कृते हि वृष्टेः फलमन्यथा तु वृष्ट्यापि तृणादेरुद्भवो न धान्यस्य। तथा सति पुरुषकारे दैवानुकूल्यान्महाफलमसति तु तस्मिन्ननुकूल-पित्रादिरिक्थवतोऽपि पण्याङ्गनादीन् सिद्धधूर्तादीन्वाऽनुसरतो निरयपातो निश्चित एव। तमेवार्थमभिसंधाय भृगुरप्याह मानवीयेषु धर्मेषु "तयोर्दैवमचिन्त्यं तु मानुषे वर्तते क्रिया" इति। तदवधीरयन्तः कलिदैवादिवादिनस्तु कोदृशीं दशां वहन्तीति विदितमेव बहूनाम् ॥ ३० ॥

भाविनि फले द्वयापेक्षेति दर्शयति—

उभयमपेक्षितं सर्वत्र ॥ ३१ ॥

उभयं दैवं पुरुषकारश्च। उभयापेक्षायामपि घटाद्युद्भवे यत्नं विनापि संनिहित-स्याकाशादेः कुलालादिभिरिव न समृद्धिकामैरयत्नसिद्धं दैवमनुकूलं प्रतिकूलं वेति चिन्तयद्भिः कालो यापनीयः। पुरुषकारस्तु सर्वदावलम्बनीय इत्युपपादितमेव ॥ ३१ ॥

(अधि० १२) ज्ञानं परमहंसानां मूर्च्छाद्यैरद्भुतं न वा।
मूर्च्छाद्यैरद्भुतं ज्ञानं दृष्टमेव महात्मनाम् ॥ १ ॥
मूर्च्छाया ज्ञानशत्रुत्वं योगस्त्ववहितिर्मता।
तत्तत्कार्ये फलोत्कर्षो योगादित्यतिरोहितम् ॥ २ ॥

ननु किमाह भवान्न दैवचिन्तया कालो यापनीय इति, पुरुषकारश्चावलम्बनीय इति, पुरुषकारश्च भवतो जन्मन आरभ्य मरणपर्यन्तं काष्ठताडनमिव शुष्कदुष्करं विज्ञानाद्यनुसरणं सुप्रतीतमेव भवत्सम्पर्किणाम्। हा किं मुग्धोऽसि न वय तवादेशमनु-सरामः। किं वैज्ञानिकस्य पुरुषकारस्य दैवानपेक्षस्यानुष्ठानेन वयं योगिभिर्वा मूर्छाद्युत्पा-दकैर्वा होराद्यभिज्ञैर्वा दैवानुकूल्यमुपलभ्य प्रतिकूलदैवं निद्रासुखेन गमयित्वा समये महाविभूतीः खेचरत्वपरोक्षज्ञतादिरूपा वैज्ञानिकैः स्वप्नेऽप्यदृश्याः समासाद्य सद्यस्तेनैव देहेन लोकान्तरेषु विहरामः। शुष्कविज्ञानतृणं च चर्वयतो भवादृशान्निजेभ्यो

(वा०) पत्युरसामञ्जस्यात्प्रकृतिश्चेत्यादि कथयंस्तत्।
अभ्युपगच्छति युक्तिभिरपि भगवान्बादरायणः स्पष्टम् ॥७८॥
अंशो ह्ययत्नसिद्धो यत्नश्चापेक्षितः कार्ये।
प्रथमो न स्वाधीनः कार्यं तस्माद्द्वितीयेन ॥७९॥

धामभ्यः पश्यामोऽनुगृह्णीमश्च यदाकदाचित्सिद्धबन्धुभिराहूताः पृथिवीमित्यादि प्रलपतः प्रत्याह—

योगमूर्छासमाध्यादि न संभाव्यं सर्वत्र सम्भवे वा निष्फलम् ॥ ३२ ॥

हठयोगा अनेकविधाः प्रजजनेन्द्रियेण जलदुग्धाकर्षणाभ्यासादिरूपाः सिद्धाभासैर्दुर्बलमस्तिष्केषु नानाचेष्टाभिरुत्पादिता मूर्छाविशेषाः। समाधिनाम्नी चापरा मूर्छा न सर्वैः सुकरा, प्राणान्क्षपयद्भिर्जर्जराङ्गैः प्रायो दुर्बलेन्द्रियैरेव दुर्बलेन्द्रियेष्वेवोद्भावयितुं शक्यत्वात्। सर्वत्र संभवेऽपि नाद्यावधि सर्वज्ञो वा परोक्षज्ञो वा जगद्रक्षकोऽपि वा कश्चित्तदनुष्ठाता प्रत्यक्षानुमानाभ्यां निश्चिते बृहत्कथालम्बका इव दुरन्ताः केवलं कथा ईदृशानां श्रूयन्ते। विज्ञानफलं तु प्रत्यक्षानुमानोपपन्नं सर्वात्मनीनं विश्वभोग्यमिति स्वार्थपरार्थोभयविनाशिनी मूर्छापिशाची तदङ्गानि वा न वैज्ञानिकतापस उपलभ्यमानमहासिद्धेः साहस्रीमपि कलामर्हति। न च तामसः पुरुषकारविमुखः सिद्धिमरीचिकावञ्चिता विज्ञानगङ्गावगाहननिर्वृतस्य चरणावपि चुम्बितुं योग्यः।

न च बहवो महावैज्ञानिका अपि यदा सिद्धाराधनपराः सिद्धिलोलुपा दृश्यन्त इति, किं न वयमल्पविज्ञानाः सिद्धाननुसराम इति वाच्यम्, प्रमादस्य विश्वजनीनत्वाद् 'अन्धस्येवान्धलग्नस्य विनिपातः पदे पदे' इति स्मरन्तो न हि वयं कस्यापि दृष्टान्तेन किंचिदसंगतं कर्तुमुत्सहामहे। वैज्ञानिकानां विदुषां वा दृष्टान्तानुसरणे तु तैर्भूयो भूयोऽनुष्ठीयमानानां मद्यपानव्यभिचारादीनामपि संग्रहः प्राप्नोति, किं च न तत्पापं न सा नीचता न सा व्याहतिर्यदनुसारिणो महान्तः क्षुद्राश्च न दृश्यन्ते, तस्मादव्याहतमनवद्यं च जगति लुप्तप्रायमप्यनुसरणीयम्। व्याहतमवद्यं तु महद्भिरमहद्भिर्बहुभिर्विरलैर्वाऽनुसृतमपि नाप्रमत्तेनानुसरणीयमत एव परमार्थभक्तेर्महिष्ठत्वमाचार्योऽनुशिष्टवानत एव च तैत्तिरीयाः पश्यन्ति "यान्यस्माकमनवद्यानि चरितानि तानि त्वयोपास्यानि नो इतराणि" इति ॥ ३२ ॥

किं च योगस्य न मूर्छया संबन्धलेशोऽपीत्याह—

'योगश्चित्तवृत्तिनिरोधः' इति पतञ्जलिः ॥ ३३ ॥

(वा०) व्याधिरपस्मारादिर्भक्षणमहिफेनमुख्यानाम् ।
गरलानां च निमित्तं मूर्च्छाया लिङ्गवत्सु मतम् ॥८०॥
ईदृङ्मूर्च्छादि जने संभाव्यं नैव सर्वत्र ।
यत्र तु दृष्टं तेषां न धीप्रकर्षोऽद्भुतो दृष्टः ॥८१॥
योगस्तु चित्तवृत्तेर्निरुध्य कुत्रापि संयमनम् ।
अवधानेनाभिन्नं प्राणायामादि साधनं तस्य ॥८२॥

पतञ्जलिर्योगानुशासनमुपक्रममाणो न मूर्छां किं तु चित्तवृत्तेर्निरोधमात्रं योगमाह। असंप्रज्ञातसमाधिर्योगस्य परा काष्ठाप्युपक्रमोपसंहारापेक्षया सर्वैरवधेयविषयैकाग्रतायाश्चरमः प्रकर्षो विषयान्तरविक्षेप्यः। सूचीकारस्येव सूच्येकाग्रता वरयात्रयाऽप्यविक्षेप्येति स्वीकर्तव्यं विशेषतः पूर्वजानामप्रमादमुद्घोषयद्भिः। समाधिश्चेदचेतना स्यान्मूर्छापराख्या कर्स्तहि तदर्थं पतञ्जलिमनुरुध्यते। ततो ज्ञानाशां वा कुर्यादचेतनत्वे ज्ञानमात्रं व्याहतं दूरापास्तं तु सर्वज्ञत्वं मूर्छानिपातिनां तत्प्रणयिभिरुत्प्रेक्षितम्। वदन्ति च सिद्धभक्ताः समाधिस्थः सिद्धो न किञ्चिच्चेतयते। न चेतयते चेत् कथं स ज्ञानवतामग्रणीरिति न विभाव्यते। स ईश्वरं पश्यति चेत्तदप्यसंभाव्यं, व्यापिनः सदा सन्निहितेश्वरस्य चेतयतोन्मुद्रचक्षुषा तेनादर्शनं मुद्रितचक्षुषा मूर्च्छितेन तु दर्शनमित्युत्प्रेक्षितं दुष्करत्वात्। तस्माज्जनैः सामान्यतः समाधिरितिगृहीतो व्याधिविशेषोऽपस्मारादिसमस्तमोऽतिरेकमूलः सत्त्वविरोधी। पारमार्थिकसमाधिः पुनरवधानस्य व्यवसायस्य च परा काष्ठावधेयविषयैकदर्शिनी सत्त्वविकारस्य परा काष्ठा वासुदेवादिभिर्वर्णिता ॥ ३३ ॥

योगस्यावधानरूपत्वे तस्माद्भुवनज्ञानादीनि महाफलानि कथं वदन्तीति चेत्तदप्यविरुद्धमिति दर्शयति—

तस्यावधानरूपत्वात्सति तस्मिंस्तत्कार्ये फलोत्कर्षः ॥ ३४ ॥

विनावधानमपि व्यायामाद्बलं वाणिज्याद्धनमभ्यासाद्भाषादिज्ञानं विचाराद्भुवनज्ञानमित्यादि सर्वं साध्यमिति सर्वो जानाति। अनवहितेन सिषाधयिषितं तु फलं कष्टसाध्यमल्पीयश्च, अवहितेन तु सुसाध्यं गरीयश्च। न पुनर्योगमात्रेण व्यायामशून्येन बलं वाणिज्यशून्येन धनं परीक्षाभ्यासादिशून्येन वा भुवनादिज्ञानमिति वक्तव्यम्। भुवनज्ञानं सूर्ये संयमादित्यादेः स्वारसिकोऽर्थः सूर्यस्य प्रत्यक्षानुमानाभ्यां सयन्त्रादिसहायाभ्यां संयतेन चेतसा विप्रकर्षादिज्ञाने समस्तस्य विश्वस्य प्रायो ज्ञानं संभवति। तारकाणां सूर्य-

---

(वा०) सत्यवधाने छात्रोऽभ्यासाद्भाषादि जानीते।
श्रेष्ठी मूलधनस्योपयोगतो बहुधनं लभते ॥८३॥
अन्येऽप्येवमवहिताः स्वं स्वं कार्यं विधाय साकल्यम्।
यान्ति प्रकृष्टमेतद्विदुषामतिरोहितं सर्वम् ॥८४॥
न पुनः प्राणनिरोधादपि वा मूर्च्छागमेन जनः।
पठनं विनैव विद्वान्मूलधनाद्यन्तरेण धनिको वा ॥८५॥
योगोऽवधानमात्रं तस्य विशेषः समाधिः स्यात्।
स च तन्मयस्वरूपः परः प्रकर्षोऽवधानस्य ॥८६॥
सूचीकारः सूचीं कुर्वन्वरयात्रया गतया।
आश्विकहास्तिकतौर्यत्रिकसंभृतयापि नाक्षिप्तः ॥८७॥

सदृशत्वात्सौरग्रहादीनां च सूर्यांशानामेव पृथग्भूतत्वादित्यादिरूपः । ईदृशाच्च सूर्ये संयमाद् भुवनज्ञानमार्यभटादिभिः कुर्पाणिकनवतनुप्रभृतिभिः पाश्चात्यैश्चाद्भुतं भुवनज्ञानमासादितं दिने दिने च तस्य ज्ञानस्य तयैव वैज्ञानिकविद्यया परीक्षाप्रधानया विकासो भवन्नुपलभ्यते विद्वत्सु सात्विकेषु । प्रमादवन्तस्तामसाः पुनः सूर्यं दृष्ट्वा दृष्ट्वा यदा किलान्धत्वं तदा भुवनज्ञानं सूर्यविम्बस्य ध्यानेन वा ततोऽपि सुकरतरेण सद्यो भुवनज्ञानं किं तत्परीक्षया कालापेक्षिण्या कष्टसाध्ययेत्यादिप्रलपन्तः स्वकीयमुन्मादं ख्यापयन्ति । पतञ्जलिप्रभृतीनपि प्रमत्तैर्व्याख्यानैः प्रमत्ता इमे न श्रद्धेया इति बलाद्दर्शयन्तो निर्मूलपितृनिन्दापातकभाजश्च भवन्ति ॥ ३४ ॥

योगान्न सद्यो विभूतयस्तस्यावधानमात्रत्वादिति वदसि, प्राणायामासनादिभिर्हठयोगाङ्गैर्महातपोभिः क्लेशसाध्यैस्तर्हि किं प्रयोजनं पश्यसीति चेदाह—

प्राणायामाद्यवधानमात्रसाधनम् ॥ ३५ ॥

प्राणायामादयोऽप्यवधानस्यैव साधका न तु सिद्धीनां विभूतीनां वा हस्तिबलादीनां हेतवः साक्षादिति मन्तव्यम् ॥ ३५ ॥

प्राणायामादि यथा तथा भवतु तेषां फलस्वरूपस्तुरीयादिरूपेण तन्त्रादिष्वपि ब्रह्ममयत्वादिप्रतिपत्तिरूप इति स्वीकृतः समाधिर्जाग्रत्स्वप्नसुषुप्तिभिन्नः सिद्धानुभवविशेषस्तदनुसारिभिर्दृष्टमाहात्म्यः किमपलप्यत इति चेत्प्रतिवदति—

समाधिस्तन्मयम् ॥ ३६ ॥

बादरायणस्य तिस्रोऽवस्थाश्चेतनानां जाग्रत्स्वप्नसुषुप्तिरूपा मूर्छादिस्त्वन्यदसांकर्यरूपं तथा च सूत्रं 'मुग्धेऽर्धसंपत्तिः'' । परिशेषात्तुरीयसमाध्यादि ब्रह्मदर्शकं न तेनान्येन व्याहतिपरिहारिणा स्वीक्रियते । ब्रह्मज्ञानजाग्रदवस्थायां पातञ्जलोऽपि समाधिरवधेयविषयमयत्वापत्तिर्ज्ञानविकासस्य परा काष्ठा, सूचीकारस्येव सूचीमयत्वापत्तिरिति दर्शितमर्वाचीनसिद्धाभासैः । स्वस्मिन्नन्येषु वा समुद्भावितो मूर्च्छाविशेषस्तु दुर्बलमस्तिष्काणां व्याधिविशेषः शुद्धशरीरैः प्रबलमनोभिरनासाद्यो मूर्छामयत्वादज्ञानस्वरूप इति न तस्यान्यत्र दर्शने स्वस्मिञ्ज्ञाननाशिनस्तस्योत्पादनकष्टानि केनाप्यप्रमत्तेन कस्यापि

(वा०) सोऽयं तस्य समाधिस्तेन महाकर्मसाफल्यम् ।
'योगं कर्मसु कौशलम्'आहार्जुनसारथिर्भगवान् ॥८८॥
किंचिद्बाल्यमतीतस्तन्द्रां बहु मन्यते प्रायः ।
शयनासनादिसौख्यं वाञ्छन्नुद्योगमन्तरेण सदा ॥८९॥
दुःखाद्दण्डभयाद्वा यदि वाञ्छत्युद्यमं तु तदा ।
हलवहनं बहु मनुते न पुनः कष्टं गुरौ वासम् ॥९०॥

कर्तितनासिकस्य नासाकर्तने ब्रह्मज्ञानं सुसाध्यमुपदिशतोऽनुशासननासाकर्तनकष्टानीवानुष्ठेयानीत्यलं मूर्च्छादिपरीक्षया चिकित्साशास्त्रोपयोगिन्याऽत्र दर्शने ॥ ३६ ॥

समाधेर्मूर्छामयस्य परिहरणीयस्यापि किमिति लोकस्तथाभिलाषवान्येन तदर्थं सिद्धासिद्धान्तरं शरणीकुर्वञ्जीवनं यापयति। बहवश्च कलाकुमारा वा कलामहत्तरा वा महोपाध्याया वा तत्कथाकृत्याद्याचार्या वा सिद्धान्समाधिदर्शनमात्रायानुसरन्तो दृष्टा न खलु सर्वेऽपि मूर्खाः भवानेवैकोऽप्रमत्तः श्रद्धेयोपदेश इति प्रतिपत्तुं सुकरमितिचेदनुशास्ति–

तमश्चेष्टावागवधानानां यथोत्तरमुत्कर्षः ॥ ३७ ॥

नास्मच्छरीरेऽस्मदीयपाण्डित्ये वा गौरवं विदध्या इत्युपदिशामि। परमार्थभक्तिर्महिष्ठेत्यनुशिष्टमस्माभिस्ततश्चास्मदुपदेशस्य पारमार्थिकत्वं चेत्परमार्थभक्त्या तच्छ्रद्दधीथा अन्यथा परमार्थरूपस्य सर्वात्मनो देवदेवस्य लङ्घनमाचरन्महापातकी भविष्यसि। कस्याश्चिद् व्यक्तेर्गौरवेण नार्थवादः श्रद्धेय इति पुनः पुनः स्मारयन्तः कथं वयं स्वस्मिन्वा परमार्थापरमार्थनिर्णयानपेक्षां श्रद्धामुपदेक्ष्यामः। यत्पुनः पुनरुक्तं विद्वांसोऽपि समाधिमतामनुस्मरणीया इति। तद्व्याहतस्य कृत्स्नेन जगताप्यनुसृतस्यानुसरणं प्रत्यादिशद्भिः पुनः पुनर्निरस्तमस्माभिः।

न खलु ते मूर्खा इति तु यदाक्षिपसि तस्योत्तरमिदमेव यद्व्याहताव्याहतविवेकाभावशक्तौ जाग्रत्यामपि तदनुपयोगादज्ञातनिजमूर्खत्वा महामूर्खाः किलैते। मूर्खत्वमज्ञानवत्त्वं विषयविशेषाज्ञानवत्त्वं च सर्वत्रैवेति सर्वेषां मूर्खत्वं तच्चापरिहार्यम्। नहि कश्चित्सर्वज्ञः संभवतीत्यवोचाम। महामूर्खत्वं तु मूर्खत्वे सति तदज्ञानवत्त्वं तच्च सर्वस्य परिहार्यम्। अत्यल्पं चेदमुच्यते। सिद्धाभासाः समाध्यादीन्व्याहतानर्थाभासान्ख्यापयन्तो महामूर्खास्तदाराधनं च महामूर्खत्वमिति सुव्यक्तं भवता विद्याभारवहनेऽपि तदनुपयोगात्सिद्धसमाधिदर्शनकुतूहलिषु हरिप्रायेषु महामहामूर्खत्वमिति मूर्खत्वसंभावनैतेषु बहुमानो भवताम्।

वस्तुतो निसर्गादेव करचरणादिव्यापारं विनैव प्रातिवेशिकान्नजिघत्सातमस्तच्च

(वा०) विद्यामधिगच्छन्नपि वृन्छणकठजिलमुखान्छब्दान्।
रटति प्रायो रसनामहर्निशं खेदयन्मूढः ॥९१॥
कश्चिद्विरलो मनसावहितेन पदे पदे तत्त्वम्।
भूयः परीक्षमाणः सुमहोद्योगः प्रयाति विज्ञत्वम् ॥९२॥
विज्ञाने प्रत्यूहा लोभाद्याः सुबहवस्तत्र।
सुमहान्प्रत्यूहोऽयं भक्तिर्या सिद्धकितवेषु ॥९३॥
हिमगिरिशिखरे दृष्टान्कलाकुमारैरपि प्रायः।
ग्रावपरमाणुरन्ध्रप्रवेशकुशलान्महासिद्धान् ॥९४॥

वहुषु विशेषतो बालेषु नैसर्गिकम् । बन्धवो बन्धुभिर्वर्त्तमानैरपि सम्यगननुशिष्टा वा नैसर्गिकेण तेन तमसा विशुध्यमाणसत्त्वरजोऽङ्कुरा न कर्मणि न वा ज्ञाने सज्जन्ते। ततस्ते भिक्षाद्यर्थं भ्रमन्तः पश्चादविद्यत्वेऽप्यनुद्योगत्वेऽपि पूर्वजार्थं मूर्छाव्याधिं वा मद्यादि मदं वा भ्रूकुंसादिभिः सह रहस्यवस्थानं वा समाधिं प्रख्यापयन्ति। तानेवमविद्यत्वेऽप्यनुद्योगत्वेऽपि सगौरवं जनैरर्चितान्विलोक्य च बहवः कलाकुमारदर्शनाचार्यादयोऽपि विद्यां मूर्खजनैरपूजितां निष्फलां विलोक्य जनपूजितसिद्धधूर्तभक्त्या वा प्रमादोद्भूतया वा सिद्धस्पर्धया वा गौरवान्वेषिण्या स्वयमपि सिद्धानुसरणादिभिर्हिमगिरितीर्थयात्राभिश्च प्रख्यापितकृतयुगीयसिद्धदर्शनकथाभिः कियतः कालादात्मनः सिद्धाधिगमं प्रथयन्तः सिद्धान्तरवत्पूजाभाजनं संपादयन्ति। तदेतद्विद्याभासमप्यवधूय तेषु पुनः शैशवीयस्य तमोऽङ्कुरस्य प्रमादसलिलसिक्तस्योज्जृम्भणम् । ईदृशात्तमसस्तु निरसनीयादस्पृहणीयाद्विभक्तं स्पृहणीयं रजःपरिणामरूपमज्ञानिनोऽपि करचरणादिव्यापाराणामलसेभ्यः सिद्धाद्याभासेभ्यश्चेष्टावन्तो हलवाहिनोऽपि श्रेयांस इति तात्पर्यम् ।

तदाह तमसश्चेष्टोत्कृष्टेति । न पुनश्चेष्टां विशेषतः कृषिवाणिज्याद्युपयोगिनीं बाला वाञ्छन्ति क्रीडानिद्रादिपरायणा हि ते। बन्धुभिर्बलात्कर्षणादौ बालानां व्यापारणं दुष्करं ततोऽपि दुष्करतरं तु तेषां वाग्व्यापारप्रधाने वर्णसमाम्नायाधिगमादौ व्यापारणम् । वाग्व्यापारो हि करचरणादिचेष्टातोऽत्यन्तमुत्कृष्टो ज्ञानस्य संनिहिततरत्वात् । तदेतदाह चेष्टातो वागुत्कृष्टेति । वाक्चेष्टाव्यापारणं दुष्करतरं दुष्करतमं पुनरवधानव्यापारणं बाला अबालाश्च निसर्गात्प्रमादप्रवणा मस्तिष्कव्यापारविशेषमवधानमतिकष्टतमं मन्यन्ते न च सुखेन तत्रोन्मुखीभवन्ति । बहवो हि रसनाचापले वरयात्राविवादादौ स्वैरं प्रवर्त्तमाना अपि पारमार्थिकादनतिदुःसाध्याद्व्याहताव्याहतविवेकाद्विध्यर्थवादविवेकादतितरां पराजयन्ते । तदेतदाहावधानवाग्व्यापारादुत्कृष्टतरमिति ।

निसर्गतश्चानिवारितो बालश्चाबालश्च प्रमादाद्वा गौरवादिलोभेन वा विज्ञा-

---

(वा०) सप्तर्षिमण्डलाद्यं सहसोड्डीय क्षमान्स्प्रष्टुम् ।
औषधिविशेषलेहाद्वर्षं शान्तक्षुधावेगान् ॥९५॥
सिद्धपुरे शर्मण्येष्वथवा बालान्विमूर्च्छयितुम् ।
कुशलान्पाश्चात्यविदः प्रेतपिशाचादिदर्शनं कृतिनः ॥९६॥
विकटाः पोटाः काश्चित्कृष्णाद्यवतारकुशला वा ।
स्थविरभ्रूकुंसविटान् रामं पुनरात्मरूपेण ॥९७॥
भ्रमयितुमवनौ शक्तान्व्यपदिश्य जनेषु मुग्धेषु ।
अरुचिं विद्याक्लेशे सिद्धिविभूतिषु रुचिं च रुचिरासु ॥९८॥
उत्पादयन्ति महतीं शिल्पं शास्त्रं च नास्तिक्यम् ।
उच्चैः प्रघोषयन्तः शिशुनाशायैव लब्धजन्मानः ॥९९॥

नावधानसात्त्विकाद्भ्रश्यन्विद्याभारवानपि निपातवेगवशान्मध्ये रजसापि धारयितुमशक्तस्तमसो गभीरश्वभ्रे निमज्य सत्त्वप्रधानैर्विरलैर्गर्त्तासंनिकृष्टैरपूजतोऽपि तमःप्रधानैर्बहुभिर्गर्तसंनिहितैः कोषपणपावनो बन्धुर्ययातिरिव दिवो भ्रश्यन्नागच्छति। नूनमस्मदुद्धाराय कश्चित्कृतयुगीयो महर्षिः कालिपूर्णिकादौ गृहीतावतारो योगबलात्त्रिविष्टपसंक्रान्तकायस्ततो देवैः पूर्वजसत्त्वैर्वा प्रेषितोऽस्मदीयतपोवेगाकृष्ट इत आगच्छति। तं सम्भावयाम इति कृतसाहसास्तमाराधयन्ति कृत्स्नं तदाराधनपरायणं भवेदिति तत्सिद्धिव्यापनादिभिरगाधे परिच्छेदरहिते तमःश्वभ्रे पिशाचादिभयादिव तद्वास्तव्यसंख्यावृद्धये प्रयतमाना महाव्याख्यानैः प्रतिरथ्यं विक्रीयमाणैर्बालान्बन्धुजनप्रयत्नोपचीयमानसत्त्वतया विज्ञानोन्मुखानपि पुनर्वाचाटताबलादाकृष्य स्वनिवासनिरये निपातयन्ति ॥ ३७ ॥

[अधि० १३] कीलनं किल शापो वा मन्त्राणां वाऽर्थविस्मृतिः।
शापः स्यात्कीलनं तद्धि प्रसिद्धं मन्त्रवेदिनाम् ॥ १ ॥
शापादि कल्पनामात्रं कीलनं त्वर्थविस्मृतिः।
विषाद्यनुपयोगो वा राजदण्डादिभीतितः ॥ २ ॥

ननु योगो निष्फलो भवतु मन्त्राः पुनर्भवता प्रत्यादिश्यमाना अपि निष्फला इति न श्रद्धेयमिव प्रतिभाति, बहुभिस्तत्फलस्य प्रत्यहं साक्षात्क्रियमाणतयेति पुनरुत्थितं मन्त्रवादिनं बन्ध्यापुत्रान्वेषणसमितेस्तमोगर्त्तनिवासिन्याः प्रधानपुरुषान्यतमं निरस्यन्नाह—

सांकेतिकानां रसादिबीजत्वमुक्तमर्वाचीन इव रसशास्त्रे ॥ ३८ ॥

मन्त्रशब्देन नूनं तामसो भवाञ्श्रुतनिगमागमः श्रुतागणितनिगमागमो वा स्पष्टार्थबोधकान् मन्त्रानाह। नहि तव 'अग्निमीळे' 'शं नो देवीः' इत्याद्युच्चारणादग्नि-

---

(वा०) अर्वाचीने यद्वद्रसशास्त्रे मातृकाभिरिह ।
संज्ञानां व्यवहारस्तथा चिरत्नेऽपि तन्त्रादौ ॥१००॥
कैरक्षरैः पुनः किं गरलाद्युक्तं न तत्स्मरन्त्यधुना ।
तस्मात्कीलनदग्धान्मन्त्रान्प्रवदन्ति मान्त्रिका मुग्धाः ॥१०१॥
अथ योगचूर्णमुग्रं यत्कल्पितमभयदत्ताद्यैः ।
ज्ञातेनापि फलं किं तेनारिषु हन्त विज्ञेषु ॥१०२॥
मूर्खा हि राजपुरुषा यदाकदाचिद्भवन्ति स्म ।
धूर्त्ता मन्त्रजमूचुर्विषकृतमपि मारणादि तदा ॥१०३॥
अद्य तु चाणक्यादपि विज्ञतरेषु प्रशासत्सु ।
कुर्वन्विषादियोगं प्रायः कितवो निगृह्येत ॥१०४॥
इति कीलितान्स मन्त्रान्व्यपदिशति तथापि मूर्खेषु ।
ग्राम्येषु मन्त्रशक्तिं प्र-यति गौल्मिकजनाज्ञातः ॥१०५॥

जलाद्युद्भव इति प्रत्ययः। श्रौतादिवाक्येऽप्यग्निजलाद्युत्पादनादिशक्तिमनुपलभमानस्यापि ते मोहात्कुम्भकारमान्त्रिकादिहुंकारेषु कथं सर्वः शक्तिमत्त्वग्रह इति न जानीमहे। नूनं ह्रां ह्रीमित्यादिमन्त्राणां शक्तिं श्रुत्वा तवेदृशः प्रत्ययः परप्रत्ययनेयस्येति तर्कये। ह्रां ह्रीमित्यादीनां विषयोगादिसंकेतितानां रसादेर्मारणाद्युपयुक्ततीक्ष्णरसादेर्बीजत्वेनोपयोगः पूर्वैराभिचारिकैर्व्यधीयतेत्युक्तमस्माभिः। सांप्रतिकेऽपि रसशास्त्रे हकारो जलवायुवाचक इत्यादयः संकेता दृश्यन्त इति दर्शितम्। तथा च रसादिबीजत्वेनोपयोगे ह्रां ह्रीमित्यादेर्निष्फलत्वं जपादिमात्रेण मारणाद्युपयोगस्तेषामिति तु प्रमादं विजृम्भितमिति सप्रपञ्चमुक्तोऽपि जपादिभिर्मत्कुणमपि विप्रकृष्टं व्यापादयितुमशक्तं मान्त्रिकधूर्तं कथं श्रद्धत्से ॥ ३८ ॥

तीक्ष्णरसादिमिश्रणोपयोगिनां मन्त्राणां सम्प्रत्यपि कथं न तादृश उपयोगो जपादिवादिनां तु भगवता शिवेन कीलितत्वात्तदुद्धारानभिज्ञैरनुपयोग इति सुवचमिति चेदाह—

तद्विस्मृतिः कीलनं स्मरणे वानुपयोगः प्रशासकानां विज्ञतरत्वे ॥ ३९ ॥

अयि मुग्ध विस्मृतवन्तः किल ह्रां ह्रीमित्यादेः सांकेतिकमुपयोगं तज्जपादिभिरकिंचित्करे फलं दर्शयितुमक्षमाः शिवेन कीलितोऽयं मन्त्र इत्यादि बन्ध्यापुत्रगीतिप्रशंसासदृशान्प्रलापान्कुर्वन्तो जगत्प्रतारयन्ति। किमेतान्विश्वसिषि। इयमेवार्थविस्मृतिः कीलनं च द्वितीयमपि कीलनमस्ति। यदि कश्चिन्मन्त्राभिधेयं वा तत्सहचारेणाभिचारिकेषु ग्रन्थेषूपदिष्टं वा विषादियोगं मारणोन्मादनाद्युपयोगिनं स्मरन्नपि न स शक्नोति राजभयाद्विषोपयोगपातकमनुष्ठातुं यदि हि शशशृङ्गसमा केवलं बन्ध्यापुत्रैर्दृश्यमाना मन्त्रे मारणशक्तिः स्यात् सा किल निभृतमज्ञायमानैरुपयोक्तुं शक्यते, राज्ञा वा राजपुरुषैर्वा वैज्ञानिकैरपि तदुपयोगस्य दुरूहत्वात्। तस्याः पुनरत्यन्तमसत्त्वाद्विषाद्युपयोगमात्रं मारणादौ शरणीकरणीयं मान्त्रिकधूर्तैः। आसीच्चेदृशो विषाद्युपयोगोऽतीतेषु परःसहस्रेषु वर्षेषु शासकानामज्ञत्वाद्विज्ञत्वेऽपि वा मन्त्रिकाणां विज्ञतरत्वात्। तेषु समयेषु शासकाज्ञानपीडिते तमश्छन्ने भारते चान्यत्र च पानीयादिमिश्रितस्य दुर्ज्ञेयस्य विषादेरुपयोगः सुकरोऽभूत्। अद्यत्वे तु प्रशासकानां तदधिकृतविषादिपरीक्षकाणां च मान्त्रिकापसदेभ्यः सर्वथा विज्ञतरत्वात्तदपराधान्सद्यः परीक्षया निर्णेतुं क्षमत्वान्नावसरो मन्त्रादिनिर्दिष्टविषादेर्ज्ञानेऽपि तदुपयोगस्य।

इति चतुर्थाध्यायस्य प्रथमाह्निकं समाप्तम्।

(वा०) धृष्टास्तु केचिदधुनापि महासभासु धर्मोपदेशगतराजभयाः सदर्पम्।
उद्घोषयन्ति महतीं ध्वनिभावनादेः सिद्ध्यष्टकादिजननीं महनीयशक्तिम् ॥१०६॥
दूरेण तान्परिहरन्किल कालकूटवृक्षानिव प्रचरतः शिशुनाशनाय।
मोहं निरस्य सुमतिः सततप्रमत्तः स्याद्यतनवान्नियतसंपदि शिल्पशास्त्रे ॥१०७॥
इति चतुर्थाध्यायस्य प्रथमाह्निकं समाप्तम् ॥

चतुर्थाध्यायस्य द्वितीयाह्निकम् ।

[अस्याह्निकस्य भाष्यं नोपलब्धं 'परमार्थदर्शनीयाधिकरणरत्नमालाम्' आश्रित्याधिकरण-सूत्र-वार्तिकमात्रं दीयते-सम्पा०]

[अधि० १] कायेन समवेतौ वा सूक्ष्मजीवौ युतौ तु वा ।
परलोकादिगमनाद्युतौ स्यातामिमौ स्फुटम् ॥ १ ॥
उत्क्रमादेरसिद्धत्वात्तयोः पृथगदर्शनात् ।
कायेन समवेतौ तु सूक्ष्मजीवाविति स्थितम् ॥ २ ॥

शरीरभेदाज्जीवभेदः ॥ १ ॥

शरीरात्मनोरयुतसिद्धिर्न सिद्धयोर्योगः ॥ २ ॥

अयुतसिद्धिरभेदो बादरायणादीनाम् ॥ ३ ॥

तथा सूक्ष्मस्य ॥ ४ ॥

नोत्क्रमणं विज्ञानात्मनः सूक्ष्मस्य वा तथा च याज्ञवल्क्यः ॥ ५ ॥

(वा०) शरीरभेदादिह जीवभेदो भेदस्य किं स्यादपरं प्रयोक्तृ ।
कायद्वये स्याद्यदि जीव एको ब्रह्मैव सर्वात्मकमेतदस्तु ॥ १ ॥
कायात्मनोर्नैव पृथक्प्रसिद्धिर्न सिद्धयोर्योग इहानयोस्तत् ।
विनिश्चितैवायुतसिद्धिरस्मात्तर्कप्रपञ्चैरस्तु किमत्र शुष्कैः ॥ २ ॥
यौ नाममात्रेण पृथक्पदार्थौ प्रकल्पितौ तार्किकमुग्धडिम्भैः ।
तयोः प्रसिद्धायुतसिद्धिरस्मान्न तद्वतोर्वास्तवभेदमाहुः ॥ ३ ॥
पृथक्शरीरान्न यथात्मतत्त्वं तथैव चित्तादिमयोऽपि सूक्ष्मः ।
पृथङ् न तस्मात्समवेत एव तस्मिन्निति स्पष्टमुशन्ति तज्ज्ञाः ॥ ४ ॥
स्तम्भे विनष्टे न हि तस्य दैर्घ्यमुत्क्रम्य कुत्रापि बहिः प्रयाति ।
तथैव सूक्ष्मस्य न चात्मनोऽपि बहिर्गमः स्याद्विकृते शरीरे ॥ ५ ॥
तान्येव विज्ञानघनो तु नश्यत्यत्रासवोऽनुत्क्रमिणस्तथेति ।
सद्युक्तिगाढां गिरमुज्जगार महर्षिधुर्यो ननु याज्ञवल्क्यः ॥ ६ ॥
जीवस्य कायानुविनाशितास्मात्सर्वात्मनः शाश्वतता मता तु ।
सनातनः सर्वगतोऽयमात्मा धनञ्जयस्यन्दनभूषणोक्तः ॥ ७ ॥

[अधि० २] परिणामितया भूम्न उच्छित्तिः संभवेन्न वा ।
उच्छित्तिः संभवेदेव परिणामात्प्रकल्पिता ॥ १ ॥
सर्वस्य परिणामित्वात्सर्वोच्छेदाद्यदर्शनात् ।
उच्छित्तिः संभवेन्नैव कदापि सकलात्मनः ॥ २ ॥

अविनाश्यनुच्छित्तिधर्मा सर्वात्मा ॥ ६ ॥

तस्मिन्परिणामादि ॥ ७ ॥

नोच्छित्तिस्ततोऽनुमेया प्रतिबन्धाग्रहात् ॥ ८ ॥

[अधि० ३] शब्दावलम्बाद्भेदाय जनेषु च परिग्रहः ।
परलोकगमस्यास्तु न वा, सोऽस्तु सतां मतः ॥ १ ॥
अर्थवादे न शब्दस्य प्रामाण्यं धर्मवादिनाम् ।
स्वस्वधर्मस्य च श्रैष्ठ्याद् व्यर्थो लोकपरिग्रहः ॥ २ ॥

न शब्दविरोधः शब्दस्य विधिमात्रे प्रामाण्यात् ॥ ९ ॥

अभेदो वेश्याविदुषोः शब्दावलम्बेन परलोकस्वीकर्तुः ॥ १० ॥

न शिखादित्यागो निष्कारणधर्मावलम्बिनाम् ॥ ११ ॥

(वा०) अस्मिश्च सर्वात्मनि चित्समुद्रे तडित्तरङ्गाम्बरपूरपूर्णे ।
छायापथावर्त्तिनि भूरितारान्फेनाञ्चिते प्राणिसहस्रवासे ॥ ८ ॥
लसद्ग्रहोपग्रहकेतुजातप्रबालजालोपचितान्तराले ।
शश्वद्वहन्तीः परिणामधारा वदन्ति संसारततीरपाराः ॥ ९ ॥
तत्त्वं तदेतत्परिणामि नित्यं दृष्टं हि नात्रापरिणामि किंचित् ।
सर्वात्मनोच्छित्तिरसंभवैव कस्यापि सर्वात्मनि सा कथं स्यात् ॥ १० ॥
नश्यन्विशेषः परिणाममेति परे विशेषे सुधियां स्फुटं तत् ।
इयं तु नित्या परिणामधारा संसारवारांनिधिरेतदात्मा ॥ ११ ॥
जीवस्य कायानुविनाशिता या शब्दोऽपि दृष्टः प्रतिपादयंस्ताम् ।
शब्दैर्विरोधेऽपि परैर्न हानिर्विधौ हि शब्दो भवति प्रमाणम् ॥ १२ ॥
शब्दात्प्रमाणादथवाभ्युपैषि जीवस्य नाकादिगमं महात्मन् ।
शब्दः प्रमाणं तव पूर्वजानां नैवापरेषामिति कोऽत्र हेतुः ॥ १३ ॥
धर्मान्तरीयास्तव धर्ममेव वदन्ति शश्वन्निरयस्य हेतुम् ।
धर्मान्तराणि प्रथयस्यजस्रं त्वं चातिदृप्तो विनिपातहेतून् ॥ १४ ॥
भवन्मते पण्यविलासिनीनां वासाय घोरो निरयः परत्र ।
धर्मान्तरीया अथ ता भवन्तं दिदृक्षमाणा निरयेऽतितुष्टाः ॥ १५ ॥

[अधि० ४] भूम्नः कायस्य जीवस्य कस्याप्यस्त्युत्क्रमो न वा।
अस्तु कस्यापि वस्त्रादित्यागौपम्यस्य दर्शनात् ॥ १ ॥
भूम्नः सर्वात्मकत्वं यच्छरीरं तु विशीर्यति।
शरीरानुविनाशी च जीवः कस्योत्क्रमोऽस्त्वतः ॥ २ ॥

ब्रह्म शरीरं जीव इत्याकाशो नालिका सूचीप्रचारनादादीतिवत् ॥ १२ ॥

न ब्रह्म शरीरान्तरमायात्माकाशवद्विभु नित्यं स्थाणु ॥ १३ ॥

शरीरं शीर्यति तस्य हि तन्निरुक्तम् ॥ १४ ॥

जीवः पुञ्जोद्भवत्वान्नासति पुञ्जे ॥ १५ ॥

[अधि० ५] जीवस्य प्रतिबिम्बत्वे भवेत्तस्योत्क्रमो न वा।
भवेदेवोत्क्रमस्तस्य भिक्षवोऽपि तथा विदुः ॥ १ ॥

(वा०) स्वर्गाधिकारी स्वमतेन सर्वः परैः प्रपन्नो नरकाधिकारी।
कस्यार्थवादेषु तदीदृशेषु वचः प्रमाणं भविता जनस्य ॥ १६ ॥
स्वर्गाद्यभावेऽपि शिखादिकस्य त्यागो न निष्कारणधर्मभाजाम्।
तडित्प्रवेशाय सुरस्त्रियै वा तद्यस्य निर्वेदमुपैतु मोक्षः ॥ १७ ॥
सर्वात्मके ब्रह्मणि काययष्टिर्वियत्यमेये किल नालिकेव।
सूचीप्रचारस्वनशक्तिवच्च कायानुगा राजति जीवशक्तिः ॥ १८ ॥
वियत्समं स्थाणु च सर्वगं च देहात्कथं ब्रह्म परैतु देहम्।
शरीरमेतन्ननु नालिकेव शीर्यत्यवश्यं गमनं न तस्य ॥ १९ ॥
पुञ्जोद्भवत्वाद्भविता क्व जीवः पुञ्जे विशीर्णे निधनस्य काले।
नाशं व्रजन्त्यां नहि नालिकायां तस्याः स्वनं चुम्बति नालिकान्या ॥ २० ॥
उड्डीय वा प्रेतपिशाचरूपः स्वनो न कुञ्जे गिरिगह्वरे च।
कूजत्यसौ नालिकया वियुक्तो रामो विदेहाधिपकन्ययेव ॥ २१ ॥
सर्वात्मनो बिम्बसमानता चेज्जीवश्च तस्य प्रतिबिम्ब एषः।
शरीरमादर्शनिभं तथेदं ततोऽपि जन्मान्तरवान्न जीवः ॥ २२ ॥
बिम्बग्रहायोग्यमपास्य धावन्नादर्शमन्यं प्रतिबिम्बपिण्डः।
नैवोपलब्धो न तथैव जीवो मृताच्छरीरादपरं प्रयाति ॥ २३ ॥
स बालिशोत्प्रेक्ष्यपिशाचवद्वा परिस्फुटं पञ्जरपक्षिवद्वा।
जीवोऽभविष्यद्यदि हन्त तस्य तदैव जन्मान्तरमप्यमेस्यत् ॥ २४ ॥
योगी परो वात्मशरीरकोशादात्मानमुद्धृत्य परत्र यावत्।
न दर्शयेत्प्रेतकथाप्रवादैः पृथक्क आत्मानमवैतु तावत् ॥ २५ ॥

आदर्शनाशे नाशो हि प्रतिबिम्बस्य दृश्यते ।
तस्मान्न प्रतिबिम्बत्वेऽप्युत्क्रमः किल सिध्यति ॥ २ ॥

मुकुरप्रतिबिम्बवद्वा ॥ १६ ॥

शरीरान्तरगो हि पिशाचवत्पञ्जरपक्षिवद्वा ॥ १७ ॥

[अधि० ६] स्तन्यचूषणशक्त्यादि पैतृकं वान्यजन्मजम् ।
जन्मान्तराभ्यासजं तत्स्फुटमुक्तं मनीषिभिः ॥ १ ॥
पैतृकं तु मनुष्याद्याकृतिवत्तत्समञ्जसम् ।
अलं तदर्थं जीवस्य जन्मान्तरविकल्पनैः ॥ २ ॥

न पूर्वजन्मसंस्कारः पूर्वजशक्तिस्त्वयस्कान्तवत् ॥ १८ ॥

(वा०) ब्रह्मैकरूप्ये न विवर्त्तभावे न नापि बिम्बप्रतिबिम्बभावे ।
जीवः शरीरं विकृतं विहाय गन्तुं शरीरान्तरमत्र शक्तः ॥ २६ ॥
स्तनन्धये स्तन्यविचूषणादिशक्तिर्न जन्मान्तरसंस्क्रिया सा ।
मनुष्यरूपादिवदागतोऽसौ दायस्तु तस्मिन्निजपूर्वजेभ्यः ॥ २७ ॥
पित्र्यान्प्रजोपैति गुणानवस्था कृतेर्विशेषैः सह नात्र शङ्का ।
प्रवर्तितो दीप इह प्रदीपाद्गुणान्प्रदीपस्य दधाति नूनम् ॥ २८ ॥
शैत्यादिसंयोगवशादिदानीं बालः स्तनं यो न पिबेद्रुजार्त्तः ।
दृष्टेऽपि शैत्यप्रभृतौ निमित्ते तर्कस्तदर्थं किमु पूर्वजातेः ॥ २९ ॥
भोगोऽपि साक्षादिह कर्मणः स्यादेकत्र जन्मन्यखिलस्य नूनम् ।
भोगस्तु पारम्परिकः सुतादौ स्फुटस्तदर्थे परजन्मनालम् ॥ ३० ॥
यस्यावशिष्टं निधने फलं तु परत्र भोगो न समञ्जसोऽस्य ।
दण्डो हि पापस्मरणे स्मृतिश्च न पूर्वजातेरुपलभ्यतेऽत्र ॥ ३१ ॥
सुरां पिबन्यो म्रियते न तस्य पाकः सुराया न मदोऽपि दृष्टः ।
मृतस्य पाको न यथा मदो वा तथैव पापं न सुरावलेहात् ॥ ३२ ॥
वराहजन्मादि च कल्पयन्ति दण्डं मुधा दुर्धिय एव नूनम् ।
प्रीतिर्वराहस्य यथा स्वभोज्ये तथाज्यपानेऽपि मठाधिपस्य ॥ ३३ ॥
अभुक्तमत्राथ कृतं परत्र फलं ददातीति कुतर्कणा ते ।
मद्येन लीढेन मृतिक्षणेऽपि मदः प्रकल्प्यो निलये सुराणाम् ॥ ३४ ॥
अनादिजन्मान्तरकर्मराशेरनन्तजन्मान्तरभोग्यता चेत् ।
ज्ञानेऽपि मुक्तिर्भविता न पुंसामन्यादृशं ज्ञानवशान्न तत्त्वम् ॥ ३५ ॥
जीवा अनेके किल पक्षितुल्याः कायेषु चेत्पञ्जरसंनिभेषु ।
स्वर्गादिभोग्यो यदि कर्मराशिर्मुक्तः खपुष्पप्रतिमा तदासौ ॥ ३६ ॥

[अधि० ७] भोगोऽवशिष्टो जीवस्य स्वर्गादौ संभवेन्न वा ।
संभवेदेव नाशः स्यात्किममुक्तस्य कर्मणः ॥ १ ॥
साक्षाद्भोगः शरीरेऽत्र तत्संसर्गात्परेषु च ।
ज्ञानिनोऽपि ह्यमुक्तिः स्याज्जन्मान्तरविकल्पने ॥ २ ॥

साक्षाद्भोगस्त्वेकेनैव जन्मना ॥ १९ ॥

पारम्परिकः संसर्गात् ॥ २० ॥

आमुष्मिकभोगकल्पने मुक्त्यभावः ॥ २१ ॥

सुहृदादौ संक्रम इति चेन्निधने सर्वेषामविशेषः ॥ २२ ॥

[अधि० ८] स्वर्गादिकल्पना धर्मे जनान्वर्त्तयते न वा ।
नरकस्य भयात्स्वर्ग-लोभाद्धर्मं जनो भजेत् ॥ १ ॥
स्वर्गादिवादिनामत्र मठमन्दिरभूमिषु ।
महापातकभूयस्त्वात्कल्पना सावकेशिनी ॥ २ ॥

(वा०) ज्ञातुस्तु संक्रामति कर्म सख्यौ रिपौ सुते वा यदि मृत्युकाले ।
सर्वस्य संक्रामति कर्म जन्तोः कथं न तद्वन्निधनाविशेषात् ॥ ३७ ॥
स्वर्गोऽपि मिथ्या नरकोऽपि मिथ्या ब्रह्मैव जीवः सतताद्वितीयः ।
मिथ्या पुनर्जन्मविकल्पनेन जनान्कथं वञ्चयतीह भिक्षुः ॥ ३८ ॥
अध्यस्यमानस्य गुणादियोगो नाध्यासिनीति स्फुटमाह भिक्षुः ।
किमेष तत्कातरतां दधानः कदापि जीवस्य गतिं प्रवक्ति ॥ ३९ ॥
अज्ञस्य रम्भापरिरम्भलाभः कम्पस्तथा वैतरणीकथाभिः ।
लोभेन रम्भाधिगमो न तस्य कम्पेन वा वैतरणीवगाहः ॥ ४० ॥
मल्लीस्रजं घोरफणीति गृह्णन्नुलूखलं स्थूलजनीति जानन् ।
अन्धः प्रकम्पेत मुदं वहेद्वा न भिद्यते तु स्रगुलूखलो वा ॥ ४१ ॥
शास्त्रेण वाच्यं परमार्थतत्त्वं भ्रमेण किं कीदृगिति प्रवक्तुम् ।
कस्यास्ति शक्तिः परमार्थ एको भ्रमास्तु नैके नियता न चैते ॥ ४२ ॥
नरे नरत्वं नरशास्त्रवाच्यं भ्रमेण तस्मिन्खरताश्वता वा ।
के के भ्रमाः कुत्र नरे भवन्ति कस्तत्प्रवक्तुं प्रयतेत विद्वान् ॥ ४३ ॥
बन्ध्यासुतं पुत्रवतीसुतं च विविच्य वेत्ता प्रथमे हतास्थः ।
कार्यं द्वितीयेन निजं करोति पशुः प्रमत्तोपरथा जनोऽसौ ॥ ४४ ॥
अनेकजीवत्वविरोधिनीं चेद्ब्रह्मैकतां स्थापयतीह भिक्षुः ।
कथं तदीया अनुयात्रिणोऽपि जीवं पुनर्जन्मजुषं वदन्ति ॥ ४५ ॥

कल्पना नाकनिरयादीनां सद्व्यतिकरात्काञ्चनगिर्यादिवत् ॥ २३ ॥

धर्मे भयार्थमज्ञानामिति केचित् ॥ २४ ॥

तत्परस्वास्तेयमिव रज्जुसर्पसंनिकर्षात् ॥ २५ ॥

[अधि० ९] भोगाशामोदकैस्तृप्त्या मूर्खाणां तु सुखं न वा ।
देवाङ्गनादिचिन्ताभिर्मोदस्तेषां विनिश्चितः ॥ १ ॥
यथा स्वर्गस्य चिन्ताभिः सुखं नरकचिन्तया ।
दुःखं तेषां तथा नातः स्वर्गस्यात्युपयोगिता ॥ २ ॥

वर्षशतेनाप्यतृप्तस्य ततोऽप्यल्पतरायुषो भोगाशेत्यन्ये ॥ २६ ॥

दुःखाशापि ॥ २७ ॥

पर्याप्तमायुर्ज्ञानवतः कार्यशेषस्यापरैरनुष्ठेयत्वात् ॥ २८ ॥

(वा०) अयं दरिद्रो भ्रमतेऽयमाढ्यः फलादभिन्ने वचसी इहैते ।
जीवो न जन्मान्तरवान्भ्रमेण तथेति तुल्ये वचने तथैव ॥ ४६ ॥
तस्मादियं काञ्चनपर्वताभा प्रकल्पना स्वर्निरयादिकानाम् ।
ऊर्ध्वं सुमेराववलिम्पशैले पूरे पयोधेर्वसुधोदरे वा ॥ ४७ ॥
धर्मे भयार्थं किल वालिशानां सत्येति तां केचन घोषयन्ति ।
आपातरम्यं सुफलं मृषोक्तेस्तन्न स्मरन्तः प्रतिरोचयन्ते ॥ ४८ ॥
कियच्चिरं रज्जुभुजङ्गमाद्वा बिभ्यत्तदभ्यर्णगतं न बालः ।
मुद्रादिकं स्प्रक्ष्यति सोऽस्पृशन्वा चौरो न किं स्याद्धृदयस्थचौर्यः ॥ ४९ ॥
किं चात्र दृष्टः सहभक्तिलक्ष्मा स्वर्गादिविश्वासपरोऽतिपापी ।
पापं न तद्यद्गदितेन यस्य न देवनाम्ना सकृदेव नश्येत् ॥ ५० ॥
यः पापराशिः सुरमन्दिरेषु तीर्थेषु वा हन्त मठेषु वापि ।
स्वर्गादिविश्वासपराङ्मुखाणां वैज्ञानिकानां समितौ क्व तत्स्यात् ॥ ५१ ॥
गुरुं न धर्मस्य भयेन नारी स्वदूषणायोद्यतमाह किंचित् ।
प्रच्छाद्य धर्मस्य च कञ्चुकेन पापं नृपालादभयाश्चरन्ति ॥ ५२ ॥
स्वर्गाय बीभत्सनृशंसकर्मा यत्पातकं हन्त करोति कोलः ।
स्वर्गादिविश्वासपराङ्मुखस्तु स्वप्नेऽपि तत्पश्यति नैव धीरः ॥ ५३ ॥
अतृप्यतो वर्षशतेन जन्तोर्भोगाभिलाषात्परलोकवादः ।
वैधव्यदग्धाखिलयौवनाया वेश्यात्वचिन्तेव सुरालयेषु ॥ ५४ ॥
यन्नायकानां व्यभिचारचिन्ता मद्यस्य सेवा कलहश्च शश्वत् ।
जुगुप्सितोऽयं नरकात्सुघोरात्सुरालयो हन्त सुरालयोऽसौ ॥ ५५ ॥

न तस्य लोकलिप्सा ॥ २९ ॥

[अधि० १०] अत्युक्तिरेव स्वर्गादिस्तत्त्वं किञ्चिदिहास्ति वा ।
केचित् स्वर्गादयो लोकाः संभवन्त्येव वस्तुतः ॥ १ ॥
अभाव उत्क्रमस्यैव न दृष्टिः स्वर्गगामिनी ।
तस्मादत्युक्तिरेवैषाभिमता कविकल्पना ॥ २ ॥

उपलभ्यमानसुखदुःखातिशयोक्तिस्तु ॥ ३० ॥

नररूपकाङ्कुरा दृष्टव्यतिकरस्कन्धा सैषोत्प्रेक्षापल्लविता कविता ॥ ३१ ॥

[अधि० ११ [कर्मणः स्यात्परित्यागः शक्त्या सातत्यमेव वा ।
विरागिणां परित्यागः संभवेदत्र का क्षतिः ॥ १ ॥
नासोन्मादसमोऽज्ञानां विरागो मौर्ख्यमूलकः ।
तस्मात्तु कर्मसातत्यं यथाशक्ति हितं मतम् ॥ २ ॥

(वा०) सुरालये सौख्यलवानुशक्ताः स्मरन्ति नूनं निरयान्न घोरान् ।
कुतोऽन्यथा स्वप्नसुरां विषाक्तां ध्यात्वा मुहुर्मोहममी वहन्ति ॥ ५६ ॥
ज्ञानामृतक्षालितचेतसां तु पर्याप्तमायुर्महतामिहत्यम् ।
नेच्छन्ति नाकाम्बरवारिजं ते त्रस्यन्ति नो वा निरयात्पिशाचात् ॥ ५७ ॥
यत्कार्यशेषं भुवि किंचिदेषां सुतेन शिष्येण परेण वास्य ।
संभाव्यते निर्वहणं न तैस्तु स्वर्नायकैर्वा निरयस्थितैर्वा ॥ ५८ ॥
हर्षस्य वेश्याद्युपसत्तिजस्य पूतिव्रणादेश्च तदुद्भवस्य ।
अत्युक्तिरेषा परिकल्पना या सुराङ्गनावैतरणीप्रधाना ॥ ५९ ॥
विपर्ययवादाद्यविवेकबीजा शब्दावलम्बाम्बुझरेण सिक्ता ।
ताराग्रहादौ नररूपणं यत्तदङ्कुरा दृष्टमुखादिकस्य ॥ ६० ॥
अत्युक्तिभिः स्कन्धवती कवीनामुत्प्रेक्षया पल्लविता विशाला ।
अश्वत्थयष्टिर्जनचित्तभूमौ चिराय हा हन्त विरूढमूला ॥ ६१ ॥
अनाग्रहाख्यत्सरुणा विवेक-शस्त्रेण तां तीव्रदृढेन कृत्ताम् ।
ज्वलत्परीक्षाहुतभुक्शिखासु भस्मीभवन्तीमवलोक्य तुष्टः ॥ ६२ ॥
तदङ्घ्रिवृद्ध्या परिशीर्यमाणं विज्ञानमारक्षति विज्ञलोकः ।
विकासभाजा क्रमशो भवित्री संपन्महिष्ठा महितेन येन ॥ ६३ ॥
स्वर्गादिचिन्तारहितस्तदित्थं विज्ञानवृद्ध्यां जगतः शिवाय ।
ज्ञानेन भक्त्या च विशुद्धचित्तः सत्कर्म कुर्वीत सदैव साधुः ॥ ६४ ॥
यद्वस्तु यादृक् तदलं तथैव जानन्मनीषी परमार्थभक्तः ।
अनारतं कर्मपरो लभेत धर्मार्थकामान्महनीयकीर्त्तिः ॥ ६५ ॥

इह कर्मसातत्यम् ॥ ३२ ॥

त्रिवर्गफलम् ॥ ३३ ॥

सा जीवन्मुक्तिर्ममत्वविरहे ॥ ३४ ॥

संन्यासस्तूर्ध्वबाहुवत् ॥ ३५ ॥

[अधि० १२] निर्वेदात्कायदुःखादि तपः कार्यं न वा बुधैः ।
कार्यं कण्टकशय्यादि तपो निर्वेदमाश्रितैः ॥ १ ॥
कलिदैवादिपैशाच-भ्रममूला विरागिता ।
तस्मात्कण्टकशय्यादि विकर्म परिवर्जयेत् ॥ २ ॥

(वा०) अयं जनो नैव परस्तु कश्चिद्यः स्वार्थमित्थं प्रतिपद्य कर्मी ।
भूमानमानन्दमयं भ्रमेण निवेश्य सोऽल्पीयसि बन्धमेति ॥ ६६ ॥
अस्यापि लोकस्य शरीरनाम्नः परस्य लोकस्य च भूमनाम्नः ।
अंशांशिभावं तु विदन्महात्मा सर्वस्य मुक्तः कुशलं करोति ॥ ६७ ॥
न कर्म सर्वात्मनि याति विश्रमं निरस्तकर्मा परमाणुरत्र नो ।
स्वकर्मसंन्यासमतः सुबुद्धयो न रोचयन्ते परमार्थवल्लभाः ॥ ६८ ॥
प्रमादवान्कर्म विहातुमीहते जनस्तु यो भूमनि सर्वकर्मणि ।
स ऊर्ध्वबाहोरिव बाहुरेककः पुरोऽर्वशोषं तृणवद्विशुष्यति ॥ ६९ ॥
इदं हि धर्मार्थसुखस्य साधनं शरीरमाद्यं न ममत्वमत्र च ।
कथं तदेतत्सकलात्मनो धनं विनाशयेत्स्वैरमकर्मणा सुधीः ॥ ७० ॥
शरीरमेतत्सकलात्मनो धनं प्रवर्त्तयेत्सर्वहिते तदुत्तमः ।
तथा हि कायस्य धनं करो भवन्सदैव कायस्य हिताय चेष्टते ॥ ७१ ॥
न कर्म संन्यस्य परान्नसंग्रहैर्न चापि शार्दूलकलत्रतर्पणैः ।
न कण्टकस्रस्तरशय्ययापि वा भ्रुकुंसभण्डार्चनविभ्रमैर्न वा ॥ ७२ ॥
न चावताराभकदर्शनश्रमैर्न भीष्मसत्त्वादिसमागमेहितैः ।
विकर्मभिर्वा न परैर्विनाशयेच्छरीरमेतत्सकलात्मनो धनम् ॥ ७३ ॥
सुयुक्तमाहारविहारमाचरन्सुयुक्तचेष्टः सकलेषु कर्मसु ।
भजन्सुयुक्तं शयनावबोधनं विवृद्धतेजा यदुराजयोगतः ॥ ७४ ॥
शरीरमेतत्सकलात्मनो धनं हिते नियोक्ष्यन्सकलस्य सन्मतिः ।
विचित्य विज्ञानमधूनि सर्वतः सरस्वतीसत्रमखण्डमाचरेत् ॥ ७५ ॥
उपचयवति शिल्पशास्त्रसत्रे सुखमिह जीवति सर्व एव लोकः ।
अथ मम निधनेऽपि सौख्यभाजो ननु मम बन्धव इत्युपैति तोषम् ॥७६॥

शरीरमाद्यं त्रिवर्गसाधनं न च ममत्वं तत्रापि ॥ ३६ ॥

कण्टकशयनादि कर्माभासः ॥ ३७ ॥

युक्ताहारविहारतादि वासुदेवस्य ॥ ३८ ॥

कलिदैवावनतिलोकान्तरदिव्यशक्तिपिशाचादिप्रत्यया निर्वेदाभासहेतवः ॥ ३९ ॥

इति चतुर्थाध्याये द्वितीयाह्निकम् ।

(वा०) मूर्खस्तु नात्र परितुष्यति भोगजातैर्दारिद्र्यरोगनिलये निरयेऽवसीदन् ।
रम्भाङ्गसङ्गममुशन्नसुनाशकाले दृष्टस्मृतेर्दलति चेतसि रौरवादौ ॥ ७७ ॥

कलिरयमिह का स्यादुन्नतिर्हन्त जन्तो-
रतिबलवति दैवे पौरुषं किं नु कुर्यात् ।
अवनतिरवराणां निश्चिता पूर्वजेभ्यो
भुवि भवदपि दुःखं शर्मणोऽमुत्र शश्वत् ॥ ७८ ॥

अतनिषत चिरत्ना दिव्यशक्त्या प्रबन्धान्
क इह मनुजशक्तिस्तादृशानद्य कुर्यात् ।
शिशुजनमिति वादैर्मोहयन्तः समन्ता-
द्विपव इदमधन्यं भारतं नाशयन्ति ॥ ७९ ॥

इति चतुर्थाध्याये द्वितीयाह्निकम्

पञ्चमाध्यायस्य प्रथमाह्निकम्

[अधि० १] **चितो निषेधसंशीतिविषयत्वं भवेन्न वा ।**
सर्वत्र संशये सर्वाभावे वा संभवेदिदम् ॥ १ ॥
संशयो वा निषेधो वानुपलब्धो न संभवेत् ।
उपलब्धिस्वरूपायां संभवो वैतयोश्चितौ ॥ २ ॥

इत्थं भक्तिविज्ञानमूलकस्य कर्मणः सातत्यमुक्त्वा प्रामादिकस्य च कर्मभासस्य परिहार्यत्वमुपपाद्य ममत्वलेशस्य प्रायः कर्मसु महार्णवजलेषु क्षारभावस्येवानुबद्धस्य निरासेन रश्मिभिर्विविच्य विशुद्धमधुरममृतमाकृष्य वैज्ञानिककृषीबलोपजीव्येषु शास्त्रपयोधरेषु निक्षिप्य जगत्कृतार्थयतः भक्तिचन्द्रकलां विज्ञानग्रहांश्च तेजसावभासयतो

न तत्र सूर्यो भाति न चन्द्रतारकं नेमा विद्युतो भान्ति कुतोऽयमग्निः ।
तमेव भान्तमनुभाति सर्वं तस्य भासा सर्वमिदं विभाति ॥

इत्यादिभिर्दृष्टरूपस्य पारमार्थिकज्ञानसूर्यस्य मायातिमिरनिरासमुखेन प्रस्तावमुपन्यस्यति—

ममत्वनाशश्चिदात्मभावात्मको ज्ञानम् ॥ १ ॥

सर्वात्मा किलात्मानं ज्ञानविज्ञानशक्तिद्वयेन द्विधा गृह्णातीति सुव्यक्तमात्मपरीक्षयोपलभ्यत इति वक्ष्यामः । विज्ञानशक्त्या प्रमदां पश्यामि गीतमिममाकर्णयामि सहकारमञ्जरीसौरभमनुभवामीत्यादि जनोऽभिमन्यते । ज्ञानशक्त्या पुनरात्मीयत्वेन गृहीतं पुद्गलपुञ्जदेहाख्यं परत्वेन गृह्यमाणां प्रमदामिव पश्यन्तमात्मन्यनुभवामीत्यादि सर्वमात्मन्युपलभते । तदेतदभिप्रेत्य ब्राह्मणमाह 'यत्र त्वस्य सर्वमात्मैवाभूत्तत्केन कं पश्येत्केन कं विजानीयात्' इत्यादि । प्रतिशरीरं भिन्नस्य विज्ञानस्य स्वपरभेदवतो विज्ञानात्मसंज्ञा । अत्यल्पं चेदमुच्यते प्रतिशरीरं भिन्नस्येति प्रतिक्षणं हि विज्ञानस्य भेदः प्रत्यक्षसिद्धः । न पूर्वक्षणे यादृशं विज्ञानं तादृशमेव क्षणान्तरे । अभिनवानामुपलम्भानामुदयात्पूर्वोपलम्भानां च विलयात् । सर्वाणि विज्ञानानि विज्ञानमयं सर्वं च स्वात्मन्युपलम्भमानश्चि-

---

(वा०) ममता तिरोभवति हन्त यदा सकलात्मता च समुदेति शिवा ।
चितिशक्तिरप्रतिहताथ तदा प्रथते प्रमादविगमादमला ॥ १ ॥
अखिलात्मिका चितिरियं सततं परिणामिनी च निजसाक्षितया ।
समवस्थितां च तदिमामबुधाः क्षणिकामथापरिणतिं च विदुः ॥ २ ॥

दात्मा। स एव सर्वात्मा। तदात्मत्वं पारमार्थिकं शश्वदिव स्मरणीयमपि नैसर्गिकात्प्रमादाद्विस्मरञ्शरीरविशेषेऽहमिदं ममेदमिति गृह्णंस्तिरोभूतज्ञान उच्यते।

अप्रमत्तः सर्वात्मीयमिदमर्थान्तरवदिति शरीरमपि प्रतिपद्यमानः पारमार्थिकः। चिदात्मा चेत्क्षणिकानां विज्ञानानां साक्षी न स्यात्पूर्वक्षणस्योत्तक्षणेन साम्यं वा व्यतिरेकं वा ग्रहीतुमीश्वरो न कोऽपि संभवेत्। तमेतं साक्षिणं प्रमादादगृह्णन्तः सौगताङ्कुरा माध्यमिकादयः सर्वं क्षणिकं शून्यं च प्रतिपद्य निर्वेदवादैः कारुण्याभासैः स्वसिद्धान्तव्याहतैः कर्मोत्क्रमलोकान्तरादिवादैश्च भारते प्रत्यन्तेषु द्वीपान्तरेषु च सुचिरं बन्ध्यापुत्रेष्टदेवविरहधूतकाषायानपावनाशयान् प्रव्रजितांस्तदीयान्महामठगह्वरादींश्च सर्वतः प्राताानिषुः।

प्रच्छन्नसौगता निराकारेश्वरवादिनो वायुमयसत्त्वादिवादिनः केचिच्चैत्यवन्दननिराकृतिध्यानादिव्याहतानुसारिणः, इतरे निराकारमूर्तिपूजका अपरविधव्याहतिप्रणयिनः, केचिज्जातिनिरासपरा अपि जातिलक्ष्मविक्रयिणः, केचिन्नाममात्रजातिधना विविधा मूर्खनास्तिकादीन्कतिपयानव्याहतार्थानपि शब्दानन्तर्व्याहितिप्रकाशनभीत्येव परिहृत्य व्याहतिमन्तरङ्गवज्रलेपायमानां व्याहतैरेव निर्गुणनिराकारनिर्विकारनिर्दोषत्वादिप्रकाशकैरुपाधिभिः प्रच्छादयन्तः, शून्यवादं ब्रह्मादिशब्दैर्मसृणयन्तो वैज्ञानिकं पारमार्थिकं जगत्तद्धर्मं चानार्यमब्रह्मण्यमसनातनं च विगणयन्त एषामेवातिचिरत्नसौगतानां विवर्तो महतां निर्वाणाग्नीन्दिनीरायोजयन्तो देवबुद्धीर्विस्तारयन्तो नीतिसमाजान्स्थापयन्तो धर्मसमितीश्च रचयन्तो देशान्तरीयैर्निरस्ता वा नाममात्रानुमतावस्थितयो वा भारतं परितो व्याख्यानपूर्तिपरिवाहैर्वा विप्लावयन्तो रहस्योपदेशैर्वा क्षोभयन्तोऽद्याप्यसंख्याः परिभ्राम्यन्ति। तस्यैतस्य सर्वात्मनो विज्ञानात्मना क्षणिकेन मक्षिकाविशेषेणेव वा षष्टिं वर्षसहस्राणि ततोऽप्यधिकं वा जीवता दशरथेनेव वा युगसहस्रजीवनायासमहल्यादिचौर्यसुरतैर्विनोदयता शक्रेणेव वा तिलोत्तमादिदर्शनाय कृतचतुराननत्ववैरूप्येण द्विपरार्धजीविना ब्रह्मणेव वा स्वस्याभेदग्रहस्तच्छरीरे चाहमिदं ममेदमिति ग्रहः सामान्यतो ममत्वमित्युच्यते। इदमेव ममत्वं व्याघ्र्यै वा भिक्षुभ्यो वा कारुण्येन शरीरस्य तदायासार्जितस्य वित्तस्य वा प्रसह्य बलिप्रदाने शरीरार्थं वा स्त्रीपुंसमयस्य जगत उपहारीकरणयत्ने मातापितृनृपाचार्यसर्वात्मसरस्वतीप्रभृतीनां देवानामाराधनमतिक्रम्य स्वर्गाद्यर्थं खेचराद्यर्थं वा सिद्धधूर्ताद्याराधने च निदानभूतम्। तस्यास्य रज्जुसर्पवद्बन्ध्यापुत्रवच्चापारमार्थिकस्य सद्व्यतिकरस्याप्यसतो मोहात्सत्त्वेन

(वा०) परिणाममेव सुगता जगृहुर्निजसाक्षिता या निजताभिमता।
इदमन्धहस्तिनिभमंशपादग्रहणं विमोहयति हन्त जनान्॥ ३॥
चिदियं निषेधविषयो न भवेन्न च संशयस्य विषयः किल सा।
उभयं चिदात्मकमिदं हि यतश्चिदतोऽक्षरात्मकतयाधिगता॥ ४॥

गृह्यमाणस्यानर्थहेतोरप्यन्तःशल्यस्य व्रणस्येव बालिशेन पाल्यमानस्यापगच्छतोऽपि कुष्ठकीटस्येव करुणया भक्तवरेण पुनः स्थानमारोपितस्य बहिर्भैक्षवमद्वैतमन्तश्च सनातनं भ्रममुद्वहद्भिः पदवाक्यप्रमाणाघ्राणकुशलैः सुधीवरैर्वादाङ्कुशेन पुरोहितार्पितदधिपृथुकांशमसृणेन रोहितमत्स्यशङ्कया शिशुशवमिवाकृष्याकृष्य बन्धुवर्गाय प्रदर्श्यमानस्य ममत्वस्य पूतीभवतो दूरात्परिहारेण चिदात्मैकात्म्यप्रतिपत्तिर्ज्ञानम्। तदुपस्कृतं पूर्वाध्यायोक्तं विज्ञानमपि ज्ञानम्। तस्माज्ज्ञानविज्ञानशब्दयोर्व्यतिकरेण प्रयोगोऽनुशासनेऽपि ब्रह्मविज्ञानं रूपादिज्ञानमित्यादि हि तन्त्रान्तरीया अपि व्यतिकरेण प्रयुञ्जते ॥ १ ॥

नन्वविधौ प्रत्यक्षानुमानमात्रं प्रमाणं भवान्प्रतिपद्यते। चिदात्मा च न सिद्धार्थो न जैमिनेश्चोदनेवेति दर्शितं भिक्षुभिः, प्रतिपन्नं च भवतापि तथैव। तत्किं प्रत्यक्षानुमानयोरन्तरेण चिदात्मानं गृह्णासि प्रमाणं विनैव वेति महती विप्रतिपत्तिरस्माकम्। प्रमाणं विनैव चेदमुं प्रतिपद्यसे, विलक्षणः पारमार्थिकोऽसि, यः प्रायः सर्वं जगच्चिराय बन्ध्यापुत्रान्वेषणे प्रसितं व्यपदेशान्स्वयमेत्र निभृतमप्रमाणत्वेन ज्येष्ठबन्ध्यापुत्रोपाधियोगं चिदात्मानं वा सर्वात्मानं वा निजाराध्यमुद्घोषयसि। अथ प्रत्यक्षानुमानयोरन्यतरेण तं प्रतिपद्यसे, "यतो वाचो निवर्तन्ते अप्राप्य मनसा सह" इत्याद्यौपनिषदानुपदेशान्विलङ्घ्यस्यनिन्द्रियग्राह्यत्वाल्लिङ्गाद्यभावाच्च न प्रत्यक्षानुमानगम्योऽयमर्थं इतीदृशीरभियुक्तानुदर्शिता उपपत्तीश्च न सारसीत्यादि प्रामादिकविप्रतिपत्तिग्रस्तं सामिस्मर्यमाणपूर्वजवाक्यविकलीकृतं तार्किकाङ्कुरं प्रत्याह सूत्रद्वयेन—

चिदक्षरात्मिका निषेध्या न च संदिग्धा ॥ २ ॥

निषेधसंदेहयोरपि चिदात्मकत्वात् ॥ ३ ॥

प्रथमाध्यायस्य प्रथमाह्निकशेषे ज्ञानं सर्वात्मोपलम्भस्तत्प्रमाणं प्रमाणानामित्युक्तम्। तद्विस्मरत इवेयं तार्किकाङ्कुरस्य विप्रतिपत्तिः। सर्वात्मनोऽनन्तरस्याबाह्यस्य चिद्घनस्य स्वस्मिन्स्वेन स्वस्योपलम्भः सर्वस्य विज्ञानस्य मूलम्। युष्मदस्मत्प्रत्ययगोचरयोर्विषयिणोरत्यन्तविविक्तयोस्तमःप्रकाशवद्विरुद्धस्वभावत्वे तु भिक्षूणामनुरोधेनोत्प्रेक्ष्यमाणे न ताभ्यामितरेतरोपलम्भः संभवति। तथा च ब्राह्मणमनन्तरोऽबाह्यः कृत्स्नो रसघन एवेति सर्वात्मानं व्याचष्टे 'आत्मा वा अरे द्रष्टव्यः श्रोतव्यो मन्तव्यो निदिध्यासितव्यः' इति ब्राह्मणमनुसरन्भिक्षुरप्यनुभवावसानत्वं ब्रह्मविद्यायाः स्वीकरोति।

(वा०) यदि सर्वमस्ति चितिरस्ति तदानुपलब्धिरस्तिविषयो हि कथम्।
अथ नास्ति सर्वमुपपलब्धिरियं न चितिर्निषेधविषयस्तु ततः ॥ ५ ॥
यदि संशयस्य विषयोऽप्यखिलानुपलभ्य संशयमवैषि कथम्।
न चिदात्मनस्तदुपलब्धिमयात्प्रपलायितुं प्रभवतीह जनः ॥ ६ ॥

वाङ्मनसाद्यगोचरत्वं तु प्रमाणप्रमाणत्वात्स्वीक्रियत एव। नहि प्रमाणं सर्वात्मन्यात्मलाभवत्तं कार्त्स्न्येन विषयीकर्तुमीष्टे। तदंशावगाहि तु सर्वं प्रमाणमुपपादितमनुशासनोपक्रमे। उदयनोऽप्याह—

प्रत्यक्षादिभिरेभिरेवमधरो दूरे विरोधोदयः।
प्रायो यन्मुखवीक्षणैकविधुरैरात्मापि नासाद्यते॥ इति

सर्वं चेदं संवादमात्रप्रयोजनम्। उपपत्तिस्त्वविधावर्थाधीना न शब्दपरतन्त्रेत्यवोचाम। कश्चात्रभवतश्चिदात्मन्यपि सर्वानुभवस्वरूपे विप्रतिपत्तिविषयः कस्माच्चात्र स्वप्रमाणे प्रमाणान्तरापेक्षा। चन्द्रादौ सूर्याधीनप्रकाशे सूर्यप्रकाशापेक्षा न पुनः सूर्ये दीपादिप्रकाशापेक्षा। निजदोषापगमप्रतीक्षा तु सर्वत्र। न सूर्यो देदीप्यमानोऽपि चन्द्रो वा जगदाह्लादयंस्तारका विस्फुरन्त्यः पटादिव्यवहितदृष्टेः कस्मैचिदर्थाय। तस्मात्स्वरूपविस्मृतिर्या कादाचित्की ज्ञानसूर्ये तमोबिन्दुव्यतिकरसदृशी तामभिभूय चित्स्वरूपं स्वयं प्रतिपत्स्यसे। तया स्वरूपविप्लवे पुनः प्रमत्तो न स्वरूपमुपलप्स्यसे।

कथं वा प्रमाणापेक्षा चिदात्मन उपलम्भे कस्याप्यप्रमत्तस्य जायताम्। चिदात्मनो हि न निषेधो न वा तस्मिन्संशयः संभवति। सर्वं नास्ति सर्वं शून्यमिति माध्यमिक इव कामं भण। सर्वं संशयितम्, स्यादस्ति, स्यान्नास्तीत्यार्हत इव वा स्वैरं व्यपदिश। निषेधोऽयं संशयो वा ज्ञानमज्ञानं वेति भवन्तं पृच्छामः। अज्ञानं चेदज्ञानविक्लवो जडस्तूष्णीमास्स्व। ज्ञानहीनो हि न किंचित्प्रलपितुमर्हति शिलाशकलमूर्तिः। ज्ञानं चेदयं निषेधं संशयो वा सर्वनिषेधेऽपि सर्वसंशयेऽपि व्यपदिश्यमाने परमार्थतो ज्ञानमनिषेध्यमसंशयनीयं च स्वीकुर्वंश्चिरंजीव्याः। निजस्कन्धलङ्घनमिव ज्ञानलङ्घनमसंभाव्यम्। तदर्थं चेष्टमानः पारमार्थिकविगर्हितस्य सदसः सम्बन्धमात्मनः स्पष्टं प्रकटीकरोषि।

तदेतज्ज्ञानमनिषेध्यमसंशयनीयं च क्षणिकं वा परिच्छेद्यं वा यदि स्यान्न भूमा सर्वात्मेति भवतो मनोरथाङ्कुरः फलं दर्शयेत्। अक्षणिकस्तु सर्वक्षणसाक्षी स दर्शितस्तदाहाक्षरात्मिकेति। साक्षिनिषेधे क्षणयोः सादृश्यादिग्रहोऽपि दुरुपपादः स्यादित्युपपादितम्। अक्षरात्मिकेत्यपरिच्छेद्यत्वस्याप्युपलक्षणम्। स्वांशेषु परस्परस्माद्बहिः परस्परपरिच्छेदकं स पश्यति। तस्माद्बहिस्तु किं तद्भिन्नं स्यात्। तद्धि बाह्य परिच्छेदकं ज्ञातं चेच्चिदात्मकमज्ञातं चेन्नास्य सत्तामपि भवान्कल्पयितुमीष्टे दूरे पुनस्तेन सर्वात्मनः परिच्छेदकथा। न हि केनाप्यदृष्टश्रुतपूर्वं जनमात्राविदितं लम्बलट्वनाम सिद्धक्षेत्रं मैत्रेयादि बालखिल्याधिष्ठितं बालप्रणयिनीभिर्विधवाभिर्विचीयमानकनकपद्मं नरप्रचारभूमेः परिच्छेदकं महाद्वीपं कुमेरुपर्यन्तेषु पङ्गुपक्षिमात्रशरणीकृतेभ्यो नातिचिराद-

---

(वा०) विविधोपलब्धिविषयोऽपि चिदात्मनि नैककोश इतरं स्पृशति।
असति क्षमेऽभिघटनेऽङ्गुलयश्चरणं शरीरिण इवैकतनोः॥ ७॥

वैज्ञानिकैर्दृष्टेभ्योऽपि विषयेभ्योऽतिविप्रकृष्टे कस्मिंश्चित्प्रालेयाब्धिपरिखाकोणे वर्तते, इति कश्चिदनङ्गीकार्यसत्तामात्रं द्वीपमनेकप्रपञ्चविशिष्टं वर्णयन्नुन्मत्तालयाद्बहिर्भ्रमन्कस्यचिदभिमतः स्यात् ।

अर्थान्तरसंघात इव कायोऽपि चेतनाद्यनेकशक्तिमान्भास्वरत्वप्रतिविम्बग्राहित्वकिरणवर्णविभाजकत्वाद्यनेकशक्तिमान्बुद्बुदविशेष इवास्मिन्सर्वात्ममहोदधौ कस्मिंश्चित्क्षणे समुद्भूतः कियत्कालान्तरं च तथैव विलयं गमिष्यति । शरीरविशेषस्य सर्वात्ममहोदधेर्बुद्बुदान्यतमस्य तद्गुणस्वरूपस्य मनसो वा तदीयविज्ञानस्य वा शरीरान्तराण्यपि सर्वाणि न गोचरीभवन्ति दूरापास्ता तु कृत्स्नस्य सर्वात्ममहोदधेर्गोचरीभावकथा । नहि कस्मिंश्चिदेकस्मिन्बुद्बुदे कृत्स्नो महोदधिः प्रतिफलति । अतिमहच्चेदमीदृशमाशास्यते भूम्नि सर्वात्मनि शरीरविशेषेण सकलाञ्शेषांशानुपलभेमहीति । न कश्चिदेकं स्वीयत्वेन गृहीतं शरीरमपि कात्स्न्येन पश्यति । मन्ये पृष्ठमपि कृत्स्नं द्रष्टुं वा स्प्रष्टुं वा न शक्नोति । का पुनः कथा हृदययकृत्पुरीतन्मास्तिष्कबस्तिप्रभृतीनाम् । संनिकर्षविशेषे तु बुद्बुदे बुद्बुदान्तराणीवार्थान्तराण्यर्थान्तरेंशतः फलन्ति । यत्नादपवर्तितकन्धरः स्कन्धांशं वा पृष्ठांशं वा पश्यसि । तथा भारतस्य शिरस्थं विश्वार्धं प्रायस्तारकाचित्रितमुपलभमानः संनिकर्षविशेषाभावादनुपलब्धं सिद्धपुरं तत्रत्यानां मूर्धन्यं विश्वार्धं वा यथोपलभ्यमुपलब्धुमीहसे चेत्तवोपायमुपदिशामः ।

मुम्बापुरीमितः पत्रवाहको वाष्पशकटेनोह्यमानः प्रायो दिनद्वयेन प्राप्स्यति तत्र वाष्पबहित्रमधिरुह्य पारसीकानारव्यांश्च प्रदक्षिणीकुर्वन्नजपुत्रान्वामेन पश्यन् रक्तसागरेण सुग्रीववर्णितेन सुबीजकुल्यां पाश्चात्यवैज्ञानिकभगीरथकीर्तिवैजयन्तीमिव विलङ्घयन्मध्यसागरं यवनरोमककरध्वजादियुगान्तरोयवीरास्थिपवित्रीकृतसलिलमतीत्य सुफेनान्दक्षिणेन वैद्युततन्त्रीशतसनाथिताम्भःसलिलमनेकसाम्राज्यप्रहितमहावहित्रसहस्रयन्त्रचक्रविक्षोभितकल्लोलं कुलाचलकुलपुत्रकदम्बकमध्यमानमिव क्षीरार्णवं तुङ्गसागरमतिक्रान्तः प्रायो मासेन मक्षिकाराज्यनाम्ना सांप्रतं प्रथितमनेकप्राचीनप्रासादखण्डशेषं पौलस्त्यावसथमिवापरं श्वेतचर्मणः सुफेनसम्राजो वशंवदेन केनचिदतिप्राचीनकुलजेन रक्तचर्मणा नृपेण निरुह्यमाणशासनं सिद्धपुरं साक्षात्करिष्यसि ।

अथ मैरेयास्वादनेन विधवापरिणयेन सर्वस्पृष्टक्षाराम्बुपानेन पण्याङ्गनासग्धिभिर्यज्ञसूत्रमात्रासादितवैदिकधर्मजनसमाजसम्बन्धैर्वाष्पयन्त्रविश्रामालयविक्रीयमाणौदनाभ्यवहारैर्द्वीपान्तरागतजनोच्छिष्टभोजनैः स्वयं पण्डितजनभूगोलानुपन्यस्त-

---

(बा०) अत एव भारतमुपावसतोऽनुपलभ्यमेव ननु सिद्धपुरम् ।
न वहित्रबाष्पशकटादिगमाद्भवतीह यावदनयोर्घटनम् ॥ ८ ॥
न च मानसेष्वपि सदा सकलं सुलभं स्मृतिः प्रभवतीह किल ।
स्मृतिसंस्क्रियादिवशतोंश इह स्फुटमन्य एकमवकर्षति यत् ॥ ९ ॥

मस्ति। कर्पूरशर्करादिपवित्रनामाङ्कितातिविप्रकृष्टद्वीपान्तरयात्राभिश्च प्रथममेव संघान्तजातिधर्माणां तैलकारकल्यपालादीनां विप्रादीनां वा गृहेषु तैलव्याघारितं व्यञ्जनं तैलमिश्रघृतमसृणमपूपं वा विपणिपरिक्रीतान्मातङ्गोदनप्रायान्सिद्धतण्डुलान्वा यथासुखं भक्षयत्स्वपि बन्धुषु तैः समं ब्राह्मान्यौनांश्च सम्बन्धानाचरन्नपि नामशेषजात्यभिमानात्तदभिमानवतां धर्माधिकारिणां भयाद्वा हतोत्साहः सत्यप्युत्साहलवे वा यानशुल्काद्यभावाज्जन्मभुवं न मोक्तुमिच्छसि, सिद्धकुञ्जेषु तीर्थान्तरेषु वा स्थितानां योगिभक्तानां कृपया लब्धदिव्यदृष्टिरिहस्थ एव सिद्धपुरादिस्थितानि लोकान्तरीयाणि च सत्त्वानि द्रक्ष्यामीत्याशया वाष्पयानशुल्कोपयोज्यं द्रव्यराशिमेष्वेव धूर्तेषु क्षपयसि, हन्त हतोऽस्यनया मरीचिकाम्बुपानाशया ॥ २–३ ॥

[अधि० २] **चिदात्मनः परिच्छेदः कथमप्यस्ति वा न वा।**
ज्ञानं नैवापरिच्छिन्नं परिच्छेदः स्फुटस्ततः ॥ १ ॥
उपलब्धिमयादन्यत्किं वा स्यादखिलात्मनः।
तस्मिन्नंशाः परिच्छिन्ना नास्य तु स्यात्परिच्छिदा ॥ २ ॥

उपलक्षितं चिदात्मनो परिच्छेद्यत्वं सूत्राक्षरैराह—

न परिच्छिन्ना सर्वात्मनः परिच्छेत्तुरभावात् ॥ ४ ॥

चिदित्यव्यवहितेन सम्बन्धः। सर्वात्मत्वमेव परिच्छेदाभावे हेतुः। परिच्छेदोंऽशविषयः। गिरेर्गिर्यन्तरेण सागरादिना वा परिच्छेदः सर्वात्ममहोदधेः। पुनः सर्वसमष्टेर्वैराजस्य पुरुषस्य कः परिच्छेत्ता। यत्र त्वस्य 'सर्वमात्मैव' इत्यादिना परिच्छेद्रादेर्निषिद्धत्वात् ॥ ४ ॥

उक्तमेवार्थं प्रपञ्चयति—

तस्यामेकस्यान्येन परिच्छेदो न तस्या अन्येनासम्भवात् ॥ ५ ॥

तस्यां चिति गिर्यादेरेकांशोपलम्भस्यान्येनोपलम्भान्तरेण सागरादिना परिच्छेदः सम्भवति, न पुनश्चिन्मयस्य सर्वात्मनः परेण परिच्छेदः, असम्भवात्। कः परोऽस्ति येन चिदात्मनः परिच्छेदो भवेत्। 'द्वितीयाद्वै भयं भवति' इत्यादिभिर्ब्राह्मणवाक्यैरिदमेव प्रपञ्चितम् ॥ ५ ॥

(वा०) अखिलात्मनोऽन्यदुपलब्धिमयात्परमस्ति न प्रमितिशून्यतया।
न परिच्छिदा भवति तेन चितेर्न परिच्छिनत्ति हि निजं किमपि ॥ १० ॥
इह चिन्मयेंऽशमपरं तु परः परिविच्छिनत्ति सकलात्मनि यत्।
स ततो निजप्रमितिकः सकलं परिपश्यति स्वगमनन्यगतम् ॥ ११ ॥
समुदेति बुद्बुदतरङ्गनिभं सकलं स्वसाक्षिणि चिदम्बुनिधौ।
प्रविलीयते पुनरिहैव यतः सकलात्मता स्फुटममुष्य ततः ॥ १२ ॥

[अधि० ३] जातु वैचित्र्यमात्रस्य ब्रह्मण्युपरमो न वा।
निर्वैचित्र्यं ब्रह्म शुद्धं मुक्तौ प्रागवापि सृष्टितः ॥ १ ॥
लुप्तेऽप्येकत्र वैचित्र्ये परेषामिह दर्शनात्।
सृष्टेरनाद्यनन्तत्वाद् ब्रह्म वैचित्र्यवत्सदा ॥ ३ ॥

कोऽसौ चिदात्मेति सूत्राक्षरैर्दर्शयति—

स सर्वात्मा शरीरेन्द्रियविषयमनोदर्शी साक्षी ॥ ६ ॥

शरीरमिन्द्रियाणि विषया मनश्चेत्यनेकविधानि तत्त्वानि द्वैतदर्शिभिः कापिलप्रभृतिभिः स्वीकृतानि। तानि सर्वाण्युक्तविधया स्वस्मिन्पश्यन्नत एव साक्षी यः सर्वात्मा विश्वसमष्टिरूपः स चिदात्मेति प्रतिपत्तव्यः ॥ ६ ॥

तस्य शरीरादेश्च कः सम्बन्ध इत्याकाङ्क्षायामुक्तमप्युत्तरं पुनरवधापयन्नाह—

तस्मिन्सर्वात्मसमुद्रे शरीराद्यमुदेति च लीयते च बुद्बुदादिवत् ॥ ७ ॥

चिद्घनेऽस्मिन्त्सर्वात्ममहोदधौ शरीरमर्थान्तराणि च समुद्यन्ति प्रलीयन्ते च। सर्वे ह्यर्था अस्य महार्णवस्य बुद्बुदोपमाः। औपम्यस्य सर्वथा साम्ये पर्यवसानमिति वैषम्यादिप्रदर्शनेन चिरन्तनीमिमामुपमां वा वारयात्रिकादयो दूषयितुमर्हन्ति ॥ ७ ॥

बुद्बुदादिविकारा भिक्षूणामिव भवतोऽपि मायिका उतान्यादृशा इत्यादि विप्रतिपत्तीः समाधत्ते—

तस्मिन्ननाद्यनन्तं पारमार्थिकं वैचित्र्यम् ॥ ८ ॥

तस्मिंश्चिदम्बुधौ शाश्वतमारम्भावसानरहितं वास्तवं वैचित्र्यम्। न सांख्यादिवत्सर्गाप्ययवादिनो वयम्। अंशानां पृथक् प्रत्येकमुत्पत्तिविनाशवत्त्वेऽपि सर्वेषामेककालिकोत्पत्तिविरहादेककालिकी न धनस्याप्यभावादेकस्मिन्नश्यति बहूनामवतिष्ठमानानां जायमानानां चोपलम्भात्कृत्स्नस्य वैचित्र्यस्य नाशमारम्भं वा न कश्चित्कल्पयितुं शक्नोति। न वा वयं भिक्षव इव मायावादिनः। पारमार्थिकाः किल वयम्। यत्कदाप्यस्ति तदेव सन्मन्यामहे। केवलं बाधितं सतोर्व्यतिकरं बन्ध्यापुत्रसदृशमसन्तं व्यपदिशामः। विश्ववैचित्र्यं च प्रत्यक्षोपलब्धमबाधितं पुत्रवतीपुत्रसमं सत्सम्बन्धं न भिक्षुसहस्राण्यपलपितुं क्षमन्ते ॥ ८ ॥

अनाद्यनन्तत्वे हेतुं व्याचष्टे सूत्रद्वयेन—

वैचित्र्यविशेषविलोपेऽप्यपरिच्छिन्नासंख्यवैचित्र्यान्तरवानयम् ॥९॥

(वा०) परिणामजातमिह यद्विविधं परमार्थसत्तदखिलं न मृषा।
विषमत्वमेतदनवध्यनुपक्रमणावसानमखिलात्मतनौ ॥१३॥
समुदेतु वा विलयमेत्वपि वा परिणाम एक इह साक्षितनौ।
परिणाममात्रविकलस्तु न सोऽविरतोर्मिकः किलचिदम्बुनिधिः ॥१४॥

न हि बुद्बुदविशेषविलोपादबुद्बुदो महार्णवः ॥ १० ॥

वैचित्र्यविशेषस्य विलोपेऽपि गिरेर्गर्तीभावे सागरस्य विशोषे द्वीपोच्छेदे महापुरुषविनिपाते ग्रहभङ्गे सूर्यनाशेऽपि वा मनसाप्यनुत्प्रेक्ष्य परिच्छेदमसंख्यं वैचित्र्यव्यतिकरं स्वात्मनि वहन्नेवायं चिदात्माऽवतिष्ठते। तत्र दृष्टान्तमाह—न खल्वेकस्य बुद्बुदस्य भङ्गे तरङ्गस्य वा प्रणाशे फेनराशेर्वा विलये समस्तो महोदधिर्निर्बुद्बुदो निस्तरङ्गो निष्फेनश्च भवति। किं च बुद्बुदो विनश्यन्नेव सद्यो विकारान्तरे परिणमति। अनुपलब्धक्षोभेऽपि जलादौ क्षोभवन्त एव वस्तुतः परमाणवः। न शान्तमसंरम्भं निस्तरङ्गं बन्ध्यापुत्रस्य समाधिस्थस्य चित्तमिव किंचित्क्वापि। तथैव न कारणावस्थं निर्विशेषसन्मात्रं कदाचिद्भिक्षूणामिव चिदात्मतत्त्वं निर्विशेषस्य नाममात्रत्वात्। तत्तद्विशेषानुस्यूता सत्तैव ब्रह्मतत्त्वमिति चेत्, पृच्छामः, सा सत्ता विशेषेषु वास्तवेषु पुष्पेष्विव तन्तुलतानुस्यूता मायामयेषु शशशृङ्गघटितेष्वक्षेष्वनुस्यूतत्वेन कल्प्यमाना बन्ध्यापुत्रदेवर्षेर्हिरण्मयोर्वीरुहवल्लितन्तुमयी यज्ञसूत्रलतेव वा। आद्यश्चेत्पक्षो न विवादः, केवलं पुष्पाणि सूत्रेभ्यः सूत्रं वा पुष्पेभ्यः स्रजमविलुप्य न यथा पृथक्कर्तुं कश्चित्क्षमते तथा विश्वात्मानमविप्लाव्य न कश्चिदनुस्यूतां सत्तां वा तद्ग्रथितानि वैचित्र्यकुसुमानि वा कश्चित्पृथक्कर्तुं क्षमत इत्यवधेहि। न च विश्वात्मानं विप्लावयितुं भिक्षुलक्षोत्प्रेक्षेन्द्रजालमपि पर्याप्तम्। द्वितीयश्चेत्पक्षो विलक्षणः खलु दार्शनिको नः प्रतिभासि यो मायामयेष्वर्थेष्वनुस्यूतां पारमार्थिकीं सत्तां प्रत्येषि। मन्ये कतिपयैरेवाहोभिर्बन्ध्यापुत्रचूडया शनैर्युक्त्या शशशृङ्गघटितकर्तरीकर्तितया मुखेऽन्यत्र वान्यस्तयोत्पतनसंसिद्धमात्मनः संनिहितामुत्प्रेक्षसे। हन्त नित्यामेकामनेकानुस्यूतां घटादिनामव्यपदेशानतिरिक्तामपि तार्किकतनयमस्तिष्ककुहरेषु वा वसन्तीं शब्दानुशासनराजमार्गेषु वा विकीर्णां जातिमाकर्ण्य तादृशीं चित्सत्तामप्यकल्पयः। इयत्तु तव तार्किकेभ्योऽपि कल्पनाकौशलं महत्तरं यदमी पारमार्थिकेषु वस्तुष्वनुस्यूतां जातिमुत्प्रेक्षन्ते भवांस्तु मायामयेष्वर्थभासेष्वनुस्यूतां चित्सत्तामुत्प्रेक्षते।

विशेषाणां कृत्स्नानामुदयस्य विलोपस्य वा यौगपद्यभावाद्वैचित्र्यात्यन्ताभावो नाममात्रम् ॥ ११ ॥

[अस्य सूत्रस्यापि भाष्यं नोपलब्धम्]

(वा०) उदितिर्विलुप्तिरपि वा युगपत्परिणाममात्रविषयाऽस्तु कथम्।
परिणामशून्यपरमात्मकथा लयमेतु तेन किल भिक्षुकुले ॥१५॥

(वा०) न सुषुप्तिमानपि सुषुप्तिमयो भवति त्रयव्यतिकरस्तु विभुः।
प्रभवाप्ययव्यतिकरेऽपि तथा भवशून्यता भवतु हन्त कथम् ॥१६॥
विषमत्वमन्यदुररीकुरुतामपि वा न भिक्षुरिह चिज्जलधौ।
प्रभवाप्ययव्यतिकराख्यमसौ विषमत्वमुत्कटमुदञ्चयति ॥१७॥

[अधि० ४] वैचित्र्यं मायिकं सर्वं पारमार्थिकमेव वा।
विलोपान्मायिकं सर्वं नहि किंचिदनश्वरम् ॥ १ ॥
पारमार्थिकमेवेदं व्याघातरहितं यतः।
विलोपाद्वस्त्वसन्नैव न मर्त्यत्वात्सुतो ह्यसन् ॥ २ ॥

एवं विश्ववैचित्र्यं पारमार्थिकमित्युपपाद्य भिक्षोः पक्षं परमार्थविरुद्धं निरस्यति—

न मायिकमनिर्वाच्यं वैचित्र्यं भिक्षोरिवाद्वैतशुद्धिविलोपात् ॥ १२ ॥

महती किल मायावादिनां भिक्षूणां विप्रतिपत्तिः। वैचित्र्याणि चेदपारमार्थिकान्यसन्ति तदनुस्यूतस्य ब्रह्मणो बन्ध्यापुत्रशृङ्गायमाणत्वम्। अथ पारमार्थिकानि सन्ति मायावादसोमनाथस्य विज्ञानरत्नलोष्ट्रैकनिलयस्य शिरसि महामुद्गरपातः। तस्मात्सती वाप्यसती वेत्यनिर्वचनीया माया मायिकमनिर्वचनीयं च वैचित्र्यमिति विचित्रां नृसिंहतनुमिवार्धजरतीयामुत्प्रेक्षां भिक्षवः प्रथयन्ति। ततश्चानया वधूर्वा स्वसा वेत्यविभाव्यया मनोः शतरूपयेव संपृक्तस्य ब्रह्मणो द्वैतमापतति। शुद्धं चाद्वैतममायाशबलं पारमार्थिकस्याभिमतम्। तच्चानर्धजरतीयत्वाज्ज्ञानीत्र ज्ञानाद्युपपन्नत्वाद्व्याहतिरहितत्वाच्च मायावादाद्वादान्तराद्वा सर्वथा श्रेय इति तदेव परिग्राह्यमिति वादव्यतिकरे प्रतिपत्तिमूढमनसो जिज्ञासूनाचार्योऽनुशास्ति ॥ १२ ॥

वैचित्र्यविशेषाणां विलोपादसत्त्वं तदनुस्यूतायाः सत्तायास्तु कालत्रयेऽप्यविलोपात्सत्त्वमिति वादं प्रतिक्षिपति—

विलोपादसदिति चेन्न, व्याहतेस्तत्प्रयोजकत्वात् ॥ १३ ॥

विलोपसम्भवो वैचित्र्यविशेषस्येति न वैचित्र्यस्य सत्त्वमिति चेद्वदसि, नेदं युक्तमिति वदामः। विलोपो हि न कृत्स्नस्य वैचित्र्यस्य किन्तु वैचित्र्यविशेषस्य। एकांशविलोपाच्च न कृत्स्नस्यासत्त्वमिति दर्शितम्। किंच क्षणमपि संश्चेद् वैचित्र्यविशेषो न तस्यासत्त्वम्। न पातकलेशवानपातकस्तथा न क्षणिकसत्ताश्रयोऽप्यसत्। कस्तर्ह्यसदिति चेद्वन्ध्यापुत्र इति गृहाण यस्य न कदापि सत्तासम्बन्धः सम्भावितोऽपि। व्याहतिरसत्ताप्रयोजिका न विलोप इति प्रथमाध्यायेऽप्युपपादितम्। सच्छब्दस्य हि

(वा०) कथमस्तु मायिकमनिर्वचनोचितमङ्ग सर्वमुपलब्धमिदम्।
न विचित्रभूयमखिलं जगतोऽपलपन्नपत्रपत उद्धतधीः ॥१८॥
यदसन्न तद्भवति जातु न सद्विजहाति सत्त्वमिति कृष्णवचः।
प्रतिभाति संगतमुशन्ति ततः शशशृङ्गसंनिभमसत्सुधियः ॥१९॥
उपलब्धसत्त्वमिह जात्वपि यत्तदसत्कथं भवतु सत्त्वयुतम्।
शशशृङ्गबन्ध्यतनुजादिपरं मतमत्र शब्दमयमीदृगसत् ॥२०॥

निरुच्यमानस्य सत्तासम्बन्धवत्त्वमर्थो न पुनस्त्रैकालिकसत्ताशालित्वम्। अज्ञत्वेऽपि रामनामोच्चारणमात्रेण सर्वज्ञतेतिवत्पारिभाषिकीं सत्तां त्रैकालिकनिषेधाप्रतियोगित्वादिरूपां स्वीकरोषि चेन्न तत्र किंचिद्वक्तव्यमस्माभिः। शून्यमयी निर्विशेषा सत्ता नासत्तातो व्यतिरिच्यत इति तु प्रायो जानास्येव ॥ १३ ॥

[अधि० ५] मायाऽनादिरनिर्वाच्या सतोर्व्यतिकरोऽथवा।
अस्त्वनादिरनिर्वाच्यः भिक्षवोऽपि तथा विदुः ॥ १ ॥
सतोर्व्यतिकरस्त्वेषा यस्या नामान्तरं भ्रमः।
नासतो विद्यते भावो नाभावो विद्यते सतः ॥ २ ॥

ईदृशीभिरनुपपत्तिभिर्ग्रस्तां भीषणनृसिंहमूर्तिं मायां प्रत्यादिशति—

तस्मान्नानादिर्माया न चानिर्वाच्या ॥ १४ ॥

सत्त्वेनासत्त्वेन चानिर्वचनीयाऽनादिश्च माया बन्ध्यापुत्रिकेव नाममात्रं भिक्षुभिर्मोहादनर्थत्वेऽप्यर्थत्वेन प्रतिपन्नम्। तस्मादित्युक्तानां वक्ष्यमाणानामन्येषां च हेतूनां परामर्शः सदसच्चोभयमेकत्र व्याहतम्, न हि स एव गौरप्यगौरपि मनुष्योऽप्यमनुष्योऽपि। भ्रमश्च मायेति भिक्षवः। सतोर्बाधितो व्यतिकरो भ्रम इति चोपपादयिष्यामः। सव्यतिकरश्च सादिः सर्वत्र प्रमादमूलः। स संस्तस्यार्थान्तरस्येव तत्त्वेन ज्ञानं तद्बन्धनविमोक इति च दर्शयिष्यामः।

किंच केयं माया नाम। बहुशो मायाविदृष्टान्तं ब्रह्मण्युपन्यस्यन्मायां धूर्तनटैः प्रख्याप्यमानां तैः कञ्चुककौपीनाद्यन्तरादाकृष्याकृष्य दर्श्यमानस्य सव्यसाचिबाणराशेरिव तूणीरद्वयाद्युगपदिवोत्पततो मुद्रादिकलापस्योत्पत्तिहेतुं प्रतिपद्यसे? नूनमवैज्ञानिकोऽसि कारणपरीक्षाप्रकारं न जानासि। प्रथमाध्यायशेषे निर्दिष्टान्परीक्षाप्रकारानवलम्ब्य घनपरीक्षादिविधिभिः परीक्षितो भवतो मायावी सर्वं मुद्रादिकलापं कञ्चुककौपीनादिरन्ध्रनिहितं सद्य आविष्कृत्य भवतश्चरणयोः पतिष्यति। भ्रमश्चेन्माया स भवति दर्शनव्याख्यातरि न मायाविनीति भवानेव मायावी, स पुनरमायः। भवदीयभ्रमस्य हेतुर्मायेति चेत्संभवतः परीक्षापराङ्मुखस्य प्रमादस्तस्य हस्तलाघवं चेत्युभयोर्मायावित्वम्। उभयथापि नासतो मुद्रादेराविर्भावः किंतु सत एव प्रच्छन्नस्य। तथैव विश्वात्मन्यपि वर्तमानमेव शाश्वतं वैचित्र्यं परिच्छिन्नदृष्टिना शरीरेणासंनिकर्षादिवशादनुपलभ्यमानं तिरोभूतमित्युच्यते संनिकर्षादिवशादुपलभ्यमानं चाविर्भूतमित्युच्यते।

'तदनन्यत्वम्'इत्युपक्रम्य 'पटवच्च' इत्युपपत्तिमुदाहरन्भवतां सूत्रकारोऽपि

(वा०) अथ बन्ध्यभिक्षुवचनैकगतिः क्षमते न या किमपि निर्वचनम्।
अयि मायया ननु चिदद्वयता-क्षतिदग्धयालमुररीकृतया ॥२१॥

प्रच्छन्नस्यैव कार्यस्याविर्भावमाह नासतः। कारणात्मना सतः कार्यस्याविर्भाव इति ब्रूषे चेत्किमिदं कारणात्मनाऽसत्त्वम्। कार्यान्तरेण कार्यान्तरस्य तिरोभावः पिण्डेनेव घटस्य, न पुनः कारणस्य स्वात्मना स्थितस्य कदापि संभवः कार्यात्मनैव हि कारणमवतिष्ठते न कदाचित्स्वात्मना। नहि भवांश्चूर्णपिण्डघटकपालादिकायाकारमुक्तां शुद्धां मृदं निराकारां दर्शयितुमीष्टे। तस्मान्माया नाम न काचिन्न च तया कृतघनपरीक्षो मायावी शरावरवं पिकरवं वाप्यसन्तं सन्तमिव दर्शयितुमीष्टे का पुनः कथा ताराग्रहोपग्रहकेतुकुलचित्रितस्य विद्युद्घनगिरिसरिन्नगरार्णवकीर्णैकभूग्रहानुमेयलोकान्तरवैभवस्य मायावादिभिरवैज्ञानिकैर्दिव्यशक्त्याप्यनुत्प्रेक्ष्य पराध्र्यांशमहिम्ना विश्वस्य माययोद्भव इति ॥ १४ ॥

तर्हि मायाशब्दः सर्वथा एवेति स्वीकारेऽपि तस्येतस्ततो बहुभिः प्रयुक्तस्य कंचिदर्थं निर्वक्तुमर्हसि। 'मायां तु प्रकृतिं विद्यान्मायिनं तु महेश्वरम्' इति श्वेताश्वतरोक्तिमनुसरन्तः केचित्कापिलीं त्रिगुणात्मिकां प्रकृतिं मायामाहुर्भिक्षवस्त्वसत्प्रतिभासस्यानादिहेतुमाहुरिति पश्यस्येव। तत्किमर्थं मायाशब्दस्य प्रतिपद्येमहीति चेत्स्वसिद्धान्तं निर्दिशति—

क्षणिकः प्रमादजः सतोर्व्यतिकरस्तु सा, तथा च वक्ष्यति ॥ १५ ॥

शाश्वतं विश्ववैचित्र्यं पारमार्थिकं च तदित्युक्तम्। ततश्च यथार्थज्ञानं तदुपलम्भहेतुस्तदुपलम्भो वा न मायेति सुव्यक्तम्। वैचित्र्यस्य यादृशोंऽशो समुपलभ्यमग्रे पुनरन्यादृशस्य व्यतिकीर्णस्य तस्य प्रमादाग्रहस्तद्ग्रहस्य हेतुर्वा माया। हेतुहेतुमतोरभेदोक्तिः संक्षेपशैलीयमाचार्यस्य। क्षणिक इत्यनादितानिषेधः। सतोर्व्यतिकर इति प्रत्यादेक्ष्यमाणस्य सदसतोर्व्यतिकरो भ्रम इति भिक्षुवादस्य निरासः प्रथमत एव सूचितः, वक्ष्यति च तत्त्वेनाज्ञातो व्याहतः सतोर्व्यतिकरो भ्रम इति ॥ १५ ॥

सतोर्व्यतिकर इत्यसहमानं भिक्षुमाह—

नासतः सत्याध्यासो दृष्टः श्रुतो वा ॥ १६ ॥

युष्मदस्मत्प्रत्ययगोचरयोर्विषयविषयिणोस्तमःप्रकाशवद्विरुद्धस्वभावयोरसत्सतोरितरेतरभावमनुपपन्नमुपपादयितुं यमध्यासं भवान्मायादिपर्यायं प्रकल्प्योपन्यस्यति न

(वा०) सति कुत्रचिद्यदितरस्य सतः प्रतिपत्तिरिष्टमिदमध्यसनम्।
असतस्तु नैव सति नापि सतोऽसति जातुचिद्भ्रम इह प्रथितः ॥२२॥
न कदापि सद्यदि जगद्वदसि स्मृतिरप्यमुष्य कथमाविरभूत्।
अनुभूतपूर्वविषयस्फुरणं विषये परत्र तव चाध्यसनम् ॥२३॥
असदेव मायिकमिदं निखिलं यदिवेन्द्रजालसदृशं वदसि।
अपरीक्षकोऽसि नटपेटगतं सकलेन्द्रजालमवगच्छ शिशो ॥२४॥

तादृशोऽध्यासः क्वापि दृष्टो दर्शनान्तरीयेषु श्रुतोऽपि वा। भवादृशैरप्यन्यादृशैरपि सर्वैः प्रायोवादिभिः प्रतिपन्नानि कानिचिदध्यासोदाहरणानि। मरुमरीचिकायां देवदत्तो जलं पिपासति। मन्दालोके रज्जुं कुण्डलिनीमालोक्य सर्पोऽयमिति मन्यते। स्वप्ने चेतस्युद्यत्सु स्मरणांशेषु संकलनविकलनाद्भूतेषु तरुणीमदृष्टपूर्वामुपलभ्य तामालिङ्गितुमिच्छति। संकुचितमलं वनमानुषं विलोक्य तं वक्षश्चक्षुषं शिरोरहितं प्रत्येति। नित्यं सर्वगतं स्थाणुं सर्वात्मानं तत्प्रतिबिम्बान्वा शरीराच्छरीरान्तरं संक्रामतः कल्पयति। त एतेऽध्यासाः।

सर्वेषु चेदृशेषु स्थलेषु सति सतः संयोगं वा वियोगं वा पश्यामः। नासति सतो वा न च सत्यसतो वा व्यतिकरमुपलभामहे। जलरूपसजातीयरूपोपलम्भः सन्नेव घर्मे। स्मर्यमाणो जलरसोऽपि सन्नेव चेतसि। तयोर्योगोऽध्यासः। एवमन्येषु योगोदाहरणेषु। सन्वनमानुषः पुरतः। सच्च स्मर्यमाणं शिरः। तयोर्वियोगोध्यासः। नोत्प्रेक्षायामपि न स्वप्नेऽपि न संनिपातेऽपि कश्चिदुपलम्भानां योगवियोगव्यतिरेकेण कंचिदभिनवमर्थं कल्पयितुमीष्टे। न मायावादवानप्यदृष्टश्रुतं वर्णं नीलपाटलश्वेतहरितकपिलचित्राद्यतिरिक्तमुत्प्रेक्षितुमपि शक्नोति। तस्मादत्यन्तासतो जगतः सति ब्रह्मणि प्रतिभासः सर्वथैव व्याहतो बन्ध्यापुत्रविरहेण प्रव्रजितानां शब्दब्रह्मणो विवर्तः ॥ १६ ॥

[अधि० ६] **ज्ञानेऽपि कर्मसातत्यमुच्छेदः कर्मणोऽपि वा।**

ज्ञाने कर्म न संभाव्यं भवत्वेदहन्तया ॥ १ ॥

ज्ञानेऽपि कर्मसातत्यं न्यायपूर्वं तु तद्भवेत्।

नाकर्म वासुदेवस्य जीवन्मुक्तस्य योगिनः ॥ २ ॥

चिदात्मनः शाश्वतवचित्र्यस्य शक्तिद्वयमनुभूयमानमनुशास्ति—

ज्ञानविज्ञानशक्तिमांश्चिदात्मा ॥ १७ ॥

ममत्वनाशात्मकं ज्ञानमुदयमात्रेण सूर्यमिव वैज्ञानिकजगतः स्वानुदयरात्रिसतमसे कष्टदृश्यस्य स्पष्टावभासकमुक्तमाह्निकोपक्रमे। विज्ञानशक्तिं च तिरोभवज्ज्ञानं भेदमयीं द्वितीयाह्निकमुखे प्रपञ्चयिष्यति। तां शक्तिद्वयीं सर्वात्ममुपलभामहे। अविरोधश्चोभयोः संबन्धश्च तापशक्तिवृष्टिशक्त्योरिव भगवतः सहस्ररश्मेः। सर्वात्मसहस्ररश्मिर्ज्ञानितेजसार्थवादवासरेषु खरतरातपेनापारमार्थिकोलूकदृष्टिभीषणेन विधिनिशीथेषु भक्तिचन्द्रकलासंक्रान्तेन मन्ददृष्टिभिरपि सुखावलोकेन तापयन्क्षोभयंश्च प्रमादक्षारलवमिश्रमुपलम्भमहार्णवं वाङ्मयमरीचिभिराकृष्य पारमार्थिकपयोदेषु सञ्चितैः समये समये विसृष्टैर्विज्ञानामृतधारासारैर्जगत्कृतार्थयति ॥ १७ ॥

(वा०) ज्ञतया तथैव किल विज्ञतया सततान्वितः किल चिदम्बुनिधिः।

अविरुद्धमेतदिह शक्तियुगं तपनस्य तापपरिवर्षणवत् ॥२५॥

प्रमादान्मायावादादिप्रवणैः कृषीबलैः सूर्ये निर्वृष्टिशक्तिकां तापशीतामिव चिदात्मनि ज्ञानशक्तिमेवैकां विज्ञानशक्तिविरहितां प्रतिपद्यमानैरुत्पादितं महान्तं विप्लवं निरस्यन्नाह—

उभयी शाश्वती ॥ १८ ॥

द्वितयी शक्तिरेषा चिदात्मनि सनातनी तद्विपर्यासस्यानुपपन्नत्वात् ॥ १८ ॥

शक्तिद्वयं दिङ्मात्रेणोदाहरति सूत्रद्वयेन—

विज्ञानशक्त्युद्रेके परिच्छिन्नात्मता पित्रादेरिव ॥ १९ ॥

ज्ञानशक्त्युद्रेके पुनरपरिच्छिन्नस्वरूपपरिचयो ममतोच्छेदश्चाधिकरणिकस्येव ॥ २० ॥

देवदत्तो ज्ञानविज्ञानसंपन्नः प्रशासकैर्योग्यताप्रणयिभिराधिकरणे व्यवहारनिरीक्षणाय नियुज्यते। तं धर्मेण निष्पक्षपातं व्यवहारान्परीक्षमाणं जातुचित्पङ्गुसिंहो नाम नगरगौल्मिकोऽपराधिनं पुरस्कृत्याह—आर्य! षोडशवर्षदेशीयोऽयं नागरिको मैत्रः प्रव्रजितान् प्रच्छन्नदस्यूननुव्रजन्ह्यो निशीथे शाखानगरस्थे धनमित्रस्य श्रेष्ठिनः प्रासादे संधिं कर्तयित्वा सहचरसाहाय्येन रक्षिपुरुषान्व्यापाद्य सलोप्त्रांशोऽयःशल्यैर्भग्नगुल्मरक्षिभिर्निगृहीतः। सहचराः पुनरस्य प्रयस्यद्भिरप्यस्माभिर्न निग्रहीतुं पारिताः पलाय्य देशान्तरीयं चन्द्रपुरमाश्रित्यात्मानं परित्रायन्ते। एषोऽस्य पुरुषस्य निग्रहवृत्तान्तः। अधिकरणमानीयमानश्चायं स्वदेशीया भ्रातरः किं देशरक्षायै विदेशवणिज्यारिक्तीकृतभारतमातृगर्भस्य श्रेष्ठिनो वित्तं स्थानात्स्थानान्तरं नयन्तं मा भर्त्सयथ, मुञ्चत मां न चेद्देशशत्रवो ब्रह्मास्त्रकन्दुकस्फोटविधूतमस्तिष्का ज्ञास्यथ देशद्रोहपातकस्य फलमित्यादि प्रलपति। तदयमार्यस्य पुरतो यथानियममुपस्थापितः। परतोऽस्य दण्डे वा विसर्गे वा प्रमाणमार्य एवेति। इदमाकर्ण्यागस्कृति तदन्तरङ्गपरीक्षार्थमिव सद्योहृदयप्रवेशक्षमां तीक्ष्णां दृष्टिं निक्षिपन्देवदत्तस्तं कलाकुमारो ममैकपुत्रो यज्ञदत्तोऽयमित्युपलभते।

नूनं कृपयैकपुत्रं न प्राणहरेण दण्डेन योजयति क्रूरनियम इति विदितोऽपि देवदत्त इति सकौतुकं सभयं चाधिकरणोपान्ते प्रतीक्षमाणेषु भद्रेषु च पौरेष्वपराधिनं गौल्मिकानन्यांश्च परीक्षार्हान्होराचतुष्टयेन परीक्ष्य कक्षान्तरमुपगम्य रक्ताम्बरावृतकायो यथानियमं प्राणहरमस्य दण्डं सप्ताहानन्तरभाविनं श्रावयति विसृजति चैनं दण्डमुहूर्तप्रतीक्षिणं पौरकाराधिकारिणे। स एषोऽस्य सर्वात्मभावानुरूपो ज्ञानशक्त्युद्रेको यत्रैकपुत्रेऽपि पातकिनि प्रकृतेरिवानाचारपरेऽगिनवर्णनानुचिता कृपा।

(वा०) अयमप्रमेयनिजबोधनिर्धिर्ज्ञतया ममत्वरहितो नृपवत्।
अथ विज्ञ एष ममतां वहते प्रमितात्मतां च भजते पितृवत् ॥२६॥

तस्मिन्नेव दिने देवदत्तः सायं गृहमागत्य श्रुतवृत्तां गतप्रभां मूर्तिमिव नैराश्यस्य हिमोपरोधहतां मृणालिनीमिव सहधर्मिणीं वाष्पवर्षिण्यां नभोनभस्याभ्यामिव नयनाभ्यां कथंचिदालोकयन्भूमौ निपतति हा वत्स कुलाङ्कुरोऽपि कलाकुमारोऽपि यायावराणां चिरत्नं कुलं कलङ्कितवानसि। प्रवयसोः पित्रोर्भक्तिमुल्लङ्घ्य बाल्य एव धर्मकञ्चुकाननुसरन्न गुरोरपि विदुषो वचनान्यश्रौषीः। हा प्रच्छन्नदस्युभिः सिद्धैर्धूर्तैर्धर्मकञ्चुकैरनीतिव्याख्यातृभिश्च बालकवलनपरैः कटपूतनैरिव दह्यमानेऽत्र देशे क्लेशेनैकत्र प्रशासकैर्नयवारिणा प्रशमितोऽपि पावको दूषितरुधिरेषु गात्रेषु बिस्फोटविसर्प इवान्यः समुद्भवति। इति विलपन्मात्रा हा वत्स यज्ञदत्तेत्युरस्ताडयन्त्या धार्यमाणो नृशंसोऽयं पुत्रहत्यापातकीति सभयदासदृष्टिभिरपि परिह्वतो मातुः करस्थमपश्यन्मधुपर्कमर्घ्यजलं च जाययानुगम्यमानो गृहान्निर्गत्य प्रार्थनाभिर्निवार्य जरतीं जननीं तत्सान्त्वनायानुजं सवाष्पं नियुज्य द्वारोपनीतं ससारथिं रथमनादृत्य पद्भ्यामेव महाप्रयाणोन्मुख इव काराभिमुखं प्रतिष्ठते।

छाययेव जडया निश्चेतनयापि बलात्तत्कायवेगादाकृष्यमाण एव जाययाऽनुद्रुतश्च काराद्वारमुपगच्छन्सरभसप्रधावितनम्यामिकान्यतमदर्शितेन यथा प्रवर्तमानो यममुखकुहरमिव सनिगडेनैकाकिना शून्यमयेन वियन्मात्रघटितेनेव ग्रहान्तरजन्तुनेव यज्ञदत्तेनाधिष्ठितं प्रकोष्ठकमवलोकयति। दृष्टमात्रे चैकपुत्रे मन्युभरनिर्वाचिजननीमप्यविगणय्य परावर्तितवदने हा वत्सेति सकृदुच्चार्य शुष्काशनिताडितौ लतापादपाविव पुराप्रव्रजितं गौतममाकर्ण्य मायादेवीशाक्यसिंहाविव संस्कारबन्धुरायां जायापती निपततः। यामिकजलसेकस्नातो मुहूर्तानन्तरं प्रत्यागतचेतनश्च हा वत्स मा कठिनहृदयं कामं जहि जननीमपि नवनीतहृदयां प्रतिवचनैर्न सान्त्वयसि धिक्कष्टं तवाप्यवस्थामवलोक्य शान्तिः शान्तिः शान्तिरितिमिथ्याहोमेषूच्चैः पठन्तः शान्तिशत्रवो विरमन्तु देशहवनादिति वदन्परावृत्तमुखस्यैवानिपततोऽपि मूर्छितस्य जननीं गतचेतनां पुनरवलोकयितुमनुत्सहमानैरिव प्राणैर्मुक्तस्य शीतकठिनेषु गात्रेषु करमर्पयन्पुनर्मूर्छति।

रक्षिपुरुषानीतराजकीयभिषगादेशेन मृत इव रथमारोप्य गृहमानीतश्च

(वा०) तनये निजे सममतो जनको न परस्य पुत्रमुपलालयति।
अथ स प्रशास्तृपदवीं तु भजत्स्वसुते परत्र च समो भवति ॥२७॥
ज्ञतया तथैव समतां दधतः क्षतपक्षपातमखिलं चरतः।
तनुरक्षणे भवति विज्ञतया सकलात्मनस्तनुमिमां विदतः ॥२८॥
नृपतेः समस्तमवयन्नगराधिपतिर्यथा न सहतेऽनुचितम्।
इतरेतराक्रममुष्य जने समतां वहंश्च परिपात्यखिलान् ॥२९॥
सकलात्मनः सकलमेव विदन्स्वतनुं परांश्च परिपाति तथा।
ज्ञतया प्रबुध्य सुमतिर्जगतः शिवमाचरन्सततमुद्यमवान् ॥३०॥

निशीथनालिकायां स्वनत्यां हा वत्स हा प्रिये न पश्यामि युवां धिक् पाषाणहृदयः काचनेत्रः कथं वा पश्यामीति सकृच्छनैर्वदन्दशदिवसानि शयनादपरिचलञ्शक्तिहीन-गात्रो द्वित्रान्वारान्हा प्रिये हा वत्सेति प्रत्यहमुच्चारयञ्जन्मान्तरागत इव दासादीनपरि-चिन्वन्सदा संनिहितां जननीं हस्तेन चिबुके यदाकदाचित्स्पृशन्नेकादशे दिवसे सहसा तमोऽवधूय शयनं जहाति। प्राचीं पश्यंश्च कथमतिमहती वेला मे सुप्तस्य मातर्न यथा पूर्वं प्रत्यूषे प्रबोधितोऽस्मीति वदन्भिषगुपदेशनिषिद्ध वाष्पतायाः स्नुषायाः पौत्रस्य च निधनेन दह्यमानहृदययापि जनन्या समाहूतभृत्यया कारिताह्निकः सहधर्मिण्या गृहं प्रविविक्षुर्मातुराज्ञया निर्हेतुकं स्वीकृतया तामनापृच्छ्यैवाधिकरणं गच्छति। तत्र च केन्द्राधिकरणाध्यक्षप्रेषितं पत्रमधिगम्य स्वोत्प्रेक्षितस्य दिनस्य पत्रदिनस्य च दशदिवस-मितमन्तरमुपलभ्य विस्मयमानस्तत्र लिखितां निजस्यातङ्कावसानपर्यन्तामवकाशा-ज्ञामवलोक्य सद्यः सर्वं वृत्तं स्मरन्नधिकरणाभ्यस्तकाठिन्यशोषितशोको नूनं दशदिव-सानि मूर्छितोऽहमयापयमिति प्रतिपद्य यथावद्व्यवहारान्निरीक्ष्य गृहमागच्छति। सन्नि-हितेन राजभिषजा दशदिवसान्यतीतानि तव पुत्रस्य जायायाश्च मूर्छया मृतयोः सान्त्वय जननीमनुजं चेति तद्वाचमाकर्ण्य प्रायोऽनुमितपूर्वया दुर्घटनयानुत्पादित-विकार आत्मानं संस्तभ्य राम इवान्तःप्रत्युप्तशोकशल्येनापि हृदयेन पौरकार्याणि पुनर्य-थावदीक्षते।

स एष देवदत्तस्य पुत्रजायावात्सल्यादिमयो विज्ञानशक्तेरुद्रेको ममत्वमूलम्। विज्ञानमहार्णवं क्षोभतापाभ्यां नियमयन्त्या ज्ञानशक्त्या जगदुपकार इति दर्शितम्। न ज्ञानसूर्यतापेन सर्वथा विज्ञानस्य विशोष उचितो न वा ज्ञानसूर्यस्य वैज्ञानिकैरभ्रैः सदाभिभव उचितः। उभयोर्यथायथं विनियोगः परस्परोपकारश्च जगतः शिवाय। ज्ञानसंपर्केण हि विज्ञानममृतत्वाय कल्पते विज्ञानं च ज्ञानसूर्यस्य वृष्टिद्वारमिति हि भूयो दर्शयाम ॥ २० ॥

ममतोच्छेदस्य फलमाह—

स न्यायपर्यवसायी ॥ २१ ॥

ममतोच्छेदे यत्कार्यं व्यक्तयः स्वार्थं परार्थं वा समीहन्ते तदेव न्यायपूर्वकं निष्पक्षपातं ताः समनुतिष्ठन्ति। न सुगता इव जगन्मङ्गलार्थं सर्वात्मन्याविर्भूतं सर्वात्मीयं नरशरीरं निरपराधं शार्दूलवनितायै वितरन्ति, न वा प्रच्छन्नविटाः पाषण्डा इव सर्वात्मार्णवबुद्बुदाय व्यक्तिनाम्ने विश्वमङ्गलमुपहारीकुर्वन्ति ॥ २१ ॥

(वा०) कृपणोऽलसस्तनुमिमां मम किं परिपोषयामि न परान्नचर्यैः।
अथवा क्षिपामि न तरक्षुमुखे कृपयेति चिन्तयति हन्त कुधीः ॥३१॥
स ममत्वदग्धहृदयस्तु जडोऽन्त्यजवत्परित्यजत तं विबुधाः।
अनृतासुरस्य तनयैर्विकलं जगदीदृशैर्निरयपातहतैः ॥३२॥

ये तु ममतोच्छेदं न न्यायपूर्वकमहोद्योगपर्यवसायिनं किन्तु संन्यासपूर्वकानुद्योगपर्यवसायिनं वदन्तोऽनारम्भेऽपि सर्पवत्परगृहे सुखिनः परभार्याभिः परद्रव्यैः परकीयघृतभक्तैश्च वर्तयन्तो मायावादमीदृशानायासोपनतमठविहारहेतुमभिनन्दन्ति तान्धन्यमानिनः स्मारयति—

नाकर्म वासुदेवस्य ॥ २२ ॥

अयि मुग्धा अर्वाचीनानां पारमार्थिकानां वचसि चेद्बधिरश्रुतयः स्थ चिरन्तनस्य भगवतो वासुदेवस्याप्युपदेशं किमरण्ये रुदितमिवावधीरयथ। निरक्षरत्वादश्रुतं वा श्रुतमपि तमोमयत्वाद्विस्मृतं वा तद्वचनं चेत्पुनः शृणुत। परघृतधाराचमनेन मन्दतेजसि बुद्धौ वः किं बहुना वाक्यद्वयमेवावधारयत—

नियतं कुरु कर्म त्वं कर्म ज्यायो ह्यकर्मणः।
कर्मणैव हि संसिद्धिमास्थिता जनकादयः॥

इति च तद्वाक्यद्वयम्। इदं तु स्मारयामः सुस्पष्टार्थं मूलमेवावधत्त विप्लावनैकफलं प्रमत्तव्याख्यातृप्रलापं माविजीगणत ॥ २२ ॥

[अधि० ७] निर्गुणः प्रकृतेर्भिन्न ईशः प्रकृतिरेव वा।
नियन्ता प्रकृतेः कश्चिन्निर्गुणः सम्भवत्यसौ ॥ १ ॥
प्रकृतिर्नियतैवेयं विनियम्या न केनचित्।
सर्वाकारेश्वरभिन्नाऽसावित्येष विनिश्चयः ॥ २ ॥

तस्य चिदात्मनः सुखस्वरूपत्वं तादात्म्याग्रहस्य च दुखःस्वरूपत्वं दर्शयति—

स भूमा सुखं नाल्पे सुखमिति सनत्कुमारः ॥ २३ ॥

स ज्ञानविज्ञानशक्तिमाञ्शाश्वतवैचित्र्यमयश्चिदात्मा भूमा परिच्छेदरहितः साक्षी सुखात्मकः। प्रमादस्य ज्ञातस्य संशयक्लेशादिमूलत्वात्तस्य वक्ष्यमाणविधया तत्त्वज्ञाने दुःखाभावः। व्यक्तिगतस्य दुःखादेर्जायमानस्यापि व्यक्तौ ममत्वाग्रहात्सर्वात्मनो न दुःखम्। साधारणीकरणव्यापारेण लोके दुःखहेतोः शोकादेः कारुण्यादिरसोर्मिरूपेण परिणाम इव ज्ञानतेजसि दुःखानाममृतत्वेन परिणाम इत्यैदम्पर्यमाचार्योक्तेः। 'यो वै भूमा तत्सुखं नाल्पे सुखम्' इतिच्छन्दोगानां ब्राह्मणे सनत्कुमारोऽपि। स एष सच्चिदानन्दात्मकोऽद्वयः सर्वात्मा पारमार्थिकः ॥ २३ ॥

ननु निर्गुणं निराकारं च सन्मात्रं ब्रह्म जरद्वेदान्तिनो व्याचक्षते। तत्किमिमामभिनवां कल्पनामनल्पजल्पः प्रथयसीति चेदाह—

(वा०) वसुदेवसूनुरपि कर्मपरित्यजनं विनिन्दति स योगिवरः।
जनकादयोऽपि किल कर्मपरा दधतिस्म सिद्धिमतुलामवनौ ॥३३॥
सुखमत्र भूमनि चिदम्बुनिधौ न परिच्छिदावतिसुखं परमम्।
अनयेन जीवत इहासुलये गगनाङ्गनाप्रणयिनो न सुखम् ॥३५॥

स परात्मा सर्वगुणः सर्वाकारः सर्वकामस्तथा च ब्राह्मणम् ॥ २४ ॥

नेयं सर्वथैवाभिनवा कल्पना युष्माकं जरद्वेदान्तिनामप्युपजीव्येषु ब्राह्मणेष्वपि दृष्टत्वात्। तथा च ब्राह्मणोक्तयः 'सर्वकर्मा सत्यकामः सत्यसंकल्पः' इत्याद्याः। अर्वाचीनैरप्यप्रमत्तैर्वैश्वानराद्यैरियमेव पारमार्थिकत्वेन परिगृहीता। अव्याहतानां परमार्थप्रतिपादकत्वाज्ज्येष्ठानामीदृशीनामेव श्रुतिशिरोगिरामनुसारेण परा अप्युक्तयो योजनीयाः। न योजयितुं सम्भाव्यन्ते चेदुपेक्षणीया अविधौ शब्दप्रामाण्यानाग्रहात्। नहि स्फीतां रिङ्गत्तरङ्गां गङ्गामवलोक्य काऽसौ सरिदिति पृष्टेन जनेन सकृद्गङ्गेय-मित्युक्ते स्नातुं प्रविशन्पुनरन्यैस्तैरेव वा वक्तृभिर्नेयं सरिन्मायामयी कस्यापि माया-विनः कल्पना किलैषा, नात्र स्नातव्यमित्युच्चारितानि परितः कल्लोलकोलाहल-मप्यभिभवन्ति प्रलपितान्याकर्ण्य स्नानव्यापारान्निवर्तते देवदत्तः। कास्य संनिहितायां गङ्गायां शब्दापेक्षा। नदीनामव्यपदेशं निश्चेतुं स जनमप्राक्षीन्न पुनर्नदीयं माया वेति निर्णयाय। तथा स्वानुभवमयो यत्र त्वस्य 'सर्वमात्मैवाभूत्' इत्यादिभिरुपनिषच्छतैरनु-भवावसानत्वाद्ब्रह्मविद्याया इत्यादिना व्याख्यातृभिरपि सहर्षमङ्गीकृतैरनुभवैकाध्यवसेयः सर्वव्यापी सर्वसंनिहितः सर्वात्मा कीदृशस्तस्मिन्वैचित्र्यं च मायामयं पारमार्थिकं वेत्यादि निर्णयाय न वयमुपनिषदो वा संहिता वा गवेषयामहे। ब्रह्माख्यया यद्भारते प्रथितं स पारमार्थिकः शाश्वतवैचित्र्यः सर्वात्मैव मायामयो भैक्षवो वा कश्चिदर्था-भासो निर्विशेषसत्तारूपो मायिकेष्वर्थाभासेष्वनुस्यूत इत्यादिव्यपदेशमात्रनिर्णयाय चिरत्नं वाङ्मयमस्माभिरन्विष्यते ॥ २४ ॥

इत्थं सर्वगुणं साकारं ब्रह्मोपन्यस्य तद्विपर्यासोऽत्यन्ताभावस्वरूप इत्याह—

न निर्गुणो न निराकारो वा तस्यात्यन्ताभावस्वरूपत्वात् ॥ २५ ॥

गुणानामाकाराणां च प्रत्यक्षोपलब्धानामभावो नाम बन्ध्यापुत्रवन्नाममात्रम्। न तु कश्चिदर्थो निर्गुणो वा निराकारो वाऽस्ति। ज्ञानबुभुक्षादयो ये धर्मास्तेषां धर्मिण आकारेणैवाकारवत्त्वम्। नहि रूपरसादेर्घटादिगतस्य निराकारत्वं किंतु घटाकारवत्त्वम्। एवं मन आदेराधारकत्वमाकाशस्य तु प्रत्यक्षोपलब्धौ दैर्घ्यविस्तारगाम्भीर्यमय आकारः। कालादीनां त्वर्थत्वं प्रत्यादेक्ष्यत्याभासनिरासाध्याये। सामान्यतश्च यद-

---

(वा०) अखिलात्मकोऽखिलगुणो भगवानखिलाकृतिर्निखिलकामनिधिः।
स सदात्मकः किल चिदम्बुनिधिः सुखमप्रमेयमिव सर्वमये ॥३५॥
न स निर्गुणो न च निराकृतिरित्यवधारयेः किमपि नास्ति तथा।
यतिवक्त्रगह्वरनिवासरसा ह्यशिवा शिवेति सरणिस्तु गिराम् ॥३६॥
सपरिच्छिदा प्रकृतिरंशधिया निखिला तु न प्रमितिमर्हति सा।
अपरिच्छिदा चितिमयी प्रकृतिर्बदरात्मजस्य निखिलात्मसमा ॥३७॥

व्यतिरेकेण यस्योपलम्भस्तस्य स्वाव्यतिरेकोपलब्ध एवाकारः मनसा शरीराद् बुभुक्षादिकं पृथक्कृत्य तन्निराकारत्वकल्पने तु गुणान्मनसा वियोज्य रूपरसादिरहितस्य द्रव्यस्यैव शरीरादेः क आकार इत्यपि सर्वथोत्प्रेक्षितुमशक्यम्। रूपस्य हि प्रथममेव पृथक्कारान्नीरूपतैव द्रव्यस्यापतति। तस्मात्सहोपलम्भनियमवतामेकस्याकारसम्बन्धे सर्वेषां तथात्वमित्यत्र न कस्यापि विप्रतिपत्तिर्भवितुमर्हति। बुभुक्षादीनामप्युल्वणत्वतद्विपर्यासादिभिः सगुणत्वं तु प्रसिद्धमेव। तस्मान्द्वन्ध्यापुत्रान्वेषणसदसः शब्दब्रह्मणो विवर्तमात्रं निर्गुणनिराकारादिवादः ॥ २५ ॥

ईदृशस्य सर्वात्मनो ब्रह्मणः प्रकृतेश्च सर्वात्मिकायाः को भेदस्तवेत्याकांक्षां सूत्रद्वयेन पूरयति—

प्रकृतिः प्रमेयात्मिका सर्वत्र विशेषेषु ॥ २६ ॥

सामान्यतस्त्वप्रमेया चिदात्मिका ॥ २७ ॥

नाद्वैतविद्बादरायणोऽपि प्रकृतिं ब्रह्मणः सर्वथैव भिन्नां पतिपद्यते। तथा च बादरायणीयं सूत्रं 'प्रकृतिश्च प्रतिज्ञादृष्टान्तानुपरोधात्' इति। सांख्यानां तु प्रकृतिपुरुषभेदो भेददर्शिनाम्। शुद्धमद्वैतं पारमार्थिकस्येति स कथ प्रकृतिं ब्रह्मणोऽन्यां प्रतिपत्तुमर्हति। वैचित्र्योपलम्भांशानां प्राकृतानां रूपादितत्तद्विशेषाणामुपलम्भेनैव प्रमिता सर्वत्र विशेषेषु प्रमेयात्मिका प्रकृतिरिति दर्शयति। सामान्यतः कृत्स्ना प्रकृतिस्त्वप्रमेया चिदात्मना परिच्छेदरहितेनाभिन्नैव सा ॥ २६–२७ ॥

[अधि० ८] **भ्रमस्य तत्त्वज्ञानाद्वा लोपाद्वा मुक्तिरिष्यते।**
लोपान्मुक्तिर्न मुक्तौ स्यादनुबन्धो भ्रमस्य हि ॥ १ ॥
मुक्तिस्तत्त्वावबोधः स्याद् भ्रमलोपोऽप्रयोजकः।
सदिग्भ्रमोऽपि विज्ञातभ्रमः पातं न ऋच्छति ॥ २ ॥

चिदात्मनः स्वरूपमुपन्यस्य बन्धमुक्तिव्यवस्थां दर्शयिष्यन्भ्रमस्वरूपमज्ञातं बन्धप्रयोजकं ज्ञातं सन्मुक्तिव्यपदेशार्हं मनसिकृत्य भ्रमस्वरूपं स्मारयंस्तदज्ञानं व्याचष्टे—

तत्त्वेनाज्ञातो व्याहतः सतोर्व्यतिकरो भ्रमः ॥ २८ ॥

(वा०) पुरुषस्य या प्रकृतितस्तु भिदा कपिलप्रमादलहरी ननु सा।
विविनक्ति हन्त पुरुषं प्रकृतेर्व्रततेर्मुनिर्विसृमरत्वमिव ॥३८॥
पुरुषा हि बुद्बुदतरङ्गनिभाः प्रकृतौ चिदात्मनि विशेषमयाः।
सकलात्मनः प्रकृतितः पुरुषात्कपिलो विवेक्ष्यति कथं मतिमान् ॥३९।
व्यतिभेद एव विषयस्य सतो बिषयान्तरेण च सता विहतः।
भ्रम उच्यते मरुमरीचिजलस्फुटमल्लिकास्रगतिभोगनिभः ॥४०॥

बाधितः सतोर्व्यतिकर उक्तो बन्ध्यापुत्रसमः। तस्यैव मायेति नामान्तरं भवितुमर्हतीत्यपि दर्शितम्। अन्यथा निर्वचनानर्हस्याविद्यादेः कदाप्यनुपलम्भान्मायाशब्दस्य नाममात्रत्वप्रसङ्गोऽप्युपपादितः। तत्त्वेनाज्ञातो भ्रमोऽयमितिरूपेण मनसाप्यनाशङ्कितो बाधवान् सद्व्यतिकरो भ्रमः। अज्ञात एव भ्रमो दुःखाज्ञानाभिभवादिफलः, ज्ञातस्तु स्वयं सुहृदादेः साहाय्याद्वा भ्रमत्वेन प्रतिपद्यमानस्तु सन्नपि बाधितः सद्व्यतिकरः समभिभूयते ज्ञानेन ततश्च ज्ञातार्थान्तरवन्न दुःखादिप्रयोजकः। भ्रमस्य ज्ञाने भ्रमो नैव स्थास्यति, तस्माद्भ्रमस्य हानिरेव ज्ञानमिति कस्मान्नोच्यत इति चेन्न, कादाचित्कस्य भ्रमस्यार्थान्तरस्येव सर्वथा हानेरसम्भवात्। ज्ञानिष्वपि ममत्वस्य वा स्वप्नादेर्वा मरुमरीचिकादेर्वा सर्वथानुद्भव इति न कश्चिद्वक्तुं शक्नोति। नहि केचिद् ब्रह्मज्ञाः शरीरे दह्यमाने निर्दुःखा वा स्वप्नादिरहिता वा कदाचिदुपलब्धाः। तस्माज्ज्ञानवतः शरीरविशेषस्य तदीयत्वेनान्यैर्गृहीतस्य स्वयं च तेन विज्ञानोद्रेके स्वीयत्वेन ज्ञानोद्रेकमात्रे तु सर्वात्मीयत्वेन प्रतिपन्नस्य जीवनमलौकिकविभूतियुक्तमस्वप्नादिदोषं भविष्यतीति न मन्तव्यम्। सांख्ययोगादिसांकर्यप्रियाणामेवार्वाचीनानामौपनिषदाभासानां तथा दुराग्रहात्।

साधारणा दिग्भ्रमादिदोषा रज्जुसर्पादिग्रहा अपि न परिहार्या अतिविदुषोऽप्यौपनिषदज्ञानवतोऽपि। भ्रमोद्भवः साधारणः, अवश्यं चैतदेवं विज्ञेयम्। भगवति सर्वात्मन्यपि तत्तच्छरीरविशेषेषु यदा ममत्वभ्रमः कस्य तदा शरीरविशेषस्यात्यन्तिकश्चाक्षुषादिभ्रमाभावः संभवति। एकस्य शंकरस्य गौडपादस्य शुकस्य पतञ्जलेः कपिलस्य वा निःस्वप्नत्वादिव्याहतिराशित्वे कल्प्यमानेऽप्यनेन जगति वर्तमानानि शरीराण्युत्प्रेक्षमाणैरपि शरीरान्तरेषु तात्कालिकेषु कालान्तरीयेषु च भ्रमनिषेधासम्भवात्सर्वं शरीरात्मनि चिदात्मनि भ्रमानुद्भवस्यानुपपाद्यत्वात्। मायावादेऽपि मायाया ब्रह्मण्येव स्वीकरणीयत्वात्। पृथक्स्वीकारे तु द्वैतापत्तिरनिर्वचनीयत्वेऽपि महाब्रह्मज्ञत्वेन विदितानां शङ्करादीनामज्ञत्वापत्तिः मायामात्रस्य निर्वचने शक्त्यभावात्। अनिर्वचनेऽपि ज्ञानस्वीकारे सर्व एव सर्वज्ञः पृच्छ्यमानस्त्वक्षरसमाम्नायमपि वक्तुमशक्नुवन्ननिर्वचनीयं मायामयत्वं सर्वस्य प्रतिपद्येत। अद्भुतैव तदियमज्ञानप्रच्छादनरीतिः सर्वज्ञवरैर्मायावादिभिरुपन्यस्तेति तत्कौशलेन विस्मितः सर्वो लोकः॥ २८॥

भिक्षूणां भ्रमस्य मायापर्यायत्वात्तन्मतमत्रापि स्मारयति—

सत्यसतस्तद्विपर्ययेण वाऽध्यासं भिक्षवः ॥ २९ ॥

सति ब्रह्मणि। असतो जगतः। स्पष्टमन्यत्॥ २९॥

(वा०) सति नासतो न च सतोऽसति वा भ्रम उच्यते स्मरणमप्यसतः।
न हि संभवत्यसति हेम्नि गिरावपि कस्य हेमगिरितर्कभवः ॥४१॥

स भ्रमोऽनुशासनोक्तः किल धर्मान्तरवज्ज्ञानस्य धर्मश्चिदात्मन्युद्भूतत्वात्। तस्य तत्त्वेन ज्ञेयत्वमुचितं न हानिप्रयासोऽपेक्षित इत्याह—

भ्रमो ज्ञानधर्मस्तत्त्वेन धर्मान्तरवज्ज्ञेयः ॥ ३० ॥

यथानरतुरगादिर्नरतुरगादित्वेन ज्ञातव्यस्तथा बन्ध्यापुत्ररज्जुसर्पमरुमरीचिकादिव्यशक्त्यादिरूपो भ्रमः सर्वात्मनि यदाकदाचिदुद्यन्भ्रमत्वेन ज्ञेयः। भ्रमत्वेन ज्ञाने तस्य यद्यदर्शनं भवेन्न तस्माज्ज्ञानिनो हरितरुधिरस्य शावभक्षकस्येव हर्षताण्डवम्। अथ यदि ज्ञानेऽपि न प्रहाणं ज्ञातस्यापि दिग्भ्रमस्य चिरानुबन्धदर्शनात्तथाप्यौदासीन्यं न तु विषादाक्रन्दनं शिरस्ताडनं वा, द्विचक्रिकामारुरुक्षोः पुनः पुनस्तद्यत्नेऽपि तत्कौशलानधिगमे द्विचक्रिकाभञ्जनस्येव तस्यानुचितत्वात् ॥ ३० ॥

कथं भ्रमस्य भ्रमत्वेन ज्ञानं कथं वा तदज्ञानमित्याकांक्षायामाह—

तज्ज्ञानमप्रमादादज्ञानं च प्रमादात् ॥ ३१ ॥

मम दिग्भ्रमोऽस्ति न वेति प्रमत्तः स्वयमपि न प्रतिपद्यते। विदुरादिबोधितदुर्योधन इव स्वमूर्खतां परैर्बोधितोऽपि न प्रत्येति। ततश्च नगरमुत्तरेण वर्तमानां गङ्गां सायमन्विष्यन्दक्षिणतो ब्रजन्परैः क्व गच्छसि कुशासनहस्तो नास्यां दिशि गङ्गेति वारितोऽपि महामहोपाध्यायः सकलशास्त्रज्ञः किं कतरा पूर्वा कतरा दक्षिणेत्याद्यपि न जानामीत्याद्युच्चैः पाण्डित्यभारवाहितां ख्यापयन्नगरादद्दूरवर्तिन्यवस्करगर्ते निपतति। प्रत्यागत्य च रात्रावालस्यात्पुनः स्नानमबहुमन्यमानः शनै रात्र्यन्धस्य कस्यचित्स्थविरस्य निकटे समुपविशति। वत्स क्वगतोऽसीति पृष्टश्च गङ्गां संध्योपासनार्थं गतवानस्मीत्यादि प्रलपन्स्मरेत्प्रथमपुत्रिणीं रुधिरबिन्दुनीलाम्बरामित्यादि बीभत्सानि स्तोत्राणि पठन्वत्स गङ्गास्नातं श्रुतिपाठपरं त्वामभिमृक्ष्यात्रस्थ एव शताश्वमेधफलं लभेयेति वदता वृद्धेन स्पृष्टगात्रो मलदूषितपार्णिर्निभृतं प्रहसति। तथैव भ्रमान्तरेष्वपि बोध्यम्।

केवलं शास्त्राभासानामविवेकेन कृतसांकर्याणां भारेण विशेषतो दुराग्रहाभिमानदम्भादिना जनप्रतारणलोभादुपस्कृतेन भ्रमस्य भ्रमत्वेन ज्ञानमपनयो वा न कर्तुं संभाव्यते। अप्रमादेन स्वयं व्याहताव्याहतयोर्विध्यर्थवादयोश्चायस्कान्तसूचीमेर्वोरिव विवेकं सदा रक्षता सुहृदां बालानामप्यव्याहतं वचः परीक्षायै स्वीकुर्वता महामहर्षिप्रणीतमिदं सिद्धव्याख्यानमेतत्तातचरणानामैतिह्यमेतदिति विदितमपि स्वयमुपलब्धव्याहतिकं परदर्शितव्याहतिकं वा सद्यो हृदयादपनयता भ्रमः समुद्भवन्भ्रमत्वेन ज्ञातुं सुकरः काले भावनावशाच्च सर्वथाभिभवितुं सुकरः।

येन केनापि लिखितं यत्र कुत्रापि मुद्रितं संस्कृतमयं मन्त्रपुराणादिनाम्ना विदितं

(वा०) भ्रमोऽपि धर्मश्चित एव तत्त्वतोऽवगम्य धर्मान्तरवत्तमुत्तमाः।
प्रमाददोषं विनिरस्य ये स्थिताः सदेहमुक्तिं दधते सदेह ते ॥४२॥

प्राकृतमयं वा सिद्धभक्तमालादिनामभिः प्रथितं व्याहतार्थमपि प्रामाणिकं प्रतिपद्य पलायितं सुतं सिद्धादेशादाकाशेऽन्वेष्टुं संनिपातग्रस्तं च भ्रातरं कुम्भकारादेशाद्गन्धर्वगृहीतोऽयमिति मत्वा भेषजमुपेक्ष्य दर्भमार्जनैः सावित्रीपाठैश्च गन्धर्वं त्रासयितुमुद्यतेन मूर्खमहत्तरेण तु शास्त्रभारवताऽपि जारार्थिन्या भार्यया प्रख्यापितकौमारककुसुम्भवाटिकारभटीसाक्षिणं गन्धर्वगृहभुजिष्यास्मरणजिहासिताध्ययनस्य भ्रातुर्वा प्रेतं दूरीकर्त्तुं यथाकथंचित्क्षमेणापि न स्वीयः प्रमादगन्धर्वो दूरीकर्त्तुं शक्यो न च तदर्भको भ्रमोऽभिभवितुमीषत्करः ॥ ३१ ॥

एवं भ्रमं प्रदर्श्य तस्मान्मुक्तिरेव पारमार्थिकी मुक्तिरित्याह—

तस्य तत्त्वज्ञानान्मुक्तिः ॥ ३२ ॥

तस्येदृशस्य भ्रमस्य भ्रमत्वेन ज्ञानमेव तदभिभवोपायः। भ्रमो हि भ्रमत्वेन ज्ञातः कियन्तं कालमनुबद्धस्थितिरपि न हानये। दिग्भ्रमवतोऽपि मम दिग्भ्रम इति ज्ञानवतोऽनुमितदिक्स्थितेः समञ्जसव्यवहारदर्शनात्। मम दिग्भ्रम इत्यप्यजानतस्तु प्रमत्तस्य गङ्गाभ्रमेणावस्करगर्ते निपातो दर्शितः। कापिलानां प्रकृतिरिव भ्रमस्य प्रकृतिः। तेषां प्रकृतिर्हि सा या दृष्टास्मीति पुनर्न दर्शनमुपैति पुरुषस्य। तथैव भ्रमत्वेनोपलब्धोऽस्मीति शनैर्भ्रमो विलयं याति वा सन्व्याहतशक्तिर्नानर्थाय। इयमेव भ्रमस्य तत्त्वज्ञानरूपा मुक्तिः सामान्यतो विशेषतस्तु ममत्वनाशपूर्वश्चित्ततदात्मभावो य उक्तः स एवौपनिषदेषु मुक्तिरिति व्यपदिश्यते। अस्मिन्प्रकरणेऽन्यत्र च भ्रमपितुः प्रमादस्य भ्रमानुजस्य तदज्ञानरूपस्य महाभ्रमस्य भ्रमादपि प्रचण्डस्य सर्वेषां प्रायो गोत्रनाम्ना भ्रमत्वव्यपदेश इत्यवधेयम् ॥ ३२ ॥

ननु भ्रमाभावो मुक्तिरिति जरद्वेदान्तिनः। भ्रमश्च ममत्वादिरूपः सर्वेषु ऋषिकल्पेष्वपि शंकरादिष्वनुमितो मनुष्यत्वात्। नहिं मनुष्याः किलाद्वैतवादपूतयापि जिह्वया क्रमेलका इव कण्टकान्भक्षयितुं ते भगवन्त ऐशिषतेति वा निराकारभावविशुद्धा अपि वनिताद्यशुद्धविषयान्स्वप्नेषूपलभ्य तदालिङ्गनाय पाषाणमया इव नाचेष्टन्तेति वा वामकपोले ताडिताः सन्तो धर्मविशेषावलम्बिन इव दक्षिणमपि ताडनमायावते करब्रह्मणे समर्पयितुमुदकण्ठन्तेति वा सूर्यसंयमाद्भुवनज्ञानवन्तोऽपि महानगरेषु दिग्भ्रमं कदापि नाभजन्तेति वा संभावयितुं शक्यते, न च तथाद्यत्वे सिद्धवेदान्तिप्रभृतिख्यातिमत्स्वपि कश्चिदुपलभ्यते। तस्मात्प्रत्यक्षानुमानविरुद्धो व्याहतश्च भ्रमाभाव इत्याक्षिप्त ओमिति ब्रुवन्नाचार्यः समाधत्ते—

न नियतस्तद्विलोपो न चापेक्षितः ॥ ३३ ॥

(वा०) न तत्त्वमेतस्य विदन्ति ये पुनः प्रतीक्षमाणा मृतमुक्तिमायतीम्।
अवस्थितास्ते निरये तमोमये चिरं विषीदन्ति गजा इवावटे ॥४३॥

भ्रमत्वेन ज्ञातस्य भ्रमस्य सद्यो विलयो न पारमार्थिकस्यापेक्षितः पश्चादपि तदनुबन्धश्चास्माभिर्दर्शित एव। दिग्भ्रमो मे महापत्तनेऽस्मिन्निति ततोऽपि चिरं दिग्भ्रमानुबन्धः। वाष्पयानं नौर्वा चलति न तु तन्त्रीस्तम्भा वा तरिवृक्षादयो वेति वाढं जानतोऽपि तथा प्रतिभासः प्रत्यक्षोपलब्धः। पृथिवी सूर्यं पर्येति न सूर्यादयः पृथिवीमिति दृढमनुमानेन जानतोऽपि पृथिवीस्थिरत्वप्रतिभासः। ज्ञातस्य भ्रमस्याविलोपे तु न परमार्थविज्ञाने हानिरिति पुनः सुव्यक्तम्। पृथिवीकेन्द्रकगणितकारिणेव नहि सूर्यकेन्द्रकगणितकारिणोपलब्धमुपरागवेलादिकं विसंवदति। न वा तन्त्रीस्तम्भात्पलायमानानिव प्रतिभासमानान्भूतगृहीतान्मत्वा विद्वान्स्वेष्टदेवं स्मरति। अवान्तरवैचित्र्यमपारमार्थिकं मायाकृतं मन्यमानानां मायाया ब्रह्मणश्च स्वीकारेण वस्तुतः किल द्वैतवादित्वेऽप्यद्वैतवादिनामेव कण्टकभक्षणाद्यापत्तिर्भक्ष्याभक्ष्यगम्यागम्यादिभेदोच्छेदापत्तिश्च सजातीयद्वैतरहितं विजातीयद्वैतरहितं च सकलावान्तरवैचित्र्यमयममायाद्वितीयं पारमार्थिकं शुद्धमद्वैतं प्रतिपद्यमानस्य पारमार्थिकस्य शिरसि नेदृशा दोषाः पतन्ति। शाङ्कराणां भारवत्प्रणयविषयाणां तु मुण्डितमसृणे मूर्ध्नि ते निपतनीयाः। पारमार्थिकस्याधिकरणिकदृष्टान्तदर्शितया रीत्या सर्वात्मीयेष्वेव मायादिकार्येषु ममत्वविरहोऽपेक्षितः संन्यासाभावात्सुताद्युपलालने तु न तदभिभवोऽपेक्षित इति दर्शितमेव। तस्माज्जरद्वेदान्तिभ्रमेण भ्रमप्रणयिभिर्न पारमार्थिक उपालभ्य इति स्मारयामः॥ ३३॥

ननु जरद्वेदान्तिनोऽपि पारमार्थिका अपि सर्वे चैतादृशाः पृच्छयन्ते—चिदात्मनि तस्माद्बहिर्वा कुतो मायाया भ्रमस्य वा संभवः। ज्ञानाभिभूतस्य वा विपरीतस्य वा नेदृशस्य दूषितस्य दृश्यस्य तेजोमयं चिदात्मनि संभवमाकलयामः। 'सामानाधिकरण्यं हि तेजस्तिमिरयोः कुतः' इति कवीनामाभाणकः। पारमार्थिकः किल सर्वजगद्विलक्षणं दर्शनं ज्ञानकर्मसमुच्चयादि व्याहतिग्रस्तं प्रलपतु। भगवाञ्शङ्करोऽपि विरुद्धत्वाज्ज्ञानकर्मणोः समुच्चयं मुखेनास्वीकुर्वन्नेव ज्ञानवत्त्वेऽपि सौगतजैमिनीयादिविवादकर्मप्रपञ्चपरो मायाशबलं ब्रह्म कण्ठेन निर्दिशन्पारमार्थिक इव ज्ञानसूर्यं भ्रमसंपर्ककलङ्किनमङ्गीचकारेति यत्सत्यं चित्रीयते चेत इतिविस्मयमानमानसं लौकिकतार्किकं शनैर्विस्मयादिशिखरादुत्तारयन्नाह्निकमुपसंहरति—

कुतो भ्रमः प्रमादेनेति न चोद्यं नहि दृष्टेऽनुपपन्नं नाम ॥ ३४ ॥

प्रमादेन जनितो भ्रमः कथमीश्वरे चिदात्मनि समुदित इति न प्रष्टव्यम्, कुत इत्यस्य हि प्रश्नस्यावैज्ञानिकत्वमदर्शयाम। कीदृगिति च विज्ञानविषयं न्यरूपयाम। सूर्येण जलं विशोष्यते प्रालेयं च द्रवीक्रियत इति तस्य स्वभाव इत्येव वैज्ञानिकेन

(वा०) भ्रमस्य लोपो नियतो न नाप्यसावपेक्षितस्तत्त्वविदोऽपि मुक्तये।
भ्रमो भ्रमत्वेन विनिश्चितः परं ददाति निःश्रेयसमत्र निश्चितम् ॥४४॥

वक्तुं शक्यते। कस्मादीदृशो निसर्गः कथं न विपरीत एव निसर्गोऽभूदित्यादि प्रश्ना मुद्गरानन्दस्य भगवतः शापादित्याद्युत्तराणि च बन्ध्यापुत्रान्वेषणसदसो विषया न वैज्ञानिकैः स्पृश्याः। तथा विश्वजनीनः कादाचित्को भ्रमः सर्वात्मीयेषु शरीरविशेषेषूपलभ्यत इत्येव पारमार्थिकः वक्तुं शक्नोति। नहि दृष्टेऽनुपपन्नं नाम येनोपपत्तिमपेक्षेत। 'लोकवत्तु लीलाकैवल्यम्' इति बादरायणीयादिभिः कल्पनाभिस्तु स्वीकृताभिरस्वीकृताभिर्वा न हानिः फलं वेति ता अत्रोपेक्षिताः। यत्पुनर्ज्ञानसूर्यो भ्रमसंपर्केण कलङ्कितः शाङ्करीयैः पारमार्थिकैश्चेत्यभियुञ्जानः सूर्ये कलङ्काभावमुत्प्रेक्षस इति रूपकेण सापदेशं व्यञ्जयसीव तत्ते सूर्यबिम्बरचनानवबोधविजृम्भितमिति ग्राहयामः। दीप्ततेजश्चये भगवति भानावपि कृष्णकल्माषा अनेके महान्तः कलङ्कगर्ताः परमार्थोपलम्भकुशलैर्यन्त्रादिसहायैर्वैज्ञानिकैरुपलब्धा येषां कतिपयेषु भगवती वसुन्धरापि कृत्स्ना निमज्य विलयं गच्छेत्। ईदृशास्तु विषया अविधावपि पूर्वजैतिह्यमात्रावलम्बात्पूर्वजविज्ञानादधिकं विज्ञानविकासं स्वप्नेऽप्यसंभावयतामाज्ञानुरोधाराधनमात्रसेव्यस्यार्थवादेष्वपरीक्ष्याश्रद्धेयस्य पित्रादेरिव मुद्रितपुस्तकराशेर्निर्देशे परीक्षां विनापि श्रद्धावतां व्याहतासु मन्त्रादिना द्रव्यादिपरिवर्तादिशक्तिष्वपि परीक्षाप्रवर्तनग्रहिलानामविवेकमहापातकिनां पुरोऽनुपन्यसनीया इत्यलं तच्चिन्तया।

इति पञ्चमाध्यायस्य प्रथमाह्निकं समाप्तम्।

(त्रा०) जनोऽनुबध्नात्यपि दिग्भ्रमे यथा दिशोऽनुमिन्वन्रविबिम्बदर्शनात्।
न कार्यहानिं भजते तथा गतिर्भ्रमस्य सर्वस्य मता मनीषिणाम् ॥४५॥
कुत उदित इह भ्रमश्चिदब्धौ ननु सकलात्मनि भूम्नि साक्षिरूपे।
अनुचितमिति नानुयोज्यमेतत्स्फुटमुपलब्धिरबाधितोपपत्तिः ॥४६॥

इति पञ्चमाध्याये प्रथमाह्निकं समाप्तम्।

पञ्चमाध्यायस्य द्वितीयाह्निकम् ।

[अधि० १] **मतभेदेषु सर्वेषु श्रद्धा कार्या न वा पुनः ।**
सर्वेषां मतभेदानामङ्गीकार्यात्र सत्यता ॥ १ ॥
वस्तुन्येकविधेऽनेकमतानां स्यान्न सत्यता ।
मायानिःश्रेण्यतीतोऽस्माद् ग्राह्यः सिद्धान्त एककः ॥ २ ॥

ममेदं शरीरमहं सुक्रतुरित्यादिममताऽहंतादिरूपा या माया प्रथमाह्निके प्रतिपादिता तस्यां तिस्रो निःश्रेणय इत्याह—

सा माया निःश्रेणित्रयवती ममताऽहंतादिपर्याया ॥ १ ॥

सूत्राक्षराणि निगदव्याख्यातानि ॥ १ ॥

किमेतेन निःश्रेणित्रयज्ञानेनेत्याकाङ्क्षायां तत्सम्बन्धाद्दर्शनेषु विभागं कुर्वन्नाह—

उपनिषत्सिद्धान्तस्तामतीतः ॥ २ ॥

औपनिषदः सिद्धान्तो यादृशोऽनुशासने विशेषतो गताह्निके दर्शितः स केवलं मायामतीतः । मायाशब्दोऽत्राज्ञातभ्रमपरः । तस्मात्केवलमुपनिषत्सिद्धान्तो भ्रमेण गृहीतानर्थभासान्नार्थत्वेन गृह्णाति । मतान्तराणि तु प्रायो भ्रमेण गृहीतानर्थभासानप्यर्थत्वेन स्वीकुर्वन्ति ॥ २ ॥

प्रामादिकत्वादनौपनिषदानि मतानि मायाया निःश्रेणिष्ववतिष्ठन्ते न तु तामतीत्य वर्तन्त इत्याह—

मतभेदा निःश्रेणिषु ॥ ३ ॥

सर्वे कापिलादयः पैशाचान्ताः परस्परकलिपरायणा मतविशेषाः शैववैष्णवशाक्तसनातनार्यब्रह्मादिभिर्भारतीयैस्तन्नामविश्रुतैर्देशान्तरीयैश्च मतैरुपेता मायासोपानविशेषेष्ववतिष्ठन्ति । लोकेऽस्मिन्वन्या असभ्याः किरातकोलभिल्लशबरपुलिन्दादयः क्रव्यादाः कः पिता का माता को नृपः क आचार्यः को देवः का भक्तिः किं कर्म किं ज्ञानमित्यजानन्तः पशुप्रायाः परस्परयुद्धपरा युद्धवन्दीकृतनराशिनः सर्वधमाः । तत उत्कृष्टा मतभेदवादिनः कापिलाद्याः । असंख्यप्राचीनसम्प्रदायभेदविक्लवीकृत-

---

(वा०) भ्रमं भ्रमत्वादिविशेषरूपिणं वदन्ति मायेति त्रिरत्नसूरयः ।
विदुस्त्रिनिःश्रेणिमिमाममायिकं स्थितं विलङ्घ्योपनिषन्मतं तथा ॥१॥
भ्रमस्य निःश्रेणिषु हन्त वर्तयच्छतं मतानामितरेतरद्विषाम् ।
चिराय यद्वादिभिराकुलीकृते ननाश विज्ञानमधाम्नि भारते ॥ २ ॥

जगन्तोऽयमवार इयं दिव्या शक्तिरिदमस्मदीयं दिव्यपुस्तकं परकीयं तु मानवलेखनी-दूषितमस्मदीयाः पितरश्चण्डविद्या अन्येषां पुनरविद्यादग्धा इत्यादि कल्पयन्तः करिणं द्रष्टुं गताः पाणिना तदङ्गानि यानि कानिचित्परामृश्य प्रत्यागताः कीदृशः करी महोलूखलस्थूलो वा वेणुदण्डकृशो वा पुरुषोदरप्रमाणो वा क्रमापचीयमानविपुलस्थौल्यो वेत्यादि तत्तदङ्गसमष्टिरूपमेकं करिणं विकल्पयन्तः प्रज्ञाचक्षुष इव शाश्वतविश्ववैचित्र्यमेकं सर्वात्मिस्वरूपं परमार्थमनेकधा मुधा विकल्पयन्तः केऽपि वेदभगवच्छिविकावाहाः, परे मद्यपेषु यज्ञसूत्रार्पणपराः, इतरे गानव्याख्याननृत्यपरा भ्रमन्तः, सुधाहरिद्रापटीरादिमण्डिता जटिला मुण्डिता लुञ्चितकेशाः सितपीतकाषायदिगम्बराः, प्रेम्णा मूर्छन्तस्तुलसीरुद्राक्षमालभारिणः, श्मशानप्रणयिनः, कुमारीपूजकाः, मन्त्रसाधनक्षपितायुषः, कृमिनाशभयादक्षालितमुखा वा गोमहिषादिवधप्रीणितदेवता वा पशुरक्षापदेशनाशितानेकनरजीविता वा वायुविशोधनाय जुह्वतोऽपि मन्त्रोच्चारणायासितकण्ठा वा लक्षव्ययसाधितचर्मकारसंग्रहोपचितधार्मिकसंख्या वा विज्ञानोपयोज्यं समयशक्तिद्रविणादिकं वैकल्पिकविधिलक्ष्मादिप्रचारे विकिरन्तः, सुव्यक्तोपलब्धानुमिततत्तदाकारानात्मसर्वात्मन आ च सूर्यादिभ्यो निराकारानेव वा नराकारानेव वा पश्वाद्याकारान्वा कल्पयन्तो मूर्तिखण्डने वा मूर्तिमण्डने वा रिक्तव्याख्यानगदां वा गणितज्ञानवैकलव्यं वा साग्रहं सोद्घोषं च नियोजयन्तः, सर्वे ममैव धर्मपुस्तकं सर्वज्ञलिखितं कथं न प्रमाणीकुर्वन्ति मदीयानेव महावैज्ञानिककल्पितान्विधीन्वा किमिति नानुसरन्तीत्यादि प्रयत्नेषु पुरुषायुषं यापयन्तः, स्वसमये विरलविज्ञाने समुपयुक्तानपि सांप्रतं विकसत्सु विज्ञानेषु कर्मकलिं विनापि सर्वसुलभासु शिक्षासु जरत्पटच्चरोपमान् स्वस्वधर्मप्रबन्धान्केवलं परिहासाय पूजाशया दर्शयन्तः प्रवयसो मातापितृपितामहान् रथमारोप्य सिद्धा इमे पुत्रवित्तादिप्रदानसमर्था इत्युद्घोष्य द्रव्याशया खिद्यन्ते ।

बालिशबालका इव सन्ध्यादिनिर्हेतुकविधिक्षमं कालमज्ञवाचाटताश्रवणेषु कुटुम्बयोगं द्रव्यं धर्मनीतिकलहेषु विज्ञानाधिगमप्रचारयोग्यां शक्तिं बन्ध्यापुत्रान्वेषणसमितिनिर्माणेषु वायुदुर्गनिर्माणतद्भञ्जनेषु वा मुधा विलोपयन्तो वाष्पयानादिनिर्माणकौशलाय वेदाभ्यासिनो जगद्विज्ञानाय मूर्छावलम्बिनः स्वास्थ्याय होमकारिणः स्वर्गाङ्गनार्थं यज्ञसूत्रवन्तः प्रज्ञार्थं शिखावन्तो मुक्तये मुण्डितास्त्रिपादूर्ध्वलोकाय स्त्रीवेषा ऐक्याय भेदबीजं धर्मकलिं जगन्नाशनं भुवि वपन्तो राजद्रोहं नरहत्यां कन्यादूषणं व्यभिचारं देशभक्षणं विटवेश्यापण्डभण्डधूर्तपालनं न तत्पापं न स कलिर्न स उपद्रवो यं धर्मकञ्चुकरक्षिताधार्मिकवरा नानुतिष्ठन्ति ।

हन्त जगति विंशशताब्द्यां विकसद्विज्ञानप्रसूनायामभ्युदयनिःश्रेयसफलायां

(वा०) अपौरुषेयं निजधर्मपुस्तकं जनानमुक्तीन्प्रतिभूरूपां विना ।
शरीरजीवादिषु पञ्जराण्डजस्थितिं जगन्निर्मितिमादिशिल्पिना ॥ ३ ॥

जाग्रत्यामपि प्रायः किंचिदूनश्चतुर्भ्यः समासहस्रेभ्यः पूर्वमेव भारतधरां कृतार्थितवन्तं धर्मकलिं सौगतार्हतमहाद्वापरं च तदनन्तरभाविनमद्यापि मायाभिः स्वप्नैर्वञ्चनैर्दिव्यशक्तिवादैर्मैत्रेयकल्क्यलसीयाद्यागमनप्रतीक्षाभिरवतारवादैर्निराकारादिभ्रमैश्च पुनः प्रवर्तयितुमिच्छद्भिः श्रुतौ वा स्मृतौ वानुपलब्धानपि धर्माभासान्धर्मोऽयं न भवद्भिः किंचिदत्र वक्तव्यमिति प्रशासकानपि निवार्यानुसरद्भिर्मतभेदवल्लीशरणैर्दिने दिने विद्याभारिभिर्नीतिचिरादीदृशविषयोपेक्षापरैरपि मोहतन्द्रावशादनुगम्यमानैः सर्वथा विप्लावितं भारतम् ।

नूनं त्रेतायुगीयं पापयमवाहनव्यालस्यैकपदस्य खुरारविन्दं ज्ञानभक्तिकर्मपदत्रयेण जगति चरतश्चतुर्थमपि पदमप्रमादमन्यत्र प्रायः प्रमादाभावादनुपयुक्तमिव भारते निक्षेप्तुकामस्य धर्मसिंहस्यावकाशमद्याप्यनर्पयद्दृढतरतामापद्यते प्रत्यहम् । वैज्ञानिकवीरैर्विज्ञानमन्त्रैरुच्चाट्यमानमपि पापसैरिभस्य युगान्तरसंचितमोहतमःपुञ्जस्येव मायिकमूर्तेः क्षणेन दक्षिणारण्येषु वङ्गसागरोपकण्ठेषु हिमगिर्याश्रमेषु सिन्धुनदतीरेषु च दृश्यमानस्य तालशतोच्छ्रायं प्रतारकोपदेशाधिकनीलपरुषं चरणमदृश्यमूलं सहसोपसृत्य शरणीकुर्वन्तो मूर्खाः शास्त्रभारिणश्च सर्वेऽपि हा हन्त वामनस्य भगवतः पादोऽयं न स्पृश्यो द्वीपान्तरीयैस्तदनुसारिभिश्चेति, हंहो पूर्वजस्य युगसहस्रजीविनो विभीषणस्य चरणोऽयं नोच्छेद्य इति, ही ही गन्धमादनस्थस्य देवस्य हनूमतो लङ्कादाहनीलमिदं लाङ्गूलं न बाधनीयमिति, हा हा चिरायुषो मार्कण्डेयस्य भगवतो विष्णुजठरं प्रविशतस्तत्प्रभासंपर्केण च नीलत्वमापन्नः पतिजठरक्लेशकुप्यत्कमलाशापानलस्य क्षीरसागरनिर्वापसात्कारिणो विस्फुलिङ्गजैर्विस्फोटैरिव परुषीकृतोऽङ्घ्रिदण्डोऽयमस्पृश्यो देशान्तरीयैरित्यादि कृतकोलाहलखर्वकपिराक्षसविप्रप्रकृतयश्चतुर्दिगागता बीभत्साभिरश्लीलाभिश्चाद्भुताभिः पूजाध्यानाद्यपदेशकृताभिश्चेष्टाभिः सर्वानपि पारमार्थिकान्विस्मापयन्तो धन्या वयमीदृशं चरणदृश्यं पश्यामस्त्वरितमागच्छत मैत्रेयायापि निजभक्तिमेतद्विषयां दर्शयाम इत्याद्युद्घोषयन्तो जगद्विक्लवयन्ति ।

ईदृशानामदृश्यप्राये विज्ञानगिरिशिखरे सततकृत्ययुगे प्रव्रजितादिपाषण्डस्त्रीपुंसागम्ये कृतनिवासाः कलिपरायणानां गण्डशैलचारिणां मतभेदवादिनां दूरादुपदेशाय कदाचिदेव सानुषु दृश्याः पापसैरिभस्य तत्पूजितस्य यमारोह्यं पृष्ठमात्रं जुगुप्सया पश्यन्तस्तं तत्त्वेन जानन्तो वा मनःप्रायकल्पनापराङ्मुखाः पारमार्थिका नानादेश्या अनाग्रहा अवाचालाः पृथक् स्वगृहेषु स्वस्वस्मृत्यादिष्टधर्मपरा युक्ताहार-

---

(वा०) अधीश्वरत्वं पुरुषस्य कस्यचिद्रहस्यतां तत्त्वधियश्च मृत्युता ।
जनेषु निर्घोष्य गतत्रपा अमी चरन्ति भूमौ मतवादवल्लभाः ॥ ४ ॥
प्रमादनाम्नो महिषस्य यत्पदं हठेन देशे पतितं सुदारुणम् ।
तदेव देवोऽयमिति त्रपोज्झिताः समर्चयन्तः प्रचरन्ति दाम्भिकाः॥ ५ ॥

विहाराः स्वस्वमातापितृनृपाचार्यदिशानुसारिणः शिवैकनिलयेषु वैज्ञानिकेषु कृत्येषु स्वपरभेदरहितविज्ञानविकासैः सर्वात्मानं तोषयन्त ऋणत्रयमपाकुर्वाणाः पापमहिषमर्दिनीं सर्वदेवतेजोमयीं शारदां प्रमादपशुवधेनाराधयन्तो भ्रमाज्ञानावस्करनिरये पतितान्कलिप्रियान्करुणायावलोकयन्तो निरतिशयं निरसूयं तापसीप्रियैर्ब्रह्मसाक्षात्कारवद्भिर्विद्वज्जनैरेवाध्युषितममृतमयमनावृतिदोषं नाकमधितिष्ठन्तो मायास्वप्नरहिताः सर्वात्मवादादमरा नित्योपचीयमानविज्ञानयौवनत्वादजराः पारमार्थिकविज्ञानाविर्भावैः प्रमादनाशनैः सर्वतो विस्तीर्यमाणैर्जगत्कृतार्थयन्ति ।

ते हि तत्रभवन्तो विध्यर्थवादौ विविच्य व्याहतमव्याहतं च पृथक् पृथगवस्थापयन्ति । अव्याहतमनुसरन्ति व्याहतं बन्ध्यापुत्रसमितीयेभ्यो ब्रह्मराक्षसेभ्यो विकरमिव विकिरन्ति । मातापितृनृपाचार्यपूर्वजादिविधीन्निर्हेतुपरीक्षं सद्योऽनुसरन्ति न हेतुपरीक्षाय् विज्ञानाभासान्प्रख्यापयन्तो विज्ञानं विप्लावयन्ति । अर्थवादे यस्य कस्यापि पुस्तकं यस्य कस्यापि नाम्ना विदितं न प्रामाणिकं प्रतिपद्य वज्रमूर्खतां ख्यापयन्ति । अव्याहतं शब्दमात्रोक्तं निश्चितसंदेहे प्रतिपद्यन्ते । व्याहतं महामहर्षिपुस्तकेष्वपि दृष्टं निश्चितात्यन्ताभावं विजानते । अव्याहतं प्रत्यक्षानुमानोपलब्धं निश्चितसद्भावमङ्गीकुर्वन्ति । सर्वत्राव्याहते व्याहते च कदाचित्संदिहानाः कदाचिदसंदिहानाः प्रमादभगवत्पाददोलापीठ इवैकस्मादन्तादपरं भजन्तः संशयाना अज्ञा अश्रद्दधाना दुराग्रहा अमी इत्यात्मनो बहिर्मुग्धतामन्तर्वैदुष्याभिमानं च व्यञ्जयन्तो न पूर्वजानृषीन्कलङ्कयन्ति । योगिवर्यात्कुक्कुरेऽपि संक्रम्य सर्वज्ञतामापादयन्त्या बन्ध्यापुत्रश्रृङ्गयष्ट्येव दिव्यशक्त्यानुद्योगैरज्ञैर्धूर्तैः स्वमाहात्म्यख्यापनाय विद्वन्माहात्म्यविलोपनाय च मृषामुष्टिग्रहलालितया स्वसमये विद्वदग्रगण्यानद्यापि विद्वत्सु बहुमान्यान्प्रबन्धसहस्रस्थिरयशसो न पूर्वजांस्तुदन्ति । ज्ञाने धाष्टर्यमाश्रयन्ति विधौ विनम्रीभवन्ति । न शिखासूत्रकृतविद्युदाकर्षणवादैः समयं यापयन्तो विज्ञानं विप्लावयन्ति । न मूर्तिप्रणयव्याख्यानेषु गाणितिकतालेशमुद्धाटयन्ति । न प्रवयसं मतभेदकुपुत्रपदाहतिभिः परितो जर्जरं पितरमिव धर्मं पणलाभाय बहिर्दिदर्शयिषवो वेदभगवद्ग्रथेष्वारोप्य विवाहशिविकारूढं बालवरमिव नर्तयन्ति । न वात्सल्यमयीं मातरमिव भक्तिदेवीं भ्रूकुंसभण्डेभ्य उपहरन्ति । न सोदरमिव सुकुमारं ब्रह्मचर्यपरं विज्ञानं बालबलचूषणपूतनाभ्यो विकटपोटाभ्यो वीभत्सवाचालाभ्यः प्रच्छन्नशम्भलीभ्यो गलितपूतीभवदन्तर्गात्राभिः पणचतुष्टयक्रेयाभिर्वारभुजिष्याभिर्द्रविणार्पणेनापि पुरुषानन्विष्यन्तीभिर्दुरवगाहरहस्याभिर्भक्षितपतिकाभिर्बालविधवाभिः सप्ततितमेऽपि

(वा०) प्रमादपाप्मानमुदस्य विज्ञतां स्वबन्धुतायाः सततं दिदृक्षवः ।
सरस्वतीस्रोतसि निर्मले पुनर्वगाहमिच्छन्ति महौजसः परे ॥ ६ ॥
स्वधर्मतातं विटदाम्भिकेषु हा भ्रूकुंसभक्तेषु च भक्तिमातरम् ।
समर्प्य पोटासु च शास्त्रसोदरं कथं न मुग्धो निरये पतिष्यति ॥ ७ ॥

वर्षे भोगं संतोषाभावविकलैर्बद्धशिखिभिश्च सर्वस्वव्ययेनापि शरणीकृताभ्यो कवलीकृत्य पश्चात्तापमनुभवन्ति ॥ ३ ॥

तानेतान्बन्ध्यापुत्रान्वेषणसमितिप्रियावासे महाप्रमादगर्ते भ्रमतो युगान्तरपुराणान्मतभेदनाम्ना प्रसिद्धान्गर्तनिःश्रेणिषु तत्तदुचितं स्थानविशेषं लम्भयिष्यन्प्रथमं निःश्रेणिरेव निर्ब्रवीति सूत्रत्रयेण—

प्रमातृप्रमेयपृथक्कारः प्रथमा ॥ ४ ॥

द्वयस्यान्यतरस्य वा निष्पेषो द्वितीया॥ ५ ॥

कल्पितानां तत्तत्पुञ्जीकारे पुञ्जविशेषे चिदन्तर्भावस्तृतीया ॥ ६ ॥

ज्ञानविज्ञानशक्तिमांश्चिदात्मेत्युक्तम्। तत्र ज्ञानशक्तिरखण्डा प्रदर्शिता। विज्ञानशक्तेस्तिस्रो विधाः शब्दो गणितं तर्कश्च। शब्दशक्त्या जन एकस्मिन्नप्यर्थे यावन्तः शब्दव्यपदेशास्तावन्त्यर्थान्तराणि जातिगुणद्रव्यादीनि कल्पयति। तान्यर्थान्तराणि प्रत्येकं गणितशक्त्या संख्यारहितेषु कणेषु परमाणुविज्ञानादिनामभिर्विदितेषु चूर्णीकरोति। तर्कशक्त्या पुनश्चूर्णराशीन्पिण्डीकृत्य पिण्डविशेषेषु कृत्स्नमर्थमपरिच्छिन्नं समावेशयितुमिच्छति। समुद्भवज्ज्ञानाङ्कुरे व्यक्तिशैशवे मानुष्यकशैशवे च प्रायस्तत्तदवान्तरवैचित्र्यवती सर्वात्ममयी प्रकृतिरेकैव प्रतिभासते। तस्यां स्वानुभवात्मिकायां स्वप्रमितिकायां शब्दव्यवहारप्रधानैः कारणैः प्रमातारं प्रमेयं चेत्यर्थद्वयं यत्र कल्पयन्ति सा मायायाः प्रथमा निःश्रेणिः।

इत्थं पृथक्कल्पितयोः प्रमातृप्रमेययोरन्यतरस्योभयस्य वा गणितशक्त्या चूर्णीभावो यत्र विधीयते सा मायाया द्वितीया निःश्रेणिः।

चूर्णीकृतयोः प्रमातृप्रमेययोः पृथक् पृथग्राशीकृत्य कल्पितेषु पुञ्जविशेषेष्वंशतः प्रतिबिम्बाद्युपलम्भतर्कमूला कृत्स्नस्य पुञ्जविशेषात्मता यत्रोत्प्रेक्ष्यते सा तृतीया निःश्रेणिर्मायायाः।

इमाश्च निःश्रेणयः क्रमेणाधस्ताद् गर्ततलं प्रविशन्ति यावदसभ्यतानिरयद्वारम्। प्रथमा निर्वेदभोगतृष्णयोर्दोला। द्वितीया कारुण्यक्रौर्ययोः। तृतीया शौचाशौचयोः। भगवान्दम्भो दैवतं प्रथमायास्तस्य पाणिगृहीता महिषी माया तमोमदाद्याः प्रजाः।

(वा०) जनैः प्रमातुः सकलात्मनोऽपि या प्रमेयतः शब्दवशात्पृथक्क्रिया।
भ्रमस्य मायेति मतस्य सादिमावतारनिःश्रेणिरियं प्रकीर्त्तिता ॥ ८ ॥
पृथक्कृतादंशयुगात्क्षिति स्फुटं विशीर्यतः कर्कशतर्कचक्रके।
द्वयस्य किंवान्यतरस्य सम्मता प्रसह्य निष्पेषणमेव चावरा ॥ ९ ॥
हठाद्विनिष्पिष्य च तार्किकैः कणक्षणादिभिः पुञ्जविशेषतां पुनः।
अवापितैस्तोषमुपेत्य कुत्रचिन्निवेशनं भूम्न इहान्तिमा मता ॥ १० ॥

कुमारविधवा करुणादेवी दैवतं द्वितीयायाः संशयममत्वादयः प्रजाः । भ्रकुंसभण्डशंभल्यः क एषां पुमान्कश्च स्त्रीत्यनिर्णेयवेषव्यवहाराः परस्परपरिणीता अप्रजसो दैवतानि तृतीयायाः । ब्रह्मराक्षसवारयात्रिकमूर्छासिद्धादयः शिष्या एव प्रजाभासाः ।

क्रमाद्रसादि । शृङ्गाराभासशान्ताभासौ प्रथमायाम् । करुणाभासो द्वितीयायाम् । अद्भुताभासो बीभत्सश्च तृतीयायाम् । निरयद्वारात्यन्तसंनिकृष्टास्तृतीयायां भ्रमन्तः प्रायः स्खलत्पदा अगाधनिरये निपतन्ति ॥ ४-६ ॥

[अधि० २] **पुरुषः प्रकृतिश्चेति द्वैतं सत्यं मृषाथवा ।**
सत्यं स्यादुपलब्धं हि सर्वद्वैतमितीदृशम् ॥ १ ॥
न तत्संभाव्यते सत्यं द्वैतं नायुतसिद्धयोः ।
न द्वैतमस्मान्नैकं वा मिथ्यैकं सद्द्विनाम तत् ॥ २ ॥

इत्थं सामान्यतो लक्षितासु निःश्रेणिषु व्याख्यातदैवतरसादिषु कीदृशाः कस्यामाराधका इति संक्षेपतो निर्देक्ष्यन्सूत्रचतुष्टयेन प्रथमायां कृतावस्थानानाराधकानाह—

जातिव्यक्तिवत्प्रकृतिपुरुषभेदं कापिलाः ॥ ७ ॥

न पुरुषा भूतान्येवेति चार्वाकाः ॥ ८ ॥

ब्रह्म निर्गुणं सत्यं जगन्मिथ्येति भिक्षवः ॥ ९ ॥

एते प्रथमायाम् ॥ १० ॥

कापिलाः किल स्वप्रमितिके चिदात्मतत्त्वे प्रमातृप्रमेयद्वैतं कल्पयित्वा प्रमातारं पुरुषं प्रमेये चाव्यक्तं प्रकृत्यपराख्यं गृह्णन्ति । जातिव्यक्तिवच्चेदं द्वैतम् । वारयात्रिकविद्वत्प्रिया व्याकृतितर्काचार्या यथा ब्राह्मणव्यक्तिष्वत्यन्तभिन्नासु प्रत्येकमखण्डास्वपि किमपि साधारणं तत्त्वमधारयन्तीष्वपि ब्राह्मणत्वं सदृशगुणसमूहमात्रमत्रापि तत्रापि कल्पयन्तो जातिव्यक्ति चार्थद्वयं शब्दव्यपदेशमात्रमूलकमुत्प्रेक्षन्ते तथैव प्रामादिकं

(वा०) विमोहितः शब्दवशेन तार्किकोऽभ्युपैति जातिं पृथगर्थतो यथा ।
तथा प्रमा तत्प्रकृतेस्तु वस्तुतो विविक्तभावानवयन्ति कापिलाः ॥ ११ ॥
प्रसह्य चैवं कपिलानुसारिभिः प्रवर्तितं द्वैतमल दधत्खलम् ।
न पुंसि चार्वाकमतल्लिका रता दधाति भूतेषु च भक्तिमुत्तमाम् ॥ १२ ॥
पुमांसमेकं प्रवदन्ति भिक्षवो जगन्मृषेत्यभ्युपयन्ति च स्फुटम् ।
इति त्रयस्ते प्रथमामुपासते भ्रमस्य निःश्रेणिमवारितभ्रमाः ॥ १३ ॥
विदन्ति तत्तत्परिमाणमार्हता हतास्रवाः जीवमनेकमूर्जितम् ।
समाश्रयन्ति क्षणिकाश्च सौगता गताधयो वित्तिलवान्प्रजा हि याः ॥१४॥

कापिलमिदं मतम्। नहि जातिहीना व्यक्तिर्वा व्यक्तिहीना जातिर्वा पुष्पसूत्रवद्विविक्तमर्थद्वयम्। न वा विविधानां व्यक्तीनां रन्ध्रेष्वनुस्यूता दण्डायमाना कापि जातिर्नाम। तथैव न साक्षिरहितः कोऽप्यर्थः प्रकृतिर्नाम। निर्विषयो वा साक्षी नाम कश्चित्। उभयोः शश्वदविविक्तयोरपि शब्दमात्रव्यपदेशाद् भेदे घटकलसयोरपि भेदः स्यात्। इत्थं कल्पनायां पृथक्कृतयोः साक्षिविषययोरन्यतरमस्वीकुर्वाणौ द्वावपरौ वादिनौ कापिलानामनुजावुपलभ्येते। चार्वाकस्तयोः साक्षिरहितं विषयमेव स्वीकरोति तदाह 'न पुरुषो भूतान्येवेति चार्वाकाः'। अपरस्तु शाङ्करो विषयमसत्यं मायिकं वदन्निर्गुणं साक्षिणमेव सत्यं मन्यते। उपलक्षणं चेदं न परिसंख्यातम्। एतद्वादित्रयसदृशा एतद्देशीया देशान्तरीयाश्चास्यामेव निःश्रेण्यां भ्रमन्तीति बोध्यम्॥ ७-१०॥

[अधि० ३] अणुविज्ञानमुख्याः स्युः स्वतन्त्राः कणराशयः।
अनुबद्धाथवैका स्यात्प्रकृतिः कणशालिनी॥ १॥
परम्पराः कणानां स्युः स्वतन्त्रास्तत्र का क्षतिः।
स्फुटोपलब्धः संबन्धस्तस्मात्प्रकृतिरेकिका॥ २॥

एवं प्रथमनिःश्रेण्यां भ्रमत आराधकान्निर्दिश्य द्वितीयायां चङ्क्रम्यमाणानाराधकानपरेण सूत्रचतुष्टयेन वर्णयति—

अनेके जीवास्तत्तत्परिमाणा आर्हतानाम्॥ ११॥

क्षणिकानि विज्ञानानि सौगतानाम्॥ १२॥

अनेकेऽणवोऽनेके चात्मानः काणादानाम्॥ १३॥

एते द्वितीयायाम्॥ १४॥

इत्थं पृथक्कृतयोः साक्षिविषयकल्पनयोर्वादिपदाहतिभिः क्रमात्प्रत्येकं निरस्तयोश्चूर्णीभवन्त्योः कणान्संगृह्णन्त उञ्छवृत्तय आर्हताः सौगताः कणभक्षाश्चेति त्रयो वादिनोऽत्र प्रसिद्धाः। तत्र कणभक्षाः साक्षिचूर्णानि जीवाख्यानि विषयचूर्णानि च परमाणुनामकानि कल्यवर्ताय परिगृह्णन्ति। ततोऽपि संतोषवत्तराः सौगता आर्हताश्च क्रमात्प्राधान्येनापेक्षितानि साक्षिचूर्णानि विषयचूर्णानि चोपजीवन्ति। अनेके हि जीवा वायुवत्कृमिगजादिशरीरेषु तत्तत्परिमाणा आर्हतानाम्। क्षणिकानि परस्परमत्यन्तासम्बद्धानि विज्ञानानि सौगतानाम्। उपलक्षणं चेदं पूर्ववत्। संक्षेपाय वादिनां

(वा०) अणूननेकानथ चात्मनो बहूनुपासने काणभुजा अजानिह।
असौ द्वितीयामिति वादिनः श्रिता भ्रमस्य निःश्रेणिममन्दविभ्रमाः॥ १५॥
अथोर्ध्वलोकेषु वदन्त ईश्वरं वहन्ति मोदं किल देववल्लभाः।
तमेव मत्स्यादिविशेषरूपिणं विदुस्तु भक्ता अवतारवादिनः॥ १६॥

प्रधानप्रतिपत्तय एवात्र दर्श्यन्ते। कस्य कीदृशो जीवः शरीरं वेत्यादेर्विस्तरस्त्वन्यत्र ॥ ११—१४ ॥

[अधि० ४] सर्वात्मनोऽवतारादि परिच्छेदो भवेन्न वा ।
अमुष्य सर्वशक्तित्वात्स्यात्कथं न परिच्छिदा ॥ १ ॥
सकलस्य शरीरस्य नासारूपेण संस्थितिः ।
असम्भाव्या यथा तद्वपरिच्छेदोऽखिलात्मनः ॥ २ ॥

इत्थं द्वितीयायां निःश्रेण्यामवस्थितानाराधकान्निर्दिश्य तृतीयायां बम्भ्रम्यमाणान्निरयद्वारि स्खलतो परानपरेण सूत्रचतुष्टयेनोदाहरति—

ऊर्ध्वेष्वर्धजरतीयानि दैवाः ॥ १५ ॥

जीवशरीरेष्वित्यन्ये ॥ १६ ॥

पिशाचवदितस्तत इत्यपरे ॥ १७ ॥

एते तृतीयायां सा भ्रमस्य पराकाष्ठा ॥ १८ ॥

तदित्थं पृथक्कृतयोश्चूर्णीभवन्त्योर्विषयसाक्षिकल्पनयोः कणैर्मानसान्पिण्डान्प्रकल्प्य चिरविस्मृतवृत्तत्वात्प्रोषितबन्धोरिव मृतत्वेन गृहीतस्य चिदात्मन और्ध्वदैहिकमिव कुर्वाणैर्दैवप्रैतपैशाचाख्यैस्त्रिभिर्वादिभिस्तदवस्थितेस्तिस्रो विधाः कल्प्यन्ते। ऊर्ध्वलोकेषु विश्वोष्णीषप्रतिमेषु यूकासदृशश्चिदात्मेति दैवाः। प्रैतास्तु रामकृष्णादिशरीरेषु चिदात्मा प्रतिवसतिस्म। मृतेषु च तच्छरीरेषु तत्सदृशेषु प्रेतेषु सांप्रतं कुत्राप्यवतिष्ठन्त इत्याहुः। पैशाचास्तु वायुभूतः खमूर्तिमाश्चिदात्मा कामरूपो भक्तान्स्त्रीपुंसादिरूपेण रहस्यनुगृह्णानोऽन्यादृशांस्तु विटादिरूपेण पीडयन्सर्वत्र भ्रमतीत्युपदिशन्ति। अर्धजरतीया नीतिः सर्वत्र सम्बध्यते। स्पष्टं व्याहता ईदृश्यः कल्पना इत्यनुद्योगदग्धस्यायुःशेषस्य क्षपणाय धूर्तवृद्धैर्वा प्रमादपातकिभिर्वारियात्रिकादिभिर्वा सोत्कण्ठमनुसृता अपि वीरैर्बालकैः परमार्थोन्मुखैर्नादरणीया इति सुहृद्भूत्वाऽऽचार्योऽनुशास्ति सा तृतीया निःश्रेणिर्भ्रमस्य पराकाष्ठेति। निरयद्वारस्पर्शितयात्यन्तमधमेयं निःश्रेणिः। प्रथमायां द्वितीयायां वा पतन्तोऽपि प्रमादमवधूय परमार्थोन्मुखा वैज्ञानिका भवितुं शक्नुवन्ति समुद्धरन्ति चात्मानम्। निरयरयाकृष्टास्तृतीयायां बम्भ्रम्यमाणास्तु प्रायोऽधोमुखाः स्खलन्तो नोद्धर्त्तुं सुखेन शक्यन्ते ॥ १५—१८ ॥

(वा०) पिशाचवत्संविचरन्नितस्ततो भ्रूकुंसवश्योऽयमिति त्वथेतरे।
श्रितास्तृतीयामिति वादिनस्त्रयो भ्रमस्य निःश्रेणिमिहोल्वणभ्रमाः ॥ १७ ॥
भ्रमस्य काष्ठा चरमा प्रकीर्त्तिता वकव्रतानां परमाधिदेवता।
विकर्मणां या सरमा शुनामियं हतेषु देशेष्वरमा प्रमादिषु ॥ १८ ॥

[अधि० ५] नाशक्रमाद्विशेषाणां सर्वोच्छेदो भवेन्न वा।
क्रमशः सर्वनाशे स्यादुच्छेदः का विकल्पना॥ १॥
नाशे विशेषस्यैकस्य परेषां समवस्थितिः।
उद्भवश्चेत्यसम्भाव्या सर्वोच्छेदकथा ततः॥ २॥

तदित्थमुन्मुखानामधोमुखानां च बन्ध्यापुत्रावासगर्ते महाप्रमादाख्ये मानुष्यकशैशववशाद्भ्रमतां गतिं प्रपञ्च्य वीरतरुणानां वैज्ञानिकानां निःश्रेणीर्दूरमधःकुर्वतां चिदात्मभावामृतनिधाने ज्ञानसूर्यस्य भक्तिचन्द्रिकायाः कर्मतारकाणां च प्रभया शश्वत्प्रकाशमये निष्प्रमादतमसि परमार्थे वसतां निःश्रेयसमुदयं च वक्ष्यन्प्रथमं पारमार्थिकावासभुवः शुद्धाद्वैतस्य स्वरूपं सूत्रचतुष्टयेन वर्णयति—

मणिमयपाञ्चालिकावत्तु सर्वात्मा बिम्बः॥ १९॥

मनांसि मणयस्तत्र॥ २०॥

मणिविशेषेषु तत्प्रतिबिम्बा मणिभेदभिन्ना जीवविशेषाः॥ २१॥

मणेराकारोपमर्दात्प्रतिबिम्बविशेषस्य नाशो न बिम्बस्य न वा कृत्स्नस्य मणिसमूहस्य प्रतिबिम्बसमूहस्य वा॥ २२॥

चिदात्मविश्वात्मेश्वरपरब्रह्मादिनाम्ना विदितः सच्चिदानन्दघनश्चेतनाचेतनसर्वार्थात्मकः सर्वात्मा मणिमयपाञ्चालिकासदृशो बिम्बस्थानीयः। प्राधान्ये मयट्। चेतनमनसां मणित्वाच्चेतनाचेतनसर्वात्मकोऽपि चेतनप्रधान इत्यर्थस्तदाह—मनांसि मणय इति। तत्रेति मणयो न सामान्यदर्पणवद्बिम्बबाह्या इति द्योतनाय सर्वात्मा बिम्ब इत्यनेन व्यञ्जितस्थितीन्प्रतिबिम्बान्वर्णयति मणिविशेषेष्विति। मनोमयेषु मणिविशेषेषु वर्णाकारादिभेदभिन्नेषु तद्भेदभिन्नाः सर्वात्मन उच्चावचाः प्रतिबिम्बा जीवविशेषाख्ययापदेशयोग्याः।

तत्रापरं विशेषमाह—मणेरिति। मणेर्व्यक्तिव्यष्ट्यात्मकस्य मनसस्तत्तदाकारभिन्नस्य नाशे विलोपेऽपि तत्प्रतिबिम्बस्यैव नाशो न तु बिम्बस्य, न वा सर्वस्य मणिजातस्य, न वा विलोपाग्रस्तमणिप्रतिबिम्बस्य। तथापि दर्पणशतमये वा रत्नमये

(वा०) स एष भूमा मणिसालभञ्जिकानिभस्तु बिम्बः सकलात्मकः शिवः।
मनांसि विश्वङ्मणयोऽत्र चिन्मये विशिष्य बिम्बग्रहणाय चेशते॥ १९॥
मनोविशेषे प्रतिबिम्बितोंऽशतः स एष भूमा ननु जीवसंज्ञकः।
यथेह यादृश्यनुबिम्बितो मणौ तथैव बिम्बः प्रतिभाति निश्चितम्॥ २०॥
मणेरिहैकस्य तु नाप्यये विभुः प्रयाति बिम्बो विलयं कथंचन।
न चाप्यशेषप्रतिबिम्बविप्लवो विलीयते तु प्रतिबिम्ब एककः॥ २१॥

वा गृहे दर्पणविशेषस्य रत्नविशेषस्य वा भङ्गे तद्गतस्यावश्यविनाशो रत्नान्तराणां तु सप्रतिबिम्बानां यथापुरमवस्थितिः। कृत्स्नस्य च गृहस्य न प्रतिबिम्बविशेषनाशान्नाशः। बालप्रलपितप्रायं प्रतिबिम्बनित्यतावादं तु प्रत्यादिक्षाम। उपपादितश्च सर्वोऽप्ययमर्थो विश्ववैचित्र्यप्रकरणे। स्मारयति केवलमत्राचार्य उक्तपूर्वमप्यर्थमनवधानवारणाय ॥ १९-२२ ॥

[अधि० ६] **भूमांशवेद्योऽन्यादृग्वा, वेद्यः स्यादेव सर्वथा।**
भक्तानां हि प्रकाशोऽसाववेद्यो वातिसौक्ष्म्यतः ॥ १ ॥
अंशवेद्यः सदा भूमा परिच्छेद्यो न कस्यचित्।
ज्ञानं यथा यथांशानामविद्यापगमस्तथा ॥ २ ॥

उक्तार्थे पूर्वाचार्येण संवादं दर्शयति—

तदद्वैतं शुद्धं वैश्वानरीयम् ॥ २३ ॥

वैश्वानरो वल्लभाचार्यः पारमार्थिक उपनिषदर्थविद्बादरायणीयाणां सूत्राणां व्याख्याता। तदीयमिदं शुद्धाद्वैतमनाग्रहादत्रापि व्याहतिरहितत्वादुपपत्तिभिः परीक्ष्य परिगृहीतम् ॥ २३ ॥

पैशाचादिपरिगृहीता आत्मतत्त्वस्य पञ्जरपक्ष्याद्युपमा व्याहताः सूचयंस्ततः साधुतराण्युपमान्तराणि दर्शयति—

शरीरवदाकाशवत्समुद्रवच्चेदम् ॥ २४ ॥

यथा शरीरत्वेनैकमपि शरीरं करचरणचक्षुःश्रोत्रहृन्मस्तिष्करुधिरशुक्राद्यनेकयावच्छरीरभावि वैचित्र्यमयं श्वासगतिप्रभृतिभिरनेकैर्गुणैरुपेतं यथा च सदैव समुद्रः समुद्रत्वेनैकोऽपि वुद्बुदतरङ्गकल्लोलवीचिफेनाद्यनेकवैचित्र्यमयो यथा चैकमप्याकाशतत्त्वं केषांचित्प्रभाविद्युदाद्यनेकाश्रयं परेषां तु स्वपरिणामविशेषैर्निखिलद्रव्यगुणाद्यर्थजातं तथेदं चिदात्मतत्त्वमेकमपि शश्वदनेकवैचित्र्यमयम्। पञ्जरपक्ष्यादिसम्बन्धं त्वात्मशरीरयोरुत्क्रमणपरीक्षाप्रकरणे निरास्थाम ॥ २४ ॥

(वा०) तदित्यमायाशबलत्वदूषितं विशुद्धमद्वैतमुदारधीर्जगौ।
अनुस्सरन्नर्जुनसारथेर्गिरः स वल्लभः सत्यवतीसुतानुगः ॥ २२ ॥
यथा कराङ्घ्र्यादिशरीरसंगतं तडित्प्रभाद्यम्बरसंभृतं यथा।
तरङ्गफेनादि यथाब्धिमाश्रितं तथैव विश्वं सकलात्मनि स्थितम् ॥ २३ ॥
चिदात्मतत्त्वं विदितं न सर्वथा जनस्य किंचाविदितं न सर्वथा।
यथा यथास्यां शमवैति मानवस्तथा तथा विज्ञतरत्वमृच्छति ॥ २४ ॥
रसप्रभातापतडित्स्वनादयोऽखिलात्मनोऽशा बहवः सुविश्रुताः।
इहैकमेकं परिगृह्य सन्मतिः समस्तमायुः सफलीकरोत्यलम् ॥ २५ ॥

तदिदं चिदात्मतत्त्वं विदितमविदितं वेत्याकांक्षायामाह—

न कार्त्स्न्येन विदितं नात्यन्तमविदितम् ॥२५॥

न वेदं चिदात्मतत्त्वं सर्वथा विदितं कस्यापि मनोमणिविशेषेषु परिच्छिन्नेषु कृत्स्नस्य तस्य प्रतिफलनासम्भवात्। सर्वमयत्वाच्च तस्यांशत उपलम्भस्तु सर्वस्याप्रमत्तस्यास्त्येवेति नैवेदं सर्वथा कस्याप्यविदितं सम्भाव्यते। इममेवाभिप्रेत्य ब्राह्मणम् 'अन्यदेव तद्विदितादथो अविदितादधि' इति। सर्वस्य चिदात्मत्वेऽप्यसंनिकृष्टयोरंशयोर्न परस्परग्रहः करपृष्ठयोश्चक्षुर्मेर्वोरिव वेत्यदर्शयाम। किं च व्यक्त्या सर्वात्मनः कृत्स्नस्य सदाग्रहः कथं नेति शङ्कैव व्याहता। अल्पीयसी हि व्यक्तिः कृत्स्नमन्तर्बहिश्च निजाङ्गान्यपि सदोपलब्धुमक्षमा कृत्स्नं सर्वात्मभूमानमुपलब्धुं क्षमा स्यादिति को नाम सम्भावयेत्। एतेनापि ज्ञानिनां शरीरेण संनिकृष्टोपलम्भादिदिव्यशक्तिकल्पना प्रत्याहता। शारीरकजीवने ज्ञानिनामज्ञानिनां वा नातिविशेषः। न्यायादिसर्वात्मीयकार्येषु पुनर्महीयान्विशेष इत्युपपादितम्। नहि दह्यमाने गात्रे जीवतो ज्ञानिनो दुःखं मर्षयतोऽपि वस्तुतो न शारीरकं दुःखं न वा जिह्वायां कण्टकसंयावयोरभेदो न वा पुरोमुखस्य पृष्ठस्थलेखदर्शनम्। जीवनं द्विविधं चिदात्मनो ज्ञानविज्ञानशक्तिद्वयत्वात्। तच्च व्यक्तिजीवनं सर्वात्मीयं जीवनं च। तत्र व्यक्तिजीवनं किल न महान्विशेषो ज्ञानिनश्च पुत्रादिशोकादेरुभयत्राप्युपलम्भात्। महीयांस्तु भेदः सर्वात्मीये जीवने ज्ञानवतस्तद्विपरीतस्य चाधिकरणिकस्य पितुश्च निष्पक्षपातत्वं तद्विपर्ययोपलम्भात् ॥ २५ ॥

इत्थं सति किं सर्वे ब्रह्मज्ञा इति सोत्प्रासमाक्षेपं समाधत्ते—

अज्ञातं निराकारवादिनां नराद्याकारवादिनां च ॥ २६ ॥

प्रमादात्सर्वात्मनि सर्वाकारे सर्वगुणेऽपि निराकारत्वं वा नरादिविशेषाकारत्वं वा कल्पयतां चान्यैर्व्याख्यातमप्यप्रतिपद्यमानानां महाप्रमादिनां तदुपलम्भेऽप्यनुपलम्भः। रज्जुं पश्यतोऽपि तां सर्पत्वेन गृह्णतो रज्जुरियमिति स्पष्टमन्येन ग्राहितस्यापि तां रज्जुमप्रतिपद्यमानस्य न रज्ज्वा यत्कार्यं तत्तया कार्यं भविष्यति ॥ २६ ॥

कीदृशास्ते येषां विदितं चिदात्मतत्त्वमित्याकाङ्क्षां सामान्यविशेषोपन्यासमुखेन पूरयति—

(वा०) निजाल्ललाटादथवोर्ध्वलोकतस्त्रिवारमोङ्कारमुदीर्य विस्फुरत्।
तडित्समं ज्योतिरवेक्षते सखे शरस्य लक्ष्यं प्रणवस्य यद्विदुः ॥ २६ ॥
विलिह्य वा स्वामिपदग्रहोद्गतां पवित्रलालां परिपूतचेतनः।
विलोकयेर्भक्तशिरःसमुद्गतं महः परब्रह्मसमानमद्भुतम् ॥ २७ ॥
रहोनिकुञ्जे शमिनामथ भ्रमन्प्रविश्य वा तीर्थविहारगह्वरे।
प्रजाप्रदात्रीर्विधवाजनेष्वपि प्रपश्यसि ब्रह्मपिशाचदेवताः ॥ २८ ॥

विदितं वामदेवजनकयाज्ञवल्क्यवासुदेवादीनां जीवन्मुक्तानाम् ॥ २७ ॥

जीवन्मुक्तानां सर्वात्मीये जीवने सर्वदा द्वैतमूलकपक्षपातादिदोषरहितचिदात्मतत्त्वं यथोक्तं विदितं प्रमादाभावात्सामान्यरूपेण ज्ञातं न तु तत्तद्रूपेण, तथासति हि सर्वज्ञत्वापत्तिः। सर्वज्ञत्वं च परिच्छिन्नेन्द्रियस्य व्याहतमित्युपपादितम्। केषांचिदीदृशानां जीवन्मुक्तानां सविशेषमुपन्यासं करोति तच्चरितस्मारणाय जनकेत्यादिना। वामदेवो बहवृचानामृषिविशेषः जनको वैदेहो याज्ञवल्क्यस्तदाचार्यः वासुदेवो भीष्मपर्वणि महाभारते पार्थाय गीतोपदेशकृत् ॥ २७ ॥

[अधि० ७] **आत्मानात्मविदोरेका गतिर्वा द्विविधा मता।**
कृमिभस्मविडन्तत्वादेका स्यादुभयोर्मतिः ॥ १ ॥
प्रत्यक्षाज्ञाननिरये सदा नात्मविदः स्थितिः।
सत्यज्ञानात्मके नाके सदैवात्मविदः स्थितिः ॥ २ ॥

महाप्रमादानामसुराराधकानां सर्वात्मोपेक्षमन्धतमसावस्थानफलमाह सूत्रद्वयेन—

संनिकृष्टतमं प्रियतमं ज्ञाततममपि तं प्रमादिनो विप्रकृष्टमिवाप्रियमिवाज्ञेयमिवोपेक्षन्ते ॥ २८ ॥

त आत्मघ्ना असुर्येऽन्धे तमस्यवतिष्ठन्ते ॥ २९ ॥

सर्वात्मत्वात्सर्वस्य संनिकृष्टतममात्मत्वादेव प्रेष्ठं ज्ञाततमं तं चिदात्मानं प्रमादिनः स्वयमज्ञातनिजप्रमादत्वान्महाप्रमादाः, भूम्नि मतुबर्थीय इनिः, विप्रकृष्टमप्रियमज्ञेयमिव विपरीतदर्शित्वादगृह्णाना उपेक्षन्ते। सिद्धैर्महर्षिभिरेवायं ज्ञेयः कलौ कस्तज्ज्ञा-

---

(वा०) अथापि माञ्जिष्ठमयं शरीरके मुहुर्वहन्नार्त्तवलक्ष्म निर्मलम्।
न रामसत्त्वं न भवत्स्वरूपिणं पुनर्धरायामवतारयिष्यसि ॥ २९ ॥
घृतं सखे ते सरयूः प्रदास्यति प्रजानिलाशस्य न चान्नमिच्छति।
वियच्चरस्यासुनिरोधरीतिभिः किमङ्ग ते बाष्पतडिद्रथादिभिः ॥ ३० ॥
किमङ्ग विज्ञानमिदं निषेवसे विमुञ्च नास्तिक्यमिदं किलाफलम्।
कियच्चिराद्भावनयैव शिक्षये समस्तसिद्ध्यागमनस्य ते कलाम् ॥ ३१ ॥
कयापि वैधेयजनस्तु पोटया भ्रुकुंसभण्डेन विटैस्तथा परैः।
इतीव मध्वाज्यमयैर्विमोहितो वचोभिरज्ञानतमःसु मज्जति ॥ ३२ ॥
स एष भूमा सकलात्मकोऽशकै रसप्रभातापतडित्स्वनादिभिः।
यथा कथंचिद्विदितः स्फुरद्धियामनर्घ्यविज्ञानभृतां महात्मनाम् ॥ ३३ ॥
यदीयतत्त्वग्रहणात्कुटुम्बिनः श्रमेण सिद्धिं जनकादयः पुरा।
अकर्मसंन्यासपरा ययुः परां परार्घ्यविज्ञानयुता मनीषिणः ॥ ३४ ॥

स्यति, भक्त्यैवायं ज्ञेयो न शास्त्रेणेत्यादि शतशः प्रलपन्तस्तदज्ञा एवावतिष्ठन्ते। ते किलात्मघ्नाश्चिदात्मत्वमात्मनो न जानन्त्यत एव चात्मीया अपि सर्वात्मीया व्यक्तीः परत्वेन गृहीत्वा न्यायविपर्ययेण तद्द्रोहमाचरन्त आत्मघातिनो घोरान्धतमसे महाप्रमादनाम्न्यसुरधाम्नि सदा बम्भ्रम्यन्ते ॥ २८—२९ ॥

असुराराधकानां दशामुपन्यस्याप्रमादिनां ब्रह्मज्ञानां वैराजं जीवनं वर्णयन्नध्यायमुपसंहरति सूत्रद्वयेन—

तरतिशोकमात्मविदभयं च प्राप्नोति ॥ ३० ॥

असतः सन्मृत्योरमृतं तमसो ज्योतिर्गच्छति ॥ ३१ ॥

आत्मनश्चिदात्मभावं जानंस्तु शोकं च सर्वात्मनि ज्ञातत्वेन दुःखजननासमर्थं गृह्णंस्तस्मादपरित्रस्तो बन्ध्यापुत्रान्वेषणसमितेरसतो सत्त्वादेव विनाशरूपायास्तमोरूपायाश्चाधःकरणे न ज्ञानसनाथितं पारमार्थिकत्वात्सत्स्वरूपं सत्त्वादेव विनाशतमसोर्विरोधिज्योतिर्मयममृतात्मकं विज्ञानधामप्राप्तः सर्वात्मानं परितोषयति।

इति पञ्चमाध्यायस्य द्वितीयाह्निकं समाप्तम्।

(वा०) वदन्त एतं नरवानराकृतिं निराकृतिं वा न विदन्ति तत्त्वतः।
उपेक्षमाणाश्च तमात्मघातिनः पतन्त्यसुर्ये निरये तमोमये ॥ ३५ ॥
चिदात्मतत्त्वं त्वखिलात्मकं विदन्विशिष्य नान्विष्यति कुत्रचित्कृती।
तदंशविज्ञानमुशनूरसप्रभातडित्स्वनोष्मादि च यः परीक्षते ॥ ३६ ॥
तरति शोकमुदस्य भयान्यलं सदसतोऽमृतमप्यथ मृत्युतः।
स भजते तमसश्च परं महो व्रजति मङ्गलमङ्ग लसन्मतिः ॥ ३७ ॥

इति पञ्चमाध्याये द्वितीयाह्निकम् ॥

षष्ठाध्यायस्य प्रथमाह्निकम् ।

[अधि० १] **गुणाश्रयोऽतिरिक्तोऽस्ति न वा कश्चिद् गुणोत्करात् ।
द्रव्योपलब्धिः प्रत्यक्षा तस्मादस्ति गुणाश्रयः ॥ १ ॥
गुणानामाश्रयः कश्चिन्नातिरिक्तो गुणोत्करात् ।
स्वाश्रयत्वं स्थिरं तस्माद् गुणानां वसुधादिवत् ॥ २ ॥**

एवं पञ्चभिरध्यायैः सप्रपञ्चं स्वसिद्धान्तमुपपन्नत्वेन सर्वस्वीकार्यमवस्थाप्यानुषङ्गिकं परमतानां व्याहतानां प्रत्यादेशमपि यत्र तत्र दर्शयित्वा साम्प्रतं पूर्वाध्यायेषु व्यतिकीर्णान्सर्वथैवास्पृष्टांश्चाभासनिरासान्संग्रहीष्यन्नध्यायान्तरमुपक्रमते । वारयात्रिका वा बन्ध्यापुत्रान्वेषिणो वा शास्त्रलवभारिण उपपन्नमनुपपन्नं च सर्वं प्रत्नत्वेन प्रसिद्धं प्रायो यत्र तत्र मुद्रितं पुस्तकमन्धपरम्परया स्वीकुर्वाणा पुराणैर्दर्शनानि शीघ्रबोधादिभिर्धर्मशास्त्राणि श्रुतिभिः प्रकृतिबिज्ञानानि तर्कव्याकृतिटिप्पणैश्च सकलं प्रमेयजातं तिरस्कुर्वन्त उपलब्धेषु पुस्तकेष्वपि कस्य को विषय इत्यजानन्तः सांकर्यप्रणयिनः पारमार्थिकमाहुः– आः किमेवं प्राचामृषीणां सर्वज्ञानामुक्तीः प्रत्यादिशंस्तेभ्य एव च कतिपयानर्थान्संगृह्य वैदुष्यं प्रथयन्सन्निपातपरिभाषाविरोधपातकमाचरसि । स्वीकार्यं चेदृषिवाक्यं सर्वं स्वीकुरु न चेदविसंवादमात्मसिद्धान्तानां नोद्घोषयेस्तेषां यथाभीष्टं कानिचिद्वाक्यानि स्वीकरोषि पराणि पुनः प्रतिक्षिपसि स्वीकृतानपि ऋषिसिद्धान्तानलौकिकाँल्लौकिकार्वाचीनप्रतिपत्तिर्भिविमिश्रयन्दूषयसीति ।

तानेतान्पृच्छामः । अयि भगवन्तः सर्वज्ञकुलकुमाराः सर्वज्ञानटिप्पणव्यापृतैर्भवद्भिः स्वयं दृष्टं चेत्कच्चिन्न श्रोत्रपरम्परयापि श्रुतमृषिदर्शनात् 'साक्षात्कृतधर्माण ऋषयो बभूवुः' इति युगान्तरपुराणस्य भारतादौ गीतमहात्म्यस्य यास्कस्य वचनम् । स भवान् 'साक्षात्कृतधर्माण ऋषयो बभूवुः' इत्युपक्रम्य 'तेऽवरेभ्योऽसाक्षात्कृतधर्मभ्य उपदेशेन मन्त्रान्संप्राहुरुपदेशाय ग्लायन्तोऽवरे बिल्मग्रहणायेमं ग्रन्थं समाम्नासिषुर्वेदं च वेदाङ्गानि च' इत्याह । उपलभ्यमानं वैदिकं वाङ्मयमनुपलभ्यमानं गार्ग्यव्याकरणादि वेदाङ्गं च यास्कादपि प्रत्नतरम् । न तत्र क्वचिदृषयः सर्वज्ञा इति प्रसिद्धावुपलब्धायामपि परिच्छिन्नेन्द्रियत्वादिभिर्हेतुभिर्व्याहतत्वान्न स्वीकार्यमीदृशमिति तु बहुशोऽदर्शयाम । तत्र विश्वामित्रवसिष्ठादिभिः किल ऋषिभिरवसरेषु पृथगुपदिष्टानि व्यतिकीर्णानि वेदवेदाङ्गस्थानि शाकलयाज्ञवल्क्यकात्यायनगार्ग्यादिभिः संहितासु ब्राह्मणेषु

**(वा०) न सर्ववित्सततमकुण्ठशक्तिः पुरापि वा प्रभवति कश्चिदद्य वा ।
प्रमादिता न खलु न सर्वगा स्फुटं विभाव्यते भ्रममदमत्सरादिका ॥ १ ।**

सूत्रनिघण्टुप्रातिशाख्यादिषु च संगृह्य व्यतिकीर्णरूपेण ग्रथितानि विधिरूपे धर्मे प्रमाणं भवितुमर्हन्ति, मन्यन्ते मुनयोऽपि जैमिनिप्रभृतय इत्थमेव। न पुनस्तेषां सामान्यतः सर्वेषु ज्ञानविज्ञानेषु प्रामाण्यं कश्चिदप्रमत्तः प्रत्येतुं क्षमते।

एतेन पित्रादयोऽपि व्याख्याताः। विधिरूपे धर्मे हि पित्रादीनां प्रामाण्यम्। तदाज्ञानां फलमानयेत्यादीनामुपपत्तिमनपेक्ष्यानुष्ठेयत्वात्। न पुनः सर्वज्ञो मे पितेत्यादिव्याहतग्रहस्य पितुर्वा मातुर्वा मुनीनां वा ऋषीणां वा वचनैर्वाऽनुपपन्नैर्ग्रहगणितादिविज्ञानेषु वा सर्वात्मानुभवादिषु वा नगनगरार्णवादिस्थितिषु वा यत्किंचित्प्रतिपत्तव्यम्। अपेक्षितोपपत्तयो हि सर्वेऽप्यर्थवादा इत्यदर्शयाम। वेदवेदाङ्गादिषु दृष्टा ह्यर्थवादाः प्रायो जुहूचमसादीनां वा ऋतुमासादीनां वा श्रौतादिविधिष्वपेक्षितानां प्रदर्शनपराः प्राधान्येन। तेषु विध्यनपेक्षितस्य महतो विश्वविज्ञानप्रपञ्चस्यान्वेषणं जाग्रति वैज्ञानिकवाङ्मयरत्नाकरे चरकार्यभटवराहादिभिर्भारतीयैः कुर्पणिकनवतनुदारुवीणकलवीणादिभिर्देशान्तरीयैश्च संस्कृतादिविविधभाषानिबद्धे तत्तद्भाषाधिगमसुलभे गतिखेदभयात्ताम्रपर्णीमुखरसिकपयोधिसुलभस्य महामौक्तिकस्य गौरकन्दखनिजस्य हीरकवरस्य कलिपूर्णिकतटाकरसम्भवस्य सुवर्णस्य वा तातचरणखानितक्षारकूपे तृष्यत्पान्थनैराश्यविधिसंग्रहाय मरुवणिग्भिः सह देशान्तरमागते मरुशिशाविव सयत्नं मार्गणम्।

हन्त भो यदि तावदभिधानेष्वपि सर्वज्ञशब्दो जिनेष्वेव प्रसिद्धो न ऋषिपर्यायत्वेन प्रतिपन्नो यदि च पितृपितामहादिपूर्वजेभ्यो धनविद्याबलादौ भारतेऽप्यन्यत्राप्युत्कर्षवन्तोऽद्यत्वेऽपि पूर्वमप्युपलब्धा एव तत्कोऽयं दुराग्रहः सर्वज्ञानामृषीणां विज्ञानमनतिशयनीयमिति। तस्माज्ज्ञानविज्ञानविषयेष्वविधिरूपेण पूर्वजप्रामाण्यवादः प्रामादिकः।

यत्पुनरुक्तं सर्वमृष्यादिवाक्यं स्वीकरणीयमिति, तदपि व्याहतम्। परस्परप्रत्यादेशप्रचण्डानामृष्यादीनां कृत्स्नस्य वाग्जालस्याङ्गीकरणं ह्यसम्भाव्यमेव। अत एव मतभेदाः सर्वत्र। मतभेदे च कस्य मतं निरसनीयं कस्य स्वीकरणीयमिति युगान्तरागतायां विप्रतिपत्तावद्यापि तत्र विशेषतो भारते श्रद्धां विनाशयन्त्यां दार्शनिके जगति दिग्भ्रममुद्भावयन्त्यां दिङ्निर्णयायायस्कान्तसूचीमिव परमार्थानुशासनीं विध्यर्थवादाख्यमेरुद्वयवतीमिमां दृष्टिमाचार्यो व्याहतिविवेकाञ्जनेन समुपस्कृत्य सर्वात्मन्यर्पयति। नास्यां दिग्भ्रमो न प्रेतपिशाचाद्युत्थानं नाविवेकेन व्याहतस्य चोभयस्यानुसंधानं न कलिदैवादिवादतमःसन्निधानम्। तस्माद्वयं व्याहतं ब्रह्मणाप्युक्तं न स्वीकुर्मः। अव्याहतं पुनः प्रत्यादिष्टव्याहतिभिः स्वीयैर्वा परैर्वा सर्वैः स्वीकृतं श्रद्धया क्रोडीकुर्मः। अव्याहते हि परमार्थसूर्यप्रकाशे कः स्वपरभेदः।

(वा०) उदग्रधीस्तदिति चिरत्नविद्यया विशोधयेद्भ्रमनिकरं पुरातनम्।
ऋणं कृती कृतमिव पूर्वजैर्निजैस्तदीयया धनबलबुद्धिसम्पदा॥ २॥

किं च संस्कृतादिलेखः सूत्रश्लोकसूक्तादिरूपः सम्प्रत्यपि संभवतीति द्वीपान्तरीयैर्भारतीयैश्चैतद्युगीयैर्युगान्तरीयप्रणीतान्ग्रन्थान्पुनः पुनर्लिखद्भिर्मुद्रयद्भिश्च प्रमादाद्वा प्रतारणाय वा प्रचुरांशः परिवर्त्तितो विलोपितो योजितश्चेति क्षेपकादिदर्शनात्सुव्यक्तमेव। अत एव रामकालिकेन वाल्मीकिना लिखितं रामायणमिति प्रमादः स्वीक्रियते चेद्रामादर्वाचीनेभ्यः कृष्णजनमेजयादिभ्यः परभाविभ्यां तान्भूतत्वेन व्यपदिशद्भ्यां छान्दोग्यबृहदारण्यकाभ्यां प्रत्नतरा वैदिकी भाषा रामायणस्य भवितुमर्हति। लौकिककाव्यसमा च सा लौकिकैश्चछन्दोभिर्निबद्धा द्वित्रैरार्षप्रयोगैर्व्यतिकीर्णेति कस्तामुत्प्रेक्षितस्य रामकालस्य काव्यत्वेन सम्भावयितुं क्षमते। आर्षव्यपदेशवत्स्ववैदिकेषु पुराणेतिहासप्रबन्धेषु प्रायः सर्वेष्वियमेव विप्रतिपत्तिः। उपनिषत्स्वपि तापनीयादिभिरल्लोपनिषदादिभिश्च सम्पृक्तासु न सर्वथा प्रत्नत्वनिश्चयः। ऋषित्वेनापि ये प्रथितास्ते सर्वे न धर्मदर्शिनो न वाऽधर्मदर्शिनोऽपि शाखादेशधर्मादिभेदात्सर्वेषां सर्वे श्रद्धेया आसन् सन्ति सम्भाव्यन्ते वा। तस्मात्कस्य ऋषित्वं कस्यानृषित्वं कस्य प्रत्नत्वं कस्यार्वाचीनत्वं किं कुत्र प्रक्षिप्तं किं मौलिकमित्यादिविप्रतिपत्तौ पूर्वजेषु वैदुष्याप्तत्वादि स्थापनीयं चेद्व्याहतानां प्रक्षिप्तत्वेन निरासः कार्यः।

अथाव्याहतमपि तदीयत्वेनाङ्गीकरोषि तदीयत्वमात्राच्च श्रद्धत्से तेषु व्यक्तमवैदुष्यमूरीकुर्वन्नव्याहतवादश्रद्धया निजस्य वैदुष्यलवकौपीनस्याज्ञानिपातेन बीभत्सदृश्याङ्गो जनैः परिहस्यसे। अस्माकं पुनः परमार्थाग्नावव्याहतहेममात्रसंग्राहिणि न व्याहतश्यामिकाया अवस्थानम्। न च तेन ऋषीणां तिरस्कारः। स्वस्वऋषीणां स्वधर्म एव प्रामाण्यात्। नहि कश्चित्पितरमाज्ञामात्रेणानुसरणीयं सर्वज्ञं वा खेचरशक्तिमन्तं वा व्यपदिशंस्तं वस्तुतः स्तौति निजस्य मूर्खतामसत्यवादितां केवलमित्थं प्रकाशयति। व्याकरणमात्रविदं पितरं विहाय ज्योतिःशास्त्राधिगमाय परपितरमनुगच्छन्मूर्खः कस्मात्स्वपितरं विद्वांसं निरस्यान्याननुगच्छसीति पृष्टः पिता मे न गणितं जानातीति सत्यं वदंस्तु न केनचिन्निन्द्यते। न ह्यल्पज्ञत्वेन पितृत्वमवगच्छति। केवलं बन्ध्यापुत्रानुसंधानाय न स्वीयान्वा परान्वा पूर्वजान्वा समकालिकान्वानुसरेदिति पुनः पुनः स्मारयामः।

इत्थं सर्वतो रुद्धप्रसरं शनैर्जीविकामात्राय वेपमानमयि भो मूर्खाणां बन्धूनां तन्त्रमन्त्रादिजीविनां का गतिर्भविष्यति। तस्माद्विरम त्वमद्याप्याप्तनिरासदुर्व्यापारादिति साञ्जलिबन्धं प्रार्थयमानं वारयात्रिकमशुद्धविप्रकीर्णैः प्रतिलोमविलोमबीभत्सैः शक्रशरीर-

---

(वा०) न विद्यया क्वचिदपि पूर्णताप्यते पुराऽद्य वेत्यवगमनं सुविज्ञता।
पुरातना दधुरिह पूर्णविद्यतामिमां मतिं स्फुटमवगच्छ मूर्खताम् ॥ ३ ॥
असंगतं किमपि यदेव दृश्यते चिरन्तनेष्वविदितमेव वा।
विशोधनैरथ परिपूरणैस्तयोर्मुदं परां वहति सुधीरकातरः ॥ ४ ॥

विकारैरिवावच्छेदकरन्ध्रैरवच्छिन्नविज्ञानं प्रतिबोधयामः। हंहो महाब्राह्मण नमस्कुर्मो भवते भ्रातॄणां वृत्तिविच्छेदान्मा भैषीः। कालकूटनगरे सूदभारवाहादिव्यापारैः परमार्थदर्शनोद्भवात्प्रथमतरमेव यदृषिकुलोचिता वृत्तयो भवद्भ्रातृभिर्वैज्ञानिकाविर्भावा इवासादिता एव। मरिचशर्करादिद्वीपान्तरेषु शिरःकरण्डस्थावस्करभराभिः स्रवद्रसपूत सोमरसोचितोष्ठैरत्रागत्य सत्यनारायणकथाश्रुतिकृतश्रौतविधिभिः कृतार्थितमेव भारतं भवद्बन्धुभिः, तत्का वृत्तिचिन्ता भवताम्।

किं च कृत्ययुगीयानां पणिदस्युपूर्वजानामपि पूर्वजैरेव प्रायोऽवलम्बितां त्रेतायां-पौलस्त्यपुरे कविभिरनुपलब्धानामाशाम्बरत्वपिशाचपूजनक्रव्यभोजनमहामूर्खपूजनऋतु-शोणितपानस्त्रीसमर्पणाद्याचाराणां द्वीपान्तरेष्वपि वन्येष्वेव केषुचिच्छ्रुतानां यत्र सना-तनत्वेन ख्यातेष्वपि संन्यासकौलवैष्णवादिसम्प्रदायविशेषेष्वद्यापि स्थितिर्भक्तजनमोहिनी तत्रास्मिन्नद्भुते जरामरणरहितैः प्रमादभगवत्पादैरवस्कन्दितस्कन्धे परमार्थोपदेशोऽ-प्याचार्यस्य यथाशक्यं सर्वात्माराधनमात्रं न पुनरत्र क्वापि फलाशा। ऋषिर्ब्राह्मणं सूत्राणि व्याख्यानान्यनुव्याख्यानानि दर्शनानि भीष्मादिमहापुरुषचरितानि कुमारिलादि प्रतिबोधनानि प्राचीनार्वाचीनविज्ञानानि बीभत्साचारनिवारका नृपनियमाश्च वन्यतां भवद्भ्रातॄणां यदि न निवारयितुमशक्नुवन्नयं मृतमुष्ट्या वन्यताग्रहश्च धर्मदृढतेत्या-स्तिकतेति तद्विपर्ययश्च नास्तिक्यमिति भवद्भिर्धन्यंमन्यैरुद्घोष्यते। संस्कृतज्ञा भाषा-न्तराभिज्ञाश्च भारतीया अन्ये च भवादृशानां वन्यतामिमां सकौतुकं मुक्तये परिहासाय वा द्रष्टुमुत्कण्ठन्ते। भवतां कलिभयात्प्रतारणाय स्वमूर्खतया भद्रं भद्रं भद्रमिति चित्रं चित्रं चित्रमिति सिद्धिः सिद्धिरिति धन्यता धन्यतेति स्तुवन्ति भौज्यैर्वस्त्रैर्द्रव्यादिभिश्च परिग्रहान्सपरिग्रहांश्चोभयानपि पूजयन्ति। कस्तर्हि परमार्थोपदेशैरमीभिरसहायैरना-कर्णितैर्भवतां वृत्तिभङ्गमुत्प्रेक्षेत।

श्रूयतां भयापनेत्री संतोषदायिनीयमाख्यायिका। भवादृशः कोपि शेखरखर-गर्वतप्तो विज्ञानान्तराण्यनाघ्रातवान्वरयात्रायामाहूतस्तुरगरथमातङ्गरजोभिरन्धः पटहप्रणादैर्बधिरो द्वारपूजासमासशास्त्रार्थेन भग्नस्वरः पूतिपर्युषितवेश्यास्पृष्टमृष्टान्न-कवलनजडो भ्रूकुंसविभ्रमस्मरणैर्विनिद्रः स्कन्दसन्नः सोदरशूलो महत्येव प्रत्यूषे मन्दालोके रात्र्यन्धप्रायत्वेऽपि दिग्भ्रान्तत्वेऽप्यात्मनो नित्याह्निकाय गङ्गां वरयात्रा-नृत्यालयमुत्तरेणावस्थितामपि दक्षिणेन वहन्तीं प्रतिपद्य तत्स्रोतोनादमप्युत्तरस्याः समायान्तं कर्णदोषाद्विपरीतमेव गृह्णन्मार्गे दर्भासनकमण्डलुकरं तमलोक्य कुतो यासि न सरिदस्यां दिशीति कतिपयैर्वारितोऽपि पदवाक्यप्रमाणज्ञो महामहोपाध्यायानपि व्याप्तिलक्षणं दशवर्षाधीतमध्यापयितुं क्षमः कथं नाम दिशमपि न विजानीयामिति मदेन

(वा०) न पूर्वजादवरजनः प्रशस्यधीर्भ्रमो भवेदृषिषु न दिव्यशक्तिषु।
स्तुवन्पितॄनिति कुमतिस्त्वविद्यया विनाशयत्यनयभरेण बन्धुताम्॥ ५॥

साटोपं दक्षिणां प्रस्थितः प्रातस्त्यैरुपचारैः सन्निहिते सस्यक्षेत्रे चिकित्सितोदरशूल-श्चात्यायते कुहेलिकाबाष्पसम्बन्धात्सरित्पूर इव प्रतिभासमाने पौरावस्करह्लदे शौचार्थमुपसीदन्स्खलितो गरुडपुराणलेखकैरप्यनुत्प्रेक्षिते रौरवे मग्नः। प्राणायामबलेन तत उत्थातुमिच्छन्नशक्तः, पान्थाः पवित्रेयं देवधुनी सद्यः पातकनाशनी किमिह नागत्य स्नानाद्यनुतिष्ठथ तृप्तोऽहमत्राभिषेकेण पुण्यभारेण मुहूर्त्तार्जितेनापि न गन्तुं शक्नोमि। तदागच्छत स्वयमपि प्रवेशमात्रेण पुण्यान्यर्जयत मां च निःसारयत। वरयात्रानृत्य-दर्शनादिलौकिककार्यशेषसाधनायेत्यादिप्रलापैः परान्प्रतारयितुमीहमानः कतिपयैः पुण्यलोभात्प्रविष्टैरनुभूतनिरयैः स्वयमपि निर्गन्तुमक्षमैरत्रैव कृतावस्थितिभिः प्राणायामपरैर्जातावलम्ब एकाकित्वनिर्वेदमुक्तः पौरावस्करशोधनाधिकृतैर्मध्याह्नकालागतैरितस्ततः सर्वत्र गर्ते नरान्दृष्ट्वाऽवस्करोत्सर्गावकाशानुपलम्भविवृद्धरोषैः पादप्रहारैस्ततो निर्वासितः।

क्रमेण निर्वासितैरन्यैश्च सजातीयैर्मार्गे एवानुद्रुतैर्गृहीतस्तर्जितश्च व्याख्यानैरम्मेव सम्प्रदायं प्रख्याप्य धनमर्जयाम इति संमन्त्र्य तान्सान्त्वयित्वा तत्साक्ष्य-दृढैर्महाव्याख्यानैर्जनलक्षाण्यवस्करसम्प्रदायानुसारिणः कुर्वन्प्रतिदिनं सपौरमहत्तर-पादाहतीरप्यस्मरंस्तत्र तादृशेष्वन्येषु चावस्करसरित्पूरेष्वभिषेकाद्यनुतिष्ठति। धर्मोऽयमस्मदीया न निवारणीया वयमिति प्रशासकानपि धर्षयति। नास्तिकास्ते ये धर्ममिमं विनिन्दन्तीत्युद्घोषयन्सभ्यान्परिहासैर्विक्लवयति।

अये महाद्विज तथैव देशोऽयं विध्यर्थवाददिग्भ्रमाद्व्याहतिपूतिगन्धे बन्ध्यापुत्रान्वेषणसमाजाख्येऽवस्करगर्त्ते धर्ममनुतिष्ठन्विस्मृतपारमार्थिकभक्तिज्ञानकर्ममय-त्रिस्रोता मोहमदादिगदापातैर्गर्त्तान्निरस्यमानोऽपि यत्र भ्रमद्भिः पिशाचदेवयोनिभिर्मन्दिराणि विहाय पलायितैरप्यद्याप्याकृष्यमाणस्तानाराधयत्येव तदाराधकांश्च सिद्धर्षीन्सम्भावयत्येव पारमार्थिकविहितादाभासनिरासादपैतु ते वृत्तिभङ्गादिभयम्। इति सान्त्ववचनैस्तोषादोमिति व्याहृत्य चण्डीपुरश्चरणपिण्डभक्षणादिवृत्त्यन्वेषणाय प्राचीं प्रस्थिते वारयात्रिकविदुषि पुनराचार्यः परमार्थाराधनप्रवृत्त आभासान्निरस्यन्प्रथमं कणभक्षीया व्याहतीः प्रतिक्षिपति। तत्र द्रव्यगुणयोर्भेदः तेन स्वीकृतमुद्दिश्याह—

न द्रव्यं गुणेभ्यो भिद्यते ॥ १ ॥

तार्किकैर्द्रव्यं गुणश्चेत्यर्थान्तरत्वं तयोः स्वीक्रियते। तयोश्च समवायः सम्बन्ध इति ते वदन्ति। समवायवतोरभेदात्समवायस्य सम्बन्धत्वं प्रत्यादेक्ष्यामः। यो हि यस्मात्पृथगभूद्भविष्यति वा स तस्मादर्थान्तरं यथा महिषश्चाश्वश्च घटश्च पटश्च

(वा०) प्रमादितां सकलजनस्य शंसता परेण तु प्रमदभरेण नृत्यता।
युगान्तरे किल विदुषां भविष्यतां कृतेऽखिलं विनिदधताद्य शय्यते ॥ ६ ॥

पुरुषश्च तस्योष्णीषं च वनिता च तस्याश्चण्डातकश्च गृहं च तस्य पतद्ग्रहश्च। यत्तु यस्मान्न पृथग्भविष्यति तयोरेवायुतसिद्ध्याख्यः समवायस्तार्किकैः स्वीक्रियते। तयोश्चाभेदः सुव्यक्तः। न हि करचरणादेर्मम च भेदो न वाऽधरकपालयोः। करादेः पृथग्भावे तु न करत्वं वास्तवं करस्य प्राण्यङ्गत्वात्पृथग्भावे च प्राण्यङ्गत्वाभावात्। एवं कपालकेशनखादौ। विप्रतिपत्तिदृश्चेगयुतसिद्धावपि समा। तस्माद्गुणस्य रक्तत्वादेर्द्रव्यस्य घटादेश्च न भेदः। स एव देवदत्तो दैर्घ्यविस्तारगाम्भीर्यमयसत्ताकः कदाचित्केवलमस्तीति व्यपदिश्यते कदाचिदियद्दीर्घ इयद्विस्तार इयत्स्थौल्यो वेत्यादि व्यपदिश्यते। न तु तादृशैर्व्यपदेशैस्तस्य निर्विशेषसत्तामात्रत्वं वा केवलदैर्घ्यादिमयत्वं वा। न च दैर्घ्यादिः पृथग्भावस्तथैव स एवार्थो विप्र इति जात्या स्थूल इति गुणेन पचतीति कर्मणा देवदत्त इति द्रव्यत्वेन वा व्यपदिष्टो न चतुर्भेदो भवितुमर्हति। व्यपदेशभेदोऽपि सीतापतिः कौशल्यापुत्र इत्यादिवदर्थैक्यात्। एकस्य नीलत्वविप्रत्वादेरनेकेषु द्रव्येषु प्रतिभानादपि न द्रव्यस्य गुणादेश्च भेदः, सादृश्यमात्रेण गुणादेरनेकस्थस्यैक्यप्रतिभानात्। न हि नीलघटद्वये विप्रद्वये वा वस्तुतः पुष्पद्वये सूत्रमिवैकं किंचिद्गुणसामान्यादिकमेकमनुस्यूतमुपलभ्यते द्रव्यद्वयस्यात्यन्तभेदात्॥ १॥

द्रव्यं यदि गुणेभ्यो न भिद्यते तदा द्रव्यशब्दवाच्यं किमित्याकाङ्क्षायामाह—

गुणसमुदाये द्रव्यत्वकल्पना सेनावनादिवत्॥ २॥

आकाशे प्रभाख्यस्यैकस्यैव गुणस्योपलम्भात्समुदायशब्दो न विवक्षितः, सर्वत्रान्यत्र तु गुणद्वयस्य बहूनां वा गुणानां सहैवाविकृतानेकेन्द्रियैरुपलभ्यते। तस्मिंश्च गुणे वा गुणसमूहे वा द्रव्यत्वं कल्पितं वृक्षसमूहे वनकल्पनावद्योधसमूहे सेनाकल्पनावद्वा। अभेदेऽपि द्रव्यस्य गुण इत्यादिसम्बन्धकल्पना त्वाम्रस्य वृक्षः सेनाया योध इत्यादिवत्॥ २॥

ननु द्रव्यं चेन्न गुणादिभ्यो भिन्नं किमाधारको गुणादिरिति चेदाह सूत्रद्वयेन—

(वा०) अपश्यतां पितृषु समस्तवेदितामतिष्ठतामपि च सुतप्रतीक्षया।
पदे पदे निखिलपरीक्षिणां महान्समुद्यमोऽद्य तु परमार्थदर्शिनाम्॥ ७॥
प्रवर्त्तयन्सरणिमिमां परीक्षया विशोधयन्य इह कृतस्थितीन्भ्रमान्।
नवं नवं प्रणयति शास्त्रमात्मवान्प्रयात्यसौ पितृऋणनिष्कृतिं कृती॥ ८॥
चिरन्तना निशितधियोऽप्यसाधना दधुश्चिरादपि किल नातिविज्ञताम्।
महाढ्यतां वहतु महोद्यमोऽपि सन्वणिग्जनो ननु कथमल्पभाण्डकः॥ ९॥
चिरन्तनैरुपचितमद्य तु क्रमाद्वहन्सुधीर्महदिह विज्ञताधनम्।
निरस्य तद्भ्रमनिकरं परीक्षया महीयसीः प्रथयति शास्त्रपद्धतीः॥ १०॥

आधारो द्रव्यं चेत्तदाधारान्वेषणादनवस्था शेषकूर्मादिवत् ॥ ३ ॥

स्वाधारो गुणसमूहस्तु भूम्यादिवत् ॥ ४ ॥

गुणानां स्वाधारत्वमभ्युपपत्तव्यम् । अन्यथा गुणस्याधारः क इति प्रश्ने द्रव्यमित्युतरम्, द्रव्यस्यापि द्रव्यान्तरमर्थान्तरं वेति कल्पनायामनवस्था स्यात् । तस्मात्किचित्स्वाधारं स्वीकर्त्तव्यमेवेति गुण एव स्वाधारकः कथं नाभ्युपेयते। यथा पृथिव्याः स्वाधारत्वमनभ्युपेत्य तस्याः शेष आधारस्तस्यापि कूर्म इत्यादि कल्पयन्तः पुराणप्रणयिनः किलान्ते किंचित्स्वाधारकमभ्युपपत्तुमगत्या विवशीकृतास्तथैव गुणानां स्वाधारत्वमनङ्गीकुर्वन्कुत्राप्यन्ततः स्वधारत्वं स्वीकरिष्यत्येवेत्यन्ते रण्डाविवाहात्तारुण्य एव स श्रेयान् ॥ ३–४ ॥

[अधि० २] पृथगर्था इमे द्रव्यगुणाद्याः कल्पितास्तु वा ।
पृथगर्था इमे नूनमुपलम्भो हि तादृशः ॥ १ ॥
एकोऽर्थः शब्दमात्रेण द्रव्यत्वादिविकल्पभूः ।
स्वतन्त्रावस्थितिर्नैषामुपलब्धा पृथक्पृथक् ॥ २ ॥

इत्थं गुणानां द्रव्याभेदमुक्त्वा कर्म व्याचष्टे—

कर्म गुणविशेषः ॥ ५ ॥

द्रव्यं परिणामि रूपादिमयम् । परिणाम एव कर्मत्वेनोपलभ्यते । संयोगविभागरूपः परिणामः । कपालद्वयसंयोगः कपालद्वयस्य क्रिया कुलालकरसंयोगक्रियान्तराद्युत्तरभाविनी । कपालद्वयविभागः पुनरन्या क्रिया बालकरविभक्तगुलिकासंयोगोत्तरभाविनी । संयोगविभागयोश्च गुणत्वात्कर्म गुणः । तस्मात्कर्मणोऽपि द्रव्याभेदः ॥ ५ ॥

गुणकर्मणी व्याख्याय सामान्यं व्याचष्टे—

सामान्यं नाममात्रं नातिरिक्तं विशेषेभ्यः ॥ ६ ॥

(वा०) न भिद्यते गुणनिकराद् गुणी स्फुटं निराश्रयो गुणनिकरो व्यवस्थितः ।
असंगता गुणगुणिभावकल्पनाऽतिरिच्यते गुणनिकराद् गुणीति कः ॥ ११ ॥
न भिद्यते वनमवनीरुहां चयादनीकिनी न च ननु सैनिकोत्करात् ।
न भिद्यते गुणनिकरात्तथा गुणी गुणाश्रयो वचनविकल्पमात्रजः ॥ १२ ॥
गुणाश्रयो यदि परिकल्प्यतेऽथवा तदाश्रयः पुनरपि किं न कल्प्यते ।
अथाश्रयः स किल निराश्रयस्तदा गुणोत्करो न कथमनाश्रयस्तव ॥ १३ ॥
गुणक्रियाश्रयपरिकल्पना क्षितेरिवोरगप्रभृतिगतरवतर्कणा ।
यथा पुनर्धरणिरियं निजाश्रया तथा स्फुटं गुणनिकरो निजाश्रयः ॥ १४ ॥

अनेके घटा वा विप्रा वा तुरगा वा प्रत्येकं भिन्नाः सन्ति, तेष्वनुस्यूतं घटत्वं विप्रत्वं वा न किंचित्। अनेकैरश्वैर्दृश्यमानैर्मनसि विशेषोपेक्षिणि तदाकारादिसामान्यमात्रदर्शिनि यः सामान्यप्रत्ययः स नाश्वगतः किन्तु मानसः, स्मृतिराशेः पृथक्कृत्य मनसा कल्पितः, तस्य नित्यत्वमेकत्वमनेकानुगतत्वं च भ्रमः। मनोविशेषलोपे सर्वासां मनःकल्पनानां विलोपान्मनोभेदेन समानाया अपि कल्पनाया वस्तुतोऽनेकत्वात्तन्मनोमात्रानुगतत्वाच्च। न हि देवदत्तोऽस्तीत्येव वदति दैर्घ्याद्युपेक्षिणि यज्ञदत्ते देवदत्तो दैर्घ्यादिरहितो निर्विशेषसत्तामात्रः सम्पद्यत इत्युक्तं न वा सत्ता नाम कश्चिद्देवदत्तादर्थान्तरं सम्भवति।

अनुपपत्यन्तराण्यपि दर्शनान्तरीयैर्दर्शितानि सत्ताया विशेषव्यक्तौ नष्टायामंशतो नाशो वा समुड्डीय सद्यो जीवस्य शरीराच्छरीरान्तर इव विशेषान्तरगमनं वेत्यादीनि, तानि विस्तरं परिजिहीर्षवो नात्र प्रपञ्चयामः। तथा च परसामान्यस्य तार्किकैः कल्पितस्य व्याकृतिज्ञैश्च चिरन्तनैः सा नित्या सा परा जातिरित्यादिना परीक्षाशुल्कं विनैव क्रीत्वा परिगृहीतस्य चेदियं दशा सामान्यान्तराणां का कथा। तस्मान्न विशेषेभ्योऽतिरिक्तं किल सामान्यम्। नाममात्रं हि तन्मनसा पृथक्कृत्य स्मर्यमाणस्य सदृशगुणराशेः ॥ ६ ॥

सामान्यं व्याख्यायाश्विनीकुमारवत्तद्यमजस्य विशेषस्य दशां व्याचष्टे—

एतेन विशेषः प्रत्युक्तः ॥ ७ ॥

सामान्यापेक्षश्च विशेषः पुत्रापेक्षमिव पितृत्वम्। सामान्यं चेन्न किंचित्किं सामान्यं को विशेष इति कथाया निरस्तत्वाद्विशेषोऽपि न पृथग्वाच्यस्तार्किकैः। वैशेषिकोपाधिमात्रफला हि तत्कल्पना। विशेषाभावेऽपि घटपटादयो वा चरमाणि नित्यद्रव्याण्यपि वा स्वाधिष्ठितदेशादिभेदाद्भिन्नानि पृथगवस्थास्यन्ते। तत्पार्थक्यायापि न विशेषापेक्षा। मेषशिशुना मेषीसहस्रमध्यात्स्वजननी परिचीयते। मेषपालोऽपि स्वमेषसदृशमन्यैरशक्यविवेकमपि मेषान्तरं स्वमेषात्सद्यो विविनक्ति। तार्किकशिशुस्तु प्राय उत्कटसादृश्ययोर्मेषयोर्वा घटयोर्वार्थान्तरयोर्वा स्थलयोरपि विवेकं कर्त्तुं न पारयेदिति परमाणुद्वयादेरदृश्यस्य विवेकाय स किं चेष्टते। न च तदविवेकेन यमयोर्वा सव्येतर-

---

(वा०) गुणः क्रियेत्यनतिशयाद्भिदा मृषा द्वयं यतः परिणतिरेव नेतरत्।
कुतार्किका निजगदुरर्थमद्वयं गुणक्रियाधिकरणजातिनामभिः ॥ १५ ॥
इहान्विता बहुषु न जातिरेकिका गुणान्समान्कलयसि जातिरित्यलम्।
समापि सा न हि शिशुता शिशुद्वये पयोम्बुनोर्न मधुरिमा स एव वा ॥ १६ ॥
न जातिरस्त्यतिशयिनी विशेषतो स वा विशेष इह स तां ह्यपेक्षते।
प्रकल्प्य तां तदनु विशेषवादिनो विडम्बनां कणभुगनुश्रिता ययुः ॥ १७ ॥

विषाणयोर्वात्यन्तसदृशयोरप्यैक्यमाप त ति। तस्मात्स्वतो विशिष्टयोरर्थयोर्विशेषाय विशेषकल्पना प्रमादः।

ऐक्यं हि न सादृश्येन तच्छब्दाभिधेयत्वेन वा घटयोः सादृश्येन घटोऽयं घटोऽयमिति व्यपदेशेन वा नैक्यं भवितुमर्हति। न च स्त्रीपुंसौ तार्किकव्याख्यानश्रवणेऽपि स्त्रीयं स्त्रीयं पुमानयम् पुमानयमिति व्यपदेशाद्वा यमजत्वादिप्रयोज्यात्सादृश्याद्वा परस्परस्य भार्ययोर्वा पत्योर्वैकत्वं प्रतिपद्य व्यवहरतो व्यवहारे वा निष्प्रमादत्वाभिमानं वोढुं क्षमेते। न वात्यन्तसदृशयोरपि गुणयोर्गुणराशेर्वा दर्शनेन स एव गुणः सैव वा गुणराशिमयी जातिरुभयत्रेति वक्तुं शक्यते। पत्युर्लावण्यस्य तद्यमजलावण्यस्य चात्यन्तसाम्येऽप्युभयोर्भेदेन पतिदेवतया ग्रहात्। परोऽपि यमजयोः समगुणत्वमेव नैकगुणत्वं प्रायः प्रतिपद्यते शश्वत्प्रतिपत्तुमर्हति च। ऐक्यं तु तस्मिन्घटे तस्मिञ्शरीरे तस्मिन्ननीके तस्मिन्समुद्रे तस्मिन्ग्रहे तस्यां तारकायां तस्मिन्नाकाशे तस्मिन्सर्वात्मनि वा तारकासहस्रमयेऽधिष्ठानभेदाभावप्रयोज्यम्। अस्मदीयकरद्वयाधिष्ठानं घटद्वयम्। एकेनार्थेनाधिष्ठिते हि मनोंशे वियदंशे वा स्मृतिद्वयस्य घटादिद्वयस्य वा नावस्थितिः संभावयितुमपि शक्यते। मनसि क्रमस्य च वियति च पृथक्चारस्योपलम्भात्। यस्मिन्क्षणे मनस्येका स्मृतिर्न तस्मिन्नेव क्षणे स्मृत्यन्तरम्। यस्मिंश्चावकाशे कश्चिदेकोऽर्थस्तस्मिन्नेव नार्थान्तरम्, अस्यैव भेदस्य तन्त्रान्तरेषु दिक्कालभेदाख्या। यस्मिन्दिगवकाशे यस्मिन्काले कश्चिदेकोऽर्थस्तत्र नार्थान्तरमिति च तस्यैदम्पर्यम्।

अधिष्ठानाभेदश्च स्वघटकमात्राश्रयत्वम्। एको घटः स्वघटककपालादिमात्राश्रयः। तथा सर्वात्मापि स्वघटकानेकवैचित्र्यमात्राश्रयः। वस्तुतस्त्वनेकविधमेकत्वम्। अभिधानं हि मुख्यान्यकेवलादिवाचित्वं दर्शयत्येकशब्दस्य। तत्रैकोऽयं घट एकोऽयमिति घटद्वये व्यपदेशान्न तयोरनन्यत्वं किं पुनरन्यत्वमेव। 'पार्थ एको धनुर्धरः' इत्यत्र पार्थस्य मुख्यधनुर्धरत्वम्। एकः सर्वात्मेत्युक्तौ तु सर्वात्मनः सर्वत्वेन केवलत्वम्। ततश्चैकशब्दप्रयोगान्न सर्वत्रैकविधमेकत्वं प्रतिपत्तव्यम्। एतेन तस्मिन्बालत्वमस्मिंश्च बालत्वमित्यादिशब्दव्यपदेशसाधारण्यप्रयुक्तः प्रतिव्यक्ति भिन्नेऽपि बालत्वे नित्यस्यैकस्यामेकस्यानेकानुगतस्य बालत्वसामान्यस्य स्वीकारः प्रत्याख्यातः॥ ७॥

विशेषं निरस्य समवायं निरस्यति—

अयुतसिद्धयोरभेदात्समवायोऽपि तथा॥ ८॥

यौ किल पृथक् सिद्धौ यथा घटश्च घटत्वं च घटश्च श्यामत्वं चेत्ययुतसिद्धयोः सम्बन्धश्च समवाय इति तार्किकास्तत्रेदं पृच्छामः। कथमयुतसिद्धयोः संबन्धान्वेषणम्।

(वा०) कुतार्किकैः पृथगिति शब्दमात्रतो गुणक्रियाधिकरणजातिनामभिः।
उदीरितेऽप्यतुलमहिम्न्यथाद्वये न वास्तवी भवति भिदेदृशी यतः॥ १८॥

वस्तुनोर्नाममात्रेण भेदेन संबन्धो भवितुमर्हति नहि घटकलसयोः संबन्धं कश्चिद्वक्ति न वा रामस्य ज्येष्ठदाशरथेश्च। स्वघटकयावद्धर्मातिरिक्तस्य द्रव्यस्यानुपपन्नत्वमवोचाम। तस्माद्गुणश्च गुणी च जातिश्च जातिमांश्च क्रिया च क्रियावांश्चेत्यन्तं विविक्ते यदि पुरुषतदुष्णीषवद्वस्तुनी स्यातां तदा तयोः संबन्धो वक्तुं युज्यते, न च तथा पश्यामः। घने हि यथा दैर्घ्यविस्तारगाम्भीर्यात्मके मनसा धर्मान्पृथग्भावयन्तः सत्तामात्रं वा बिन्दुरूपं दैर्घ्यमात्रं वा रेखाख्यामित्यादि जनाः कल्पयन्ति न पुनस्तेन परमार्थतस्तत्सत्तामात्रं निर्विशेषं संपद्यते, न वा सत्तानाम कश्चित्पदार्थः सिध्यति, तथैकस्मिन्वस्तुनि जातिगुणक्रियात्मकेन तार्किकशब्दमात्रेण जातिजातिमदादीनि वस्तूनि सिध्यन्ति येन तत्संबन्धान्वेषणाय जनः प्रवर्त्तेत। तस्मात्स्वरूपेणैव जात्यादयस्तिष्ठन्ति न समवायेन। जातिजातिमदादेः समवायकल्पनायां समवायस्यापि वस्तुना सह संबन्धान्तरं कल्पनीयमित्यनवस्था भविष्यति। संबन्धान्तराकल्पनायां वा समवायो यथा स्वरूपेण वस्तुन्यवतिष्ठते तथा जात्यादिरेव स्वरूपेणावतिष्ठतां पृथिव्याधारशेषकूर्मादिकल्पनेव तार्किकाणामेव धर्माधार एव रूपधर्मकल्पनेव वात्यन्तं व्याहतेयमनवस्थादिग्रस्ता समवायकल्पना ॥ ८ ॥

[अधि० ३] अभावः कश्चिदर्थोऽस्ति नार्थोऽयमथवा पृथक्।
व्यपदेशाद्घटो नास्तीत्यादेरर्थोऽस्त्यसौ पृथक् ॥ १ ॥
प्रतियोगिस्वरूपत्वान्नाभावोऽर्थः पृथङ्मतः।
तद्भिन्नं सर्वमस्तीति तदभावार्थ ईरितः ॥ २ ॥

समवायं निरस्याभावं निरस्यति सूत्रत्रयेण—

अभावो भेदः स प्रतियोगिस्वरूपः ॥ ९ ॥

अत्यन्ताभावाद्यं तार्किककल्पना ॥ १० ॥

अत एव कणभुजोऽप्यभावाभावः ॥ ११ ॥

अथ कोऽयमभावो नाम। चतुर्विधः स इति तार्किकास्तत्र प्रागभावो नाम कार्यस्योत्पत्तेः प्रागत्यन्ताभावः। प्रध्वंसो नाम नाशक्षणानन्तरभावस्तस्यैवात्यन्ताभाव

(वा०) अतः कथं गुणगुणिकारकक्रियादियोजकः किल समवाय इष्यताम्।
अथेष्यतेऽस्य च न तु योजकं परं प्रपद्यसे कथमिति बादरायणः ॥ १९ ॥
किमप्यसन्नहि सकलात्मना यतो न सत्तया किल सकलात्मना स्फुटम्।
असत्त्वमित्यपरमिदं न भेदतोऽतिरिच्यते विषययुगादयं न च ॥ २० ॥
चिरन्तनः कणभुगपि स्वशब्दतो न सप्तमं सुमतिरिहार्थमुक्तवान्।
असन्न वा न च सदिदं पदद्वयं विकल्पयन्षडिति भवात्मकं स तत् ॥ २१ ॥

इत्यत्यन्ताभाव एक एव त्रिविधः प्रागभावादिनामभिस्तार्किकेण व्यपदिश्यत इति प्रतिपत्तुमीषत्करम्। तथा चात्यन्ताभावोऽन्योन्याभावश्चेति द्विविधः स इति तावत्स्थितम्। तत्र तार्किकः पर्यनुयोक्तव्यः। अत्यन्ताभाव एकस्यैव प्रकृतस्य प्रतियोगि न वस्तुमात्रस्य वा, एकस्यैवेति चेद्वस्त्वन्तरावस्थानात्तेभ्यः प्रतियोगिनो भेदमात्रमभाव इत्यागतम्। अथ वस्तुमात्रस्याभावं कदाप्युपलभ्यं प्रमेयान्तरानवस्थानेऽप्याकाशादेरवस्थानात्। तस्मादत्यन्ताभावो नाम घटपटादेरन्योन्याभाव एव। घटाद्भिन्नं सर्वमस्तीति वक्तव्ये संक्षेपेण जन आह घटो नास्तीति सुवचत्वात्।

ननु तर्ह्यभावान्तरमस्वीकुर्वन्नपि भेदं स्वीकुर्विति चेन्नेति वदामः, नहि भेदोऽपि प्रतियोगिनो भिन्नः कश्चिदस्ति प्रतियोगिस्वरूपस्तु सः। घटो नास्तीत्यस्य घटात्पटादि भिद्यत इत्यस्य च तार्किककल्पितस्य भेदस्य प्रतियोगिनौ स्तो न पुनर्भेदो नाम प्रतियोगिभिन्नोऽस्तीत्यत्रैव पर्यवसानात्। वाक्यविशेषाणामैदम्पर्यमपरीक्ष्य शब्दभेदानुसारेण वस्तुभेदमुत्प्रेक्षमाणो धर्मांश्च धर्मिणं च समवायिनौ च समवायं च प्रतियोगिनौ च भेदं च कल्पयन्नतिचिराद्घटकलसयोरपि भेदं कल्पयिष्यति स्वप्नायमानस्तार्किकशिशुरिति प्रतिभाति। तस्मादत्यन्ताभावाद्भ्रमतार्किककल्पनामभ्रमादिशब्दात्प्रागभावादीनां न केवलमत्रैवानुशासने काणभुजेऽपि तार्किकोपजीव्ये चिरन्तनेऽनुशासनेऽभावस्य पृथक् पदार्थत्वं नोपन्यस्तमिति स्मरत्याचार्यः। अर्वाचीनास्तु तार्किकाः शब्देन वा यथाकथंचिद्वा कणभुजमभावप्रणयिनं स्वीकुर्युर्न पुनस्तस्यानुशासनं स्वारसिक्येनाभावं नाम कंचित्पदार्थं स्वीकुर्वन्ति ॥ ९–११ ॥

[अधि० ४] **तत्त्वानां पञ्चसंख्यत्वं प्रत्नोक्तं संगतं न वा।**
रूपादिगुणयोगेन पञ्च संख्यैव संगता ॥ १ ॥
घटितत्वाज्जलादीनां पञ्च संख्या त्वसंगता।
आग्नेयादीनि तत्त्वानि वियद्वा तत्त्वमेककम् ॥ २ ॥

एवं तार्किकोत्प्रेक्षितं पदार्थविभागं परीक्ष्य द्रव्याणि परीक्षमाणः प्रथमं भूतपरीक्षामुपक्रमते—

पृथिव्यादीन्यतत्त्वानि तत्त्वान्तरघटितत्वात् ॥ १२ ॥

भूतशब्देन तत्त्वशब्देन च पृथिव्यप्तेजोवाय्वाकाशा व्यपदिश्यन्ते। कालदिगात्ममनोभिस्तान्येव नव द्रव्याणीति तार्किकाः, तत्र कालादेः परीक्षामनुपदमेव विधास्यति। पृथिव्यादिपञ्चकविषये तावदिदं वक्तव्यम्। किं तेषामेकैकं तत्त्वान्तरविघटितं स्वीक्रियत उताघटितम्। तत्त्वान्तरघटितं चेद्घटपटादीनामप्यनेकतत्त्वघटितानामसंख्येयानां द्रव्येषु

(वा०) क्षितिर्जलं शुचिरनिलस्तथा वियच्चिरन्तना विदुरिति तत्त्वपञ्चकम्।
शुचिर्गुणो वियति विवर्त्ततेऽखिलं त्रयं परं घटितमनेकतत्त्वकम् ॥ २२ ॥

नामानि परिगणनीयानि। अथाघटितानि प्रत्यक्षानुमानविरोधः। पार्थिवो भागो हि सर्वत्रानेकतत्त्वघटित उपलभ्यतेऽनुमीयते च। आसन्नशतानि तत्त्वान्तराघटितान्येवोपलब्धान्यम्लजनोदजनधातुप्रभृतीनि। जलमप्यम्लजनोदजनयोर्योगरूपमुपलभ्यते रसशास्त्रविद्भिः। केवलं सुवर्णरजतताम्रादयः शुद्धा धातवः सर्वे तत्त्वान्तराघटिता इति तेषामेव तेजःशब्दव्यपदेश्यं वान्यादृशं वा भूतत्वादि स्वीकर्तुं शक्यते। अग्नेरपि न तेजस्त्वमङ्गाराम्लजनयोर्योगव्यापारमात्रत्वात्। तत्रापि केवलं सुवर्णस्यैव तेजस्त्वमिति तु केषांचिद्भ्रम एव। वायोरप्युदजनक्षारजनार्गणादियोगात्मत्वमुपलब्धम्। आकाशस्य तु शब्दगुणत्वमेव नास्तीत्यदर्शयाम दर्शयिष्यति चानुपदमिति शब्दगुणत्वादाकाशसिद्धिरपि खपुष्पायिता। तस्मात्तार्किकोत्प्रेक्षितानि पृथिव्यादीनि पञ्चभूतानि कल्पनामात्रम्।

गन्धरसरूपस्पर्शशब्दग्राहकेन्द्रियेण नरेण तत्तद्विशेषगुणवदेकैकं पृथिव्यादि कल्प्यत इति चेत्तदपि मनोरथमात्रम्, नहि गुणाश्रयस्य काप्यपेक्षा गुणस्य स्वाश्रयत्वादित्यदर्शयाम। गुणाश्रयाभ्युपगमेऽप्येकैकगुणाश्रयत्वं पृथक्तत्त्वानामापतिष्यति न पुनराकाशक्रमेण पृथिवीपर्यन्तमेकद्वित्रिचतुःपञ्चगुणकत्वम्, किंचैन्द्रियकगुणापेक्षया भूतसंख्याकल्पने मानाश्रयस्य कस्यापि षष्ठभूतस्यापि कल्पनोचिता, करोत्तोलिते वस्तुनि रूपादेरिव मानस्यापि दर्शनात्॥ १२॥

तार्किकोत्प्रेक्षितस्याकाशस्य सर्वथैवासमञ्जसत्वं दर्शयति—

नाकाशः शब्दगुणो निर्वायौ तदभावात्॥ १३॥

शब्दाश्रयत्वादाकाशसिद्धिस्तार्किकैरुत्प्रेक्षिता। शब्दश्चान्वयव्यतिरेकाभ्यां वायवीयपुद्गलकम्पजः सिध्यति, नाकाशेन तस्य तादृशः सम्बन्धः। वायुनिःसारणयन्त्रेण निर्मारुते हि काचरीत्यादिसमुद्गके स्थितेभ्यः पूर्वं शब्दायमानेभ्योऽपि घटिकादिभ्यो यत्ने क्रियमाणेऽपि शब्दस्यानुपलम्भात्। किंच भूग्रहं परितः कियद्योजनपर्यन्तं वायवीयमावरणं ततः परमप्यधिपरार्धविप्रकर्षे तारकाप्रदेशेऽप्याकाशोऽस्तीति नूनं तार्किकोऽपि स्वीकरोति विभुर्हि तस्याप्याकाशः। वायुमण्डले च संप्लवमानेभ्यो घनीभवद्बाष्पपटलात्मकेभ्यो मेघेभ्यो वैद्युतस्फुलिङ्गोद्भवजन्यं स्तनितमत्रागच्छति न

(वा०) तडिन्मयं वियदिति तत्त्वमेकक विवर्त्तने स्वयमिह तत्तदात्मना।
विवर्त्तने यदघटितं विभाव्यते वदन्ति तत्त्वमिति बुधास्तदेव तु॥ २३॥
अवायुके वियति न यन्त्रयोगतः स्वतः समुद्भवति ततो न संगता।
स्वनस्य सा वियदवलम्बकल्पना स्वनः स्फुटं मरुदवलम्ब इष्यते॥२४॥
प्रभावनीमियमनिलाध्वनः परादग्रहादिकात्सततमुपैति न स्वनः।
प्रभा वियत्तरलतरङ्गरिङ्गणां स्वनं पुनर्विदुरनिलोर्मिकात्मकम्॥ २५॥

पुनः कमपि शब्दं तारकाभ्यस्तासां सन्निकृष्टतमात्सूर्याद्वा ततोऽपि सन्निकृष्टतराद्भौमादेर्वा ततोऽप्यतिसन्निहिताच्चन्द्राद्वा भूमिपृष्ठं समागच्छति। ताराग्रहोपग्रहादिषु परस्परयोगान्महाशब्दतामापद्यमानस्य शब्दराशेस्तु कर्णज्वरकरोऽस्माभिः शश्वदुपलम्भ उचित आकाशस्य शब्दगुणत्वेन च तथोपलभ्येत इति नाकाशस्य गुणः शब्दः किं पुनरनिलस्येति सर्वं समञ्जसम्।

शब्दस्यानिलगुणत्वे हि निरनिलात्पात्राद्वाऽनिलमण्डलबहिष्ठाभ्यस्तारकादिभ्यो वा शब्दानुपलम्भो नानुपपन्नः। न शब्दगुणमाकाशं चेत्क आकाशस्य गुणः स्वीकर्त्तव्यः, आहोस्विदाकाशो नास्त्येवेति चेत्प्रभागुणात्मक आकाश इति गृहाण, विभुर्ह्याकाशस्तारकादिभ्योऽपि प्रभां सर्वत्र प्रकटीकरोति न शब्दमिति दर्शनात्। वारिवहादीनां ज्योतिर्वहधर्मत्वेनोत्प्रेक्षितानां, वायुस्रोतसामवस्थाने तु कालिदासवराहार्कादीनां प्रचुरे चेतस्येवेत्यवधेयम् ॥ १३ ॥

[अधि० ५] दिक्कालयोरिहार्थत्वं पृथगस्ति न वा पुनः।
परत्वादि धियां हेतू स्यातामर्थाविमौ पृथक् ॥ १ ॥
सामान्यवद्भून्येकस्मिन्कल्पना दिगनेहसोः।
अतो न पृथगर्थत्वं तयोरिह समञ्जसम् ॥ २ ॥

तार्किकाणामाकाशं परीक्ष्य दिक्कालावतिदेशमुखेन निरस्यति—

दिक्कालौ सामान्यवत् ॥ १४ ॥

यथा व्यक्तिभ्योऽत्यन्तविविक्तं नित्यमेकमनेकानुगतं सामान्यं नाम वस्तु नाममात्रत्वादित्यदर्शयाम तथैव दिक्कालावपि नाममात्रम्। न हि घटपटादिभ्यो भिन्नाभ्युद्यत्सूर्यसम्मुखीनतदङ्गसङ्गिनी प्राची तद्विप्रकृष्टा प्रतीची नाम सुमेरुसम्मुखीनोदीची नाम कुमेरुसम्मुखीना त्ववाची नाम काचिदेकैवोपाधिभिन्ना दिशापदिशभेदादनेका वा दिक्किल किंचिद्वस्तु घटपटगिरिनगरसागरग्रहतारकाद्यात्मकत्वान्न च कालोऽपि किल चलन्नालिकासूचीप्रभृतिभ्यः परिवर्त्तमानेभ्यो ग्रहोपग्रहादिभ्यो वा विविक्तः कश्चिदर्थः। गुणक्रियाद्यात्मकादेकस्मात्सद्द्रव्यात्तु घनादिवद्दैर्घ्यादि पृथग्विधाय द्रव्यगुणादीन्पदार्थान्कल्पयन्ति तार्किकाः ॥ १४ ॥

(वा०) न जातिरस्त्यधिकरणाद्यथा पृथग्दिशस्तथा न पृथगनेहसा समम्।
इहाद्वयेऽधिकरणभूम्नि कल्पना गुणादित्वत्किल दिगनेहसोरपि ॥ २६ ॥
अदृष्टमित्युदितमपूर्वमेव वा पुरातनं सुकृतमथापि दुष्कृतम्।
तदुद्भवा फलजननी च संस्क्रियाऽथवा स्फुटं मतमसमञ्जसं तु तत् ॥ २७ ॥

[अधि० ६] लयसृष्ट्यादयेऽदृष्टं स्वीकर्त्तव्यमथो न वा ।
अज्ञातहेतुकार्यार्थं कर्त्तव्याऽदृष्टकल्पना ॥ १ ॥
सृष्टेरनाद्यनन्तत्वाज्जीवस्यापुनरुद्भवात् ।
अदृष्टकल्पना व्यर्था सर्वं दृश्यात्प्रसिध्यति ॥ २ ॥

पदार्थपरीक्षाप्रस्तावाद् गुणविशेषत्वेन कल्पितमदृष्टं निरस्यति—

नादृष्टं व्याघातात् ॥ १५ ॥

धर्माधर्मावदृष्टमिति तार्किकाः। कश्च धर्मः कश्चाधर्म इति न ते स्पष्टं निर्ब्रुवते। वर्णयन्ति च तद्धेतुकां जगत्सृष्टिम्। सर्वमिदमत्यन्तं व्याहतं निरस्तं च बादरायणाद्यैः। सृष्ट्यप्ययकल्पनायाः सामान्यतो व्याहतिग्रस्तत्वं द्वितीयाह्निके प्रदर्शयिष्यति! इह पुनरेतावत्प्रष्टव्यम्। अणुभ्यो जगत्सिसृक्षुस्तार्किकोत्प्रेक्षितः शिल्पी किलादृष्टापेक्षां सृष्टिं करोतीति प्रवादः। अणुपरतन्त्रोऽदृष्टपरतन्त्रश्च स शिल्पिवरः स्वतन्त्र ईश्वरादिशब्दव्यपदेश्य इत्यद्भुतव्याहतिका तावत्कथा तिष्ठतु, किंसमवेतं तददृष्टमिति पुनरत्र तार्किका वदन्तु। न शिल्पिसमवेतं तस्याधार्मिकत्वापत्तेर्न चेश्वरस्याधार्मिकत्वं कस्याप्यभिमतं नाणुसमवेतमचेतनेष्वणुषु धर्माधर्मकथाया असम्भवात्। जीवात्मसमवेतत्वकल्पनेऽपि जीवैरभुज्यमानस्य जगदंशस्य सर्गानुपपत्तिः ॥ १५ ॥

[अधि० ७] एक आत्माऽथवाऽनेके परजीवादिनामकाः ।
आत्मानो बहवो दृष्टास्तस्मान्नैक्यमिहात्मनः ॥ १ ॥
जीवा बुद्बुदवद्यस्मात्तस्मादात्मैक एव तु ।
दीर्घतादि घने यद्वत्तद्वद्भेदा इह स्थिताः ॥ २ ॥

दिक्कालौ परीक्ष्यात्मानं परीक्षते—

आत्मैको जीवस्य शरीरायुतसिद्धत्वात् ॥ १६ ॥

एकः परमात्माऽनेके च जीवात्मान इति बहवो विशेषतस्तु तार्किकाः। तत्र यदि नित्यो विभुरात्मेति मतं तदैक एवेदृशः सर्वात्मा परमात्मा वा सिध्यति। स च न ज्ञानाश्रयः किं पुनर्ज्ञानस्वरूप एव। साधितं च तस्य चितिरूपत्वं भूमाध्याये। जीवास्तु शरीरायुतसिद्धास्तन्नाशनियतनाशास्तत्सहोद्भवा इत्यादि कर्माध्याये प्रदर्शि-

---

(वा०) न चाप्ययो भवति न चोद्भवस्तथाऽखिलस्य यज्जगत इहैकदा यतः ।
अतोऽभवन् पृथगणवो न जातुचिन्न शिल्पिना स्वयमथवापि योजिताः ॥२८॥
असंगता प्रभवकथाऽखिलात्मनो न चापरं जनुरपि सिध्यति स्फुटम् ।
निरर्थया तदलमदृष्टवार्तया लयात्परं जगदुदयाय याऽऽश्रिता ॥ २९ ॥

तम् । तदेवात्र स्मारयत्येक एवात्मा विभुर्नित्यश्च प्रकृतिपरात्मसर्वात्माद्यनेकशब्दव्यपदेश्यो जीवानां शरीरायुतसिद्धत्वात्तत्सहोद्भवसहविनाशत्वात् ।

[अतः परमस्याह्निकस्य भाष्यं नोपलब्धम्—सम्पा०]

तस्मिन्द्रव्यत्वादि घन इवास्तित्वादि ॥ १७ ॥

[अधि० ८] मनस्तनोः पृथङ् नो वा पृथगस्त्येव तार्किकैः ।
अणु द्रव्यं हि तत्स्पष्टं प्रतिपन्नं मनीषिभिः ॥ १ ॥
पृथङ्मस्तिष्कनाड्यादेर्मनो नास्तीह किञ्चन ।
मनस्तन्वादितर्कौ हि प्रकृतिप्रत्ययादिवत् ॥ २ ॥

मनो जीववत् ॥ १८ ॥

[अधि० ९] अप्रत्यक्षे वियत्तत्त्वेऽणुभिर्जगदिदं न वा ।
सादृष्टेरणुभिः सर्वमप्रत्यक्षेऽम्बरे भवेत् ॥ १ ॥
प्रत्यक्षतास्ति नभसो न चादृष्टं समञ्जसम् ।
नाप्रत्यक्षेऽम्बरे तस्मादणवो विश्वहेतवः ॥ २ ॥

नाणवः काणभुजाः ॥ १९ ॥

त आकाश उपलभ्यमाने मत्स्या इव वारिणि ॥ २० ॥

शून्यमन्तरे वियतो वस्तुत्वात् ॥ २१ ॥

(वा०) सनातनो विभुरखिलात्मकः सदा विचित्रतां दधदयमेक आत्मनि ।
इहान्वितास्तनुमनु नाशजन्मिनो न शाश्वताः स्वयमथ जीवबुद्बुदाः ॥ ३० ॥
इहाद्वये घन इव सत्त्वदीर्घता गभीरतादिकमखिलं विलोक्यते ।
गुणक्रियाधिकरणजातिवादिनां विशेष इत्यवधृतिरात्मवेदिनः ॥ ३१ ॥
यथा तनोः पृथगिह जीव इत्ययं न कश्चनैवमपि मनो न वा पृथक् ।
तनुमिमां व्यपदिदिशुः कुतार्किका विचक्षुषो द्विपमिव तत्तदात्मना ॥ ३२ ॥
नचाणवो वियति तरन्त उद्भटा अदृष्टतो दधत इतस्ततो गतिम् ।
कियच्चिरं प्रलयमथ क्रमात्ततः प्रयुञ्जते द्व्यणुकमुखं महज्जगत् ॥ ३३ ॥
न संभवत्यणुनिकरे जड़े न वा न चात्मनि स्फुटमतनौ तथाप्यये ।
अदृष्टमित्यसदवकल्पनां मुधावलम्बतेऽम्बरतरुमेष तार्किकः ॥ ३४ ॥

[अधि० १०] शरीरपञ्जरस्थोऽसौ ज्ञाता भवति वा न वा ।
शरीरपञ्जरस्थः स्याद्बाह्यस्य ज्ञानमावहन् ॥ १ ॥
आत्मन्येव शरीरादि सर्वमेष प्रपश्यति ।
अबाह्योऽनन्तरस्तस्मात्कृत्स्नो रसघनो मतः ॥ २ ॥

उभयव्याप्तेरभेदपर्यवसायित्वादुपलम्भोपलब्धयोरभेदः ॥ २२ ॥

सर्वात्मनः स्वात्मनि विषयेन्द्रियसन्निकर्षोपलम्भः ॥ २३ ॥

मनोमुकुरेषु तदुपलम्भेषु सन्निकृष्टोपलम्भान्तरप्रतिफलनम् ॥ २४ ॥

सन्निकर्षविशेषाभावादंशेनांशान्तराग्रहः ॥ २५ ॥

(वा०) प्रभामये वियति झषा इवाम्भसि स्फुरत्तडिद्वपुष इहाणवः परैः ।
प्रकल्पिताः प्रकृतिविदां वरैः परं कियच्चिरं हृदि दधतु स्थितिं विदाम् ॥ ३५ ॥
यथा तथा स्थितिमणवो दधत्वमी वहन्ति ते न तु ननु शून्यमन्तरे ।
तदन्तरे वियदिति वस्तु दृश्यते यदात्मकं सकलमुशन्ति केचन ॥ ३६ ॥
सह स्थितिर्यत उपलभ्यतेऽनयोस्ततो भिदा न भवति वित्तिवस्तुनोः ।
यदोभयप्रतिनियतोभयस्थितिस्तदोभयोर्भवति भिदा न वस्तुतः ॥ ३७ ॥
चिदात्मनि स्फुरति ततस्तु शाश्वतेऽखिलात्मके ननु विषयेन्द्रियादिकम् ।
न तत्स्थितिर्भवति चिदात्मनः पृथक् समस्ततः पृथगथवा चिदात्मनः ॥ ३८ ॥
चिदात्मके मणिमयसालभञ्जिका-समे मनोमणिमुकुरेषु वस्तुतः ।
इहेष्यते प्रतिफलनं द्वयांशयोः समागमे प्रभवति संनिकर्षतः ॥ ३९ ॥
चिदंशयोर्यदि तु न संनिकृष्टता तदा भवेत्प्रतिफलनं कथं तयोः ।
अतोंऽशयोर्भवति न विप्रकृष्टयोश्चिदात्मनः स्फुरमितरेतरग्रहः ॥ ४० ॥
न वस्तुत. पृथगिह वित्तितः स्थितिश्चिदात्मनोऽखिलमुपलब्धिरात्मनि ।
न तस्य तत्तनुमयपञ्जरस्थितेर्निजेन्द्रियैर्बहिरिह वस्तुनो ग्रहः ॥ ४१ ॥
न केवलादिह सहचारतोऽनुमा न शृङ्गयोः परमपरानुमापकम् ।
धनागमेऽप्यभिनवपादुकस्य वा धनानुमा न च नवपादुकाभृताम् ॥ ४२ ॥
विमृश्य तत्किल कतिचिच्चिरन्तनाः प्रपेदिरे प्रतिनियतां स्थितिं द्वयोः ।
स्वभावतः क्वचिदथ कार्यकारण-प्रकर्षतः क्वचिदनुमाश्रयं द्विधा ॥ ४३ ॥
न शिंशपा त्यजति तरुस्वभावतामतस्तरोर्वहति गुणानसाविति ।
चिरन्तनो वदति समञ्जसं न तन्न जातिरस्त्यतिशयिनी विशेषतः ॥ ४४ ॥
अवस्थितिर्घटकचयस्य या परा वदन्ति तां कतिचन कारणाख्यया ।
अमुष्य या स्थितिरिह कार्यरूपतः परे विदुः पुनरिदमेव कारणम् ॥ ४५ ॥

तस्मान्नेन्द्रियेण द्रव्यादेरुपलम्भोऽनुपलब्धपूर्वस्य ॥ २६ ॥

[अधि० ११] कार्यकारणभावाद्वा स्वभावाद्वाऽनुमा न वा ॥
भवेत्तयोरेकतरात्सर्वत्रैवं हि दृश्यते ॥ १ ॥
कार्यकारणयोरत्रानन्यत्वासंगतं न तत् ।
उक्तं त्ववयविज्ञानमनुमायाः प्रयोजकम् ॥ २ ॥

नानुमानं सहचारात् ॥ २७ ॥

कार्यकारणभावात्स्वभावाद्वा ॥ २८ ॥

स्वभावो नाममात्रम् ॥ २९ ॥

कारणमंशावस्थानविशेषः ॥ ३० ॥

कारणकारणत्वादन्यथासिद्धमन्यत् ॥ ३१ ॥

तस्मादुपादानमात्रम् ॥ ३२ ॥

तदनन्यत्वमौपनिषदं बादरायणः ॥ ३३ ॥

नाविर्भावतिरोभावौ योगवियोगौ तु सन्निवेशान्तरे ॥ ३४ ॥

(वा०) अपेक्ष्यते किमपि न कार्यसिद्धये परं यतस्तदिह मुधा त्रिधा विदुः ।
निमित्तमप्यथ समवायि कारणं कुतार्किकास्तदसमवायि चापरम् ॥ ४६ ॥
यदेककं किल समवायिकारणं तदिष्यतां ध्रुवमिह कार्यसिद्धये ।
चिदात्मिकां प्रकृतिमिमां निमित्तमित्यपि स्फुटं प्रवदति बादरायणः ॥ ४७ ॥
न कार्यतोऽपि च विविनक्ति कारणं विदंस्तयोर्ऋषिवर एकतां स्फुटाम् ।
न कार्यतस्तत इह कारणानुमा गवेष्यतामितर इतोऽनुमाश्रयः ॥ ४८ ॥
इहान्यथा भवति च संनिवेशने वियोजनं घटनमथोभयं तु वा ।
तिरोहितिर्न भवति नाप्यथोदयो नवस्य कस्यचिदितरस्य वस्तुनः ॥ ४९ ॥
न कार्यतस्तत इह कारणानुमा यतोंऽशतः सविधगतात्परस्य सा ।
शुचेः स्फुटं भवति कणांश एकको यमंशतोऽनुमिमत एव धूमतः ॥ ५० ॥
कुतार्किका अवयविनो नवस्य यद्ग्रहं विदुः स्फुटमसमञ्जसं तु तत् ।
विभिद्यतेऽवयवसमूहतो यतो न किंचिदप्यवयविनामभाजनम् ॥ ५१ ॥
न योगिनामपि ननु दिव्यशक्तितावधानवानपि नहि पृष्ठतो गतम् ।
पुरः स्थितं त्वतिविशदं निरीक्षते प्रमादवान्नतु पुरतोऽपि पश्यति ॥ ५२ ॥
असंगतं स्फुटमपि दिव्यशक्तिभिर्विभाव्यते निखिलमनन्ययोगतः ।
इतीदृशीर्वियदरविन्दकल्पना हृदालये दधति न पारमार्थिका ॥ ५३ ॥

कार्यपरीक्षया कारणनिर्णयश्चेदसन्निकृष्टावयवानुमानम् ॥ ३५ ॥

अवयविन उपलब्धिरिति चेन्न तस्यवायवसमूहानतिरेकात् ॥ ३६ ॥

[अधि० १२] दिव्यास्ति शक्तिर्योग्यादेर्न वास्त्येव यतस्त्वमी ।
अप्रत्यक्षानुमायोग्यं जानन्ति स्म महौजसः ॥ १ ॥
न प्रत्यक्षानुमा योग्या सा शक्तिर्नास्त्यतः स्फुटम् ।
मूढा गुणातिक्रमाद्यैरेताः कुर्वन्ति कल्पनाः ॥ २ ॥

न योगिप्रत्यक्षमन्यादृशम् ॥ ३७ ॥

विशेषोत्प्रेक्षागुणविलङ्घनमध्यमविपर्यासाद्यहेत्वाभासप्रयोजका वाच्याः ॥ ३८ ॥

इतिषष्ठाध्याये प्रथमाह्निकम् ॥

विशेषस्योत्प्रेक्षा स्थितिमपि तु सामान्यविधया
गुणं वातिक्रम्यानुमितिरथ मध्यानवधृतिः ।
इमे तर्काभासाः स्फुटमनुदिताः प्रत्नकविभि-
र्मुहुश्चित्रं लोके विदधति धियां विप्लवमलम् ॥ ५४ ॥
अतः स्वर्वारस्त्रीसुरतरुविशेषादिकलयं-
श्चिरत्नानां दिव्यां करणपटुतां श्रद्दधदयम् ।
शिशुर्मुग्धो दग्धैरतिशठविडालव्रतवकैः
प्रतार्यारात्कृष्टो व्यसनमनुधावत्यविदितम् ॥ ५५ ॥
इति षष्ठाध्याये प्रथमाह्निकम् ।

षष्ठाध्यायस्य द्वितीयाह्निकम्

[अधि० १] **प्रामाण्यमाप्तवचसामर्थवादेऽस्ति वा न वा।**
ऋष्यादयो हि सर्वज्ञाः श्रद्धेयवचसः सदा॥ १॥
धर्मज्ञा ऋषयः प्राञ्चः सर्वज्ञो नास्ति कश्चन।
अव्याहते विधावेव तस्मादाप्तोऽनुगम्यते॥ २॥

इत्थं प्रथमाह्निके प्रमेयसम्बद्धान्प्रत्यक्षानुमानसम्बद्धांश्च कांश्चिदाभासान्परीक्ष्य सम्प्रति प्रायः शब्दसम्बद्धानन्यांश्च कतिपयानाभासान्परीक्षते। तत्र शब्दस्याप्रामाण्यं न सर्वत्रेत्यनुशासनोपक्रमे दर्शिते तावत्पुनः स्मारयति—

शब्दो नार्थवादे न वा व्याहते विधौ॥ १॥

किमासीत्किमस्ति किं भविष्यतीतीदृशः सर्वोऽर्थवादः केन भवितव्यमिति हेत्वनपेक्षो विधिः। प्रियदर्शीनाम राजाऽभूत्। रघुवंशकारो महाकविरभूत्। सम्प्रत्युपलब्धं रामायणं शतपथादर्वाचीनतरम्। रामेश्वरं दक्षिणतो नातिदूरे सागरस्थः सिंहलः। पृथिवी सार्ङ्घ्रिपञ्चषष्ट्यधिकेन दिनशतत्रयेण सूर्यं पर्येति। जलमाग्नेयजलीयाख्यवायुद्वयघटितम्। अमुकवत्सरस्यामुकमासे सूर्योपरागो भारते दृश्यो भविष्यति। कस्मिंश्चित्काले धरापि चन्द्रवदान्तरोष्मविकला भविष्यति। ईदृशा अर्थवादाः। तेषु च प्रत्यक्षेणानुमानेन वा प्रतिपन्नेष्वसंदेहः। अर्थाभासवादास्तद्भिन्नाः। प्राणायामैः पुरुषस्योड्डयनशक्तिः। मृतशरीरादुत्क्रम्य जीवोऽङ्गुष्ठमात्रो यमसदनद्वारस्थां वैतरणीमेत्य पुरोहितार्पितगोपुच्छावलम्बेन तां तरति। रिक्तां घृतकुम्भीं पूरेऽर्पितां भक्तानुग्रहाय सरिद् घृतेन पूरयति। दाशरथेः सत्त्वं भक्तरूपेण यदाकदाचिद्भूमौ भ्रमति। ईदृशाव्याकृतत्वादर्थाभासवादा न प्रत्यक्षेण नानुमानेन वा साध्याः। अर्थवादेषु शब्दमात्रप्रतिपादितेषु सन्देहः। अर्थाभासेषु तु यस्यकस्यापि शब्दैः प्रतिपादितेष्वसत्यतानिश्चयः सुदृढः। तस्मान्नार्थवादे न चार्थाभासवादे शब्दः प्रमाणम्।

क्व तर्हि शब्दः प्रमाणमव्याहते विधावित्याह। यो हि मातापितृगुरुनृपादेरहेतुको विधिः फलमानय वृषं बधान नृपजन्मदिवसे प्रतिवत्सरं गृहे ध्वजमारोपय

(वा०) विधिषु केवलमाप्तगिरः प्रमा यदि विधेर्विषयः सुसमञ्जसः।
न पुनरर्थवचस्त्वपरीक्षया भवति सत्यमसत्यमथापि वा॥ १॥
द्वयमिह त्रिगुणं खलु षट्समं द्विगुणनेऽस्य चतुः समता मता।
इति न वस्तुविनिश्चितये जनैः परमते रमते ऋजुकोऽपि सन्॥ २॥

तस्करस्य षाण्मासिकः कारादण्ड इत्यादिस्तत्र शब्द एव प्रमाणं नान्यत् किंचित्। फलस्य किं प्रयोजनं भक्तं भक्षय बृषोऽसंयत एव श्रेयान् ध्वजारोपणेन किं दुर्भिक्ष-हानिस्तस्करस्य प्राणदण्डः कुतो नेत्यादि परीक्षा तत्रानुचिता। सहेतुके हेतुपरीक्षा। निर्हेतुकस्य विधेर्न तर्केण प्रत्यादेशो न वा हेतूपलम्भैः समर्थनं ब्रह्मास्त्रबद्धस्य हनूमत इव रज्जुसंयमनम्। हेत्वभावेऽपि भक्तिमात्रमूलस्य विधेर्गरीयसि हेतौ सतीव प्रामाण्यात्। नहि भक्तिर्मातुर्विद्याद्यपेक्षिणी। मातेत्येव तु मातरि भक्तिः। सहेतुके पुनः पित्राद्युक्ते धनाय वाणिज्यं कुर्वित्यादौ संकीर्णे वचसि प्रकरणादिभिरर्थपरीक्षा। विधेर्हि निर्णीतार्थत्वे प्रामाण्यमुक्तं नान्यथा। धनाय वाणिज्यमेव त्वया क्रियमाणमिच्छामि न भृतिकार्यमित्यर्थे तु वाणिज्यादन्यदेव साधुतरं धनसाधनं चेत्स्यान्न वाणिज्यमेवानुसर्तव्यमित्याग्रहः। हेतोः सर्वत्रैवास्ति भविष्यत्यासीदित्यन्यतमस्वरूपत्वात्तदंशस्य न विधित्वम्। वाणिज्यादि धनहेतुरस्ति भविष्यत्यासीद्वा न पुनः पित्रादिवाक्येन तेन धनहेतुना भवितव्यम्। व्याहते पुनरश्रद्धा। पटे पावकं गृहीत्वा समागच्छ, मातरं व्यापादयेत्यादि विध्याभासे तु न कस्यापि श्रद्धोचिता ॥ १ ॥

किमेतेन विचारेणास्मिन्प्रकरण इति चेदाह—

तस्मादव्याहते विधाविति नियमो वाच्यः ॥ २ ॥

नियमद्वयमाचार्यस्याभिमतम्। विधावेव शब्दः प्रमाणं नार्थवादे, इत्येको नियमः। अव्याहते विधावेव तत्प्रामाण्यं न व्याहते विध्याभासे, इत्यपरः ॥ २ ॥

तदवचनमन्येषां दोषमाह—

तदवचनं दोषोऽक्षचरणादीनाम् ॥ ३ ॥

उक्तस्य नियमद्वयस्यानुक्तिर्गोतमादीनां युगान्तरीयाणां दोषः। ते हि शब्दस्य क्व प्रामाण्यं क्व पुनरप्रामाण्यमिति न स्फुटं दर्शयन्ति। ततश्च तेषामद्यतना दायादा 'अहरहः सन्ध्यामुपासीत' इति स्मार्त्तविधेर्मद्यसागरादिस्थितेः पुराणादिवर्णितायाश्च समं प्रामाण्यमङ्गीकुर्वन्तो विमुह्यन्ति। तेषामपि नियमद्वयस्वीकारे पुनर्न विवादः ॥३॥

ननु ये किलास्मदादयो न सर्वज्ञास्तेषां वचनं विधौ वाऽर्थवादे वा प्रमाणं भवितुमर्हति। ऋषयः पुनः सर्वज्ञास्तथा च तैरुक्तानां विधीनां वाऽर्थवादानां वा प्रामाण्ये कस्य विवाद इति चेदाह—

पूर्वजाः साक्षात्कृतधर्माणो न सर्वज्ञाः ॥ ४ ॥

'साक्षात्कृतधर्माण ऋषयो बभूवुस्तेऽवरेभ्यो साक्षात्कृतधर्मभ्य उपदेशेन

(वा०) नियतमाप्तगिरामनुपालनं विधिचये विदधीत समञ्जसे।
अनियमोऽक्षपदाद्यविवेकतो विनियमस्त्वयमस्त्वनयद्विषाम् ॥ ३ ॥

मन्त्रान्संप्राहुरुपदेशाय ग्लायन्तो विल्मग्रहणायेमं ग्रन्थं समाम्नासिषुर्वेदं च वेदाङ्गानि च' इति प्राञ्चः। अव्याहता चेयं तेषामुक्तिरिति तत्र श्रद्धा। पित्रादिभिर्हि विज्ञानाल्पत्वेऽपि धर्मसाक्षात्कारः कर्त्तुं शक्यते। को धर्मः कश्चाधर्म इति हि वयःपरिणतिमात्राधीनम्। बाल्येऽनुपजातज्ञानाङ्कुरो न धर्मं प्रायो जानाति। तारुण्ये तं विजानन्नपि कामादिवशादजानन्निव प्रवर्तते। परिणतवयाः पुनरनष्टबुद्धिः प्रायो धर्मस्य चाधर्मस्य च विवेकं सम्यक्कर्त्तुं शक्नोति। न सत्यवादासत्यपरिहारव्यभिचारवर्जनादौ महतः कापि विज्ञानस्यापेक्षा गणितादाविव। मानुष्यकं व्यक्तिवत्। यथा व्यक्तिजीवने तारुण्योद्धतिमतिक्रान्तमात्रः प्रायो विज्ञातुं क्षमते किं स्वरूपं धर्मस्येति तथा मानुष्यकेऽपि वन्यमौद्धत्यमतीत्यैवाद्यतनानां युगान्तरीयाः पूर्वजाः सर्वेषु देशेषु धर्मोऽयमधर्मोऽयमिति विविच्य—

'धृतिः क्षमा दमोऽस्तेयं शौचमिन्द्रियनिग्रहः।
धीर्विद्यासत्यमक्रोधो दशकं धर्मलक्षणम्'॥

इतीदृशान्विश्वजनीनान्सनातनान्धर्मान्प्रथममवसरानुरूपैः पृथगुपदेशैस्ततश्च ग्रन्थकारैः सदा सुलभैः कालक्षमैरुपायैः प्रचारयन्ति स्म।

तथाऽऽचाराः यथा च सत्यादयः सनातना विश्वजनीना अवैकल्पिकाश्च धर्मास्तैरुपदिष्टास्तथैव देशकालजात्यादिभिन्ना असनातना अविश्वजनीना अनेकविकल्पाश्च संस्काराद्या आचारा अपि तैर्लोकप्रथाद्यनुसारिणोऽनुशिष्टाः। आधिकरणिकपितृवच्चेदम्। यथा स्वस्य पिताप्यधिकरणे व्यवहारनिर्णयं कुर्वन्न पिताऽयमित्यभिमानाद्देवदत्तेनोपगम्यः सर्वात्मीयं हि तत्तस्य कार्यं तदानीं च नासौ ममत्वेन पुत्रादीनुपलालयति वा शत्रून्निरस्यति वा। स एवाधिकरणाद्गृहागतस्तु पुत्रमुपलालयति भोजयति च न पुनः सर्वान्समागतांस्तादृशेन वत्सलेन चक्षुषा पश्यति। देवदत्तोऽपि तं धाष्टर्येनोपगच्छति पिता ममायमिति। तथैव सत्यादिषु सर्वात्मीयेषु धर्मेषु न पूर्वजोक्तेष्वेव श्रद्धा परोक्तेषु त्वश्रद्धा। धारणाद्धर्मो ह्येकरूपः सर्वेणोक्तः सर्वस्य श्रद्धेयो न वैकल्पिको नहि पित्रैवाधिकरणिकेन सता कृतं नियमं जनः स्वीकरोति न त्वन्यैरिदमिति नियमः। संस्कारादौ पुनः स्वस्वस्मृत्याद्युक्तत्वे श्रद्धा नान्यथा पितरि वात्सल्यं हि स्वस्य पिताऽयमित्येव न पुनरयमाधिकरणिक इत्यपेक्षया।

क्रमस्तु विज्ञाने। धर्मेषु सनातनेषु न महतो विज्ञानस्यापेक्षा। षोडशभाषा-

(वा०) विदितधर्मपथा ऋषयोऽभवन्निति वचः स्मर यास्कमुनेः सखे।
जगति सर्वविदः पुरुषाः परं जिनमते न मते श्रुतिसेविनाम्॥ ४॥
न पुनरल्पविदोऽपि पितुर्विधीन्न गणयन्ति सुताः पितृवत्सलाः।
गतभयोऽपि हि वस्तुपरीक्षणे विनयतो न यतोऽल्पमपि स्खलेत्॥ ५॥

भिज्ञस्यापि मद्यपानादिदर्शनादनतिविज्ञस्यापि मातृभाषामात्रपरिचितस्य धार्मिकत्वदर्शनात्। धर्मशास्त्रज्ञानमपि न धर्मस्य शरणं तज्ज्ञानवतोऽप्यधार्मिकत्वात्। तस्मान्नात्र क्रम एतावति गणितादिविज्ञाने सत्येव धर्मज्ञानमिति। विज्ञाने तु क्रमापेक्षां पश्यामः। न हि गुणनं विभजनाद्यपेक्षितं विज्ञानमनासाद्य कोऽपि चतुराहतवर्गसमरूपैः पक्षद्वयं गुणयेत्, अव्यक्तरूपवर्गैर्युक्तौ पक्षौ ततो मूलमित्युक्तोऽपि मध्यमानयनं कर्तुं शक्नोति।

नहि भाषामात्रज्ञानापेक्षमाचारशास्त्रमिदं न वा तदज्ञानेऽपि मानुष्यकमात्रसुलभेन विवेकेन धर्माधर्मयोः सत्यासत्यादिरूपयोः परिचयोऽयम्।

तथा च यावद्गणितविज्ञानं वाष्पयानविद्युद्वाहनादिनिर्माणमपेक्ष्यते तावतस्तदानीमभावाद्युगान्तरीयाणां वाष्पयानादिनिर्माणकौशलमसंभाव्यम्। एवं ज्योतिर्विज्ञानादौ दीर्घवृत्तादिगणिताज्ञानात्प्राचां ग्रहगत्यादिपरिचयो न साधीयान्। तच्च तद्ग्रन्थदर्शनात्स्फुटमनुमीयते। अतो न तेषां सर्वज्ञत्वम्। धर्मज्ञत्वं तु दर्शितमङ्गीकृतं च तदीयधर्मशास्त्रादिभिः प्राच्यैश्च। आर्हती चेयं प्रतिपत्तिः सर्वज्ञाः केचित्पूर्वजा इति, न पुनरस्मदीयानाम्। तस्मान्न सर्वज्ञत्वेनापि पूर्वजार्थवादेषु पूर्वजोक्तित्वमात्रेण श्रद्धा। न च तेषामल्पज्ञत्वे भक्तिहानिः। स्वस्वपूर्वजेषु स्वपूर्वजत्वेन भक्तिर्न तु विज्ञत्वेन सर्वज्ञत्वेन वा। न हि मातरमवाचालां प्राकृतमात्रपरिचितां स्वधर्ममात्राभिज्ञामभक्तिविषयत्वेन विज्ञाय षोडशभाषाज्ञानवतीं षोडशधर्मक्रमनिरासस्वीकारकारिणीं वाचालतमां कुलटां कोऽपि तद्विज्ञानगौरवेण पूजयति पूजयन्वा श्लाघ्यो भवति। वाचालत्वाधिगमाय भाषादिज्ञानाय विज्ञानाधिगमाय वा सत्यामपेक्षायां वा यः कश्चिद्यं कंचिदाश्रयेत्। मातापित्रादिभक्तिं पुनर्नामिमात्रादौ कोऽपि संक्रमयितुमर्हति॥ ४।

[अधि० २] प्रमाणं त्रितयादत्रातिरिक्तं संभवेन्न वा।
ऐतिह्यादेः प्रमाणत्वात्संभवेदेव सर्वथा॥ १॥
केषां चिदन्तर्भावोऽत्र त्रयेऽन्येषाममानता।
त्रयमेव प्रमाणं तदतिरिक्तं न संभवेत्॥ २॥

इत्थं प्रमाणत्रयसम्बद्धान्कांश्चिदाभासान्निरस्य प्रमाणानां त्रयाधिक्यं निरस्यति—

त्रितयातिरिक्तोत्प्रेक्षा पुनरुक्तिर्व्याहतिर्वा॥ ५॥

प्रत्यक्षानुमानाप्तशब्दातिरेकेणोपमानमैतिह्यमर्थापत्तिसंभवमनुपलब्धिं च प्रमाणानि कल्पयतां पुनरुक्तिर्व्याहतिर्वा दोषः। गोसदृशो गवय इति देशविशेषे

(वा०) अनुपलब्धिजनश्रुतिसंमितं यदपि मानमुशन्ति चिरन्तनाः।
त्रितयतोऽभ्यधिकं विनिरस्यतां चिरमयं रमयन्भ्रम एष वः॥ ६॥

व्यपदिश्यत इति शब्दादनिश्चितो व्यपदेशाग्रहः। क्रमेण व्यपदेशोपलम्भाद्द्रढीयांस्तत्स्मरणाख्यं मानसप्रत्यक्षं वहता गोसदृशं जन्तुं वने प्रत्यक्षत उपलभ्यायं जन्तुर्वक्तुमभिमत इति स्मरणान्तरं हस्तिदर्शनेन हस्तिपकस्मरणमिव। तस्मान्नोपमानं प्रमाणम्। ऐतिह्यं शब्दमात्रमनिश्चितार्थज्ञापकमप्रमाणम्। पीनोऽयं देवदत्तो दिवा न भुङ्क्ते तद्रात्राववश्यं भुङ्क्त इति पीनत्वात्तथानुमानमेत्यर्थापत्तिरपि न प्रमाणान्तरम्। संभवस्तु व्याहतदिव्यदृष्ट्यादिविषयो न प्रमाणमनुमितस्त्वनुमानप्रामाण्येनैव प्रामाण्यवानिति तर्कपरीक्षायां दर्शितम्। नास्ति घटोऽनुपलब्धेरित्यनुपलब्धिरपि न प्रमाणान्तरम्, प्रत्यक्षेणैव गतार्थत्वात्। नहि नरं पश्यन्नरोऽयमिति प्रत्यक्षेण वदन्नायं गर्दभ इति प्रतिपत्तये वेदवाक्यं वा प्रमाणान्तरं वा कश्चिदपेक्षते। तथा घटभिन्नवनगिर्याकाशादिमयं देशविशेषं कालविशेषं चोपलभ्य तस्मिन्देशे काले च घटो नास्तीति प्रतिपत्तये कः प्रमाणान्तरमपेक्षते ॥ ५ ॥

त्रितयातिरिक्तप्रमाणस्वीकारः प्रायः प्रमाणशब्दार्थानभिज्ञैर्बालैरेव कृत इति तन्निरासविस्तरं नात्र बहुमन्यते, किं च तन्त्रान्तरीयैस्तादृशो विस्तरो दर्शितोऽपीत्याह—

विस्तरेण निरस्तान्यैः ॥ ६ ॥

त्रयातिरिक्तप्रमाणोत्प्रेक्षा सांख्याचार्यादिभिर्निरस्तेति संक्षिप्यैव तन्निरासमाचार्यो व्यधित ॥ ६ ॥

[अधि० ३] **साम्यवैषम्यरूपे स्तो लयसृष्टी न वा पुनः।**
कापिलानामिव स्यातां सर्वस्यैते समञ्जसे ॥ १ ॥
अव्ययो ह्ययमश्वत्थो न :सर्वस्य भवाप्ययौ।
एकस्य नाशे सन्त्यन्ये क्रमनाशाविशालिनः ॥ २ ॥

एवं प्रमाणेष्वाभासान्निरस्य सृष्टिवादं तन्त्रान्तरीयकल्पितं निरस्यति—

न साम्यावस्था हेत्वभावात् ॥ ७ ॥

सत्त्वरजस्तमसां साम्यावस्था प्रकृतिरिति सांख्यास्तदनुसारिणश्च। वैषम्यं च सृष्टिः। तच्च वैषम्यं पुरुषसन्निधिहेतुकं चेत्पुरुषस्य सततसान्निध्यात्सृष्टिसातत्यम्। न चान्यो हेतुर्गुणक्षोभस्य संभाव्यते। किं च सृष्टिर्भोगाय वाऽपवर्गाय वोभयस्मै वा। भोगाय चेज्जडायाः प्रकृतेः कीदृशो भोगः, पुरुषस्य भोग इति चेद् भोगदुःखोद्देशेन सततं सृष्टिः प्रवर्ततां किमप्ययेन। उभयस्मै चेद् भोगदुःख-

---

(वा०) प्रकृतिरस्ति सदा पुरुषोऽपि चेत्कथमथो कपिलस्य भवाप्ययौ।
न गुणसाम्यनिमित्तमवेयते प्रकृतिरस्तु निरस्तु कथं न सा ॥ ७ ॥

मुत्पाद्य पुनरपवर्गसुखप्रदानं 'प्रक्षालनाद्धि पङ्कस्य दूरादस्पर्शनं वरम्' इति न्यायाद् भोगदुःखदायाः सृष्टेरनुद्भव एव साधीयान्। तस्मात्सृष्टिवादो व्याहतः ॥ ७ ॥

हेत्वन्तरमपि दर्शयति—

अव्यक्ताद् व्यक्तं कपिलस्येति चेद्विपर्ययोऽपि बाष्पवारिवत् ॥ ८ ॥

साम्यावस्थायां विशेषा अव्यक्ता वैषम्ये पुनस्तेषामाविर्भाव इति कापिलाः। तत्र वारिणस्तप्ताद्वाष्पो बाष्पाच्च शिशिरीभवतो जलमिति जलस्य हेतुर्बाष्पो वा वाष्पस्य हेतुर्जलं वेति न कश्चिन्निश्चेतुं शक्नोति, तथैव व्यक्ताद् व्यक्तमव्यक्ताच्च व्यक्तमिति स्थितौ कथमादिसिद्धः किलाव्यक्तादेव व्यक्तमुद्भवतीति नियमयति। व्यक्ताव्यक्तयोः का प्रकृतिः का विकृतिरिति न पुनर्व्यतिरेकहेतुं कंचित्पश्यामः ॥ ८ ॥

किं च—

न सृष्टिर्नाप्ययः सर्वस्य ॥ ९ ॥

तत्तद्व्यक्तिविशेषाणामेकस्यानेकेषां वा नाशे दृश्यमानेऽपि सर्वेषां विशेषाणामयुगपज्जन्मनां युगपज्जन्मनां च युगपद्वृत्तीनामयुगपद्वृत्तीनां च नाशयौगपद्यमनियतमिति कथमादिसिद्ध उत्प्रेक्षितवान् ॥ ९ ॥

एतदेव स्पष्टयति—

सृष्टेरयौगपद्यादेकाप्ययेऽप्यन्यावस्थानम् ॥ १० ॥

सृष्टिर्हि नैकदैव सर्वेषां वस्तूनामयुगपज्जन्मनां भिन्नायुषामेकद्वित्रादिनाशेऽप्यन्यरूपेणावस्थायिनां सर्वेषां विशेषाणामेकदैव विनाशाद्वा क्रमादेकैकनाशाद्वा कदापि कार्त्स्न्येनाप्ययः कथमनुमीयताम्। नहि चैत्रस्य कलियुगीयस्य हरिश्चन्द्रेण कृतयुगीयेन सहोद्भवः सहविनाशो वा। न वा कृतयुगीयानामेकैकशो नाशादद्य न कोऽपि जगत्युपलभ्यते। नह्येकस्य नाशेनान्ये तिष्ठन्ति न वा जायन्ते तस्मान्न कृत्स्नाप्ययः संभाव्यः। कृत्स्नाप्ययाभावात्कृत्स्नसृष्टिरपि नेति वैषम्यं शाश्वतमितिसिद्धम् ॥ १० ॥

संवादं चात्र दर्शयति—

अव्ययोऽश्वत्थ इति वासुदेवः ॥ ११ ॥

'अश्वत्थं प्राहुरव्ययम्' इति वदञ्जगद्वैचित्र्यमनाद्यनन्तं वासुदेवोऽपि स्वीकरोति ॥ ११ ॥

भवति बाष्प इहाम्बुचयाद्यथा भवति बाष्पचयोऽपि तथाम्बुनः।
प्रकृतिता कतरस्य तदस्त्वदः कपिलयेव लयेऽत्रगमिष्यति ॥ ८ ॥
न भविता भुवि तापविमोक्षणं युगपदङ्ग पदं गहनं हि तत्।
असमता ममतान्यनिशं गुणैः सकलया कलया न भवाप्ययौ ॥ ९ ॥

[अधि० ४] संशयादिग्रहः साधुरार्हतानां न वा पुनः ।
सर्वं तीर्थंकरैरुक्तं सर्वज्ञैः स्यात्समञ्जसम् ॥ १ ॥
सर्वज्ञत्वं न कस्यापि संशयादिग्रहस्ततः ।
विरुद्धो युक्तिभिर्हन्त नाङ्गीकार्यः कथंचन ॥ २ ॥

कापिलान्निरस्यार्हतान्परीक्षते—

संशयसर्वज्ञतालोकाकाशादि व्याहतमार्हतानाम् ॥ १२ ॥

स्यादस्ति नास्तीत्यादि सप्तभङ्गीसंशयो जिनानां सर्वज्ञत्ववाद आलोकाकाशगमनं मुक्तिरितीदृशा आर्हतानां जैनानां वादा व्याहताः ॥ १२ ॥

[इतः परं भाष्यं नोपलब्धमस्याह्निकस्य–सम्पा०]

[अधि० ५] कारुण्यपरमा युक्ता सौगती कल्पना न वा ।
सर्वत्यागपरा युक्ता कल्पनासौ भवेद्ध्रुवम् ॥ १ ॥
शून्यकर्मगृहत्याग-श्वापदानुग्रहादिभिः ।
व्याहता कल्पना सेयं स्फुटमेवासमञ्जसा ॥ २ ॥

शून्यस्वलक्षणदुःखक्षणिकत्वादि सौगतानाम् ॥ १३ ॥

[अधि० ६] लोकायतं मतं सम्यङ् न वा सम्यगिदं स्फुटम् ।
विनिश्चितं हि प्रत्यक्षं व्यक्तेः स्वार्थैषणा तथा ॥ ३ ॥
ऋणादिमूर्खताग्रस्तमालस्यात्सर्वनाशकृत् ।
नेदं मतं समीचीनं परमात्माद्यवेदनात् ॥ २ ॥

(वा०) जगदिदं चलपत्रमतोऽव्ययं वदति सोऽपि धनञ्जयसारथिः ।
निखिलसृष्टिलयं वदतः सतामरुचिरे रुचिरं तु कथं मते ॥ १० ॥
सकलसंशयवादमुशन्नसौ जिनकुलस्य तथा सकलज्ञताम् ।
कृमिषु हा मनुजेष्विह चार्हतः कृतदयस्तदयं समुपेक्ष्यताम् ॥ ११ ॥
क्षणिकतामखिलस्य च दुःखतामपि विदन्सकलस्य च शून्यताम् ।
अपिदधे सुगतानुगतस्तनुं करुणयाऽरुणया किल कन्थया ॥ १२ ॥
सकलशून्यकथोऽपि पुनर्जगौ निरयनाकसुरासुरकल्पनाम् ।
अपि वदन्नसमञ्जसतानिधिर्न सुगतोऽसुगतो भगवानसौ ॥ १३ ॥
पितृकलत्रसुतादि परित्यजन्न सुगतः समखिद्यत जातु यः ।
अबलयत्स तरक्षुकुटुम्बिनीं स्वपिशितेऽनशितेन कृशां कथम् ॥ १४ ॥
तनुरियं नियतं सकलात्मनः कथमिमां पशवे विसृजेद्बुधः ।
भगवदीयधियं कुरु तत्तनौ न ममताममता सुधियां हि सा ॥ १५ ॥

परमात्मज्ञानं प्रत्यक्षैकवादित्वं च चार्वाकाणाम् ॥ १४ ॥

[अधि० ७] नराद्याकारता देवादीनां युक्तियुता न वा ।
नरवानरसिंहर्क्षाद्याकारास्ते श्रुताः स्मृताः ॥ १ ॥
नराद्याकारता नैव सूर्यादीनां न वा पुनः ।
निराकृतित्वं किन्त्वेषां गोलाद्याकारता स्फुटा ॥ २ ॥

नराद्याकारनिराकारादिवादो वाद्यन्तराणाम् ॥ १५ ॥

[अधि० ८] सर्वस्यास्य नियन्ता च कारणं चास्ति वा न वा ।
अस्तीश्वरोऽस्याः प्रकृतेर्नियन्ता कारणं तथा ॥ १ ॥
यतः स्वनियतैषा च स्वयम्भूर्ब्रह्मरूपिणी ।
प्रकृतिर्नास्त्यतोऽन्यच्च तस्मान्नेशः परः पृथक् ॥ २ ॥

न कारणैक्यान्न नियमादीश्वरसिद्धिः ॥ १६ ॥

न पुरुषः क्लेशाद्यपरामृष्टः ॥ १७ ॥

(वा०) अनुमितेर्विमुखा ऋणकौशलादघृतलिहः किल जीवमतानुगाः ।
यदधमर्णपदं सुखमुत्तमं निजगदुर्जगदुन्नतयेऽस्तु तत् ॥ १६ ॥
अनुमितावरुचिं दधतः परां ननु चिरादधुनापि तदङ्गजाः ।
खचरताद्यवयन्ति नरादिषु भ्रमहता महतामिह शब्दतः ॥ १७ ॥
अपि नरानखिलान्खलु दृष्टवानसि न ते खचरा इति वक्षि यत् ।
इति जनं परिभर्त्स्य ऋणैरमी खचरणे चरणे विनियुञ्जते ॥ १८ ॥
ननु जनश्रुतिभक्तिपरायणा निभृतनास्तिकतोपहता मुदम् ।
वहथ शिल्पकलाद्यरयो विटाः किमवनीमवनीय वियत्यथ ॥ १९ ॥
रविशशिक्षितिभौममुखान्सुरान्सुरवरं सकलात्मकमेव वा ।
अतनुजन्तुतनूंवहतु ब्रुवन्नयनयोरनयोरलमञ्जनम् ॥ २० ॥
न तनुतस्तनुमानतनुः पृथङ् न सकलात्सकलात्मक ईश्वरः ।
तिमिरदग्धदृशः शशियुग्मतोऽप्यसमसारमसारमिदं मतम् ॥ २१ ॥
नियतयोगवियोगवशाज्जगत्परिणमत्यलमेतदनुक्षणम् ।
पृथगतो मनसाप्यथवा स्वनैर्जनयतो नयतः स्थितिरीक्ष्यते ॥ २२ ॥
जलमरुत्प्रतिघातभवैस्तटो दलति वीचिचयैरिति दृश्यते ।
क इव वेत्तु ततः स्फुटफूत्कृतीर्भुजगराजगराभिहतीरपाम् ॥ २३ ॥
न पितरौ कलशस्य न वा शिशोस्तरुलताप्रभृतेरपि शिल्पकृत् ।
हतविवेकतया विविनक्षि नो जडमते किमकृत्रिमकृत्रिमम् ॥ २४ ॥

एवमन्येऽपि हेत्वाभासाः ॥ १८ ॥

[अधि० ९] विधित्वं स्यात्फलापेक्षं न वा श्रौतादिकर्मणाम् ।
पुत्रवृष्ट्यादिहेतुत्वात्फलापेक्षं भवेत्स्फुटम् ॥ १ ॥
अन्यथासिद्धता तेषां फले दृष्टा मनीषिभिः ।
निष्कामं तदनुष्ठानं प्रीत्या वाथ भयेन वा ॥ २ ॥

कर्म श्रौतादि विधिमात्रं तस्य सफलत्वं व्याहतं कर्मवादिनाम् ॥१९॥

प्रत्यक्षानुमानबाधाच्च ॥ २० ॥

न श्रद्धया गोर्दुग्धं दुग्धात्तु श्रद्धा ॥ २१ ॥

तस्मात्तस्याफलं विधित्वं प्रतिष्ठापटादेरिव ॥ २२ ॥

कर्तव्यत्वं त्वकाम्यानां तदाचारैः ॥ २३ ॥

सदाचारस्य चरणादिनिर्णायकत्वमात्रम् ॥ २४ ॥

श्रुतिस्मृत्यादिव्यवस्था ॥ २५ ॥

(वा०) प्रकृतिरङ्ग न कस्यचिदन्विता रुचिमियं भजते रुचितं जनः ।
अरुचितं तु जहाति ततः सुखे सुररुचीररुचीरुपलम्भये: ॥ २५ ॥
सुविदिता नियतेरनियम्यता न दहनः शिशिरः किल कस्यचित् ।
यदि नियन्तृ भवेन्नियतेरसावशिशिरः शिशिरोऽस्य कृते भवेत् ॥ २६ ॥
न तरुरेक इहाम्रमधूकयोर्न च नरस्य खरस्य पितेककः ।
भवतु विश्वपिता कथमेकको भ्रमरतोऽमरतः परितुष्यति ॥ २७ ॥
न धरणेरपि शासक एकको न भगणस्य च केन्द्रमिहैककम् ।
अमितविश्वगणस्य नियामकं कथमुदेतु मुदे तु तवैककम् ॥ २८ ॥
अतिविधीन्कुरुषे फलवाञ्छया यदि तदा विफलांशमयि त्यजेः ।
श्रुतिरवैनं पयोदविजृम्भणं भण तया स्तुतयास्तु किमु स्रुचा ॥ २९ ॥
सुदृढभावनयैव विधेः फलं पृथुकवाक्यमिदं त्वसमञ्जसम् ।
न पयसो ननु पोत्रिणि गोभ्रमः कितव हे तव हेतुरलं भवेत् ॥ ३० ॥
अफल एव विधिस्तत उच्यते न फलमिच्छसि किं नु वणिज्यता ।
कुरु निजाप्तविधीनफलेच्छया विनयवान्न यवानपि तम्भजेत् ॥ ३१ ॥
विनियताः श्रुतयः स्मृतयस्तथा किमनुगच्छसि तास्तु परोचिताः ।
कुरु निजाप्तविधींस्तु विनिर्णयन्नयि सदाचरणाच्चरणादिकम् ॥ ३२ ॥
परिणये शरणीकुरुते मनुं जलधियानविधौ तु पराशरम् ।
श्रुतिषु शुक्लयजूंषि च यस्त्यजेः सतमसं तमसंगतिवल्लभम् ॥ ३३ ॥

[अधि० १०] हित्वा स्वधर्ममन्यस्यावलम्बः शस्यते न वा ।
श्रेयस्त्वेऽन्यस्य धर्मस्यावलम्बः किं न शस्यते ॥ १ ॥
वाणिज्यशून्यो धर्मो यत्तारतम्यविवर्जितः ।
तस्मात्स्वधर्मे निधनं तुष्टाव वसुदेवजः ॥ २ ॥

आराधनादिविपर्यासो भक्त्याभासः ॥ २६ ॥

शून्यवादो मायावादो नराकारवादो निराकारवाद इत्यादिर्ज्ञानाभासः ॥ २७ ॥

तदनुसरणासंभवेऽप्यनुसरणोक्तिः पराभिमुखीकारश्च दम्भः प्रमादो वा ॥ २८ ॥

धर्मापदेशात्कलिर्धर्माभासः ॥ २९ ॥

विध्यर्थवादाभेदो व्याहतानुसरणमव्याहतोपेक्षा च सर्वाभासमूलम् ॥ ३० ॥

[अधि० ११] विकाशो हीनता वापि जनानां पूर्वजक्रमात् ।
हीनता सर्वथा स्पष्टं पूर्वजा हि महाधियः ॥ १ ॥
औत्सर्गिको विकासोऽत्र हीनता यत्र कुत्रचित् ।
निर्धूय हीनतां तस्माद्विकाशाय प्रयत्यताम् ॥ २ ॥

(वा०) पितृसमं निजधर्ममुदस्य ये हतधियः परधर्ममुपासते ।
विहितभक्तिविपर्ययदुर्णया अमतयो मतयोधपरास्तु ते ॥ ३४ ॥
कलय शून्यमवेह्युत मायिकं जगदिदं भगवांस्तु निराकृतिः ।
पशुनराकृतिरेव स वा भवेन्मतमुदेतु मुदे तु कथं न्विदम् ॥ ३५ ॥
क इव शून्यमवंत्युत मायिकं युवतिमोदकवित्तमुखं जगत् ।
सकलभोगमुशन्निभृतं मठे यतिरयं तिरयत्यपरान् गिरा ॥ ३६ ॥
स्वयमधर्मपराः कलिवाञ्छया दधति धर्मधुरां कितवा भुवि ।
अचलधर्ममतिर्मतवादितां न वहतेऽत्रहतेक्षणकिल्विषः ॥ ३७ ॥
विधिगिरोऽर्थगिरश्च पृथङ्न यो न च समञ्जसमप्यसमञ्जसम् ।
प्रविविनक्त्यसमञ्जसतानिधिः स नरकं नरकण्टक ऋच्छति ॥ ३८ ॥
विकसति क्रमतः सतनुस्तनुर्जनकयोगभवा भुवनेष्वलम् ।
अवरजे नियतावनतिः स्थिता गतिमिमां तिमिमांसलधीर्जगौ ॥ ३९ ॥
विदितमत्र कलादि यदेकदा ध्रुवमवेहि न तद्भुवि लुप्यते ।
अनुपयोगहतं तदुपेक्ष्यते न पुनरस्य नरस्य तदेषणा ॥ ४० ॥

क्रमविकाशः शरीरस्य सत्त्वस्य च ॥ ३१ ॥

अविलोपो ज्ञातस्य ॥ ३२ ॥

अवस्थापकर्षात्प्रमादाच्च निरोधः कादाचित्को विकाशस्य ॥ ३४ ॥

[अधि० १२] एतद्दर्शनतत्त्वानि पूर्वद्दृष्टानि वा न वा ।
न दृष्टान्येव भिन्ना हि गतिरस्योपलभ्यते ॥ १ ॥
दृष्टानि पूर्वजैर्नूनमृषिप्रभृतिभिश्चिरात् ।
संग्रहोऽत्र कृतस्तेषां स एवाभिनवः स्फुटम् ॥ २ ॥

ऋष्युपनिषद्वासुदेवबादरायणवैश्वानरपूर्वत्वमनुशासनस्य ॥ ३४ ॥

मन्त्रः पैतृकः समाम्नायः स्वीयः ॥ ३५ ॥

सर्वं तु सर्वात्मीयम् ॥ ३६ ॥

प्रमत्तव्याख्यातृविकलीकृते जगत्याभासनिरासोऽनुशासनस्य परमं प्रयोजनम् ॥ ३७ ॥

(वा०) फलकृते ननु बीजमपेक्ष्यते विफलबीजधरः खलु बालिशः ।
अखिलबीजनिभाः श्रुतयोऽपि चेदफलिनीः फलिनीरिव ताः क्षिपेः ॥ ४१ ॥
जरठताऽऽशु फलस्य विरोधिनी जयति हा भवतोऽलसताथ वा ।
अयि नवीकुरु वाङ्मयमात्मनो भवद्धितेऽवहितेन हृदा सखे ॥ ४२ ॥
अथ विकासनिरोध उदेति चेदनवधानवशाज्जनतासु वा ।
पुनरिहावहितास्तु वितन्वते भुवि कला विकला न भवन्ति याः ॥ ४३ ॥
ऋषिरुपनिषदश्च वासुदेवः स च भगवानथ बादरायणश्च ।
सुविमलमतिरार्यवल्लभश्च प्रकटममी परमार्थिनश्चिरत्नाः ॥ ४४ ॥
उपदिदिशुरमी पृथक् पृथग्यत्पितृचरणैर्गुरुभिश्च यत्तथोक्तम् ।
अखिलमिति परीक्ष्य तत्प्रणीतं नवमनुशासनमेतदात्मतुष्ट्यै ॥ ४५ ॥
अयं समाम्नाय उदेति पूर्वजोपदेशमन्त्रानवलम्ब्य निर्मितः ।
जनादितो भूम्नि भवात्मकोऽर्पितो यदात्मिका यस्य समष्टिरूर्जिता ॥ ४६ ॥
चिरन्तना ये परमार्थदर्शिनो न मूलतत्त्वे विमतिर्ममेह तैः ।
विशेषनिष्ठा विमतिस्तु तैः स्थिता विपर्ययोऽस्याभपरैस्तु दृश्यते ॥ ४७ ॥
ऋष्यादयः स्वसमयेषु परीक्ष्य तत्त्वान्याभासजालमधुवन्सुधियः स्वशक्त्या ।
अव्याहतानि वचनानि परीक्ष्य तेषामूरीकरोति परमार्थपरः सुमेधाः ॥ ४८ ॥
यद्व्याहतं तु विहितं जनतासु हन्त ऋष्यादिनामभिरपि प्रसभं स्वचित्तात् ।
एतन्निरस्य सुमतिः परमार्थभक्तः सम्यग्विवर्धयति तत्पितृभिः कृतं यत् ॥ ४९ ॥

ऋष्यादयः प्राच्यामाभासनिरासका उक्ताः ॥ ३८ ॥

तदुक्तीस्तदासांश्च परमार्थभक्तोऽप्रमादेन व्याहताव्याहते विविच्य संगृह्णाति ॥ ३९ ॥

शब्दाः प्रमाणमनुक्रमणीपण्डितानामत्र संवादमात्रार्थम् ॥ ४० ॥

प्राचीनतरत्वे प्रशस्यताल्पसाधनत्वात्कार्यं त्वर्वाचीनतमैः साधनाधिक्याद्वस्तुन उत्कर्षात् ॥ ४१ ॥

सपरीक्षा प्रवृत्तिस्तु सर्वत्र ॥ ४२ ॥

(वा०) सर्वेऽपि नैव चिरजा अधुनातना वा विद्वांस एव बहवः स्फुटमूर्खभावाः ।
कस्यापरीक्ष्य वचनं तदिहाभ्युपेयं तस्मात्प्रवर्त्तय सखे सततं परीक्षाम् ॥ ५० ॥
विद्यागमं शुभमसौ जनको ब्रवीति वृद्धं पितामहयुगं तममङ्गलं तु ।
बालोऽत्र कस्य वचनं प्रतिपद्य गच्छेद्बुद्धौ न चेदकरणः शरणं स वाञ्छेत् ॥ ५१ ॥
शब्दाः प्रमाणमविधावधियां पशूनां विद्याद्रुहां परमनुक्रमपण्डितानाम् ।
संवादमात्रमिह सूचयितुं तु केचिच्छब्दाश्चिरन्तनविदां विधृताः परीक्ष्य ॥ ५२ ॥
न कपिलमुनिकाले ब्रह्मसूत्राण्यतिष्ठन्कपिलमतमपश्यद्ब्रह्मसूत्रप्रणेता ।
कपिल इह सदोषोऽपि प्रशस्योऽसहायो न तु कपिलसहायो ब्रह्मसूत्रप्रणेता ॥ ५३ ॥
सति महति सहाये न स्तुतिः संप्रणेतुः कृतिरपि तु तदीया श्रेयसी कार्यकाले ।
शतिनमधनपुत्रं श्लाघमानोऽपि तातं भजति निजसहस्रे नूनमास्थां सहस्री ॥ ५४ ॥

आतन्वान परीक्षामिति विमलमतिः श्लाघमानोऽपि पूर्वा-
नास्थां तथ्येषु बिभ्रत्पितृकृतिविकसच्छास्त्रसंपत्सु शश्वत् ।
सम्यग्विध्यर्थवादौ पृथगथ विभजन्व्याहताव्याहते च
श्रेयोऽर्थी भूम्नि सर्वात्मनि विहितरुचिः शास्त्रसेवां विदध्यात् ॥ ५५ ॥

इत्थं तैमिरिकद्विचन्द्रमतितोऽप्यत्यन्ततुच्छं स्फुटं
द्वैतं जीवतनूजगत्प्रतिजगत्प्रायं निरस्याधुना ।
व्यक्ताद्वैतमुदारमुन्नतधियामुल्लास्य मोदावहं
सर्वात्मीयतया कृती हृदि दधे रामः परां निर्वृतिम् ॥ ५६ ॥

अगाधपूरे परमार्थभाष्य-
महार्णवे संचरणाक्षमाणाम् ।
आलीव रामेण मनोज्ञबन्धा
विनिर्मितेयं लघुरत्नमाला ॥

इति षष्ठाध्यायः समाप्तः ॥

अधिकरणरत्नमाला परमार्थदर्शनीया समाप्ता ॥

सप्तमोऽध्यायः प्रथमाह्निकम्

[ग्रन्थसमाप्त्यनन्तरमयमध्यायः परिशिष्टरूपेण ग्रन्थकर्त्रा लिखितः प्रतीयते। अत्र पूर्वसंकेतितानां दृष्टान्तानां कल्पिताकल्पिताख्यायिकाभिः स्पष्टीकरणं कृतमस्ति। अत एवात्र अधिकरणवार्तिकादि किमपि नास्ति, भाष्यमपि २५ सूत्रं यावदेवोपलब्धम्। मन्येऽतः परं जीवनावसानतया वा केनापि कारणान्तरेण वा भाष्यरचनैव न संजाता। यतो हि केषांचित् सूत्राणामग्रे दृष्टान्ताकरग्रन्थसंकेतः पाण्डुलिप्यां कृतो दृश्यते। विशेषस्तु भूमिकायां द्रष्टव्यः।—सम्पा०]

तदेवमाचार्यः सप्रपञ्चं प्रमाणानि प्रमाणहेतूंश्च परीक्ष्य पारमार्थिकं लोकविभागमुपन्यस्य, भक्तिकर्मज्ञानविज्ञानरहस्यानि वर्णयित्वा परमार्थविरोधिन आभासांश्च संक्षेपेण निरस्य सांप्रतमुपन्यस्तानि कैतवतत्त्वानि जनप्रियाभिराख्यायिकाभिरुदाहर्तुकाम आख्यायिकाऽध्यायमुपक्रमते। तत्र प्रथमं विध्यर्थवादविवेकमुदाहरति—

विध्यर्थवादभेदो जैमिनेः ॥ १ ॥

आसीत्पुरा सूत्रसमयेष्वैक्ष्वाकपरिगृहीतेषु कोसलेषु तत्र भवाञ्जैमिनिर्नाम योगिवरः। प्रायो यमुद्दिश्य कालिदासीयंपद्यमिदम्—

'महीं महेच्छः परिकीर्य सूनौ मनीषिणे जैमिनयेऽर्पितात्मा।
तस्मात्स योगादधिगम्य योगमजन्मनेऽकल्पत जन्मभीरुः॥'

स भगवान्साक्षात्कृतधर्मा विधिमर्थवादं सर्वदा विविनक्ति, न चार्थवादे किलाप्तवाक्यं प्रामाणिकं प्रतिपद्यते। तथा च तस्य कर्ममीमांसासूत्रम् ॥ १ ॥

अनुत्क्रमणं जीवस्य सूक्ष्मस्य चोदाहरति—

अनुत्क्रमणं याज्ञवल्क्यस्य ॥ २ ॥

आसीत्पुरा ब्राह्मणसमयेषु जनकपरिग्रहीतेषु विदेहेषु योगीश्वरस्तत्रभवान्याज्ञवल्क्यः। स भगवान् सर्वात्मतत्त्वविज्जीवं नरं सर्वात्मानं चाविनश्वरं यथावत्प्रतिपेदे। तथा चासौ शतपथेषु पश्यति ॥ २ ॥

व्याहताव्याहतविवेकमुदाहरति—

व्याहतिज्ञानं सुक्रतोः ॥ ३ ॥

आसीदितः प्रायः २४०० वर्षाणि पूर्वं परस्परविरोधोपहतनगरेषु व्याहतिप्रणयिषु यवनेषु सुक्रतुर्नाम दार्शनिकः। भसवान्व्याहतमव्याहतंच विविच्य न कदाचिद् व्याहतेषु

श्रद्धत्ते । जनैर्बुद्धिमत्तमोऽयं जगतीति ख्यापितश्च चित्रीयते मूर्खोऽप्यहं किमेतैर्बुद्धिमानिति ग्रहीतोऽस्मीति । विचिन्वंश्च तत्कारणं बुद्धिमन्तोऽमी इति प्रथितानाधिकरणिकान्वास्तुविदस्तार्किकानन्यांश्चोपसद्य तेषां वादेषु निग्रहस्थानानि स्पष्टं दर्शयति । दृष्टव्याहतीनप्यव्याहतवादिनो वयमितिदुराग्रहेण प्रतिपद्यमानांश्च व्याहतवादिनोऽपि तानेव विपश्चित इति संभाव्यते । उपलब्धचेतसि संतुष्यति हन्त भो इदं तन्मे मूर्खतामन्यैर्दर्शितामपि न स्वीकुर्वन्ति महामूर्खाश्चामी ये किलैतानेव विपश्चितः प्रतिपद्यन्ते । सुष्ठूक्तं 'न बुध्यते त्वित्यपि बुद्धिसाध्यम्' इति ॥ ३ ॥

व्याहतपरीक्षायामाग्रहमुदाहरति—

व्याहतपरीक्षा मुद्गरारेः ॥ ४ ॥

आसीत्पुरा कृतयुगे विरमति कुरुषु दुष्यन्तसनाथेषु मस्करी मुद्गरानन्दो नामेति किंवदन्ती । सभवान्हस्तिनापुरे पाङ्क्तेयस्य कस्यापि शाण्डिल्यस्य गृहेऽवतीर्णो बाल्ये कस्मिंश्चन बन्ध्यापुत्रे सब्रह्मचारिणि बद्धप्रणयः कालधर्मं गते सुहृदि तद्विरहार्त्तः प्रव्रज्यामङ्गीचकार । लाभोत्सुकां नाम प्रथितदिव्यशक्तिमुत्तरापथवर्त्तिनीं श्रमणां च समुपास्य तदनुग्रहलब्धया समाध्युपनिषदा सर्वज्ञतामासादयितुमना हेमकूटशिखरे मारीचासनोपशल्ये शैशवप्रणयिनं बन्ध्यापुत्रं ध्यायन्मुमूर्च्छ । समाधिमूर्च्छापतितश्च—

'वल्मीकार्धनिमग्नमूर्त्तिरुरसा संदष्टसर्पत्वचा
कण्ठे जीर्णलताप्रतानवलयेनात्यर्थसंपीडितः ।
अंसव्यापिशकुन्तनीडनिचितं बिभ्रज्जटामण्डलं
तत्र स्थाणुरिवाचलो मुनिरसावभ्यर्कबिम्बं स्थितः ॥ १ ॥

यात्सु युगेषु क्रमोपचीयमाने च तपसि शिरस उदितैर्ज्योतिःप्ररोहैः स कृत्स्नं वनं भस्मीकर्त्तुमारेभे । तापविह्वलैश्च ऋषिकुमारकैः प्रार्थितया भगवत्या दाक्षायण्या बोधितो भगवान्मारीचस्तं योगबलेन सितासितयोः सरितोः संभेदभुवं प्रापयामास । तत्रत्यैश्च विहायसोऽवतरन्नस्मिन्नपि भ्रष्टयुगाख्यया भारतीयकिंवदन्त्या प्रथिते युगे दर्शितदिव्यशक्तिः स भगवान्सकौतुकाद्भुतमवालोक्यत । अवतीर्य दशाश्वमेधान्नातिदूरे स्थिरीभूतश्च समाधिभङ्गभयात्तूष्णीमेव मानसीभिः स्तुतिभिः सर्वैः प्रत्यहमर्च्यमानः स तत्रैव सुचिरमुवास । कस्मिंश्चित्कुम्भसमारोहसमये लाभोत्सुकानुयायिभिरन्यैश्च बहुभिर्महात्मभिरारब्धवाचालताकलकले सरित्सङ्गमाङ्गणे शैशवेष्टदेवस्य बन्ध्यापुत्रस्यारोह्यं श्यामश्रुतिमश्वं गगने हेषारवं कुर्वाणमिवाश्रौषीत् । तच्छ्रवणमात्रविकलश्च सद्यः समाधिं बभञ्ज । समाधिभङ्गोद्भूतभूकम्पविस्मितभुवनश्च्यवनजाबालिशरभङ्गविभवः स महामायामयमिदं सर्वमनुभवन्ब्रह्मैकतानो न किंचिद्बुबुधे । समाधिविरामकाख्यामाकर्ण्य समेतान्परःसहस्राञ्जनानगणयञ्छून्याद्वैतास्वादसुखमग्नश्चिरमेव सकौतु-

कमवालोक्यत च तृणमयपाश्चात्यशीर्षकालंकृतमौलिर्मलिनरूक्षकेशालंकृतपूर्वकायो युगान्तरसमाधिशिथिलबन्धसंक्षिप्तकौपीनो नग्नप्रायशेषकायो निष्पादुकः कोकिलोज्ज्वलवर्णः सर्वैर्विस्मृतनिमेषैर्भक्तवरैः।

अथ प्रणयविह्वलभक्तजनतामध्यवर्त्तिन्याः कस्याश्चिन्मालवाङ्गनायाः करस्थे करण्डे निहितान्मोदकापूपसंयावानाकृष्याकृष्य स भगवान्भोक्तुमारेभे। पर्याप्ताधिकभोजनावसाने च सलिलमिवान्विष्यन्संनिहितस्य कस्यापि कल्यपालभक्तस्य करादाच्छिद्य दीर्घसंकुचदग्रीवकाचपात्रीद्वयस्थं सकलमेव मैरेयमम्बुधिमगस्त्य इव गलविवरे रिक्तीचकार। अथ नातिचिराद्वारुणीरागेणारज्यत भगवतः सहस्ररश्मेर्बिम्बं तत्रभवतो यतिवरस्य वदनाम्बुजं च। प्रदोषान्धतमसं व्यजृम्भत वियति मोहान्धतमसं च जनचेतसि। नदीतटेषु चक्रवाकयोर्मूर्खमानसे च भक्तिज्ञानयोर्विरहोऽजायत। सह रजन्या व्यवर्धत बन्ध्यापुत्रचरितावली सहयतिवरमदोद्रेकेण दैर्घ्यमभजत किलासत्यासुरप्रणयः। अकस्मादुत्थाय च प्रेमपरवशो ननर्त्त परिव्राट्।

जन्मप्रभृत्यशुद्धानां निष्फलोदयकर्मणाम्।
अणुमात्रक्षितीशानां पादुकाभिः खगामिनाम्॥
शैशवे विषयेच्छूनां यौवने क्लीबताभृताम्।
वार्धके परिणेतॄणां शौचागारे तनुत्यजाम्॥
नित्यं हुतस्मराग्नीनां मिथ्यावार्गार्चितार्थिनाम्।
शुद्धेषु तीक्ष्णदण्डानामपराह्णप्रबोधिनाम्॥
वादाय संभृतार्थानां मृषैव बहुभाषिणाम्।
पुच्छं दर्शयतां कीर्त्यै रुजे पण्याङ्गनाजुषाम्॥
खलानामन्वयं वक्ष्ये महावाग्विभवोऽपि सन्।
तद्दोषैः कर्णमागत्य गौरवाय प्रचोदितः॥
तं भक्ताः श्रोतुमर्हन्ति सदसन्मोहहेतवः।
मलस्य जायते ह्यप्सु प्रवाहः पङ्कतापि वा॥

निपीय यस्य क्षितिभक्षिणः कथां तथाऽऽद्रियन्ते न बुधाः सुरामपि।
भ्रमः क्षितिच्छत्रितपापमण्डलः स राशिरास्ते तमसां मलोज्ज्वलः॥

कश्चिद्वन्ध्यासुतविरहितः कामचेष्टाप्रमत्तः
क्रोधेनास्तंगमितमहिमा कल्पभोग्येन भर्तुः।
धूर्त्तश्चक्रे चपलविधवास्नानपूतोदकेषु
क्षुद्रोच्छुष्यत्तरुषु वसतिं मोहगिर्याश्रमेषु॥

शंससि रमणविधेरहह श्रुतिजालं कृपणहृदय बहुलव्यभिचारम्।
बालिश भूतकौलशरीर जनमल जय जय रे॥

भ्राम्यति मूढजनस्तव विपुले पुच्छे निरयभरणकिणचक्रगरिष्ठे ।
रासभ धृतमोहशरीर जनमल जय जय रे ॥

इत्यादीन्यद्भुतानि गीतानि गर्दभध्वनिप्रायैः स्वरैर्गायन्भक्तजनकरतालिकानुगतो भगवानकाण्डताण्डवान्तरे स्खलितं नालक्षयत कौपीनम् । प्रदोषान्धकारं तूलिकावरणं चेति द्वयमेवावशिष्टमस्य लज्जायाः शरणम् ॥ ४ ॥

बहुशः सत्यवादिनोऽप्यनाप्तत्वमुदाहरति—

अनाप्तत्वं युधिष्ठिरस्य ॥ ५ ॥

त्र्यधिकेषु सार्धेषु षट्सु शतेष्वन्तिमस्य कलेर्गतेषु कुरुपाण्डवा भारते बभूवुः। कुरुक्षेत्रे च राज्याय महाभारतयुद्धव्यग्रेषु तेषु पाण्डवज्येष्ठः सत्यवादी किल युधिष्ठिरोऽश्वत्थामा मृत इत्युद्घोष्य तत्पितरं कुरुपाण्डवगुरुं भगवन्तं द्रोणं पुत्रशोकात्त्यक्तशस्त्रमधृष्टेन धृष्टद्युम्नेन हठात्कर्तितपलितशिरसं विधाय प्रागेव च्छलेन निपातितपितामहो महतीं विजयाशां बबन्धेति कृष्णद्वैपायनः ॥ ५ ॥

आप्तत्वानुमानजमनर्थमुदाहरति—

आप्तविश्वासजोऽनर्थो द्रोणस्य ॥ ६ ॥

शिष्यादपि सत्यवादित्वेनाजातशत्रुत्वेन च विदितादपि पाण्डवज्येष्ठादसत्यवाचः प्राणविपत्तिं गुरुर्द्रोणः प्राप्तवानिति कस्यान्यस्य वाचि कोऽन्यः श्रद्दधीत ॥ ६ ॥

गतानुगतिकत्वं परात्महानिकरमुदाहरति—

गतानुगतिकैरपात्रता तीर्थध्वाङ्क्षस्य ॥ ७ ॥

जातुचित्किल कुम्भसमारोहे त्रिवेणीतटवास्तव्यस्तीर्थध्वाङ्क्षो नाम महाब्राह्मणः पर्यटति स्म । स च कदाचिन्महति प्रत्यूषे काकेष्वप्यनुज्झितावासवृक्षे शिशिरवेपितगात्रः स्नानमकृत्वैव सुधाकुङ्कुमानुलिप्तललाटो वन्यामलकस्थूलकाष्ठमालभारी मास्म कश्चित्पात्रवन्तं मां धनिनं शङ्किष्टेति जलपात्रं तटसैकते निखाय पुष्पादिभिः सैकतपुञ्जमर्चयित्वा तत्सुरक्षितं मन्यमान इत्थं द्विगुणीकृतापात्रभावः सहस्रशो जनेषु कुम्भभक्त्या वा नग्नाङ्गनिरीक्षणकौतुकाद्वा ग्राम्यनागराङ्गनापीवरपयोधरघर्षणेच्छया वा समागच्छत्सु भिक्षार्थं विनिर्गतः । सीतारामनामनी उद्घोषयन्दिवसेन संचितबहुभिक्षश्च सायं पुष्पोच्चयकृतसंकेतं निखातजलपात्रं सैकतराशिमन्विष्यन्दिङ्मूढ इवापस्माराविष्ट इव न किञ्चिद्विभावयितुमक्षमत । गतानुगतिको लोकस्तं सैकतराशिमेकमर्चितमवलोक्यैदृशान्येव सैकतलिङ्गान्यद्यार्चनीयानीति ख्यापयन्परोऽयुतान्सैकतपुञ्जान्पुष्पार्चितान्व्यधत्त ।

'गतानुगतिको लोको न लोकः पारमार्थिकः ।
वालुकापिण्डमात्रेण नष्टं मे ताम्रभाजनम् ॥'

इति क्रन्दंस्तीर्थध्वाङ्क्षस्तां निशां विनिद्र एवातिवाहयाम्बभूव ॥ ७ ॥

स्वयमन्धस्य परदृष्टिदोषनिन्दामुदाहरति—

दृष्टिदोषनिन्दाऽन्धस्य ॥ ८ ॥

नरोलूकयोर्दृष्टिमाहात्म्यविवादिनोर्जल्पमाकर्ण्य कश्चिदन्धो नाम तावेकैकशः संबोध्याह—भद्रकौशिक कदा पश्यसीति । स च तं प्रत्याह न दिवसे पश्यामि काकैश्च शिरो मे खाद्यते । रात्रौ पुनर्वाढं कृमिमपि पश्यामि । भूयश्चान्धो नरं पृच्छति पुत्र कदा पश्यसि । स च तं प्रत्याह दिवसे सम्यक्पश्यामि न पुनः क्षपायां तथा साधीयो द्रष्टुं पारयामीति । तदुभयमाकर्ण्य सपरितोषमन्धस्तावाह ननु पुत्रकौ युवाभ्यामहमेव श्रेयान्यः किल दृष्टेर्नामापि न जानामि प्रज्ञाचक्षुरिति पुनः प्रथितोऽस्मि ॥ ८ ॥

स्वमूर्खतास्वीकारमुदाहरति—

स्वमूर्खतास्वीकारो लम्बकूर्चस्य ॥ ९ ॥

लम्बकूर्चो नाम कश्चिन्महामतिराभाणकपुस्तकं किमपि दीपप्रभयाण्वालोकयन्ना-सन्द्यामवातिष्ठत । स च तत्र लम्बकूर्चाः प्रायो वैधेया भवन्तीति लिखितं पश्यन्मूर्खता-पवादं परिहर्त्तुकामः प्रज्वलति प्रदीपे करधृतकूर्चांशः शेषांशदाहाय चेष्टते स्म । दह्यमानकूर्चश्च मुष्टि रक्षितुमपारयन्नपसारितकरः कूर्चदाहक्रमेण ज्वलन्मुखः कथञ्चिद्वह्निं निर्वाप्य तत्रैव पुस्तकपृष्ठे सत्योऽयमाभाणक इति लिलेख ॥ ९ ॥

विदुषोऽपि भ्रममुदाहरति—

दिग्भ्रमो महाविदुषः ॥ १० ॥

महामहोपाध्यायो हरकुमारो नाम धर्मसभायामाहूतो दक्षिणार्थी योगबलेन सद्यो योजनलक्षं गन्तुं क्षमोऽपि बाष्पशकटवाहिषु कारुण्येन वितीर्णतृतीयश्रेणीशुल्को बाष्प-यानेनैव मुम्बापुरमाजगाम । प्रदोषे चादृष्टपूर्वं महापत्तनं परिभ्रमन्प्रवया अपि स्वैरविहर-द्गौरविलासिनीवदनचन्द्रचन्द्रिकाचकितो वैद्युतदीपस्तम्भमयूखैर्द्विगुणितचाकचक्यो नोदीचीं नावाचीं न प्राचीं न प्रतीचीं विभावयितुमपारयत् । अनुगतवशंवदशिष्यजनश्च वर्त्म नयन्दिङ्मूढः कृतविलम्बैर्धर्मसभानेतृभिरप्राप्त एव बाष्पयानविश्रामस्थानादस्यां दिशि धर्मसभेति कथञ्चिद्विज्ञातवान्सैवेयं दिगिति विपरीतामेव दिशं कियत्पदान्तरे गृह्णन्सागराभिमुखं प्रतस्थे । तटासन्नश्च क्व गच्छसि नगराद्बहिरागतो हि दिग्भ्रान्तोऽसि निवर्त्तस्वेति कैश्चिद्भणितोऽहं महामहोपाध्यायोऽपि भवन्दिग्भ्रान्तोऽस्मि धिगरे किं भणथेति क्रोशसागरपाताद्बलेन रक्षिभिर्वारितः ॥ १० ॥

प्रमादापनेत्रे कोपमुदाहरति—

प्रमादापनेतर्यभियोगो महाप्रमादस्य ॥ ११ ॥

महाप्रमादो नाम कश्चिन्मूर्खत्वे सत्यपि तदज्ञानवान्विद्वद्ब्रुवो भुवनभाराय

मातुर्यौवनच्छेदाय चाजायत। स च योगाञ्जनदिव्यबुद्धिमन्त्रतन्त्रादिमोहजालग्रहिलो व्रणं भिषजो निगूहमान आसन्नमृत्युरिव प्रमादमर्चयन्नचरत्तं च कश्चित्प्रमादगदवैद्यो दूरादुवाच—भद्रमुख, प्रमादेन तदज्ञाने च द्विविधेन घनपटखण्डेनावृतनेत्रः सिद्धधूर्तानुसरन्निरयगर्ते कच्चित्प्रणयं बध्नासि। व्यपनय प्रमादं पश्य ज्ञानसूर्यं च भक्तिचन्द्रिकां च कर्मतारकाश्चेति। स पुनर्महाप्रमादो महामहाप्रमादैः स्वानुचरैरनुसृतो हा हन्तास्मदिष्टदेवं भगवन्तं प्रमादमरे निन्दसि ननु शतशो गर्त्ते पतन्नपि छन्नदृष्टिः प्रस्थाने काणतैलकारादीन्द्रष्टुरनावृतदृष्टेः श्रेयानित्युच्चैः क्रोशन्धिङ्नास्तिकेत्यादिदुर्वाच्यैः प्रमादपट्टिकापनयोपदेशिनं लवण इव शत्रुघ्नमभिदुद्राव, मोहान्धया जनतया च दृढ आस्तिक इति प्राशस्यत ॥ ११ ॥

अन्धयोः कलहमुदाहरति—

अन्धयोरितरेतराभियोगः ॥ १२ ॥

अन्धौ कावपि संकीर्णे रथ्यान्तरे कार्येण भ्रमन्तौ पीतमैरेयप्रसुप्तयन्ताराविव बाष्पशकटौ सहसा परस्परघर्षणठात्कारिशिरसौ क्षितिमगच्छताम्। परस्परं चाविज्ञातपरस्परान्धभावावरे पातकिन्नन्ध इवादृष्टवर्त्मा सर्वतः स्वैरं चरसीति वदन्तावितरेतरप्रहारद्विगुणितशिरोवेदनौ गौल्मिकैरपवाहितौ ॥ १२ ॥

प्रमत्तस्य पितुरनाप्तत्वमुदाहरति—

कुरुविन्दवृक्षदर्शिनः पितुर्निरोधः पितृवत्सलस्य ॥ १३ ॥

पितापुत्रौ कस्मिंश्चिदावसथे न्यवसताम्। पुत्रः पितृभक्तः प्राणैरपि पितृप्रियं शश्वच्चकार। षष्टिमतीतस्तु जरार्त्तो जनकः कदाचित्पुत्रेण सह ग्रामकूपोपकण्ठे स्नानमनुतिष्ठन्सहसा भूताविष्ट इव चुक्रोश। अयि वत्स कुरुविन्दवृक्ष इव कूपान्तरे दृश्यते हन्त लब्धः कल्पतरुरभिकूपं गच्छामि त्वमप्यागच्छ विधेहि जरतः पितुः साहायकमिति। तन्निशम्य पुत्रो हठात्पितरमङ्कपाल्या परावर्त्य गृहं प्रवेश्य, तात नूनं निर्वास्यतः प्रदीपस्य शिखेवानियतप्रकाशा भवतो मतिस्तत्स्नुषया रक्षिगृहान्तरस्थोऽभिषेकादिकमाचर मा पुनर्गृहाङ्गणाद्बहिर्गम इत्यनुशिष्य, तं भार्यायै विसृज्य स्वाधिकारमन्वतिष्ठत् ॥ १३ ॥

हितैषिणोऽपि जनस्य प्रमादादाभासानुसरणे बन्धुप्रवर्तनमुदाहरति—

हेममृगे पत्युः प्रवर्त्तनं सीतायाः ॥ १४ ॥

साम्प्रतिक्यास्त्रेतायाः पूर्वभाविनि किल त्रेतायुगे दाशरथिर्ज्येष्ठो रामो नाम रघुपतिर्बभूवेति प्राचेतसः। सभवान्पितुरादेशाद्दण्डकारण्यं विगाहमानः सभार्यः सानुजश्चिरं पञ्चवटीक्षेत्रमध्युवास। तत्र च सौमित्रिणा विग्रीकृतया स्वस्रा प्रेरितः पौलस्त्यो रावणो नाम वन्यः कनकरत्नाच्छादितकायमपरराक्षसं विप्रकृष्टवनान्तरे मणिहरिणमिवादर्शयत्। अद्भुतमायामृगलुब्धा च मानग्रहिला रामपत्नी देवरेण वार्यमाणापि

पुरतः पतिं पृष्ठतश्च तदनुजं मृगाय विसृज्यैकाकिनी स्थिता रावणेन भिक्षुवेषेणापहृता यन्मूलकं रामलक्ष्मणयोर्महद्दुःखं लङ्कायाश्च समुज्जासनमजायत ॥ १४ ॥

अज्ञानेऽपि स्तब्धतामुदाहरति—

स्तब्धता श्वेतकेतोः ॥ १५ ॥

श्वेतकेतुर्हारुणेय आस तं ह पितोवाच श्वेतकेतो वस ब्रह्मचर्यं न वै सोम्यास्मत्कुलीनो नानूच्य ब्रह्मबन्धुरिव भवतीति स ह द्वादशवर्ष उपेत्य चतुर्विंशतिवर्षः सर्वान्वेदानधीत्य महामना अनूचानमानी स्तब्ध एयाय। तं ह पितोवाच 'श्वेतकेतो यन्नु सोम्येदं महामना अनूचानमानी स्तब्धोऽस्युत तमादेशमप्राक्ष्यो येनाश्रुतं श्रुतं भवत्यमतं मतमविज्ञानं विज्ञानम्' इतिच्छन्दोगाः ॥ १५ ॥

संदिग्धेऽप्यसंदिग्धायाः प्रवृत्तेः फलमुदाहरति—

असंदिग्धप्रवृत्तेर्जलस्खलनं सुयोधनस्य ॥ १६ ॥

अतीतस्य कलेरर्धाधिकेंऽशे गते कौरवः सुयोधनो नाम राजसूये पितृव्यपुत्रैः पाण्डवैराहूतो सुरशिल्पिना मयेन निर्मितामद्भुतां तत्सभामिन्द्रप्रस्थे स्थितामगात्। सभाङ्गणे भ्रमंश्च निगूढसलिलां नलिनीं मरकतमयप्रान्तभुवं दुरुपलक्ष्यामशङ्कं कुट्टिमधिया किलाक्रामत। वारिणि स्खलन्सपयोधरकम्पं प्रासादविटङ्कस्थया प्रजावत्या कृष्णयाऽहस्यतेति भारते ॥ १६ ॥

अन्तर्बहिः सारघने सारान्वेषणमुदाहरति—

नगरे नगरान्वेषणं महाशयस्य ॥ १७ ॥

सारप्रियो नाम कश्चित्सिद्धो मोदपुरं नाम नगरं बभ्राम। नगरान्तर्गतश्च क्वात्र मोदपुरमिति सर्वान्प्रतोलीपथिकान्पृच्छन्सर्वमिदं मोदपुरमिति बहुभिरुक्तः परितोषमभजन्मूर्धानं कम्पयन्केनापि विटेन नगरावस्करगर्तं निर्दिश्य प्रविश्य भगवन्नेतदेव मोदपुरमित्युपदिष्टस्तत्र सकौतुकं प्रविष्टोऽवस्करे चाकण्ठं निमग्नः ॥ १७ ॥

व्याहतोपदेशस्याननुसरणीयत्वमुदाहरति—

अनुसरणं पटपावकोपदेशिनः ॥ १८ ॥

कलाकुमारः कोऽपि विश्वविद्यालयाहूतस्तदाज्ञया धृताप्रपदीनविशेषः प्रायः सदस्युपातिष्ठत च। किमनेन नीलपाटलेन रथ्यास्वलर्कदंशमात्रफलेन महाकञ्चुकेनेति जातुचित्पर्यन्वयुङ्क्त। अथैकदा सर्वे सदस्या आढकमितं ज्वलदङ्गारराशिं कञ्चुके विन्यस्योपतिष्ठन्तामिति समादिष्टस्तदादेशं व्याहतिग्रस्तं पश्यन्नान्वरुध्यत ॥ १८ ॥

बहुभिः क्रियमाणं कियद्द्रव्यलोभेन जगद्वञ्चनमुदाहरति—

पर्णचटुललेखो वञ्चकेन ॥ १९ ॥

सिद्धपुरोपशल्येषु स्फीते कस्मिंश्चन जनपदे धूर्तः कश्चित्पर्णचटुलं (Planchet) नाम त्रिचक्रं दारुफलकं शलाकानिवेशक्षमरन्ध्रालंकृतमध्यं निर्माय नातिचिरादगतेषु दिवसेषु भारते विक्रयार्थं प्राहिणोत् । पर्णचटुलमिष्टदेवानुध्यानभ्रमितमनेकपुरुषकरविधृतमपि स्वयं प्रचरच्छलाकतया त्रैकालिकं रहस्यं वदतीति निशम्य च बहवो भारतीयाः सहस्रशस्तत्क्रीणते स्म । धूर्तश्च पाणिना तत्प्रचार्यं यत्किञ्चिद्विलिख्य जनतां प्रतारयन्ति स्म । अल्पीयसैव च कालेन परःसहस्राणि पर्णचटुलानि देशमभूषयन्न चैकमपि कितवस्य निर्मातुरापणेऽवशिष्टम् । अथान्यान्यपि पर्णचटुलानि भक्तैर्भारतीयैरपेक्षितानीति वणिग्भिर्विज्ञापितः स कितवो दशसहस्राण्येव वज्रमूर्खा भारतीयेषु न पुनः सर्वोऽपि देशस्तादृश इत्यमतो न संनिहितान्यन्यानि पर्णचटुलानि ममापणेष्विति तन्त्रीसंवादं प्राणैषीत् ॥ १८ ॥

व्याहतानुसंधानमुदाहरति—

इष्टवृष्टिकृतोऽनुसंधानं बन्ध्यासुतान्वेषणसमितेः ॥ २० ॥

अस्ति किल मगधेभ्यः प्रतीच्यामारण्यकाभिधानो जनावासः । तत्र हरिहरसर्वेश्वरादयो बहवो भक्ता नामव्याख्यातारश्च विद्वन्मानिनश्च प्रतिवसन्ति । प्रतीकप्रणयिनो भ्रूकुंसोपास्या विज्ञानविद्विषस्ते किल तत्रभवन्तो बन्ध्यापुत्रान्वेषणसमितिं स्थापयित्वा धर्मप्रचारं कर्तुमिच्छन्तीति श्रूयते । मनोग्राहयन्त्रस्य प्रोषितबन्धुचित्तावस्थादर्शकस्य योगवर्तिकायाश्च वायवीयभोज्याणुसमाकर्षणशीलायाः प्रयुताधिकायुरारोग्यप्रदाया निर्मात्री किलासत्यासुरप्रियैषा सर्वरहस्यसदसां समष्टिरिवेयं समितिः । इष्टक्षणे वृष्टिमुत्पादयितुं क्षमः कोऽपि भिक्षुरस्याः समितेर्विदित इति किंवदन्ती । पुरुषप्रणयिनानेन भिक्षुवीरेण तत्सुहृद्भिश्च नपुंसकमिति कृत्वा दुर्भिक्षमुपेक्षितमिति तत्समितीयाः ॥ २० ॥

व्याहतोत्प्रेक्षाव्यसनित्वमुदाहरति—

वायुदुर्गघटना वातकिनाम् ॥ २१ ॥

बहवः किल वातकिनो ज्ञानाम्बुधयो दुर्व्याख्यानगर्तोपाधिका इतस्ततो द्रविणाय महीं भ्रमन्ति । दिव्यबुद्धिभिर्बन्ध्यापुत्रप्रणयिभिरमीभिर्वायुदुर्गमण्डलानि प्रतिदिशं निर्मीयन्त इति किंवदन्ती ॥ २१ ॥

व्याहतोत्प्रेक्षायाव्याहतोत्प्रेक्षान्तरेण बिभङ्क्षामुदाहरति—

तद्विभङ्क्षा संनिपातिनाम् ॥ २२ ॥

एषां वायुदुर्गमण्डलानां निर्माणमाकर्ण्य परित्रस्ता बन्ध्यापुत्रबलोपचयशङ्किनोऽन्ये मानधनाः सांनिपातिकव्याधिग्रस्ता वैदिकैरग्न्यस्त्रैः सनाथितपाणयस्तद्विभङ्क्षायै चेष्टन्त इति चानुश्रूयते ॥ २२ ॥

व्याहतसामान्यनिरासेनाव्याहतप्रणयित्वमुदाहरति—

पर्णशाला निर्माणमुभयविरोधिनाम् ॥ २३ ॥

एषां वातकिनां वायुदुर्गनिर्मातॄणां सन्निपातिनां च तद्विभवतामुभयेषां प्रमादं परिशोधयितुकामाः परे पुनरुभयविरोधिनः काश्चित्पर्णशाला इतस्ततो निर्मातुमीहन्ते। तन्निर्माणमेव प्रातिवेशिकैः कर्तव्यमुपदिशन्ति येन तेषु विज्ञानमुपचिन्वन्तश्छात्रा जगतोऽभ्युदयं साधयेयुः ॥ २३ ॥

अधूर्तस्य विदुषोऽपि भ्रममुदाहरति—

भ्रातुर्भ्रम आचार्यस्य ॥ २४ ॥

आचार्यस्य यवीयान्भ्राता संस्कृते प्राकृते च निष्णातस्तमुपेत्याह विष्ठापुरीयः सकलानन्दो नाम दिव्यशक्तिविटः केनापि गृहान्तरे लिखितमदृष्टं किल लेखं स्फुटं निर्दिशति। आचार्यश्च भ्रातरं समधीतिनमधूर्तमपि भ्रान्तं प्रतिपद्य प्रशान्तचित्तः कदाचित्कार्यार्थमागतं सकलानन्दं मया लिखितं जानीहीति वदति, स च धूर्तः प्रथमनेकैरपदेशैः पलायितुकामः कथञ्चिदाचार्यस्याज्ञां स्वीकरोति सन्निहितेनैवाचार्येण लिखितं च लेखं पत्राच्छन्नं न किञ्चिद्वेत्ति।

अन्यः किलाचार्यस्यानुजः कदाचित्प्रजावतीमाह आर्ये सुवर्णं रजतं वा ताम्रं पारदादिव्यतिकरेण निर्मातुं शक्नोमि मया निर्मितं सुवर्णमापणे विक्रीतं कलादैर्वास्तवं सुवर्णमिति गृहीतं सहधर्मिण्यास्तादृशं वृत्तान्तमुपलभ्य भ्रातरमाचार्यः परीक्षते न चात्र रजतमपि तस्य पुरतो निर्मातुं शक्तो दूरे सुवर्णस्य कथा ॥ २४ ॥

प्रलापो वारयात्रिकस्य सूदस्तेनस्येव ॥ २५ ॥

अद्यत्वे किल व्याप्तेरपरिवृत्तिक्षमतादिकमनतिगहनमपि विषयं विंशतिवर्षाण्यधीततर्कव्याकृत्या जानन्तो वारयात्रिका नाम विद्वद्ब्रुवाः प्रायः सूदस्तेनोक्तिसदृशीरसंगता उक्तीरुद्भावयन्तो नापत्रपन्ते। सूदस्तेनः कोपि निजभुक्तैकचरणं शूलाकृतं वकं स्वामिने परिवेषयति। [अतः परं भाष्यं नोपलब्धम्—सम्पा०]

श्रद्धेयत्वं शुनो गजस्य च ॥ २६ ॥

हयग्रीववधाज्ञानवतो ज्ञानसंक्रमणम् ॥ २७ ॥

दुग्धाय तितउग्रहणं वृषदोहपुत्रस्य ॥ २८ ॥

तरणशक्तेः प्रागवारिप्रवेशो विनीतस्य ॥ २९ ॥

बाष्पानसोऽन्वेषणं वेदे वेदानन्दस्य ॥ ३० ॥

वेणुयष्ट्या भूगर्भप्रवेशः शास्त्रान्धस्य ॥ ३१ ॥

नरकेण भूदेव्या दूषणं संक्षेपोक्तिप्रियस्य ॥ ३२ ॥

देवासुराज्ञानमक्षरस्पर्शिनः ॥ ३३ ॥

रैदासवचनैर्मोक्षो विप्राधमस्य ॥ ३४ ॥

काणेन यात्राभङ्गः श्रेष्ठिनः ॥ ३५ ॥

हस्तिभावो मेषभावो वा व्यभिचारिणः ॥ ३६ ॥

पितृभक्तिर्द्रव्याय कन्ययोः ॥ ३७ ॥

देवासुरकथानां निर्मूलकत्वं शास्त्रास्पर्शिनः ॥ ३८ ॥

वेणुयष्टिकाचपात्रादिदोहनाशा मान्त्रिकप्रियस्य ॥ ३९ ॥

वायौ ऋषित्वममैथुनात्सृष्टिश्च ऋषिकल्पस्य ॥ ४० ॥

दुग्धे दधिग्रहो व्यक्तवादिनः ॥ ४१ ॥

बन्धविप्लवभेदो निःश्रेणिभ्रमणवताम् ॥ ४२ ॥

आप्तशपथेऽप्यननुसंधानं मृतस्य पितुः पुत्रेण ॥ ४३ ॥

●

सप्तमाध्यायस्य द्वितीयाह्निकम्

पितैव बालको गार्हस्थ्यनिर्विण्णस्य वेदश्च ज्ञानं सर्वम् ॥ १ ॥

गुरुरनवस्करः शुद्धिवल्लभस्य ॥ २ ॥

गङ्गायामग्निदाहे यादोगतिचिन्ता बुद्धिवल्लभानाम् ॥ ३ ॥

कैतवप्राकट्येऽपि भक्तिर्वज्रमूर्खाणाम् ॥ ४ ॥

समितिव्यसनिता शून्यान्वेषिणाम् ॥ ५ ॥

पीयूषपानं व्यासस्य ॥ ६ ॥

जलसृष्टिः पाश्चात्त्येषु ॥ ७ ॥

गायत्र्या प्रजावतीगन्धर्वापसारणमज्ञस्य ॥ ८ ॥

द्रविणकीटेन राजोपदेशः ॥ ९ ॥

गर्भपातपातकिनः परधर्मोपदेशः ॥ १० ॥

उपानत्प्रहारप्रियस्य युद्धव्यसनम् ॥ ११ ॥

सत्त्वशब्देन निर्माणं सृष्टेरप्यद्भुतम् ॥२१ ॥

उत्प्रेक्षाभोजनात्प्रहारलाभः । १३ ॥

कापेय्यो दारुवीणस्य क्षवथुशब्दादिजाः परेषाम् । १४ ॥

करिणमक्रीतमपहार्य विक्रीताङ्कुशकलिरर्थवादे ॥ १५ ॥

शब्दप्रामाण्यवतो विधिविशेषपरीक्षा ॥ १६ ॥

महिषविवादे सशृङ्गत्वं प्रामादिकस्य ॥ १७ ॥

अनाग्रहो विधवाजारनाम्नि यतिभस्माद्यस्वीकारे ॥ १८ ॥

जगत्यास्तिक्यपरेऽपि नास्तिक्यं लवणगर्तभेकानाम् ॥ १९ ॥

द्वीपान्तरयात्रोपदेशान्मृत्युः सुधाकरस्य ॥ २० ॥

अनुवादप्रियत्वं गञ्जेशस्य ॥ २१ ॥

लवणगर्तनिपातो जरद्रासभीपादप्रहारश्च मलवल्लभस्य ॥ २२ ॥

कपालस्फोटनमेकेषां शवरक्षा चापरेषाम् ॥ २३ ॥

नरगणनायां नर्मदेश्वरः ॥ २४ ॥

प्रथमपुस्तकावृत्तिः प्रधानाध्यक्षस्य ॥ २५ ॥

सदसत्सुखदुःखान्तर्बहिः स्थूलाणुरूपा क्रौर्यन्यायान्यायादेः
सर्वात्मन्युत्प्रेक्षा नराद्याकारवादिनः ॥ २६ ॥

आज्ञानुरोधसमारोहः सूचीभारवताम् ॥ २७ ॥

अग्निहोत्रं कौलेयस्य ॥ २८ ॥

इन्द्रजित्प्रेतदर्शनात्प्रकम्पः पण्डितराजस्य ॥ २९ ॥

छागाद्भयं राष्ट्रभद्रस्य ॥ ३० ॥

बहुद्यावापृथिव्योः पद्यपाठकस्य ॥ ३१ ॥

श्वहस्तियोगस्य जन्तुत्वं तार्किकाङ्कुराणाम् ॥ ३२ ॥

पृष्ठपोषणसंतोषो देवक्षमया ॥ ३३ ॥

भक्ष्योद्घोषो साधुपुत्रस्य ॥ ३४ ॥

अध्यापकापेक्षा देवबुद्धिमताम् ॥ ३५ ॥

गुरुभक्तिः सुरारसिकस्य ॥ ३६ ॥

जातिस्मरत्वं नापितीपतेः ॥ ३७ ॥

मनुज्ञानं कौण्डभट्टस्य ॥ ३८ ॥

यामिनीभाषा मन्दोदरस्य ॥ ३९ ॥

ज्योतिर्लिङ्गेऽयस्कान्तशक्तिर्बृहन्नलायाः ॥ ४० ॥

पुराणरसिकत्वं विक्रमानन्दस्य ॥ ४१ ॥

धर्मोपदेशकत्वमनुवादक्रमेः ॥ ४२ ॥

सर्वप्रायश्चित्तपौरोहित्यं मोहोपाध्यायस्य ॥ ४३ ॥

असत्यासुराराधनं सत्यनारायणपूजया ॥ ४४ ॥

उपदेशका विद्वांसः समितीयानाम् ॥ ४५ ॥

गुरुपाठकत्वमधिकरणवल्लभस्य ॥ ४६ ॥

द्विजशूद्राणां फलाहारता ॥ ४७ ॥

परस्परप्रशंसा मूर्खयोः ॥ ४८ ॥

बृहत्पुत्तलदाहो भक्तानाम् ॥ ४९ ॥

पुस्तकनाशत्रासस्त्रिगुणातीतस्य ॥ ५० ॥

अवस्थाभेदो भिक्षूणाम् ॥ ५१ ॥

नोपेयदर्शनमुपायाव्याहतिदर्शनं तु श्रद्धाबीजं पारमार्थिकस्य ॥५२॥

अननुसरणं नागलोकदर्शिनः ॥ ५३ ॥

अधोमुखानामभक्तिः परमार्थे ॥ ५४ ॥

वेदस्य विश्वकोषत्वमनेककर्तृत्वं च पारमार्थिकस्य ॥ ५५ ॥

नग्नतापरिचयो बालस्य ॥ ५६ ॥

चक्रवर्त्तित्वं दिनजीविनः ॥ ५७ ॥

वास्तवाक्रोशे मृषाचाटुकारे च संतोषो भिक्षुभक्तानाम् ॥ ५८ ॥

प्रकाशामर्षणमुलूकानामिवापारमार्थिकानाम् ॥ ५९ ॥

शब्दरूपाज्ञानं भट्टाचार्यस्य ॥ ६० ॥

आयुः क्षपणं मुखरजिह्वस्य ॥ ६१ ॥

परशरीरे दण्ड उत्क्रमवादिनाम् ॥ ६२ ॥

सुखित्वाभेदेऽपि दण्डस्तेषामेव ॥ ६३ ॥

सर्वसंशयो लवणगर्तीयानाम् ॥ ६४ ॥

अक्षिपदापनये रोषो दुःशकुनभीतस्य ॥ ६५ ॥

•

सप्तमाध्यायस्य तृतीयाह्निकम्

पादुकासंक्षेपकारिणां विमानश्च विकाशकृताम् ॥ १ ॥

क्रोधकथा बलात्कारादम्भस्य ॥ २ ॥

मौनं साधनाभावो रहस्यं विनयो वा ॥ ३ ॥

उपदेशस्थौल्यं तलस्पर्शिनः ॥ ४ ॥

उन्मादाभावस्तनयस्य ॥ ५ ॥

शालग्रामपूजनमुपानत्कृतः ॥ ६ ॥

देवसमागमो विधवायाः ॥ ७ ॥

पितृभक्तिर्दाशरथेर्भीष्मस्य च ॥ ८ ॥

मातृभक्तिः करवालिनः ॥ ९ ॥

प्रभुभक्तिः कटुदासस्य ॥ १० ॥

धर्मभक्तिः सूदनस्य ॥ ११ ॥

राजभक्तिर्भ्रातृभक्तिश्च भरतस्य ॥ १२ ॥

विज्ञानभक्तिर्भूभ्रमवादिनः ॥ १३ ॥

सर्वात्मभक्तिर्भगवतः श्रीकृष्णस्य ॥ १४ ॥

ऋषिभक्तिश्चर्मकारभक्तस्य ॥ १५ ॥

परमार्थभक्तिस्तातचरणानाम् ॥ १६ ॥

अपत्याध्यापने सर्वस्वव्ययो जनन्याः ॥ १७ ॥

आयुःक्षपणपरिहार आचार्यस्य ॥ १८ ॥

विप्रभक्तिर्विप्रसूदस्य ॥ १९ ॥

देशबन्धुजात्यादिभक्तिर्मूर्खताप्रचारप्रियस्य ॥ २० ॥

जातिभक्तिर्जात्यविश्वासिनः ॥ २१ ॥

अन्धगोलाङ्गूलदशा महाप्रमादानाम् ॥ २२ ॥

अलसस्यान्याभियोगः क्रमेलवाहे ॥ २३ ॥

ममत्वाद्वयाघ्र्यै शरीरार्पणं कारुणिकस्य ॥ २४ ॥

वन्यस्य राजसभाप्रवेशार्थिता ॥ २५ ॥

अवतारोपलम्भो बृहन्नडायाः ॥ २६ ॥

रामावतारस्तद्रूपेण भ्रकुंसस्य ॥ २७ ॥

यूकार्थं श्रेष्ठिवधः करुणार्णवस्य ॥ २८ ॥

समाधिरहिफेनानन्दस्य ॥ २९ ॥

रेखागणितेनेश्वरभक्त्युपदेशः प्रसिद्धिप्रियस्य ॥ ३० ॥

शास्त्राघ्राणं फुङ्कटमिश्रपादानाम् ॥ ३१ ॥

मधुराद्वैतं ब्रह्मवादिनः ॥ ३२ ॥

शरीरविरागो नासात्मनः ॥ ३३ ॥

सुवर्णानर्पणं विदुषः ॥ ३४ ॥

गुरुपरिवादे रौद्रता कलिमूर्त्तेः ॥ ३५ ॥

शूद्राणामविद्यत्वं स्वार्थप्रियस्य ॥ ३६ ॥

जिघांसाप्रणयः सद्धिमतोः ॥ ३७ ॥

उपवीतार्पणं हेतुवादिनाम् ॥ ३८ ॥

द्वीपान्तरागमनं सर्वभक्षस्य तद्बन्धोश्च ॥ ३९ ॥

द्वीपान्तरयात्रोपदेशो बद्धमुष्टेः ॥ ४० ॥

द्वीपदिग्भ्रमो धर्माधिकारिणः ॥ ४१ ॥
पातिव्रत्योपदेशो व्यभिचारिणः ॥ ४२ ॥
एकपत्नीव्रतोपदेशो बहुपतित्वोपदेशिनः ॥ ४३ ॥
षाण्मासिककन्यावैधव्यं संस्कारमात्रवेदिनः ॥ ४४ ॥
षड्वर्षदेशीयसुतविक्रयो धनलिप्सया गृहविक्रेतुः ॥ ४५ ॥
वरयात्राव्ययेन जरतीलाभः पितापुत्रयोः ॥ ४६ ॥
पुंसोः परिणयाद्विधवाया जारोन्मादः ॥ ४७ ॥
अश्वत्थपतिव्रतं प्राणवल्लभदुहितुः ॥ ४८ ॥
जनकजिघांसो रक्षिपुरुषाविनियोगोपदेशः ॥ ४९ ॥
वेश्यापुरोहितविवादालयस्य दम्भाराधनादौ सर्वस्वव्ययिनः परव्ययस्योचितस्यापि निन्दा ॥ ५० ॥
अलाभान्नीचसूदे प्रतिवेशिनि लाभेऽप्युपेक्षा प्रथाव्यसनिनः ॥५१॥
प्रियार्थे प्रासादनिर्माणमस्थिरप्रियस्य ॥ ५२ ॥
व्ययशोको बन्ध्यापुत्रयामिकस्य ॥ ५३ ॥
प्रजोत्पादनं भौतिकस्य ॥ ५४ ॥
दधिपृथुकानुसारि कर्म दैन्यभट्टस्य ॥ ५५ ॥
अज्ञानाग्रहापेक्ष उत्कर्षो बन्ध्यासुतान्वेषिणाम् ॥ ५६ ॥
मोदकवती भक्तिर्जडभक्तेः ॥ ५७ ॥
पुत्रात्पराभवः सभ्यस्य ॥ ५८ ॥
परप्रत्ययानेयत्वं पारमार्थिकस्य ॥ ५९ ॥
पाषाणपशुवन्यसभ्यत्वमुन्नतिक्रमः ॥ ६० ॥

•

परिशिष्टानि

(क) अधिकरणश्लोकानुक्रमणी

अत्र अध्यायः—आह्निकम्-अधिकरणम्-श्लोकश्चेत्यङ्कक्रमः

(ख) सूत्रानुक्रमणी

अत्र अध्यायः, आह्निकम्, सूत्रमित्यङ्क्रमः

(ग) आख्यायिकाध्यायसूत्रानुक्रमणी

(घ) भाष्यस्थ-ग्रन्थ-ग्रन्थकार-मतमतान्तरनामानुक्रमणी

(ङ) उद्धृतवचनेष्वाकरग्रन्थानां संकेत सूची

अ० सं०–अथर्वसंहिता
अव्य० उ०–अव्यक्तोपनिषत्
ई०उ०–ईशावास्योपनिषत्
ऋ० सं०–ऋक्संहिता
ऐ० ब्रा०–ऐतरेयब्राह्मणम्
क० उ–कठोपनिषत्
गीता–भगवद्गीता
छा० उ०–छान्दोग्योपनिषत्
तै० उ०–तैत्तिरीयोपनिषत्
दे० मा०–देवीमाहात्म्यम् (मार्कण्डेय पुराण)
ना० प० उ०–नारदपरिव्राजकोपनिषत्
निरु०–निरुक्तम्
नै० च०–नैषधीयचरितम्
न्या० कु०–न्यायकुसुमाञ्जलिः
प० त०–पञ्चतन्त्रम्
प० द०–परमार्थदर्शनम्
पा० गृ० सू०–पारस्करगृह्यसूत्रम्
पा० सू०–पाणिनिसूत्रम्
बृ० उ०–बृहदारण्यकोपनिषत्
ब्र० सू०–ब्रह्मसूत्रम्
म० स्मृ०–मनुस्मृतिः
महा भा०–महाभारतम्
मा० मि०–मालविकाग्निमित्रम्
य० सं०–यजुः संहिता
यो० सू०–योगसूत्रम्
र० वं०–रघुवंशम्
रा० त०–राजतरङ्गिणी
वा० म०–वाङ्मयमहार्णवः
शि० व०–शिशुपालवधम्
श्वे० उ०–श्वेताश्वतरोपनिषत्
सा० सं०–सामसंहिता
हितो०–हितोपदेशः

●

(च) उद्धरणानुक्रमणी

Sreegopal Basu Mallik
Fellowship Lectures

1907–1908

VEDANTISM

By
SĀHITYĀCHĀRYA
PĀNDEYA RĀMĀVATĀRA ŚARMĀ, M.A.
Senior Professor of Sanskrit
Patna College

FOREWORD

This small volume on Vedāntism is mainly based on the Sree Gopal Basu Mallik Lectures delivered by me at the Senate House, Calcutta, during the Session 1907-1908.

The order and the titles of the Chapters in this book somewhat differ from those of the Lectures as delivered. But the substance of both is identical, and the difference in the form is due only to an effort to make the book readable.

Vedāntism has been treated here as a critical system of thought that it really is, and not as a dogmatic mixture of cosmology and eschatology that it has been fancied to be by many recent writers on the subject.

I take this opportunity to thank my friend and pupil, Pāndeya Jegannātha Prasāda, M.A., Kävyatīrtha, for his suggestions and for his seeing the book through the press,

SENATE HOUSE
Calcutta, Aug. 4, 1908

RĀMĀVATĀRA ŚARMĀ

CONTENTS

VEDANTISM

CHAPTER 1

Early Development of the Indian Thought

By Vedāntism we mean in these lectures the philosophical teachings of the early Upanishads as systematised by the Brahma-Sūtras of Bādarāyana. The views of Bādarāyana's commentators and other mediaeval and modern writers on Vedāntism or cognate subjects are adopted here and there only with caution and reservation. The Brihadāranyaka and the Chhāndogya, two of the earliest and most genuine Upanishads, fairly represent the Vedāntic doctrine in its entirety. But these books as also some other Upanishadic texts deal with subjects which may be conveniently put under three heads :- 1. The Historical section collecting the opinions of the pre-Upanishadic Philosophers. 2. The Mythical portion preserving the ancient tradition of the Vedic tribes, and 3. the real Vedāntic teachings. This classification of the subject-matter of the Upanishads has not yet been definitely made. Modern writers on the subject have curiously enough neglected it altogether. Mediaeval writers have divided the Upanishadic teachings into Jnāna-Kānda, Karma-Kānda and Upāsanā-Kānda. The ancient writers were half conscious of some similar distinction and in vain attempted to reconcile the contradictions arising out of the confusion due to their not firmly grasping it. In fact the Upanishadic teachings in their originality represent the maturest stage in the development of the Indian thought and no sane mind can hold that the collected opinions and myths found in the Upanishads have any place in the Vedāntic theory.

The earliest Indian thinkers like their fellows of Ionia devoted themselves mainly to cosmological speculations. Before the times of the Upanishads many solutions of the cosmological problem were suggested. The problem had two forms. Some thinkers busied themselves with the question--"From what has the world come" ? Others asked themselves--"Into what does the world return" ? Raikva's

Samvarga-Vidyā described in the Chhāndogya answers the question in the second form. Jānaśruti Pautrāyana hears of a famous sage named Raikva and approaches him with precious gifts. He even offers his own daughter in marriage to the sage who is with much difficulty persuaded to accept the gifts and at last explains the Samvarga-Vidyā to his noble disciple. Like some of the early Ionic philosophers, the sage thought that the air was the Samvarga or covering into which everything disappeared and this implies most probably that every thing came out of the same *arche*, but the Samvarga-doctrine does not plainly state this fact. The Nāsadīya hymn of the Rigveda presumably much earlier than the Chhāndogya undertook to solve the cosmological problem in the first form. The *arche* suggested by this ancient hymn is already very subtle. It is something like Anaximander's *Apeiron* and appears to be the prototype of the Sānkhya conception of Prakriti. This hymn also refers to *salila*, *tamas*, *tapas* or water, chaos and heat as the primal elements from which the world has evolved. But these appear to be later evolutions of that one (*Tad ekam*) which breathed without air (*Avātam*) through its self-sustaining power of Svadhā. But these were not the only solutions of the cosmological problem in those pre-Upanishadic ages. Many other answers were suggested and some sages even thought that the world had come out of nothing.

Such was the state of the Indian thought a little before the appearance of the Upanishads. The early Vedic Rishis had not looked upon the world as a whole. Different individual phenomena of the perceptual world or classes of such phenomena chiefly concerned them at that time. It was only towards the end of the Hymnal period that the Nāsadīya and other philosophical or quasi-philosophical Sūktas appeared and the universe as a unitary existence presented itself to the Indian mind. But before the advent of the Upanishadic inspiration only stray and conflicting opinions about the origin and end of the world were expressed by individual sages. These opinions are scattered here and there in the Samhitās and in the Upanishads, in the former as appendices and in the latter as citations to be criticised. This intermediate period between the Hymns and the Upanishads was a very fertile one. Its chief defect was lack of systematic comparison and examination of individual doctrines.

Owing to this the systematic philosophy of the Upanishads has altogether superseded the literature of this period and except stray citations we have nothing extant of it.

These stray philosophical speculations had shattered the foundations of the Hymnal Theology but the latter had not altogether given up its hold on the popular mind when the Upanishads appeared. It was for the first time in the Upanishads themselves that the Mythical, semi-animistic views of the origin and end of the Universe were finally discarded and the cosmological problem was re-stated in a metaphysical form. A temporal and spatial *arche* of the world was no longer the object of philosophical investigation. Time and space, eternity and infinity themselves were thought to be insufficient to explain the Universe and a definite conception of the *Brahman* or the Self-conscious Spirit was reached. This new conception at once satisfied the logical, metaphysical and ethical needs of the people as we shall see anon.

The Upanishadic doctrine could not be universally recognised at once. Perhaps there were other philosophical schools contemporary with the Upanishads but based on pre-Upanishadic thoughts. The existence of these schools is a new hypothesis. It is made probabl by such references as "तद्धैक आहुरसदेवेदमग्र आसीत्" etc. These lost philosophical schools almost contemporary with the Upanishads but heterodox in nature are most probably the original sources of Buddhism, Jainism and the ancient philosophical Sūtras of India. The two Mimānsās (Karma-Mimānsā and Brahma-Mimānsā) are the only systems directly based on the orthodox literature. The other systems must have had their origin in the heterodox literature now lost to us, and must have been struggling for existence for a while with the Upanishadic doctrine.

The systematised philosophy of the Upanishads had two dangers to face. In the first instance, it had to struggle for existence with its contemporaries, the ancestors of the future great systems, and then, it had to fear its own commentators who collided with one another when interpreting important Upanishadic texts. Jaimini, Audulomi, Kārshnājini, Kāśakritsna Bādari, Āśmarathya, Ātreya and a host of other sages appear to have explained the Upanishadic texts in a thousand different ways. But at last Bādarāyana appeared on the field. He tried to reconcile the apparent contradictions in the Upanishads and shewed sometimes rightly and sometimes wrongly that every important Upanishadic text referred to the *Brahman*. He also collected the conflicting opinions of his different predecessors on cotroversial points and with his extra-ordinary logical acumen tried to refute every system of thought that prevailed in his time and differed from his own. He severely handled Buddhism and Jainism, shattered the very foundations of Sānkhya and Vaiseshika, dismissed Yoga and Nyāya as unworthy of his attention and crushed the Jaiminīyas and the Pāncharātras under his heavy feet.

The gravest defect of the great Bādarāyana was that he did not clearly distinguish the historical, the mythological and the positive portions of the Upanishads and this lamentable confusion led to his squeezing every Upanishadic text into the self-same Brahmic mould. But, in spite of this defect, he succeeded achieving his grand task. His brief Sūtras, later in time than most of the existing philosophical Sūtras, fully elucidated the Vedāntic Epistemology and, refuting the logic of the other systems, established the Upanishadic doctrine on a firm ground.

With the enunciation of the great Upanishadic formulae or *Mahāvākyas*, the animistic Polytheism of the Hymnal period of the Vedic *eon* had disappeared from the cultured Indian mind and the idea of One Supreme Being was firmly grasped by it. Unity of nature, perhaps vaguely present to the pre-historic human instinct, had been early lost with the advance of the logical capacity of man. Through the influence of the Upanishadic teachings this Unity of nature, including both the subjective and the objective worlds, was not only recovered by man but has been transformed from its instinctive, uncritical, hylozoistic form into the critical, rational perfection in which we possess it to-day.

CHAPTER II

The Systematic Philosophies of India

By the Systematic Philosophies of India we mean here the so-called six systems which arose side by side with Buddhism, Jainism and the cult of the Pancharātras just after the appearance of the Upanishadic literature. The Vedic period of the Sanskrit literature had ended with the Upanishads. The Sūtra period that followed the Upanishads and, perhaps, began with the Kalpasūtras and ended with Bādarāyana differed both in matter and form from the preceding literature. The authors of this period appear to have been specialists. A division of labour appeared to be necessary to them and each selected a special field for himself. The orthodox systems were either theistic or non-theistic, while the heterodox ones were decidedly atheistic. The Yoga with its offshoot, the Pancharātra cult, is the only philosophical system of India which accepted God (a personal lord of the world) from the very beginning. The other systems had originally no concern with God as a personal Being. The Sānkhya has always remained non-theistic. The Mimānsakas did not accept either God or the creation and destruction of the world. The Vedāntic *Brahman* is another name for reality and has nothing to do with a personal God in the original non-dualistic form of the doctrine. The original authors of the Nyāya and the Vaiseshika sūtras too had, perhaps, nothing to do with God, and Udayana appears to be the first Indian logician who tries to demonstrate the existence of God. The heterodox doctrines, Buddhism, Jainism (and the minor ones like the Chārvāka system) were decidedly atheistic.

The Sānkhya is perhaps the oldest of the systematic philosophies. It is at least as old as the sources of Buddhism, if not even older. The Buddhistic Nihilism and the Sānkhya Dualism were the greatest rivals of the Upanishadic Non-dualism. The name Sānkhya was due to the analytical nature of the system. Sānkhya, Asadvāda and Yoga are the only philosophical doctrines that are referred to in the genuine Upanishads. Details of these doctrines in the pre-Upanishadic or

Upanishadic ages cannot be ascertained at this date. Only this much can be said that the Upanishadic doctrine formed an advance on the Sānkhya and the Yoga, and at the same time it was a reply to the Asadvāda. These four doctrines (Asadvāda, Sānkhya, Yoga and the Upanishadic teaching) formed the original sources of the four systems founded by the Mādhyamikas, the Kāpilas, the Pātanjalas and the Vedāntins. Gautama most probably borrowed his theory of the Prāmanas from the Sānkhya, and Kanāda developed the theory of the elements already suggested by the Upanishads. Jaimini saw the necessity of constructing a theory of the religious rites declining through the influence of the Upanishads. The real chronological order of the Indian philosophical systems would, therefore, be as follows. 1. Sānkhya (and Buddhism) 2. Yoga. 3. Vedānta. 4. Nyāya and Vaiseshika and 5. Mimānsā. But the existing Sūtras of these systems appear in a somewhat different order. The Yoga sūtras are the earliest. Then follow the Vaiseshika, Nyāya and Mimānsā. The Vedānta-sūtras come later than all these which along with Buddhism, Jainism, etc., are refuted by them. The Sānkhya-sūtras in their existing form are decidedly later than all these. In reality they are a spurious composition of the 15th century at the earliest and were unknown not only to Śankara and Vāchaspati but also to Mādhava, the author of the Sarvadarsana Sangraha. It is not clear, therefore, what Sankhya work Bādarāyana had in his mind when he refuted that doctrine.

Soon after the Nirvāna of Gautama, the Buddha, the chief Indian philosophical systems were crystallised into Sūtras. The Sānkhya system was really taught by Kapila to Āsuri. Āsuri taught it to Panchasikha who is most probably the author of the original Sānkhya-sūtras. The work of Panchasikha named Shashtitantra has been admirably abridged by Iśvara Krishna in his 70 *āryās*. The work of Panchasikha had been lost before Śankara whose authority on the Sānkhya is Iśvara Krishna. Fragments of the Shashtitantra might have been known to Vāchaspati who quotes it now and then. Iśvara Krishna as annotated by Vāchaspati is the ultimate authority on the Sānkhya, and inspite of the vain efforts of Vijnanabhikshu to amalgamate it with the Vedānta, the Sānkhya system is to-day what it was in the days of Vāchaspati. Patanjali's Yoga-sūtras were annotated by Vyāsa and the Gitā tried to reconcile the Sānkhya and

Yoga. Since the time of the Gitā there have been no original contributions to the two systems. The Vaiseshika-sūtras were enlarged by Praśastapāda. The Nyāy-asūtras were annotated by Pakshila, criticised severely by Dingnāga and defended by Uddyotakara. The last author's Nyāya-vārtika has been elucidated by Vāchaspati who has been again explained and criticised by Udayana. After Udayana Gangeśa amalgamated the Nyāya and Vaiseshika in his Nyāya-chintāmani and, since then, the history of both these philosophies has been identical. The Mimānsa-sūtras were annotated by Śabara and supplemented by Kumārila. The Vedānta-sūtras were originally explained in two different ways by Upavarsha and Baudhāyana. Upavarsha was followed by Śankara and Baudhāyana by Rāmānuja-Śankara and Rāmānuja are the well-known expounders of the two great explanations of the Vedāntic theory. Śankara represents the theory as pure Non-dualism, while Rāmānuja makes it qualified Non-dualism. After Śankara and his great critic Rāmānuja, no original work was written on Vedāntism. These authors have had numerous commentators whose mere mention would fill a volume. It was only after the phenomenal appearance of Gangeśa's text on Logic (Nyāya-chintāmani), welding once for all the teachings of Gautama and Kanāda that a new necessity presented itself to the representatives of the other philosophical systems. A fresh struggle for existence began in the world of Indian thought. Gangeśa's logic and his terminology and their universal acceptance necessitated a remodelling of all the philosophical text-books and the task has been creditably accomplished by Chitsukha and Madhusūdana for Vedāntism.

The above is a very succinct account of the systematisation of the Indian Philosophical Schools. Now we have to see the inter-relation of the main positions of these schools of thought. We shall presently see that the Upanishadic thought busied it self with the concrete reality and started with the very foundations of knowledge. In time its followers began to distinguish all that was based either in nature or in thought on the abstractions from this concrete reality as a delusion. Every phase of thought that differed from Vedāntism must be presumed, therefore, to have a place in this delusion. The Sākshin of the Upanishads in whom moments of knowledge arise just as waves arise in the ocean; who is neither subjective nor objective but whose manifestations these inseparable cor-relates, the subjective and the objective continua, are; and who witnesses in himself the appearance and disappearance of all that exists including what we term as our corporeal existence; this Sākshin, the most real being, or rather the only real being, was altogether lost sight of by the other systems. It was split into two by the Sānkhyas who thought that there existed two classes of realities : one subjective, comprehending numberless Purushas and the other objective, constituting the single Prakriti. This dualism was the starting-point of the delusion. When once the split was made, it was not easy to recover the original unity. The Purushas of the Sānkhyas appeared to be quite useless to some critics like the Chārvākas. These latter rejected the subject altogether and recognised the objective world as the sole reality and made the subject a mere property of the object. But the subject thus discarded often pressed itself upon thought and at last the scale was turned when Buddhism recognised the subjective principle alone and rejected the object altogether. When separated from each other neither the subject nor the object keep its unity. Both were pulverised in turn. Unconnected moments of knowledge were the only realities acknowledged by the Buddhists. This is the climax of subjectivism which assumed in it the form of a psychic atomism. The objective atomism was brought into perfection by the followers of Kanāda. Thus alternately the subject and the object abstracted from the Sākshin and losing their original unity were naturally pulverised. But the reaction soon set in. It was expedited by sceptics like the Jainas. What is real ? It is the *prāmana* or the *prameya* ? The *prāmana* is always finite and imperfect. It can never be omniscient. The *prameya* is, on the other hand, inert and impure to wherever we go. Where are then perfection and infinity, the natural objects of the human faith ? This was the question asked by the Bhaktas, who at last being unable to recover the real, perfect and infinite entity, early lost by thinkers, fancied it to be extra-mundane. In this way the doctrine of the Upanishads, being attacked on every side by the Dualism of the Sānkhyas, the psychic atomism of Buddhism, the physical atomism of the logicians and the theology of the Pancharātras, needed for its survival a systematic Epistemological investigation which was at last accomplished by Bādarāyana and explained fully by Śankara.

CHAPTER III

The Vedantic Doctrine briefly stated

Before examining the Vedāntic position in detail, it would be convenient to have before us a brief statement of the doctrine. Most philosophical systems in India and elsewhere have the world as perceived by the senses for their starting-point. Such systems precede in time those that are critical enough to be dissatisfied with this starting-point and try to replace it by something else. In Europe rejection of the sensuous world as the starting-point of philosophical thought is comparatively recent. It begins with Descartes and is systematically carried out by Kant. In India it began with the Upanishadic doctrine, was developed and carried to extremes by the Buddhistic thinkers and was almost perfected by Bādarāyana, Gaudapāda and their early successors about two thousand years before the appearance of the Cartesians.

Discarding the objective starting-point of the ordinary thought, the Bauddhas as well as the early Vedāntins adopted facts of knowledge embracing both the subject and the object as its two factors for their starting-point. But the essential unity of knowledge was never acknowledged by the Bauddhas, which is the most emphatic assertion of Vedāntism. Knowledge itself and not this or that known object is, of course, the starting-point of every critical thinker. But 'what is unit of knowledge' is the first question of the Vedāntic Epistemology. If we adopt the momentary unit of knowledge accepted by Buddhism, we fall into gross absurdities. It is a philosophical common-place to say that, everything known to us is inside our knowledge and we have to start therefore, with knowledge and not with things known or fancied to be known and existing outside of knowledge. But the momentary units of knowledge are themselves inside pure knowledge, or we might say, in the Kantian terminology, that the Pure ego always embraces the Emperical ego. This pure ego or the Sākshin of the Vedāntic epistemology is fancied to be an abstraction by some critics. But this very criticism implies that the Sākshin is not a logical abstraction but the highest reality. Out of more than one psychic or external phenomenon one abstracts different factors. This power of abstraction cannot be in the mutually exclusive phenomena even if they are conceived to be self conscious. One particular phenomenon of this description can at best resolve itself into parts.

Even this would involve a mysterious process and cannot be easily explained. But for a phenomenon to analyse itself into factors and then to identify one of these with other phenomena similarly self-analysed but totally exclusive of one another and absolutely unconnected with the identifying phenomenon is the grossest absurdity ever fancied by man. Such reasons led Vedāntism to reject the momentary self-complete Buddhistic unit of knowledge.

Knowledge is the Vedāntin's starting-point. The real nature of knowledge has to be examined by every sound critic before he declares anything positively. In this radical procedure of investigation the Vedāntin hates logical entities more than any other thinker. This is quite evident from his rejection[1] of the categories of Kanāda which are no doubt mere logical entities abstracted from the concrete reality. The Vedāntin is in search of concrete reality and knows full well that this reality can not be found by hypothesis in an abstraction. The momentary unit of knowledge accepted as the concrete reality by the psychic atomism of the Bauddhas is itself an abstraction or a mere element of the eternal, infinite, all-embracing, self-conscious spirit which finds itself in every momentary unit, connects these units, makes abstractions of them and, in short, constitutes them to be what they are. Without the Premanent Being the momentary units of Buddhism would have been so chaotic that the very appearance of that doctrine in the world would have been impossible.

This Permanent Being, the Sākshin of all experiences, is the concrete starting-point of Vedāntism. Just as waves rise out of and disappear into the ocean, so experiences of the moment rise and disappear in it. The Empirical ego or Jiva and the objective world are both mere phenomena of this noumenon. There is nothing external to this Being and in reality there can be no question of an inside and an outside of it, these terms being applicable only to the mutually

1. See Sankara on the Brahmasūtras C. II. 2.

exclusive phenomena. The false identification of this Being with the Body, which is itself an appearance or rather a congregate of appearances in it is root-cause of the notions of inside and outside, beginning and end, and myriads of other opposites. "This Being is all solid knowledge and has no outside and inside", says the Upanishad. To limit this Being to the body is a delusion. It is limitation of the unlimited or Māyā (measurement literally). The body appeared to this Being at a certain moment just as other things appear to it and will one day disappear like so many other things. To think that the body is the centre of the Universe and everything else depends upon it, is a delusion like the geocentric view of the siderial world. Men have been freed from this delusion by Kant in Europe and by the Upanishads in India.

It has been just said that the false limitation of the Sākshin to the body is Māyā. Really the Sākshin is God. While identifying itself with the body and fettered by this delusion, it is Jīva or the Individual soul. The difference between Iśvara and Jīva is only a difference of standpoint. Look at yourself from and individual, croporeal standpoint and you are a Jiva. Look at yourself from the Universal, spiritual standpoint and you are God. But which is the true standpoint, the individual or the universal ? The very power found in ourselves of transcending the individual standpoint proves its delusory nature. It implies that we are conscious of a Higher Being than our individuality and we shall see that the Vedāntic Epistemology recognises no other consciousness but that of the self. Thus, we see that our true self is the Eternal, Divine one, and not the transitory and cosmic one as we take it ordinarily to be.

A delusion is, according to the Mediaeval definition of it, mistaking one thing for quite another. We shall see that this definition is wrong. One thing cannot be taken for quite another thing. We shall show in the Chapter on Delusion that it is always either an addition or a subtraction of ideas, or, in short, it is either mistaking a part for the whole or *vice versā*. In the case of a mirage, for example, we perceive a part of water, i. e., its visual qualities. We are not warranted to affirm the concomitance of the tactual and gustatory qualities along with the visual qualities perceived in this case. Still we assert the existence, in the desert sunshine, of the whole water (composed of the visual and many other qualities). In the same way, we mistake our corporeal self which is a group of phenomena rising in our real Divine self for our whole being and, as long as we do it, we are deluded. The objective world is a series of waves in the Unitary Divine ocean of knowledge. The identification of this whole knowledge with either the world or with the body, which is a part of it, is a delusion in as much as it is mistaking a part or a group of parts for the whole. It is not an illusion appearing in the vacuum or in something that is quite different from it as Śankara fancies. It is owing to this that we have rejected the illusion theory of Māyā and have propounded the new **Delimitation Theory**.

True knowledge would be, according to the above theory, a knowledge of the world from a higher standpoint and not a knowledge of something quite different from it as Śankara appears to think. You are living in a gross delusion as long as you fancy that this body is identical with your complete self or, at least, is its only real possession and that every thing else has a value for yourself in proportion to its serviceability to the body. You are really free as soon as you transcend the physical standpoint and, reaching the spiritual one, are convinced, and model your physical, intellectual and ethical life according to the conviction that the spirit or your real self is the Universal, Divine consciousness to whom this body is as much an appearance as anything eles in the world and whose interest, accordingly, would be the welfare and harmonious progress of the whole world and not only of a part of it. This conviction, if altogether realised, would mean the real and only possible Mukti or absolute salvation of the Soul.

According to this view, Vedāntism is no longer a system of thought, inimical to sound ethics as many have fancied. Śankara in his ascetic frenzy often tended to subjective idealism and trampled upon ethics which has led to his being stigmatised as Crypto-Bauddha. But when he did so,he really overshot his mark and contradicted himself. The real Vedāntic theory is neither subjective idealism nor materialism, but transcends both and reconciles them. Instead of being inimical to Ethics, it maintains it against antimoral and non-moral theories and supplies the most valid ground for its existence. ,'Be *sarvabhūtātmabhūtātman* and try to do good to the whole world, of course, including your own body." "Do not think of sacrificing everything else for your body." The chief Ethical formula would be expressed in one of the above forms. But why should I do good to the world ? Let me "eat, drink and be merry." This is the reply of the Epicure to the Ethical preacher. If you hold out the rewards and punishments of the next world to the anti-moralist, he ridicules your credulity and boldly asserts that there is no future life. If you try to show him that reward for virtue and punishment for sin come to us even in this life, he laughs at your "innocence and cowardice" and tells you to be clever enough to avoid the pain and punishment mixed with the sensuous enjoyments and cull out wisely only the pleasurable elements out of these. The most convincing answer to the Epicurean has been given by Vedāntism and similar systems of thought. Your real being is identical with the world's being theoretically as well as practically and your body is just a thing among other things in the world. Neither sacrifice the world for your body nor your body for the world. Behave altogether in such a way that the whole world (and your body as well) may attain to harmonious perfection. This is only way to happiness. Have, in short, a totalistic and not a partialistic view of the world and, then, there is no conflict between your interest and the interest of the world.

The whole Vedāntic doctrine can be summed up in the following five great formulae. Ontologically, nothing can come out of nothing—"कथमसत: सज्जायेत"

Seek the real, therefore, which is one beforeless and afterless, inless and outless—"तदेतद्ब्रह्मापूर्वमनपरमनन्तरमबाह्यम्" Epistemologically, this real entity is knowledge infinite—"सत्यं ज्ञानमनन्तम्". And, ethically, all peace and happiness is in this infinite-"यो वै भूमा तत्सुखं नाल्से सुखमस्ति". This reality is not to be sought outside thyself and thou art not different from it. Thou art that—"तत्त्वमसि".

CHAPTER IV

Refutation of other Doctrines

We have already seen that Vedāntism is a doctrine of the Sākshin. It is not transcendentalism. It is a philosophy of immanency but not in the Spinozistic sense. The world is in the Sākshin but not *vice versā*. The Gita says "न त्वहं तेषु ते मयि." The Sākshin is evidently much more than the world, just as the substance or the cause of any effect, though identical with it, is still much more. Gold is identical with an ornament made of it. Still it is much more than that. All gold ornaments are gold and nothing else, but all gold is not a particular ornament. Everything is identical with the Divine reality. But that reality is not altogether identical with any one thing or even with the series of these things unless the series is carried to infinity. Śvetaketu is asked by his father whether he had made an enquiry about that which being learnt nothing remains unlearnt, which being thought nothing remains unthought and which being known nothing remains unknown. On this Śvetaketu wishes to know what like that entity was which once known, nothing remains unknown. His father informs him that just as nothing of clay remains unknown when a lump of clay is known, so that entity, of which he had spoken, once known nothing remains unknown. By this entity Śvetaketu's father meant the Sākshin and, with a number of illustrations, shows that this Sākshin is the *real self* of man. This being the case, every system of thought that tries to make an apotheosis of any abstraction from the concrete Sākshin must necessarily be condemned by Vedāntism.

The Sānkhyas divide the Sākshin into a subject and an object and, then, further divide the subject into an infinite number of Purushas. Both the subjective spirits and the objective Prakriti are separately real. Their relation is false and arises out of Aviveka or want of distinction. Prakriti is practically self-moved and the mere presence of Purusha is needed for the evolution of the *Mahat* and other principles out of it. All that is gross has come out of its finer cause. The finest causal state of matter out of which this perceptible world has evolved is termed Prakriti by the Sānkhyas. This Prakriti has three elements in it ? viz., pure ens, energy and inertia. When these three elements are in equillbrium, there is no cosmos. But we have a cosmos when this equilibrium is disturbed owing to the presence of the Purusha, just as a needle is put into motion by the presence of a magnet. Prakriti and Purusha (or rather Purushas) are both real and distinct beings. Confounding them with one another is *Aviveka.* Just as in a red-hot ball of iron we confound two things, fire and iron, and then speak of the red-round fire and the hot iron, attributing the redness and roundness of the iron to the fire and the heat of the fire to the iron, so we confound in the world the two distinct beings, Prakriti and Purusha, attributing Purusha's knowledge to matter and the material forms and changes to the spirit. The Sānkhya conception of the dualistic nature of the Universe was accepted by the followers of Patanjali. But the unity of purpose so apparent in the world could not be acounted for by this dualism and this led them to form a new conception—that of a Purusha who is perfect and not miserable (though it be only through *Aviveka*) like the Purushas of the Sānkhyas. This new conception served both as an Ethical ideal and an intelligent ruler of the Universe.

Against the followers of Kapila and Patanjali the Vedāntic teachers urge the following objections, viz untenability of the distinction between the conscious and the unconscious elements in the world; the absurdity of fancying a state when the Universe was or will be in the Prakriti form; ignoring by these systems of the self-evident fact of the continuous idealisation of nature; and superfluity of the Purusha conception, the Sānkhya Prakriti being self-sufficient. If we start from our own perception, we can distinguish between the conscious and the unconscious. That which shows signs of consciousness, or in other words, behaves like our own body is thought to be conscious and that which behaves otherwise is thought to be unconscious. But if we go deeper, we see that consciausness is the result of a contact between our senses and an object, and this being the case, the object is as much a cause of the consciousness as the senses Where is this consciousness—in the perceived object or in the percipient ? That cannot be decided. Besides, the three *Gunas* that are thought to be the constituents of Prakriti are themselves rather mental than material and the difference between matter and mind (or between Prakriti and Purusha) is annihilated by the Sānkhyas themselves. Then they accept that the equilibrium of the three *Gunas* is *Pralaya* and when this is disturbed the world evolves out of it. But what disturbs the equilibrium and for what does this disturbance occur ? If you fancy that the presence of the Purusha effects this disturbance, then this presence being eternal, there ought to be no *pralaya.* As for the motive that leads to the disturbance, it cannot be in the perfect and free Purusha who wants nothing, nor can it be in the inert Prakriti. Moreover what could this motive be ? It can be neither enjoyment nor salvation, for the dead Prakriti can have none of these and Purusha is already free and indifferent to all enjoyment. Again the Sānkhyas can not account for the continuous idealisation of nature. Why should the *udāsina* or indifferent Purusha be always trying to bring nature into perfect harmony with his idea ? Lastly, Prakriti containing in itself *sattva*, *rajas* and *tamas* (or the elements of consciousness, action and materiality, what is the need of a Purusha ? The reply that all combinations are for some one and, hence, nature being a definite conbinaticn implies the existence of Purusha is self-contradictory; if that be so, Purushas cannot be fancied to be indifferent. The Sānkhya Purushas being superfluous, the God of Patanjali untouched by misery, action, etc. falls to be still more useless.

Thus, discarding Sānkhya and Yoga, we come to the theory of the Tārkikas They have a set of cleancut categories quite distinct from one another and fancy that the world is, through *adrishta* (or virtue and sin), reduced to a state of indivisible, final atoms and through the same *adrishta*, these atoms again combine and build the world. Kanāda, the Empedocles of India, propounded this atomic theory. It was acceptable to his brother philosopher, Gautama, too. The followers of these thinkers supplemented the theory with the conception of an architect who fashions the world out of the atoms, but the originators of the theory appear to have thought *adrishta* and atoms sufficient to explain the world and did not require an architect to build it. Śankara thinks that the categories (substance, quality, action, generality and Inherence) are not mutually exclusive and independent realities as the Vaiśeshiks fancy. What is substance apart from all its qualities ? Actions are mere qualities. The other three categories are evidently mere logical entiteis. Really the same thing is a substance from one standpoint and a quality or action from another. As for the atoms, the very conception is absurd. The world is continuous and *ākāśa* (or space) is as much material as anything else. Distinct atoms floating in immaterial space are creations of the logician's mind. Besides, why should any atom be final ? Being related to space on all sides the ultimate atom must have dimensions and is divisible accordingly. Go to any lenght, you cannot reach the limits of divisiblity. Moreover, the supposition that the world is once reduced to the atomic state and has *pralaya* and again comes out of these atoms, is beset with the same difficulties as the Sānkhya conception of *Srishti* and *pralaya* ? What is the cause of *Srishti* and *pralaya* ? Is it *adrishta* ? If so whose *adrishta* ? The dead atom can have no virtue or sin, while the soul, without a body or mind during *pralaya*, could have none. The logical idea of God as the architect of the world will be criticised in the Chapter on the Existence of God.

Next, we have the Karmamimānsakas. They do not accept either a beginning or an end of the world and, throwing knowledge into the background, hold out action as the chief end of man. All science, whether human or divine, is to be construed with reference to action. Knowledge is subordinate to action. This tenet conflicts with Vedāntism which maintains that knowledge is the end of man and all else is subordinate to it. The long controversy between the Vedāntin and the Mīmānsaka on this point is mostly due to a misunderstanding of the meaning of action. The Mīmānsaka thinks that the soul is active and ought to be so in a particular way for its welfare, while the Vedāntin thinks that it cannot be active in the Mīmānsaka sense and, therefore, oughtness has no meaning for it. 'What is' has more interest for the Vedāntin than 'what ought to be'. 'What is' is true. 'What ought to be' is a mere fancy. 'What is' cannot be changed. It is permanent. 'What out to be' depends upon your will. A fact is before you and you must perceive it You cannot ignore it. But when a ritual is to be performed by you, you may or may not perform it. Now the Mīmānsaka's 'oughts' are of the nature of a ritual. They can be violated. But the Vedāntin's reality is an objective force which presses itself upon you and you are not free to ignore it. There lies the great strenght of the Vedāntin. Whatever the origin of the knowledge of the Vedāntic reality, its final demonstration lies in its own truth. Whoever tells you that there is a tree in front, the final demonstration lies in the tree itself. You look in front and see that there is a tree. So the Upanishads make the *Brahman* known to you, but your own thought tells you that they are right and have shown you the truth. The Mīmānsaka's theory fails to appeal to your reason. Its teachings have no force, if you have no faith in them. Faith lends all the force possessed by the Mīmānsaka's duties, while faith itself is created and enforced by the knowledge of the Vedāntic Reality. Action is a property of matter. The soul knows action as well as everything else. Hence action is foreign to the soul and cannot be its end. Knowledge or *Chit* is the essence of the soul. As for the result of knowledge we do not agree with the Mīmānsaka in saying that mere knowledge, not directly leading to action, is fruitless. To one who is trembling through fear at the sight of a coiling thing in darkness, mere knowledge that the cause of this fear is nothing but a cord is useful and removes all his fear, though, instead of leading to action, it rather stops the tremor and other abnormal actions of his body. In the same way, knowledge of the Sākshin as the only reality as described in these pages, though not directly leading to any action, secures mental peace and, removing all that is abnormal, confers *Abhaya* or safety on us and leads us out of *Ṡoka*—"अभयं वै जनक प्राप्तोऽसि"—"तरति शोकमात्मवित्".

The Pancharātric theology will be criticised in the Chapter on God and is, therefore, omitted here. The Buddhistic Epistemology has already been exposed and need not be touched here.

CHAPTER V

On The Pramanas (The Ordinary View)

The word *pramāna* has two meanings. A *pramāna* is either an original source of knowledge or a demonstration of what is already known from another source. This ambiguity has led to many confusions in the Indian Philosophy, as we shall see presently, and to avoid such confusions, we have stated these meanings here at the outset. Pramānas are, according to the loosest enumeration, eight in number. They are 1. Pratyaksha or perception, 2. Anumāna or inference, 3. Upamāna or assimilation, 4. Śabda or verbal authority, 5. Arthāpatti or implication, 6. Asambhava or impossibility, 7. Anupalabdhi or lack of being perceived and 8. Aitihya or human tradition. Iśvarakrishna rejects five of these *pramānas* and accepts only Pratyaksha, Anumāna and Śabda.

Ordinarily, Pratyaksha is explained as sensuous perception. Anumāna is inference, particularly the syllogistic inference. Upamāna is knowledge through similarity. A man is told by some one that Gavaya is a wild creature similar in form to the domestic cow. He goes to the forest and, perceiving such a creature, at once identifies it is a Gavaya. Śabda is verbal authority, more particularly that of the Śruti or the revealed texts. Arthāpatti is implication. A man is stout but is said to eat nothing during the day. This fact implies or gives by Arthāpatti that he eats during the night. Asambhava is impossibility. A man says that he has seen a horse with horns and no one can accept his words for what he says is impossible. Here impossibility is the authority for rejecting the man's words. Anupalabdhi is not perceiving a thing at a particular place and during a definite time. A man says that there is no pitcher in the room he occupies and his authority for the assertion is his not perceiving it in the room at the time of the assertion. Aitihya means human tradition as distinguished from divine revelation.

Pratyaksha, Anumān and Śabda are accepted a *pramānas* by most Indian thinkers. Upamāna is rejected as it is thought to be a combination of verbal authority and memory. Arthāpatti is a kind of syllogistic inference and so it is not accepted as a separate *pramāna*. Asambhava and Anupalabdhi too can be included in syllogistic inference. Aitihya is nothing but verbal authority which includes oral and written, human and divine, words. Pratyaksha alone is accepted as a valid *pramāna* by the Chārvākas. Pratyaksha and Anumāna are accepted by the Bauddhas and the Vaiśeshikas. Pratyaksha, Anumāna and Śabda are accepted by the Sānkhyas and others. The other *pramānas* are quite unimportant and are here and there mentioned by the Mīmānsakas and Rhetoricians.

The interconnection of the *pramānas* and their place in human knowledge have been thus described by the Tārkikas or Mediaeval logicians of India. Knowledge is of two kinds. It is either presentation or representation (Anubhava or Smriti). Recognition or *pratyabhijnā*, which is a combination of both and is accepted as a very important form of knowledge by the Vedāntins, is neglected by the Tārkikas in their Epistemological scheme. Anubhava or presentation is again of to kinds. It is either valid or otherwise. When valid, it is termed Yathārtha. If not valid, it is called Ayathārtha. Taking a thing to be what it is, is Yathārtha Anubhava and taking a thing to be what it is not, is Ayathārtha Anubhava. Yathārtha Anubhava or valid presentation is of four kinds. It is either Pratyaksha, or Anumāna, or Upamāna, or Śabda. Pratyaksha is of six kinds. Chākshusha or Ocular, Śrāvana or Auricular, Ghrānaja or Olfactory, Tvācha or Tactual, Rāsana or Gustatory, and Mānasa or Mental. We have a *pratyaksha* when some object comes into relation with one of the six senses. This relation may be either Samyoga, Samyukta Samavāya, Samyukta Samaveta Samāvāya, Samavāya, Samaveta Samavāya or Viśeshana. We perceive a pitcher, its qualities (redness, etc.,) and also the kind of redness and other qualities. The pitcher and the particular perceiving sense, the eye or the skin, have Samyoga or contact between themselves. The pitcher's qualities inhere in it and so the relation between them and the perceiving sense is Samyukta Samavāya or inherence in the thing that has come into contact with the sense. The relation between the kind (Jāti) of the pitcher's quality and the perceiving sense is Samyukta Samaveta Samavāya or inherence in what inheres in the coming into contact with the sense, for Jāti inheres in the thing coming into contact with the sense, since Jāti inheres in redness and anything else possessed of it. But when we perceive a sound by the ear, the relation between the sense and the object is *samavāya* or inherence, for, in this particular case, the sense is identical with the sky limited in the earhole, and sound inheres in the sky according to Kanāda. The kind and qualities of sound are perceived through the relation called Samaveta Samavāya or inherence in the inhering, as they inhere in sound which inheres in the earhole. The sixth relation or Viśeshana means qualification and exists between *abhāva* or non-existence (of anything) and the perceiving sense, for, in the case of a perception of *abhāva* (say of a pitcher), the locality qualified by the *abhāva* comes into contact with the sense, *e. g.*, the case of our perceiving a room qualified by the non-existence of a pitcher.

Anumāna or syllogistic inference is the second great *pramāna.* Other forms of inference are either taken into consideration by the Indian Logic or are thought to be valid only, if they can be expressed in a syllogistic form. When perceiving something which is a sure mark of something else (as smoke is of fire), we assert the existence of the unperceived marked thing, we are said to have an Anumāna. Knowledge of Vyāpti or the certain existence of the marked thing wherever the mark is, and perception of the mark in a *paksha* or the thing, where the marked object is conjectured to be, are the two necessary conditions of an Anumāna. When an Anumāna made by a person for himself is expressed in words to others its verbal expression is technically termed a Nyāya and has five parts :--1. Pratijnā (the proposition, *e. g.*, the hill has fire), 2. Hetu (the reason, *e. g.*, because of smoke), 3. Udāharana (an example, *e. g.*, wherever there is smoke there is fire, as in the kitchen), 4. Upanaya (application, *e. g.*, the hill has smoke) and 5. Nigamana (the conclusion, *e. g.*, so the hill too has fire). Thus, when a man perceives smoke over a hill, he conjectures the existence of fire on it, and, sometimes, keeps the conclusion to himself and is, then, said to have a Svārthānumāna. But when he expresses his conjecture in words, the whole expression, whatever it be, can be, on full analysis, cast into the form of a Nyāya or syllogism. "The hill has fire, because it has smoke. Wherever there is smoke there is fire, as in the kitchen. The hill has smoke, and hence it has fire." This is the logical form into which we cast the expression of the particular inference (of fire from smoke indicated above). A knowledge of Vyāpti is necessary for making an *anumāna*, as we have seen, and there is a very lengthy and tiresome discussion on the question of Vyāpti. Vyāpti means an unconditional relation or a relation without an Upādhi or condition. This Vyāpti is sometimes reversible and sometimes not. This is the most important practical point about Vyāpti, and missing it leads to fallacies. Smoke and fire have a Vyāpti, for smoke is unconditionally related to fire. There can be no smoke without fire. But, in this case, the Vyāpti is irreversible and one-sided only. Smoke implies fire but fire does not always imply smoke, for you can have a smokeless fire. Fire must have smoke only, if it has wet fuel and so this reversed relation is no Vyāpti for it has a condition, *viz.*, the presence of wet fuel. Hence, we can infer the existence of fire from that of smoke but not *vice varsā*. Thus, the hill has fire for it has smoke, is a valid *anumāna*, but the inference that the hill has smoke for it has fire, is quite fallacious. Upādhi is defined as something not covering all cases of the mark but exactly co-extensive with the marked. In lhe case of the fallacious inference that the hill has smoke for it has fire, we have contact with wet fuel as the Upādhi that leads to the fallacy, for wet fuel does not cover all cases of the mark (fire), there being fires with dry fuel, but it is exactly co-extensive with the marked (smoke), there being no smoke without wet fuel and no wet fuel (in fire) without smoke.

Śabda is the third and last of the *pramānas* widely accepted in Indian philosophy. Śabda means a words and Śabda means knowledge arising from a word. It is evident and is also definitely stated by logicians that only a trustworthy word is authoritative. But there is a great controversy as to what constitutes the trustworthiness of a word. If the speaker is generally fit to be trusted, his words are thought to be trustworthy. In the speaker, of course, correct knowledge and truthfulness implying want of sinister motives, are the features that go to make him trustworthy.

Thus, we see that *pratyaksha*, *anumāna* and Śabda are the *Pramānas* ordinarily accepted by the Indians. Recent writers on Vedāntism who are rather eclectics than pure Vedāntins have accepted these and also some other *pramānas* in an uncritical way. But the early writers never admitted any of these *pramānas* into their epistemology, as we shall presently see. Anubhava or experience in a critical sense is the final authority for Vedāntism (*e. g.*, Śankara's statement (अनुभवावसानत्वाद्ब्रह्मविद्यायाः). Śabda (or the Upanishadic words) is apparently another great authority according to Bādarāyana and his early commentators. But what sort of authority it has for a real Vedāntin will be examined in the next lecture.

●

CHAPTER VI

On The Pramanas (The Critical View)

The first objection against the ordinary view of the Pramānas is, as already hinted, that the term stands for both a source of knowledge and a demonstrative evidence. Apparently this ambiguity seems to be harmless. But it has led to one of the most serious controversies in the Indian Philosophy. I mean the controversy between those who hold that the Vedic word is an independent authority and those who maintain the opposite view that its authority is grounded on experience and inference. The same ambiguity is to a great extent responsible for the variable number of the Pramānas accepted by different thinkers. Those who accept *pratyaksha* as the only Pramāna do not altogether deny the existence or importance of Inference. But they do not think inference to be a source of new knowledge. They only deny Anumāna and Śabda the character of an ultimate source of knowledge.

On a brief examination of the Pramānas it appears that *pratyaksha* or perception is both a source of knowledge and a demonstrative evidence. A child that has never touched fire touches it and comes to know for the first time what burning a limb is. In this case, touching fire is a source of knowledge. But when an adult perceives something shining on the ground and, not definitely knowing what it is, touches it and is convinced that it is a spark of fire, he has in this touch a demonstrative evidence that confirms his first vague conjecture. Pratyaksha in its character of a source of knowledge, chronologically and logically, precedes inference and verbal authority, and is, thus, superior to these two. It is, therefore, called the *Jyeshtha* or the eldest of the Pramānas. In its character of a demonstrative evidence, too, it is superior to the other Pramānas, for it is the ultimate demonstration of each of these, as we shall presently see. Anumāna is never a source of new knowledge. It is always demonstrative in its character. Śabda is always a source of knowledge. It can never be a demonstrative evidence in the proper sense of the expression. As a source of knowledge, of course, the Vedic word like other words is independent. As soon as you understand the meaning of a sentence, you have some knowledge. But whether the sentence expresses a real relation or only a fancied one could be decided only by inference or experience, in the case of the Vedic word as well as in that of the ordinary word. This distinction being clearly understood, the controversy between the Mīmānsakas who maintain the independent authority of the Vedas and those who hold the opposite view, appears to be quite futile. Verbal authority, whether Vedic or non-Vedic, is independent as a source of knowledge. But its ultimate demonstration must be sought either in experience or in valid inference from experimental data. A child is told by his father that the rains, set in India in a certain month The child, no doubt, acquires a new knowledge from these words, if it does not already know the fact. But whether this knowledge is *yathārtha* or *ayathārtha* (i. e., objectively true or false) depends upon the child's own future experience.

Then, there is another fact about the Pramānas not noticed ordinarily. They appear to be inter-dependent, if we examine them closely. Most men think that *pratyaksha* is independent of Anumāna and Śabda. But it is not so. We see one part of a thing and infer unconsciously the existence of the rest and think and say that we see the whole thing. This is due, according to the Tārkikas, to the existence of the *avayavin*. But the *avayavin*, apart from the *avayavas* being a mere fancy, is rejected by the common thought as well as by Vedāntism, and after preceiving a part, inferring the whole is nothing but inference. Similarly, our knowledge is helped by language. Thought and language go hand in hand. Thus we see that Pratyaksha, Anumāna and Śabda are inter-dependent. In fact, presentation and representation, intertwined closely and seldom occurring pure, are the ultimate sources of knowledge. Knowledge arising from Pratyaksha is as much a combination of these factors as that arising from Anumāna or from Śabda. In Pratyaksha presentation is emphatic, while in Anumāna representation is so. In knowledge arising from Śabda, too, representation prevails. Words are presented to us and represent something in our thought. In reality Śabda (knowledge) would seem to be only a case of inference in as much as we infer in its case the objective validity of the speaker's assertion from his general trustworthiness. This is the view of the Vaiśeshikas. Let us, then, have only two ultimate Pramānas, presentation and representation or Anubhava and Smriti, all other *pramānas* being not sub-divisions of these, as the Tārkikas think, but rather complex facts of knowledge made up of these elements. But what is the difference between presentation and representation ? Presentation is external and representatoin is internal. This would be the ordinary answer. But this is no difference at all. It makes representation a mental presentation (*mānasa anubhava*) and so we fall upon presentation or *anubhava* as the sole real *pramāna*.

The Vedāntin accepts *anubhava* as the ultimate authority for everything. He assumes, as self-evident, that this *anubhava* can examine itself. It can distinguish between the true and false elements in itself. Scholasticus wanted to know how to swim before entering into water, and, like him, some modern philosophers have tried to pause and examine knowledge before entering into it. This is not the procedure of the Vedāntic thought. It knows full well that *anubhava* is self-examining and we ought not to try to have an external examination of it before accepting it. Lack of this self-examination of Anubhava is the source of all contradictions. The ordinary thought has no rest. It resort to *pratyaksha* or sensuous perception and discovers that the senses show us only contradictory appearances. The senses of the same person differ among each other. The same thing, it is well known, is pleasant to one sense and quite otherwise to another. Again, different persons often perceive and think in different ways. Anthropological and Palaeontological studies, researches in Comparative Psychology of animals, the observations of the child's mind, have brought to light evidences for a host of similar differences. But, on the other hand, if setting aside *pratyaksha*, we go to *anumāna*, we find that neither *vyāpti* nor absence of *upādhi* which is necessary for a knowledgc of Vyāpti can be determined. Vyāpti being a Universal relation, true for the past, present and future, cannot be determined, as no one can ever witness all the cases, past, present and future, of any relation; and *upādhi*, being defined as Sādhanāvyāpaka and Sādhyasamavyāptika, cannot be determined as it involves a knowledge of *vyāpti* which itself is indeterminate. Moreover knowledge of *vyāpti* requires that of *upādhi*, and knowledge of *upādhi* requires the knowledge of Vyāpti in the above definitions, and, thus, they are evidently defective, involving *anyonyāsraya* or mutual dependence. As for the third and last *pramāna, Sabda,* it is clear to every one that it is the weakest and most controversial of all the *pramānas* Śabda or word is our authority and one naturally asks whose Śabda it is which is authoritative. Different religions accept different words as their authority, and even the words of the same spiritual text are not free from untruth, contradiction, redundancy and other defects which render verbal authority invalid.

The Vedāntic Epistemology has supplied the most satisfactory replies to these and similar sceptical criticisms. The Tārkikas ground their *pramānas* in *pratyaksha.* But this *pratyaksha* is said to arise when a sense comes into contact with one object. Now, the question is as to how one knows that there is an object, and the answer given is that we know it through *pratyaksha.* But how does *pratyaksha* arise ? Of course, when there is an object. Thus, we fall into a circle from which there is no escape. Besides, in defining *pratyaksha,* which is an ultimate source of knowledge according to the Tārkika, he dogmatically assumes the existence of a sense, of its object and of their contact, and, no wonder, if this slippery ground of sensuousperception leads io sceptical results. But the self-consciousness of Chiti which is the ultimate fact for Vedāntism does not imply any similar assumption, "सर्वोह्यात्मास्तित्वंप्रत्येति" is the starting point of Śankara. Deny or doubt everything. But you cannot deny your own existence and Brahman or reality is nothing but yourself "आत्मा च ब्रह्म" Denial of this reality is as impossible as overleaping one's own shadow or jumping over one's own shoulders. The most outspoken scepticism and the most emphatic atheism imply the existence of the doubter and the denier as clearly as the most credulous dogmatism. Thus, a *pratyaksha* higher than the sensuous one, i. e , self-knowledge (or consciousness of the *chiti* by itself), is reached as the firm, ultimate footing by Vedāntism. What self is it of which *chiti* is conscious ? Is it the limited individual self ? This question has already been answered in the lecture on the Vedāntic doctrine and we need not be here detained by it. We saw there that the self of which *chiti* is conscious is the Universal one.

As for *anumāna,* two channels have been suggested by critics through which we can determine *vyāpti.* Vyāpti or universal relation can be determined either from causality or from identity. A tree is identical with a particular variety of it (say a mango tree) and, thus, we can always confidently assert that wherever there is a mango plant, there is a tree, or again, fire being the cause of smoke, we can always assert that smoke cannot occur without fire. But Vedāntism upholding the identity-theory of causality (as we shall see in the lecture on the Causal relation), both these channels are reduced to one. Identity alone determines Vyāpti according to Vedāntism. The time honoured Tārkika's example of ratiocination that infers the existence of fire from that of smoke is really fallacious, as smoke collected into a jar can be held apart from fire. A real case of causality is found in the case of a pitcher of clay or an ornament of gold. The pitcher is identical with clay and the ornament with gold and the existence of the effect (pitcher or the ornament) implies the existence of the material of which it is made.

Thus, distinguishing the valid aspects of *pratyaksha* and *anumāna* we have now to consider the grounds which give validity to Śabda, which is next to Anubhava (experience), the greatest authority for Vedāntism, and deemed even superior to it by some expounders of the doctrine, On an impartial examination of the real Vedāntic texts it appears that Śabda has no independent authority. All its authority is derived from *pratyaksha* and is ultimately, to be tested by the same. In short, Śabda-jnāna, being caused by *pratyaksha*, is only an expression of the latter, so much so that to Bādarāyana *pratyaksha* is synonymous with the word of Śruti. In his Sūtras, *pratyaksha* and *anumāna* are the words used for Śruti and Smriti. Both Śruti and Smriti are words. But all words are not direct expressions of *pratyaksha*. Śruti is superior to other words owing to its identity with *pratyaksha*, just as an honest eye-witness's words are superior to mere hearsay. In other words, originality or observation and accuracy of the expression thereof constitute the superiority of Śabda. The words of Śruti, expressing the original observations of the sages, are superior to other words in the same sense as the original observations and discoveries of a Newton or a Kelvin are to the commonplace second rate essays of an ordinary student of Physics. Once discovered and expressed, the facts given in Śruti are amenable and intelligible to the ordinary reason like the discoveries of the great scientists, but to discover such facts anew without the help of the master-mind that saw it for the first time, though not impossible, is still a most difficult task. Besides, an untested new *pratyaksha* of an individual is far inferior evidently to the mercilessly tested and widely accepted *pratyaksha* stereotyped in a scripetural text. This and this alone constitutes the superiority of scriptural words over the ordinary word for any religion, but few others have candidly acknowledged it like the Tedāntins.

CHAPTER VII

The Causal Relation

The most popular view of the Causal Relation is that conceived by the Naiyāyikas in India. It is identical with the view of Mill in Europe. The unconditional and permanent antecedent of a phenomenon is said to be its cause by these Logicians. The cause, according to this view, must precede the effect and this antecedence must not be conditioned by something else. Clay is the cause of a pitcher, for the former always precedes the latter's appearance, and this antecedence is absolute and not conditioned. Day always precedes night and night always day. But their antecedence depends upon the relation between the Sun and the Earth and its variability. If the earth somehow stops its motion one half of it would have an everlasting day and the other a similar night. There is, therefore, no causal relation between day and night. Both are caused by the variable relation between the earth and the sun. So also the sky is not the cause of a pitcher though the former always precedes the latter, for even without the sky there can be the appearance of a pitcher (the Tārkika thinks).

This view of causality has been severely criticised both in India and in Europe. There are two points in this conception of causality, the antecedence and the unconditionality (or absolute necessity) of the cause. The first, i. e., the antecedence of the cause, is quite untenable. The sun is the cause of light. But both are simultaneous. In fact, there is no hindrance to the appearance of an effect if we get the cause just at the moment of the latter's production. Besides, the real cause of anything must endure as long as the effect The existence of the cause before or after the effect is itself unnecessary and the definition of the Logicians excludes everything unnecessary from the causal relation. Thus it would appear that, not the antecedence of the cause but its simultaneity with the effect is necessary for its being such. As for the second point, i. e., the absolute necessity of the cause. We have to ask the Naiyāyika what he means by the term necessity. The sky or space, he thinks, is quite unnecessary in the production of a pitcher. But to any man of common sense, space would appear to be one of the most necessary things in the production of anything in the world.

The fact is that this view of causality, which we term the logica view does not take under consideration the real cause of anything. Logic, being a practical science, points out to men what they ought to secure in order to have the appearance of a desired effect. As soon as the cause ceases to exist, the effect must disappear. The most necessary thing is no cause according to this view, if it is provided by nature and requires no efforts in securing it. Space is ready everywhere and so the Logicians think that it is unnecessary in reproducing an effect. But, even, in this way we cannot defend the logical definition of causality. If that which is ever ready and requires no human effort in securing it is no cause, God cannot be declared to be the cause of the world. But the Naiyāyikas consider God to be the Nimitta or external cause of the world. Not only this, even clay and other natural materials cannot be the causes of a pitcher or anything else, for they are provided by nature. What does a potter do when he makes a pitcher ? He does not create clay or water. He makes a particular arrangement of the particles of matter provided already by nature. This particular arrangement, simultaneous with the pitcher, is its cause. All else is either not related to the pitcher or is, at best, related to it as the cause of this immediate cause of it. But, according to the Naiyāyikas, that which is a cause of the cause of an effect (e, g., the potter's father in the case of a pitcher) is no cause of the effect.

Thus, we see that the so-called logical theory of causality is full of contradictions. This theory implied that something is the cause of something else and the Buddhistic Epistemology thought this quite impossible. A thing is what it is. It cannot become something else. Besides, everything being momentary (according to Buddhism), the non-existence of the antecedent moment (or Śūnya) is the cause of the next moment. This view of causality is tantamount to a total denial of it. If consistently carried out, it would lead to Hume's flat refutation of the causal relation. One moment follows another. But there is no necessity that one should always follow the other. Causality is mere succession.

Both these views (the Naiyāyika and the Buddhistic) agree in this that they accept absolute difference between the cause and the effect. The effect is not in the cause, whether the latter is a reality or a non-entity. The effect is something quite new. These views are, therefore, said to be different aspects of the Asatkāryavāda (non-existence of the effect in the cause).

Against Asatkāryavāda the Śānkhyas and the Vedāntins propose Satkāryavāda (existence of the effect in the cause). The Asatkārya-vāda asks "If the effect is already in the cause, why an effort to produce it ?" Against this we have Śankara's retort "if the effect is not already in the cause why an effort to produce it ?" There is no oil in sand and no effort can produce it. Oil is already in a mustard seed and efforts are successful in securing it. Just as the shape of a statue is already contained in a piece of stone or metal but appears only when the portion of stone that covers it is removed, so the effect appears in its cause when the *āvarana* or obstruction is removed, though it is ever present in it. In fact, the cause always appears to us as one of its effects and as long as one effect appears, another effect cannot appear. Through the efforts of an agent or through the operation of nature, one effect disappears and another appears. All efforts are required to make the obstructions disappear. No effort can produce anything new out of something, or out of nothing. for every particular effect a peculiar arrangement of natural materials is necessary, and this arrangement plus the materials is the causal group that constitutes an effect. It is to be remembered in connection with this theory of causality that, according to it, cause and effect have the relation which is known as *tādātmya* in Indian Philosophy. Tādātmya means identity. The effect is essentially identical with the cause. But the effect is in the cause. The cause is not wholly contained in a particular effect as the Gitā points it out "न त्वहं तेषु ते मयि."

This *tādātmya* theory of causality is allied to the Neo-Hegelian theory of causality and is one of the most important and original positions of Vedāntism.

CHAPTER VIII

On The Three Stages of The Cosmic Delusion

We have seen in the Chapter on the Pramānas how we fall into contradictions and absurdities, if we try to form an ontology according to the ordinary view of the world. This led us to believe that there is a radical defect in the ordinary conception of the world. This is explicitly or implicitly acknowledged by every systematic philosophy. Every philosophy tries to find out the real nature of this mistake. This task was long ago undertaken by Vedāntism in India.

The ordinary Logician, the sternest dogmatic in the philosophical world, in India as well as in Europe, very early accepted the mutually exclusive categories of Kanāda and Aristotle. Sensuous perception and the mode of linguistic expression as found in the human adult of the latest Geological period formed his starting point. For want of Anthropology and Comparative Psychology, the question, whether man has always felt as he feels to-day and whether all animals or even human infants feel like the human adult, never occurred to him. The ordinary sensuous perception posits the existence of matter (or something external) possessed of many qualities. Then the process of abstraction supplies some other entities like particularity, generality, relation, etc., and without critically examining the real nature of perception and its implications the Logician enumerated his clean-cut categories which were to him like so many chambers in human thought. This dogmatic slumber of the logician was soon disturbed by a host of Materialists, Idealists and Sceptics, though the disturbance was only dilemmatic for a long time and no positive result was reached till Bādarāyana's followers in India and the Hegelians in Europe shewed the inter-connection of the categories.

Gautama and Jaimini are the representative dogmatist of India. The Bauddhas (particularly the Mādhyamikas and the Yogāchāras) and the Vedāntins represent Critical thought in this country.

The other schools occupy an intermediate position and logically, though not always chronologically, form the transition from dogmatism to criticism. Gautama and Jaimini say that without an object there can be no *pratyaksha* and mentally add that this object is external to the percipient. This position gave way altogether under the crucial examination of perception by the Bauddhas Take any facts of perception (or of knowledge in general) and let us see whether we are constrained to assume an object external to it. A fact or a moment of knowledge is real. It is the only certain thing. Even a denial of it is a fact of knowledge and so there is no escape from it. But beyond this moment we have no right to go. An external substance, a permanent being, and similar notions are mere fancies of the dogmatic logicians. There is no difference between knowledge and a known thing, for a thing and its knowledge always so together "सहोपलम्भनियमादभेदो नीलतद्धियो."

Two things extensive cannot be shown to be different from each other. Smoke and fire are two different things, for the *vyāpti* in this case is onesided. Wherever there is smoke there is fire, but wherever there is fire there is no necessary existence of smoke. But when the *vyāpti* is reversible, the thing must differ only in name. They must be really one and the same thing. Rāma and the eldest son of Daśaratha are merely two names and they represent the same thing, as wherever the thing, represented by the one name is, there is also that represented by the other. Similarly, a blue thing and a knowledge of it having a reversible *vyāpti* between them, there being no blue object without the idea and no idea without the object, the idea and the object are the same. Externality of the object is an unwarranted assumption and Jaimini's assertion that *pratyaksha* or perception arises only when there is *satsamprayoga* (or contact with an external reality) is, epistemologically, untenable. This acute Buddhistic criticism exposed the credulity of the followers of Gautama and Jaimini. But, as we have already seen, this criticism itself had apparently something wrong about it. It appeared at first that there was no going beyond its momentary unit and the notions of permanence, of causality, etc., so deeply rooted in the human mind could for a long time neither be given up nor maintained. But notwithstanding its apparent unsatisfactory character, the Buddhistic criticism seemed to be unanswerable. Its vulnerable point lay too deep in its foundation to be visible to the ordinary intellect. But for Bādarāyana and his early followers, Dingnāga's psychic atomism would have been reigning supreme in the Indian philosophical world in spite of the efforts of Uddyotakara and Kumārila to annihilate it. The deep-rooted defects in the foundation of the Buddhistic logic could not escape the Rontgen rays of Bādarāyana's searching epistemological acumen. When these defects were once exposed by the great author of the Brahmasūtras, it was easy for the defenders of Pakshila and Śabara to pounce upon them.

It was Bādarāyana who for the first time rationally repudiated both the dogmatic Logicians and the Bauddhas and established, as we have seen more than once, the permanent and non-dualistic character of the concrete reality. It is deplorable that the early commentaries on Bādarāyana are not available to-day. The commentaries still exant do not represent his teaching in its pristine purity. His most important and original theory (viz. that of Māyā) has not been clearly and accurately elucidated by the available commentaries. Under these circumstances an attempt has been made here to reconstruct his theory of Māyā independently of these commentators.

The concrete reality, the Sākshin, as described in the lecture on the Vedāntic doctrine, is pure knowledge or *chit*. This knowledge is a non-dualistic, eternal essence. It is perfect and infinite. We have seen that everything that is, is a Vivarta or appearance in it, just as the bubbles, the foam, the waves and the whirlpool are the appearances in water. Positing anything outside this is like trying to leap over one's own shoulders. According to Vedāntism knowledge does not consist of different, mutually exclusive moments like a threadless heap of flowers, as the ancient Bauddhas and the modern Humists fancy. Those who condemn the Sākshin as an abstract generalisation from these different moments forget that this very division thereof into such moments is an act of abstraction. Neither the threadless flowers nor the flowerless thread form the reality of a garland which is a string of threaded flowers. So neither the objectless soul of the Sānkhyas and similar schools nor the subjectless psychic or material atoms of the idealists or materialists constitute the reality of the Sākshin which is a selfwitnessed infinite series of moments. The Sākshin unfolds itself by and by. The evolution of our thought is like the gradual expansion of the horizon. Never at any moment is knowledge something quite different from what it was in a previous one. This establishes the essential unity of knowledge beyond doubt.

The Sākshin has two definite faculties. It can see its whole reality which we term its epistemological faculty. It can also add, subtract, analyse, abstract, synthesise and manipulate its factors or elements. This we term its scientific faculty. The epistemological faculty (or jnāna) is often latent, while the scientific faculty (or vijnāna) is ordinarily active. The scientific faculty of the Sākshin has again three aspects or functions. It has a logical, a mathematical and a dialectical function. Supremacy of the Epistemological faculty is Mukti or salvation which is the real life of the Sākshin, while ascendancy of the Scientific faculty means bondage and delusion. The supremacy of the Epistemological faculty does not annihilate the scientific faculty. But by making the Sākshin witness the lower faculty from the higher and real standpoint, it simply transfers the bondage into freedom, the delusion into reality and the transience into eternity, while ascendancy of the Scientific faculty, too, cannot altogether destroy the higher faculty but on'y debases it for the time being. The ascendancy of the lower faculty which is termed Māyā or the Cosmic delusion has three stages corresponding to its three functions. Through its logical function the lower faculty of the Sākshin bifurcates itself into two continua, the subjective and the objective. Really the subject and the object are inseparable correlates like a substance and its qualities or like Jāti and Vyakti. So, epistemologically, they constitute one being but have been logically separated into two. **This is the first or the logical stage of the cosmic delusion**. Three schools rise in this stage, the dualistic schools like the Sānkhya, the materialistic ones like the Chārvāka and the purely idealistic ones (wanting in India, but often approached by Śankara).

Dualism recognises both the subject and the object as separately real; but, unable to maintain the separate reality of both, soon gives way to the Materialistic or the Idealistic monism. The spirit disintegrated into the two continua tries to evaporate one of them as useless. Thus, by turn, we get materialism and idealism, the one either forgetting idea altogether or making it a mere property of matter and the other denying matter altogether or making it an illusive appearance in the vacuum.

Separating the subject from the object, the ordinary thought divides, through its mathematical function, either both or one of these in turn into infinitesimal parts. The two continua separated from each cannot keep their unity and naturally fall into pieces. **This is the second or the mathematical stage of the cosmic delusion**. In this stage too we get three classes of philosophers, viz., (a) those who divide both the subject and the object, (b) those who divide the subject alone, and (c) those who divide the object alone. Jainism is an example of class (a), Buddhism belongs to class (b), and Kanāda belongs to class (c). Those who divide only one of the coutinua sometimes discard the other altogether and sometimes accept it as a unitary reality. But this is an unimportant point and does not affect our classification. But the element (whether subjective or objective) discarded by philosophers either in the logical or in the mathematical stage haunts them like a ghost and does not allow them rest. It has either to be explained away or located somewhere.

This vision of the ghost leads to the **third or the dialectic stage of the delusion**. The idealist forgets matter, and matter being somehow not a deity to pious persons but rather an *ignis fatuus* or a bewitching sorceress, is not easily missed in the theological world. But what about the subjective element ? The theologian cannot forego this pure spiritual world where there is no misery arising from the contact with gross matter. This dream of his must represent a reality. But where is it to be found ? In this world, impure and imperfect, there is no place for it. So they locate it beyond the sky, outside space, and higher than the highest point of the material world. This is one mode of limiting the spirit. It is throwing it away beyond the gross material world and thinking it to be extra-mundane. This mode finds favour with religious men of all denominations and is termed Bhakti in India. But the ordinary thought, too heavy to rest in this dreamy ultra-cosmic region, often has its balance disturbed while ruminating here, and is then in one swing sent away to the other extreme, the opposite of Bhakti, which is termed Nāstikya or Atheism in India, and is euphemistically named Positivism in Europe. The man of common sense, not credulous enough to believe in this ultra-mundane spiritual region where he would go after death, limits the spirit to the body and denies the reality of the Bhakta's dream altogether. Thus in this dialectical stage of the delusion we get two classes of thinkers--those who are theistic and those who are positivistic. Both the theist and the positivist have this in common that each picks up a special group of the materialist's or the idealist's atoms and creating a world of his own out of them lodges the spirit into it. The theist lodges his spirit in the holy ideal world and the positivist thrusts it into the unholy corporeal one. This is the only difference.

This is a short account of the action of the cosmic delusion. Informations scattered in the Vedāntic texts and the whole tenor of the Vedāntic thought imply this and this alone of all the theories, suggested up to this time, on the nature of cosmic delusion. No other theory is quite compatible with the Vedāntic teachings, if properly examined. Processes parallel to that described above are found to be going on in cases of many other delusions. A remarkable parallel is that found in the controversy on the reality of Jāti and Vyakti (as also the controversy between Nominalism and Realism). The inseparable correlates Jāti (or the kind) and Vyakti (or the individual) are first separated and are thought to be two independent realities like the subject and the object. Then, by some Jāti is discarded as unreal and by others Vyakti is rejected. In the long run, through the Platonic sublimity of the idealistic thought, Jāti is deified like the subject and then a search for it is commenced in right earnest. The idealist lodges it in the world of pure realities with God, while the uncultured man tries to find it in a sheath or a part of the individual, and not succeeding in finding it anywhere in the body of the individual, sometimes makes the ludicrous effort of lodging it in a mere symbol. Just as the innocent Bhakta, not finding his God anywhere in the world, puts him into an image, so the Tārkika not funding the Jāti of a twiceborn person in any part of his body locates it in the sacred thread and tells you in his technical language that by an examination of Anvaya and Vyatireka, he has determined the man's Jāti to lie in the thread, with which he is recognized as twiceborn and without which he is a Śudra.

By modifying Condillac's living statue we would just get a

facsimile of the spirit infatuated by the Cosmic Delusion. Imagine the statue to have a mirror-like outer-coating all over its body instead of the dull marble supplied by the French Philosopher. As soon as the hard coating over the eyes of the statue is removed and its neck only is allowed to move, it will find in its different limbs many different images of its body. It will naturally identify its whole being with this or that of these images in turn. The spirit under the influence of Māyā behaves just like that and identifies itself with this or that body which is at best only a limited image of it.

CHAPTER IX

On the Existence of God

In the Vedic times the Rishis had a dim-vision of One Supreme Being that manifests itself as Indra, Varuna, Mitra, Agni, etc., "इन्द्रंमित्रंवरुणमग्निमाहु:" But the idea remained quite vague. The idea was transformed into a clear metaphysical conception by the Upanishads. But the Upanishadic God is, as we have seen, a metaphysical reality and not a personal being acceptable to theologians. In the post-Upanishadic systems the idea of a personal God is present for the first time in the Yoga-sūtras of Patanjali. From Patanjali it appears to have been borrowed by the compilers of the ancient theological text known under the name of Nāradapancharātra. It was from the same source borrowed and modified to some extent by the followers of Kanāda and Gautama. The only difference between the Pancharātras and the Tārkikas was that the former were influenced by the Bhāgavata-theology as developed in the wonderful Vaishnava text called Śrimadbhāgavata (which is an embodiment of poetry, mythology, philosophy and theology in one), while the latter were influenced by the Śaivatheology originating in Kashmir. Patanjali's conception of God was acceptable to every Bhakta, whether Vaishnava, Śaiva or Śākta, His definition of God "क्लेशकर्मविपाकाशयैरपरामृष्टः पुरुष-विशेष ईश्वर:" is essentially that accepted by every theologian from the earliest times to the present.

But Patanjali's personal view of God, though quite agreeable to the poetic mind of the theologian, was far from being acceptable to the positivistic bent of the Scientist or to the searching criticism of the Philosopher. The scientist represented by the Tāntrika in this country recognised only matter and force, and matter being too gross for an apotheosis, force or *Sakti* became his Supreme Goddess. The Philosopher could not recognise the actual existence of anything but his Metaphysical reality and his God was identical with it. Thus, we get three main views of God, viz., the Theological or the Personal view, the Scientific or the Force view and the Philosophical or the Reality view. The Force view having, in time, degenerated in India into the obscene Kaula cult and the Reality view too deep for the popular intelligence having never found favour with the common folk, the Personal view alone came to be regarded as the theistic doctrine in the proper sense of the word. The Personal view of God has been the favourite doctrine of the ordinary theologian not only in this country but almost in every part of the world that has got a theology at all.

Vedāntism proper upholds the Reality view of God. The sectarian doctrines whose propounders try to base them on different interpretations of the Brahma-sūtras of Bādarāyana are really non-Vedāntic and mostly accept a Personal view of God in one form or another' "The Reality view of God has been maintained throughout these lectures and it has been already explained in detail. The Force view was never fully developed in its purity in this country owing to the imperfect culture and rapid degeneration of the physical sciences here. Even in other countries this view has rarely found favour with thinkers. Theology being too metaphorical for the Reality view and too pious for the Force view, has in every country accepted the Personal view of God. Sceptical and positivistic attacks being often directed against this theological doctrine, its supporters have tried to adduce numerous arguments to support it. These arguments explaining proofs of the existence of God are too many to be stated in detail or fully examined in a brief lecture like this. It is convenient, therefore, to adopt some classification of these proofs and, then, to examine each class briefly. Kant's classification being in a somewhat modified sense applicable even to the Indian proofs of the Existence of God, we propose to adopt it here. The German philosopher thinks that all the arguments supporting the existence of God can be classified under three heads. They are either Cosmological, or Ontological or Teleological. To be more clear we might call them the physical, the logical and the moral arguments for the existence of God. In Indian Philosophy, the Tārkika proof of God's existence falls under the first head. Vedāntism often sticks to the second, if it becomes theological at all. The third is favoured by the Sānkhyas.

The Tārkika's proof of the existence of God is based on the

postulate that every effect must have a cause. The world is an effect and so it must have a cause. But no cosmic cause can by hypothesis produce the world taken as a whole out of its raw materials. So the Tārkika posits an extracosmic entity whom he terms Iśvara to be the efficient cause of the world and *paramānus* or atoms to be its material cause. A perceptual analysis of the world supplied four kinds of atoms to Kanāda and, assuming that parts precede the whole, he built his world out of these atoms. His followers supplied an architect to build the world out of the terrestrial, aerial, aquatic and fiery atoms. This architect was thought to have a vague similarity to the individual soul, and as it was conceived to be supreme in power, it came to be known under the name of paramātman in the later Tārkika works, The causal postulate implies in another way also the existence of God. Every effect is produced by its cause. This would lead, some think, to a series of causes and the term that begins the series is thought to be God. Anyhow God is thought to be under this argument the ultimate self-produced (Svayambhū) cause of the world.

The ontological argument for the existence of God depends upon the psychological fact that one can have no notion of what has no existence at all. In two ways this argument leads to a conception of God. Every one is ordinarily thought by its upholders to have an idea of perfection, infinity and other divine attributes. It is also urged that these ideas are positive and are negated in the notions of imperfection, finiteness, etc If, then, there is no infinite being, how could we have an idea of it ? Again, those who propound the Reality-view of God think that every fact of knowledge implies real existence, be it of knowledge itself, if of nothing else. This real existence is God. These two phases of this argument are respectively adopted by the Cartesians and the Hegelians. Vedāntism combines these and, proving that the infinite ontal reality, posited by the facts of knowledge, is nothing but our own self, boldly asserts that this self or आत्मन् is the Brahman and that there ought to be no search for an ultra-psychic Brahman.

The teleogical argument is based on the Ethical postulate according to which the notion of right and wrong implanted in human nature implies a person to whom this responsibility refers. The idea of duty is an undoubted fact of the human mind. This idea is meaningless, if there is no person to whom the agent be responsible for the performance of this duty. This person to whom man is responsible is God. Again, not only the notion of duty but the implied existence of a purpose in the world would necessitate the existence of an Omniscient Intelligence. This is expressed loconically in the old Sānkhya formula which says that all combinations refer to something else for which they exist. संघातस्य परार्थत्वम् ।

Thus, puting together all these arguments, it would appear that we have reason to believe in the existence of an Omniscient and Omnipotent Intelligence that creates and regulates the world. Now, it remains to see whether the arguments advanced to prove the existence of God can stand criticism and, if so, what they really prove. The first argument is beset with many difficulties. The world being an effect requires a cause, the Tārkika and his fellowthinkers suppose. The Tārkika asserts further the necessity of three causes for everything, viz., the Samavāyikārana (the inherent cause), the Asamavāyikārana (the non-inherent cause) and the Nimittakārana (the efficient cause). The atoms are the material or inherent cause of the world and God is its efficient cause, he thinks. Now, those who do not accept a God deny the necessity of an efficient cause for anything. The world evolves out of its materials (the atoms or whatever they be) without an agent's help according to them. In other words, owing to the force immanent in the world, the succeeding moment follows the preceding without any external efficiency. These thinkers are called Naturalists (Svabhāvavādins). Besides, the syllogism of the Tārkikas that the world has an efficient cause for it is an effect जगत् सकर्तृकम्, कार्यत्वात् has many technical defects. Before accepting the conclusion, we ought to be satisfied that the world is an effect or Kārya. The Tārkikas often define a Kārya either in such a way that it becomes synonymous with Sakartrika and their argument, then, involves a *petitio principii*—सिद्धसाधनम्—or, they are altogether unable to prove that the world is an effect and then the *hetu* (Kāryatvāt) becomes Asiddha. Moreover, this argument involves an Upādhi (*vide supra*, on the *pramānas*). Just as in the fallacious reasoning—The hill has smoke because it has fire—we have "buring wet fuel" as an Upādhi which makes it invalid, for not all fire has smoke but only fire that burns wet fuel, so the reasoning जगत्सकर्तृकम् कार्यत्वात् falls to have जन्तुजन्यत्व as an Upādhi. Not all affect but only those made by animals are seen to have an efficient agent. This जन्तुजन्यत्व or being the work of ;an animal comes under the definition of an Upādhi; for all effects not necessarily being works of an animal, it is साधनाव्यापक or not more extensive than the reason and, at the same time it is साध्यसमव्याप्तिक or exactly co-extensive with the conclusion as just only the works of animals necessarily require efficient agents to produce them. These are mere hints on the fallacious nature of the Tārkika's argument to prove the existence of God. A detailed examination of it would require a separate volume bigger than this manual.

Then, we come in order to the ontological argument. But as this argument essentially differs from the other two and lends support only to the Reality—view of God we propose to examine it last of all and busy ourselves with the other remaining argument. The teleological argument presumes that a definite purpose is found everywhere in the world and also that the notion of right and wrong in the human mind implies the existence of a person to whom man is responsible. Now both these presumptions are, in the first instance, unwarranted in themselves and, then, even if the premises are granted, the conclusions drawn from these do not actually follow. The Sānkhyas accept that all definite combinations are for some person, but from this premise they do not conclude the existence to God. All natural combinations are for the numberless individuals (*purushas*) according to them and there is no necessity of a Supreme Being. Thus, they think that there is no reason why we should accept the existence of God (ईश्वरासिद्धेः). As for the ethical phase of the argument, the Sānkhyas emphatically assert that all human action is to be referred either to self-interest or sympathy (स्वार्थकारुण्याभ्यां सर्वं कार्यं व्याप्तम्) and, thus, Divine justice is not necessary to explain the ethical distinction in actions at all.

The two arguments thus falling, we come to the Ontological argument now. We have already seen that this argument like the others has more than one form. In the Cartesian form, it is not acceptable to Vedāntism. The mere idea of infinity cannot prove the ontal existence of an infinite being. Kant is right when he remarks that the conclusion in this case is no better than inference of the objective existence of a certain sum from the mere idea of it in a mendicant's mind. There are many other objections against this argument in this form and all need not be mentioned in a brief review like this. But, in the Hegelian form, the argument was long ago accepted by Śankara and his followers. Deny everything. But you cannot deny the existence of knowledge. Denial of everything would itself imply the existence of knowledge or Chit and this Chit is the Brahman. We have already seen that this Chit is not individual and transitory, but universal and eternal and, so, we do not examine the real nature of it again here.

CHAPTER X

Transmigration, After-Life and Mukti

The idea of an after-life is almost universal. It is common to both the savage and the civilized man. We dream of the persons we have often seen even after their death, and, as there is nothing in the world that impresses us so much as living personalities, we are unable to think that these dreams are mere illusions. To the primitive man it was quite impossible to think that vivid dream of a dead person did not imply his existence somewhere else or even in his former neighbourhood in some etherial form that appeared and disappeared at will. Spencer's Ghost theory is ridiculed by many. But, in fact, it explains much that is otherwise unintelligible in the worlds of mythology and theology. In dreams we have the origin of Ghosts. Dreams and hallucinations whieh are nothing but waking dreams lead us to form an idea of Ghosts or etherial images of the departed persons. This idea of Ghosts and the idea of a soul living in the body just as a bird lives in a cage render mutual help to each other. The soul liberted from the gross earthly body is considered by the ordinary people to somehow form or secure other bodies or even to wander without any body at all in the worlds of Ghosts and spirits, and visit thence her earthly relations, more particularly if she lacks peace and comfort in those regions of the dead. There is essentially no difference between the savage who believes the ghosts of his departed ancestors to live in the valleys or hills or in regions beyond the sky or in the nether worlds and the men of refined thought who think that the souls liberated from the earthly bodies go and live an eternal life in a spiritual world which can not be definitely located. Philosophically, both stand on the same footing as we shall see presently.

On life hereafter there have been three views, viz., the mythical, the religious and the philosophical. These three views appear almost everywhere in a chronological order. In India the mythical view had its beginning in the pre-Vedic times and, still, lingers among the people. According to their view, dead men go to other worlds similar to this, but either more terrible or more pleasant, known as Naraka and Svarga. They assume other bodies in those worlds and suffer pain or enjoy pleasures according to their deserts. This view is perfectly anthropomorphic. Then, we come to the religious view which prevails at present only outside India. According to this view, the spirits of the dead after leaving the present body go to other worlds where they are either eternally condemned to pain or allowed to enjoy bliss for ever according to their deserts. The spirits do not assume other bodies in after-life under this view and never come back to earth. This is the only difference between the first and the second views. But philosophy accepts neither of these views. The spirit flying from one body to another, just as a bird flies from one tree to another, or shooting like a meteor with a parabolic orbit into the infinite space, never to come back after liberation from the present bondage, are conceptions incompatible with rational thought, and so says Yājnavalkya in the Maitreyi Brāhmana "न प्रेत्य संज्ञास्ति". The Rishi has plainly said that there is no consciousness after death. Consciousness and life are co-extensive, may identical, and hence the one disappearing, the other cannot remain.

There are two distinct standpoints from which we can study life, viz., the Scientific standpoint and the Philosophical one. Vedāntism recognises these two as such and never confounds them like other systems. Scientifically, every individual life has a beginning and an end in time. It has also a definite limitation in space. My life, physical and mental, began with the birth of my body, has a history of its own quite distinct from those of others, and will have an end when this body is disintegrated. It cannot be proved that this very life which belonged to this body will either remain in a pure bodiless spiritual state, as some think, or attach itself to another body as others fancy. If there is any subsequent life that is anyhow physiologically connected with our present one, it is that of our progeny, and, so the Śruti says "आत्मा वै पुत्रनामासि". Then, there are microscopic and even grosser lives given birth to by the putrefaction of our bodies which might be thought to be related to these. But it is a universally known fact that the difference of body consitutes a difference of life, whether two bodies are related genetically or not, and, therefore, one's life is not identical with that of creatures produced from one's own body. This being a stern fact, how could the same soul be thought to have successively many bodies or more than one life (one here and one hereafter) as pious men have fancied ? Thus, we see that a spiritual life hereafter is as much a work of fancy as the mythical theory of transmigration. The soul can neither be separated from one body nor joined to another body.

The above is a brief account of the Scientific view of life. It starts from the body and concludes the non-existence of the soul as a substance independent of matter. It reduces the spirit to a property of matter. This view is, of course, far from being acceptable to all. Philosophy cannot accept anything without examination. We have already seen that it starts from the fact of knowledge and not from any known individual fact, whether it is the body or anything else. We have also seen that, starting from knowledge, we find that the body is as much an appearance to the Sākshin as anything else. But even under this view the soul cannot be thought either to be travelling from one body to another or leading a life of eternal bliss or condemnation after leaving this body, while preserving its personality. The religious consolation that we shall live with our lost relatives in another world is a delusory hope and can never be fulfilled. Our personality is lost with this body. Consistent Vedāntism, of course having nothing to do with the Upanishadic mythology, does not recognise an after-life in any of the above senses. According to it, Abhimāna is the cause of bondage. The Sākshin which is really the Universal Spirit has falsely limited itself to this or that particular body and is, thus, living in bondage. As soon as this Abhimāna disappears, the spirit is free. Why did it bind itself in this way ? This question is illegitimate and can have no answer. No science can say why a thing is so and so but only how things are. We find the Sākshin to be bound. We find him on examination to be really free. This much we can say. But why the Sākshin bound himself is beyond the scope of philosophy. This is the meaning of the ancient sage who says—

"को अद्धा वेद क इह प्रवोचत् कुत आजाता कुत इयं विसृष्टिः। अर्वाग्देवा अस्य विसर्जनेन अथ को वेद यत आबभूव। यो अस्याध्यक्षः परमेव्योमन् सो अङ्ग वेद यदि वा न वेद"।

Mukti means removal of this Abhimāna from himself by the

Sākshin. Birth and death and a thousand other troubles occurring to body are attributed to himself by the Sākshin. Recovering his true self, the Sākshin gets free from all this trouble. Being Sarvabhūtātma-bhūtātman, it can have nothing to lose and nothing to gain, all being in it "न मे पार्थस्ति कर्तव्य त्रिषु लोकेषु किचन । नानवाप्तमवाप्तव्यम्" । Bodies or special combinations of matter are appearing now and then. There is no scarcity of them and the Sākshin will attach itself to this or that of these as long as he has Abhimāna, just as a person having a desire for a house or a piece of land will secure another house or piece of land after leaving what he had. But, just as the person who has killed his desire for a particular thing can never have the thing again, so the Sākshin after killing his Abhimāna can not attach itself to another body after the disintegration of the present one Cosmic life, according to Vedāntism, is the duration of the Sākshin's *abhimāna.* True life of the Sākshin means disappearance of a knowledge of this Abhimāna as such. Except the above two, there is no other mode of life and, thus, we see that a life here and a life hereafter, assigned to the individual, is a mere poetical fancy. The Vedāntin wants Mukti not for the individual soul which is chimerical but for the Sākshin with whom he considers himself to be identical. Thus, scientifically every life has a beginning and an end on earth and can have no projection of it hereafter, and philosophically, there is only one real life of the Sākshin, all-embracing and eternal, in which there is no question of a here and a hereafter.

If the Vedāntic theory is consistently maintained, all that has been said in the Upanishads about the different fates of those who perform the vedic rites with knowledge, of those who do the same without knowledge, and of those who are of neither description, and much that is similar in the other religious text, is either to be rejected as an idle fancy or to be interpreted allegorically. Ignorance and sin lead even in this life to results worse than the filthiest imaginable Naraka, while knowledge and virtue secure even here purer bliss than that of the highest Svarga. why, than, should a preacher of morality seek the help of these fancies ? Not imaginary bliss hereafter but Jīvan-mukti ought to be the aim of every sane person and in the lecture that follows we propose to treat of this final goal of a Philosopher.

CHAPTER XI

True Asceticism and Jivan-Mukti

Even Vedāntists like Śankara have proclaimed in their zeal that asceticism is incompatible with a householder's life. But a study of the old Vedāntic texts like the Gītā or the Upanishad and the whole tenor of the system would clearly show that the real fact is quite otherwise. Vedāntic thought and Vedāntic life are not for this or that class of persons. Vedāntism is an impartial and universal religion. It is perfectly rational in its procedure and is altogether free from sectarianism. These facts would be quite plain to every one who has studied the early Vedāntic texts carefully. It is, therefore, perfectly wrong to connect Vedāntic life to any external circumstances. A recluse and business-man, a Brāhmana and a Śūdra, are equally entitled to lead a Vedāntic life, if they have a desire for it Śankara himself says, in an impartial mood, that only the possession of the four *sādhanas* is required for admission to Vedāntism. These *sādhanas* are :—1. Distinguishing things eternal from those that are transitory, 2. Want of eagerness to enjoy the pleasures of life, 3. Possession of calmness, self-control, etc., and 4. A wish to have Mukti. If a person has these four Sādhanas, he can receive the Vedāntic initiation, whether he possesses any other qualification or not. Thus Śankara says as plainly as he could in one place, but elsewhere he has modified this statement without sufficient reason by saying that persons belonging to some particular classes cannot receive the Vedāntic initiation. This modification is quite unreasonable and cannot be accepted. True asceticism or Sannyāsa which is the characteristic of the Vedāntic life is not an external renunciation of the world. This is neither possible nor desirable. Asceticism enjoined by Vedāntism is a mental act. Live in the world but have no attachment for it. A man of business, like Janaka or Yājnavalkya doing the duties that come to him naturally but having no particular attachment for anything worldly, is far superior to the apparent ascetic, who living in the forest, is always thinking of the worldly pleasures and is seduced as soon as temptations present themselves to him. Such a person is not a real ascetic and is stigmatised as a hypocrite in the Bhagavad-Gītā which says "बाह्येन्द्रियाणि संयम्य य आस्ते मनसा स्मरन् । इन्द्रियार्थान् विमूढात्मा मिथ्याचारः स उच्यते" ।

All relations have a reference to the body. A son, a wife, wealth and all other possessions belong to the body. The Spirit (or the Sākshin) has nothing to do with these. It has falsely identified itself with a particular body and, therefore, regards these as his possessions. Asceticism does not consist in making the body renounce these possessions. The body requires these absolutely to a certain extent and it must have them. But the Spirit ought not to be after these. To let the body do its instructive work and to have nothing to do with its forced and artificial needs is real Sannyāsa. "शारीरं केवलं कर्म कुर्वन्नपि न लिप्यते" is the declaration of the Gīta. Just as a man identifying himself with another person, say a wife, a son or a friend, gets into troubles on their account, though he himself be otherwise quite happy, so the Spirit identifying itself with the body gest into troubles on the latter's account, though it is naturally happy. To get free from these self-imposed troubles, the spirit need not renounce the body or the bodily possessions. Just as a man living in a public house has not much care for the house; for he thinks that the house does not belong to him, so the Spirit even without renouncing the world has no particular concern with it as soon as it transcends the bodily standpoint and reaches the higher universal standpoint so often described in these pages. All human relations are mental. A man may or may not have occupied or even seen a house in a remote island but may still regard himself as its owner after forming a relation with it either by purchasing it or otherwise. The house, of course, remains the same after the purchase as before that. But the new owner who would have indifferently received news of its destruction by fire or lightning a few minutes before the purchase was made would naturally faint, if he heard such news now. Again, let us have another example. Suppose a child is born to a king and is at once exchanged for her own babe by a nurse in attendance with a hope to see her own son one day on the throne. The two children grow up. The King's real son becomes a traveller and lives in a distant land, while the nurse's real son known under the name of the heirapparent to the throne lives near the king.

Fancy that in his 16th year the heir-apparent gets dangerously ill and his father is deeply anxious about him. The nurse, the real mother of the prince, too, suddenly falls ill and is on death-bed. She confesses everything. Now, the king comes to know that the pseudo-prince is not his son but was born of the nurse and that his own real son lives in a distant land. What changes would at once come over the King ? He who would have given his own life to save the dying boy in his house now leaves him to fate and, at once, sets out in search of the wandering lad who is now know to be his real son. The boys remain the same. But the mental attitude of the father is quite changed. Every worldly relation is similarly dependent on our mind. Think a thing to be yours and you are in trouble for it. Be indifferent to it and you can have no trouble on its account. The Vedāntin is, therefore, enjoined to be indifferent to everything. His body does mechanically what it has been accustomed to do. He does not care much for that. If except what is absolutely needed for the maintenance of his body, he does anything at all, it is for the sake of the universal good. e is even in these things indifferent to success or failure. Nature is doing her business and our bodies which are factors of nature contribute their share of the whole. The Sākshin is an indifferent witness. There is no going against nature "प्रकृति यान्ति भूतानि निग्रहः किं करिष्यति:" All successes and failures alike have their use in nature. The Sākshin ought to be indifferent to these "समः सिद्धावसिद्धौ च समत्वं योग उच्यते" ।

This Yoga-state as described above is also termed Jivan-mukti. It is a recovery of its own ture nature by the Sākshin. This Mukti is not attained by going to Vaikuntha,as many suppose. It is not attained by performing this or that religious rite, as others fancy. It is not a matter of feeling, as still others think. Actions can produce only material changes, for activity is, according to Vedāntism, a property of matter. So,actions cannot affect the spirit and, thus, we leave Karmakānda to take care of itself. An emotional state like Bhakti depends partially upon the will of man and partially upon the merit of the beloved object. It may be delusive, for the object may be really unworthy of the high love you entertain for it. We see, then, that neither Karma nor Upāsanā can give us permanent satisfaction. Action and emotion being thus of little help in the restoration of the

Spirit to its true state, only one course is left to man, viz., that of knowledge, and we have already seen that Mukti is actually a matter of knowledge. Look at the world from the ordinary perceptual standpoint and you are in bondage. You think that your real self is limited to the body and this delusion leads to infinite troubles. But as soon as you attain to the higher standpoint and realise the fact that the body is a mere speck in the world of appearances that rise out of, and disappear into, the Sākshin, you are free from all bondage and are a Jivan-mukta.

This is a brief account of Jivan-mukti. How a Jivan-mukta lives in the world and deals with it will be described in the next lecture.

CHAPTER XII

Life of a Vedantin

We have seen that Vedāntism is not an anti-ethical or a non-ethical doctrine. It is a theory of living freedom (Jīvan-mukti) based on a critical examination of our own knowledge. Thus, it is at once a theory of knowledge and of life. The Socratic maxim (Know thyself) has perhaps found no better parallel than the "Thou art that" of Vedāntism. Self-examination is our great principle and freedom even in this life (or Jīvan-mukti) is our great end. Our epistemology shows that just as waves rise in an ocean, so waves of experience rise in the spirit. We have seen how we separate the subject and the object, just as we logically distinguish a quality from a substance or an angle from the angled thing, though they are really one and the same thing, and, then, forgetting one of the falsely distinguished elements, the subject, which is a principle of unity, we shatter the objective world into pieces till we reach atoms. We have also seen that sometimes we forget the other factor, the object, and resolve the subject into pieces and get the momentary ideas. Thus, pulverising the subjective and the objetive worlds separately to atoms, we begin to reconstruct a unity for ourselves and limit the totality of our being to a group of these material and psychic atoms known as our body, strangely neglecting other groups of almost the same type. This limitation of the infinite to the finite has been characterised as Māyā. Life in Māyā is the source of all partialism and evidently antagonistic to what we may term totalism in absence of a better name Māyā leading to partialism is the source of all contradictions and conflicting views in ontology, in epistemology, in theology and in ethics. The ontological controversy whether the world is one continuous extension made up of atoms, the epistemological question whether there is one soul or only momentary ideas, the theological contention whether God is in the world or outside it and the ethical conflict between egoism and altruism, are all due to this Māyā. Owing to Māyā the mind has no peace and is ever vacillating from one extreme to another.

The Vedāntin, by transcending Māyā, acquires perfect peace and reconciles all contradiction. He rejects all partial views which arise after the limitation of the soul to the body. In short, he is totalistic in everything. He takes into view existence as a whole and discards all partialistic views To him the subject and the object are aspects of the same Being, and, thus, the conflict between monism and atomism (subjective or objective) appears to be meaningless, for the very conception of atoms and transitory ideas is possible only if subject and object are totally separated. So, inside and outside have no meaning at all except with reference to a particular body. In consideration of existence as a whole no such questions can arise. Finally, egoism and altruism disappear from the Vedāntin's view for he acts for the world as a whole, neither egoistically sacrificing others for his body nor the latter for others, but has the harmonious development of the whole for his end, if he ever concerns himself with the world at all.

Thus, transcending Māyā and having a perfect peace of mind the Vedāntin leads an ideal life. Intellectual rest and physical simplicity, moral impartiality and spiritual satisfaction are the characteristics of the Vedāntin's life. There are two and only two perfect ideals for him. He may follow either the life of Janaka or that of Bharata. No rites are prescribed for a real Vedāntin. He is an actual Sannyāsin whether he leads externally the life of a householder or abandons the household affairs and takes to retirement. If he leads a householder's life, he is said to be a *yogin* like Janaka. If he leaves the household affairs and retires, he is said to be a *paramahansa*. There are many other minor ideals, Kutichaka, Vaikhānasa, etc , which need not be mentioned here. The two great ideals of a Vedāntin are recognised by the Gītā and other authentic works. But Śankara and his followers discard the Janka ideal and ridicule it in their ascetic zeal, while their later disciples have founded a systematic hierarchy of Sannyāsins with rules and rites and monopolies like those of the mediaeval monastic monks. The modern *sannyāsins* and their numerous imitators are really professional monks without knowledge.

The real Vedāntin, we have said, is either a *yogin* or a *paramahansa*. The difference between these two is a superficial one. The one is a householder, while the other is a recluse. Their convictions are the same. Janaka was an emperor and Bharata an ascetic, but both were men of real knowledge. To such men, whatever be the external conditions of their life, pain and pleasure, misery and happiness, gain and loss are all phenomenal waves in the eternal ocean of knowledge. They are never moved by these changes. If through previous associations the body and mind are affected by external changes, even then they are themselves quite unmoved and witness these changes as indifferent spectators. The man of the Janaka ideal is placed by circumstances in the midst of worldly affairs, while the one of the Bharata ideal has few worldly duties and takes to retirement. Both do what comes before them. Hunting after virtue or sin is equally alien to them. They see that the body works like so many other things in the world. They do not identify themselves with the body and never run after it. The body is allowed by them what is barely necessary for its maintenance, and it is made to work for the welfare of the whole world, if it hankers after work.

The above is a sketch of what a Vedāntin's life ought to be. Now, a few remarks are to be made here on the compatibility of the theory or Mukti with that or Karman. It appears to some religious critics that under the *Karma* theory of the Indian Theology, it is altogether impossible for man to ever attain liberation. One Karman produces ten thousand others just as a seed produces myriads of similar seeds. See once the face of Jagannātha and you become a Brāhmana not less than one hundred times. Commit a Mahāpātaka and you have to reap its fruits during countless lives. Thus, we see that a single act of virtue or of sin leads to numerous lives as fertile as the present one, and *karman* multiplying like a bacillus in this way, how can there be freedom from this burden ? This objection appears to be unanswerable at first sight. But on a critical examination, it appears to be quite puerile. Vedāntism has satisfactorily proved, as we have already seen, that knowledge is the essence of the Spirit. Action is delusory in its nature, if referred to the Spirit, and belong only to the body. The false identification of the Spirit with the body, or rather wit the imaginary ghost fancied to occupy the body, leads to the Mīmānsaka theory of transmigration according to which the soul with its ever increasing burden of *karman* travels from one body to another, just as a bird flies from one tree to another. But under the Abhimāna view of transmigration (see the last two chapters), this burden of *karman* is delusory. It belongs really to the body and is falsely ascribed to the soul as has already been shown. The soul is therefore, really free according to Vedāntism, and the bugbear of *karman* loses its frightening power before a Vedāntin.

As for the question as to what becomes of the *karman* of a Vedāntin, we have a ready answer in the Upanishads which say "तस्य पुत्रा दायमुपयन्ति सुहृदः साधुकृत्यां द्विषतः पापकृत्याम्". Every one's action have a double effect. They affect in a certain way the body from which they issue and also other bodies that come into contact. They do not produce an effect at all on an indifferent person. For example, if I strike a man, this action would exhaust my nerves and injure the man struck. A really indifferent witness has no harm or benefit from the action. So the Vedāntin realising his nature as the impartial, perfect Śākshin, indifferent to the actions of the World, has nothing to do with them. Action issuing from his body or other bodies will affect the bodies and their surroundings; but the Vedāntin, no longer ascribing these things to himself, is quite free from these effects. We have seen that his body will instinctively perform only the acts necessary to maintain itself. Those wicked persons, who may happen to dislike his body or envy it, may fancy themselves to be injured by it and, thus, would reap the fruits of his body's vicious nature (पापकृत्या), while those who may like his body and render service to it, now and then, would be always pleased with it, and this pleasure would be an effect of his good nature (साधुकृत्या). In other words, his instinctive goodness would please good men and the very respect shown to him by others may tease the envious and wicked men, but neither has any effect on the Spirit. Voluntarily, he tries neither to please nor to displease others. If such a man is ever led to do anything beyond what is required for the bare maintenance of the body, it would be an act for the good of the whole world.

●